V&R

*Meinen Lehrern Heinrich Schlier
und Ernst Käsemann in Dankbarkeit*

(Der Herausgeber)

Anton Grabner-Haider (Hg.)

Kulturgeschichte der Bibel

Vandenhoeck & Ruprecht

Bibliografische Information der Deutschen Nationalbibliothek
Die Deutsche Nationalbibliothek verzeichnet diese Publikation in der Deutschen
Nationalbibliografie; detaillierte bibliografische Daten sind im Internet
über http://dnb.d-nb.de abrufbar.

ISBN 978-3-525-57309-9

© 2007, Vandenhoeck & Ruprecht GmbH & Co. KG, Göttingen.
www.v-r.de
Alle Rechte vorbehalten. Das Werk und seine Teile sind urheberrechtlich geschützt.
Jede Verwertung in anderen als den gesetzlich zugelassenen Fällen bedarf der
vorherigen schriftlichen Einwilligung des Verlages. Hinweis zu § 52a UrhG:
Weder das Werk noch seine Teile dürfen ohne vorherige schriftliche Einwilligung
des Verlages öffentlich zugänglich gemacht werden. Dies gilt auch bei einer
entsprechenden Nutzung für Lehr- und Unterrichtszwecke.
Printed in Germany.
Satz und Layout: Helmut Lenhart.
Druck und Bindung: ⊕ Hubert & Co, Göttingen.

Gedruckt auf alterungsbeständigem Papier.

Inhalt

Vorwort 11

I. TEIL: Altes Testament

Einleitung 17

1. KULTUR UND RELIGION 23
Die mythische Weltdeutung 24
Intentionen von Riten 25
Heilige Orte und Zeiten 27
Mythen und Kulturstufen 29
Formen der Mythendeutung 32
Die Anfänge der Schrift 34

2. KULTURGESCHICHTE ISRAELS 37
Einwanderung und Besiedlung 38
Die Anfänge des Königtums in Israel 40
Die beiden Königreiche Juda und Israel 43
Die Riten der Fruchtbarkeit 44
Fortgang der jüdischen Geschichte 46
Die hellenistische Zeit und Kultur 49
Die römische Neuordnung der Region 54
Die Anfänge der Synagoge 56
Die Texte vom Toten Meer 57
Die Anfänge der hebräischen Schrift 58
Auf den Spuren der Archäologie 59
Anfänge der Ausgrenzung 61
Ringen um zentrale Herrschaft 64
Die persische Zeit 67

3. AUFBAU UND INHALT DER BIBEL ... 71
Frühe Übersetzungen ... 72
Die Bücher der Tora ... 73
Die Bücher der Geschichte ... 75
Die Bücher der Weisheit ... 80
Die Bücher der Propheten ... 84

4. HERRSCHAFT UND HEILSVERSPRECHEN ... 93
Anfänge der sozialen Schichtung ... 93
Die Riten und Kulte der Frühzeit ... 94
Die Gottesvorstellungen der Bibel ... 96
Die Allein Jahwe Bewegung ... 99
Die Mosaische Unterscheidung ... 101
Die Abgrenzung durch Gesetze ... 103
Das Monopol der Priester ... 105
Patriarchalisierung der Kultur ... 106
Die Folgen der Ausgrenzung ... 109
Die Semantik der Gewalt ... 110
Die griechisch-römische Alternative ... 112
Spätfolgen der Mosaischen Wende ... 114

5. GRIECHISCHE KULTUR UND DIE BIBEL ... 119
Anfänge der griechischen Kultur ... 119
Frühe soziale Strukturen ... 121
Mythische Weltdeutungen ... 125
Die rituellen Handlungen ... 128
Die Kulte der Mysterien ... 130
Die philosophischen Weltdeutungen ... 132
Die politische Situation der Juden ... 134
Griechische Kultur in der jüdischen Diaspora ... 138
Die Zeit der Ptolemäer und der Seleukiden ... 140
Schulen der griechischen Philosophie ... 142
Die Spätschriften der griechischen Bibel ... 145

6. ENTSTEHUNG DER BIBEL ... 149
Autoritäten und Institutionen ... 149
Sprache, Schrift, Schriftrollen und Schreiber ... 155
Die Schreiber ... 159
Rechtswesen und Offenbarung ... 171
Tora und Pentateuch ... 176
Tora, Prophetie und Geschichtsschreibung ... 177

7. BEZEUGUNG DER BIBEL ... 181
Frühe Zeugnisse ... 181
Das Buch Sirach ... 183
Die samaritanische Tradition ... 185
Septuaginta (LXX) und Aristeasbrief ... 187
Aramäische Texte ... 189
Die Schriftrollenfunde in den Höhlen bei Qumran ... 189
Philo von Alexandria ... 205
Flavius Josephus ... 205
IV. Esra ... 208
Rabbinisches Judentum ... 210

8. DER ÄGYPTISCHE HINTERGRUND ... 213
Von den Vielen zum Einen ... 214
Die heliopolitanische Sonnentheologie der 5. Dynastie ... 216
Der Aufstieg des Amun-Re und die Reichstheologie des Mittleren Reiches ... 218
Der Weg zum Monotheismus und seine Folgen ... 218
Vom Gottesstaat zur Heilserwartung ... 221
Wandel der Jenseitsvorstellungen ... 224
Tempelkult und regionale Riten ... 227
Das Bild vom Schöpfergott ... 227

9. SUMERISCHE, BABYLONISCHE, KANAANÄISCHE KULTUR ... 231
Anfänge der Stadtkulturen ... 231
Die mythische Weltdeutung ... 232
Tempelkult und Ritual ... 236
Die großen Themen der Mythen ... 238
Riten der Fruchtbarkeit ... 240
Die Kultur der Kanaanäer ... 244

10. DER PERSISCHE HINTERGRUND ... 251
Berufung Zarathustras zum Gesandten Gottes ... 251
Kult und Lehre ... 252
Reinheit – Unreinheit ... 256
Die Entwicklung des Zoroastrismus nach Zarathustra ... 260
Möglicher Einfluss auf das Judentum ... 262

11. JÜDISCHE SCHRIFTEN DER ANTIKE ... 265
Suche nach Wahrheit ... 265
Streben nach der Weisheit ... 270
Fortschreiben der Bücher ... 276
Gebete und Psalmen ... 277
Apokalyptische Denkmodelle ... 279

II. TEIL: NEUES TESTAMENT

Einleitung 291

1. JÜDISCHE KULTUR IM 1. JAHRHUNDERT 295
Die Region Galiläa 296
Die religiösen und politischen Parteien 300
Der Täufer Johannes und Jesus 303
Jesus als Wanderprediger 304

2. DIE GRIECHISCHE KULTUR UND DAS NEUE TESTAMENT 309
Der Prozess der Übersetzung 309
Strukturen der Lebenswelt 311
Mythos und Religion 313
Mysterienkulte und Gnosis 316
Verwandlung und Vollendung 318
Die göttlichen Menschen 320
Der Glaube des Volkes 322
Weltdeutung der Philosophen 323
Philo als Angelpunkt 331
Der Lehrer Paulus 334

3. RÖMISCHE KULTUR UND LEBENSWELT 337
Frühe soziale Strukturen 337
Die Prinzipatszeit 339
Die religiöse Weltdeutung 341
Entwicklung des Kaiserkultes 344
Die römische Philosophie 346
Die Kultur des Alltags 348

4. CHRISTLICHE LEHRE UND LEBENSFORM 351
Die Anfänge Jesu 351
Von Jesus zu Christus 353
Die frühe Mission der Jesusjünger 356
Transformation der Jesusbewegung 359
Veränderung der Lebenswerte 361
Entwicklung der Verkündigung 364
Entstehung des christlichen Kanons 366

5. LEBENSWELT DES PAULUS 369
Erster Thessalonicherbrief 370
Erster Korintherbrief 371
Zweiter Korintherbrief 373
Galaterbrief 374

Römerbrief 375
Philipperbrief 377
Philemonbrief 379

6. LEBENSWELT DER PAULUSSCHÜLER 381
Kolosserbrief 381
Epheserbrief 383
Zweiter Thessalonicherbrief 385

7. LEBENSWELT DER SYNOPTIKER 387
Sammlung der Sprüche Jesu (Q) 388
Markusevangelium 389
Matthäusevangelium 393
Lukasevangelium 396
Apostelgeschichte 399

8. LEBENSWELT DER PASTORALBRIEFE 403
Erster Timotheusbrief 404
Titusbrief 405
Zweiter Timotheusbrief 406

9. HEBRÄERBRIEF UND KATHOLISCHE BRIEFE 407
Jakobusbrief 408
Erster Petrusbrief 410
Judasbrief 411
Zweiter Petrusbrief 412

10. LEBENSWELT DES JOHANNES 413
Zweiter Johannesbrief 413
Dritter Johannesbrief 414
Erster Johannesbrief 414
Johannesevangelium 416
Das theologische Programm 418
Hinführung 420
Der Prolog 422
Religionsgeschichtliche Ortsbestimmung 426
Die Fußwaschung Jesu 428

11. LEBENSWELT DER JOHANNESAPOKALYPSE 433
Der kulturelle Hintergrund 434
Situation der Christen 436
Die Schauung des Christus 437
Die himmlischen Visitationsberichte 439

12. LEBENSWELT DER GNOSIS 443
Hinführung 443
Gnosis als erlösendes Wissen 445
Das göttliche Selbst und das Drama des Falles 447
Nihilistische Implikationen 450
Die Frömmigkeit des Denkens 451
Der gnostische Grundmythos 452
Die christologische Differenz 454

13. LEBENSWELT DER APOKRYPHEN SCHRIFTEN 457
Die apokryphen Evangelien 458
Apokryphe Apostelgeschichten 462
Die apokryphen Apokalypsen 464
Apokryphe Briefe 466

14. ANSÄTZE NEUER HERMENEUTIK 469

ANHANG 477
Zeittafel 479
Weiterführende Literatur 483
Namensregister 485

Autorenverzeichnis

Anton Grabner-Haider: I. Teil, Einleitung, Kap. 1, 2, 3, 4, 5, 9, 11.
 II. Teil, Einleitung, Kap. 1, 2, 3, 4, 5, 6, 7, 8, 9, 10 (413–420),
 11 (433–435), 13, 14.
Peter Haider: I. Teil, Kap. 8.
Johann Maier: I. Teil, Kap. 6, 7.
Karl Prenner: I. Teil, Kap. 10.
Karl Matthäus Woschitz: II. Teil, Kap. 10 (420–432), 11 (435–441), 12.

Zu den Autoren:
Anton Grabner-Haider: Prof. für Religionsphilosophie, Universität Graz.
Peter Haider: Prof. für Orientalistik, Universität Innsbruck.
Johann Maier: em. Prof. für Judaistik, Universität Köln.
Karl Prenner: Prof. für Religionswissenschaft, Universität Graz.
Karl Matthäus Woschitz: em. Prof. für Biblische Theologie, Universität Graz.

Vorwort

Von der Verbreitung und Wirkungsgeschichte her ist die Bibel ohne Zweifel das bedeutendste Buch der Menschheit. Sie prägt in direkter und indirekter Weise nämlich mehr als die Hälfte der heute lebenden Menschen, nämlich Christen, Moslems und Juden. Sie hat eine Entstehungsgeschichte von ung. 800 Jahren und verbindet die Weltdeutung zweier großer Kulturräume, nämlich des semitischen und des indoeuropäischen.

In diesem Buch fließen die Weltdeutungen der jüdischen und der griechischen Kultur zusammen, aber es finden sich darin auch deutliche Spuren der ägyptischen, der babylonischen, der persischen, der kanaanäischen und der römischen Kultur. Die Bibel ist zunächst das Ergebnis eines komplexen Prozesses der Abgrenzung gegenüber fremden Weltdeutungen und Religionsformen.

Nun ist die Bibel in der jüdischen Kultur entstanden, sie wurde von Priestern und Schreibern formuliert, um die eigene religiöse und kulturelle Identität zu bewahren. Sie wurde in der hebräischen Sprache verfasst, deswegen sprechen wir auch von der hebräischen bzw. der jüdischen Bibel.

In der hellenistischen Zeit siedelten viele jüdische Sippen und Gruppen außerhalb von Palästina, sie lebten in der griechischen Kultur und verstanden bald nicht mehr die hebräische Sprache. Deswegen mussten die hebräischen Schriften, die in den Synagogen verlesen wurden, in die griechische Sprache übersetzt werden. Diese Übersetzung geschah im 3. Jh. v.Chr. in der Großstadt Alexandria in Ägypten, dabei wurde jüdisches mit griechischem Denken verbunden. Gleichzeitig wurden sechs neue Bücher in die griechische Bibel (Septuaginta) aufgenommen, die nicht zur hebräischen Bibel gehören.

Als im 1. Jh. n.Chr. in Galiläa und Judäa die Jesusbewegung entstand, die sich bald in der griechischen Umwelt Palästinas verbreitete, schrieben die frühen Christen die griechische Bibel weiter. Auf diese Weise entstand in einem Zeitraum von ca. 100 Jahren der zweite Teil der christlichen Bibel, das sog. Neue Testament (kaine diatheke), das manche Theologen auch Zweites Testament nennen. Dieser Teil wurde nun von der jüdischen Bibel in griechischer Sprache, dem sog. Alten Testament (palaie diatheke) unterschieden. Damit sind die jüdische und die christliche Bibel nicht deckungsgleich.

Die spezifisch christliche Bibel aber, das Neue Testament, ist das Ergebnis einer großen Kulturvermischung, in der jüdische Formen der Weltdeutung mit griechischen Vorstellungen und Morallehren verbunden werden. Während die jüdische Bibel das Ergebnis eines Abgrenzungsprozesses war, ist die christliche Bibel das Zeugnis einer kulturellen Öffnung, die mit einem Anspruch auf universelle Gültigkeit verbunden wird.

Der dritte Wirkungsbereich der jüdischen und der christlichen Bibel ist die Entstehung des Islam im 7. Jh. n.Chr. in der arabischen Kultur. Durch jüdische und judenchristliche Siedler kannten arabische Stämme seit langem die Vorstellungen der Bibel. Diese Vorstellungen sind durch den Propheten Muhammad in das heilige Buch des Koran eingeflossen. So finden sich in diesem Buch große Teile der jüdischen und der christlichen Bibel. Damit hat die Bibel bis heute zwei große Weltkulturen geprägt, die christliche und die moslemische.

In diesem Buch wird die Bibel vor allem unter den Aspekten der *Kulturgeschichte* und der *Kulturanthropologie* betrachtet. Sie wird als Spiegelung von konkreten Lebenswelten und Kulturstufen verstanden, dabei wird auf die verschiedenen Kulturformen, auf die soziale Schichtung, das Verhältnis der Geschlechter, die Formen der Herrschaft, die Verteilung der Rollen, die Kulturtechniken, die Formen der Weltdeutung und der moralischen Orientierung geachtet. Die Sprache der Religion wird als komplexe Symbolsprache verstanden, die auf vielfältige Weise das Erleben des Unverfügbaren zum Ausdruck bringt.

Wir sehen in diesem Buch, dass sich Glaubenssysteme von einander abgrenzen, dass sie sich auch für einander öffnen. In der Kulturwissenschaft werden die Kampfbegriffe gegen das Fremde wie „Heiden" oder „Aberglaube" oder „Gottlose" nicht mehr verwendet, es ist nicht mehr von „Heidenchristen" die Rede. Vielmehr erfolgt eine genaue kulturelle Zuordnung, folglich ist von Juden, Griechen, Römern, Nichtjuden sowie von griechischen Christen die Rede. Durch die Präzisierung in der Sprache wird der Blick auf die Inhalte geschärft.

Bis heute ist die Bibel für viele Zeitgenossen ein faszinierendes Buch, auch wenn es viele gegensätzliche Strebungen enthält bzw. zusammenführt und mit einem vorwissenschaftlichen Weltbild verbunden ist. Wir erkennen darin deutliche Ansätze zur rationalen und sogar philosophischen Weltdeutung. Freilich erschrecken viele vor der geballten Semantik der Gewalt und der Rache, mit der vor allem Priester und Propheten die eigene Identität retten wollten. Wir sehen aber auch in allen Teilen der Bibel die Forderung zur gelebten Solidarität, freilich bezogen auf die Binnengruppe, sowie Forderungen der Nächstenhilfe und der Versöhnung.

In der modernen und postmodernen Kultur nähern wir uns der Bibel längst mit einer selektiven Hermeneutik. Wir wählen diejenigen Inhalte aus und übersetzen sie in unsere Lebenswelt, die mit unserem naturwissenschaftlichen Weltbild und mit den Erkenntnissen der Kultur- und der Humanwissenschaften vereinbar sind. Das sind vor allem Inhalte der Sinngebung des Lebens, der Gottesverehrung, der moralischen Orientierung. In dieser neuen Hermenutik wird auch die Bibel in den kulturellen und interkulturellen Lernprozess mit einbezogen, in dem wir uns seit längerem befinden.

Postmoderne Denker wie Jacques Derrida haben vom Prozess der *Dekonstruktion* von Inhalten gesprochen, die heute in unserer Lebenswelt nicht mehr vermittelbar sind. Das ist aber kein Prozess der Zerstörung oder der Auflösung, es ist vielmehr ein Prozess der *Transformation,* in dem bisherige Orientierungen und Vorstellungen neue Formen bekommen und veränderte Gestalt annehmen. An diesem kulturellen und interkulturellen Lernprozess beteiligt sich auch eine verantwortliche und kreative Hermeneutik der Bibel.

Manche Denker vertreten die starke Überzeugung, dass die Lebenswerte und Daseinsorientierungen, die in der Bibel gespeichert sind, zu den Überlebensbedingungen moderner und postmoderner Zivilisationen gehören könnten. So wird auch die Bibel in den großen Dialog und Lernprozess der Kulturen hineingenommen, der zaghaft begonnen hat. Hans Küng nähert sich mit seinem „Projekt Weltethos" diesen Intentionen, die um die Inhalte und Vorstellungen dieses großen Buches der Menschheit kreisen. Zu diesem intrakulturellen und interkulturellen Lernprozess möchte das vorliegende Buch einen kleinen Beitrag leisten. Denn das „Buch der Bücher" behält seine globale Aktualität, wenn wir uns ihm mit einer neuen Hermeneutik der aufrechten Vernunft nähern.

Graz, Januar 2007   Der Herausgeber

I. TEIL
ALTES TESTAMENT

Einleitung

Die Bibel (griech. biblos = Buch) ist dasjenige Buch der Weltgeschichte, das bisher weltweit am meisten übersetzt und verbreitet wurde. Es kommt kein anderes Werk der Weltkulturen an die Wirkungseschichte der jüdischen und der christlichen Bibel heran. Sie prägt bis heute drei monotheistische Religionen (Judentum, Christentum, Islam) und zwei große Weltkulturen (Christen und Moslems), die zusammen mehr als die Hälfte der Weltbevölkerung ausmachen.

Heute werden weltweit ung. 3,6 Milliarden Menschen, das sind ung. 57% der Weltbevölkerung, von Vorstellungen, Bildern und Wertvorgaben der Bibel geprägt bzw. mitgeformt. Verbreitet wurde die Bibel vor allem durch das Christentum und seine Inkulturation in der griechischen und später römischen Lebenswelt. Ab dem 7. Jh. n.Chr. ist die Bibel im Raum der arabischen Kultur bei der Entstehung des Islam wirksam geworden. Durch die christliche Mission wurde die Bibel in der ganzen Welt bekannt gemacht. Heute leben ung. 2,2 Milliarden Christen oder christliche geprägte Zeitgenossen, ung. 1,4 Milliarden Moslems und ung. 16 Millionen Juden.[1]

Im Reich Alexanders des Großen, genauer im Herrschaftsgebiet der Ptolemäer in der Stadt Alexandria wurde die bis dahin jüdische Bibel bereits im 3. Jh. v.Chr. in die griechische Weltsprache (Koine) übersetzt. Gleichzeitig wurde sie um einige griechische Schriften ergänzt. Damit war nun das Denken der jüdischen Priester und Propheten mit einem Schlag den Gebildeten der gesamten hellenistischen Welt zugänglich geworden. Diese Übersetzung heißt *Septuaginta* (abg. LXX), denn sie soll von siebzig gelehrten Juden, die bereits griechisch sprachen, in die Weltsprache der hellenistischen Kultur übersetzt worden sein. In Wirklichkeit haben wohl mehr als siebzig Personen daran gearbeitet.

Diese Übersetzung war notwendig geworden, weil viele jüdische Sippen und Familien in der neu gegründeten Stadt Alexandria lebten und arbeiteten. Sie lasen regelmäßig in ihren Versammlungshäusern (Synagoge) die Texte ihrer Gesetze (Tora) und ihrer Propheten, um ihre Identität zu bewahren. Doch ab der zweiten und dritten Generation verstanden sie nicht mehr die hebräische Sprache dieser

---

[1] K. Prenner, Die Stimme Allahs. Religion und Kultur des Islam. Graz 2003, 28–44. H. Joas, Braucht der Mensch Religion? Über Erfahrungen der Selbsttranszendenz. Freiburg 2004, 65–78.

Texte. Folglich mussten sie übersetzt werden. Diese Übersetzung, an der wohl an die hundert Jahre gearbeitet wurde, ist der Schlüssel zur Verbreitung jüdischer Lehren in der hellenistischen Welt, aber auch der Schlüssel zur Entstehung des Christentums. Denn ohne diese Übersetzung wäre auch die christliche Erneuerungsbewegung nicht über den jüdischen Raum hinausgelangt. Es war von der Textmenge her die größte Übersetzungsleistung der gesamten antiken Kultur.[2]

So steht am Anfang der christlichen Religion die Übersetzung der jüdischen Bibel in die griechische Sprache. Dies ist in der bisherigen Kulturgeschichte kaum bedacht worden. In der römischen Zeit wurden die jüdischen Texte dann auch in die lateinische Sprache übersetzt, weil viele Juden auch in Städten der römischen Kultur siedelten. Auch der christliche Teil der Bibel (sog. Neues Testament) wurde in der griechischen Sprache verfasst und später für römische Christen in die lateinische Sprache übersetzt. So steht am Anfang der christlichen Religion eine gewaltige *Übersetzungsleistung,* dabei wurden Ideen und Lebenswerte von einer Lebenswelt in eine andere Kultur übertragen.

Dieser kreative Prozess der Übersetzung prägt fortan die christliche Kultur. Doch er wurde fortgesetzt, als jüdische Siedler und später christliche Siedler nach Arabien kamen und ihre heiligen Schriften dorthin mitbrachten. So lernten arabische Händler und Propheten deren Lehren und Lebenswerte kennen. Im 7. Jh. n.Chr. hat der Prophet und Heerführer *Muhammad* viele dieser Lehren in seinen prophetischen Reden verwendet, mit denen er seine Anhänger zur Verehrung eines einzigen Herrschaftsgottes (Allah) überzeugen wollte. Einige seiner Anhänger haben diese Reden nach seinem Tod aufgeschrieben, so entstand nun das erste heilige Buch in arabischer Schrift und Sprache, der *Koran.*[3]

So ist die Bibel das heilige Buch für ung. 2,2 Milliarden Christen, und der Koran das heilige Buch für ung. 1,4 Milliarden Moslems. Da der Koran von der Bibel geprägt wird, ist sie in ihrer Wirkungsgeschichte das bedeutsamste Buch der Menschheitsgeschichte. Denn kein Buch aus der chinesischen oder indischen Kultur hat eine ähnliche Wirkungsgeschichte erreicht. Bis zur Zeit der europäischen Aufklärung wurde die Bibel ausschließlich von den Theologen, Priestern und Bischöfen ausgelegt und verwaltet, sie war dem einfachen Kirchenvolk gar nicht direkt zugänglich. Die protestantische Reformation hat versucht, dieses Buch stärker unter das Volk zu bringen, was nur teilweise gelang, da nur wenige Christen lesen konnten.

Erst die Denker der *europäischen Aufklärung* haben begonnen, die Bibel auch kritisch zu sehen und zu interpretieren. Denn sie haben mit Schrecken die negativen Wirkungen dieser Schrift für das Zusammenleben der Menschen in den vielen Religionskriegen und in den unzählbaren Opfern der Kircheninquisition gesehen. Pierre Bayle und François Voltaire wollten auf dieses Buch genau hinsehen. Dabei erkannten sie, dass der „milde Jesus" ganz anderes gelehrt habe,

---

[2] K.M. Woschitz, Parabiblica. Wien 2005, 78–98.
[3] K. Prenner, Die Stimme Allahs. Religion und Kultur des Islam. Graz 2003, 24–29.

als die Bischöfe und Theologen in die grausame Tat umsetzten. Jesus habe die allgemeine Nächstenliebe gelehrt, doch die Bischöfe hätten halb Europa mit den Leichen ihrer Opfer übersät.[4]

Seit dem 19. Jh. haben Wissenschaftler begonnen, die Bibel auch mit profanen Methoden der historischen Wissenschaft zu analysieren und zu interpretieren. Und im 20. Jh. haben die Methoden der *Kulturanthropologie* wesentlich dazu beigetragen, die Entstehungskontexte und die Lebenswelt dieses heiligen Buches schärfer in den Blick zu bekommen. In dieser Sichtweise ist die jüdische und christliche Bibel auch ein großes Zeugnis der menschlichen *Kulturgeschichte,* denn sie speichert Formen der Weltdeutung, der Verhaltensregelung, der Kulturtechniken, der sozialen Kommunikation, der Lebensweisheit u.a.[5]

So fragt die moderne Kulturanthropologie nach den Kulturstufen und nach den sozialen Lebensformen, aus denen bestimmte Formen der Weltdeutung und folglich Schriften und Bücher entstanden sind bzw. weiterhin entstehen. Denn keine Form der Weltdeutung fällt, bildlich gesprochen, vom Himmel, auch wenn in den Religionen stereotyp von „Offenbarungen" die Rede ist. Vielmehr erwachsen alle Weltdeutungen und Verhaltensregelungen aus konkreten „Lebenswelten" und „Lebensformen" (L. Wittgenstein). Diese Einsichten wurden von der amerikanischen Pragmatischen Philosophie (Ch. S. Peirce, W. James, J. Dewey) entwickelt, sie haben sich in der Kulturforschung bewährt. Im postmodernen Denken haben J.F. Lyotard und J. Derrida diese Methoden der Textinterpretation noch weiter verfeinert und entwickelt.[6] Aus den verschiedenen Lebensformen und Lebenswelten entwickeln wir eine Vielzahl von „Sprachspielen" und von „Diskursformen", mit denen wir unsere Welt strukturieren.

Wenn in Texten der Religion von göttlichen *Offenbarungen* die Rede ist, dann heißt dies, dass Schamanen, Mantiker, Priester und Propheten in ekstatischen Erfahrungen die Bilder dieser Texte geschaut haben. Aus diesen visionären Bildern entwickelten sie später ihre religiösen Lehren, die lange Zeit mündlich weiter gegeben wurden und erst viel später schriftlich festgehalten wurden. So gehören ekstatische Offenbarungen zu den Funktionen der genannten heiligen Personen, dies in allen uns bekannten Kulturen. Der Prozess der Verschriftlichung setzte erst viel später ein, als leistungsfähige Schriftsysteme entwickelt wurden.

Das vorliegende Buch will nun den Lebenswelten, den Kulturstufen und den Lebensformen derjenigen Menschen nachgehen, welche die Texte der Bibel durch viele Jahrhunderte hin in ihren Entstehungszusammenhängen geprägt und geformt haben. Zunächst sehen wir darin die *mythische Form der Daseinsdeutung,* darin wird von einer unsichtbaren göttlichen Welt ausgegangen, welche in der sichtbaren

---

[4] F. Voltaire, Dictionnaire philosophique. Paris 1770, 295–298. Dt. Übersetzung in K.H. Deschner (Hg.), Das Christentum im Urteil seiner Gegner. München 1986, 87–90.

[5] F. Vivelo, Handbuch der Kulturanthropologie. Stuttgart 1981, 50–60. H. Haarmann, Geschichte der Sintflut. Auf den Spuren der frühen Zivilisationen. München 2003, 70–95.

[6] L. Wittgenstein, Philosophische Untersuchungen. Frankfurt 1967, 34–39. F. Lyotard, Der Widerstreit. München 1987, 54–74; ders., Das postmoderne Wissen. Wien 1986, 110–124.

und verfügbaren Welt der Menschen wirken soll. Die Welt wird in zwei Dimensionen gedeutet, in einer verfügbaren und in einer unverfügbaren, in der sichtbaren Welt wirken unsichtbare Kräfte. Diese Kräfte bekommen in den Vorstellungen der Menschen schrittweise konkrete Formen und Gestalten, zumeist menschliche Gestalt. Damit können sie als „göttliche Wesen" angerufen werden.

Die Bibel wird nun wie jedes andere Buch der Menschheit als Dokument einer komplexen Kultur von Lebensformen und Daseinsdeutungen gelesen. Diese *realistische Sichtweise* eröffnet uns einen neuen Zugang zur religiösen Form der Weltdeutung. Denn jede Form der Religion als Bezug zu den unverfügbaren Kräften hat ihren sehr profanen und lebensweltlichen Entstehungshintergrund. Dabei erweist sich die Sprache der Religion als eine symbolhafte und verschlüsselte Form der Weltdeutung, die bis heute ihre Aktualität in veränderter Sichtweise behalten hat. Die Kulturanthropologie tastet der realen Lebenswelt von religiösen Schriften und Weltdeutungen nach.[7]

Der Weihrauch behält seine Funktion im Ritual, doch in den Wissenschaften hat er längst seine Funktion verloren. Das beginnen jetzt auch die meisten Theologen beider Konfessionen zu begreifen, auch sie öffnen sich zunehmend einer profanen Weise der Bibelinterpretation. Dabei wird die religiöse Sprache dieses heiligen Buches zunächst aus der Außenperspektive gelesen und analysiert. Das hindert den Forscher aber nicht, an die kognitiven und moralischen Gehalte dieses Buches persönlich zu glauben, aber er bringt diesen persönlichen Glauben nicht in die wissenschaftliche Interpretation der Texte ein.

Damit soll einem breiten Publikum ein *neuer Zugang* zum Buch der Bibel eröffnet werden, denn es soll in der Interpretation nicht den religiösen oder den politischen Fundamentalisten überlassen werden. Denn diese gebärden sich als „Glaubenspositivisten", die in den positiven Glaubenssätzen der Bibel zeitlose Offenbarungen und Wahrheiten sehen wollen. Sie missverstehen das Wesen der religiösen Symbolsprache, die immer von unseren eigenen Lebenswelten abhängig bleibt. Thematisiert wird auch der Monopolanspruch des *patriarchalen Gottesbildes* mit seinen Herrschaftsimplikationen, das sich im Werdeprozess der Bibel deutlich abzeichnet.

Mit dieser Sichtweise werden die jüdische, die christliche und die moslemische Kultur in einer neuen Weise verständlich. Freilich relativieren sie sich dabei auch und geben ihren Monopolanspruch der allein wahren und richtigen Weltdeutung ab. Es wird nämlich erkennbar, wie diese Monopolansprüche entstanden sind und von welchen Personengruppen sie meist mit Gewalt durchgesetzt wurden. Aber erst durch diese Relativierung wird ein Gespräch zwischen den Kulturen möglich, mit Monopolen der Weltdeutung ist kein Dialog zu führen. Damit wird die Hoffnung verbunden, auch die monopolhaften Deutungsansprüche des Koran und des Islam zu erhellen und vielleicht auf lange Sicht auch etwas zu relativieren.

---

[7] H. Joas, Braucht der Mensch Religion? Über Erfahrungen der Selbsttranszendenz. Freiburg 2004, 50–63.

Doch dies scheint der schwierigste Lernprozess in der gegenwärtigen Weltkultur überhaupt zu sein.[8]

Mit den *Vordenkern der Postmoderne* (J. Derrida, J.F. Lyotard, E. Levinas u.a.) begeben sich heute viele Zeitgenossen auf die Suche nach einer tragfähigen Lebensorientierung. Sie begreifen, dass sie sich zuerst der „Dekonstruktion" alter Deutungsmuster des Daseins und der Welt aussetzen müssen, bevor sie in einem kreativen Prozess der „Transformation" zu neuen und tragfähigen Lebensdeutungen finden können. In diesem kulturellem Lernprozess beginnen sie zu verstehen, dass wir uns von der Metaphysik und der Politik der Gewalt, die sich in der Bibel (und im Koran) finden, schrittweise oder sehr schnell verabschieden müssen, wenn wir einigermaßen friedvoll und sozial verträglich zusammen leben wollen.[9]

Es ist möglich, die Metaphysik des Kampfes und der Gewalt durch eine Metaphysik der globalen Freundschaft (J. Derrida) zu ersetzen, wenn genügend Personen und Gruppen darum ringen. Die jüdische Bibel entstand in einem kulturellen *Prozess der Abgrenzung* von anderen Völkern, Stämmen, Sprachen, Riten und Glaubensformen. Es waren vor allem die Priester des Jahwekultes, Propheten und Schreiber, Gesetzgeber und Krieger, welche diese Abgrenzung vollzogen haben.[10] Das einfache Volk wehrte sich lange Zeit gegen die gewaltsame Zerstörung ihrer bisherigen Schutzgötter, gegen die Dekonstruktion ihrer Bilder und Riten der Fruchtbarkeit. Die meisten Menschen wollten sich mit den Nachbarvölkern verheiraten und Handel treiben.

Doch die Priester, die Gesetzeslehrer und einige Könige haben diese Abgrenzung mit politischer und militärischer Gewalt voran getrieben. In der Bibel finden wir nun diesen Prozess der Abgrenzung dokumentiert, der für die gläubigen Juden allerdings ambivalente Folgen hatte. Denn diese Abgrenzung wurde sehr schnell zu einer Selbstausgrenzung großer Teile des jüdischen Volkes aus den sie umgebenden Kulturen. Das sehen heutige jüdische Philosophen sehr deutlich und sie fragen sich, ob es möglich sei, diese Abgrenzung und Ausgrenzung der Bibel rückgängig zu machen. Das Christentum hat diese Abgrenzung relativiert und fast aufgehoben, deswegen wurde es zu einer Weltreligion.

So sehen wir in der Bibel inhaltlich eine *starke Ambivalenz* in der Prägung der moralischen Werte. Denn zum einen lesen wir die ständige Aufforderung zu mehr Solidarität mit den Schwächeren im Volk, zu Mitgefühl mit den Armen, zur Versöhnung der Gegner und zur Bewahrung des Friedens. Auf der anderen Seite hören wir die ständige Aufforderung zum Kampf gegen das Fremde, zur Zerstörung der Gottesfeinde und der Volksfeinde, zur Auslöschung der alten Gottesbilder, zur Verfolgung der Gottlosen. Kein anderes Buch der Menschheit versammelt

---

[8] P. Strasser, Der Gott aller Menschen. Graz 2004, 64–80.

[9] J. Derrida, Die Schrift und die Differenz. Frankfurt 1976, 56–67. Ders., Politik der Freundschaft. Wien 2000, 58–70. F.J. Lyotard, Der Widerstreit, 67–78; E. Levinas, Auf den Spuren des Anderen. Freiburg 1999, 112–122.

[10] J. Derrida, Politik der Freundschaft, 98–110.

so viele Aufrufe zum Kampf gegen Feinde und zur Zerstörung des Fremden, wie die jüdische Bibel.

Auch dies muss sehr sachlich gesehen werden, wenn die positiven Wertvorgaben der Bibel in der modernen und postmodernen Kultur weiter getragen werden sollen. Heute halten es postmoderne Denker für möglich, in einem Prozess der Transformation die Sprache der Gewalt in eine Sprachform der gegenseitigen Toleranz und der allgemeinen Menschenrechte umzuformen. Denn der *Schock des Holocaust* hat die Frage aufkommen lassen, ob dieser Völkermord nicht doch auch mit der Ausgrenzung und Selbstausgrenzung der jüdischen Bibel zu tun haben könnte.[11] Nicht nur Philosophen halten es heute für möglich, die kulturellen Lernprozesse der europäischen Aufklärung auch auf die Texte der jüdischen und der christlichen Bibel auszudehnen.[12] An diesem faszinierendem Prozess möchte sich das vorliegende Buch in bescheidener Weise beteiligen.

---

[11] J. Valentin, Derrida. In: A. Kilcher/O. Fraisse (Hg.), Lexikon jüdischer Philosophen. Stuttgart 2003, 453–456.

[12] E. Levinas, Wenn Gott ins Denken einfällt. Freiburg 1999, 34–44. Ders., Totalität und Unendlichkeit. Freiburg 2002, 88–104.

Kultur und Religion

Die Ausgangsthese lautet, dass Kultur und Religion immer eng mit einander verflochten sind. Denn jede Form der religiösen Weltdeutung wächst aus einer bestimmten Lebenswelt und Kulturform. Wir können die Religion als eine symbolische Form der Sprache und der Lebensdeutung sehen, welche das menschliche Dasein auf eine unsichtbare und unverfügbare Welt des Göttlichen bezieht. Die mythische Weltdeutung geht immer von einer unsichtbaren und nicht verfügbaren Dimension des Daseins aus. Nicht sichtbare Kräfte und Kraftfelder wirken auf die menschlichen Lebenswelt, die Menschen begegnen ihnen mit Furcht, Zittern und Faszination. Schamanen und Mantiker glauben, dass sie durch ekstatische Erfahrungen zu diesen Kraftfeldern einen Zugang haben und von ihnen Botschaften bekommen.

So hat jede Kultur ihre *heiligen Personen* (Schamanen, Mantiker, Priester, Propheten), von denen angenommen wird, dass sie mit den unverfügbaren Kräften des kleinen und des großen Kosmos Umgang haben. Diese Personen erzählen dann die Mythen als heilige Erzählungen, die von kleinen und größeren Kultgruppen rezipiert und weiter erzählt werden. Mit diesen Erzählungen deuten sie das Leben und die Lebenswelt, sie machen aber auch Vorgaben für das richtige Verhalten in den Gruppen. Sie führen genormte Handlungen (Riten) aus, um auf die unverfügbaren Kräfte in der Welt sowie auf die Seelen der Ahnen einzuwirken. Denn die Menschen sind davon überzeugt, dass ihre Vorfahren in einer veränderten Form weiter leben.

In den frühen Kulturen der Sammler und Jäger sind es die *Schamanen*, welche die Verbindung der Menschen zu den *Ahnen* und zu den *Schutzgöttern* herstellen. Die ursprünglich gestaltlosen und unsichtbaren Kräfte werden nun in konkreter menschlicher (oder tierischer) Gestalt vorgestellt. Sie werden als „göttliche" Wesen anrufbar und den Menschen zugänglich. Diese verehren nun weibliche und männliche Schutzgötter der Tiere, der eigenen Sippen, später der Felder und der Fruchtbarkeit. Auffallend ist nun, dass in den ältesten bildhaften Darstellungen der Menschheit die weiblichen Symbole viel häufiger sind als die männlichen.(z.B. Schwarz-Meer-Zivilisationen, Donau-Kulturen, Industal-Kultur) Nicht wenige Mythen sagen, dass die Frauen aus eigener Kraft Leben weiter geben können.[1]

---

[1] A. Grabner-Haider, Die Welt der Mythen. In: A. Grabner-Haider/H. Marx (Hg.), Das Buch der Mythen aller Völker und Zeiten. Wiesbaden 2005, 607–638.

Die mythische Weltdeutung

In den frühesten Weltdeutungen der Kulturen wird angenommen, dass hinter der sichtbaren Wirklichkeit der Dinge, der Körper, der Pflanzen und der Tiere noch eine unsichtbare Wirklichkeit existiert, von der das menschliche Leben abhängt. In allen Dingen und Gegenständen werden Kräfte und Kraftfelder vermutet, die zuerst gestaltlos, später aber in konkreter Gestalt gedeutet werden. Sobald diese unsichtbaren Kräfte menschliche Gestalt bekommen, werden sie anrufbar. Dann werden sie zu göttlichen Wesen, mit weiblicher und männlicher Gestalt, aber ungleich größer und stärker als Menschen. Die Sippen, die Geschlechter und die Tiere bekommen nun in der Vorstellung der Menschen ihre Schutzgötter.

Von diesen Schutzgöttern nehmen die Menschen an, dass sie ihre Sprache verstehen und auf ihre Riten, Opfer und Prozessionen antworten. Bei diesen göttlichen Wesen fühlen sich die Gruppen geborgen, von ihnen erwarten sie ein langes Leben und reiche Nachkommenschaft. Heutige Forscher sind überzeugt, dass diese Vorstellungen von Schutzgöttern den Menschen einen starken Überlebensvorteil gebracht haben.[2] Doch diese göttlichen Wesen sind für die Menschen ambivalent, denn sie bringen ihnen auch viel Unglück, Krankheit und den frühen Tod.[3] In diesen göttlichen Wesen spiegeln die Menschen ihre verschiedenen Selbstbilder als Jäger und Sammler, als Hirtennomaden und als Ackerbauern.

Die zweite Bezugsgröße in der Vorstellungswelt der frühen Kulturen sind die *Seelenkräfte der Ahnen*. Denn es wird angenommen, dass von den Toten der Sippe irgend etwas weiter lebt, auch wenn der Körper verfällt. Die Schamanen sagen, die Seelenkräfte der Toten lebten unsichtbar in einem Ahnenland weiter, dieses wird auf Bergkuppen, in den Wäldern oder auf Sternen angenommen. So bleiben die Ahnen in einer Beziehung zu ihren Nachfahren, sie sehen alles und kontrollieren deren Verhalten. Denn sie haben die Regeln für das Zusammenleben in den Sippen aufgestellt.

Auf diese Weise halten die Ahnen die Gruppen zusammen, meist müssen sie bis in die dritte Generation verehrt werden. Sie erhalten kleine Opfergaben und werden zu den Kultfesten eingeladen, einige von ihnen können in der Sippe sogar wieder geboren werden. So gehören die Ahnen zum „kulturellen Gedächtnis" (J. Assmann) der Gruppe. Die Menschen der frühen Kulturen beziehen sich auf zwei imaginäre Welten, auf die Welt der Schutzgötter und der Ahnen. In manchen Kulturen wird angenommen, dass besondere Ahnenseelen in die Welt der Götter aufsteigen können.[4]

Neben den Schamanen gehören die Mantiker zu den heiligen Personen, sie können weiblich oder männlich sein. Auch von ihnen wird angenommen, dass

---

[2] A. Grabner-Haider, Strukturen des Mythos. Frankfurt 1991, 20–44. W. Burkert, Kulte des Altertums. Die biologischen Wurzeln der Religion. München 1999, 35–45.

[3] H. Urban, Religion in der Urgeschichte. In: J. Figl (Hg.), Handbuch der Religionswissenschaft. Innsbruck/Göttingen 2004, 88–104. A. Grabner-Haider, Strukturen 16–28.

[4] G. Hödl, Mythos. In: J. Figl, Handbuch 570–588. A. Grabner–Haider, Strukturen 26–44.

sie mit den Schutzgöttern und den Ahnenseelen in einem besonderen Austausch stehen. Daher können sie an bestimmten Zeichenhandlungen zukünftige Ereignisse im Voraus erkennen. Sie helfen der Gruppe, wichtige Entscheidungen zu treffen, dabei beobachten sie den Flug der Vögel, sie achten auf die Stimmen bestimmter Tiere, oder sie beobachten den Lauf der Gestirne. Wenn Opfertiere getötet werden dann schauen sie auf die Lage der Eingeweide, um zukünftige Ereignisse zu erkennen.

Die Menschen der Frühzeit glaubten, dass sie mit bestimmten *symbolischen Handlungen* auf die unsichtbaren Kräfte in ihrer Welt einen Einfluss gewinnen könnten. So führten sie Gesten und Bewegungen aus, um lebensfeindliche Kräfte abzuwehren und um die Kräfte des Lebens zu stärken. Sie entwickelten genormte Handlungen, denen sie bestimmte Bedeutungen und Wirkungen zuschrieben. Wir nennen diese Handlungsabfolgen Riten oder Rituale, auch sie bilden Gruppen und halten diese zusammen.

Intentionen von Riten

Die meisten der genormten Handlungen werden in Gruppen ausgeführt, nur wenige werden von Einzelpersonen vollzogen. Ihnen werden bestimmte Bedeutungen und Intentionen zugesprochen, sie sind nicht beliebig. In diesen rituellen Handlungen drücken die Menschen ihre emotionale Befindlichkeit aus und kommunizieren diese mit den Mitmenschen. Sie stellen auf symbolische Weise ihre Angst oder Trauer, aber auch ihre Lebensfreude und Sinnlichkeit dar. Damit wirken die Riten stabilisierend für das eigene Selbstbild und für das emotionale Erleben.

Wenn Menschen gemeinsam Riten ausführen, dann fühlen sie sich mit einander verbunden und zusammen gehörig. Auf symbolische Weise drücken sie Gefühle der Angst, des Schmerzes, der Trauer, aber auch Gefühle der Aggression, des Hasses, der Zerstörung, oder Gefühle der Hingabe, der Zärtlichkeit, der Zuwendung, der Vitalität, der Liebe und der Sehnsucht aus. So bieten auch die Riten deutliche Überlebensvorteile, wir nützen sie mit heutigem Wissen in der modernen Psychologie und Therapie.[5]

Damit gehören die Riten zum Grundbestand menschlicher Kulturen. Im Ansatz haben bereits die höher organisierten Tiere Riten des Kampfes, der Begrüßung, der Unterordnung, der Paarung, vermutlich auch der Trauer. Folglich gehören Riten nicht nur zu unserem *kulturellen*, sondern auch zu unserem *biologischen Erbe*. Wir verbinden mit ihnen verschiedene Intentionen und Absichten, die wir erreichen wollen. Mit den Riten der Abwehr wollen die Menschen zerstörende Kräfte von ihren Gruppen und Siedlungen fernhalten. Sie spannen dafür Schnüre und Netze oder ziehen Furchen und Gräben. Oder sie zünden Feuer an, erzeugen Rauch und

---

[5] H.G. Hödl, Ritual. In: J. Figl, Handbuch 664–690. Th. Macho, Das zeremonielle Tier. Rituale, Feste, Zeiten zwischen den Zeiten. Graz 2004, 21–42.

Lärm, streuen Stroh gegen den Wind. Sie werfen Holzteile in fließendes Wasser, um böse Kräfte wegzuschwemmen.[6]

Durch die Riten der Reinigung wollen sich die Menschen von Gefühlen der Schuld und von der kultischen Unreinheit befreien. Denn sie glauben, dass beide ihre Lebenskraft schwächen und ihr soziales Leben stören. Sie reinigen sich am heiligen Ort mit Wasser, sie besprengen sich oder tauchen in das Wasser ein. Oder sie springen über Feuer, von dem sie glauben, dass es schädliche Kräfte verzehrt. Und sie besprengen sich mit dem Blut von Opfertieren oder von Mitmenschen, um ihre Lebenskraft zu stärken. Die Japaner glaubten, dass die moralische Schuld wie Staub auf dem Spiegel der Seele liege und im Ritual weggefegt werden muss.

Mit den vielen Opferriten wollten die Menschen der alten Kulturen zum einen ihre Ahnenseelen, zum anderen ihre Schutzgötter stärken. Sie töteten Tiere oder Mitmenschen am heiligen Ort, sie übergaben die Opfer dem Feuer, damit sie verwandelt werden. Oder sie opferten Früchte ihrer Felder und Bäume, sowie künstlich angefertigte Gegenstände. Als sie keine Mitmenschen mehr opferten, begannen sie mit dem „Teilopfer" ihrer Körper, sie übergaben den Ahnen und Schutzgöttern Körperteile (Zähne, Fingerspitzen, Ohrläppchen, Geschlechtsteile u.a.).

In der jüdischen Bibel spielt das *Teilopfer der Beschneidung* der männlichen Penisvorhaut eine wichtige Rolle der Abgrenzung. Mit diesem Ritual wird jeder männliche Jude Eigentum des Bundesgottes Jahwe. Die Gruppe sagt dem beschnittenen Mann, dass sie Gewalt über sein Leben und sein Blut hat. Dieses Ritual wurde von Priestern zur Abgrenzung von anderen Völkern durchgesetzt, J. Derrida hat über die äußere und innere Verwundung dieses archaischen Bundeszeichen sehr kritisch nachgedacht.[7]

Mit den vielen Riten der Vereinigung wollten sich vor allem die Ackerbauern mit den Kräften des Lebens und des Wachstums verbinden. Sie berührten heilige Gegenstände, in denen sie positive Manakräfte vermuteten; sie küssten Bilder des Heiligen und der Schutzgötter, sie ließen sich von Priestern salben, sie feierten das Kultmahl am heiligen Ort. Dabei erlebten sie die Gemeinschaft unter einander und mit den göttlichen Kräften das Lebens.

Mit diesen Riten wollten beide Geschlechter ihre Sexualkraft stärken, deswegen paarten sie sich am heiligen Ort oder mit heiligen Personen. Durch die „heilige Hochzeit" sollte die Lebenskraft der Sippen, aber auch der Viehherden und der Felder vermehrt und geweckt werden. Diese *Riten der Fruchtbarkeit* fanden zuerst auf den Feldern und Viehweiden statt, später wurden sie an den Tempeln und heiligen Orten ausgeführt. Sie sind bei allen Ackerbauernkulturen bekannt, auch im frühen Israel und beim Volk der Kanaanäer.

In vielen Stadtkulturen des Alten Orient feierte der Stadtkönig mit einer Priesterin die „heilige Hochzeit" jedes Jahr zu Beginn der Aussaat. Dieses Ritual ist auf

---

[6] H.G. Hödl, Ritual, In: J. Figl, Handbuch 674–684. Th. Macho, Das zeremonielle Tier 47–70.
[7] J. Derrida, Circonfession. Paris 1978, 66–80.

vielen Tonsiegeln bildhaft dargestellt und in frühen Texten beschrieben (Sumer, Babylon). Auch das Volk paarte sich bei diesem Ritual am heiligen Ort, um die Kräfte der Fruchtbarkeit zu wecken. Denn das Überleben der Sippen hing von vielen Kindern ab. In dieser Welt der frühen Ackerbauern war die menschliche Sexualität etwas Heiliges und Begegnung mit dem Göttlichen und Unverfügbaren.[8] Die jüdischen Jahwe-Priester später haben dieses Ritual mit Gewalt verboten und die Sexualität streng reglementiert.

Alle alten Kulturen feierten die Riten der Lebensphasen und der Übergänge (rites de passages). Mit symbolischen Handlungen begleiteten sie die Schwangerschaft der Frauen und die Geburt der Kinder, die Abnabelung von der Mutter, die Reinigung, die Namensgebung, die Vorstellung des Kindes vor der Sippe und den Ahnen. Mit den Riten der Initiation wurden die jungen Menschen in die Spielregeln der Sexualität und die Verhaltensweisen der Erwachsenen eingeführt. Bei manchen Kulturen sind damit noch Teilopfer (Beschneidung der Sexualorgane) verbunden. Die Riten der Hochzeit sollten die Lebenskräfte beider Partner stärken. Und mit den Riten des Abschieds wurden die Seelen der Toten in das Land der Ahnen begleitet.

Die alten Kulturen hatten eine Vielzahl von Heilungsriten entwickelt, um böse Krankheitsdämonen zu vertreiben. Die Krieger hatten ihre Riten des Kampfes, um ihre Waffen mit magischer Kraft aufzuladen. Die Gruppen hatten ihre Riten der Begrüßung und der Verabschiedung, der Versöhnung, um Streit zu beenden. Rituelle Handlungen begleiteten das ganze Leben, sie gaben ihm Sicherheit und Geborgensein im Dasein.

Heilige Orte und Zeiten

Die frühen Kulturen markierten bestimmte Orte, an denen sie die unsichtbaren Kräfte in besonders konzentrierter Weise vermuteten. Das konnten Waldlichtungen, Quellen oder Wasserläufe sein, aber auch besondere Felsen, Steine, Mulden, Bergkuppen, Bäume und Sträucher. An diesen Orten wurden viele Riten ausgeführt, die von Schamanen und Mantikern geleitet wurden. Es wurden die Seelen der Toten befragt, es wurde Gericht gehalten, es wurden magische Lieder gesungen. Von diesen gefährlichen Orten (griech. temenos) wurde angenommen, dass dort die göttlichen Kräfte anwesend seien.

Diese heiligen Orte wurden durch Steine, durch Furchen, durch Schnüre und Netze abgegrenzt, sie durften nur zu bestimmten Zeiten oder von den heiligen Personen betreten werden. Später entstanden dort die frühen Formen der Tempel, mit Steinsäulen und überdeckten Räumen.[9] In den Stadtkulturen wurden ganze Tempelbezirke errichtet, die *Priester* lösten nun langsam die Schamanen und Mantiker ab. Ihre Aufgabe war es, die Tempelwirtschaft zu leiten, die Riten auszu-

---

[8] B. Bäumer, Sakraler Raum. In: J. Figl, Handbuch 695–700.
[9] B. Bäumer, Sakraler Raum. In: J. Figl, Handbuch 690–702.

führen, die Opfer darzubringen, die Mythen zu erzählen und die religiösen Gesetze zu verkünden. Die Priester übernahmen nun zusammen mit den Stadtkönigen die Herrschaft und die Verwaltung ganzer Länder.

In den *Stadtkulturen des Alten Orients* waren die Tempel die Zentren der Wirtschaft, denn die Bauern mussten einen Teil ihrer Ernten dorthin abliefern. Die Priester verteilten dann die Ernten und die Vorräte an die Bevölkerung der Stadt. Sofern die Priester ein Monopol der Riten durchsetzen konnten, häuften sie in den Tempeln große Reichtümer an. Denn für die Wirksamkeit der Riten musste reichlich bezahlt und gespendet werden. In der Zeit der Geldwirtschaft konnte man beim Tempel auch Geld leihen, wenn man in Not war.

In der *Zeit der Schriftentwicklung* wurden die Tempel zu den oft einzigen Orten der Schreibkunst, die Priester und die Schreiber erlangten damit ein Monopol der Gesetzgebung und der Lebensdeutung. Diesen Prozess sehen wir in der jüdischen Bibel dargestellt, als am und rund um den Tempel das erste und einzige heilige Buch der jüdischen Kultur entstand. Der Stadtkönig, der ursprünglich mit den Priestern zusammen herrschte, geriet nun zunehmend in politische und wirtschaftliche Konkurrenz zu den immer stärker werdenden Priestern. Diesen Prozess sehen wir z.B. in Ägypten zur Zeit des Pharao Echnaton im 14. Jh. v.Chr., später auch in der jüdischen Kultur.[10]

An den heiligen Orten wurden die Riten der Reinigung, der Versöhnung oder der Fruchtbarkeit ausgeführt. Die Priester erlangten ein Monopol der Sündenvergebung, das sie nicht mehr aufgeben wollten. Das Versprechen von persönlichem „Heil" und die Formen der Herrschaft verbanden sich immer deutlicher. Sowohl der Stadtkönig, als auch die Priester legitimierten ihre Herrschaft durch den Bezug auf die Schutzgötter der Stadt oder eines Reiches (Ägypten). Die Bauern und Hirten aber feierten ihre Riten der Fruchtbarkeit, der Aussaat und der Ernte an vielen heiligen Orten im ganzen Land, sie anerkannten kein Kultmonopol der Priester.

Als Konkurrenz zu den Priestern bildete sich die Rolle der *Propheten* (Nabiim), welche die Nachfolge der Schamanen und der Mantiker antraten. Diese Personen beiden Geschlechts bezogen ihre Botschaften an die Mitmenschen zumeist auf ekstatische Visionen oder Gehörerlebnisse, aber auch auf Träume. Sie deuteten ihre eigenen, aber auch die Träume von Mitmenschen im Bezug auf die Schutzgötter und Ahnen. Denn sie beanspruchten, von beiden imaginären Größen Botschaften und Aufträge bekommen zu haben, die sie den Mitmenschen weiter gaben. Viele von ihnen kamen aus dem einfachen Volk, oft stellten sie sich in den offenen Gegensatz zum Stadtkönig und zu den Priestern am Tempel.[11]

In den Stadtkulturen artikulierten die meisten Propheten die Lebenswelt der unteren sozialen Schichten, sie mahnten die Solidarität der Reichen mit den Armen ein. Doch die Priester waren klug genug, auch an ihren Tempeln ein Prophetenamt

---

[10] J. Assmann, Ägyptische Religion. In: J. Figl, Handbuch 104–117.
[11] R.G. Kratz, Die Propheten Israels. München 2003, 124–140.

einzurichten. Dann standen sich im Land oft „wahre" und „falsche" Propheten gegenüber. Auch diesen Prozess sehen wir in der jüdischen Bibel dargestellt. Die Priester beanspruchten nun immer deutlicher das Kultmonopol und die authentische Deutung des Lebens und der Geschichte. Sie verfassten heilige Bücher, um dieses Monopol auch im Bereich der Gesetzgebung abzusichern.

Mythen und Kulturstufen

Nun spiegeln die Mythen der alten Kulturen immer die Kulturstufen und Lebenswelten, in denen sie erzählt wurden. Die älteste Kulturstufe der *Jäger und Sammler* wurde vom Sammeln von Früchten und Knollen, von der Jagd von Wildtieren und vom Fischfang geprägt. Die Menschen lebten in kleinen und flexiblen Gruppen (15 bis 50 Personen), sie waren nicht sesshaft, sondern mussten dorthin ziehen, wo sie Nahrung fanden. Sie hatten noch keine soziale Schichtung, kaum privaten Besitz an Geräten, eine Arbeitsteilung der Geschlechter ist im Ansatz erkennbar. Bei der Verteilung der Lebensressourcen verhielten sich beide Geschlechter tendenziell egalitär.

Die Kleingruppen der Jäger und Sammler hatten keine fixen Rollen der Leitung, sie wurden für bestimmte Unternehmungen flexibel verteilt. Die Mitglieder konnten zu fremden Gruppen wechseln, die Verwandtschaft wurde nach den Müttern gezählt, die Väter blieben ungewiss, patriarchale Eheregeln sind nicht zu erkennen. Die Gruppen verehrten ihre Ahnen, von denen sie sich geleitet wussten. Die Schamanen und die Mantiker leiteten die Riten und hatten Verbindung zu den Seelen der Ahnen und den Schutzgöttern der Tiere.[12]

In den Mythen wurden die Jagd der Tiere und das Sammeln von Früchten thematisiert. Es wurde von weiblichen „Urmüttern" der Tiere und der Menschen, von den Seelen der Ahnen und vom Land der Seelen erzählt.

Die Kulturstufe der *Hirtennomaden* begann mit der Zähmung der Wildtiere nach dem Ende der letzten Eiszeit. Durch alte Jagdtechniken wurden Tiere in Pferche getrieben und dort einige Zeit eingesperrt. Da sie sich vermehrten, konnten die Menschen beginnen, mit den Tieren zu leben. Nun waren die Vorräte an Lebensmitteln reicher (Milch und Fleisch), die Gruppen der Menschen wurden größer (50 bis 200 Personen) und stabiler. Die Arbeitsteilung zwischen den Geschlechtern wurde deutlicher, auch sind Ansätze der sozialen Schichtung zu erkennen. Das Zähmen der Wildtiere war offensichtlich Aufgabe der Männer (Pferd, Esel, Rinder, Schafe, Ziegen u.a.), folglich wird eine soziale Dominanz der Männer deutlich.

Die Sippen, welche Viehherden besaßen, hatten mehr soziales Gewicht als andere. Es bildeten sich in ersten Ansätzen eine soziale Oberschicht der Besitzenden, eine Mittelschicht der Arbeitenden und eine Unterschicht der Unfreien. Nun mussten die Besitzrechte über die Viehherden und über das Weideland verteidigt

---

[12] F. Vivelo, Handbuch 71–79.

werden, Sippen schlossen sich zu größeren Gruppen (Stämmen) zusammen. Sie verehrten gemeinsame Schutzgötter der Viehherden, denen sie Jungtiere als Opfer darbrachten. Auch sie verehrten die gemeinsamen Ahnen, von denen sie die Regeln des Verhaltens herleiteten.

In ihren Mythen erzählten die Hirtennomaden von männlichen und weiblichen Schutzgöttern der Tiere, doch die männlichen Götter wurden langsam dominant. Dies deutet darauf hin, dass auch in der Menschenwelt die Männer eine bestimmende Rolle anstrebten. In dieser Zeit setzte sich die patriarchale Form der Ehe durch, in der die Verwandtschaft über die Väter gerechnet wurde. Die Ehen wurden vor dem Sippenrat geschlossen, sie konnten auch wieder geschieden werden. Reiche Männer konnten mit mehreren Frauen verheiratet sein und Kinder haben. In den Mythen spielen der Viehraub, der Krieg um das Vieh sowie die Rechtsform der Sippenrache eine wichtige Rolle. Alle diesen Themen finden wir in den Erzählungen der jüdischen Bibel.[13]

Eine andere Kulturstufe bildeten die *niederen Ackerbauern*, denn sie hatten ebenfalls am Ende der letzten Eiszeit in Flusstälern gelernt, Wildgräser als Getreide zu kultivieren. Auch für sie wurden die Vorräte an Lebensmitteln größer, die Gruppen wuchsen an Zahl (200 bis 500 Personen), sie konnten für längere Zeit sesshaft werden. Sie bauten sich Wohnhöhlen, Hütten und Dörfer, die Arbeitsteilung und die soziale Schichtung schritten deutlich fort. Die Dörfer und die Felder mussten ebenfalls verteidigt werden, es bilden sich Wächter und Krieger. Diese frühen Ackerbauern lebten im wirtschaftlichen Austausch mit den Hirtennomaden, mit denen sie Handel trieben.

Im Ritual hatten die Frauen eine auffallend hohe Stellung, was in den bildhaften Darstellungen und in den erzählten Mythen deutlich wird. Die Mythen erzählen durchwegs von weiblichen Göttinnen, welche den Menschen das Getreide gebracht hätten. Sie sprechen von göttlichen „Urmüttern", von denen die Menschen, die Tiere und alle Lebewesen geboren worden seien. Die archäologischen Funde dieser Kulturen zeigen ca. 80% weibliche und 20% männliche Statuen aus Holz, Stein oder Ton, was kein Zufall sein kann (Schwarz Meer Kulturen, Donau-Kulturen, Industal Kultur). Die Gruppen waren *matrifokal organisiert*, sie lebten um die Mutter, folglich wurde die Verwandtschaft nach der mütterlichen Linie gezählt.

Bei diesen Kulturen wurde von „jungfräulichen" Muttergöttinnen erzählt, die aus eigener Kraft das Leben weiter geben. Das könnte bedeuten, dass Frauen autonom sich ihre Liebespartner wählen konnten, wie es bei einigen Göttinnen dieser Kulturstufe bezeugt ist. Die archäologischen Funde zeigen, dass die Dörfer wenig befestigt waren und es nur wenig Waffen gab. Es ist keine Dominanz der Männer zu erkennen, weder im Ritual, noch in den erzählten Mythen. Einige dieser Kulturen hatten die ältesten Schriftsysteme entwickelt, von denen wir ein

---

[13] J.J. Collins, Anthropology. Englewood/Cliffs 1985, 124–145.

Wissen haben (Schwarz-Meer-Kulturen, Donau-Zivilisationen). Die Riten der Fruchtbarkeit waren verbreitet, Sexualität wurde als Begegnung mit dem Göttlichen gedeutet.[14]

Eine andere Sozialstruktur entwickelten die *höheren Ackerbauern*, die das Rad, den Pflug und die künstliche Bewässerung entwickelt hatten. Sie haben mit der Verarbeitung von Metallen (Kupfer, Bronze, Eisen) begonnen. Ihre Gruppen und Dörfer wurden größer, sie bauten die ersten Stadtkulturen (Jericho, Katal Hüyük). Ihre Städte waren meist mit Mauern befestigt, die Arbeitsteilung und die soziale Schichtung wurden nochmals deutlicher abgegrenzt. Im Grunde bildeten sich drei soziale Schichten, nämlich die Oberschicht der besitzenden Sippen, die Mittelschicht der freien Arbeiter und die Unterschicht der unfreien Arbeiter bzw. der Sklaven. Es bildete sich die Schicht der Krieger, welche die Waffen trugen, um die Städte zu verteidigen.

Zu den Kriegern kamen früh die Beamten der Verwaltung und die Priester in den Tempeln. Denn die Tempel wurden in diesen Städten schon früh als Zentren der Verwaltung, der Wirtschaft und der Schreibkunst eingerichtet. Die Mittelschicht bildeten die Bauern, die Hirten, die Handwerker und die Händler, sowie die freien Arbeiter, sie hatten wenig Besitz an Feldern und Viehherden. Die untere Schicht bildeten die Schuldsklaven, sowie Menschen, die durch Kriege zu Sklaven gemacht wurden. Sie gehörten zum Besitz der oberen sozialen Schichten. Doch auch die Frauen wurden in den Gesetzestexten immer mehr als „Besitz" der Männer gewertet.[15]

Diese Stadtkulturen waren mit einander in Konkurrenz, sie führten Kriege und Eroberungen durch. Die Besiegten wurden von den Siegern versklavt. Die Dominanz der Männer wird vor allem bei den oberen sozialen Schichten deutlich. Denn die Mythen der Priester erzählen nun häufig von männlichen Göttern, welche die alten weiblichen Götter besiegt und entthront, ja sogar getötet hätten (z.B. Marduk in Babylon). In den Gesetzestexten dieser Städte wird festgelegt, dass Frauen nicht mehr ihre Ehepartner wählen dürfen (z.B. Hammurapi in Babylon). Dennoch bleiben einige der alten Göttinnen in den Mythen noch stark und autonom (z.B. Inanna oder Isis).

In diesen frühen Stadtkulturen entstanden die *ersten Schriften*, die wir heute lesen können. Es sind dies die Schriften der Sumerer, der Ägypter, der Babylonier, der Kanaanäer u.a. Mit den schriftlichen Zeichensystemen wurden wirtschaftliche Verträge und Abrechnungen über Wirtschaftsgüter, aber auch Mythen und Riten festgehalten. Die Zentren der Schreibkunst waren die Tempel mit ihrer zentralen Wirtschaft. Begonnen wurde mit einer Bilderschrift, die später stark formalisiert wurde. In der Frühform wurden ganze Wörter und Wortgruppen durch ein schriftliches Zeichen dargestellt (Logogramme), später nur mehr Silben (Silbenschrift) und zuletzt nur noch Konsonanten (Konsonan-

---

[14] H. Haarmann, Geschichte der Sintflut 70–82.
[15] H. Haarmann, Geschichte der Sintflut 147–154.

tenschrift). Damit wurde die Schrift immer präziser, sie konnte die gesprochene Sprache wieder geben.[16]

Erst seit der Entstehung der frühen Schriftkulturen haben wir ein genaueres Wissen über die Weltdeutung, die Lebensformen und die Verhaltensregeln der Menschen. Die beiden prägenden Kulturstufen der jüdischen Bibel sind zum einen die Hirtennomaden, zum anderen die höheren Ackerbauern. Wir haben es in diesem Buch mit zwei stark patriarchalen Lebensformen zu tun, doch in manchen Texten zeigt sich noch die stärkere Position der Frauen aus der Frühzeit der jüdischen Kultur. Diese Lebensformen finden wir zu dieser Zeit auch in den konfuzianischen Schriften in China oder in den priesterlichen Schriften in Indien.

Doch die Mythen der niederen Ackerbauern erzählten von starken Göttinnen, die aus eigener Kraft das Leben weiter gaben und sich in der Ehe keinem Mann unterwarfen. Die Frauen riefen diese Göttinnen als Schützerinnen der Geburten und des sexuellen Liebesspieles an. Beide Geschlechter feierten die Riten der Fruchtbarkeit, um die Kräfte des Göttlichen in sich aufzunehmen. Als die Männer in der Gesellschaft sowohl im Kult als auch im alltäglichen Leben ihre Dominanz durchsetzten, mussten sich auch die Göttinnen im Himmel den männlichen Göttern unterordnen.[17]

Formen der Mythendeutung

Mythen sind also die früheste Form der Daseinsdeutung, die wir kennen. Sie teilen die Welt in einen sichtbaren/verfügbaren Bereich und in einen unsichtbaren/unverfügbaren Bereich. In der kleinen Menschenwelt und im großen Kosmos der Gestirne werden *unverfügbare Kraftfelder* angenommen, denen die Menschen ausgesetzt sind. Diese nebulosen Kräfte bekommen in der Vorstellung der Mythenerzähler bald konkrete Gestalt, zuerst von Tieren und Pflanzen, dann vor allem von Menschen. Schamanen und Mantiker erzählen von diesen göttlichen und dämonischen Kräften, die in der gesamten Menschenwelt wirksam sind.

Die Menschen glauben, dass sie mit ihren Riten und symbolischen Handlungen auf die unsichtbaren Kräfte einen gewissen Einfluss nehmen können. Sie sind überzeugt, dass diese Kräfte ihre Sprache verstehen und dass sie ihnen Botschaften und Zeichen senden. Sie führen Riten der Vereinigung aus und bringen Opfer dar, um sich mit den lebenspendenden Kräften des großen Kosmos zu verbinden. Diese mythische Weltdeutung hat bereits eine deutliche rationale Struktur, allein ihre Grundannahmen sind vorrational, d.h. mit der Vernunft nicht begründbar.[18]

Nun löst die entstehende Philosophie die mythische Weltdeutung nicht völlig auf, sie führt sie zunächst weiter und reichert sie durch rationale Einsichten an. Dies können wir bei der griechischen, aber auch bei der jüdischen Philosophie

---

[16] H. Haarmann, Geschichte der Schrift. München 2003, 16–34.
[17] H. Haarmann, Geschichte der Sintflut 70–85.
[18] H.G. Hödl, Mythos. In: J. Figl, Handbuch 570–588.

(Aristobul, Philo) erkennen. Die stoischen Philosophen hatten die *allegorische Methode* der Mythendeutung entwickelt, um den Erzählungen von Homer und Hesiod bleibende Bedeutung zu geben. Sie haben in der Sprache des Mythos zwischen einer wörtlichen, einer symbolischen und einer moralischen Bedeutung unterschieden. Sie haben also drei semantische Ebenen eingeführt.

Vor allem im 20. Jh. wurden weitere Formen der Mythendeutung entwickelt, die auch für die Auslegung der Bibel Relevanz haben. So achtet die *kulturanthropologische* Mythendeutung auf die Lebensformen und Kulturstufen, auf Werkzeuge und Kulturtechniken, die in den Mythen genannt werden. Denn es wird angenommen, dass sich in diesen Erzählungen immer eine konkrete Lebenswelt spiegelt. Die *soziologische* Mythendeutung hingegen achtet auf die sozialen Strukturen in den menschlichen Gemeinschaften, die im Mythos thematisiert werden; konkret auf die Verteilung der Rollen, auf das Verhältnis der Geschlechter, auf die Strukturierung der Gruppen, auf die soziale Schichtung, und zwar sowohl bei den Menschen wie bei den Göttern.

Die *psychologische* oder *psychodynamische* Mythendeutung achtet auf die emotionalen Dynamiken, welche in den mythischen Erzählungen zum Ausdruck kommen. Dies können Prozesse der Angst, der Trauer, der Depression, der Schuldgefühle, der Zerstörung, des Hasses, der Feindschaft, der Sinnlosigkeit sein, aber auch Dynamiken der Lebensfreude, des Glücks, der Hoffnung, der Zuneigung, der Hingabe, der Sehnsucht, der Liebe, der Sinnlichkeit und der Sexualität. Wir können annehmen, dass in den mythischen Erzählungen alle Qualitäten des menschlichen Erlebens ihren Ausdruck gefunden haben. Diese Erzählungen haben offensichtlich zur personalen und sozialen Integration von emotionalen Prozessen maßgeblich beigetragen.[19]

Außerdem gibt es die *kognitive* Mythendeutung, welche den rationalen Strukturen in den mythischen Erzählungen nachgeht. Es wurden mehrere Formen der *strukturalistischen* Mythendeutung (z.B. Claude Levi-Strauss) entwickelt, die bestimmte Erzählstrukturen (Mytheme) erkennen wollte. Eine *symbolische* Mythendeutung versucht ähnlich wie die stoische Allegorie, die verschiedenen Bedeutungsebenen der mythischen Erzählungen zu sichten und zu ordnen. Alle diese Methoden können uns helfen, den Mythos als ein komplexes System der Daseinsdeutung zu verstehen und zu entschlüsseln.

Vermutlich entkommen wir auch in einer modernen und postmodernen Lebenswelt niemals der mythischen Erzählung. Denn wenn wir aufgrund neuer wissenschaftlicher Erkenntnisse alte Mythen auflösen (Dekonstruktion), schaffen wir uns gleichzeitig viele neue Mythen. Es hat den starken Anschein, dass wir ohne den Mythos gar nicht leben können. Denn auch die moderne Wissenschaft, die Wirtschaft und der Sport, Gesellschaft und Politik, Kunst und Literatur kommen ohne mythische Deutungselemente gar nicht aus. Mit der reinen Formalisierung der Sprache und Mathematisierung des Denkens können wir nicht leben. Denn

---

[19] W. Burkert, Kulte des Altertums 37–48.

wir Menschen sind von unserem biologischem und kulturellem Erbe her Mythen erzeugende Wesen.[20]

Somit scheint eine vollständige Entmythisierung unserer Lebenswelt gar nicht möglich zu sein. Folglich bleibt uns dann nur der Prozess der ständigen *Transformation des Mythos*, von dem J. Derrida gesprochen hat. Auch eine Kulturgeschichte der Bibel, die dem wirkungsmächtigsten Mythos der Menschheit nachgeht, beteiligt sich an diesem Prozess der Umformung von Lebensdeutungen im Kontext neuer Lebenserfahrungen. Denn der Lernprozess der menschlichen Kultur macht auch vor den heiligen Büchern der Religionen keinen Halt.[21]

Die Anfänge der Schrift

Schon die frühen Kulturen der Jäger und Sammler hatten einfache Zeichensysteme, mit denen sie Himmelsrichtungen, Jagdplätze, Wasserstellen oder Wohnplätze anzeigten. Doch mit diesen Zeichen konnte nur ein kleiner Teilbereich der gesprochenen Sprache dargestellt werden. Von Schriftsystemen sprechen wir aber erst dann, wenn die gesamte menschliche Sprache durch Zeichen dargestellt werden kann. So ist die Schrift ein sehr spätes Phänomen der menschlichen Kultur, ihre Anfänge können wir nach heutigem Wissen bis ins 6. Jahrtausend v.Chr. zurück verfolgen. Die ältesten Schriftdokumente auf Stein haben wir von den Donau-Zivilisationen, die auf ung. 5300 v.Chr. datiert werden.[22]

Nun wird angenommen, dass in diesen Zivilisationen der Gebrauch der Schrift ung. 200 Jahre früher begonnen hat. Die ältesten Zeugnisse davon sind die Tontafeln von Tartaria in Rumänien, sie gehören zum Vinca-Areal mit 35 Siedlungsplätzen, an denen beschriftete Gegenstände gefunden wurden. Die meisten dieser Gegenstände aus Ton waren Weihegaben an Kultplätzen, sodass hier der Bezug der Schrift zum Ritual und zum Mythos deutlich wird. Viele dieser Votivgaben haben die Form eines weiblichen Körpers, was wohl auf weibliche Gottheiten hinweist. Wir haben es hier mit einer Kultur von niederen Ackerbauern im Übergang zu den höheren Ackerbauern zu tun.[23]

Diese Donaukulturen wurden ung. ab 3500 v.Chr. von den eindringenden Indoeuropäern überlagert, die als kriegerische Hirtennomaden ankamen und später sesshaft wurden. Sie verdrängten die alteuropäische Kultur der Donau-Zivilisationen mit ihrer Schrift und ihren Mythen nach Süden, wohl in der Raum der Ägäis. Daher ist es wahrscheinlich, dass die Mythen und Schriftzeichen der alteuropäischen Kulturen auf der Insel Kreta (Linear A Schrift) weiter lebten. Auf dieser Insel entstand eine zweite Schriftform mit Bilderschrift (Hieroglyphen), die uns im Diskos von Phaistos (ca. 1700 v.Chr.) erhalten geblieben ist. Auch in der

---

[20] Th. Macho, Das zeremonielle Tier 47–67.
[21] A. Grabner-Haider, Strukturen des Mythos 34–45.
[22] H. Haarmann, Universalgeschichte der Schrift. Frankfurt 1991, 125–144. Ders., Geschichte der Schrift 9–28.
[23] H. Haarmann, Geschichte der Schrift 20–24.

minoischen Kultur auf Kreta finden sich die Schriftzeichen auf Kultgegenständen, folglich ist auch hier ihr Bezug zum Mythos und zum Ritual gegeben.

Eine andere Schriftkultur entstand ab 3000 v.Chr. in den frühen Stadtkulturen des Alten Orients, in Sumer, Babylon und Ägypten. Schon früh wurden dort die Tempel zum Zentrum der Verwaltung und der Herrschaft, dort wurde die Schrift im Dienst der Verwaltung und der Wirtschaft entwickelt. Ihr Bezug zum Kult und Ritual ist erst später erkennbar. In den Städten Sumers (Ur, Uruk, Lagasch) wurde zuerst eine *Bilderschrift* entwickelt, die ganze Wörter und Wortgruppen mit einem Zeichen symbolisierte (logographische Schrift). Zu dieser Zeit entstand auch in den alten Stadtkulturen Ägyptens eine Bilderschrift, um die Verwaltung und Lenkung der Wirtschaft zu erleichtern. Auch dort kam der Bezug der Schrift zur Religion erst später hinzu.[24]

Eine große Veränderung der Schreibtechnik setzte um 2700 v.Chr. in den Städten der Sumerer ein. Sie ersetzten die frühe Bilderschrift nun durch eine sog. *Keilschrift,* die mit spitzen und stumpfen Steingriffeln in weichen Ton gedrückt wurde. Jetzt wurden mit den Schriftzeichen nicht mehr Wörter und Wortgruppen, sondern gesprochene Silben wieder gegeben (phonographische Schrift). Außerdem war diese Schriftform schneller zu schreiben, folglich konnten längere Texte verfasst werden. Diese Keilschrift verbreitete sich nun sehr schnell über viele Kulturen des Alten Orients. Sie wurde von den Syrern (Texte von Ebla), von den Elamitern, den Akkadern, den Babyloniern, den Assyrern und den Kanaanäern (Texte von Ugarit) übernommen.[25]

Diese Keilschrift als *Silbenschrift* wurde auch von den Amoritern, den Hurritern, den Hethitern, sowie von den Sprechern des Luwischen und des Palaischen verwendet. Im Altpersischen gab es die ersten Ansätze zu einer Konsonantenschrift. Zu dieser Zeit tendierte auch die ägyptische Schrift zur Darstellung der gesprochenen Konsonanten, wodurch eine größere Präzision erreicht wurde. In der Bilderschrift Ägyptens gab es schon Zeichen für einzelne Konsonanten, die Forscher sprechen von einem „ägyptischen Alphabet". Die älteste Version einer vollständigen Konsonantenschrift aber ist die *Sinai-Schrift* um 1700 v.Chr. Hier wurde das semitische Alphabet mit unterschiedlichen Schriftzeichen dargestellt.

Am stärksten verbreitet wurde die neue Konsonantenschrift aber durch das *phönikische Alphabet* (ab 1100 v.Chr.), das sich nun schrittweise bei allen Kulturen des Mittelmeerraumes durchsetzte. Auf der Insel Kreta wurde erstmalig eine nichtsemitische Sprache in dieser Konsonantenschrift dargestellt. Aus der phönikischen Schrift leiteten sich später die hebräische, die syrische, die aramäische und die arabische Schrift ab. So hat sich die Schrift der alten Kulturen von einer bildhaften Wortschrift (Logographie) zu einer Silbenschrift (Phonographie) und dann zu einer Konsonantenschrift weiter entwickelt.[26]

---

[24] H. Haarmann, Geschichte der Schrift 84–90.
[25] H. Haarmann, Geschichte der Schrift 28–34.
[26] H. Haarmann, Geschichte der Schrift 76–86.

Im Land Kanaan gab es um 1150 v.Chr. bereits eine lineare Bilderschrift und ein protokanaanäisches Alphabet. Im Land Israel kannte man diese Konsonantenschrift schon in der vorstaatlichen Zeit. Erhalten geblieben sind uns aber nur wenige Zeugnisse aus der Zeit der Königreiche Israel und Juda, meist auf Siegeln und auf Steinen. Die Aramäer übernahmen ab 900 v.Chr. die phönikische Konsonantenschrift, später dienten diese Schrift und Sprache der Verwaltung im westlichen Teil des persischen Reiches (ca. 500 bis 330 v.Chr.). Es waren die Phönikier, die ihre Schrift in ihre Kolonien in Karthago, auf Malta, in Sardinien und in Spanien brachten. Die Griechen hatten schon das protokanaanäische Alphabet ihrer Sprache angepasst, sie setzten dieses Alphabet ca. ab 800 v.Chr. in der gesamten griechischen Kultur durch. Daraus entwickelte sich ab 400 v.Chr. das jonische Alphabet.[27]

Vereinfacht können wir sagen, dass das kanaanäische Alphabet später die europäischen und die semitischen Schriften bestimmt hat. Mit dieser Schriftform wurde es nun möglich, neben wirtschaftlichen Texten auch mythische Erzählungen und Regeln für den Kult aufzuschreiben. Nun entstanden die großen mythischen Erzählungen der alten Kulturen in schriftlicher Form. Zu ihnen gehört auch die jüdische Bibel.

---

[27] H. Haarmann, Universalgeschichte 307–319.

2 Kulturgeschichte Israels

Die Bibel erzählt, dass die Vorfahren der späteren Kleinkönigreiche *Israel* und *Juda* aus Mesopotamien in das fruchtbare Land Kanaan gekommen seien. Dort lebten sie als Viehzüchter und Viehhirten im Bergland über den Ebenen und gründeten ihre frühen heiligen Orte: Sichem, Bet El, Beerscheba. Die Zeit der Einwanderung dieser Gruppen von Hirtennomaden dürfte in die späte Bronzezeit und in die frühe Eisenzeit (1300 bis 1100 v.Chr.) fallen. In den Ebenen Kanaans lebten zu dieser Zeit seit vielen Jahrhunderten sesshafte Ackerbauern, die bereits kleine Stadtkulturen bildeten. Diese *Kanaanäer* verehrten zu dieser Zeit eine Vielzahl von männlichen und weiblichen Schutzgöttern. Zu den ersten gehörten El und Baal, zu den zweiten Aschera, Ahirat und Astarte. Sie führten Riten der Fruchtbarkeit aus, um ihre Felder und Viehweiden, ihre Obstgärten, aber auch ihre Tierherden und die Menschensippen fruchtbar zu machen und die Lebenskraft zu stärken.

Die kanaanäische Stadt *Ugarit* (Ras Schamra) hat uns eine Vielzahl von Keilschrifttexten auf Tontafeln hinterlassen, die das Alltagsleben dieser Kultur in der Zeit zwischen 1400 und 1200 v.Chr. wieder geben. Die Archäologie zeigt, dass die Stadt ung. 21 ha umbaute Fläche hatte und gut befestigt war. Ihre Handelsgüter gingen bis nach Ägypten, nach Babylonien und nach Kreta. Auf diesen Tontafeln finden sich zehn verschiedene Sprachen und fünf verschiedene Schriften. Eine davon steht der hebräischen Sprache nahe, die sich später in der jüdischen Bibel finden wird. Auch die Inhalte und Sprachformen dieser Texte haben eine Ähnlichkeit zu den späteren jüdischen Texten.[1]

Rund 380 Tontafeln des königlichen ägyptischen Archivs in *Amarna* (Achetaton) geben uns ebenfalls einen Einblick in die Kultur der Kanaanäer in der Zeit zwischen 1390 und 1320 v.Chr. Das Land Kanaan stand damals unter ägyptischer Herrschaft und bildete eine politische Einheit. Die ägyptischen Verwaltungszentren waren in Gaza, in Sumur und in Kumidi, in Jafo gab es ein Waffenlager. Soldaten aus Ägypten und aus Nubien bewachten den Jordanübergang der Karawanenwege. Die Stadtkulturen Kannans wurden zu dieser Zeit von einem Stadtkönig und einem Rat der Krieger verwaltet, sie mussten an den König von Ägypten Abgaben zahlen. Im Kriegsfall mussten sie Pferde, Streitwagen und Krieger stellen. Im

---
[1] J. Pritchard, Großer Bibelatlas. Freiburg 2002, 44–47.

Land lebten neben den sesshaften Bauern nicht sesshafte Hirtennomaden (apiru), Jerusalem war eine kanaanäische Stadt.

Der ägyptische König (Pharao) Ramses II. kämpfte gegen das Reich der Hethiter und zog mit seinen Kriegern mehrmals durch das Land Kanaan. Sein Sohn Merenptah musste aber wieder um die Herrschaft in Kanaan kämpfen. Auf einer Siegesstele wurden die besiegten Stämme aufgezählt: Aschkalon, Geser, Jenoam und *Israel*. Diese Stele stammt aus dem Jahr 1207 v.Chr., sie enthält die erste Nennung des Stammes Israel, damit sind die Bewohner des Berglandes in Kanaan gemeint. Wie dieser Name später auf das Volk Israel überging, ist historisch nicht mehr genau zu erweisen.[2]

Die Stadtstaaten Kanaans hatten reiche Handelsbeziehungen zu den Kulturen auf Kreta und Zypern, wie viele archäologische Funde beweisen. Im 12. Jh. v.Chr. ist in den Texten von Ugarit/Ras Schamra von drei Seeschlachten gegen Schiffe aus dem Land Zypern (Alaschija) die Rede. Ägyptische Quellen berichten von einem Ansturm der „Seevölker", die sich zu Beginn den 12. Jh. v.Chr. gegen Ägypten wandten. In dieser Zeit kam es zu großen politischen und kulturellen Umbrüchen im gesamten Vorderen Orient, deren Ursachen bis heute nicht erforscht sind. Die Quellen sind zu undeutlich. In der Kriegstechnik kamen nun neue Bronzewaffen, Helme und Brustpanzer in Verwendung.

Einwanderung und Besiedelung

Die Bibel beschreibt die Einwanderung der Stämme und Sippen, die sich später „Israeliten" nannten, als gewaltsame Eroberung der kanaanäischen Städte. Doch die archäologischen Funde lassen eher auf eine friedvolle Einwanderung und auf eine Vermischung mit der ansässigen Kultur schließen. Denn die Städte Kanaans hatten zu dieser Zeit nur einige Verwaltungsbauten, aber keine Stadtmauern, die hätten erobert werden können. Die Stadt Jericho, die angeblich erobert wurde, war zu dieser Zeit gar nicht bewohnt. Ägypten hatte zu dieser Zeit noch immer die Oberaufsicht über das Land, folglich konnten Bergvölker keine Städte erobern.

Die Archäologie zeigt nun, dass die Städte Hazor, Aphek, Lachisch und Meggido nicht auf einmal erobert wurden, sondern im Lauf von 100 Jahren zerstört wurden. Es ist unwahrscheinlich, dass die Israeliten die Zerstörer waren. Wir kennen die Ursachen der Zerstörung der spätbronzezeitlichen Städte im Land Kanaan und auf der Insel Kreta nicht. Sie dürfte mit dem Ansturm der „Seevölker" zu tun haben, von dem die Ägypter berichten. Auch müssen Klimaveränderungen und folgende Hungersnöte in Erwägung gezogen werden. Auf ägyptischen Reliefs werden die Krieger der Seevölker in fremder Kleidung und Rüstung dargestellt, sie könnten aus der Inselwelt der Ägäis oder aus Anatolien in den Vorderen Orient gekommen sein.

Es ist auch möglich, dass Völker von den Schwarz-Meer-Kulturen weiter nach Süden drängten, weil sie von indo-europäischen Einwanderungswellen verdrängt

---

[2] G. Stemberger, Einführung in die Judaistik. München 2002, 35–44.

wurden.³ Ein Teil der Seevölker waren die *Philister*, die in den ägyptischen Quellen genannt werden und später an den Küsten des Mittelmeeres siedelten. Nun zeigt sich, dass die jüdische Bibel (Buch Josua) auf volkstümliche Sagen zurück greift, die mit der historischen Wirklichkeit nichts zu tun haben.

Zu Beginn der Eisenzeit (ab 1150 v.Chr.) entstanden im Bergland Kanaans neue Siedlungen in Gebieten, die vorher nicht besiedelt waren. Das zeigen die archäologischen Funde in dieser Region. Es waren unbefestigte Dörfer, die mit den Städten in der Ebene Handel trieben. In diesen Dörfern wird ein neuer Haustyp erkennbar, das Pfeilerhaus mit vier Räumen erinnert noch an die Nomadenzeit dieser Siedler. So unterschied sich das *israelitische Haus* geringfügig vom *kanaanäischen Haustyp*. Da nur wenige Häuser zu dieser Zeit zerstört wurden, kann bzw. muss von einem friedlichen Zusammenleben beider Kulturen ausgegangen werden.

An den Küsten zum Mittelmeer siedelten nun die Philister, ein Teil der „Seevölker". Nach ihnen wurde das ganze Land „Palästina" (Land der Philister) genannt. Sowohl die Ägypter, als auch die Israeliten sahen sie als Feinde an, denn sie wollten das Bergland erobern. Erst im Widerstand gegen die Philister verbanden sich die israelitischen Stämme zu einer politischen und militärischen Einheit. Die Philister gründeten neue Siedlungen, Aschdod und Tell Qasile, dort wurde ein Tempel ausgegraben. Es fanden sich Kultgefäße und eine Doppelaxt aus Bronze, die an die Kulturen von Mykene, Zypern und Melos erinnern. Die Philister verwendeten Opfergefäße mit Tiersymbolen, ihre Götternamen werden nicht genannt. Wir wissen nur, dass sie später auch die Götter der Kanaanäer verehrten: Dagon, Aschtoret, Baal-Zebul.⁴

Die Philister dürften die Verbrennung der Toten nach Kanaan gebracht haben, auch die Verarbeitung von Eisen war ihnen vertraut. Zuerst wurde Eisen als Schmuck verwendet, doch als Kupfer und Zinn (Bronzewaffen) knapp wurden, begannen die Schmiede der Philister, ihre Waffen und Werkzeuge aus Eisen herzustellen.

Die israelitischen Stämme lebten zu dieser Zeit im Bergland von ihren Viehherden, sie hatten kleine Äcker und Obstgärten, ihre Dörfer waren nicht befestigt. Sie bauten Weizen und Gerste, hielten Schafe, Ziegen und Rinder, sie kultivierten Weingärten und Obstbäume. Sie lebten in Großfamilien und Sippengemeinschaften, die sich gegenseitig wirtschaftlich unterstützten. Zu dieser Zeit waren die einzelnen Stämme noch nicht klar von einander abgegrenzt, denn sie schlossen sich zu Kampfgemeinschaften zusammen, lösten sich nach dem Krieg aber wieder auf. Die Zugehörigkeit zu diesen Kampfgemeinschaften war flexibel, diese frühen Gesellschaften waren in Segmente unterteilt, es gab noch keine zentrale Lenkung. Die Sippen wählten ihre „Ältesten" und für Streitfälle ihre Richter. Mehrere Sippen

---

³ J. Finkelstein/N.A. Silberman, Keine Posaunen vor Jericho. Die archäologische Wahrheit über die Bibel. München 2003, 100–104.

⁴ J. Pritchard, Großer Bibelatlas 66–70.

teilten sich ein Heiligtum, wo sie ihre weiblichen und männlichen Schutzgötter, sowie ihre Ahnen verehrten.

Die Anfänge des Königtums in Israel

Zu Beginn der Eisenzeit bildeten sich in Kanaan neue politische Organisationen. Die Städte der späten Bronzezeit waren zum Teil verfallen und zerstört, doch die Bevölkerung im Bergland nahm nun zu. Die Bauern entwickelten den Anbau auf Terrassen, sie verputzten ihre Zisternen bereits mit Mörtel und verwendeten Geräte aus Eisen. Zu dieser Zeit bildeten sich kleine Königreiche mit Städten und Dörfern, die untereinander in Konkurrenz waren. Sie schlossen Bündnisse und führten Kriege gegen einander. Auch die Städte der Philister vereinigten sich in Bündnissen und bildeten ein einheitliches Herrschaftsgebiet. In dieser Zeit bildeten sich auch die beiden Kleinkönigreiche Israel und Juda, die nur ung. 100 Jahre mit einander vereinigt waren.[5]

Zu dieser Zeit bildeten auch die Edomiter, die Moabiter, die Ammoniter, die Aramäer kleine Königreiche. Mit den letzten wussten sich die Israeliten verwandt. Sie waren nun zwischen den Philistern im Westen und den Aramäern im Osten eingezwängt. (Jes 9,11) Zu dieser Zeit verschmolzen die *Phönikier* mit den *Kanaanäern* und übernahmen deren semitische Sprache. Sie siedelten an der Küste des Mittelmeeres und trieben Handel auf dem Meer. Ihre Städte Gebal (griech. Byblos), Sidon und Tyros wurden große Handelszentren, von dort aus gründeten sie Kolonien in Nordafrika (Karthago) und in Spanien. Bald kontrollierten sie den Seehandel auf dem ganzen Mittelmeer.

Auch die Aramäer bildeten mehrere Stadtstaaten (z.B. Damaskus), ihre Sprache war mit dem Hebräisch der Israeliten eng verwandt. Die Bibel erzählt nun in vielen Erzähltraditionen von den Kämpfen dieser Stadtstaaten. Der israelitische *Krieger Saul* soll gegen die Philister gekämpft und gesiegt haben, mit seinem Sohn Jonathan soll er im Kampf gefallen sein. Die Bibel erzählt, dass er zum ersten König von Israel ausgerufen worden sein soll. Doch sein kleines Königreich hatte keine festen Grenzen und noch keine zentrale Verwaltung. Die Stadt Jerusalem gehörte nicht zu seiner Herrschaft.

Im Gefolge des Saul sei ein tapferer *Krieger David* gewesen, ein Freund seines Sohnes und Ehemann seiner Tochter. Er habe sich mit Saul zerstritten, sei zu den Philistern übergelaufen, dann sei das Königtum Sauls zerbrochen.[6] Nun hatte sich der Heerführer David mit seinen Kriegern in Hebron nieder gelassen, dort riefen ihn die Krieger des Stammes Juda zu ihrem König aus. Er kämpfte gegen den Sohn Sauls Schbaal und eroberte die Stadt Jerusalem, die von den Jebusitern bewohnt war. Diese Stadt auf einer Bergkuppe war gut zu verteidigen und hatte eine starke

---

[5] G. Stemberger, Einführung 35–44. J. Finkelstein/N.A. Silberman, Keine Posaunen 140–167.

[6] J. Pritchard, Großer Bibelatlas 66–70. J. Finkelstein/N.A. Silberman, Keine Posaunen 140–156.

Wasserquelle im Tal. Sie lag zwischen den Stämmen Juda und Israel. Erst nach einigen Jahren wurde Davids Herrschaft auch von den nördlichen Stämmen Israels anerkannt. Dieser hatte sein Vasallenverhältnis zu den Philistern aufgegeben und kämpfte nun gegen diese. Er hatte militärische Erfolge, danach soll er das bewegliche Heiligtum (Bundeslade) in Jerusalem aufgestellt haben.

David beanspruchte den Namen Israel für seinen ganzen Herrschaftsbereich, dennoch blieben Israel und Juda zwei verschiedene Kriegerbündnisse. Um seine Herrschaft zu sichern, benötigte er fremde Söldner, er warb auch Philister an. Es gab Aufstände gegen den König, zuerst durch seinen Sohn Abschalom, dann durch einen Anhänger des getöteten Königs Saul. David führte Kriege gegen die Aramäer, die Moabiter, die Edomiter, er dehnte seine Herrschaft über die Ebene von Jesreel und über Galiläa aus. Die sog. Levitenstädte wurden als neue Verwaltungseinheiten errichtet. Er herrschte über einen Großteil Palästinas, nicht aber über die Gebiete der Philister und der Phönikier an der Küste.

David hatte ein kleines Königreich geschaffen, das die Texte der Bibel aber viel größer beschreiben, als es die archäologischen Funde bestätigen. Wir sehen in diesem heiligen Buch den Trend der maßlosen Vergrößerung und Übertreibung im Bezug auf die historischen Gegebenheiten. Im Jahr 965 v.Chr. übernahm Davids Sohn *Salomo* das Reich, er führte keine Eroberungen mehr durch. Vielmehr organisierte er den Handel mit Pferden und Streitwagen zwischen Ägypten und dem Königreich Koe. Mit den Schiffen der Phönikier soll er über das Rote Meer mit Gold, Weihrauch und Edelsteinen gehandelt haben. Die Erzählung von einer Königin aus Saba deutet Handelsbeziehungen zu Südarabien an. Im Norden waren die Phönikier seine Handelspartner, sie tauschten ihre Waren mit Ägypten aus.

Die Schiffe der Phönikier erreichten zu dieser Zeit Nordafrika und Zypern.

Eine überregionale Bedeutung hatte das Königtum Salomos wohl nicht, es dürfte aber intern gut organisiert gewesen sein. Im ganzen Land erneuerte der König Stadtmauern und Stadttore.[7] Vor allem baute er die Stadt Jerusalem aus, auf dem Berg errichtete er einen Tempel, daneben eine Burg, einen Millo und um die Stadt eine Schutzmauer. Die archäologischen Funde zeigen, dass ca. 10 ha Fläche verbaut und bewirtschaftet waren, die Zahl der Einwohner wird auf 1500 geschätzt. Der Burgberg war für den König, die Verwaltung und den Tempel bestimmt, in der unteren Stadt wohnten die Freien und die Sklaven.

Der *Tempel* bestand aus einem Raum des Allerheiligsten, aus einer Vorhalle und aus mehreren Vorratsräumen. Im Hof stand der Opferaltar für die Tieropfer, auch von zwei Säulen ist in der Bibel die Rede. Verehrt wurde der Bundesgott Jahwe, der David die Siege geschenkt hatte. Ein großes und ein kleines Wasserbecken dienten zur Reinigung beim Ritual. Offensichtlich wurde dieser erste Tempel nach den Vorbildern der umliegenden Stämme und Kulturen gebaut. Er sollte zu einem Zentrum der Verwaltung, der Wirtschaft, des Kultes und der Herrschaft werden.

---

[7] J. Finkelstein/N.A. Silberman, Keine Posaunen 37–44; J. Pritchard, Großer Bibelatlas 80–86.

Die Priester am Tempel bekamen nun an der Verwaltung des Landes ihren Anteil, sie stützten und legitimierten die Herrschaft des Königs.

Im Land Palästina gab es Tempel seit der frühen Kupferzeit, ab 3200 v.Chr., etwa in En Gedi, Megiddo, Ai, Telelat Ghassul, Arad. In der Bronzezeit wurden die Tempel als Langhäuser gebaut. Im Tempel von Arad wurde ein Heiligtum für den Gott Jahwe eingerichtet (ca. 900 v.Chr.), dort stand eine Steinsäule (Massebe) als Zeichen der göttlichen Gegenwart. Beim Eingang waren zwei Altäre für Rauchopfer, im Hof stand der Altar für die Tieropfer. Seit dem 8. Jh. v.Chr. kämpften Jahwe-Propheten gegen die Verehrung der Steinsäulen.[8]

In der Folgezeit beerbten sowohl die *Israeliten,* als auch die *Phönikier* die alte Kultur der Kanaanäer. Die Israeliten lebten hauptsächlich von der Landwirtschaft und der Viehzucht, die Phönikier aber trieben Handel mit Holz, Bronze, Elfenbein, Edelsteinen und Textilien. Ihre Schiffe fuhren bis Nordafrika und führten bereits Sklaven mit. Von den Ägyptern lernten sie, das Glas und Fayencen herzustellen, ihre Handwerker arbeiteten auch in Spanien und auf Sizilien. Nach dem Tod des Königs Salomo hatten sich Israel und Juda wieder getrennt, sie bildeten nun zwei Königreiche.

Im 9. Jh. v.Chr. verbündete sich das kleine Königreich Israel mit der phönikischen Stadt Tyros, der *König Ahab* heiratete die phönikische Prinzessin Isebel. Als auch der König von Juda dem Bündnis beitrat, nahm er die Tochter Isebels zur Frau. Denn auch die Könige David und Salomo waren mit phönikischen Frauen verheiratetet gewesen (Zweitfrauen). Nun stellten die Phönikier Handwerker und Baumeister für die königlichen Bauten in Jerusalem, in Megiddo und in Samaria bereit. Israels Töpfer übernahmen die phönikischen Motive, ihre Erzeugnisse waren im Handel geschätzt. Der jüdische König Hiskija zahlte phönikische Metallschalen als Tribut an den assyrischen König Sanherib. Doch in der Folgezeit kamen auch die Phönikier unter die Abhängigkeit der Assyrer, ihre Städte wurden schwer beschädigt.

Erst unter der Herrschaft der Perser erhielten die phönikischen Städte wieder mehr Handelsfreiheit. Doch nun war das Land Juda zu arm, um sich Handelswaren der Phönikier kaufen zu können. Mit den Handelsgütern brachten die Phönikier auch ihre Mythologie in den Raum des Mittelmeeres. Aus der Stadt Gebal (Byblos) brachten sie Schreibmaterial zu den Griechen, das aus Papyrusblättern geflochten war. Daraus entstand das spätere Papier, und die Griechen nannten fortan ihre geschriebenen Textsammlungen „Biblos" (Buch, Bibel). Die Aufbewahrungsräume für diese Schriften hießen fortan „Bibliothek".[9]

---

[8] J. Finkelstein/N.A. Silberman, Keine Posaunen 216–248.
[9] J. Pritchard, Großer Bibelatlas 80–86. J. Finkelstein/N.A. Silberman, Keine Posaunen 317–335.

Die beiden Königreiche Juda und Israel

Unter dem Sohn des Königs Salomo trennten sich die beiden Königreiche Juda und Israel wieder, das *Nordreich (Israel)* verweigerte dem *Südreich (Juda)* die Anerkennung. Bei Kriegen zwischen beiden konnten einige Stämme wieder frei werden. Zu dieser Zeit fiel der König von Ägypten (Schischak) in Juda und Israel ein und forderte von beiden Tributzahlungen. Eine Stele im Megiddo erinnert an diese Kriegszüge. Der Heerführer von Israel hieß Omri, er wurde dort zum König ausgerufen. Er baute zuerst die Stadt Tirza aus, dann die Stadt Samaria. Er suchte das Bündnis mit den Phönikiern, deswegen heiratete sein Sohn Ahab die phönikische Königstochter Etbaal von Tyros. Die Stadt Samaria wurde mit einer Mauer befestigt, in ihr wurden phönikische Kunstformen aus Stein, Elfenbein und Ton benutzt.

Doch vom Osten her wurde nun der politische Druck des Königs von Assur stärker. Deswegen festigte sich das Bündnis zwischen Israel und Juda auch durch eine Heirat. Doch in Israel konnte sich nie eine dynastische Thronfolge durchsetzen, weil die Krieger immer den Stärksten unter ihnen zum König wählten. Das Südreich Juda hatte eine Thronfolge in der Sippe des Königs David. Zu dieser Zeit waren im Nordreich *Propheten* unterwegs, die im Eifer für den Schutzgott Jahwe auch ein politisches Programm sahen; Elija und Elischa werden namentlich genannt. Sie bekämpften das Bündnis mit den Phönikiern und deren Religion, denn sie wollten das Bündnis mit Juda festigen und den Kriegsgott Jahwe verehren. Der Prophet Elischa ließ den Heerführer Jehu zum König salben, dieser tötete mit seinem Heer den König Joram, Isebel und die ganze Sippe Ahabs.[10]

Eine besondere Beziehung hatte Israel zum angrenzenden Königreich Moab im Osten, denn beide Völker waren durch Sprache, Kultur und gemeinsame Geschichte eng verbunden. Moab hatte fruchtbares Ackerland und große Viehherden, in Zeiten des Hungers wanderten Israeliten dorthin aus. König Salomo hatte Teile von Moab in seine Abhängigkeit gebracht, zu seinen Frauen gehörten auch Moabiterinnen. Östlich von Jerusalem hatte er ein Heiligtum für den moabitischen Gott Kemosch errichtet. Später konnte sich Moab von Juda/Israel befreien, eine Steinstele in Qarchoh erzählt von diesen Kämpfen.

Auf dieser moabitischen Steinstele findet sich der älteste historische Beleg für den *Gottesnamen Jahwe*, in Konsonantenschrift (JHWH). Jahwe war der Schutzgott Israels, Kamosch der Schutzgott Moabs, beide schenkten ihren Kriegern die Siege. Als der König David zu den Philistern geflohen war, musste er auch deren Schutzgötter verehren. Zu dieser Zeit wurde in Syrien und Palästina neben den Schutzgöttern der Stämme ein „höchster Gott" (El Eljon) angenommen. Dieser hatte den einzelnen Völkern deren Schutzgötter zugeteilt; Jahwe sei dem Volk Israel zum Schutz zugeteilt worden (Dtn 32,8f). In dieser Sichtweise war Jahwe ein Gott unter vielen, er war dem höchsten Gott El Eljon unterstellt.

---

[10] J. Finkelstein/N.A. Silberman, Keine Posaunen 188–216; J. Pritchard, Großer Bibelatlas 98–102.

Erst sehr viel später gelang es den *Jahwepriestern*, ihren Gott mit dem „höchsten Gott" gleich zu setzen, sie nannten ihn aber nun nicht mehr Jahwe (der mit uns Seiende), sondern „Herrscher" (Adonai). Die Jahwepriester versuchten nun, die Schutzgötter der anderen Völker und Stämme zu „Engeln" oder zu bösen „Dämonen" zu degradieren. Damit verfolgten diese Priester und die ihnen nahe stehenden Propheten vor allem ein politisches Programm, denn sie wollten damit ausdrücken, dass Israel über die anderen Völker und Stämme herrschen sollte. Die religiöse Symbolwelt der Götter war zu einem wirksamen Instrument der politischen Herrschaft geworden.

Diesen *politischen Prozess* setzten die Jahwepriester fort, ihr Schutzgott sollte der einzige Gott in Israel und Juda werden. In den Spätschriften der jüdischen Bibel (Dan 10,13–20ff) wurden die Schutzgötter der anderen Völker nur mehr als „Schutzengel" gewertet, die dem höchsten Gott Jahwe als dienende Wesen unterstehen sollten. So kann ein Großteil der Bibel auch als politisches Programm verstanden werden, als solches war es von den Priestern und der Allein-Jahwe-Bewegung konzipiert. Bereits hier wurden Herrschaft und Heil eng miteinander verbunden.[11]

So war die gewaltsame Kultreform der Jahwepriester mit einem Programm der politischen Herrschaft verbunden. Denselben Prozess erkennen wir bei der Durchsetzung des Christentums als römische Reichsreligion nach 380 n.Chr., aber auch bei der Reform des arabischen Heerführers und Propheten Muhammad im 7. Jh. n.Chr. Die Verehrung der Schutzgötter der Krieger war bei allen Völkern mit militärischen Siegen und mit politischer Macht verbunden. Damit fallen die Jahwepriester nicht aus der Reihe.

Die Riten der Fruchtbarkeit

Seit dem Neolithikum lassen sich in Palästina *Steinheiligtümer* nachweisen (z.B. Jericho), sie wurden später Masseben genannt und von den Kanaanäern und den Israeliten verehrt. Auf einer kanaanäischen Steinreihe bei Hazor (13. Jh.v.Chr.) wird eine Gestalt mit ausgestreckten Händen und mit dem Sichelmond als Amulett dargestellt; es könnte sich um vergöttlichte Ahnen handeln. Steinsäulen beim Tempel von Arad (9. Jh. v.Chr.) zeigen den Kriegsgott Jahwe, vor ihm stehen zwei Räucheraltäre. Als die Jahwe-Propheten später diese Steinsäulen bekämpften, wurde eine dieser Säulen in den Fußboden des Heiligtums gemauert (8. Jh. v. Chr.). In Beerscheba ist ein Opferaltar mit Stierhörnern und einer eingeritzten Schlange gefunden worden (8. Jh.v.Chr.), auch hier wurde die Anwesenheit göttlicher Kraft verehrt.[12]

An den *kanaanäischen Kultorten* standen heilige Bäume als Orte der Lebenskraft und der Fruchtbarkeit. Viele Rollsiegel aus der frühen Eisenzeit zeigen Men-

---

[11] J. Pritchard, Großer Bibelatlas 100–106. G. Stemberger, Einführung 35–44.
[12] G. Stemberger, Einführung 40–56. J. Pritchard, Großer Bibelatlas 100–104.

schen in Gebetshaltung unter einem heiligen Baum (Lachisch, Bet Schemesch, Samaria, Megiddo). Goldplättchen aus Tell Adschul bei Gaza und aus Ugarit zeigen Bäume, die aus dem Nabel oder der Vagina einer Muttergöttin wachsen. Unter diesen Bäumen feierten die frühen Ackerbauern das Ritual der „Heiligen Hochzeit", um für ihre Felder und Obstgärten die Kräfte der Fruchtbarkeit zu wecken (vgl. Hos 4,13f).

Die Kanaanäer verehrten den Gott Baal als großen Herrscher, sein Tempel stand auf dem Berg Zafron, auf vielen Statuen aus Bronze wurde er als Krieger dargestellt. Sein wichtigstes Symbol war der Stier, das Tier der Fruchtbarkeit. Auf einem Hügel bei Samaria wurde ein Stierbild aus Bronze mit 1 m Länge ausgegraben. Ähnliche Bilder fanden sich in Ugarit und Hazor. Auch der israelische König Jeroboam ließ in Bet-El und in Dan vergoldete Stierbilder aufstellen, aber zur Verehrung des Schutzgottes Jahwe. Es ist daher möglich, dass das Stierbild in Samaria den Fruchtbarkeitsgott Jahwe darstellt (vgl. 1 Kön 12,28–30). Von einem Bilderverbot war in Israel zu dieser Zeit noch keine Rede.

Der *Gott Baal* galt als der Verteidiger des Ackerlandes gegen das brandende Meer im Westen. Auf einem Siegel aus Tell el Fara tötet der geflügelte Baal die gehörnte Schlange des Meeres. Er besiegte den Gott der Dürre (Mot), der das Fruchtland bedrohte. Ein Mythos aus Ugarit erzählt, dass der Gott Baal jedes Jahr während der Zeit der Dürre in die Unterwelt abstieg. In dieser Zeit hörte auf der Erde das Wachstum auf. Wenn er aber auf die Erde zurückkehrte und in einem Ritual zum König eingesetzt wurde, begannen die Felder und Weiden wieder zu grünen. Beim Fest der Rückkehr des Gottes Baal feierten die Ackerbauern das Fest der „heiligen Hochzeit" auf ihren Feldern und an den heiligen Orten.[13]

Die *Göttin Aschera* aus Ugarit wurde als Schutzgöttin der erotischen Liebe dargestellt. Ein altsyrisches Siegel zeigt, wie sie vor dem Gott Baal ihr weibliches Geschlecht öffnet und ihn zum Liebesspiel einlädt. Eine ägyptische Stele aus dem 13. Jh. v.Chr. zeigt die kanaanäische Göttin der Fruchtbarkeit Qudschu (Heiligkeit) nackt auf einem Löwen stehend. Vor ihr steht der männliche Gott mit aufgerichtetem Penis, begleitet wird er vom Schutzgott der Krieger (Reschef). Der Name der Göttin sagt, dass Sexualität am heiligen Ort als etwas Heiliges verstanden wurde.

Später hießen die Priesterinnen, die am heiligen Ort mit Männern das Liebesspiel ausführten, „heilige Frauen" (qadischa). Selbst die Griechen nannten diese Frauen „heilige Dienerinnen" (hiere doule). Die frühen Ackerbauern deuteten die sexuelle Vereinigung am heiligen Ort mit einer Priesterin als Begegnung mit den Lebenskräften der großen Göttin. Sie erbaten dabei die Fruchtbarkeit der Felder, der Obstgärten, der Viehherden und ihrer Sippen. Diese „heiligen Hochzeiten" gehörten bei den Kanaanäern zum Kult der Fruchtbarkeit. Aber auch in Israel zeigen Ausgrabungen aus dem 6. Jh. v.Chr. viele weibliche Tonfiguren mit gro-

---

[13] J. Finkelstein/N.A. Silberman, Keine Posaunen 112–138.

ßen Brüsten. Sie stellen die nährende Göttin und die Schützerin der erotischen Liebe dar.

Doch die meisten dieser weiblichen Gestalten wurden mit Gewalt zerbrochen, was wohl das Werk der gewaltsamen *Kultreform der Jahwepriester* war, denn sie bekämpften durch viele Jahrhunderte die Kulte der Fruchtbarkeit. Für sie war allein Jahwe der Herr des Lebens und der Spender des Wachstums (vgl. Spr 5,19). Auf vielen Bildern der Phönikier wurde die nährende Göttin im Bild einer Kuh dargestellt.[14] In ganz Palästina finden sich seit der Eisenzeit Bilder von säugenden Rehen und Ziegen. Der Skorpion galt wegen seines Paarungstanzes als heiliges Tier der großen Muttergöttin. Der Text des „Hohen Liedes" der Liebe kennt noch die Schwüre der Liebenden bei den Gazellen und Rehen.

Auf den Darstellungen der späten Bronzezeit in den Tempeln von Hazor, Megiddo, Tell Mevorach und Geser hält die Göttin eine Schlange in der Hand. Dieses Tier war wohl ein Symbol der Fruchtbarkeit, es wurde deswegen in der Bibel von den Jahwepriestern dämonisiert und verflucht. Doch Moses selbst soll eine Schlange aus Kupfer auf einem Pfahl aufgerichtet haben, um Giftschlangen abzuwehren (Num 21,6–9). Auch im Tempel von Jerusalem wurde eine heilige Schlange verehrt, deren Bild aber durch den König Hiskija zerstört wurde (2 Kön 18,4). Die Flügeltiere (Uräen) auf hebräischen Siegeln galten als Schutztiere gegen böse Dämonen. Der Prophet Jesaia sah in einer ekstatischen Vision den Gott Israels von Flügeltieren (Serafim) umgeben, ähnlich wie die ägyptischen Götter.

Andere Mischwesen waren die Cherubim, sie hatten den Körper von Löwen, die Flügel der Adler und den Kopf von Menschen. Zwei solcher Wesen trugen den Thron des Gottes Jahwe im Tempel des Königs Salomo. Im zweiten Tempel nach dem babylonischen Exil wurden diese Mischwesen nicht mehr aufgestellt.[15] Ein Schutzgott der schwangeren Frauen war der ägyptische Zwergengott Bes, seine Bilder wurden auf vielen Amuletten in Israel und Juda in der Königszeit gefunden. Diese Beispiele zeigen, wie die Israeliten durch viele Jahrhunderte auch die Schutzgötter der Kanaanäer, der Phönikier und der Ägypter verehrten. Doch die Jahwepriester bekämpften diese Verehrung und den Kult der Fruchtbarkeit.

Fortgang der jüdischen Geschichte

Ein besonderes Verhältnis bildete Israel zu den Aramäern, sie bildeten ein Königreich um die Stadt Damaskus. Doch ihre Sprache verbreitete sich bald auch in angrenzenden Regionen und Stadtstaaten. Lange Zeit gab es Kriege zwischen den Israeliten und den Aramäern, es ging um die Beherrschung der großen Handelsrouten. Das Land Juda musste an die Aramäer sogar Tribut zahlen. Als der politische Druck vom *Reich der Assyrer* her immer stärker wurde, konnte sich in Israel keine

---

[14] J. Pritchard, Großer Bibelatlas 102–106. J. Maier, Judentum. In: A. Grabner-Haider/K. Prenner (Hg.), Religionen und Kulturen der Erde. Wien 2004, 88–90.

[15] J. Pritchard, Großer Bibelatlas 102–104.

stabile Herrschaft mehr bilden. Der jüdische König Ahas rief sogar den assyrischen König Tiglat Pileser zu Hilfe, dieser eroberte 734 v.Chr. die Stadt Damaskus und große Teile Israels. Die eroberten Gebiete wurden assyrische Provinzen. Nach assyrischen Berichten soll auch der König Salmanassar III mit vielen Kriegern, Streitwagen und Reitpferden gegen die Aramäer gekämpft haben.[16]

Aus diesen Texten geht hervor, dass die Assyrer von Israel und Juda hohe Tributzahlungen forderten. Im Jahr 722 v.Chr. eroberte der assyrische König die Stadt Samaria und führte viele Israeliten in das Exil. Später wurde auch die Stadt Aschdod erobert, danach musste auch der König von Juda an die Sieger große Mengen an Silber und Gold zahlen. Nach kurzer Zeit belagerte der babylonische König Nebukadnezar den König von Juda, er besiegte ihn und raubte seine Stadt Jerusalem aus. In dieser Zeit hatten zuerst die Assyrer und später die *Babylonier* ihr Reich nach Westen hin stark vergrößert, Israel und Juda waren ihnen hilflos ausgesetzt.

Nach der Eroberung des Nordreiches Israel durch die Assyrer hatte das kleine Südreich Juda an Bedeutung gewonnen. Zu dieser Zeit traten viele Propheten (nebiim) auf, die sich als Verkünder des göttlichen Willens verstanden. In ihren ekstatischen Visionen und Auditionen vertraten sie zunehmend den Anspruch der Ausschließlichkeit ihres Gottes Jahwe. Mit ihrem politischen Programm setzten sie das Recht ihres Bundesgottes über das Recht des Königs. So verkündeten sie im Volk, dass Israel und Juda Werkzeuge des Gottes Jahwe seien, um seine Herrschaft zu errichten. Die erlittenen Niederlagen seien eine göttliche „Strafe" für die Verehrung fremder Götter.

Denn der Bundesgott Jahwe sei ein eifersüchtiger Gott, er beschütze sein Volk nur dann, wenn alle Volksgenossen nur mehr ihn verehrten. Wenn die Menschen die fremden Götter aufgeben und die Kulte der Fruchtbarkeit beenden, wenn sie reumütig zu ihrem Bundesgott Jahwe umkehrten, dann werde die Unterdrückung durch Fremdvölker zu Ende kommen.[17]

König *Joschija von Juda* nützte die kurzzeitige Schwäche des assyrischen Reiches, um seine Herrschaft auszuweiten und die religiösen Kulte in seinem Land zu reformieren. Er eroberte Teile von Israel und vom Land der Philister. Danach ließ er die assyrischen Kultsymbole aus dem Tempel in Jerusalem entfernen, der Opferkult für Jahwe sollte fortan nur mehr an diesem Tempel stattfinden.

Deswegen ließ der König in seinem Land viele andere Kultorte zerstören, ihre Priester wurden nach Jerusalem umgesiedelt. Doch sie durften am Tempel dieser Stadt keinen Dienst mehr tun. Die öffentliche Verehrung fremder Götter und die Teilnahme an Fruchtbarkeitsriten wurden als Kapitalverbrechen gewertet, das Monopol der Jahweverehrung sollte mit politischer und militärischer Gewalt durchgesetzt werden. Nun wurden die Priesterinnen und Priester der alten Fruchtbarkeitskulte von ihren heiligen Orten vertrieben, die „heilige Hochzeit"

---

[16] J. Finkelstein/N.A. Silberman, Keine Posaunen 216–244. J. Maier, Judentum 86–88.
[17] J. Pritchard, Großer Bibelatlas 117–120.

wurde verboten. Die Bilder der kanaanäischen Götter Baal und Aschera wurden vernichtet, ein Kultpfahl der Fruchtbarkeitsgöttin wurde aus dem Tempel zu Jerusalem entfernt.

Bekämpft wurde auch der Kult des phönikischen Gottes Moloch/Melech, dem in der Frühzeit Kinderopfer gebracht worden sein sollen. Inschriften aus Karthago belegen aber, dass Moloch eine Weihegabe bzw. eine Art des Opfers an den Gott meinte. Der König Joschija wollte die beiden Königreiche Juda und Israel wieder vereinigen, um Davids Königreich zu erneuern. Aus diesem Grund ließ er ein „Bundesbuch" mit neuen Gesetzen öffentlich verlesen, auch das Passahfest wurde nun allgemein vorgeschrieben.[18] Eine historische Gestalt aus dieser Zeit ist der Prophet Jeremia, der den zentralen Tempelkult in Jerusalem öffentlich kritisierte. Er mahnte den König vor dem Untergang seines Reiches, wenn er der neuen Herrschaft der Babylonier keinen Tribut zahle. Doch der König hörte nicht auf den Propheten, so eroberte der babylonische König Nebukadnezar die Stadt Jerusalem und setzte dort einen neuen König ein.

Aber auch dieser König agierte gegen den König von Babylon, sodass dieser die Stadt Jerusalem im Jahr 587 v.Chr. ein zweites Mal eroberte. Nun wurden Teile der Oberschicht von Juda nach Babylon deportiert, es begann das lange *Babylonische Exil*. Der Prophet wurde von seinen Anhängern nach Ägypten mitgenommen, wo er verschollen ist. Nun wurden auch die Ägypter von den Babyloniern bei Gaza besiegt, damit endet der ägyptische Einfluss in Palästina für lange Zeit. Als die Babylonier die Stadt Jerusalem eroberten, nahmen sie den König gefangen, Teile der jüdischen Oberschicht entführten sie nach Nippur, wo sie angesiedelt wurden.

Diese Juden in Babylonien durften aber ihre inneren Angelegenheiten selber regeln, einige von ihnen wurden von den Siegern als Schreiber und in der Verwaltung der Stadt eingesetzt. Nicht wenige der jüdischen Familien und Sippen sind auch nach dem Exil in Babylonien geblieben, sie legten damit den Grundstock für das babylonische Judentum. Doch das neubabylonische Reich wurden vom Osten her von den Medern und Persern bedrängt, im Innern gab es Aufstände der Priester gegen die Herrschaft des Königs. So gelang es im Jahr 539 v.Chr. dem Perserkönig Kyros, die Stadt Babel zu erobern und das babylonische Reich zu beenden.[19]

Damit begann für Israel und für Juda die Zeit der *persischen Herrschaft*. Die Perser eroberten nun auch große Teile Ägyptens, sie bauten mit Sklaven einen Kanal zwischen dem Nil und dem Roten Meer. Sie ließen die ägyptischen Gesetze aufschreiben und die Ausbildung der Priester verbessern. In Elephantine gab es zu dieser Zeit eine jüdische Gemeinde, die im Dienst der persischen Herrschaft stand. Sie hatte ihren eigenen Tempel, in dem sie den Schutzgott Jahu mit seiner Frau Aschera verehrten. Die Zeit der persischen Herrschaft brachte den Juden und

---

[18] G. Stemberger, Einführung 44–50. J. Pritchard, Großer Bibelatlas 117–122.
[19] J. Finkelstein/N.A. Silberman, Keine Posaunen 272–283.

Israeliten die mögliche Heimkehr aus Babylonien, aber nicht alle machten von dieser Rückkehr Gebrauch.

Nun wurde in Jerusalem ein neuer Tempel errichtet, denn der alte war zerstört worden. Als Bauzeit werden die Jahre 520 bis 516 v.Chr. angegeben, zwei Generationen später wurden die Stadtmauern wieder aufgebaut. Unter dem Priester Esra wurden 398 v.Chr. die neuen und verschärften Gesetze der *monotheistischen Gotteslehre* öffentlich verkündet. Nun durfte nur mehr Jahwe als Bundesgott öffentlich verehrt werden, der Kult für fremde Götter wurde mit dem Tod bedroht. In der Lehre der Priester war der Bundesgott nun nur mehr männlich, er hatte keine weiblichen Züge und keine Frau mehr an seiner Seite. Nun durfte Jahwe nicht mehr auf Bildern dargestellt werden, um nicht mittels der Bilder auf magische Weise einen Zwang auf ihn ausüben zu können.

Denn nach der Lehre der Priester war Jahwe der souveräne Herr der Geschichte, er konnte von Menschen zu nichts gezwungen werden. Nur die Priester am Tempel hatten Zugang zum Bundesgott, nur sie konnten die Opfer darbringen und die Reinigung von den Sünden bewirken. Dieses patriarchale Gottesbild wurde zu dieser Zeit offensichtlich durch persische Lehren verstärkt. Denn auch die Oberschicht der Perser neigte seit Zarathustra zur Verehrung eines einzigen Gottes, der gegen den Gott der Finsternis kämpfte. Die Priester beider Kulturen hatten erkannt, dass die Verehrung eines einzigen Gottes der Sicherung einer zentralen Herrschaft dient und nützlich ist.[20]

Palästina war nun ein Teil der fünften persischen Satrapie, die Verwaltung der Assyrer und der Babylonier dürfte weitgehend übernommen worden sein. Die Papyri von Elephantine (Jeb) in Ägypten sprechen von den persischen Provinzen Samerina (Samaria) und Jehud (Juda). Nun zeigen die archäologischen Funde deutliche kulturelle Unterschiede zwischen den westlichen und den östlichen Regionen Palästinas. Der Osten wurde stärker von Assyrien, Babylonien und Ägypten geprägt, der Westen folgte mehr den Kulturen des Mittelmeeres. Die Spuren der persischen Kultur bleiben in der ganzen Region erstaunlich gering, es dürfte wenig Neues gebaut worden sein. Auffallend ist aber, dass die griechische Kultur durch den Handel mit den Ländern des Mittelmeeres schon in der persischen Zeit (539 bis 332 v.Chr.) stark verbreitet war.

Die hellenistische Zeit und Kultur

Mit den siegreichen Feldzügen des Makedonierkönigs Alexander wurde das persische Reich erobert und beendet, nun verbreitete sich griechische Kultur über die Länder des Vorderen Orients. Nach dem Tod des Königs (323 v.Chr.) teilten sich seine Heerführer die Herrschaft über die eroberten Gebiete. Ptolemaios I. begründete die *Königsdynastie der Ptolemäer* in Ägypten, sie residierten in der

---

[20] J. Pritchard, Großer Bibelatlas 120–130. J. Finkelstein/N.A. Silberman, Keine Posaunen 317–330.

neu gegründeten Stadt Alexandria und regierten über Ägypten, Palästina mit Juda und Israel und über Phönikien. Der Feldherr Seleukos I. begründete die *Dynastie der Seleukiden* und trat die Herrschaft über Babylonien, Persien und Syrien an. Demetrios I. herrschte über Kleinasien, Lysimachos über Thrakien und Kassander über Griechenland und Makedonien.

Bereits im 7. Jh. v.Chr. waren griechische Söldner im Dienst der Ägypter in den Städten der Philister stationiert gewesen. Ab dem 5. Jh. v.Chr. kamen griechisch sprechende Händler aus Tyros nach Jerusalem, und bald danach wurden in Judäa schon Münzen mit der griechischen (attischen) Eule benutzt. Die jüdische Oberschicht lernte früh die griechische Sprache und Schrift kennen. Nach der Zeit Alexanders siedelten nun viele jüdische Familien und Sippen in den neu gegründeten griechischen Städten in Ägypten und Syrien. Vor allem Alexandria und später Antiochia wurden zu Zentren der griechischen und der jüdischen Kultur. Selbst in Jerusalem wurde im 2. Jh. v.Chr. eine Geschichte der Juden von Eupolemos in griechischer Sprache verfasst.[21]

Die späteren *Hasmonäer-Könige* in Israel verstanden sich als hellenistische Fürsten, ihre Münzen waren in griechischer und in hebräischer Sprache beschriftet. Vor allem die jüdische Oberschicht, aber auch die Händler und Handwerker öffneten sich der griechischen Kultur, sie sahen die Vorteile einer gemeinsamen Verwaltungs- und Bildungssprache (Koine) auch für den Handel mit Gütern. Griechische Wanderlehrer verbreiteten die Ideen und Lebenswerte der stoischen und der kynischen Popularphilosophie. In den Städten wurden Gymnasien und Theater, Bäder (Thermen) und Tempel eingerichtet, vereinzelt auch in den Städten Judas und Israels. Doch für die unteren sozialen Schichten blieb die griechische Kultur auch eine starke Herausforderung.

In den Gymnasien wurden der Körper und der Geist gebildet, es wurde nach Geschlechtern getrennt nackt geturnt, was für manche Juden wegen ihrer beschnittenen Penisvorhaut ein Problem war. In den Säulenhallen der Marktplätze wurden Geschäfte abgewickelt oder philosophische Fragen diskutiert. In den Theatern wurden griechische Dramen gespielt, doch bald brachten Schriftsteller aus den einzelnen Regionen auch ihre Heldensagen auf die Bühne. In den Städten standen viele Tempel und es wurden viele Götter und Göttinnen verehrt, die monopolhafte Verehrung eines einzigen Schutzgottes war schwer zu vermitteln.

Auf den Plätzen der Städte standen die Standbilder der Schutzgötter und der Göttinnen der Liebe. Jedes Volk konnte seine Götter verehren und seine Riten ausführen, sofern diese nicht gegen die „guten Sitten" der griechischen Kultur verstießen. Auch in Jerusalem wurden griechische Götterbilder aufgestellt, weil dort auch Griechen wohnten. Doch der *Bezirk des Jahwetempels* blieb geschützt, dort durften keine fremden Götter verehrt werden. Die Griechen durften nur den Vorhof des Tempels betreten, das Zentrum blieb nur den Juden vorbehalten. Erstaunlicher

---

[21] F. Dexinger, Judentum. In: J. Figl (Hg.), Handbuch der Religionswissenschaft 395–411. J. Pritchard, Großer Bibelatlas 138–144.

Weise öffneten sich die jüdischen Priester der griechischen Kultur, sie arbeiteten mehrheitlich kooperativ mit der Verwaltung der Ptolemäer zusammen.

Unter dieser Herrschaft kam es zu einem intensiven Austausch mit Ägypten, viele jüdische Sippen zogen nach Alexandria und in andere ägyptische Städte. Oft bewohnten sie eigene Stadtviertel, um ihre Riten und Gesetze besser verfolgen zu können. Sie richteten ihre Versammlungshäuser (Synagogen) ein, wo sie regelmäßig aus den Schriften der Tora lasen. Als diese Schriften in der zweiten oder dritten Generation nicht mehr in der hebräischen Sprache verstanden wurden, mussten sie in die griechische Sprache übersetzt werden. Diese Übersetzung wurde im 3. Jh. v.Chr. ausgeführt, damit aber wurden griechische Ideen mit jüdischen Lehren verbunden.

Im 2. Jh. v.Chr. floh der jüdische Priestersohn Onias aus Jerusalem nach Ägypten und baute in der Stadt Leontopolis einen Gegentempel zu Jerusalem auf. Bald zogen auch jüdische Bauern und Handwerker nach Ägypten, sie übernahmen dort die Funktionen und Berufe von Soldaten, Polizisten, Steuerbeamten und Verwaltungsbeamten. Sie hatten ihre Synagogen in Alexandria, Krocodopolis, Athribia u.a. Unter den gebildeten Juden entstand bald eine *jüdische Literatur* in griechischer Sprache. So verfasste Demetrios eine jüdische Geschichte, Artapanos schrieb jüdische Romane, und Aristoboulos begann mit der jüdischen Philosophie. Der Dichter Ezechiel stellte den Auszug Israels aus Ägypten als Drama dar, das im Theater gespielt wurde. Der Autor Pseudo-Hekataios schrieb mehrere Werke über die jüdische Kultur und Lebensform.[22]

Mit diesen Schriften wollten die gebildeten Juden zeigen, dass ihre Kultur der griechischen Kultur ebenbürtig, wenn nicht sogar überlegen sei. Das große Werk der Kulturvermischung aber ist die griechische Übersetzung der jüdischen Bibel, die sog. *Septuaginta*, die im 3. Jh. v.Chr. von mehreren Gruppen in Alexandria verfasst worden ist. Damit wurden nun die Inhalte der jüdischen Religion der gesamten griechischen Welt zugänglich, sofern diese daran ein Interesse zeigten. Diese Übersetzung wurde mehrfach abgeschrieben und in andere griechische Städte gebracht, wo Juden in großer Zahl lebten. Nun konnte die Bibel bzw. die Tora in den Synagogen in griechischer Sprache gelesen und ausgelegt werden.

Diese Übersetzung ist ohne Zweifel die entscheidende Voraussetzung auch für die Entstehung und Verbreitung der christlichen Religion. Denn ohne diese Übersetzung wären sowohl die jüdische, wie die christliche Religion kleine Glaubensgemeinschaften innerhalb des Judentums geblieben.

Ab 200 v.Chr. gab es in Palästina einen Herrschaftswechsel, nun hatten sich die *Seleukiden* durchgesetzt und verwalteten fortan Israel und Juda. Deren Hauptstadt war zuerst Seleukia, später wurde die Verwaltung in die neu gegründete Stadt Antiochia am Orontes verlegt. Auch diese Stadt wuchs sehr schnell, zu Beginn der römischen Kaiserzeit hatte sie wie Alexandria ung. 1 Million Einwohner. Die Seleukiden förderten die Vermischung der Kulturen in ihrem Herrschaftsbereich.

---

[22] G. Stemberger, Einführung 35–40. J. Pritchard, Großer Bibelatlas 140–144.

Die griechischen Siedler wurden angehalten, nichtgriechische Frauen zu heiraten, um die Kulturen zu verbinden. Die neuen Städte gaben den Siedlern viele wirtschaftliche Möglichkeiten, wo gebaut wurde, da wurden Arbeitskräfte benötigt. Einige Tempelstädte wie Jerusalem hatten ein besonderes Asylrecht für politisch verfolgte Personen.

Der griechische Herrscher sollte im ganzen Reich kultisch verehrt werden, er galt als ein göttlicher Sohn und Gesandter. Auch hier wurde die Religion dafür genutzt, um die oft labile politische Herrschaft zu sichern. Die Beamten verbreiteten im Land den Herrscherkult, der die Autorität des Königs stärken sollte. Die Mythologen lehrten, dass der verstorbene König in die göttliche Welt eingehe bzw. zurückkehre. Die seleukidischen Könige gaben den Juden viele Steuererleichterungen, sie durften gemäß ihren religiösen Gesetzen leben.[23]

Doch der seleukidische *König Antiochos IV.* holte sich Geld vom jüdischen Tempelschatz, als er in finanziellen Schwierigkeiten war. Denn er war überzeugt, dass alle Tempel im Reich seiner Verfügungsmacht unterstanden. Zu dieser Zeit verkaufte der jüdische Priester Menelaos Gefäße des Tempels, um seine eigenen Schulden an den König zahlen zu können. Danach kam es zu einem Streit zwischen den Priestersippen, der König musste eingreifen und raubte den Tempelschatz (167 v.Chr.). Auf dem Tempelberg von Jerusalem baute er nun eine Festung (Akra) und richtete dort seine syrischen Herrschaftszeichen auf. Außerdem ließ er nun im Jahwetempel eine Statue des griechischen Gottes Zeus aufstellen, weil er überzeugt war, dass Jahwe mit Zeus identisch sei. Viele der Priester ließen sich zu dieser Zeit für politische Zwecke einsetzen. Nun reformierte der König den Tempelkult, er verbot die Verbrennung von ganzen Tieren, nur mehr Fleischteile sollten verbrannt werden. Außerdem verbot er die Arbeitsruhe am Sabbat, die Beschneidung der Knaben und Teile des jüdischen Zeremoniengesetzes.

Mit dieser Reform wurde der jüdische Tempel den griechischen Tempeln gleichgestellt, dort sollten die Götter Jahwe, Zeus und Dionysos verehrt werden. Nun durften auch die Griechen den ganzen Tempel betreten, was bisher verboten war. Als eines Tages der Jude Eleaser den griechischen Göttern Opfer darbrachte, da wurde dieser von fanatischen Juden erschlagen. Nun begann der *Aufstand der Sippe der Makkabäer*, die aus dem Dorf Modein stammten. Ihre Krieger überfielen aus dem Hinterhalt griechische Truppen und besiegten sie bei Emmaus. Danach stellte der Makkabäerführer Judas in Jerusalem den alten Jahwekult wieder her. Er befestigte den Tempelberg und die Stadt Bet-Zur, denn er hatte die griechischen Truppen aus der Stadt vertrieben.

Danach zog der Makkabäerkrieger Judas mit seinen Kampftruppen nach Galiläa und in das Land der Philister, er wurde aber vom syrischen Heerführer Lysias besiegt. Dieser gab aber den Juden ihre alten Rechte der bevorzugten Religionsausübung mit Sabbat und Beschneidung zurück. Im Land gab es zu dieser Zeit seit langem zwei gegensätzliche Parteien, die sich offen bekämpften. Auf der einen

---

[23] G. Stemberger, Einführung 44–50. F. Dexinger, Judentum 395–400.

Seite standen die *hellenisierten Juden*, die für Lernprozesse ihrer Kultur eintraten, auf der anderen Seite waren die orthodoxen und *konservativen Juden*, die jeden Lernprozess in der Religion und in den Gesetzen ablehnten. Nun hatten die Seleukiden wieder die Oberhoheit im Land, doch dürfte der Makkabäer Jonathan in Michmas eine Art Gegenregierung ausgeübt haben (1 Makk 9,73).

Durch eine geschickte Politik konnten die beiden Makkabäer Jonathan und Simon ihre Herrschaft stärken, denn sie errichteten Befestigungsbauten gegen die syrische Herrschaft. Nach dem gewaltsamen Tod des Jonathan übernahm Simon allein die militärische Führung, er vertrieb die seleukidischen Truppen aus Jerusalem (141 v.Chr.). Gleichzeitig erneuerte er die diplomatischen Beziehungen zu den Römern und zur griechischen Stadt Sparta. Jetzt wurde Judäa von der Herrschaft der Seleukiden weitgehend unabhängig, was diese aber rechtlich bestritten. Die jüdischen Schreiber begannen ihre Verträge und Urkunden mit dem ersten Regierungsjahr des Hohenpriesters, Befehlshabers und Führers Simon zu datieren. Damit war das *Königsgeschlecht der Hasmonäer* geboren, denn der Ahnvater der Makkabäer hieß Hasmon.[24]

Ab dem Jahr 141 v.Chr. waren die Juden von der seleukidischen Herrschaft de facto frei, Demetrios II. beendete die Tributforderungen, Antiochos VIII. gestattete ihnen das Recht der eigenen Münzprägung. Doch Johannes Hyrkanos, der Sohn des Simon, musste wieder an den König Tribut zahlen. Als dieser im Kampf gegen die Parther starb, konnten die Hasmonäer ihr Gebiet vergrößern und Teile der Küste erobern. Später wurden Samaria und Idumäa ihrem Herrschaftsbereich angeschlossen. Die Hasmonäer verstanden sich aber als hellenistische Herrscher, ihre Münzen waren griechisch und hebräisch beschriftet.

Als der König Alexander Jannaios starb, folgte ihm seine Frau Salome Alexandra auf den Thron, was für das jüdische Volk ungewöhnlich war. Noch nie war es von einer Frau regiert worden, doch das Amt des Hohenpriesters durfte sie als Frau nicht übernehmen. Dieses übergab sie ihrem ältesten Sohn Hyrkanos II. Bei den männlichen Hasmonäern war also das Königsamt mit dem Amt des Hohenpriesters vereinigt, was bisher nie der Fall war. Denn die Könige hatten sich selbst als oberste Priester eingesetzt, um keine politische Konkurrenz zu haben. Nun verlangte die religiöse *Partei der Pharisäer* (Asidäer) schon von Hyrkanos I. den Verzicht auf das Amt des Hohenpriesters, denn die Sippe der Hasmonäer hatte nach dem altjüdischem Gesetz keinen Anspruch auf dieses Amt.

Als sich der Makkabäer Jonathan im Jahr 152 v.Chr. dieses Amt aneignete, hat sich wahrscheinlich eine religiöse Gruppe unter der Leitung eines „Lehrers der Gerechtigkeit" aus der heiligen Stadt in das Gebiet von Qumran zurück gezogen. Und als Alexander Jannaios als Hoherpriester das Laubhüttenfest leitete, kam es zum Bürgerkrieg. Die Partei der Pharisäer bat sogar den Seleukiden-König Demetrios III. um militärische Hilfe gegen Alexander Jannaios. Doch dieser rächte sich

---

[24] J. Pritchard, Großer Bibelatlas 148–150. G. Stemberger, Einführung 44–50. J. Maier, Judentum 88–94.

an den Pharisäern und ließ 800 von ihnen kreuzigen und ihre Familien ausrotten. Auf dem Sterbebett riet er aber seiner Frau Salome Alexandra zum Frieden mit den Pharisäern. Sie folgte seinem Rat.

Nach dem Friedensschluss mit den Pharisäern wurden diese zur stärksten politischen und religiösen Gruppe im Land. Doch der jüdische Bürgerkrieg ging trotzdem weiter, beide Kriegsparteien ersuchten nun die Römer um militärische Hilfe. Denn diese hatten gerade Teile von Syrien erobert. Der römische Heerführer Pompejus unterstützte zuerst den Hasmonäer Hyrkanos, dann aber seinen Bruder Aristobulos. Danach eroberte er die Stadt Jerusalem samt dem Tempel, er beließ Hyrkanos als Hohenpriester, aber nicht mehr als König. Damit war das Königtum der Hasmonäer zu Ende gekommen, ab 63 v.Chr. beherrschten nun die Römer die ganze Region. Sie traten nun das Erbe der griechischen Königreiche an, deren politischer Niedergang sich schon im 2. Jh.v.Chr. abgezeichnet hatte.[25]

Die römische Neuordnung der Region

Zwischen 69 und 63 v.Chr. kämpfte der römische Feldherr Pompejus im östlichen Mittelmeerraum, er besiegte die vielen Seeräuber und sicherte damit den Getreidehandel nach Rom. Danach eroberte er Syrien und Palästina und bildete an der östlichen Küste des Mittelmeeres römische Provinzen. Einige Gebiete überlebten als kleine Königreiche, sie wurden als „Freunde" (amici) oder als „Verbündete" (socii) des römischen Reiches eingestuft. So blieben Judäa, Chalkis und Nabatäa als eigene Staaten bestehen, doch der jüdische Staat blieb auf Judäa, Idumäa, Galilea und Peräa beschränkt. Die Samariter behielten ihren kleinen Staat um die Stadt Sichem und den Berg Garizim. Im Kampf zwischen Pompejus und Julius Cäsar mussten die Verbündeten Roms sehr flexibel bleiben.

Nach seinem Sieg ernannte Marcus Antonius, ein Freund Julius Cäsars, die beiden Idumäer-Heerführer Herodes und Phasael zu Tetrarchen des jüdischen Staates. Und im Jahr 40 v.Chr. ernannte der römische Senat den *Herodes* zum einzigen „König von Judäa". Ab 31 v.Chr. verwaltete er die Gebiete von Judäa, Idumäa, Samaria, Galiläa und Peräa, bald danach bekam er auch die Herrschaft über die griechischen Städte in Samaria und an der Küste übertragen. Als gebürtiger Idumäer hatte Herodes kein Interesse an einem starken Staat Judäa, deswegen folgte er bedingungslos den Interessen der Römer. Die Bevölkerung in Samaria war gemischt, dort lebten neben den Samaritern Idumäer, Araber, Moabiter, Phönikier und Babylonier. In Galiläa und östlich des Jordans gab es mehrere griechische Städte (Dekapolis), die ländlichen Regionen waren auf die Städte hin orientiert.[26]

Nun waren die Idumäer den Juden feindlich gesinnt, denn sie waren von den Hasmonäern erobert und danach unterdrückt worden. Sie wurden mit Gewalt

---

[25] J. Maier, Judentum 88–94. J. Pritchard, Großer Bibelatlas 140–148.
[26] G. Stemberger, Einführung 35–40. J. Pritchard, Großer Bibelatlas 150–154.

judaisiert (Zwangsbeschneidung der Männer). So war Herodes ein strenger und grausamer Herrscher, aber zugleich ein großer Bauherr und Verbreiter der griechischen Kultur. Zuerst vergrößerte er den Tempel in Jerusalem, er baute um diesen eine griechische Säulenhalle. Teile der äußeren Stützmauer zeigen noch heute die Größe dieses Bauwerkes an. Der äußere Tempelbezirk war der „Hof der Heiden" (Griechen), das Innerste war das Allerheiligste, das nur vom Hohenpriester zu bestimmten Zeiten betreten werden durfte.

Neben dem Tempel erneuerte Herodes die Burg der Hasmonäer-Könige, dazu baute er seinen eigenen Regierungspalast. Nördlich des Tempels ließ er die Burg Antonia errichten, der Name war eine Huldigung an den römischen Feldherrn Marcus Antonius. Dort war das römische Militär stationiert, welches den Bezirk des Tempels schützte. Außerdem baute der König in der heiligen Stadt eine Pferderennbahn (Hippodrom), die Wasserleitung wurde erneuert, sodass die Stadt aus zwei Quellen versorgt wurde. In Mamre und Hebron ließ er durch Bauwerke heilige Bezirke abgrenzen, um den jüdischen Urvater Abraham zu ehren. Am Rand der Wüste Judäa errichtete er seinen großen Sommerpalast „Herodeia", mit Gärten und Wasseranlagen. Dort waren der Hauptsitz seiner Verwaltung und seine künftige Grabstätte. Der Palast „Herodeion" wurde auf eine Bergkuppe gebaut, um weit sichtbar zu sein und Gegner abzuschrecken. In Jericho ließ der König einen Winterpalast mit Thermen und Gärten anlegen.

Der König ließ in vielen Teilen des Landes Palastfestungen errichten, welche z. T. schon von den Königen der Hasmonäer begonnen worden waren. Es waren dies die Festungen Machairos, Alexandreion und Masada. Dort wurden Zisternen und große Waffenlager eingerichtet. In seinem Geburtsort Askalon ließ der König neue Gebäude errichten. Außerdem ließ er im Bürgerkrieg zerstörte Städte wieder aufbauen und gab ihnen griechische Namen: Samaria-Sebaste, Cäsaräa Maritima. In Sebaste ließ er einen Tempel zu Ehren des Kaisers Augustus errichten, Cäsaräa erhielt ein Theater und eine Rennbahn, sowie einen römischen Tempel und einen Königspalast auf der Bergkuppe. Diese Stadt war für Herodes das wirtschaftliche und kulturelle Tor zur Welt der Römer.

Da im Land des Herodes viele Nichtjuden wohnten, wurden an vielen Orten, vor allem in der griechischen Dekapolis Theater und Rennbahnen, Gymnasien, sowie griechische und römische Tempel erbaut. Mit seinem privaten Besitz stiftete der König auch Theater, Stadien und Gymnasien in Griechenland. In Antiochia ließ er eine Säulenstraße erbauen. Die wichtigste Quelle über seine Bautätigkeit ist Josephus Flavius.[27] Herodes war ein griechisch-römischer König, der mit seiner Politik Kulturgrenzen überwinden wollte. Die torafrommen Juden (Pharisäer) sahen ihn mit Skepsis, das trifft auch auf die frühen Christen zu.

---

[27] F. Dexinger, Judentum 400–405. J. Pritchard, Großer Bibelatlas 160–164.

Die Anfänge der Synagoge

Einige Papyri-Texte aus dem 3. Jh. v.Chr. weisen schon auf die Existenz von Versammlungsorten (griech. Synagogen) der gläubigen Juden hin. Sie waren sowohl in Palästina, als auch in den jüdischen Gemeinden außerhalb von Palästina, in der sog. „Zerstreuung" (Diaspora) verbreitet. Ihre ursprüngliche Funktion ist nicht genau klärbar. Josephus schrieb, dass diese Versammlungsorte schon seit mehreren Jahrhunderten existierten. Dort konnten die Gläubigen an jedem Sabbat das jüdische Gesetz hören und verehren. Denn es wurden Gesetzesrollen in einem Schrein aufbewahrt, verlesen und erklärt. Es ist möglich, dass die Anfänge dieser Versammlungen schon im Babylonischen Exil liegen. Da es für die Frühzeit keine archäologischen Funde von Synagogen gibt, wird angenommen, dass diese Versammlungen zuerst und für lange Zeit in den Wohnhäusern der Glaubenden stattgefunden haben.

Die Versammlung hatte zur Voraussetzung, dass die heiligen Gesetze (Tora) aufgeschrieben und mehrfach abgeschrieben sein mussten. Diese Verehrung und Verbreitung der heiligen Schriftrollen gehört wohl zu den Anfängen der Bibel. Denn diese Schriften blieben nicht nur im Tempel aufbewahrt, einige wurden abgeschrieben und unter dem Volk verehrt und verlesen. Zu den wöchentlichen Lesungen der Texte kamen bald Kommentare und Erklärungen, außerdem wurden Fragen der Gotteslehre und der Ethik diskutiert. Es ist wahrscheinlich, dass bei diesen Lesungen auch praktische und politische Fragen diskutiert wurden, auch für das leibliche Wohl der Teilnehmer dürfte gesorgt gewesen sein.

In der Synagoge wurden bald auch die Gelder der Gemeinde aufbewahrt, jüdische Laien übernahmen nun in den Gemeinden Führungsaufgaben. Man kann auch von einem *Laienjudentum* sprechen, das sich neben dem priesterlichen Judentum bildete und strukturierte. Denn die Priester waren um den Tempel in Jerusalem zentriert. In den Synagogen wurde auch Gericht gehalten, es wurde die Prügelstrafe vollzogen. Oft waren Herbergen mit Versammlungsräumen verbunden. In den großen griechischen Städten, in denen Juden lebten (Alexandria, Antiochia), entstanden mehrere Synagogen, die mit einander in Konkurrenz traten. Oft waren diese Versammlungen nach ethnischen Gruppen gegliedert, später wurden eigene Gebäude dafür errichtet. Die Synagoge in Alexandria soll weit und groß gewesen sein, vor allem mit griechischen Bauelementen gestaltet. In Palästina müssen die Synagogen hingegen klein und bescheiden gewesen sein, wie die spärlichen Funde zeigen. Die großen Synagogen in den griechischen Städten weisen auf den wirtschaftlichen Wohlstand der dort lebenden Juden hin.

In Palästina wurde das heilige Gesetz der Priester auch außerhalb der Synagoge von sog. *Schriftgelehrten* unterrichtet, vor allem die Gebote rund um den Sabbat und die Regeln der kultischen Reinheit. So musste ein torafrommer Jude nicht regelmäßig in die Synagoge gehen, um das heilige Gesetz kennen zu lernen. Der Täufer Johannes dürfte einer dieser Gesetzeslehrer gewesen sein, aber auch Jesus von Nazaret stellte das private Beten des Gläubigen dem öffentlichem Gebet in der Synagoge gegenüber (Mt 6,5). In der griechischen und römischen Diaspora wurden die Synagogen häufig als „Häuser des Gebets" beschrieben.[28]

Die Texte vom Toten Meer

Die Texte, die 1947 am Toten Meer gefunden wurden, enthalten Abschriften von Büchern, die später zur hebräischen Bibel wurden; nämlich Kommentare zu Prophetenbüchern und Texte, die das Gemeinschaftsleben der *Essener* beschrieben. Diese religiöse Gruppe der Essener könnte bereits während des Babylonischen Exils oder bald danach entstanden sein. Ihre Anhänger deuteten das Exil als göttliche Strafe für die Verehrung fremder Götter, sie sahen sich selbst als „neuen Bund", der die genaue Einhaltung der priesterlichen Gesetze anstrebte. Dieses heilige Gesetz war die Grundlage der neuen Gemeinschaft, es sollte am Tag und in der Nacht studiert werden.

Um 150 v.Chr. trennte sich ein Teil der Essener von der Hauptgruppe in Palästina und errichtete in *Qumran* eine neue Wohnsiedlung. Unter der Führung eines abgesetzten Hohenpriesters, der sich jetzt „Lehrer der Gerechtigkeit" nennen ließ, zogen sie in die Einsamkeit der Wüste, um dort die Ankunft eines neuen Königs („Messias") vorzubereiten. Denn sie standen im schroffen Gegensatz zur Herrschaft der Seleukiden und der Hasmonäer. Am Anfang dürfte die Siedlung ca. 50 Personen umfasst haben, doch um 100 v.Chr. musste sie wegen neuer Mitglieder erweitert werden. Ihre Gebäude dienten religiösen Versammlungen und wirtschaftlichen Zwecken, ihre Wohnungen waren Höhlen, Kammern in Felsen und Nomadenzelte.

Die *Gemeinschaft von Qumran* bebaute Felder auf der Hochebene über den Felsen, sowie die Oase von En-Feschcha, die mehrere Quellen hatte. Dort wuchsen Dattelpalmen und Schilfrohr, die Gemeinschaft besaß Herden von Schafen, Ziegen und Kamelen. Das Salz und das Bitumen für ihre Bauwerke holte sie aus dem Toten Meer. Weil die Essener die strenge Einhaltung der priesterlichen Gesetze anstrebten, benötigten sie viele Abschriften von den heiligen Buchrollen. In ihren Bibliotheken fanden sich alle Bücher der späteren hebräischen Bibel, außer dem Buch Ester. Außerdem fanden sich in den Wohnhöhlen der Siedlung viele Kommentare (pescharim) zu den Texten der Propheten. Darin hatten die Gläubigen auch ihre eigene Geschichte verwoben und wieder gegeben.[29]

Für ihre Gottesdienste verfasste die Gemeinschaft große Hymnen und Lieder auf den Bundesgott Jahwe. Eine besondere Regel des Lebens forderte zu strenger Disziplin auf. Als im Jahr 68 n.C. die zehnte römische Legion durch das Jordantal marschierte, beeilten sich die Essener, ihre Schriftrollen in Sicherheit zu bringen. Sie hüllten diese Rollen in Leinen und versiegelten sie in Tonkrügen, um sie in entlegenen Höhlen zu verstecken. Doch viele Schriftrollen konnten nicht mehr

---

[28] G. Stemberger, Einführung 57–60. J. Pritchard, Großer Bibelatlas 152–156.
[29] G. Stemberger, Einführung 50–57. J. Pritchard, Großer Bibelatlas 152–155.

rechtzeitig gesichert werden, sie blieben ungeschützt liegen und zerfielen dann in viele Fragmente. Heute werden diese Fragmente mit modernen technischen Mitteln von den Forschern mühsam zusammen gestellt.

Die Anfänge der hebräischen Schrift

Die alte kanaanäische oder althebräische Schrift war eine Konsonantenschrift, die sich parallel zur phönikischen Schrift entwickelt hatte. Ein Bauernkalender aus dem 9. Jh.v.Chr. und die Siloah-Inschrift um 700 v.Chr. wurden in dieser Schrift verfasst. Auch die fünf Bücher Moses und das Buch des Propheten Jesaia (8,1) wurden zuerst in dieser Schrift niedergeschrieben, doch diese Texte sind uns heute nicht mehr erhalten. Diese alte Schriftform lebte noch einige Zeit in der Schrift der Samariter weiter. Bei den Juden wurde sie beim Aufstand der Makkabäer und auf Münzen im Kampf gegen die Römer noch einmal verwendet.

Die Schrift der Samariter ist also eine Abzweigung von der althebräischen Schrift. Dieses Volk war ab 1000 v.Chr. in das Land gekommen, das später ihren Namen erhielt. Es vermischte sich mit den Stämmen von Juda und Israel. Doch nach dem Exil in Babylon befahlen die jüdischen Priester die Absonderung und Trennung der Juden von den Samaritern. Diese galten ihnen fortan als kultisch „unrein", sie durften den Tempel in Jerusalem nicht mehr betreten. Als Ausgegrenzte tradierten sie ihre alten Schriften bis in die europäische Neuzeit. Heute leben noch einige hundert Mitglieder der samaritanischen Gemeinde in der Stadt Nablus.[30]

Die Juden hatten während der Gefangenschaft in Babylon und Nippur die Schrift und Sprache der Aramäer kennen gelernt. Damit waren viele von ihnen zweisprachig geworden, sie konnten neben dem *Hebräischen* das *Aramäische* verstehen, sprechen und schreiben. Nach der Rückkehr aus dem Exil sprach ein Großteil des jüdischen Volkes aramäisch, doch die Priester blieben bei der hebräischen Kultsprache. Sie verwendeten diese Sprache auch in der Literatur, die sie verfassten. Der jüdische Staatsmann und Oberpriester Esra erlaubte um 440 v.C. die aramäische Schrift auch für die heiligen Texte am Tempel. Diese Erlaubnis wurde auch bei der Reform des Nehemia beibehalten. Aus dieser Schrift bildeten die Schreiber nun die hebräische Quadratschrift, die bis heute in Verwendung ist.

Diese hebräische Quadratschrift ist zum Symbol der jüdischen Kultur geworden. Die Namen der einzelnen hebräischen Buchstaben kennen wir erst aus dem Werk „Praeparatio evangelica" des lateinischen Theologen Eusebius. Mit der hebräischen Quadratschrift wurden später auch die jiddische, die judenspanische (Ladino), die jüdisch-persische, die tatische und die jüdisch-georgische Sprache geschrieben. Das Jiddische war die Sprache der askenatischen Ostjuden in Europa.[31]

---

[30] H. Haarmann, Universalgeschichte 307–310. G. Stemberger, Einführung 60–64.
[31] H. Haarmann, Universalgeschichte 307–315.

Auf den Spuren der Archäologie

Wahrscheinlich ist keine Region der Erde archäologisch so genau erforscht, wie das Land der Bibel. Mit den modernsten Methoden arbeiten israelische, amerikanische und europäische Wissenschaftler an der Erforschung der Bodenfunde auf diesem Gebiet. Insgesamt haben diese Forschungen ergeben, dass die Aussagen der Bibel nur teilweise bestätigt werden. Sie enthalten einen historisch wahren Kern, der aber von den Priestern und ihren Schreibern maßlos übertrieben dargestellt wurde. Denn diese haben einen großen *religiösen* und *politischen Mythos* verfasst, der mit den archäologischen Funden bzw. mit der realen Lebenswelt in den verschiedenen Zeitepochen nur selten übereinstimmt.

Die Schreiber und die Priester haben die historischen Tatbestände gewaltig vergrößert und verzerrt, um ihre Herrschaftsansprüche im Volk und über dieses hinaus anzuzeigen. Folglich müssen wir heute die gesamte Bibel mit einem neuen hermeneutischen Schlüssel lesen. Zunächst zeigen die Forschungsergebnisse, dass es eine gewaltsame Eroberung des Landes Kanaan durch die israelitischen und jüdischen Stämme, wie sie in der Bibel beschrieben wird, nie gegeben hat. Die archäologischen Funde zeigen klar, dass es eine friedvolle „Einsickerung" und Einwanderung neuer Stämme im wenig oder gar nicht besiedeltem Gebiet gegeben hat. Nicht sesshafte Hirtennomaden haben sich mit sesshaften Ackerbauern vermischt, bzw. sich in deren Nähe angesiedelt und sind dort sesshaft geworden. Die neuen Einwanderer siedelten im Bergland und hatten Handelsbeziehungen zu den sesshaften Kanaanäern in den Ebenen.

Nun zeigen auch die ägyptischen Texte, dass Kanaan zu dieser Zeit eine ägyptische Provinz war und keine eigenen Stadtkönige hatte. Die Städte Jericho und Ai waren zu dieser Zeit gar nicht bewohnt, sie konnten also von den Israeliten nicht erobert worden sein. Außerdem zeigen die archäologischen Funde zu dieser Zeit eine starke militärische Präsenz der Ägypter im Land.[32]

Im 12. Jh.v.Chr. kam es in den Ländern des Vorderen Orients zu gewaltigen *politischen Umbrüchen* und Umstürzen. Das alte Reich der Hethiter, die mykenische Kultur auf Kreta und in Griechenland, die Seemacht Ugarit waren zusammen gebrochen. Das Königtum in Ägypten wurde stark geschwächt. Nun sprechen Texte aus Ägypten von den sog. „Seevölkern", welche über die Länder des Vorderen Orients plündernd und zerstörend herein gebrochen waren. Zwischen 1188 und 1175 v.Chr. waren die Länder der Hethiter (Hatti) und die Stadtkulturen von Alaschia und Ugarit geplündert und zerstört worden. Ein ägyptischer Text sagt, ein Bündnis der Philister, der Tjeker, der Schekelsch, der Danaer und der Weschesch hätten diese Länder erobert.

Diese Völker seien mit Schiffen von den Inseln gekommen, niemand konnte ihren Waffen widerstehen. So steht es auf einer Inschrift des Pharao Ramses III.[33]

---

[32] J. Finkelstein/N.A. Silberman, Keine Posaunen 90–96.
[33] Inschrift von Ramses III. Vgl. J. Finkelstein/N.A. Silberman, Keine Posaunen 101–104.

Auch der letzte König von Ugarit (Amuarapi) hatte an den König von Alaschia (Zypern) geschrieben, dass feindliche Schiffe an der Küste gelandet seien und seine Städte angezündet hätten. Seine Truppen seien im Land der Hethiter und seine Schiffe an der Küste von Lykien (südliche Türkei). Deswegen sei sein Land schutzlos den Feinden ausgeliefert. Auch der König von Hatti (Hethiter) hatte an den Heerführer von Ugarit geschrieben, dass „Seevölker" (Schiqalaya), welche auf den Schiffen leben, sein Land bedrohten.

Auf dem Tempel des ägyptischen Königs Ramses III. in Medinet Habu wurden die Schlachten mit den Seevölkern bildhaft dargestellt. Die Angreifer tragen Helme mit Hörnern und Kopfbedeckungen mit Federn. Die Ägypter kämpften gegen die Eindringlinge vom Meer und besiegten sie. Aber woher kamen diese Seevölker? Darüber gibt es nur Vermutungen, wir haben kein gesichertes Wissen. Es ist möglich, dass diese Völker durch einen Klimawandel und durch Hungersnöte aus ihren Siedlungsgebieten weiter im Norden vertrieben wurden.

Auch in Palästina ist diese Invasion der Seevölker archäologisch gut zu erkennen. Die Städte Asdod und Ekron waren durch Feuer zerstört worden. Darüber finden sich die Zeugnisse einer neuen *Kultur der Philister*, die in ihren Bauwerken und in der Töpferkunst ägäisch inspirierte Stilelemente verwendeten. Sie mussten also einen Bezug zum Siedlungsraum der ägäischen Inseln gehabt haben. Im Verlauf von ung. 100 Jahren waren viele der alten kanaanäischen Städte zerstört worden, die alte Ordnung im Land war zusammen gebrochen. Doch dieser Zusammenbruch geschah nicht durch die Einwanderung und Eroberung der Israeliten, wie die Bibel berichtet, er hatte ganz andere Ursachen.

Der Zusammenbruch im Land Kanaan geschah zum einen durch Kriege der Städte untereinander, zum andern durch eine Invasion von fremden Stämmen vom Meer her. Deren Nachfahren waren wohl die Philister, die an den Küsten sesshaft wurden. Das Buch Josua der jüdischen Bibel drückt bei seinen Beschreibungen der Eroberung wohl nur politische Wünsche, aber keine historischen Realitäten aus. Konkret werden in diesem Buch die politischen Ziele des jüdischen Königs Joschija im 7. Jh. v.Chr. in die Zeit der Einwanderung um ung. 500 Jahre zurück projiziert. Denn der Plan dieses Königs, das Land Kanaan wieder zu erobern, war tragisch gescheitert. Doch durch einen großen Mythos wollten die Priester und ihre Schreiber den Plan des Königs im Volk lebendig erhalten. Damit zeigt sich, dass große Teile der Bibel auf politische Herrschaft abzielten bzw. für die nicht erreichte Herrschaft eine mythische und *religiöse Ersatzwelt* aufbauten.[34]

Die Ausgrabungen der frühen jüdischen Siedlungszeit zeigen kleine Dörfer auf Bergkuppen, mit vergipsten Zisternen oder mit Wasserquellen in der Nähe. Die Bevölkerung im jüdischen Bergland lässt sich aufgrund der Funde um das Jahr 1000 v.Chr. auf ung. 45.000 Bewohner hochrechnen. Es gab keine Luxusgegenstände, der Besitz des kargen Bodens war unter den Sippen gleichmäßig verteilt. Die Häuser waren aus unbehauenen Feldsteinen errichtet, in den Speichergruben

---

[34] J. Finkelstein/N.A. Silberman, Keine Posaunen 110–112.

fanden sich Sichelklingen und Mahlsteine. Die Toten wurden ganz ohne Grabbeigaben bestattet, Spuren von eigenen Kulträumen sind nicht erkennbar. Der Kult muss im Freien stattgefunden haben. Die Dörfer waren nicht befestigt, Waffen sind aus dieser Zeit kaum auffindbar. Dies deutet darauf hin, dass die frühen Israeliten als Hirtennomaden und bald als Ackerbauern relativ friedlich neben anderen Stämmen lebten und mit diesen Austausch hatten. Die dritte Besiedelungswelle des Berglands zwischen 1100 und 900 v.Chr. lässt ca. 250 Dörfer nachweisen, deren Zahl 100 Jahre später auf 500 angewachsen ist. Dies bedeutet, dass die beiden kleinen Königreiche *Israel* und *Juda* im 8. Jh. v.Chr. zusammen ung. 160.000 Bewohner gehabt haben dürften. Es gibt Hinweise dafür, dass Ackerbauern wieder zu Hirtennomaden wurden, wenn ihre Böden ausgelaugt waren. In Zeiten des Überflusses wurden Rinder gezüchtet, in Zeiten der Krise vorwiegend Ziegen und Schafe. Es muss wohl auch mit geringfügigem Klimawandel in Bezug auf die Regenmengen gerechnet werden.

Ein öfterer Wechsel zwischen Sesshaftigkeit und Nomadendasein muss angenommen werden. Der Überschuss an Getreide und an Vieh wurde an Nachbarstämme verkauft. Aufgrund dieser Forschungen vertreten die Archäologen J. Finkelstein und N. Silberman die These, dass die Israeliten ursprünglich sogar Kanaanäer gewesen sein könnten, die im Bergland siedelten. Doch diese These kann nicht näher belegt werden, sie sollte aber als Möglichkeit weiterhin in Betracht gezogen werden. Jedenfalls gab es keine gewaltsame Eroberung des Berglandes von Kanaan, aber es könnten große Sippen aus den Städten Kanaans in das umliegende Bergland ausgewandert sein.

Anfänge der Ausgrenzung

Der *Eroberungsmythos* wurde erst viel später von den jüdischen Priestern geschaffen, um ihren politischen Herrschaftsanspruch über fremde Stämme zu untermauern.[35] Wir erkennen auch hier die enge Verbindung von Religion und Politik, welche die ganze Bibel prägen wird. Doch Herrschaft und Heil sind nicht nur in Israel, sondern auch in Ägypten und im ganzen Alten Orient eng mit einander verbunden (J. Assmann).

Nun ergeben die Funde der frühen Siedlungszeit, dass keine Schweine gehalten und gegessen wurden, es finden sich keine Knochen dieser Tiere. Woher der Verzicht bzw. das Verbot von Schweinefleisch kommt, ist historisch nicht mehr festzustellen. Nun sah die *„Deuteronomistische Bewegung"* im 7. Jh. v.Chr. die fremden Stämme, ihre Kulte und ihre Lebensformen immer mehr als Bedrohung der eigenen kulturellen Identität an. Für sie war der Zusammenhalt der eigenen Kultur nur durch die monopolhafte Verehrung des Schutzgottes, des Kriegsgottes und des Bundesgottes Jahwe zu sichern. Doch diese Verehrung war im eigenen

---

[35] J. Finkelstein/N.A. Silberman, Keine Posaunen 134–136.

Volk nicht ohne Zwang durchsetzbar, denn die Bauern und Hirten wollten bei ihren alten Schutzgöttern der Fruchtbarkeit bleiben.

Auch die Erinnerung an das frühe und kleine Königtum Davids wurde von den Priestern mit einer politischen Zukunftsvision verbunden. Der Name des Heerführers David ist durch einen Textfund im Dorf Tell Dan verifizierbar. Doch die archäologische Forschung relativiert die Aussagen der Bibel über die Zeit Davids sehr stark. Das Land war zu dieser Zeit dünn besiedelt, es gab keine größeren Städte, ca. 20 Dörfer sind mit Sicherheit eruierbar. Jerusalem dürfte zu dieser Zeit ung. 1500 Einwohner gehabt haben, größere Bauten dürften dort erst 100 Jahre später errichtet worden sein. Es gibt für diese Zeit keine Hinweise auf eine homogene Kultur oder Besiedelung.

Die Zahl der Bevölkerung im jüdischen Bergland wird in dieser Zeit auf ung. 45.000 geschätzt, nur wenige lebten in größeren Dörfern. Archäologisch lässt sich auch keine Vereinigung der beiden Kleinkönigreiche Juda und Israel nachweisen.

Daher gehen die heutigen Historiker mehrheitlich von zwei getrennten politischen Einheiten aus, Israel im Norden und Juda im Süden. Die Bewohner des Nordens lebten größtenteils als Ackerbauern, während die Bewohner des Südens lange Zeit noch Hirtennomaden waren. Folglich sind die Siedlungen in Israel älter als die Dörfer in Juda. Die Stadt Samaria hatte schon im 9. Jh. v.Chr. ein Verwaltungszentrum, für Jerusalem in Juda lässt sich dieses erst 100 Jahre später nachweisen. Durch den Verfall der kanaanäischen Stadtstaaten in den Ebenen boten sich den Bewohnern des Berglandes neue wirtschaftliche und politische Möglichkeiten.[36]

Historisch fassbar ist das Königshaus Omri in Israel im 9. Jh v.Chr. Auf einer Monolithinschrift im assyrischen Nimrud wird der König der Israeliten Ahab mit 10.000 Fußsoldaten erwähnt. Dies ist das älteste außerbiblische Zeugnis für ein Königreich Israel. Die Ausgrabungen der Hauptstadt Samaria zeigen große Viehställe, einen Palast und Vorratsräume. Weitere Städte aus dieser Zeit sind Megiddo, Hazor und Dan, in ihnen gab es Befestigungen und Wasserleitungen. Im Reich Omris lebten drei verschiedene Kulturen zusammen, nämlich Israeliten, Kanaanäer und Syrer.

Im Jahr 722 v.Chr. eroberte der König der Assyrer Salmanassar V. die Stadt Samaria und das Königreich Israel. Nach den assyrischen Texten wurden 13.500 Israeliten nach Assyrien umgesiedelt, einige Städte wurden zerstört. Doch der König Sargon gibt in seinen Annalen 27.280 Personen an, die als Kriegsbeute mit ihren Streitwagen und Schutzgöttern umgesiedelt worden seien. Er bestätigt auch, dass er Bewohner aus anderen Regionen in Israel ansiedelte. Wenn also die beiden Könige ca. 40.000 Menschen aus Israel umgesiedelt haben, so dürfte dies ung. ein Fünftel der Bevölkerung gewesen sein. Sie kann aufgrund der Funde auf ung. 200.000 geschätzt werden. Das reichere Nordreich Israel war nun von einem

---

[36] J. Pritchard, Großer Bibelatlas 96–104.

Großreich im Osten erobert worden, das ärmere und kleinere Südreich Juda in den schwer zugänglichen Bergen hatte überlebt.[37]

In der Bibel haben wir aber nur die Geschichtsdarstellung der *Priester in Juda* vorliegen, aber nicht die Sichtweise des Landes Israel. Ab dem 8. Jh. v.Chr. wuchs auch die Bevölkerung im Bergland von Juda an, Jerusalem wurde ein wirtschaftliches und ein religiöses Zentrum. Zu dieser Zeit begann dort die *Reformbewegung Allein Jahwe*, die alleinige Verehrung des Bundes- und Kriegsgottes zu beanspruchen. Sie war um den Tempel in Jerusalem zentriert. Vom König Hiskija wird in der Bibel berichtet, dass er die Heiligtümer auf den Bergen und die Steinmale zerstören ließ, die Bilder der Göttin Aschera und die eiserne Schlange wurden zerschlagen (2 Kön 18,3–7). Doch die archäologischen Funde zeigen, dass zu dieser Zeit und noch viele Jahrhunderte später weiterhin Götter und Göttinnen im Land Juda verehrt worden sind.

Als eigener Staat kommt Juda erst um 720 v.Chr. ins historische Blickfeld, er wurde zu dieser Zeit vor allem von Hirten und von Ackerbauern geprägt. Deren Religion war durch verschiedene Riten der Fruchtbarkeit gekennzeichnet, die unter heiligen Bäumen ausgeführt wurden. Verehrt wurde die Göttin Aschera als Spenderin des Lebens, auf den Bergkuppen und an den Steinmalen wurden die Riten ausgeführt (1 Kön 14,22–24). Dort wurden Altäre für Weihrauch, Gefäße für Trankopfer und Figuren aus Ton gefunden. Die Göttin Aschera wurde dort als die Gemahlin des Schutzgottes Jahwe verehrt. So wurden einige Hundert Statuen von nackten Göttinnen gefunden, sie wurden wohl bei den Riten der Fruchtbarkeit benutzt.

In den Häusern der Sippen wurden die Ahnen und die Schutzgötter der Vorräte verehrt. In Jerusalem gab es neben der Verehrung des Gottes Jahwe noch die Verehrung der Götter Baal, Aschera und der „himmlischen Heerscharen". Aber es wurden dort auch die Schutzgötter der Nachbarvölker verehrt: Milkom der Ammoniter, Kamos der Moabiter und Astarte der Sidonier (1 Kön 11,5). Der Prophet Jeremia berichtet, die Zahl der in Juda verehrten Götter habe der Zahl der Städte im Land entsprochen. In Jerusalem standen so viele Altäre für den Gott Baal, wie die Stadt Gassen habe (Jer 11,13). Nach der Eroberung des Nordreiches Israel durch die Assyrer veränderte sich die politische Situation auch für Juda. Das Land war nun von assyrischen Provinzen und Vasallenstaaten umgeben, die Bevölkerung hat sich in dieser Zeit aber stark vermehrt. Es dürfte auch Fluchtbewegungen gegeben haben.

Die Stadt Jerusalem wurde von ca. 4 ha auf ca. 60 ha Fläche vergrößert, die Zahl der Einwohner dürfte zu dieser Zeit ung. 15.000 erreicht haben. Es lassen sich jetzt ung. 300 Dörfer feststellen, aus einigen Dörfern waren Städte geworden. Erst jetzt wurde Judäa ein richtiger Staat.[38] Die Zahl der Bewohner wird jetzt auf

---

[37] J. Finkelstein/N.A. Silberman, Keine Posaunen 140–146.
[38] J. Pritchard, Großer Bibelatlas 110–120. J. Finkelstein/N.A. Silberman, Keine Posaunen 260–264.

ung. 120.000 geschätzt. Von nun an gab es Siegel und Ostraka für die Verwaltung des Königs, der Anbau von Oliven und Wein wurde forciert. Die reicheren Sippen ließen sich nun Gräber in die Felsen bauen. Juda arbeitete wirtschaftlich nun eng mit dem assyrischen Reich zusammen, es profitierte von dessen Handel mit Arabien. Die Wirtschaft wird nun zentral vom Staat gelenkt, in der Bevölkerung wird eine soziale Schichtung erkennbar.

In Jerusalem gab es zu dieser Zeit den königlichen Kult am Tempel, der von den Priestern geleitet wurde. In den ländlichen Regionen waren die Verehrung der Ahnen und die Riten der Fruchtbarkeit allgemein verbreitet. Doch mit dem Untergang des Nordreiches begann in Juda eine neue politische Ideologie, die auf ein einheitliches religiöses Gesetz zielte. Nun wurde der Einfluss von Jerusalem im ganzen Land gestärkt. Die Priester und die Propheten Jahwes strebten nun immer deutlicher die alleinige Verehrung ihres Bundesgottes an. Doch die genauen Ursprünge der monotheistischen Lehre sind nicht mehr genau erfassbar. Es ist möglich, das Flüchtlinge aus Israel zusammen mit Priestern und königlichen Beamten die Bewegung „Jahwe allein" trugen.

Ringen um zentrale Herrschaft

In der Frühzeit forderten die Krieger, dass während der Zeit des Krieges nur der Kriegsgott Jahwe verehrt werden sollte. Denn er galt als eifersüchtiger Gott. Außerhalb der Kriegszeiten durften auch die anderen Götter verehrt werden. Doch die *Allein-Jahwe-Bewegung* forderte nun, dass auf Dauer nur mehr Jahwe verehrt werden sollte, und zwar im ganzen Land. Es war mit dieser Forderung deutlich ein Herrschaftsanspruch der Priester und wohl auch des Königs verbunden. Diese Bewegung formte nun die Schriftkultur am Tempel, auch wenn sie in den Anfängen nur eine Minderheit repräsentierte. Der religiöse Kult am Tempel wurde zur Stärkung der politischen Macht des Königs eingesetzt.[39]

Diese neue Lehre von der zentralen Herrschaft von Jerusalem und des Tempels wurde nun im Gesetz des Buches Deuteronomium (Debarim) und im Deuteronomistischen Geschichtswerk festgeschrieben. Die Grundidee war es, ganz Israel (den Süden und den Norden) unter einem einzigen König und Kultzentrum zu vereinigen. Dafür aber mussten die Riten und Glaubensformen der Dörfer, der Sippen und der Religionen gleich geschaltet werden. Mit diesem Prozess ging die Unabhängigkeit der ländlichen Regionen langsam verloren. So sehen wir in der Bibel auch den Prozess der Durchsetzung einer *zentralen Herrschaft* mittels religiöser Lehren beschrieben.

König Hiskija hatte diese Reform durchgesetzt, Jerusalem war das Zentrum der Jahweverehrung und Juda sollte das Zentrum des ganzen Volkes Israel werden. Die Könige in Juda verstanden sich als die einzigen Vertreter und Vermittler der Herrschaft des Bundesgottes Jahwe. In der Lehre des Deuteronomiums wird Jahwe

---

[39] J. Assmann, Die Mosaische Unterscheidung. München 2003, 49–54.

vor allem als der Herr der Krieger und als der Lenker der Geschichte dargestellt. König Hiskija verstärkte die Mauer um Jerusalem, er ließ durch einen Tunnel mit 150 m Wasser in die Stadt leiten. Zu dieser Zeit wurden auch die Städte Lachisch und Megiddo befestigt, eine zentrale Vorratswirtschaft wird erkennbar.

Der König von Juda versuchte nun einen Aufstand gegen die Herrschaft der Assyrer, aber der assyrische König Sanherib eroberte im Jahr 701 v.Chr. die Stadt Jerusalem und andere Städte im Land. Assyrische Texte berichten von dieser Eroberung und ein Relief in Ninive zeigt die Eroberung der Stadt Lachisch und den Beutezug der Sieger. Die archäologischen Funde bestätigen auch hier die Angaben der Assyrer. Der Glaube an „Jahwe allein" hatte die Stadt und das Land Juda nicht vor dem Zorn der Assyrer geschützt. Jetzt wurde das Land von den Siegern verkleinert, Juden wurden nach Assur deportiert, das Land musste hohe Abgaben an die Sieger zahlen.

In Juda stellte danach der *König Manasse*, der Sohn des Hiskija, die Vielfalt der religiösen Kulte wieder her. Fortan durften im Land die Götter Baal und Astarte, sowie das „himmlische Heer" wieder verehrt werden, auch die Kulte auf den Höhen gingen weiter (2 Kön 21,2–6). Durch die Wiederherstellung der alten Religionsform konnte der König die Mitarbeit der Sippen und der Dorfältesten wieder gewinnen. Dieser König regierte im Land 55 Jahre als getreuer Vasall der Könige von Assur, diese Zeit des Friedens brachte dem Land großen wirtschaftlichen Aufschwung. Die Bevölkerung im Bergland wuchs an, die Anbauflächen für Getreide, Ölbäume und Wein wurden deutlich vergrößert.[40]

Der König von Juda wollte sein Land in die assyrische Wirtschaft integrieren, dazu diente auch der Handel mit Arabien. Assyrer, Araber, Phönikier und Edomiter waren an diesem Handel beteiligt. Zu dieser Zeit waren arabische Händler in Juda ansässig. Das jüdische Olivenöl aus dem Bergland wurde bis Assur und Ägypten gebracht, der Handel wurde vom König zentral gelenkt. Eine der Nebenfrauen des Königs, Meschullemeth, könnte sogar arabischer Abstammung gewesen sein. Im Jahr 642 v.Chr. starb der König Manasse, sein Sohn Amon wurde kurz darauf ermordet. Danach kam *Joschija* auf den Königsthron, der 31 Jahre lang herrschte.

Dieser König brachte nun wieder die Allein-Jahwe-Bewegung an die Macht, sie war die Trägerin der politischen Ideologie des Deuteronomistischen Geschichtswerkes. Nun wurde die monotheistische Reform des Kultes und der Religion erneut durchgesetzt. In diese Zeit fallen die *Anfänge der jüdischen Bibel* und die *Erstellung eines neues Gesetzbuches* (Tora). Von nun an sollten alle Spuren fremder Götter ausgelöscht, sowie die Verehrung der Ahnen und die Kulte der Fruchtbarkeit verboten werden. Ein altes Gesetzbuch soll bei der Wiederherstellung des Tempels gefunden worden sein, das die Grundzüge der monopolhaften Jahweverehrung zusammenfasste. Der Kult durfte nur mehr in Jerusalem stattfinden, die Hauptfeste (Passah und Laubhütten) mussten im ganzen Land einheitlich gefeiert werden, die Gesetze über soziale Wohlfahrt, über soziale Gerechtigkeit

---

[40] J. Pritchard, Großer Bibelatlas 108–112.

und über persönliche Moral sollten allgemein gelten. Mit diesem einheitlichen Gesetz wurde die neue Identität Israels und Judas neu formuliert.[41]

Bei dieser *gewaltsamen Kultreform des Königs Joschija* wurden die Heiligtümer auf den Bergkuppen (Höhenkulte) und die Statuen der Fruchtbarkeitsgötter zerstört, sog. Sonnenwagen wurden verbrannt, denn die Verehrung fremder Götter wurde bei Todesstrafe verboten (2 Kön 23,19–20). Das Passahfest wurde nun überall verbindlich, denn der König schloss ein feierliches „Bündnis" mit dem Schutzgott und Kriegergott Jahwe. Das Vorbild dieser zentralen Kultreform sah der König in Ägypten, das seit vielen Jahrhunderten einen zentralen Tempelkult eingerichtet hatte, allerdings auf mehrere Regionen verteilt und mit mehreren Schutzgöttern. Der jüdische König nutzte nun die inneren Machtkämpfe im assyrischen Reich, um von diesem weitgehend unabhängig zu werden.

Am Hof des Königs Joschija wurde nun von Schreibern und Priestern ein großes *nationales Epos* verfasst, das die Befreiung Judas und Israels zum politischen Ziel hatte. Ab sofort wurden im Land die Mischehen mit ausländischen Frauen verboten, das Volk musste sich von Fremden deutlich abgrenzen. Juda sollte ein zentraler Staat werden, eine kleine Elite lernte lesen und schreiben. Der nationale Mythos von Israel wurde ganz auf den „Bundesgott" Jahwe bezogen, er allein sollte das neue Königreich lenken und leiten. Freilich herrschten in seinem Namen der König und die Priesterschaft. So zeigt sich der neue *Monotheismus des Königs* als wirksamstes Instrument zur Durchsetzung einer zentralen politischen Herrschaft, diese wird mit zukünftigen Heilserwartungen verbunden.

Das Gesetzeswerk des Deuteronomium enthält viele soziale Gesetze, die den Zusammenhalt des Volkes sichern sollten. Jeder Einzelne soll durch die Sippe und den Staat geschützt werden, den Schwachen und Hilflosen muss nachhaltig geholfen werden. Die alte Sippenrache geht nun auf die staatlichen Gerichte über, die bisherigen Rechte der Frauen werden gesichert. Die Bauern dürfen ihre Grenzsteine nicht mehr verrücken, sie müssen jedes dritte Jahr den zehnten Teil ihrer Ernten für die Armen abgeben. Fremde werden geschützt, sie sind aber rechtlich den Juden nicht gleich gestellt. Es gibt die Einrichtung der Schuldsklaven, diese müssen aber nach sechs Jahren wieder frei gelassen werden.

In diesem großen Gesetzbuch werden die Rechte und Pflichten des Einzelnen genau aufgelistet, auch der König ist diesem Gesetz unterworfen, das durch den Bundesgott legitimiert wird.

Denn die Priester lehrten, dass Jahwe selbst dieses Gesetz geoffenbart habe, obwohl sie wussten, dass sie selbst es formulierten. Priester sprachen und lehrten im Namen und mit der Autorität des Bundesgottes. Auch die archäologischen Funde zeigen jetzt Veränderungen bei den Siegeln. Bisher waren auf ihnen Sterne abgebildet (Kult der Gestirne), ab 620 v.Chr. fehlen die Sternbilder. Nun ist das Bilderverbot der Jahwepriester wirksam geworden, denn nach ihrer Lehre

---

[41] J. Pritchard, Großer Bibelatlas 114–120. J. Finkelstein/N.A. Silberman, Keine Posaunen 310–313.

darf Jahwe nicht abgebildet werden, um ihn nicht zu einer Handlung zwingen zu können. Jahwe ist der souveräne Herr der Geschichte, doch damit ist die absolute Herrschaft des Königs gemeint.

Doch in den privaten Wohnhäusern gab es auch nach dieser Reform noch Bilder der Göttin Astarte, wie die archäologischen Funde zeigen. Dies bedeutet, dass die Kultreform nicht allgemein durchgesetzt werden konnte und das Volk weiterhin bei der Verehrung der alten Schutzgötter der Fruchtbarkeit blieb. Verboten war nur die öffentliche Verehrung fremder Götter, die private Frömmigkeit konnte nicht kontrolliert werden.[42]

Die persische Zeit

Doch nach dem Tod des Königs Joschija geriet das Land wieder in die Abhängigkeit von den Ägyptern. In Mesopotamien wurden inzwischen die Assyrer von den *Babyloniern* von der Herrschaft verdrängt. Als diese ihre Herrschaft gefestigt hatten, griffen sie mit ihren Heeren den König von Ägypten an. Auf diesem Feldzug eroberte der Heerführer Nebukadnezar im Jahr 597 v.Chr. die heilige Stadt Jerusalem, was von der Bibel (2 Kön 24,10–16) und von den babylonischen Chroniken bestätigt wird. Bereits jetzt wurden jüdische Adelige und Priester in geringer Zahl nach Babylon ins Exil geführt. Doch zehn Jahre später belagerten die Babylonier erneut Jerusalem, sie eroberten die Stadt und zerstörten den Tempel.

Darauf wurde eine größere Zahl der Bevölkerung vor allem von der Oberschicht nach Babylon deportiert, dieses große „Babylonische Exil" dauerte 46 Jahre und endete im Jahr 539 v.Chr., als der persische König Kyros die Babylonier besiegt hatte.

Aus dem alten Königreich Juda wurde nun die persische *Provinz Jehud*, ein Teil der Deportierten ist nun wieder in das angestammte Land zurück gekehrt. Doch viele jüdische Sippen sind freiwillig in Babylonien geblieben und haben dort hohe politische Funktionen ausgeübt. Die Bewohner der Provinz Jehud hießen nun „Jehudim", daraus wurde die Bezeichnung Juden. Schon während des Exils hatten die in Juda Gebliebenen neue Formen der sozialen Ordnung und des Gottesdienstes entwickelt, denn es gab keinen Tempel mehr. Wahrscheinlich wurden Teile des priesterlichen Gesetzes verlesen oder mündlich nacherzählt.

In zwei Wellen dürften nach archäologischen Schätzungen ung. 50.000 Juden in ihr Land zurück gekehrt sein. Danach wurde bald mit dem Wiederaufbau des Tempels begonnen, aber nun durften die Bewohner von Samaria nicht an diesen Arbeiten teilnehmen (Esr 4,3). Wieder wurde eine Grenze zu den Samaritern gezogen. Der Tempel wurde nach vier jähriger Bauzeit im Jahr 516 v.Chr. feierlich eingeweiht, der Tempelkult wurde erneuert, die Priester konnten in ihre Ämter zurück kehren. Doch der Schriftgelehrte Esra forderte von den Juden nun wieder

---

[42] J. Finkelstein/N.A. Silberman, Keine Posaunen 300–309.

die strikte Trennung von fremden Völkern, Ehen mit nichtjüdischen Frauen wurden geschieden (Esr 10,9–16).[43]

Nehemia, der Mundschenk des persischen Königs, wurde in Jerusalem zum persischen Statthalter eingesetzt. Er ließ die Stadtmauern wieder aufbauen, außerdem untersagte er das Einheben von Zinsen für geliehene Güter. Die Heirat mit fremden Frauen wurde den Juden verboten. Den Armen musste das Land wieder gegeben werden, das ihnen weg genommen worden war. In dieser Zeit der „Restauration" der Deuteronomistischen Gesetze erhielt nun auch die Tora bzw. die Bibel ihre entscheidende Formung. Doch nach dem Schock des Exils musste im Volk der Glaube an den Bundesgott Jahwe neu begründet werden. Denn Jahwe hatte ja sein Volk verlassen, er hatte es nicht vor den Feinden geschützt. Die Priester lehrten nun, das Exil sei eine „Strafe" des Bundesgottes für die Untreue seiner Volkes gewesen. Ob diese Deutung plausibel war, wissen wir nicht.

Doch nun erhielt das Buch Deuteronomium (Debarim) eine neue Bearbeitung. Darin wurde dem König Manasse die Schuld am Exil gegeben, weil er im Land die Verehrung fremder Götter zugelassen habe. Er sei von Jahwe abgefallen, deswegen sei die Strafe des Exils über das Volk gekommen. Doch wenn das Volk jetzt erneut sich für Jahwe entscheide und ihm die Treue halte, dann werde es einer glücklichen und heilvollen Zeit entgegen gehen. 80 Prozent der Bevölkerung dürften während des Exils im Land geblieben sein, das waren Bauern und Hirten, Handwerker und Händler, aber auch Schriftgelehrte, Priester und Propheten. Für die Zeit der Rückkehr aus dem Exil wird eine Zeitepoche von ung. 100 Jahren angenommen, das ergeben die archäologischen Funde.[44]

In der persischen Provinz Jehud wuchs die Zahl der Bevölkerung stark an, die aus dem Exil heimgekehrten Sippen konnten sich viel an politischer Macht aneignen. Sie hatten aus Babylon einige historische Schriften und Texte der Propheten mitgebracht, sie brachten ihre Autorität nun in den neuen Tempel ein. Die zurück gebliebenen Priester hatten bereits während des Exils die Aufgabe übernommen, den Zusammenhalt der Juden zu sichern. Nun wurde der neue Tempel zum Mittelpunkt der jüdischen Identität, die Priester arbeiteten deswegen eng mit dem persischen Statthalter zusammen. Einen König aus dem alten Geschlecht Davids (Serubbabel) ließen die Perser aber nicht zu.

In dieser Zeit des persischen Kultureinflusses begannen die Priester am Tempel, neue Schriften zu verfassen, um die jüdische Gemeinschaft zu festigen und um ihre Lebensregeln von fremden Völkern abzugrenzen. Zu bedenken ist hier auch, dass die Perser seit der Zeit Zarathustras zum Glauben an einen einzigen Reichsgott tendierten, der allerdings gegen einen Gegenspieler des Bösen zu kämpfen hatte. Dieser Glaube bestärkte gewiss die monopolhafte Gottesverehrung der jüdischen Priester. Sie zentrierten nun die Riten der Opferung und der Reinigung von Schuld am Tempel, nur dort konnten den Menschen die Sünden gegen Jahwe vergeben werden.

---

[43] J. Pritchard, Großer Bibelatlas 130–132.
[44] J. Finkelstein/N.A. Silberman, Keine Posaunen 320–330.

Die Priester verfassten nun eine sog. „Priesterschrift", zu dieser Zeit erfolgte die endgültige Redaktion der fünf Bücher Moses (Pentateuch). Darin erklärten die Priester das Babylonische Exil als göttlichen Heilsplan, um das Volk zu läutern und es zur „Umkehr" von der Verehrung fremder Götter zu zwingen. Sie versprachen den Menschen im Land eine gute und glückliche Zukunft, wenn sich alle der Verehrung des Bundesgottes Jahwe zuwenden und den Tempel als höchste Autorität im Land sehen. Sie entwarfen einen *großen Heilsmythos*, in dem sie in Aussicht stellten, das Land Juda werde das bedeutendste Land unter den Nachbarvölkern sein, ja es werde in der Zukunft über diese herrschen und bestimmen.

Herrschaft und Heil waren die zentralen Themen dieses großen *Priestermythos*, ganz ähnlich wie in Ägypten. In dieser Zeit gaben die Schreiber den alten Erzählungen vom Auszug des Volkes Israel aus dem Land Ägypten eine neue Bedeutung. Dieser Auszug sei jetzt aufs neue erfolgt, als die Juden aus dem Exil in Babylon heimkehrten. Auch die alten Erzählungen vom Urvater Abraham, der aus Mesopotamien gekommen sei, passten nun in die neue Zeit nach dem Exil. Nun hatten sich nach der Zerstörung Jerusalems im Süden von Judäa um die Städte Beerscheba und Hebron Edomiter nieder gelassen. Sie hießen nun Idumäer. Nun sollte die alte Erzählung von Jakob und Esau den Juden zeigen, dass Juda den Edomitern und Idumäern überlegen sei.[45]

Die Erzählung von den Gräbern der Urväter in Hebron war jetzt wichtig, denn diese Stadt lag nun außerhalb der Provinz Jehu. Der jüdische Stammvater Abraham musste aus der zivilisierten Welt der Chaldäer (Ur) stammen, auch mit dieser Erzählung sollte die jüdische Überlegenheit über andere Völker und Stämme zum Ausdruck kommen. Zur Zeit der priesterlichen Restauration in Juda war Ur in Chadäa als religiöses Zentrum wieder belebt worden. Die Priester und die Schreiber wollten mit ihrem Geschichtswerk und Gesetzeswerk dem Volk die Hoffnung vermitteln, dass nun eine bessere Zeit folgen werde, als die Wirren des Exils mit sich brachten. Die Verfassung, Redaktion und Sammlung von großen Schriften sollte dazu beitragen, die Identität des Volkes Israel zu stärken.

Die Provinz Jehud blieb über 200 Jahre ein Teil des persischen Reiches, bis dieses im Jahr 332 v.Chr. vom makedonischen Feldherrn Alexander erobert wurde. In der folgenden hellenistischen Zeit und Kultur galten die Juden als Volk mit strengen moralischen Geboten, mit komplexen Opfervorschriften und mit einem monopolhaften Gottesglauben. Als ihre heiligen Bücher im 3. Jh. v.Chr. in die griechische Sprache übersetzt wurden, wurden sie der gesamten griechischen Kultur zugänglich gemacht. Das Grundthema der Bibel ist der Glaube an den *Bundesgott Jahwe*, der dem Volk Israel hilft, alle Situationen des Leidens und der Unterdrückung in wechselhaften Zeitläufen zu bestehen.[46]

---

[45] J. Assmann, Die Mosaische Unterscheidung 49–60. G. Stemberger, Einführung 44–50.
[46] J. Finkelstein/N.A. Silberman, Keine Posaunen 325–340.

Aufbau und Inhalt der Bibel

Im Folgenden soll nun der Inhalt und der Aufbau der Bibel übersichtlich dargestellt werden, um ihre inneren Strukturen deutlicher zu erkennen. Die jüdische bzw. hebräische Bibel zählt 39 Bücher, diese werden in drei Teile unterteilt. Den ersten Teil bildet das Gesetz (*Tora*), den zweiten Teil machen die Schriften der Propheten (*Nabiim*) aus; und der dritte Teil wird von den anderen Schriften (*Ketubim*) gebildet. Die Tora wird in einer fortdauernden Lesung bei jedem Gottesdienst am Sabbat vorgetragen. Die Schriften der Propheten gelten als Kommentare zu den Gesetzen, sie werden daher selektiv gelesen. Die anderen Schriften werden nur zu bestimmten Festen im Gottesdienst vorgetragen.

Zum ersten Teil der Tora gehören die fünf Bücher Moses: a) Bereschit (Genesis); b) Schemot (Exodus); c) Wajjiqra (Leviticus); d) Bemidbar (Numeri); e) Debarim (Deuteronomium).

Zu den Nabiim gehören: Josua, Richter, 1 Samuel, 2 Samuel, 1 Könige, 2 Könige, Jesaja, Jeremia, Ezechiel, Hosea, Joel, Amos, Obadja, Jona, Micha, Nahum, Habakuk, Zefanja, Haggai, Sacharja, Maleachi.

Die Schriften der Ketubim bilden: Psalmen, Ijob, Sprichwörter, Rut, Hoheslied, Kohelet, Klagelieder, Ester, Daniel, Esra, Nehemia, 1 Chronik, Tobit, Judit, 1 Makkabäer, 2 Makkabäer 2 Chronik.[1]

Die hebräische Bibel wird auch *Tanach* genannt, der Name ergibt sich aus der Abkürzung Ta Na K für die drei Teile: Tora, Nebiim, Ketubim.

Als im 3. Jh. v.Chr. die hebräische Bibel in der ägyptisch-hellenistischen Stadt Alexandria in die griechische Sprache (Koine) übersetzt wurde, das Werk der sog. *Septuaginta*, da kamen sechs Bücher hinzu, die von der dortigen jüdischen Gemeinde geschätzt wurden. Es sind dies die Bücher: *Tobit, Judit, 1 Makkabäer, 2 Makkabäer, Weisheit Salomons, Jesus Sirach.* Dazu kamen noch Textteile zum Buch Ester, zu Daniel, zu den Klageliedern (Baruch). Folglich sind die hebräische und die griechische Bibel von der Menge der Bücher her nicht deckungsgleich.

Nun haben die frühen Christen als hellenistische Religion natürlich die griechische Bibel übernommen und ihre neuen heiligen Bücher, das sog. „Neue Testament" hinzugefügt. Sie nannten nun die griechisch-jüdische Bibel das „Alte

---

[1] E. Zenger u.a., Einleitung in das Alte Testament. Stuttgart 1995, 22ff.

Testament" Gottes an die Menschen. Damit ergibt sich der sonderbare Tatbestand, dass das Alte Testament der Christen (genauer der Katholiken und der Ostkirchen) um sechs Bücher mehr umfasst, als die Bibel der Juden. Die Christen benötigten die jüdisch-griechische Bibel, um im römischen Reich das hohe Alter ihrer jungen Religion nachweisen zu können. Denn die römische Religionspolitik der Kaiserzeit hatte verboten, völlig neue Religionen zu gründen und zu verbreiten.

Die christlichen Theologen haben im Lauf der Jahrhunderte viele Theorien über die Entstehung und die Redaktion der biblischen Texte aufgestellt, die hier nicht wiederholt werden sollen. Es wurde nach Urtexten, nach Vulgärtexten und ganzen Textfamilien gesucht.

Frühe Übersetzungen

Die hebräische Bibel wurde schon in der antiken Kultur im mehrere Sprachen übersetzt, in denen Juden sich bewegten. Die griechische Übersetzung „Septuaginta" erfolgte zwischen 250 und 180 v.Chr., sie ist die Arbeit von mehreren Generationen von Übersetzern. Schon früh wurde die jüdische Bibel in die aramäische Sprache übersetzt, die nach dem Babylonischen Exil zur Alltagssprache der Juden auch in Palästina geworden war. Sie hatte die hebräische Sprache aus dem allgemeinen Gebrauch verdrängt. Diese Übersetzungen heißen „Targumin", sie wurden schon von der jüdischen Gemeinde in Qumran verwendet.[2]

Im 1./2. Jh. n.Chr. wurde die hebräische Bibel in die syrische Sprache übersetzt, das war die sog. „Peschitta". Wahrscheinlich haben die Herrscher in Adiabene diese Übersetzung anfertigen lassen. Die ältesten syrischen Bibelhandschriften haben wir aus dem 5. Jh. n.Chr. Eine lateinische Übersetzung der griechischen Bibel (Septuaginta) wurde im 3 Jh. n.Chr. erstellt, sie heißt „Vetus latina" und bezieht sich auch auf einige hebräische Textvorlagen. Die zweite lateinische Übersetzung heißt „Vulgata", sie wurde vom Theologen Hieronymus direkt aus der hebräischen Textvorlage erarbeitet und folgt nicht der Septuaginta.

Die jüdische Tradition fügt ihrer Dreiteilung der Bibel (Tora, Nabiim, Ketubim) noch einige Unterteilungen ein. So werden die Propheten in „Vordere" Propheten (die ersten sechs) und in „Hintere" Propheten (die restlichen) eingeteilt. Die Ketubim werden unterteilt in: Dichtung (Psalmen, Sprüche, Hiob), die frühen Schriftrollen (Hoheslied, Rut, Klagelieder, Kohelet, Ester), die Prophezeiung (Daniel) und Geschichte (1 Chronik, 2 Chronik, Esra, Nehemia).

Die ältesten hebräischen Bibelhandschriften haben wir aus der Gemeinde von Qumran, die anderen hebräischen Handschriften stammen frühestens aus dem 9. Jh. n.Chr.

---

[2] E. Zenger, Einleitung 24ff. G. Stemberger, Einführung 44–50.

Die Bücher der Tora

Die fünf Bücher Moses heißen: Bereschit, Schemd, Wajjiqra, Bemidbar und Debarim. In griechischer Sprache heißen diese fünf Bücher Pentateuch (penta = fünf). Im Buch *Bereschit* (griech. Genesis) wird die Weltschöpfung durch den Bundesgott erzählt, danach das Bündnis des Schöpfergottes mit seiner Schöpfung. Danach folgen die Erzählungen von den Urvätern Abraham, Isaak und Jakob, die vielfältigen Beziehungen zum Land Ägypten, der göttlichen Bundesschluss mit den Urvätern.

Das Buch *Schemd* (griech./lat. Exodus) erzählt von der wunderbaren Errettung des Volkes Israel aus der Unterdrückung durch die Ägypter, von der Gottesoffenbarung und dem Bundesschluß am heiligen Berg Sinai, von der Errichtung eines Heiligtums und von der Einsetzung der Priester, von den Sünden des Volkes und von der Vergebung des Bundesgottes.

Das Buch *Wajjiqra* (lat. Leviticus) erinnert an die Opfervorschriften und an die Dienste der Priester, an die Reinheitsgesetze und die verschiedenen Sühneriten. Als Ziel des Lebens wird die Heiligkeit des Menschen vor dem Bundesgott gesehen. Es folgen viele Vorschriften für die Gestaltung von Kultfesten, sowie göttliche Verheißungen für die Zukunft des Volkes.

Das Buch *Bemidbar* (lat. Numeri) schildert den Weg des Volkes Israel durch die Wüste, das Murren des Volkes gegen seine Anführer, die Regelungen des alltäglichen Lebens; danach die Auskundschaftung des vom Bundesgott verheißenen Landes, die Konflikte mit den Nachbarvölkern; schließlich folgen Rechtsvorschriften und Anweisungen für das alltägliche Leben.

Das Buch *Debarim* (griech./lat. Deuteronomium) blickt auf die vierzig Jahre der Wüstenwanderung zurück, dann werden alle Gesetze des Kultes und des täglichen Lebens übersichtlich zusammen gestellt. Es schildert den Bundesschluss zwischen dem Volk Israel/Juda und dem Bundesgott Jahwe, die ersten Gesetze wurden aufgeschrieben und bei der Feier des Laubhüttenfestes verlesen. Zum Schluss folgt der Segen des sterbenden Moses über die zwölf Stämme des Volkes Israel.[3]

Unstrittig ist heute eine sehr komplexe und mehrstufige Entwicklung des *Pentateuch*. Denn darin wechseln viele Namen, Titel und Bezeichnungen für die Gottheit (Jahwe, Elohim, El Eljon, El Schaddaj, El Olam), aber auch ihre Erscheinungsweisen bei den Menschen (ein Bote, zwei Boten, drei Männer). Viele Erzählungen sind widersprüchlich oder unterscheiden sich in wesentlichen Punkten. In den beiden Schöpfungserzählungen ist Gott einmal in der Rolle des Töpfers und des Gärtners, das andere Mal in der Rolle des Schamanen, der durch die magische Kraft seines Wortes Neues erschafft. Der ethische Dekalog ist zweifach und unterschiedlich überliefert. Es gab also viele Erzählströme zu ein und dem selben Thema des religiösen Glaubens.

Unterschiedlich sind auch die drei großen Gesetzesgruppen, nämlich das „Bundesbuch" (Ex 20,22–23,33), das „Heiligkeitsgesetz" (Lev 17–26) und die

---
[3] J. Finkelstein/N.A. Silberman, Keine Posaunen 16–20.

„Deuteronomistische Gesetzessammlung" (Dtn 12–16). Verschieden sind auch die Gesetze über die Sklaven, die Konzeptionen des Volkes Israel, die Erzählungen vom Berg Sinai, die Theologie des Bundes, die Gestalt des Moses u.a. Deswegen wurden viele Modelle zur Entstehung des Tanach diskutiert.

Ein heutiges Erklärungsmodell ist das *Münsteraner Pentateuchmodell* von Peter Weimar und Erich Zenger. Es geht von mehreren Fragmenten und Erzählkränzen aus, die zwischen 600 und 500 v.Chr. zu zwei oder drei „Quellenschriften" verarbeitet worden sind. Diese Quellen wurden später von Priestern und Schreibern am Tempel fortgeschrieben und miteinander verbunden. Um 400 v.Chr. wurde der Tanach (Pentateuch) als eigenständige Größe abgegrenzt. Die bereits um 650 v.Chr. entstandene Fassung des Deuteronomiums (Debarim) zeigt inhaltlich eine deutliche Nähe zu neuassyrischen Texten dieser Zeit.[4]

Es werden zwei Ursprungsgeschichten Israels angenommen, nämlich eine aus dem Jerusalemer Geschichtswerk, die andere, die vom Buch Debarim inspiriert ist, das schon um 700 v.Chr. entstanden sein dürfte. Als dritte Quelle gilt die sog. „Priesterschrift", die von Priestern zur Zeit des zweiten Tempels (nach 516 v.Chr.) verfasst worden ist.

Der *Tanach* lässt sich auch als ein *Werk des Kompromisses* zwischen theokratischen Positionen der Priester und endzeitlichen Ausrichtungen anderer Gruppen sehen. Er zeigt einen sozialen Kompromiss zwischen den oberen sozialen Schichten auf der einen Seite und den Kleinbauern, Lohnarbeitern und Besitzlosen auf der anderen Seite an. Das Werk lässt aber auch einen Ausgleich zwischen den priesterlichen Amtsträgern (Priesterkollegium) und den nichtpriesterlichen Amtsträgern (Rat der Ältesten) erkennen.

Das Buch *Debarim (*Deuteronomium) wurde wohl zur Zeit des Königs Hiskija um 720 v.Chr. begonnen und dokumentiert eine zentralistische Reform des Kultes. Der Opferkult sollte nun auf Jerusalem zentriert werden, die anderen Kultstätten im Land und deren Götterbilder sollten zerstört werden. Das Volk Israel wurde ausschließlich auf den „Bundesgott" Jahwe verpflichtet, fortan sollte nur mehr „Jahwe allein" verehrt werden. Die Jahwepriester waren bestrebt, die anderen Formen der Gottesverehrung zu verbieten und das Verbot zu kontrollieren. Das Volk Israel sollte sich nun nur mehr als „Volk Jahwes" verstehen, die Gebote der Priester müssten genau befolgt werden.

Wir erkennen in dieser Kultreform des Königs auch die Verbreitung und Vertiefung einer zentralen Herrschaft, die es bisher kaum gab. In diesem Prozess teilte sich der König die politische Macht im Land allerdings mit den Priestern, weil er sie allein nicht durchsetzen konnte.

Für das Werk der „Priesterschrift" steht das Leben der Menschen unter dem Segen des Schöpfergottes. Darin wurden die Regeln der Opferpriester genau festgelegt, es wurden die scharfen Abgrenzungen zwischen der kultischen Reinheit und Unreinheit aufgestellt. Wer als kultisch unrein galt, durfte nicht an den Opfer-

---

[4] E. Zenger, Einleitung 96–100.

Buß- und Vergebungsriten am Tempel teilnehmen. Sein Leben wurde dadurch geschwächt, weil es nicht die göttlichen Segenskraft bekommen konnte. Denn zur Herrschaft der Priester gehörte die Vermittlung von göttlicher Vergebung der Sünden und von Lebenskraft.

Vom Bundesgott Jahwe wird gesagt, dass er alle seine Versprechungen einhält, die er den Menschen durch das Wort der Priester zukommen lässt. Weil die Priester im Namen des Bundesgottes sprechen, gelten ihre Gesetze als göttliche Satzungen. Von den Nichtpriestern (Laien) wird gefordert, dass sie ein Leben lang nach der kultischen Reinheit und der moralischen Heiligkeit streben. Die Regeln dieser Heiligkeit werden von den Priestern aufgestellt, sie wollen somit das ganze Leben ihrer Mitmenschen kontrollieren.[5]

Ein späteres Geschichtswerk aus der Zeit des Babylonischen Exils wird stark von den Lehren und Ideen des Buches Debarim geprägt, doch das Jerusalemer Geschichtswerk dürfte vor diesem Exil entstanden sein. Die Priester und der König benötigten die monopolhafte Verehrung des Bundesgottes Jahwe am Tempel zur Festigung und Vertiefung der politischen Herrschaft im Land. Der Kult und die Inhalte der Religion wurden benötigt, um überhaupt eine zentrale Herrschaft und Verwaltung aufzubauen. Wir sehen in diesem Teil der Bibel eine Frühphase des Aufbaus von zentraler Lenkung dokumentiert, die sich in jeder Kultur einmal durchsetzen musste. Jahwe gilt nun als Herrscher der Geschichte, das Volk muss ihm bzw. den Anordnungen der Priester blind gehorchen. Dies sind die Grundideen des Buches Debarim bzw. des ganzen Tanach (Pentateuch).

Die Bücher der Geschichte

Die Reihung der Bücher folgt hier der griechischen Bibel (Septuaginta), die hebräische Bibel hat dabei eine andere Reihenfolge. Heute wird von den Forschern angenommen, dass Teile dieses Geschichtswerkes aus der Reformzeit des Königs Joschija stammen. Doch der größte Teil dieses Werkes ist wohl während des Babylonischen Exils verfasst und nach dem Exil mehrfach redigiert worden. Der Inhalt dieses großen Geschichtswerkes ist eine theologische Lehre der Priester als Antwort auf den erlebten Schock der babylonischen Fremdherrschaft. Jetzt lautet die zentrale Frage: Warum hat uns der Bundesgott dies angetan? Warum ist sein „Zorn" gegen uns entbrannt?

Schon diese Fragen geben die Deutung der Priester wieder, denn sie sagen nun, das Exil sei eine „Strafe" des Bundesgottes gewesen, weil das Volk und zeitweilig auch der König fremde Götter verehrt hätten. Das erlittene Exil wird hier zur Durchsetzung der Priesterlehren gebraucht bzw. instrumentalisiert. Nun zieht sich die Rede vom „Zorn Jahwes" durch das ganze Geschichtswerk der Priester und ihrer Schreiber. Sie lehren nun, während des Exils in Babylon habe sich der Zorn Jahwes voll ausgetobt, jetzt sei er wieder zu Ende. Doch jetzt komme für das Volk

---

[5] G. Stemberger, Einführung 40–50. E. Zenger, Einleitung 60–90; 156–176.

Israel die Zeit der Heimkehr in das eigene Land und die Zeit der „Umkehr" zu den moralischen Satzungen der Priester.

Der Bundesgott führe nun sein Volk wieder heim, jetzt müssten die Menschen auch mit ihren Herzen zum Gott Jahwe heimkehren. Daraus kann erschlossen werden, dass bei weitem nicht alle Juden den Gott Jahwe allein verehrten. Im Land wird nun ein neues Gebot der Solidarität zwischen den Sippen eingeführt, denn das soziale Leben muss neu geordnet werden. Jetzt muss das Volk ohne einen König leben, denn die neuen Herren, die Perser lassen keinen König zu. Sie setzen einen persischen Satrapen zur Verwaltung in der Provinz Jehu ein.

Diese *politische Situation* nutzten die Priester und lehrten nun, an die Stelle des Königs sei nun das göttliche „Gesetz" (Tora) getreten. Das heißt, sie setzten ihre priesterlichen Gesetze an die Stelle der königlichen Gesetze. Die Priester erlebten nun durch das Ende des Königtums eine starke Aufwertung, denn sie allein gaben nun die religiösen Gesetze vor. Denn die persische Verwaltung wollte sich in die jüdische Religion möglichst wenig einmischen. Somit trat das schriftliche Werk der Priester und ihrer Schreiber, die Tora, auch immer mehr an die Stelle der fehlenden Herrschaft des Königs.

Die Bibel war in dieser Phase ihrer Entstehung auch ein Instrument der zentralen Lenkung des Kultes, des Glaubens und des Verhaltens. Sie trat in Israel an die Stelle der Königsherrschaft, dieser Zustand blieb auch in der hellenistischen und in der römischen Zeit bestehen.

Das *Buch Josua* schildert nun rückblickend die erste Eroberung des Landes Kanaan durch das Volk Israel. Diese Schilderung wird auffallender Weise durch die Sprache der Gewalt geprägt, Jahwe führt die jüdischen Krieger an und erschlägt täglich Hunderte Feinde. Nach der Eroberung erfolgt die Verteilung des Landes, dann werden die Abschiedsreden und der Tod des Heerführers Josua geschildert. Dabei wird das Volk ermahnt, dem alleinigen Bundesgott Jahwe die Treue zu halten und die fremden Götter nicht mehr zu verehren. Im Buch Josua sind verschiedene Redaktionsschichten erkennbar, aber es gibt darin auch Zusätze aus der Hand der Priester. Die zentrale Botschaft lautet, dass der Bundesgott Jahwe der Herr des Landes Kanaan sei und nicht der König der Assyrer.

So wird die sog. „Landnahme" als kriegerische Eroberung unter der Führung des Kriegsgottes Jahwe geschildert. Doch die archäologischen Funde widersprechen in allen Bereichen dieser Schilderung der Bibel, sie bezeugen eine relativ friedliche Einwanderung und Einsickerung von Hirtennomaden in unbesiedeltes Land in den Bergen Kanaans. Die Theologen haben diese Ergebnisse der archäologischen Forschung begrüßt, weil dadurch der Gott Jahwe nicht so kriegerisch sei, wie er dargestellt wird. Aber sie haben übersehen, dass damit aber die *kriegerische Semantik* der Bibel voll erhalten bleibt, die für das friedvolle Zusammenleben von Menschen hoch gefährlich ist.[6]

---

[6] G. Hentschel, Das Buch Josua. In: E. Zenger, Einleitung 203–212.

Dieses Buch und viele andere Bücher zeigen, dass die Bibel insgesamt kein friedliches Buch ist, sondern dass sie zu Kampf und Zerstörung für die Sache des Bundesgottes geradezu aufruft. In der Folgezeit hat dieses Buch, vor allem für die Christen, ständig als Legitimation von Gewalt und Krieg gedient. Bei der Rezeption dieses Buches geht es heute dringlich um eine Korrektur dieser Sprache der Gewalt, die sich von anderen Büchern und Mythen der Gewalt kaum unterscheidet.

Mit dieser kriegerischen Darstellung wollten die Priester zeigen, dass der Bundesgott Jahwe die Macht hat, sein Volk zu beschützen, wenn er das will. Hier wird die Semantik des Kampfes zum Aufbau einer neuen Identität verwendet, gleichzeitig wird die Landnahme als ein kultisches Geschehen gedeutet. Denn mit der Lade des Bundes zog nun der Gott Jahwe in das Land Kanaan ein, der es allein besitzen wollte. Auch hier verstärkt die Religion den Anspruch auf Herrschaft und hält Gruppen und Stammesbündnisse zusammen. Die Menschen werden von den Priestern aufgefordert, ihrem Bundesgott und seinen Weisungen die Treue zu halten.

Das *Buch der Richter* beschreibt die Zeit von der angeblich gewaltsamen Landnahme bis zur Einsetzung der ersten Könige. Es thematisiert die Freiheit des Volkes Israel und die Solidarität seiner Sippen und Stämme. Da wird von tapferen Männern und Frauen berichtet, die viele Gefahren abwenden konnten. Die Schreiber sagen, die politische Freiheit sei ein Geschenk des Kriegs- und Bundesgottes Jahwe, doch dieses Geschenk sei an die Befolgung der priesterlichen Gebote gebunden. Diese Lehren wurden explizit nach dem Exil in Babylon formuliert, die Rettergestalten der Frühzeit gelten als Vorbilder des solidarischen Zusammenlebens.

Das *Buch Rut* dürfte im 5. Jh. v.Chr. entstanden sein. Es schildert die bäuerliche Lebenswelt im Bergland und zeigt wenig Interesse am Kult im Tempel. Angestrebt werden die Treue und Solidarität in den Sippen, die allgemeine Verpflichtung zur Schwagerehe (Levirat) beim Tod eines Ehemannes. Dabei ist eine gewisse Toleranz gegenüber Fremden im Land und auch gegen Mischehen erkennbar. In der jüdischen Liturgie am Tempel wurde dieses Buch zum Wochenfest 50 Tage nach dem Passahfest gelesen. Das Buch betont die Rolle der Frauen und der Fremden bei den unteren sozialen Schichten.[7]

Die *Samuel-Bücher* beschreiben die Anfänge des Königtums in Israel/Juda, vor allem aber die Heldentaten des Königs und Heerführers David. Hier lassen sich deutlich verschiedene Erzählstränge erkennen, die später mit einander verbunden wurden. Inhaltlich wird eine Kritik am Königtum erkennbar, denn es werden ausführlich die moralischen Verfehlungen am königlichen Hof beschrieben. Die Legitimation des Königs erfolgt allein durch seine militärischen Siege über fremde Stämme und Völker. Weil nun der König Salomo für den Bundesgott einen Tempel bauen wird, sichert ihm dieser die Herrschaft.

---

[7] G. Hentschel, Das Buch der Richter. In: E. Zenger, Einleitung 213–221. E. Zenger, Das Buch Rut. In: E. Zenger, Einleitung 222–229.

Die *Königs-Bücher* stellen die Geschichte des Königs Salomo ausführlich dar. Dann werden die politischen Ereignisse in Israel und in Juda, sowie die Trennung der beiden Königreiche bis zum politischen Untergang Israels (722 v.Chr.) und dem Ende des Staates Juda (587 v.Chr.) beschrieben. Als literarische Quellen für das Buch werden genannt: eine Chronik des Königs Salomo, eine Chronik der Könige von Israel, und eine Liste der Könige von Juda. Dazu kommen noch andere mündliche und schriftliche Überlieferungen. In der Sichtweise der Jahwe-Priester wird die Zerstörung der beiden Königreiche durch Fremdvölker als Folge der Untreue ihrer Könige zum Bundesgott dargestellt. Die Reformen des Königs Joschija konnten das Land vor dem Untergang nicht mehr retten.[8]

Auch hier erheben die Priester den Anspruch, dass nur „Jahwe allein" verehrt werden darf und dass die fremden Götter verflucht werden müssen. Sie sagen dem Volk, wenn die Menschen von ihrer religiösen „Untreue" umkehren und Jahwe allein dienen, dann werden alle eine gute Zukunft erleben. Vor allem der Kult der Baale und die verschiedenen Riten der Fruchtbarkeit müssen beendet werden.

Die *Bücher der Chronik* (Dibre hajjamim) berichten über politische Ereignisse in der Zeit vom König David bis zum Ende des Babylonischen Exils und zum Edikt des Perser-Königs Kyros im Jahr 539 v.Chr. Durch dieses Edikt wurde die Herrschaft der Babylonier beendet, die jüdischen Sippen durften aus dem Exil in ihre Heimat zurück kehren. Auch hier sagen die Schreiber des Buches, wenn allein Jahwe im ganzen Land verehrte werde, dann würde das Volk im Frieden und im Wohlstand leben können. Allein der Abfall vom Bundesgott Jahwe habe den Untergang des Königtums zur Folge gehabt. Die Menschen im Land müssten die Lehren und Satzungen der Priester (Tora) strikt befolgen, denn der Tempel sei das Zentrum des Kultes und der authentischen Auslegung des göttlichen Gesetzes.

Die Bücher *Esra* und *Nehemia* werden in der hebräischen Bibel als eine Einheit gesehen. Sie beschreiben den Wiederaufbau des Tempels und die Einrichtung des Kultes am Tempel nach dem großen Exil. Das Volk wird erneut auf die Gesetze der Tora verpflichtet. Der Kult und die politische Verwaltung wurden neu organisiert, auch die alte Stadtmauer von Jerusalem wurde wieder hergestellt. Die Abgrenzungen von fremden Stämmen und Völkern werden nun verschärft, die Eheschließungen mit Fremden werden verboten, schon bestehende Mischehen müssen aufgelöst werden. Der Kult des Bundesgottes Jahwe soll von allen fremden Einflüssen gereinigt werden, die Tora ist das Kriterium der Abgrenzung der jüdischen Kultur in der persischen und später in der hellenistischen Zeit. Auch diese Bücher wurden aus mehreren Quellen zusammengestellt und mehrfach redigiert.[9]

Das *Buch Tobit* stellt das Leben einer Familie im Kontext des Glaubens an die Engel Jahwes dar. Es dürfte im aramäisch sprechenden Judentum in Syrien oder

---

[8] G. Hentschel, Die Samuelbücher. In: E. Zenger, Einleitung 230–238. G. Hentschel, Die Königsbücher. In: E. Zenger, Einleitung 239–248.

[9] G. Stein, Die Bücher der Chronik. In: E. Zenger, Einleitung 249–262. G. Stein, Die Bücher Esra und Nehemia. In: E. Zenger: Einleitung 263–278.

in Palästina entstanden sein. Inhaltlich spiegeln sich darin religiöse Konflikte aus der persischen und griechischen Zeit. Das Buch empfiehlt einen Lebensweg in der unbedingten Treue zum Bundesgott Jahwe, die Verwirklichung der sozialen Gerechtigkeit im Land und die Liebe zur göttlichen Wahrheit. Am Ende des Buches steht die große Vision, dass alle Völker der Umgebung sich dem Gott Jahwe zuwenden werden und dass die Gläubigen im „Land Abrahams" leben werden. Hier wird auf volkstümliche Weise die Lehre der Priester wieder gegeben.

Das *Buch Judit* liegt nur in der griechischen und lateinischen Fassung vor, es gehört nicht zur hebräischen Bibel. Es schildert die Größe des Bundesgottes Jahwe, der stärker ist als die Könige von Assur. Judit tötet mit einer weiblichen List den Feldherrn der Gegner und bringt damit dem Volk einen Sieg. Das Buch sagt damit, dass Jahwe auch mittels der Frauen große Taten im Volk ausführt. Die Menschen sollen ihm vertrauen, er werde das Volk in eine gute Zeit lenken. Das Buch dürfte im 2. Jh. v.Chr. in der hellenistischen Kultur entstanden sein.

Das *Buch Ester* ist Teil der hebräischen Bibel, doch die griechische Übersetzung hat einige Zusätze angefügt. Die Jüdin Ester sei am persischen Königshof zur Zweitfrau bzw. Königin aufgestiegen, sagt eine fiktive Geschichte. Mit dieser Fiktion betritt die jüdische Literatur die große Bühne eines Weltreiches. Das Buch wurde beim Passahfest und beim Purimfest gelesen, es sollte das Selbstwertgefühl der Juden in der Zerstreuung (Diaspora) stärken. Es wollte den Gläubigen sagen, dass der Bundesgott Jahwe im Volk in verhüllter und in schweigender Weise anwesend sei, dass er aber auf die Rettung in der Not nie vergessen wird.[10]

Die *Bücher der Makkabäer* gehören nur zur griechischen Bibel, sie sind für die jüdische Kultur kaum relevant geworden. Zwei von diesen (vier) Büchern gehören zur christlichen Bibel, zwei weitere gelten als außerkanonisch. Die beiden ersten Bücher beschreiben den Aufstand der Makkabäer gegen die Herrschaft des seleukidischen Königs Antiochos IV. Epiphanes in der Mitte des 2. Jh. v.Chr. Die Kämpfer für den reinen jüdischen Glauben wollten den Tempelkult ohne griechische Zusätze wieder herstellen, sie wollten die Abgrenzung zur griechischen Kultur deutlicher zeigen. Diese Schriften schildern die Anfänge der Herrschaft des Makkabäer bzw. der Hasmonäer. Das erste Buch könnte eine hebräische Urfassung gehabt haben, was aber nicht zu beweisen ist. Das zweite Buch dürfte erst um 100 v.Chr. verfasst worden sein.

Eine wichtige Rolle in diesen Büchern spielt die Vorstellung vom jüdischen Martyrer, der für seinen reinen Glauben an den Bundesgott Jahwe in den Tod geht. Von diesen Blutzeugen des Glaubens wird nun angenommen, dass sie beim Bundesgott Jahwe zu einem neuen Leben aufstehen werden. Doch ihre Verfolger werden im ewigen Tod bleiben. Der Tempel in Jerusalem sei der zentrale Ort der Gottesverehrung, er dürfe nicht durch griechische Bilder und Riten „verunreinigt" werden. Das Buch verbreitet die Hoffnung, dass die gesetzestreuen und gerechten

---

[10] H, Engel, Das Buch Tobit. In: E. Zenger: Einleitung 278–288. H. Engel, Das Buch Judit. In: E. Zenger, Einleitung 289–301. E. Zenger, Das Buch Ester. In: E. Zenger, Einleitung 302–311.

Juden bei Gott zu einem neuen Leben aufstehen. Wir erkennen in diesen Texten die deutliche Vermischung mit griechischem Denken.[11]

Dieser Überblick sollte die Grundaussagen der Bücher der Geschichte zusammenfassen. Vier von diesen Büchern (Tobit, Judit, 1 Makk und 2 Makk) finden sich nur in der griechischen Bibel, sie sind für das Judentum wenig wirksam geworden. Die Grundaussagen der Bücher der Geschichte folgen der priesterlichen Abgrenzung und der Forderung der monopolhaften Verehrung des Bundesgottes Jahwe. Sie sind ein wichtiges Dokument der „Mosaischen Unterscheidung", von der Jan Assmann gesprochen hat. So wie die Gestalt des Moses eine fiktive Gestalt der Führung und der Einheit ist, so wird auch die erfahrene Geschichte im Blick auf den Bundesgott Jahwe gedeutet.

Nun sagt die priesterliche Deutung der Geschichte, dass die leidvollen Erlebnisse des jüdischen Volkes nur die „Strafe" des Bundesgottes Jahwe gewesen sei für den „Abfall" von seiner monopolhaften Verehrung. Nur mit dem Blick auf und dem festen Glauben an den Bundesgott könne das Volk Israel stark sein und in schwierigen Zeitsituationen überleben. Die Sprache der Religion wird zum einen als Deutung der Geschichte, zum andern zur Festigung einer zentralen Leitung verwendet. Die Bibel ist das große Zeugnis von der Durchsetzung eines kultischen und lehrhaften Monotheismus, die aber im jüdischen Volk nie ganz gelungen ist.[12]

Die Bücher der Weisheit

Die biblischen Schriften zur Weisheit vermitteln praktisches Lebenswissen und Verhaltensregeln für das Zusammenleben in der Sippe, in den Dörfern und in der Stadt. Diese Regeln werden zumeist religiös begründet, sie seien vom göttlichen Schöpfer aufgestellt und den Menschen geschenkt worden. Wer diese Lebensweisheiten in seinem Verhalten befolgt, darf ein langes und glückliches Leben erwarten.

Nun enthält die Bibel mehrere Formen der Weisheitslehren; zum einen gesammelte Volksweisheit, zum andern Lebensregeln aus den Stadtkulturen und Lebensregeln der Gesetzeslehrer und der Priester. Vorgetragen werden sie in der Form von Merksprüchen, von Lehrreden, von Gedichten und von Erzählungen. Sie drücken ein Grundvertrauen in die Schöpfung aus und suchen nach den optimalen Regeln für ein gelingendes Zusammenleben.

Das *Buch Ijob* (Job) schildert ausführlich und mitreißend, wie ein leidender Mensch mit seinem Schutzgott ringt und wie er sich schließlich dessen Willen ergibt. Ähnliche Texte haben wir aus der sumerischen, der babylonischen und der ägyptischen Kultur. Immer geht es um die Grundfrage der Religion und Gottesverehrung, wie ein guter Schutzgott und Bundesgott für den einzelnen Menschen

---

[11] H. Engel, Die Bücher der Makkabäer. In: E. Zenger, Einleitung 312–328.
[12] J. Assmann, Die Mosaische Unterscheidung 64–71.

soviel an Leiden, Not und Grausamkeit zulassen kann. Die Geschichte von Ijob spielt in einer Kultur von Hirtennomaden, der Text dürfte aber in der hellenistischen Zeit entstanden sein.

Die an Gott Glaubenden werden darin aufgefordert, ihre Leiden und Nöte des Lebens in Ergebenheit vor dem Bundesgott anzunehmen. Auch durch ihr Weinen und Klagen können sie dem göttlichen Schützer ihres Lebens begegnen, und sie werden erkennen, dass sie auch in der bittersten Not von ihm getragen werden. Damit wird es den Glaubenden möglich, bitteres Leiden und Krankheit anzunehmen, ihnen einen positiven Sinn zu geben und sie vom religiösen Glauben her zu verwandeln. So steht der leidende und ringende Beter Ijob für unzählbar viele Menschen der Glaubensgeschichte, wohl in jeder Kultur, vor allem für die jüdische und christliche.[13]

Das *Buch der Psalmen* ist eine Sammlung von Kultliedern und von Lobliedern, die zur Verehrung des Bundesgottes Jahwe gesungen wurden. Es lassen sich darin Klagelieder, Loblieder, Danklieder, Königspsalmen, Zionspsalmen und Weisheitspsalmen unterscheiden. Sie wurden schon früh zu kleineren Gruppen gesammelt und später zu einem großen Buch mit 150 Liedern komponiert. Die Entstehungszeit dieser Lieder wird zwischen dem 5. und dem 2. Jh. v.Chr. angenommen. Darin werden praktische alle Lebenssituationen der gläubigen Beter vor Gott zum Ausdruck gebracht.

In den Liedern des Lobes und des Dankes wird dem Gott des Bundes und der Schöpfung für seine Großtaten und seine Wunder gedankt. In den Klageliedern werden tiefe Notsituationen des Lebens ausgedrückt, darin wird Trost erfahren. Die Zionspsalmen sind Kultlieder am Tempel, welche die Gegenwart des Schutzgottes am heiligen Ort anzeigen sollen. Und die Königspsalmen wurden wohl in der Königszeit zur Inthronisation, zur Hochzeit und zum Jubiläum vorgetragen. Schließlich vermitteln die Weisheitspsalmen den Betern und Sängern eine feste Orientierung im Leben und im Glauben. Der Bundesgott Jahwe wird als der Erschaffer der Welt, als der Lenker der Menschen und als der Herrscher des Volkes Israel gepriesen und angerufen.[14]

Das *Buch der Sprichwörter* ist in hebräischer Sprache verfasst worden, die griechische Übersetzung weicht vom hebräischen Urtext erheblich ab. Einige dieser Weisheitssprüche werden auf den König Salomo bezogen, der als besonders weise galt. Andere wurden von verschiedenen Lehrern der Weisheit vermittelt. Die Menschen werden allgemein zur Furcht vor dem Bundesgott und zur Befolgung seiner Gesetze aufgefordert, damit ihnen ein gutes Leben zuteil werden kann. Der Kern der Sprüche dürfte aus der Zeit vor dem Exil stammen, vermutlich finden sich darin sehr alte Texte, vielleicht sogar die ältesten der Bibel (Bernhard Lang). Doch die Endredaktion des Buches erfolgte erst in der griechischen Zeit.

---

[13] L. Schwienhorst-Schönberger, Das Buch Ijob. In: E. Zenger, Einleitung 335–347.
[14] E. Zenger, Das Buch der Psalmen. In: E. Zenger, Einleitung 348–370.

Die Menschen sollen lernen, alle Situationen des Lebens gut zu bestehen und Glück zu erleben. Wenn sie den göttlichen Geboten folgen, welche die Priester offenbaren, dann werden sie gut zusammen leben und Erfolg haben. Denn Jahwe sei der Schöpfer der Welt, ihm sollten die glaubenden Menschen dienen. Sie sollen sich selbst und ihre Mitmenschen lieben, aber sie sollen auch ihren Gegnern noch mit Wohlwollen begegnen. Denn wenn alle für sich selber und ihre nächsten Mitmenschen in den Sippen sorgen, dann erfüllen sie den göttlichen Willen. So werden die Gläubigen sowohl zur Gottesliebe, als auch zur Nächstenliebe aufgefordert. Denn Jahwe sei der Herr über alle Menschen, seine Geboten hätten Gültigkeit für immer.[15]

Das *Buch Kohelet* (Prediger) beschreibt die Vergänglichkeit des Lebens und aller menschlichen Einrichtungen, sowie den Glauben an einen unvergänglichen Schutzgott. Es dürfte zwischen 250 und 190 v.Chr. in Jerusalem entstanden sein. Kohelet dürfte als Sammler von Sprichwörtern fungiert haben, der seinen Hörerkreis um sich hatte. Trotz der schmerzlichen Vergänglichkeit aller Dinge im Leben dürfen sich die Gläubigen ihres Lebens freuen, denn ihre Freude stammt vom unvergänglichen Bundesgott. Das von ihm geschenkte Glück des Daseins hat Dauer, es wird nicht vom Wind verweht. Deutlich treffen hier jüdische Weisheit und griechische Philosophie (Epikur) zusammen. Seit mehreren Generationen waren zu dieser Zeit griechische Wanderlehrer in Palästina unterwegs.[16]

Ein besonderer Text ist das *Hohe Lied der Liebe*, das dem König Salomo zugeschrieben wird. Denn er galt mit seinen 60 Haupt- und Nebenfrauen als der große Lehrmeister der erotischen Liebeskunst. Das Buch enthält eine Sammlung von Liebesliedern, die teilweise auf ägyptischen Ursprung hinweisen. Andere Texte könnten mit dem Ritual der „Heiligen Hochzeit" zu tun haben, das im Alten Orient weit verbreitet war. Die Entstehung dieser Lieder dürfte in der frühen und mittleren Königszeit liegen, die Sammlung und Endredaktion ist erst in der griechischen Zeit erfolgt. Deutlich ist darin die Tradition der mesopotamischen und der ägyptischen Liebeslieder zu erkennen.

Denn die erotische Liebe wird als göttliches Geschenk angesehen, sie sei die stärkste Macht des menschlichen Lebens, denn sie besiege das Chaos und selbst den Tod. Sie ist in diesen sehr alten Liedern noch nicht an die patriarchale Regelung der Ehe gebunden, sondern darf sich frei entfalten. Die Liebenden freuen sich am Liebesspiel in der freien Natur, mit der sie sich verwandt wissen. Einige Texte deuten auf das Hochzeitsritual des Königs mit der Priesterin zur Vermehrung der Fruchtbarkeit. Beide Geschlechter sind von einander begeistert, sie besingen die Schönheit des weiblichen und des männlichen Körpers.

Das Buch gehörte zur Festrolle des Passafestes und wurde dort verlesen. Als die Priester Jahwes den Kult der Fruchtbarkeit verboten hatten, deuteten sie das

---

[15] L. Schwienhorst-Schönberger, Das Buch der Sprichwörter. In: E. Zenger, Einleitung 371–379.

[16] L. Schwienhorst-Schönberger, Das Buch Kohelet. In: E. Zenger, Einleitung 380–388.

Hohe Lied der Liebe allegorisch, wie sie es von den Griechen (Stoiker) gelernt hatten. Sie bezogen die erotische Liebe der Geschlechter nun auf den Bundesgott Jahwe, ähnlich wie den Liebespartner sollten die Glaubenden ihren Schutzgott lieben. Spätere Ausleger sahen in diesem Text das Versprechen eines Paradieses, aus dem die Menschen vertrieben worden seien.[17]

Das *Buch der Weisheit* wurde bereits in griechischer Sprache verfasst, es hatte keine hebräische oder aramäische Vorlage. Damit gehört es auch nicht zur jüdischen Bibel, es findet sich in der Septuaginta der christlichen Kirchen. Zuerst wird die göttliche Gerechtigkeit gepriesen, dann folgt das Lob auf die Weisheit des Schöpfers. Denn der männliche Schöpfergott liebt diese weibliche Weisheit (chokmah), er lebt mit ihr zusammen und folgt ihren Plänen. Denn sie schenkt den Menschen die Rettung vor dem Bösen, sie hat das Volk Israel aus der Unterdrückung in Ägypten gerettet. Das Buch dürfte im 1. Jh. v.Chr. in der griechischen Stadt Alexandria entstanden sein.

Es verbindet nämlich jüdische und griechische Vorstellungen über das Leben und die Welt, der Kosmos sei von der göttlichen Weisheit geordnet. Nun führe das Leben gemäß dieser Weisheit zu einem gerechten und friedvollen Zusammenleben. Jeder Mensch könne durch sein Handeln selbst mitbestimmen, wie sein Leben verlaufe. Die Gerechten hoffen nun, nach dem Tod in „Gottes Hand" zu sein. Sie erwarten ein göttliches Gericht, in dem sie von den Übeltätern getrennt werden. Alle Menschen sollen sich des Lebens freuen, denn Gott wolle das Leben und nicht den Tod. Die Weisheit tritt wie eine griechische Göttin (Sophia, Isis) auf, sie leitet alle Menschen zu einem guten und vernünftigen Leben. Doch der jüdische Bundesgott und Weltgott Jahwe sei ihr übergeordnet.

Das *Buch Jesus Sirach* (Ben Sira) ruft die Menschen zur Gottesfurcht und zur Weisheit auf. Allein diese Weisheit führe die Glaubenden auf guten Wegen und lasse sie die Größe Jahwes preisen. Die Schüler der Weisheit freuen sich an der Größe des Schöpfergottes und an den Wundern und Großtaten seiner Schöpfung. Doch sein Wille sei uns Menschen unerforschlich. Voll Dankbarkeit wird auf die Väter des Glaubens (Henoch, Nehemia) und den Hohenpriester Simon geblickt. Die Gläubigen werden ermahnt, den göttlichen Geboten zu folgen, welche die Priester offenbart haben. Die Weisheit des Lebens und die Furcht des Bundesgottes seien eine letzte Einheit.

Dieses Buch sieht die griechische Kultur teils kritisch, teils akzeptiert es ihre Lebensformen. Doch auch in der neuen Zeitsituation bleibt das göttliche Gesetz (Tora) bestehen, denn die göttliche Weisheit lenke ja die ganze Welt. Der jüdische Bundesgott wird in dieser Zeit immer mehr zu einem Gott aller Menschen, zu einem Weltgott. Wer ihm vertraut, der wird das moralisch Gute tun und die Gerechtigkeit verwirklichen.[18]

---

[17] L. Schwienhorst-Schönberger, Das Hohelied. In: E. Zenger, Einleitung 389–395.
[18] S. Schroer, Das Buch der Weisheit. In: E. Zenger, Einleitung 396–407. J. Marböck, Das Buch Jesus Sirach. In: E. Zenger, Einleitung 408–416.

Die Bücher der Propheten

Religionsgeschichtlich betrachtet sind die Propheten (Nabiim) die Nachfolger der Schamanen in den frühen Kulturstufen. Bei den Hirtennomaden und frühen Ackerbauern bilden sich die Rollen der Weisheitslehrer, der Lebensdeuter und der Lebenskritiker. Männer und Frauen sind in diesen Rollen, sie geben den Sippen und Gruppen Anleitungen für die richtigen Entscheidungen. Viele von ihnen sind in der Frühzeit an heiligen Orten und Orakelstätten tätig. Zu ihnen kommen die Menschen, um sich Rat für ihr Leben zu holen. Im Kontext der Religion berufen sich diese Rollenträger auf göttliche Offenbarungen oder auf Botschaften der Ahnen.

Der hebräische Name Nabi bedeutet der von Gott „gerufene Rufer", der seinen Mitmenschen zu den richtigen Entscheidungen verhilft. In der Frühzeit, als viele Schutzgötter und die Ahnen verehrt wurden, gab es im Land eine Vielzahl von Propheten und göttlichen Botschaften. Doch als die Jahwepriester am Tempel ihren Kult monopolhaft durchzusetzen versuchten, stempelten sie die anderen Lehrer zu „Falschpropheten". Die Unterscheidung von wahr und falsch drückt hier den priesterlichen Herrschaftsanspruch aus. Nicht nur in der jüdischen Kultur ist die Prophetie eng mit der Politik verbunden.

Die Propheten vernahmen ihre Botschaften an die Mitmenschen in Traumerfahrungen, in ekstatischen Visionen und Auditionen. Wie die alten Schamanen kannten sie viele Techniken der Ekstase, in der sie sich mit den Schutzgöttern oder den Ahnen verbanden. Sie schauten oder hörten göttliche Wesen und empfingen deren Botschaften als „Offenbarungen". Zu den frühen Orakeltechniken gehörten die Beobachtung des Vogelflugs, die Deutung der Gestirnsbahnen, die Schau der Eingeweide bei den Opfertieren, die Beobachtung des Fließens von Olivenöl (Ölorakel). In der Bibel begegnen viele freie Propheten, die aus den ländlichen Regionen kommen und nicht vom Tempel abhängen. Viele von ihnen leben in der Opposition zum Tempel und zu den Priestern.

Später begegnen uns die *Tempelpropheten*, die den Priestern untergeordnet sind. Sie bekamen eine Ausbildung und sollten die freien Propheten an den anderen Heiligtümern langsam ablösen. Es gab die königlichen Hofpropheten, die vom König bezahlt wurden. Sie berieten den König bei politischen Entscheidungen und waren bei den königlichen Riten der Inthronisation, der Hochzeit, der Jubiläen und der Vertragsunterzeichnung anwesend. Ihre Aufgabe war es, das „Heil" (Wohl) des Volkes zu sichern. In der Bibel werden auch Frauen als Hofprophetinnen genannt: Hulda, Noadja und die Frau des Jesaia (2 Kön 22,14; Jes 8,3; Neh 6,14).[19]

Die *freien Propheten* mussten durch verschiedene Symbolhandlungen auf sich aufmerksam machen. Oft benutzten sie schockierende und obszöne Bilder und setzten Zeichenhandlungen. Rollenspiele, Pantomimen und Theater gehörten zu

---

[19] E. Zenger, Eigenart und Bedeutung der Prophetie in Israel. In: E. Zenger, Einleitung 417–421.

ihrer Kunst. Andere trugen Lieder und Gedichte vor, sie verteilten gemalte Bilder. Einige von ihnen, die bereits schreiben konnten, benutzten für ihre gebildeten Zuhörer bereits frühe „Flugblätter" (Jes 7; Jer 36). Viele Propheten traten in Gruppen auf, sie bildeten Prophetenschulen. Dort wurden ihre Lehrsprüche gesammelt und mündlich weiter gegeben.

In den Schulen, die bereits der Schrift kundig waren, wurden die Prophetensprüche aufgeschrieben, es bildeten sich die sog. Schriftpropheten, welche die alten Sprüche ständig durch neue ergänzten und aktualisierten. Damit wurde die Prophetie auch zu einem literarischen Prozess, es entstanden die ersten prophetischen Bücher bzw. Schriftrollen. Die großen Themen ihrer Sprüche waren: die Warnung vor Unheil, der Aufruf zur moralischen Umkehr, die Warnung vor politischen Fehlentscheidungen, die Verheißung von Glück und Heil, die Androhung des göttlichen Gerichts, das Verbot der Verehrung fremder Götter, die Aufforderung zu einem moralischen Leben.

In den Büchern des sog. *Schriftpropheten* wird von Berufungserlebnissen, von Visionen und Auditionen berichtet. Deswegen verstehen sich die Nabiim als Überbringer göttlicher Botschaften an die Mitmenschen. Ihre Lebensform musste mit ihrer Botschaft übereinstimmen, damit sie Gehör fanden. Die freien Propheten mussten sich fortan gegen die Jahwe-Propheten behaupten, von denen sie zunehmend verfolgt wurden. Erst recht wurden die Orakelgeber und Propheten fremder Götter verfolgt.

So berichtet die Bibel, wie der Prophet Elija mit seinen Schülern gegen 450 Propheten des Gottes Baal kämpfte und sie tötete. Die Rolle der Propheten gab es im ganzen Alten Orient, wir kennen sie aus Ägypten, aus Babylon, aus Kanaan und der griechischen Kultur. Die Jahwe-Propheten deuteten die Geschichte des Volkes Israel nach dem Modell der Belohung oder der Bestrafung durch den Bundesgott Jahwe. Sie drohten mit dem göttlichen Gericht oder sie verhießen das göttliche Heil. Oft traten sie in Konkurrenz zu den Priestern am Tempel, die den Opferdienst leiteten und die Riten der Sündenvergebung ausführten.[20]

Das *Buch Jesaia* enthält Gerichtsworte und Heilsworte über die Stadt Jerusalem und das Land Juda. Denn auf die Sünde des Volkes folge die göttliche Strafe und die politische Katastrophe. Doch der zerstörte Tempel werde wieder hergestellt, denn Jahwe sei der alleinige Herr der Geschichte. Doch er fordert von seinem Volk den Gehorsam und die Umkehr von der Verehrung fremder Götter. Die Katastrophe der Zerstörung wird als Endzeit gesehen, in der Jahwe sein Volk aber wieder herstellen wird. Wenn das Volk von seiner Gefangenschaft in Babylon heimkehren wird, dann wird es sich von innen her erneuen.

Dieses Prophetenbuch hat eine lange Geschichte der Tradition und der Redaktion, erst um 150 v.Chr. lag die Jesaia-Rolle fertig vor. Dieser Prophet soll im 8. Jh. v.Chr. gelebt haben, aber nur wenige Textteile dürften auf ihn zurückgehen. In der Zeit des Königs Joschjia gab es eine erste Redaktion der Texte, diese wur-

---

[20] E. Zenger, Einleitung 417–421.

den ergänzt und fortgeschrieben. So spiegeln sich in ihnen die Krisenzeiten des assyrischen und des babylonischen Exils. Doch am Ende steht die Hoffnung auf die Rettung durch den Bundesgott und die Neuordnung Israels. Der Zorn Jahwes wegen der Untreue des Volkes habe die politische Katastrophe ausgelöst, doch das Volk musste auch stellvertretend für andere Völker leiden. Doch Jerusalem bleibe der Ort des göttlichen Heils, denn das Volk Israel sei wie eine Ehefrau des Gottes Jahwe. Doch dieser erlaubt nicht die Verehrung fremder Götter.[21]

Der Berg Zion sei der Ort, wo Jahwe wohnt und als König herrscht, dort werde er einen messianischen König einsetzen. Die Stadt Jerusalem sei der heilige Ort für Israel und Juda, ja für alle Völker der Umgebung. Diese werden zum heiligen Berg der Juden wallfahren und dort die Friedensbotschaft Jahwes hören. Dieser wird dort allen Völkern ein Festmahl bereiten. Zion sei wie eine Frau und Mutter, die viele Kinder groß zieht. Wenn das alte Königreich Davids wieder hergestellt sein werde, dann komme für alle Völker eine Zeit des Friedens. Auch in diesem prophetischen Buch werden religiöse und politische Ansprüche eng mit einander verknüpft.

Das *Buch Jeremia* besteht aus einer hebräischen und aus einer griechischen Fassung. Das hebräische Buch beginnt mit der Berufung des Propheten, dann folgen die Sprüche gegen Israel und gegen Juda. Es wird von Zeichenhandlungen und von Verfolgungen des Propheten berichtet. Es folgen die Auseinandersetzung mit sog. falschen Propheten, der politische Konflikt mit den Königen Jojakim und Zidkija, die Flucht des Propheten nach Ägypten, sowie ein Heilswort für Baruch und ein Orakel für die Nachbarvölker.

Der Aufbau des griechischen Buches ist etwas verändert, dort findet sich das Orakel an die Fremdvölker in der Mitte des Buches. Dieses schließt mit einem geschichtlichen Anhang. Wir haben es mit einem kämpferischen und hart bekämpften Propheten zu tun. Das Buch dokumentiert die entstehende Schriftkultur, denn es spricht von einem Schreiber Baruch, von der Verlesung der Schriftrolle im Tempel, sowie von der Vernichtung der Rolle durch den König. Danach sei eine zweite Schriftrolle verfasst worden. Heute werden mehrere Quellen für dieses Buch angenommen, das ständig weiter geschrieben wurde. Der Prophet stammte aus dem Dorf Anatot, eine priesterliche Prägung ist in seinen Texten kaum zu erkennen.

Inhaltlich kritisiert der Prophet die Verehrung der fremden Götter, sowie die Opfer und Schwüre beim Gott Baal. Denn wenn Jahwe allein verehrt werde, dann schenke er dem Volk den Frieden und sein Heil. Sein Zorn und sein Gericht seien zeitlich begrenzt, denn er sei ein gnädiger Gott. Er vergibt den Menschen den Bruch des Bundes und schließt mit ihnen einen neuen Bund. Dieser wird in die Herzen der Menschen und nicht auf Buchrollen geschrieben sein. Der Prophet schrieb den Juden im Exil einen Trostbrief, in dem er sie zu eifriger Arbeit, zur Weitergabe des Lebens und zur Hoffnung auf Heimkehr aufrief. Er

---

[21] H.W. Jüngling, Das Buch Jesaia. In: E. Zenger, Einleitung 427–451.

ist für die jüdische Kultur zu einer Symbolfigur der Hoffnung in schwierigen Zeiten geworden.[22]

Die *Klagelieder* werden nicht zum Kanon der Propheten, sondern zu den Schriften (Ketubim) gezählt. Sie wurden also nicht dem Jeremia zugeschrieben, als der Kanon der Propheten abgeschlossen wurde. Doch als sie ins Griechische übersetzt wurden (Septuaginta), galten sie als Lieder des Propheten. Sie beklagen die Situation der Menschen nach dem politischen Zusammenbruch von Juda. Ähnliche Klagelieder kennen wir auch aus der babylonischen Kultur, wenn eine Stadt von einer anderen besiegt worden war. Hier rufen die Weinenden zum Bundesgott Jahwe, er möge das zerstörte Heiligtum in Jerusalem doch ansehen. Sie fragen ihn, warum er sich von seinem Volk zurück gezogen habe, warum er seinen Garten und seine Festzeiten vergessen habe. Die Beter erkennen ihre Schuld, weil sie sich von Jahwe abgewendet haben. Sie wissen, dass ihr Bundesgott gerecht ist und Erbarmen kennt. Denn er sei voll Leidenschaft für die Gerechtigkeit.

Das *Buch Baruch* liegt uns nur in der griechischen Fassung vor, doch einige Ausdrücke machen eine hebräische Fassung sehr wahrscheinlich. Es berichtet von einem Brief, der in Babylon und in Jerusalem öffentlich den Juden verlesen werden sollte. Dann folgt ein Bußgebet mit einer Belehrung über das große Geschenk des göttlichen Gesetzes (Tora). Berichtet wird von einem Gottesdienst der Juden im Exil und von einer Sammlung für die heilige Stadt Jerusalem. Die Menschen bekennen ihre Schuld, weil sie den Anweisungen des Propheten nicht folgten. Zum Schluss folgt die Belehrung und die Ermutigung für die Zukunft. Dieses Buch gehört nicht zum jüdischen Kanon der Bibel. Der „Brief des Jeremia", der dem Buch Baruch angefügt ist, könnte in der hellenistischen Zeit in Babylon entstanden sein.[23]

Das *Buch Ezechiel* (Hesekiel) beginnt mit Visionsberichten des Propheten, in denen er die Hand Jahwes spürt. Dann folgen mehrere Zeichenhandlungen, die das Volk auf seine göttliche Botschaft aufmerksam machen sollen. Auf längere Disputationsreden folgen mehrere Bildworte, die sich auf die erlebte Geschichte beziehen. Der Prophet schaut in einer Vision das göttliche Gericht über Israel und über Jerusalem. Dann fordert er, dass die Menschen von ihrem Stolz und Ungehorsam ablassen. Er schleudert Gerichtsworte gegen die Fremdvölker Ammon, Moab, Philistäa, Tyros und Ägypten. Zuletzt verkündet er den Juden im Exil die göttliche Errettung vom Untergang. Denn Jahwe sei wie ein guter Hirt, der seine Herde wieder zusammen führe.

Die Herrlichkeit des Bundesgottes werde in die heilige Stadt Jerusalem zurück kehren, dann werde das Land Juda neu verteilt und ein neuer Tempel werde erbaut werden. Der Prophet stammte aus einer Priesterfamilie in Jerusalem, er wurde im Jahr 593 mit Sippen der Oberschicht nach Babylon verschleppt. Er siedelte mit seiner Sippe in der Nähe der Stadt Nippur am Kebarkanal. Mit 50 Jahren scheint

---

[22] F.J. Backhaus/J. Meyer, Das Buch Jeremia. In: E. Zenger, Einleitung 452–477.
[23] J. Meyer, Die Klagelieder. In: E. Zenger, Einleitung 478–488.

er seine prophetische Tätigkeit eingestellt zu haben. Aber seine Schüler haben seine Lehrreden weitergegeben und ergänzt. Er verkündete die priesterliche Lehre von der Alleinherrschaft des Bundesgottes Jahwe, die Götter der Nachbarvölker werden als „Götzen" und „Scheusale" verspottet.

Alles Geschehen in der Welt gehe allein von Jahwe aus, denn er sei der Schöpfer der Welt und der Lenker der menschlichen Geschichte. Er sei König und Hirt in einem, seine Satzungen, die er den Priestern kundtut, müssen im ganzen Land durchgesetzt werden. Weil er der Richter über das Tun der Menschen ist, müssen vor ihm alle ihre Schuld eingestehen und bereuen. Denn wenn die Glaubenden von ihren bösen Taten umkehren, dann wird sich Jahwe ihnen wieder zuwenden. Er hat kein Wohlgefallen an der Sünde und am Tod der Sünder. So verbreitet Ezechiel die priesterliche Gotteslehre.

In mehreren Visionen schaute er den göttlichen Thron mit den Cheruben (Engel). Nach der Zerstörung des alten verhieß er den Menschen den Bau eines neuen Tempels in Jerusalem. Seine Lehren zeigen die besondere Strenge der Priester und die geforderte kultische und moralische Reinheit der Menschen.[24]

Das *Buch Daniel* ist ein apokalyptisches Werk, das in naher Zukunft ein göttliches Gericht erwartet. Bis dorthin müssen die Gerechten viele Leiden ertragen, doch Jahwe wird die stolzen Könige vernichten. Wenn das Volk Israel seine Sünden bekennt, wird ein Gerichtsengel erscheinen und die Geschehnisse der Endzeit deuten. Dann werden die Toten auferstehen und verherrlicht werden. Der Prophet schaut seine eigene Verherrlichung bei Jahwe. Er war wohl ein Traumdeuter am Hof des Königs von Babylon. Das Buch Daniel wurde in drei Sprachen verfasst, es liegt in hebräisch, in aramäisch und in griechisch vor. Es dürfte um 160 v.Chr. entstanden sein, als die Hellenisierung der griechischen Kultur schon weit fortgeschritten war.

Als der Brandopferaltar am Tempel in Jerusalem mit einer Steinsäule (Massebe) versehen wurde, da sahen die toratreuen Juden dies als Verstoß gegen die monopolhafte Verehrung des Bundesgottes Jahwe. Der Prophet wendet sich an mehreren Textstellen gegen die Bezeichnung Jahwes als „Herr des Himmels" (11,3; 12,11), weil fremde Götter diesen Titel tragen. Er sah voraus, dass die vier großen Weltreiche der Babylonier, der Meder, der Perser und der Griechen untergehen werden. Denn er erwartete, dass Jahwe ein unvergängliches Reich aufrichten werde, in dem die gesetzestreuen Juden herrschen werden.

Der Prophet sah Jahwe als den Herrscher über alle Reiche der Welt, alle Völker werden von seinen Engeln gelenkt. Dem Volk Israel sei der Engel Michael zugeteilt. Einer dieser Engel sei ein „Menschensohn", dem Jahwe für ewige Zeit die Herrschaft über die Völker übergeben werde. Die glaubenden Juden seien der „Thron" des Bundesgottes, sie haben an seiner Herrschaft Anteil. Sie werden nach ihrem Tod zu einem ewigem Leben aufstehen, während die anderen Menschen in der ewigen „Schande" bleiben (12,1–4).

---

[24] F.L. Hossfeld, Das Buch Ezechiel. In: E. Zenger, Einleitung 489–500.

Diese apokalyptischen Lehren vom Menschensohn, von der Auferstehung der Toten und von der Herrschaft des Bundesgottes Jahwe wurden von den frühen Christen aufgegriffen. Die Erzählung von der Jüdin Susanna (Dan 13) will sagen, dass Gott seinen Getreuen ihr Recht verschaffen wird. Im Text über Bel und den Drachen (Dan 14) verstärkt der Prophet die Abgrenzung zu den babylonischen und griechischen Gottesbildern. Denn Jahwe allein sei der Herrscher der Welt, die Götter der anderen Völker hätten keine Macht mehr, ihre Bilder werden zerstört. Wir sehen hier die untolerante Form des jüdischen Monotheismus mit starken Herrschaftsansprüchen. Ein geknechtetes Volk projiziert in den Bildern des Propheten seine Machtwünsche in eine ferne Zukunft und in eine göttliche Welt.[25]

Das *Buch der zwölf Propheten* wurde seit dem 2. Jh. v.Chr. (Jesus Sirach) als eine Einheit verstanden. Die griechische Bibelübersetzung (Septuaginta) spricht von „Dodekaprophetoi". Schon in der Zeit des Babylonischen Exils und vor allem danach wurden Prophetensprüche gesammelt und zu literarischen Einheiten komponiert. Die Endredaktion dieses Buches dürfte zwischen 240 und 220 v.Chr. erfolgt sein. Das Buch orientiert sich ähnlich wie das Buch Jesaia stark am Gottesberg Zion und blickt auf eine universale Endzeit.

Der Prophet *Hosea* lebte wohl im 8. Jh. v.Chr., er dürfte die Eroberung des Nordreiches Israels durch die Assyrer miterlebt haben. Vermutlich war er ein Mitglied einer politischen Opposition zum König, die aus Propheten und Leviten bestand. Seine Sprüche sind durch viele Jahrhunderte mündlich tradiert worden. Er kritisiert die Politik des Königs und den Tempelkult, der auch die Verehrung fremder Götter zuließ. Für ihn ist die Verehrung der Baale ein Abfall von Jahwes elterlicher Liebe, dem werde bald ein göttliches Strafgericht folgen.

Das *Buch Joel* erweist sich als eine literarische Prophetie, es dürfte um 350 v.Chr. entstanden sein. Auch dieses Werk verkündet den großen Gerichtstag Jahwes, an dem der Bundesgott Israels seine Macht zeigen wird. Dann wird er allen Völkern der Umwelt voranziehen, denn er wird seinen göttlichen Lebensgeist ausgießen über allen, die ihn verehren. Alle Völker werden gerufen, an dieser Geistausgießung teilzunehmen. Das Volk Israel aber muss sein Herz zu ihm bekehren. Die Christen haben später diese Geistausgießung auf den Tod Jesu bezogen.

Das *Buch Amos* wurde schon vor dem Exil in Babylon zusammen gestellt, aber während der Gefangenschaft und auch noch danach weiter bearbeitet. Amos lebte im 8. Jh. v.Chr. im Nordreich Israel, er trat in Samaria und in Bet El als Gerichtsprophet auf. In seinen Reden kritisierte er die Starken und Reichen im Volk, welche gegen die Armen Krieg führen und sie unterdrücken. Alle Übeltäter werden von Jahwe vernichtet, wenn sie nicht vorher zu seinen Geboten umkehren. Denn der Bundesgott hält über die Unterdrücker sein Gericht, er sieht ihrem bösen Treiben nicht tatenlos zu. Im Land Israel sollen die Menschen in Gerechtigkeit und Frieden zusammen leben.

---

[25] H. Niehr, Das Buch Daniel. In: E. Zenger, Einleitung 507–516.

Das *Buch Obadja* hat eine längere Entstehungsgeschichte, die im 4. oder 3. Jh. v.Chr. abgeschlossen sein dürfte. Es beginnt mit einer Kampfansage Jahwes gegen das Volk der Edomiter, diesem wird die Vernichtung angedroht. Der Bundesgott Israels sagt allen Nachbarvölkern den Kampf an, sie müssen seinen „Zornesbecher" fürchten. Der Berg Zion werde der Mittelpunkt und der Rettungsort für alle Völker sein. Israel wird erneut das verlorene Land in seinen Besitz nehmen und über die Nachbarstämme herrschen. Das Buch projeziert den Herrschaftswillen eines erniedrigten Volkes in die nahe Zukunft.

Auch das *Buch Jona* ist im 4. und 3. Jh. v.Chr. entstanden, es folgt den Lehren des Propheten Jeremia. Jahwe kündigt durch den Propheten den Untergang der Stadt Ninive an, wenn die Menschen dort nicht von ihren bösen Taten ablassen und dafür Buße tun. Es ist die Überzeugung des Propheten, dass die Sünden der Menschen durch die Kraft der inneren Umkehr ausgelöscht werden können. Der Schutzgott des Volkes liebt die Menschen, die Kinder und das Vieh. Das Volk Israel soll auch seinen Nachbarvölkern die Botschaft von seinem Schutzgott bringen. Denn dieser schenkt allen Menschen seine Lebenskraft und Verzeihung, wenn sie seinen Satzungen folgen.[26]

Das *Buch Micha* geht auf einen Propheten zurück, der im 8. Jh. v.Chr. in Juda wirkte. Die Endredaktion seiner überlieferten Lehrsprüche dürfte im 3. Jh. v.Chr. erfolgt sein. Er kritisiert die Versuche der Reichen und Starken, die kleinen Bauern auszunutzen und sie zu Schuldsklaven zu machen. Auch die Stadt Jerusalem nutzt die Bauern aus und zwingt sie zu Frondiensten bei ihren Bauprojekten. Der Prophet vertritt die egalitäre Sozialstruktur der ländlichen Bevölkerung und wehrt sich gegen die beginnende soziale Schichtung im Volk. Er ist überzeugt, dass Jahwe alle Übeltäter bestrafen wird, welche die Schwachen und Kleinen unterdrücken. Der Berg Zion soll ein Ort der Gerechtigkeit und des Friedens werden, die Kriegswaffen, aber auch die Bilder fremder Götter sollen dort zerstört werden. Ein Herrscher des Friedens werde die Sünden der Menschen im Meer versenken.

Das *Buch Nahum* enthält eine Erzählung von der Schau Gottes, eine Rede gegen das Land Juda und gegen die Städte Assur und Ninive. Dann folgt ein Spottlied auf ein untergegangenes Großreich, verbunden mit einer Totenklage. Die Stadt Ninive wurde im Jahr 612 v.Chr. von einer fremden Streitmacht erobert, darin sah der Prophet das Werk des Gottes Jahwe. Denn die Assyrer waren zu dieser Zeit die Herren von Israel. Der Prophet sagte den Untergang ihres Reiches voraus, um ihre Macht zu relativieren. Denn Jahwe sei der Herrscher der Geschichte, er lasse Reiche vergehen und entstehen. Doch er rettet alle, die seine Gemeinschaft suchen. Die Mächtigen stürzt er vom Thron und die Kleinen hebt er hinauf. Dieses Buch sollte in der Zeit der Unterdrückung Hoffnung geben.

Auch das *Buch Habakuk* enthält die Klage des Propheten über die Gewalt und den politischen Untergang in Juda. Jahwe habe die Chaldäer (Babylonier) in das Land geschickt, um das Volk von Juda wegen seines Unglaubens zu strafen. Auf

---

[26] E. Zenger, Das Zwölfprophetenbuch. In: E. Zenger, Einleitung 517–552.

die Klage über die Fremdherrschaft folgt die große Vision von einem kommenden Weltgericht des Gottes Jahwe über die Völker. Der Prophet lebte um 580 v.Chr., seine Sprüche wurden mündlich tradiert und später aufgeschrieben. Die Endredaktion erfolgte in der griechischen Zeit nach dem Sieg des Königs Alexander. Der Prophet war überzeugt, dass Rechtschaffenheit und Gerechtigkeit für alle Völker gelten, weil alle vor ein göttliches Gericht hintreten müssen.

Das *Buch Zefania* enthält Sprüche gegen die Verehrung fremder Götter im Land Juda, dann folgt die Ankündigung der Gerichtstage Jahwes. Dieser wird die Reichen bestrafen und die Armen beschenken. Auch die Nachbarvölker werden sich zu Jahwe bekehren, Jerusalem und Israel werden bei allen Völkern geehrt sein. Die frühesten Texte des Buches stammen von der gewaltsamen Reform des Königs Joschija (7. Jh. v.Chr.), diese wurden später ergänzt und in der Zeit des Babylonischen Exils neu interpretiert. Auch dieser Prophet steht auf der Seite der kleinen Bauern, den Großgrundbesitzern droht er göttliche Strafe an. Jerusalem werde nur wegen seiner Armen und kleinen Leute überleben, sie müssen die Lehrer des Rechts und der Gerechtigkeit sein. Auch die Fremdvölker werden von ihnen lernen, denn Jahwe bestraft die Unterdrücker und Ausbeuter.[27]

Das *Buch Haggai* reflektiert den Wiederaufbau des Tempels (520 bis 516 v.Chr.) in Jerusalem nach der Rückkehr aus dem Exil in Babylon (587 bis 539 v.Chr.). Ob der Prophet selber im Exil war, ist nicht zu erkennen. Sein Werk ist von der Lehre der Priester geprägt, er könnte aus einer priesterlichen Familie stammen. Er ruft seine Mitbürger dazu auf, in einer Zeit der wirtschaftlichen Not am Wiederaufbau des Tempels mitzuarbeiten. Denn der Tempel sei der Ort der Gegenwart des Bundesgottes, der Sündenvergebung und der Herrschaft Jahwes. An diesem heiligen Ort spreche Gott zu seinem Volk und verzeihe er die Sünden. Ohne den Segen Jahwes könne Israel nicht bestehen, deswegen müsse der Tempel gebaut werden.

Das *Buch Sacharja* schildert in sieben Visionen den Zorn Jahwes gegen die Fremdvölker und seine Liebe zu Jerusalem. Der Bundesgott werde die fremden Völker entmachten und in Jerusalem sein Reich aufrichten. Er setze den Hohenpriester ein und lebe in der Mitte zwischen dem König und den Priestern. Die Diebe, Räuber und Meineidigen müssen bekämpft werden, die Bilder fremder Götter seien zu zerstören. Mit dem Neubau des Tempels soll die Ordnung der Welt erneuert werden, denn Jahwe sende seinen Lebensgeist über alle Völker aus. Der Berg Zion sei der „Augapfel Jahwes", kein Herrscher dürfe ihn antasten.

Viele Völker werden sich diesem Bundesgott anschließen und werden sein Bundesvolk sein. Jerusalem werde ein Ort des Friedens sein, doch dort dürfe „allein Jahwe" angebetet werden. Ein armer und schwacher „Gesalbter" Jahwes werde der Gewaltherrschaft ein Ende setzen. Doch dieser „Durchbohrte" werde den Menschen die Reinigung von ihren Sünden bringen (12,10–13,1). Dies ist priesterliche Lehre vom Schuldopfer, das die Sünden der Menschen wegnimmt.

---

[27] E. Zenger, Einleitung 553–586.

Die frühen Christen haben diese Lehre auf den gekreuzigten Jesus bezogen.[28] Das *Buch Maleachi* dürfte im 5. Jh. v.Chr. entstanden sein. Ob es sich auf eine historische Person bezieht, ist unklar. Es erzählt von der Liebesbeziehung Jahwes zu seinem Volk Israel und von seinem Strafgericht über die Edomiter. Dann kritisiert es die Nachlässigkeit bei den Opfern am Tempel und bei der Lehre der Tora, die Heirat ausländischer Frauen und die Verstoßung jüdischer Ehefrauen, die Ausbeutung der Kleinbauern und der Armen im Land. Dann folgen die Aufforderungen zur moralischen Umkehr, die Ankündigung des göttlichen Gerichts, der Ausblick auf die Rettung der Gerechten und Frommen. Die Menschen werden ermutigt, Jahwes Gebote zu erfüllen und in Gerechtigkeit zu leben. Die schriftliche Tora und die mündliche Prophetie bilden die beiden Brennpunkte in der Geschichte Jahwes mit seinem Volk.

Dieser geraffte Überblick lässt die Grundthemen der jüdischen Bibel erkennen. Den Autoren geht es vor allem darum, die alleinige Verehrung des Bundes- und Schutzgottes Jahwe im Volk durchzusetzen und den Lehren der Priester und Propheten zu folgen, die Gebote der schriftlichen Tora zu verwirklichen und in der sozialen Gerechtigkeit zu leben. Wir erkennen den gewaltsam durchgesetzten Übergang von der alten Volksreligion mit der Verehrung vieler männlicher und weiblicher Götter an vielen heiligen Orten im Land zur monopolhaften Religion der Priester mit der Verehrung eines einzigen und männlichen Gottes Jahwe an einem einzigem Kultzentrum. Diesen gewaltsamen Übergang sehen wir im ganzen Buch der Bibel dokumentiert.

Jan Assmann spricht von einem Übergang von der *primären Religion* der vielen Riten zur *sekundären Religion* des einen heiligen Buches und des einen Kults am Tempel. Geprägt wird dieses Buch von einer starken Semantik der Gewalt, die für heutige Leser erschreckend ist. Langsam erkennen wir heute die Folgewirkungen dieser Semantik im Bereich der Religion des Judentums, des Christentums und des Islam. Wir tasten uns an eine *neue Hermeneutik* der gesamten Bibel heran, die wohl mit „Dekonstruktion" und mit „Transformation" zu tun haben wird.

---

[28] E. Zenger, Einleitung 570–586.

Herrschaft und Heilsversprechen

Die Bibel hat einen Entstehungszeitraum von ung. 800 Jahren, wenn man die frühen mündlichen Traditionen mit einbezieht. Für die Verschriftung ihrer Lehren können ung. 500 Jahre angenommen werden. Dieses Buch spiegelt folglich die Lebenswelten und Problemlagen verschiedener Zeitepochen. Die Texte wurden hauptsächlich von Priestern und Schreibern, von Gesetzeslehrern und Schriftpropheten verfasst, deswegen kommen nicht alle sozialen Schichten gleichmäßig ins Blickfeld. Die unteren sozialen Schichten hatten in Israel wie in den meisten anderen Kulturen gar nicht die Möglichkeit, ihre Lebensdeutungen und Lebenswerte schriftlich darzustellen. Wir erkennen in der Bibel, die hier als großes Zeugnis der Kulturgeschichte gelesen werden soll, wie sich die sozialen Strukturen durch die Jahrhunderte hin veränderten.

Anfänge der sozialen Schichtung

Mit der Einwanderung der einzelnen Stämme und Gruppen von Hirtennomaden in das Land Kanaan und deren Sesshaftwerdung im Bergland veränderte sich langsam die soziale Struktur. Sie lernten den Ackerbau, die Züchtung von Wein und von Fruchtbäumen, sie bauten die ersten Häuser, Dörfer und Siedlungen. Sie begannen nun, Besitz zu respektieren und zu verteilen. Die Verteilung der Felder und der Weideflächen für das Vieh sollte unter den Sippen annähernd gleich sein. Bereits hier zeigten sich die Anfänge der Arbeitsteilung, die einen bebauten die kleinen Felder, die anderen hüteten das Vieh auf den Weiden, andere stellten Werkzeuge her, wieder andere verteidigten die Felder und Siedlungen gegen fremde Eindringlinge.

Einige begannen, den kanaanäischen Städten in der Ebene ihre Erntefrüchte und andere Güter zum Handel anzubieten, es begann der wirtschaftliche Austausch. Die alten Rollen der Hirtennomaden mussten sich verändern, nun entstanden neue Aufgaben und Berufe. Die ersten Dorfsiedlungen waren wenig oder gar nicht befestigt, wie heutige Ausgrabungen zeigen. Sie hatten offensichtlich wenig Feinde. Die entstehenden Dörfer und das Umland bildeten bald Einheiten der Wirtschaft, des Rechts und wohl auch der Kulte. Bald gab es den Rat der Ältesten, die Dorfrichter und Mantiker (später die Propheten) sowie die Kultdiener an den

Heiligtümern. Die Sippen verehrten ihre Ahnen, von denen sie sich geschützt und zusammen gehalten wussten. Mantiker befragten die Seelen oder Geister der Toten (Totenorakel), wenn in den Gruppen schwere Entscheidungen anstanden.

Die Sippen verbanden sich lose zu größeren wirtschaftlichen und politischen Einheiten (Stämmen, Kampfgruppen), deren Mitgliedschaft war aber flexibel. Solche Einheiten konnten zur Erreichung bestimmter Ziele (Verteidigung, Handel) gebildet und nach einiger Zeit wieder aufgelöst werden. Prägend wurde nun der wirtschaftliche und kulturelle Austausch mit den Stadtkulturen der Kanaanäer. Von ihnen lernten die neuen Siedler auf den Hügeln neue Techniken des Ackerbaus, die Kultivierung von Fruchtbäumen und von Wein, die Herstellung von Werkzeugen, von Schmuck und von Waffen. Nun wurden sie auch mit deren Riten und Kulten, sowie mit fremden Göttervorstellungen konfrontiert.[1]

Die Riten und Kulte der Frühzeit

Nun begannen sowohl in den Kulturtechniken, als auch in der Lebensdeutung tiefgreifende Lernprozesse. Die neuen Siedler brachten ihre Riten und Schutzgötter als Hirtennomaden mit, sie kannten noch nicht die Riten und Mythen der Ackerbauern. Diese übernahmen sie zum Teil von den Kanaanäern, die sie später selbständig weiter entwickelten. Es waren vor allem die Riten und *Mythen der Fruchtbarkeit* für die Felder, die Tiere und Menschen, die nun benötigt wurden. Die Kanaanäer hatten viele heilige Orte, die mit Steinen und Steinsäulen eingegrenzt waren. Dort ruhte nach ihrer Vorstellung die göttliche Kraft (ilah), von der alles Leben abhing. Die Menschen wollten diese unsichtbare Kraft durch verschiedene Symbolhandlungen und durch Opferriten verstärken, sie wollten nämlich an diesen Kräften ihren Anteil bekommen.[2]

Es gab an den heiligen Orten Steinaltäre für Tieropfer und für Getreidespenden, Räucheraltäre für die Schutzgötter des Lebens, sowie Höhlen für die Kultgegenstände. Häufig finden sich dort Stierhörner, die auf die kultische Verehrung dieses Tieres hindeuten. Dieses männliche Rind wird für die Hirten und Ackerbauern zum höchsten Symbol der Fruchtbarkeit. An den heiligen Orten wurden auch die verschiedenen Riten der Fruchtbarkeit ausgeführt. Es gab kultische Tänze um die Stierbilder herum, um die eigene Lebenskraft zu stärken. Vor allem gab es die „heilige Hochzeit", die sexuelle Vereinigung mit den Priesterinnen und Priestern der Schutzgötter. Durch dieses Ritual am heiligen Ort wollten beide Geschlechter ihre Fruchtbarkeit wecken und verlängern.

Die Frauen, die an den heiligen Orten ihre erotischen Dienste anboten, hießen durch viele Jahrhunderte hin „geheiligte Frauen" (chadischa). Denn erlebte Sexualität an den heiligen Orten wurde als Begegnung mit den Kräften des Göttli-

---

[1] F. Vivelo, Handbuch 37–44. L. Casson, Travel in the ancient world. Baltimore 1994, 35–45.
[2] H.G. Hödl, Ritual. In: J. Figl, Handbuch 664–670. C.D. Hopkins, The highlands of Canaan. Sheffield 1995, 67–77. Th. Macho, Das zeremonielle Tier 13–21.

chen gedeutet. Dadurch sollten die Kräfte der Fruchtbarkeit auf den Feldern und Viehweiden, in den Obstgärten und Weinbergen, bei den Viehherden und in den Menschensippen geweckt und gestärkt werden. Durch die archäologischen Funde von Ras Schamra (Ugarit), die 1929 ausgegraben wurden, kennen wir die *Mythologie der Kanaanäer* genauer. Große Archive von Tontafeln mit Keilschrifttexten erzählen auch von den Schutzgöttern und den Riten dieser Kultur. Die Texte sind in semitischer Sprache verfasst, die dem Phönikischen und dem Hebräischen verwandt sind.[3]

Die Mythen erzählen von einem *Göttervater El* (vgl. ilah), dem Herren der anderen Götter und der Fruchtjahre der Ackerbauern. Seine Frau *Aschera* (bzw. Ahirat) ist die „große Mutter" aller Götter, sie hat siebzig Söhne und Töchter geboren. Bei den Menschen schützt sie die Ehen, den Tieren und den Bäumen schenkt sie die Fruchtbarkeit. Bei jedem Gewitter paaren sich der Göttervater und die Göttermutter, dabei fällt fruchtbarer Regen auf die Erde. Von der Göttin Astarte (Aschtoret) wird erzählt, dass sie die Bräute der Menschen zur Hochzeit geleitet und ihnen viele Kinder schenkt. Die Göttin Anat trug den Titel „Herrin des Himmels" und „Frau des Himmels", sie beschützte die Stadtkulturen. Als „Jungfrau" wählte sie sich frei ihre göttlichen Lebenspartner, sie war keiner patriarchalen Eheordnung unterstellt. Sie zog den Kriegern in den Kampf voran, bei den Viehzüchtern war die Kuh ihr heiliges Tier.

Ein Sohn des Gottes El war *Baal*, der Herr der Krieger, er wurde mit Steinkeule, Helm und Lanze dargestellt. Sein heiliges Tier war der Stier, er bewegte sich in den Wolken und sandte Regen. Im Donner vernahmen die Ackerbauern seine Stimme, sie bauten ihm Altäre und Opferstätten. Er kämpfte gegen die bösen Dämonen und besiegte einen Chaosdrachen. Auf Befehl des Göttervaters El musste Baal jedes Jahr in die Unterwelt zu den Toten hinabsteigen. Als Baal starb bzw. geopfert wurde, hörte das Gras zu wachsen auf und die Felder verdorrten, es gab keinen Regen in der Trockenzeit. Die Menschenfrauen begannen mit den Trauerriten für den toten Göttersohn.[4]

Nun stieg die Göttin Anat in die Unterwelt hinab und begann, den Gott der Fruchtbarkeit zu befreien. Zuerst tötete sie den Herrscher der Unterwelt Mot, sie zerhackte seinen Körper und verstreute seine Leichenteile (Zerstückelungsopfer). Dann rief sie den toten Baal in das Leben zurück, nun sandte der Göttervater El Regen und Honig auf die Erde. Jetzt wurde der zum Leben erweckte Baal wieder in den Götterhimmel geführt, auf der Erde war nun die Zeit der Dürre vorbei, das Wachstum war zurück gekehrt.

Die kanaanäischen Ackerbauern feierten jedes Jahr dieses Fest im Herbst, es dauerte sieben Tage. Dabei wurde ein Haus für Baal errichtet, darin wurde der Mythos erzählt und als kultisches Drama dargestellt. Der Stadtkönig in der Rolle

---

[3] J. Pritchard, Großer Bibelatlas 27–33. R. Redfield, Peasant society and culture. Chicago 1996, 129–134.

[4] J. Pritchard, Großer Bibelatlas 44–46. N. Lohfink, Studien zum Pentateuch. Stuttgart 1988, 56–60.

des Baal bestieg den Thron und rief: „Ich bin König, ich herrsche über die Götter und nähre die Menschen". Das Kultfest begann mit Opferriten, danach folgte die „heilige Hochzeit" zwischen dem König und einer Priesterin. Die Bauern feierten diese Hochzeit am Festplatz und um die Festhütte herum. Den Abschluss des Festes bildete ein Kultmahl, bei dem sich die Feiernden untereinander und mit dem Schutzgott der Fruchtbarkeit verbunden wussten.[5]

Der Stadtkönig leitete die großen Riten, er galt als Träger göttlicher Lebenskraft. Als ein „Sohn des El" erhielt er göttliche Offenbarungen, daher musste er die Ordnung in der Menschenwelt aufrecht erhalten. Wenn er starb, ging seine Lebenskraft in die Welt der Götter ein. Um 1200 v.Chr. endete die Kultur von Ugarit, fremde Völker wanderten in das Fruchtland ein. Doch die Philister, die Israeliten und die Kanaanäer übernahmen die Mythen und Riten der Kultur von Ugarit. Die Israeliten verbanden den Gott El mit ihrem Gott Jahwe, sie nannten ihn El, Elohim und Eljon. Auch der Kult der heiligen Schlange, die den Menschen Fruchtbarkeit spendete, lebte im alten Israel weiter.

So lässt sich sagen, dass die eingewanderten Israeliten ihre Riten und Mythen als Hirtennomaden mit den Riten und Mythen der kanaanäischen Ackerbauern verbanden. Auch sie tanzten um die Bilder des Stieres (das sog. Goldene Kalb), sie feierten das Siebentagefest mit den Riten der heiligen Hochzeit. An ihren Heiligtümern verehrten sie die heilige Schlange als Spenderin der Lebenskraft, Priesterinnen taten dort ihren Dienst. Sie verehrten die Ahnen und befragten deren Seelen im Totenorakel. Als Viehhirten glaubten sie weiterhin an die Schutzgötter ihrer Rinderherden, ihrer Schafe und Ziegen.

Hier vermischte sich nun die Mythologie der Hirtennomaden mit der Mythologie der sesshaften Ackerbauern, lange Zeit bestanden beide Kulte neben einander. Diesen Prozess können wir auch in den verschiedenen Vorstellungen von der Gottheit erkennen.

Die Gottesvorstellungen der Bibel

In der Bibel findet sich eine Vielzahl von unterschiedlichen Gottesvorstellungen, die nicht leicht in den Blick zu bekommen sind. Die Hirtennomaden sehen Gott als Schützer der Tiere, die Ackerbauern verehren ihn als Spender der Fruchtbarkeit. Die Priester und Propheten sehen in ihm den Geber der Offenbarungen, für die Krieger ist er der Garant des Überlebens und der Siege. Den oberen sozialen Schichten schenkt er den Reichtum an Gütern, die unteren Schichten tröstet er in Situationen der Not.

Wie alle Völker so bildeten auch die Israeliten ihre Schutzgötter in der Frühzeit durch *Bilder* ab. Diese Bilder waren aus Stein oder aus Holz, sie standen an den heiligen Orten und vermittelten den Besuchern göttliche Lebenskraft. Ein Bild des Gottes Jahwe und seiner Gemahlin Aschera stand auch im Tempel zu Jerusalem,

---

[5] J. Pritchard, Großer Bibelatlas 52–56. D. Hopkins, The highlands 66–80.

als Isebel Königin war. Die Menschen glaubten, dass die Gottheit im Bild anwesend sei und dass sie mittels der Bilder auf das Unverfügbare Einfluss gewinnen könnten. Später lehnten die Jahwe-Priester die Bilder der Gottheit strikt ab, damit die Menschen nicht Macht über sie bekommen könnten. Sie begannen, die Bilder zu verbieten und zu zerstören, es folgte ein großer Ikonoklasmus.[6]

So besagt das *priesterliche Bilderverbot* in der Bibel, dass der Gott Jahwe völlig autonom sei und sich von Menschen nicht auf magische Weise zu etwas zwingen lasse. Das Bilderverbot richtet sich gegen magische Handlungen, es wurde aber im Volk nie akzeptiert. Bernhard Lang hat versucht, die Gottesvorstellungen der Bibel nach einem Deutungsmodell von George Dumezil zu ordnen. Darin fungiert Gott als der Geber von Lebensweisheit, als der Herr des Krieges, als der Spender der Lebenskraft, als Schöpfer und Bewahrer der Pflanzen, der Tiere und der Menschen. Darin vermischen sich die Gottesbilder von drei sozialen Schichten, die sich in den Stadtkulturen immer deutlicher bilden; es sind die Bilder der Krieger und Großbesitzer, dann der Priester und Weisheitslehrer, und schließlich der Bauern, der Hirten, der Händler, der Handwerker und der Unfreien.[7]

Bei den alten Hirtennomaden waren noch die Schamanen die privilegierten Personen, die einen besonderen Zugang zu den Schutzgöttern und zu den Ahnen hatten. Sie tanzten oder sangen sich in die Ekstase („Himmelfahrt"), darin vernahmen sie göttliche Botschaften. Bei den frühen Ackerbauern übernahmen Propheten (Nabiim) diese Funktion, sie hatten die Verbindung zu den Ahnen und den Schutzgöttern. In den Stadtkulturen ging diese Funktion immer mehr auf die Priester, Könige und Schreiber über, nun beanspruchten sie, mit den Schutzgöttern oder mit dem einen Bundesgott in Verbindung treten zu können. Die Ekstase wird als „Fahrt ins Jenseits" bzw. als Himmelfahrt gedeutet, als Begegnung mit den göttlichen Kräften im kleinen und großen Kosmos.[8]

Später wurde der Stadtkönig und oberste Krieger als „göttlicher Sohn" eingesetzt (Ägypten, Babylon, Israel), nun empfing er die göttlichen Botschaften. Im Königsritual setzte er sich neben die Statue des Schutzgottes („zu seiner Rechten"), um göttliche Kraft und Weisheit empfangen zu können. Jetzt war er vom Bundesgott beauftragt, das Volk zu lenken und zu beherrschen. Auch der König war ein Meister der Ekstasetechnik. Doch gleichzeitig beanspruchten auch die Priester und Propheten, mit dem Schutzgott in Verbindung treten zu können. Auch sie beherrschten die Technik der kleinen und der großen „Himmelfahrt", in ihren Visionen, Träumen und Gehörerlebnissen erfuhren sie göttliche Botschaften und „Offenbarungen".

---

[6] J. Assmann, Die Mosaische Unterscheidung 28–38.
[7] B. Lang, Jahwe der biblische Gott. München 2002, 14–30. D. Hopkins, The highlands 122–139.
[8] B. Lang, Verwandlung im Jenseits. In: J. Assman/R. Trauzettel (Hg.), Tod, Jenseits und Identität. Freiburg 2002, 657–680. Ders., Der politische und der mystische Himmel in der jüdischchristlichen Tradition. In: J. Assmann/R. Trauzettel, Tod, Jenseits 680–700.

Damit galten auch diese Personen als privilegierte Lehrer der Weisheit und der Offenbarung. Schon in den Texten des Alten Orients trug der oberste Gott den Titel „Herr der Weisheit". Nach der Lehre der jüdischen Priester in der Bibel hat der göttliche Herr der Weisheit die ganze Welt nach seinen Gesetzen geordnet, die Pflanzen, die Tiere, die Menschen und die Gestirne. In den späteren Teilen der Bibel ist noch von einer Göttin der Weisheit die Rede, welche die Menschenwelt und den großen Kosmos auf spielende Weise geordnet hat. Priester und Gesetzgeber müssen der göttlichen Weisheit folgen, damit sie den Mitmenschen das Lebensglück vermitteln können.

Später wird die Schrift, die Kunst des Schreibens und des Lesens als ein Geschenk göttlicher Weisheit gedeutet. Damit drücken die priesterlichen und die königlichen Gesetze immer göttliche Weisheit aus.[9] Der Bundesgott ist dann der Herr der Schreiber, der ihnen seine Gebote und Gesetze selbst mitteilt.

Die Krieger aber verehrten den Schutzgott als Herrn des Krieges, der ihnen die optimalen Kampftechniken zeigt und ihren Waffen unsichtbare Kraft gibt. Die Krieger der Israeliten hatten mit dem Kriegsgott Jahwe ein Bündnis geschlossen, in Zeiten des Krieges sollte nur er im ganzen Land verehrt werden. Sein Bild trugen sie in einem Zelt bzw. einem Schrein („Lade") mit in den Kampf, um seine Kräfte nahe bei sich zu haben. Von diesem Gott erzählen sie, das er böse Dämonen und Chaosdrachen besiegen kann. Denn in der Menschenwelt kämpft immer die Unordnung gegen die angestrebte Ordnung.

Jahwe führt seine Krieger an, er zerschmettert seine Feinde und deren Kinder auf dem Boden. Im Kampf kennt er kein Erbarmen, denn er lenkt die Geschicke der Menschen. In der Spätzeit der griechischen Bibel (1 und 2 Makk) erweckt der Herr des Krieges die gefallenen Kämpfer sogar wieder zu einem neuen Leben auf. Am Ende der Zeit wird er über alle Völker sein göttliches Gericht halten, denn er ist ein zorniger und eifersüchtiger Gott. Dies also ist das Gottesbild der Krieger, das große Teile der Bibel prägt.

In der Frühzeit der Hirten und Ackerbauern war Jahwe noch deutlicher als später der Herr der Tiere. Im ganzen Alten Orient sind männliche und weibliche Schutzgötter der Tiere bekannt, einige weisen noch auf die Kultur der Jäger und Sammler zurück. Diese Götter sorgen für die Nahrung der Tiere, sie übergeben den Menschen die Tiere zur Nutzung, zur Jagd und zur Zähmung. Die Jäger fürchteten lange Zeit die unsichtbaren Seelenkräfte der getöteten Tiere, sie wollten sich mit diesen versöhnen. Nach der Erzählung der Bibel dürfen die Menschen die Tiere benennen (Gen 1), damit dürfen sie über diese verfügen.[10]

Für die frühen Ackerbauern war zuerst eine Göttin die Spenderin des Wachstums und der Fruchtbarkeit, denn sie hat den Menschen die Kulturtechnik des Säens und des Erntens gezeigt. Später wurde diese Göttin durch männliche Götter

---

[9] M. Rösel, Adonai. Warum Gott Herr genannt wird. Tübingen 2000, 47–60.
[10] B. Lang, Jahwe 120–136. W. Groß, Studien zur Priesterschrift und zum alttestamentlichen Gottesbild. Stuttgart 1999, 64–80.

der Fruchtbarkeit verdrängt, doch die Frauen waren noch lange Zeit stark im Kult. In den Mythen wurde die Erde meist weiblich vorgestellt, die sich im Gewitter mit dem männlichen Gott des Himmels paart. Göttliche Wesen spenden den Menschen die Früchte der Bäume und der Felder, sie segnen den Ackerboden und schenken reiche Ernten. Doch die Götter können den Ackerboden auch verfluchen, wenn die Menschen ihren Weisungen nicht folgen. Das ganze Land mit seinen Feldern und Weiden, seinen Dörfern und Städten wird als göttlicher Besitz gesehen.

Nach der späteren Lehre der Priester und Propheten wird der Bundesgott zum Herrn über jeden einzelnen Menschen und zum Lenker der menschlichen Geschichte. Nun gewinnen die Gläubigen schrittweise eine persönliche Beziehung zu ihrem Schutzgott, sie bitten um ein langes Leben und um Glück. Sie wissen sich bei diesem Gott angenommen, damit steigt ihr Selbstwertgefühl. Der Schutzgott erhält deutlicher als bisher menschliche Gestalt, er wird den Glaubenden zu einem Gesprächspartner. Er hilft den Leidenden in ihren Nöten und richtet die Niedergedrückten wieder auf, die Armen bitten ihn um Hilfe und um Gerechtigkeit.[11]

In der Frühzeit der jüdischen Kultur wurden weibliche und männliche Götter verehrt. Die Frauen riefen die Schutzgöttinnen der Liebe beim sexuellen Liebespiel und bei den Geburten an. Später haben die Jahwepriester die Göttinnen immer mehr verdrängt, bis sie gar nicht mehr verehrt werden durften. Ihr Gott Jahwe trug nun nur noch männliche Züge, nur noch Spuren des Weiblichen waren erkennbar. Wie die Menschenwelt so war nun auch der Himmel patriarchal geworden. Die Bibel spiegelt nun den *Prozess der Patriarchalisierung* der Kultur, ihr Gottesbild zeigt die Dominanz der Männer in allen wichtigen Bereichen des Lebens.

Die Allein Jahwe Bewegung

Im späten 7. Jh. v.Chr. entstand in Juda eine religiöse Bewegung, die allein Jahwe verehren wollte. Sie wurde von Priestern, Propheten, Schreibern und Gesetzgebern getragen und beanspruchte, im ganzen Land sollte nur mehr der Gott Jahwe als der Herr der Krieger und als der Schützer der Ackerbauern und der Viehzüchter anerkannt werden. Die Anrufung anderer Götter und Göttinnen sollte aufgegeben werden, denn Jahwe sei ein „eifersüchtiger" Gott. Die Priester merkten nicht, dass sie ihre eigene Eifersucht auf fremde Kulte auf ihren Schutzgott projizierten. Schon früher hatten die Krieger gefordert, dass in Zeiten des Krieges nur Jahwe verehrt werden sollte, um seines Schutzes im Kampf sicher zu sein. Außerhalb der Kriegszeiten durften die anderen Schutzgötter verehrt werden.[12]

Doch die Allein-Jahwe-Bewegung, die jetzt im Entstehen war, wollte überhaupt keine Verehrung anderer Götter mehr dulden. Denn allein Jahwe sei der Schützer und Bundesgott des Volkes Juda bzw. Israel, er dulde keine anderen Götter. In

---

[11] N.C. Baumgart, Die Umkehr des Schöpfergottes. Freiburg 1999, 24–40. B. Lang, Jahwe, 136–144. M. Ernest: The temples that Jerusalem forgot. Portland 2000, 154–160.
[12] B. Lang, Jahwe 56–60. J. Assmann, Die Mosaische Unterscheidung 28–36.

Wirklichkeit duldeten die Jahwepriester keine anderen Kulte als die ihren. Sie entwickelten nun die *Lehre eines Bundes* zwischen dem Volk Israel und dem Schutzgott Jahwe. Dieser Bund habe den Charakter der Ausschließlichkeit. So wie in der patriarchalen Ehe eine Frau nur einem einzigem Mann gehöre, so gehöre das Volk Israel/Juda nur dem Bundesgott Jahwe. Oder wie die Fürsten mit ihren Vasallen Verträge schlossen, so habe Jahwe mit dem Volk Israel/Juda ein ewiges Bündnis vereinbart.

Diese neue Lehre fand in den gewaltsamen *Reformen des Königs Joschija* im Jahr 622 v.Chr. ihren deutlichen Ausdruck. Denn der politische Niedergang des Reiches von Assur machte es ihm möglich, seine Herrschaft auf Teile des früheren Reiches Israel auszudehnen. Nun beseitigte der König mit Gewalt die Bilder und Symbole der assyrischen Kulte, die unter den Königen Ahas und Manasse überall im Land und auch in Jerusalem aufgestellt worden waren. Eine Gesetzesrolle, die angeblich im Tempel gefunden wurde, sollte nun als „Bundesbuch" mit dem Schutzgott Jahwe dienen. Die Verehrung des neuen Bundesgottes sollte fortan nur mehr im Tempel zu Jerusalem stattfinden dürfen, die anderen Kultorte im Land mussten zerstört werden. Der König wollte mit der Zentralisierung des Kultes seine politische Herrschaft stärken, die keineswegs gesichert war.

Nun wurden die Priester der anderen Heiligtümer im Land Juda mit Gewalt nach Jerusalem geholt, doch dort durften sie keine priesterlichen Dienste mehr ausüben.[13] Doch die Priester an den Heiligtümern im ehemaligen Nordreich Israel wurden von den Kriegern des Königs getötet und ihre Heiligtümer wurden zerstört (Dtn 13). Damit wollte der König Joschija die alten Kulte der Fruchtbarkeit bei den Ackerbauern verbieten, die weiblichen und die männlichen Tempeldiener mussten das Land verlassen. Die „heilige Hochzeit" am geheiligten Ort wurde fortan untersagt, die Bilder der Götter Baal und Aschera wurden systematisch vernichtet.

Auch die Kultsäule der großen Muttergöttin im Tempel zu Jerusalem wurde zerschlagen. Die Riten des phönikischen Gottes Moloch durften nicht mehr ausgeführt werden. Die Könige Manasse und Zidikija hatten an ihren Höfen noch viele Zauberer, Wahrsager, Totenbeschwörer und Zeichendeuter. Diese Einrichtungen wurden unter dem König Joschija verboten. Das Monopol der Weisheitslehre und der Lebensdeutung sollte nun auf die Priester und Propheten am Tempel übergehen. Nun stellte der König seinen Beamten, den Priestern und Propheten und dem ganzen Volk (bzw. seinen Vertretern) das „Buch des Bundes" mit dem Schutzgott Jahwe mit seinen vielen Gesetzen öffentlich vor (2 Kön 3,2). Das Passahfest, das bisher nur in den Sippen gefeiert wurde, war nun als politisches Fest für das ganze Volk verordnet worden. Es galt fortan als Zeichen der Unabhängigkeit von fremden Völkern und von deren Schutzgöttern. Der König wollte damit das frühe Königtum Davids erneuern, was ihm aber nicht gelang.[14]

---

[13] J. Finkelstein/N.A. Silberman, Keine Posaunen 296–315.

[14] B. Lang, Jahwe 56–70. M. Albani, Der eine Gott und die himmlischen Heerscharen. Leipzig 2000, 45–60.

Nun zeigen uns aber die archäologischen Ausgrabungen, dass diese Kultreform nicht im ganzen Land durchgesetzt werden konnte. Denn es blieben viele der alten Kultorte bis in die hellenistische Zeit bestehen. Die Bauern und Viehzüchter wollten ihre alten Riten der Fruchtbarkeit nicht aufgeben, denn sie glaubten, dass von ihnen ihr Überleben abhing. Doch die Priester und Propheten Jahwes verstärkten ihre gewaltsame Reform und ihren Monopolanspruch der Gottesverehrung. Erstaunlicher Weise hat das Exil in Babylon diesen Anspruch nicht geschwächt, sondern noch verstärkt.

Die Mosaische Unterscheidung

Jan Assmann hat für diesen Prozess der Zerstörung der alten Volksreligion und der gewaltsamen Durchsetzung des Jahwekultes die Bezeichnung „Mosaische Unterscheidung" geprägt. Denn die Priester, Propheten, Schreiber und Gesetzeslehrer machten ihre neue Gotteslehre an der Gestalt des Moses fest. Nun ist aber historisch fraglich, ob Moses jemals gelebt hat. Wahrscheinlich handelt es sich um eine *Symbolgestalt* für die neue Glaubensform der Priester. Denn sein Name ist zweifelsfrei ägyptisch, was kulturgeschichtlich bedenkenswert erscheint. Die Priester und Propheten Jahwes wollten mit der Gestalt des Moses sagen, dass ihre neue Gottesverehrung mit Ägypten zu tun hat.

Denn der biblische Moses sei aus Ägypten ausgezogen, er habe das Land der vielen Götter und Göttinnen verlassen. Er habe am Gottesberg Horeb die Offenbarung des einzigen Bundesgottes Jahwe gehört. Am Berg Sinai habe er mit diesem Schutzgott der Gewitter, der Viehherden und der Krieger ein Bündnis geschlossen. Auf zwei Steintafeln habe er dort die göttlichen Gesetze für das Zusammenleben der Menschen empfangen. Dies sind die Kerngedanken der *Mosaischen Wende* in der jüdischen Religion.

Nun beschreibt die Bibel diesen Prozess der Wende bzw. der Reform in der Religion und im Staatswesen. Sie tut es fast ausschließlich in der Sichtweise der Priester, der Jahwepropheten und der Schreiber am Tempel. Der Glaube des einfachen Volkes, der Bauern und Viehzüchter, der Handwerker und Händler sowie der Unfreien kommt in der Bibel kaum in das Blickfeld. Und wenn er angesprochen wird, dann in abwertender Weise. Am Tempel zu Jerusalem sollte nun ein neuer Kult eingeführt werden, dem sich das ganze Volk unterwerfen müsse. Diese neue Verehrung des Gottes Jahwe diente als ein Mittel der politischen Herrschaft und der angestrebten Vereinigung von „Herrschaft und Heil" (Jan Assmann).[15]

Was ist mit dieser Mosaischen Unterscheidung aber tatsächlich geschehen? Sie kennzeichnet zunächst eine *mehrfache Abgrenzung*, zum einen gegen die bisherige Volksreligion, zum andern gegen die Glaubens- und Lebensformen der umliegenden Völker. Denn Jahwe sei der Bundesgott Judas und Israels, er führe sein Volk

---

[15] J. Assmann, Die Mosaische Unterscheidung 49–54. M. Smith, Palestinian parties and politics that shaped the Old Testament. New York 1981, 86–98.

auch in Zeiten der Not. Auch wenn beide Länder jetzt klein und von fremden Völkern abhängig bzw. unterdrückt sind, so sei doch ihr Bundesgott größer und stärker als die Götter der Sieger. Jahwe sei stärker als die Götter der Ägypter, der Assyrer, der Babylonier, der Perser und der Griechen. Irgendwann in ferner oder naher Zukunft würden die anderen Völker den Schutzgott Israels verehren. Deutlicher kann ein politischer Herrschaftsanspruch gar nicht formuliert werden.

Hinter dieser Lehre steht ein starker *politischer Machtanspruch* der Priester, Propheten und Schreiber. Gleichzeitig gibt diese Lehre dem bedrückten Volk den Mut zum Durchhalten in schwierigen Situationen der Not und der Fremdherrschaft. Dabei geben die Jahwepriester und ihre Anhänger nicht ihren verfehlten Entscheidungen und Abgrenzungen die Schuld am Babylonischen Exil und den vielen anderen politischen Niederlagen, sondern sie geben dem Volk und seiner alten Religionsform die Schuld an dem Unglück, indem sie sagen, der Bundesgott sei beleidigt worden.[16]

Nun entwarfen die Priester und Propheten ihre komplexe Lehre von der „Schuld" des Volkes Israel/Juda und von der göttlichen „Strafe". Weil die Könige Manasse und Ahas fremde Götter in Land verehrten und verehren ließen, weil das Volk weiterhin die Götter und Göttinnen der Fruchtbarkeit um Hilfe anrief, deswegen habe der Bundesgott Jahwe die Assyrer und die Babylonier in das Land geschickt. Jahwe strafe nun sein Volk, dieses müsse diese Strafhandlung im Gehorsam ertragen. Doch sie werde zu Ende kommen, wenn sich die Menschen zum Bundesgott Jahwe bekehren und wenn sie seine Satzungen befolgen.

Mit dieser Ausgrenzung der bisherigen Religion und der Riten der Nachbarvölker ist in Israel ein neuer Typus von Religion sichtbar geworden. Dieser *monopolhafte Typus der Gottesverehrung* hatte sich in Ägypten unter König Echnaton im 14. Jh. v.Chr. schon kurzzeitig angezeigt. Er war aber nach dessen Tod wieder ausgelöscht worden. Auch für Echnaton war die gewaltsame Einführung des monopolhaftes Kultes für den Sonnengott Re ein politischer Akt, er wollte die Macht der Priester an den großen Kultzentren beschneiden. Indem er Götterbilder und deren Namen zerstören ließ, setzte er sich als autonomer Herrscher über die vielen Kultzentren und deren Priesterschaft durch. Politische Herrschaft war mit einem einzigen Reichsgott und einem zentralen Kult ungleich effizienter, als mit vielen Götterlehren und Kultzentren im Land. Doch dieser König galt nach seinem Tod als „Ketzer", sein Name wurde aus den Königslisten gestrichen. Nach der Lehre der Priester hatte er einen Tabubruch begangen.[17]

Nun ist Jan Assmann davon überzeugt, dass sich eine Spur der Erinnerung an dieses Ereignis in Ägypten bis in die Zeit des zweiten Tempels in Jerusalem zieht. Mit der Religionsreform der Jahwepriester wird eine absolute Form der Wahrheit beansprucht. Die bisher verehrten Schutzgötter der Fruchtbarkeit,

---

[16] J. Assmann, Herrschaft und Heil. Politische Theologie in Altägypten, Israel und Europa. München 2000, 46–50.

[17] B. Kemp, Ancient Egypt. London 1989, 86–98.

der sinnlichen Liebe, der Felder und der Viehherden wurden nun als machtlose „Götzen" bezeichnet. Später wurden sie zu bösen Dämonen degradiert oder es wurde ihre Existenz geleugnet. Die Verehrer der alten Schutzgötter wurden nun zu „Götzendienern" und „Frevlern" gestempelt und sogar mit dem Tod bedroht. Der Monopolanspruch der Priester ließ sich nur mit harter Gewaltandrohung und -anwendung durchsetzen.

Die Abgrenzung durch Gesetze

Mit dieser priesterlichen Reform erfolgte eine zweifache Abgrenzung, zum einen von der alten Volksreligion, zum andern von den fremden Völkern. Es kam eine Intoleranz in die Religion und in den Kult, die bisher nicht gegeben war. Mit der Fertigstellung des zweiten Tempels im Jahr 516 v.Chr. durfte der Bundesgott nicht mehr in Bildern dargestellt werden. Denn kein Mensch sollte die Möglichkeit haben, ihn mittels der Bilder zu etwas zu zwingen oder ohne die Vermittlung der Priester zu ihm einen Zugang zu bekommen. Auch sein Name durfte nicht ausgesprochen werden, um ihn nicht zu bestimmten Handlungen zu zwingen. Nun rückte der Bundesgott den Menschen fern, denn er war nach der Lehre der Priester nicht mehr in der Menschenwelt anwesend. Allein die Priester und Propheten beanspruchten nun, zum ihm einen privilegierten Zugang zu haben.[18]

Die Priester leiteten den Kult der Tieropfer und der Reinigungsriten bzw. der Schuldvergebung, während die Propheten in ekstatischen Erfahrungen die Offenbarungen des Bundesgottes vernahmen. Sie verschärften nun die Gesetze der kultischen Reinheit, das Teilopfer der Beschneidung der männlichen Penisvorhaut wurde als Zeichen des Bundes mit Jahwe wieder allgemein verpflichtend eingeführt. Damit wurde die Grenze zwischen den Juden/Israeliten und den Fremdvölkern sehr eng gezogen. Die Heirat mit Nichtjuden wurde verboten, bestehende Ehen mit Fremden mussten getrennt werden, In den von den Juden eroberten Gebieten mussten sich die Männer zwangsweise der Beschneidung unterziehen. Dies war die Grenzziehung der Priester mit dem „Zaun des Gesetzes".

Durch die Priester und Propheten trieb die jüdische Religion und Kultur in einen *Prozess der Selbstausgrenzung,* der aber vom einfachen Volk nicht akzeptiert wurde. Die Bauern und Viehzüchter blieben noch lange Zeit bei ihren alten Riten der Fruchtbarkeit, sie durften aber nicht mehr öffentlich ausgeführt werden. Die Sprache der Priester und der Gesetzeslehrer ist voller Gewalt, ständig ist von der Ausrottung der „Götzendiener" die Rede. In den Texten der Bibel wird erzählt, dass die Jahwepropheten eine große Zahl von Baals-Priestern getötet hätten. Denn Jahwe sei ein zürnender und eifersüchtiger Gott, der seine Gegner am Boden zerschmettert.

Die Bibel erzählt, dass die Israeliten bei der Eroberung des Landes Kanaan jeden Tag Hunderte und Tausende Feinde getötet hätten. Mit solchen Erzählungen sollte

---

[18] J. Assmann, Die Mosaische Unterscheidung 30–40.

im Volk die Überlegenheit des Bundesgottes Jahwe plausibel gemacht werden.[19] Die Abgrenzung zu den Nachbarvölkern erfolgte auch durch viele Speisevorschriften und Kochgewohnheiten. Schon in der Frühzeit der jüdischen Siedlungen lassen sich archäologisch keine Schweineknochen nachweisen, wohl aber die Knochen anderer Haustiere. Das Verbot, Schweinefleisch zu essen, scheint sehr alt zu sein, es könnte noch aus der Zeit der Hirtennomaden stammen. Doch alle anderen Speisevorschriften stammen erst aus der Kultreform des Königs Joschija und aus der Zeit des zweiten Tempels.

Das *Deuteronomische Geschichtswerk* beschreibt den Prozess der Abgrenzung, der sich im 7. Jh. v.Chr. verstärkte. Die Mythen und Riten der Fremdvölker wurden von den Jahwepriestern als Bedrohung der jüdischen Identität angesehen. Wir erkennen in der jüdischen Kultur dieser Zeit zwei gegenläufige Tendenzen: Das breite Volk, nämlich die Bauern, die Hirten, die Handwerker, die Händler und die Lohnarbeiter versuchten, die Grenzen zu den Fremden zu überwinden, um mit ihnen Handel zu treiben und Austausch zu haben. Sie sahen in der Abgrenzung keinen Nutzen oder Vorteil. Doch die Priester und Propheten Jahwes zogen den „Zaun des Gesetzes" immer enger, um die Vermischung mit dem Fremden zu verhindern.[20] Doch diese Grenzziehung führte immer deutlicher zu einer Selbstausgrenzung des jüdischen Volkes und zu einer völlig unrealistischen Politik. Denn im Vertrauen auf den Bundesgott Jahwe und die Lehren der Priester gingen die späten Könige unsinnige Bündnisse ein oder sie kündigten die Vasallenverträge mit den sie umgebenden Großmächten. Diese offensichtlichen Fehlentscheidungen führten in die politische Katastrophe.

Erstaunlich ist nun, dass es den Priestern gelang, trotz der politischen Niederlagen, die sie mit ausgelöst hatten, ihre Geschichtsdeutung weiterhin durchzusetzen. Denn sie deuteten die Niederlage nun als „Strafe" des Bundesgottes für die Untreue des Volkes. Freilich wissen wir nicht, ob das breite Volk diese Deutung angenommen hat. Denn in der Bibel ist uns ja nur die Deutung der Priester und Propheten aufgeschrieben. Aber selbst darin gibt es viele Hinweise, dass es im Volk harten Widerstand gegen diese Deutung gab. Die Priester und Propheten deuteten die Niederlage und das Exil als Strafe des Bundesgottes, sie stellten aber einen Neubeginn in Aussicht, wenn das Volk die Alleinherrschaft Jahwes anerkennt.

Es geht hier um die Durchsetzung einer *priesterlichen Geschichtsdeutung*, die von der Allein-Jahwe-Bewegung angestoßen und getragen wurde. Später war es die Deuteronomistische Bewegung, welche diese Geschichtsdeutung durchzusetzen versuchte. Sie hat nun zur Zeit des zweiten Tempels alle älteren Texte der entstehenden Bibel neu bearbeitet, nur an einigen Stellen kommen noch frühere Deutungen zum Vorschein.[21] So war die Erinnerung an ein angeblich Goldenes Zeitalter zur Zeit des Königs David nichts anderes als eine Hoffnung weckende

---

[19] J. Finkelstein/N.A. Silberman, Keine Posaunen 96–100. M. Smith, Palestinian parties 65–70.

[20] J. Finkelstein/N.A. Silberman, Keine Posaunen 134–140. M. Smith, Palestinian parties 77–87.

[21] B. Lang, Jahwe 86–100. M. Albani, Der eine Gott 68–80.

Projektion in eine ferne oder nahe Zukunft. Die aus dem Exil heimgekehrten Juden sollten an die Verheißung eines großen Reiches glauben, um im Leben wieder Mut zu fassen.

Freilich die geballte Sprache der Gewalt sollte den Menschen Angst machen vor der Herrschaft der Priester und vor einem zürnenden und rachsüchtigen Bundesgott. Die „Gottesfurcht" sollte die Glaubenden nun leiten, dann werde ihnen ein gutes und glückliches Leben geschenkt. Doch mit dieser Mosaischen Unterscheidung und totalen Abgrenzung sind die Angst vor dem Fremden und auch der Hass auf das Andere erheblich verstärkt worden. Die Nachbarvölker hatten Schwierigkeiten, mit dieser Abgrenzung umzugehen, unter ihnen entstanden früh feindlichen Einstellungen gegenüber den Juden. Doch nach der Lehre der Priester sei nur Israel/Juda vom Bundesgott zum „Heil" auserwählt worden.

Das Monopol der Priester

Jan Assmann sieht in diesem aggressiven Monotheismus der Jahwepriester und ihrer Anhänger eine Gegenreligion zur bisherigen Volksreligion, ja zu allen bisherigen Religionsformen. Die Durchsetzung dieses Monopols sei von Anfang an mit Gewalt verbunden. Denn die Bibel erzählt von Massakern nach dem Tanz um das „goldene Kalb" (Ex 32–34), von der Ermordung der Baalspriester (1 Kön 18), von grausamen Strafaktionen der Krieger. Der König Joschija konnte seine Kultreform nur mit militärischer Gewalt durchsetzen (2 Kön 23,1–27). Zur Zeit von Esra und Nehemia mussten im Volk die Mischehen getrennt werden (Esra 9,1–4), die eroberten Idumäer mussten sich der Zwangsbeschneidung unterwerfen. Eine Spur der Gewalt zieht sich durch die Lehre der Priester.

Die christlichen Theologen neigen bis heute dazu, diese Sprache und *Semantik der Gewalt* zu verharmlosen oder zu verniedlichen. Doch dies ist nach heutigen Erkenntnissen ein unverantwortlicher Umgang mit den Texten der Bibel. Denn warum sollte diese Sprache der Gewalt für das Zusammenleben der Menschen ungefährlicher sein als die Gewaltrhetorik der großen Kampfideologen des 20. Jh.? Zum andern haben viele dieser Ideologen bei der Sprache der Bibel ihre Anleihen genommen. Heute stellt sich die dringliche Fragen, wie wir uns von dieser Sprache der Gewalt in der Bibel trennen können, ohne dabei ihr positiven Anleitungen für das menschliche Zusammenleben zu relativieren. Diese Frage wurde zumindest bei dem großen Gespräch zwischen Kardinal Joseph Ratzinger (Papst Benedikt XVI.) und dem Philosophen Jürgen Habermas im Januar 2004 angedeutet. Sie wird uns weiterhin dringend beschäftigen.[22]

So geht der priesterliche Monotheismus mit der Zerstörung der alten Bilder (Ikonoklasmus) und der alten Kulte einher, die weibliche Dimension im Göttlichen wird weitgehend ausgelöscht, die menschliche Sexualität verliert ihre Brücken-

---

[22] J. Habermas/J. Ratzinger: Dialektik der Säkularisierung. Freiburg 2005, 34–38; 56–58. J. Ratzinger/P. Flores d'Arcais, Gibt es Gott? Berlin 2006, 718.

funktion zum Heiligen und Göttlichen. Dieses Göttliche rückt den Menschen fern, es bekommt seinen Ort außerhalb der Welt und des Kosmos. Nur mehr die Priester sollen zu ihm einen Zugang haben. Das ist genau besehen eine Monopolisierung der priesterlichen Funktionen, das Unverfügbare wird mit der politischen Herrschaft verbunden. Damit wurde tatsächlich ein neuer Typ von Religion geschaffen, der in Israel die nach dem Exil fehlende Herrschaft der eigenen Könige ersetzen sollte.[23]

An die Stelle der vielen Schutzgötter des Lebens, der Fruchtbarkeit und des Lebensglücks trat nun nach der Lehre der Priester ein *göttlicher Weltherrscher*, vor dem die Menschen zittern sollten. Jan Assmann hat in diesem Zusammenhang von einem „Theoklasmus" gesprochen, denn alles bisherigen Bilder und Vorstellungen vom Göttlichen sollten ausgelöscht werden. Nun handelt es sich bei der Deuteronomistischen Bewegung offensichtlich um eine Ideologie der politischen und der religiösen Macht. Ihre Anhänger möchten mittels der Religion zunächst im eigenen Land die Herrschaft erringen. In ferner Zukunft wollen sie aber auch über die Fremdvölker der Umgebung bestimmen. Deswegen machen sie die Religion und die Kulte der Nachbarvölker lächerlich, dabei verzerren sie deren Riten und Mythen (Ps 115,2–7; Jes 44,9–19).

Auch in den Spätschriften der Bibel wird die Verhöhnung der fremden Götter fortgesetzt. So zeichnen die Texte der Weisheitsliteratur Karikaturen der fremden Kulte. Dabei machen sie sich selber groß, um das Fremde zu erniedrigen (Weish 13,10–19; 14,8–12; 14,15–20). Viele dieser Texte konstruieren auf abstruse Weise Fremdheit, um die eigene Identität zu stärken. Gleichzeitig unterstellen sie den fremden Völkern ein unmoralisches Verhalten, sie beschimpfen sie als „Götzendiener", als Ehebrecher und Lügner, als Räuber und Unterdrücker.[24]

Patriarchalisierung der Kultur

In der Gottesvorstellung wird eine deutliche Patriarchalisierung durchgesetzt, denn Jahwe hat fortan fast nur mehr männliche Eigenschaften. Die weiblichen Schutzgöttinnen der Fruchtbarkeit und der sinnlichen Liebe wurden dämonisiert oder ausgelöscht. Die Menschen sollten sie nun nicht mehr verehren, sondern als böse Dämonen fürchten und meiden. Damit verloren alle Frauen, die Hälfte des Volkes, ihre Identifikationsbilder im Bereich des Göttlichen und Heiligen. Dieses war nach der Lehre der Männerpriester nun ausschließlich männlich geworden. Freilich blieben im Gottesbild noch ein paar Spuren des Weiblichen, etwa in der Vorstellung des göttlichen „Schoßes," des göttlichen Geistes (ruach) und der göttlichen Weisheit (chokmah). Die Priester lehrten in einer Schöpfungserzählung (Gen 1,28) sogar, dass beide Geschlechter den Schöpfergott abbilden.

---

[23] J. Assmann, Die Mosaische Unterscheidung 35–44. W. Groß, Die Priesterschrift 68–80.
[24] J. Assmann, Herrschaft 46–56. B. Lang, Jahwe 73–85.

Doch nach einer zweiten Schöpfungserzählung ist der Schöpfergott ein männlicher Gärtner und Töpfer, der den Menschenmann aus Lehmerde formte. Erst aus dessen Rippe habe er dann die Menschenfrau geformt. Diese aber sei dem Mann zur Verführerin zum Bösen geworden (Gen 2–3). Jan Assmann spricht von einem *Monopatrismus*, in dem fortan allein die Väter und Herrscher die Gottheit abbilden. Diese rückt aus der Welt hinaus, sie wird der menschlichen Verfügbarkeit entzogen. Allein die Priester und Propheten haben fortan Zugang zur göttlichen Welt. Waren die frühen Schutzgötter der Sippen an vielen Orten im Land anwesend, so sollte der neue Herrschaftsgott nur mehr im Tempel zu Jerusalem gegenwärtig sein.[25]

Mit der „Mosaischen Reform" wird auch eine neue Form der Politik verbunden. Denn nach dem Exil gab es in Juda und Israel keine Könige mehr, beide Länder waren nun eine persische Provinz (Jehud). Später werden sie von griechischen Königen regiert. In dieser Situation errangen die Jahwepriester am Tempel die uneingeschränkte religiöse Dominanz, die auch mit politischer Macht verbunden war. Nun prägten die Deuteronomistische Bewegung und die Allein-Jahwe-Verehrer den Kult und die Gesetzgebung. Sie formten die Schriftrollen, die im Kult verlesen werden durften, die Tora, die Nabiim und die Ketubim, aus denen später die „Bibel" wurde.

Die *neue Jahwereligion* verbot nun, das Göttliche in der Welt oder im Kosmos der Gestirne zu suchen, denn es sei über und hinter den Sternen. Der alte „Kosmotheismus" sei nun durch einen „Monopatrismus" ersetzt worden, argumentiert Jan Assmann.[26] Das Unverfügbare sei den Menschen fern gerückt, die Nähe zum Göttlichen sei ihnen genommen worden. Der neue Herrschaftsgott bewege nicht nur die Gestirne, er lenke auch die menschliche Geschichte. Die Priester lehren nun, ihre Gebote und Riten seien ihnen von diesem Gott geoffenbart worden. Mit der Größe des Bundesgottes steigt auch ihre Macht.

Eine Entfremdung der Menschen von ihrer Lebenswelt hat dadurch aber nicht stattgefunden. Denn die Gläubigen dürfen sich weiterhin an ihrer kleinen Welt, an Sinnlichkeit und Sexualität freuen. Doch der neue Glaube relativiert die Welt, den großen Kosmos und die menschliche Geschichte. Er relativiert vor allem die Herrschaft der Assyrer, der Babylonier, der Perser, der Griechen und später der Römer. Denn wer sich auf einen ewigen Bundesgott beziehen kann, zittert nicht vor großen Königen. So baut diese neue Religion eine Gegenwelt zur staatlichen Herrschaft auf, die Juden/Israeliten sollten fortan in zwei Welten leben. Dies drückt auch ihre doppelte Steuerpflicht aus, denn sie zahlen die Abgaben an den Staat (Fremdherrschaft) und an den Tempel (Priesterherrschaft).[27]

So enthält der jüdische Monotheismus im Kern eine *politische Lehre*, welche die religiöse Eigenständigkeit und die Überlegenheit der Besiegten betont. Damit

---

[25] B. Lang, Jahwe 75–80. J. Assmann, Die Mosaische Unterscheidung 96–107.
[26] J. Assmann, Die Mosaische Unterscheidung 62–72. M. Smith, Palestinian parties 85–98.
[27] M. Albani, Der eine Gott 87–99. J. Assmann, Die Mosaische Unterscheidung 112–122.

sagten die Besiegten ihren Herren, dass auf Dauer ihr Bundesgott stärker sein werde als diese. Die Unterlegenen nehmen ihre politische Niederlage nicht als letzte Gegebenheit hin, sie relativieren sie und kehren sie noch um. Denn sie machen in ihrer religiösen Bilderwelt aus der Unterlegenheit einen Sieg. Sie sagen nämlich, Jahwe sei der Herrscher aller Völker, er werde die jetzigen Sieger vom Thron stürzen. So gab die monotheistische Religion den Besiegten das Gefühl der moralischen und der religiösen Überlegenheit.

Der monopolhafte Glaube an den Bundesgott Jahwe erschuf eine *Gegenwelt* zur realen politischen Situationen. Wir erkennen hier eine wichtige Funktion des Mythos überhaupt für den Zusammenhalt eines Volkes oder Stammes. In seiner Bilderwelt lassen sich Niederlagen in Siege umformen. Solche Beispiele kennen wir auch aus der Mythologie anderer Völker. So erzählen die Ungarn in ihrer „Bilderchronik" von ihrer verlorenen Schlacht auf der Lechfeld im Jahr 955 n.Chr. gegen den deutschen König Otto I. Beim Gerichtstag in Regensburg habe der besiegte Ungarnfürst Lel zuerst den deutschen König erschlagen mit dem Ruf: „Du gehst von hier und wirst mir in der anderen Welt dienen". Denn wer zuerst in das Land der Ahnen eingeht, muss dort die Nachkommenden bedienen. Damit sagten die Ungarn, dass sie zwar auf dieser Welt die Verlierer waren, aber in der jenseitigen Welt die Sieger sein werden.[28]

Genauso sagten die jüdischen Priester und Lehrer nach der Deuteronomistischen Reform, dass sie und ihr Volk im Bereich der Religion und der Moral die Sieger geblieben sind. So baut der Mythos eine Gegenwelt zur realen Welt auf, um das Leben erträglich zu machen. Die jüdischen Priester und Schreiber schrieben ihre Lehren auf, damit sie im Kult regelmäßig verlesen und unter das Volk gebracht werden sollten. Damit wurde ihre Lehre im Volk verwurzelt, sie sollte dem Überleben in schwierigen politischen Situationen dienen. Zugleich wurde darin an die frühen Regeln des Zusammenlebens zur Zeit der Landnahme erinnert.

Aus ihrem mythischen und magischen Denken heraus verschärften die Priester die Regeln des Zusammenlebens. Im neuen Gesetz des Deuteronomiums verpflichteten sie nun das ganze Volk zu jenen Reinheitsregeln, die bisher nur ihnen auferlegt waren. Durch diese Regeln hatten sie den Zugang zum Bundesgott. Wenn nun das ganze Volk diese Regeln befolgt, dann wird es überleben und in ferner Zukunft wieder groß sein. Denn erst ein „priesterliches Volk" werde dem Bundesgott wohlgefällig sein. Die Priester erkannten nicht, dass diese Abgrenzung des Volkes zur *Ausgrenzung* und zur *Selbstisolation* führen musste.

Im Volk Israel/Juda sollte nun der Bundesgott Jahwe den fehlenden König ersetzen. Seit das Volk keinen König mehr hat, seien die Priester die von Jahwe bestellten Gesetzgeber und Richter. Die Menschen müssen ihren Gesetzen folgen, nur dann können sie gut und glücklich leben. Im Volk gab es fortan zwei getrennte Autoritäten, auf der politischen Seite die persischen Satrapen, die griechischen Diatochen und die römischen Statthalter, auf der religiösen Seite die jüdischen

---

[28] H. Gottschalk, Lexikon der Mythologie. München 1996, 482–485.

Priester und Propheten, die Gesetzgeber und Schreiber. Mit der Tora und der entstehenden Bibel wollten die Priester dem Volk sagen, dass sie göttliche Autorität beanspruchten.[29]

Die Folgen der Ausgrenzung

Die Folgen der „Mosaischen Wende" waren vielfältig, sie bewirkten zunächst eine Gleichschaltung der jüdischen Weltdeutung und der religiösen Überzeugung. Die Gesetze des alltäglichen Lebens wurden durch die priesterlichen Reinheitsregeln verschärft. Die Götter und Göttinnen der eigenen Volksreligion und der fremden Völker wurden zu bösen Dämonen degradiert. Damit wurden die Nachbarvölker stark abgewertet, mit denen die Juden im wirtschaftlichem Austausch lebten. Das ergab schon früh negative Reaktionen bei den Fremdvölkern, die den Monopolanspruch des Bundesgottes Jahwe nicht akzeptieren konnten. Die Anfänge von antijüdischen Einstellungen sind bereits in der hellenistischen Zeit deutlich zu erkennen.

Jan Assmann vertritt die Überzeugung, der sog. Antisemitismus als Antijudaismus sei ursprünglich nur die Ablehnung des jüdischen Monopolgottes gewesen. Vielleicht hat die negative Erinnerung an den „Ketzerkönig" Echnaton in Ägypten noch eine Rolle gespielt. Der ägyptische Priester Manetho beschrieb im 3. Jh. v.Chr. die Sichtweise der Ägypter. Er berichtet von einer Leprakolonie, welche die vielen Göttern nicht mehr verehrte, die heiligen Tiere aß, die Speisetabus verletzte und mit Fremden keinen Umgang pflegte.[30] Wahrscheinlich wollte Manetho damit sagen, die neue monotheistische Religion der Juden sei für die Menschen schlimmer als der Aussatz. Josephus Flavius berichtet von einer breiten Feindschaft gegen Juden in Alexandria, er deutet die Erzählung von den Aussätzigen als eine Verkehrung des Auszugs Israels aus Ägypten.

Weil in der Erinnerung der Ägypter der Pharao Echnaton verdammt wurde, musste auch der neue Monotheismus der Juden verurteilt werden. Die Juden werden wegen ihrer Intoleranz kritisiert, weil sie die Götterlehren der ägyptischen und griechischen Mitbewohner in der Stadt Alexandria missachteten. So ist es sehr wahrscheinlich, dass sich das Misstrauen gegen die Juden anfänglich nur auf ihren monopolhaften Gottesglauben bezog. Denn die gelebte Moral der jüdischen Mitbürger wurde von vielen Griechen und Römern hoch geschätzt, wie wir aus mehreren Zeugnissen wissen. Störend in der Beziehung zu den Juden war, dass sie sich über die Götter der Griechen und Römer lustig machten. Sowohl für die Griechen und Römer, als auch für die Ägypter ist das göttliche Geheimnis nicht durch eine monopolhafte Lehre darstellbar.[31]

---

[29] M. Smith, Palestinian parties 134–140. B. Lang, Jahwe 75–80.
[30] J. Assmann, Die Mosaische Unterscheidung 84–88. A. Finkelstein, Perception of Jewish history. Berkeley 1993, 128–139.
[31] Z. Yavetz, Judenfeindschaft in der Antike. München 1996, 34–45.

So erweist sich der jüdische Monotheismus als die *Lehre der Besiegten*, die von den Priestern verordnet wurde. Darin ist der Bundesgott Jahwe nicht mehr in Bildern darstellbar, er rückt außerhalb der Welt und der Gestirne. Er sei der Herr über den Kosmos und die Geschichte der Menschen, er habe die Juden zum „Heil" auserwählt. Deswegen müssten die anderen Völker vor das Gericht Jahwes hintreten, dort würden sie wegen ihrer Unterdrückung und ihrer Verehrung der Bilder bestraft. Vermutlich ist der extreme Monotheismus der Priester als Reaktion auf befürchtete Bedrohungen aus der sozialen Umwelt zu sehen. Die Priester und ihre Anhänger wollten sagen, dass in der göttlichen Welt die Besiegten zu Siegern werden. Die jetzt Unterdrückten seien dann die *Auserwählten des Bundesgottes*, denn dieser sei stärker als die Schutzgötter der Babylonier, der Perser und der Griechen. Irgendwann werden diese Götter vor das Gericht des jüdischen Gottes Jahwe hintreten müssen.[32]

In dieser Zeit entstand die politische Vision von der Zeit eines neuen Königs bzw. des „Gesalbten" (Messias) Gottes. Er werde das einmal große Reich Israel/Juda wieder aufrichten und die Stadt Jerusalem aufbauen. Diese Stadt werde aus dem Himmel Gottes auf die Erde hinabsteigen, denn der Himmel wird nun der Fluchtort der Besiegten. In diesen Visionen der Zukunft wird der jüdische Bundesgott Jahwe immer mehr zu einem „Weltgott" aller Völker. Denn alle Völker sollen vor sein Gericht hintreten, er wird die jetzigen Verhältnisse der Herrschaft umkehren. In der göttlichen Welt werden die Besiegten und Unterdrückten die Großen und die Herrscher sein.

Nun entfalten die Priester und ihre Anhänger auch einen Monopolanspruch auf das „Heil", das dauerhafte Lebensglück. Das Glück der Juden komme nicht von einem König, den es nicht mehr gibt, es komme vom Bundesgott selbst. Dieser sei der Größte und Stärkste unter allen Göttern, ja er sei der einzige Gott. Denn er werde seine Herrschaft über alle Völker durchsetzen. Die Symbolsprache der Religion ist eng mit der Sprache der Politik verflochten, dies wird in der ganzen Bibel erkennbar. Folglich ist sie immer auch ein politisches Buch gewesen und bis heute geblieben.[33]

Die Semantik der Gewalt

Nun enthält die Sprache der Bibel, zumindest seit der Deuteronomistischen Reform, eine Sprache der Politik, der Herrschaft und der Gewalt, verbunden mit der Symbolsprache der Religion und des Kultes. Herrschaft und Heil werden eng miteinander verflochten, damit werden den Gläubigen Hoffnungen auf eine gute und bessere Zukunft aufrecht erhalten. Wir können auch in Israel/Juda erkennen, dass politische Herrschaft in den frühen Kulturen nur durch die Verbindung mit religiöser Weltdeutung durchgesetzt werden konnte. Dies war in Ägypten, in Ba-

---

[32] E. Baltrusch, Die Juden und das Römische Reich. Darmstadt 2002, 124–138.
[33] A. Finkelstein, Perception 44–56.

bylonien und wohl auch bei den Kanaanäern der Fall. Der Kult der Ahnen und der Schutzgötter wurde mit den politischen Absichten der Ordnung der Lebenswelt verbunden. Denn im Bereich der Herrschaft stießen die Beteiligten immer auf das Unverfügbare.

Nun waren es die Priester und Propheten, von denen angenommen wurde, dass sie auf die Kräfte des Unverfügbaren einen Einfluss nehmen konnten. Ihnen gelang es, die erlebte Geschichte zu deuten und ihr einen Sinn zu geben. Für die Besiegten ermöglichte der Bezug auf das Göttliche die Relativierung ihrer leidvollen Situation und die starke Hoffnung auf eine bessere Zukunft. Gewiss sehen wir in der Sprache der Gewalt in Teilen der Bibel auch die *Rachewünsche der Besiegten* ausgedrückt. Sie möchten ihren Unterdrückern einmal das antun, was sie von ihnen an Leidvollem erlebt haben. Der religiöse Glaube hebt nun diese Rachewünsche auf eine göttliche Ebene: Der Bundesgott Jahwe wird die Rache durchführen.

Sozialpsychologen wie F. Buggle befassen sich seit langem mit diesen Gotteslehren in der Bibel, mit ihren Entstehungszusammenhängen und ihren Wirkungsgeschichten. Sie wollen erkennen, welche emotionalen Prozesse in diesen Lehren ihren Ausdruck finden. Nun wurde diese Sprache der Gewalt nicht vom jüdischen Volk formuliert, sie wurde von Priestern, Propheten, Schreibern und Gesetzlehrern zum Ausdruck gebracht. Sie sollten den einfachen Menschen zeigen, dass der Bundesgott Jahwe trotz der politischen und militärischen Niederlagen stark ist, ja dass er stärker sein wird als die Schutzgötter der anderen Völker. So findet sich in dieser Sprache immer auch der potentielle Widerstand gegen die politische Wirklichkeit ausgedrückt.[34]

Mit dieser latenten und akuten Sprache der Gewalt wurden in der jüdischen Kultur immer von neuem *politische Aufstände* gegen die Fremdherrschaft ausgelöst und legitimiert. Es waren die großen Aufstandsbewegungen der Makkabäer gegen die Herrschaft der Seleukiden oder die vielen politischen Aufstände gegen die Herrschaft der Römer, die in die Zerstörung des jüdischen Staates geführt haben. So liegt in der Sprache der Gewalt immer auch die Möglichkeit der Selbstzerstörung, sowie mit der übertriebenen Abgrenzung vom Fremden immer die Möglichkeit der Selbstausgrenzung aus der Lebenswelt verbunden ist. Kein Volk im römischen Imperium hat so viele Aufstände gegen die reale Herrschaft ausgeführt wie das jüdische. Aber kein anderes Volk hatte ein ähnliches Buch mit geballter Sprache der Gewalt, die religiös legitimiert war.

Die in die Tat umgesetzte Semantik der Gewalt führte im Jahr 70 n.Chr. zur Zerstörung des zweiten Tempels durch der römischen Heerführer Titus und im Jahr 135 n.Chr. zur Zerstörung der Stadt Jerusalem durch den Feldherrn Vespasian. Die Juden wurden aus ihrer Stadt ausgesiedelt, sie verteilten sich in östlichen und in westlichen Teilen des römischen Imperiums, nicht wenige Sippen sind nach Arabien ausgewandert. Mit ihrem heiligen Buch haben sie die Semantik der

---

[34] F. Buggle, Denn sie wissen nicht, was sie glauben. München 1995, 56–66.

Gewalt in die arabische Kultur mitgebracht, wo sie der Prophet und Heerführer Muhammad im 7. Jh. n.Chr. aufgegriffen und in die Tat umgesetzt hat. Auch dies gehört zur direkten Wirkungsgeschichte der jüdischen Bibel.

Nun verbindet sich diese Sprache der Gewalt in der Bibel aber immer mit einem *Ethos der Mitmenschlichkeit* und der Solidarität unter den Glaubensbrüdern. Die Verfasser dieses Buches denken stark ethnozentrisch, für sie hat sich der Bundesgott bzw. der spätere Weltgott nur dem jüdischen Volk geoffenbart. Innerhalb der Volksgemeinschaft müssen Solidarität und Nächstenhilfe verwirklicht werden, doch im Bezug zu fremden Stämmen und Völkern gilt diese Solidarität nicht mehr. Das Fremde wird von den Schreibern der Bibel, nicht vom jüdischen Volk, als bedrohlich und feindlich angesehen. Deswegen soll es ausgegrenzt und ferngehalten werden. Und in ferner Zukunft soll sich das Fremde der eigenen jüdischen Identität anpassen, denn die Fremdvölker werden zum heiligen Berg Zion wallfahrten und dort ihr Heil finden.

Die griechisch-römische Alternative

Schon in der persischen Zeit und vor allem in der hellenistischen Kultur bildete sich eine deutliche Alternative zum *ethnozentrischen Modell* der jüdischen Priester. In dieser Alternative wurde das Fremde voll toleriert und in die eigene Weltdeutung integriert. Konkret bedeutete dies, dass alle besiegten Völker ihre Schutzgötter, ihre Riten und Kulte behalten und frei entfalten konnten. Da wurden keine Götterbilder zerstört und keine Priester getötet, keine Feste und Prozessionen verboten. Denn es galt die Überzeugung, dass der eine Weltgott unter den Völkern mit verschiedenen Namen und Kulten verehrt werden könne. Es war das Modell der religiösen und der politischen Ökumene, die Vorstellung von einem gemeinsamen „Haus" (oikos) aller Menschen und Völker.

In der hellenistischen Zeit wurde auch die jüdische Kultur mit dem griechischen Denken konfrontiert. In der griechischen Übersetzung der jüdischen Bibel (Septuaginta) und in den Spätschriften der griechischen Bibel finden sich deutlich die Spuren dieses Denkens. Die griechischen Philosophen hatten die Frage nach den vielen Göttern und dem einen Gott völlig anders beantwortet. Sie benötigten keine Semantik der Gewalt, wenn sie über die Religion sprachen. So hatte der Rhapsode *Xenophanes von Kolophon* schon im 6. Jh. v.Chr. erkannt, dass die Völker und Stämme die Bilder ihrer Schutzgötter immer nach ihren eigenen Bildern formen.

Er hatte gesehen, dass wir in der Vorstellung von göttlichen Wesen immer unsere Selbstbilder verwenden und diese in einen Götterhimmel emporheben (projezieren). Nun gibt es das Unverfügbare im Leben, daher ist es wahrscheinlich, dass hinter den vielen Bildern des Göttlichen ein einziger Weltgott existiert. Dieser aber sei ungleich größer als unsere Bilder erkennen lassen, er sei in seinem Wesen unbegreiflich. Wenn wir dieses verstanden haben, können wir fortfahren, unsere Bilder vom Göttlichen zu entwerfen und diese zu verehren. Und wenn wir die Relativität unserer Bilder verstanden haben, dann werden wir friedvoll mit dem

Fremden und den fremden Stämmen und Völkern umgehen. Dann aber müssen wir keine Bilder und keine Riten mehr absolut setzen.

Der eine Weltgott sei ganz Auge und Ohr, er sei ohne Bewegung immer am selben Ort, vor allem, er denke sich selbst. Mit den Kräften seines Verstandes habe er das Weltall geordnet, er lenke die Gestirne und habe die vollkommene Gestalt einer Kugel. Hier wird erstmals die Einheit des Göttlichen denkerisch formuliert, dieses Denkmodell ist in der griechischen Kultur nie mehr verloren gegangen. Einige der Sophisten, aber auch Sokrates und die sokratischen Schulen waren davon überzeugt, dass es für alle Völker und Menschen nur einen Weltgott geben könne. Es wäre völlig unsinnig, anzunehmen, dass sich der eine *Weltgott* nur einem einzigen Volk geoffenbart haben könnte. Von ihm sind alle Völker und Stämme zum guten Leben auserwählt.[35]

Dies ist das alternative Denkmodell zur Denkform der jüdischen Priester, es ist der Entwurf eines *philosophischen Monotheismus*. Dieser unterscheidet sich diametral vom kultischen Monotheismus der Bibel, denn er lässt viele Gottesbilder, Glaubensüberzeugungen, Riten und Kulte zu. Für ihn ist die eine Gottheit von uns Menschen nie voll erkennbar, sie übersteigt unser Denkvermögen. Deswegen machen sich alle Stämme und Völker, alle Stadtstaaten und Großreiche andere Bilder vom Göttlichen und Unverfügbaren. Sie geben ihm unterschiedliche Namen, vor allem ertragen sie die fremden Namen und Riten. Sie rufen niemals zur Gewalt gegen die fremden Bilder des Göttlichen auf. Die Menschen verstehen sich über alle Grenzen der Sprachen und der Kulturen hinweg als „Kinder" des einen Weltgottes.

Nun müssen sie nicht mehr gegen einander kämpfen und Kriege führen, denn der eine Weltgott hat alle Völker und Stämme zu einem guten und gelingenden Leben auserwählt. Dieses philosophische Denkkonzept wurde zur Grundlage der Religionspolitik im hellenistischen und im römischen Reich. Es fand sich im Ansatz schon im Reich der Perser, denn auch sie hatten alle religiösen Kulte bestehen lassen und gefördert. Die griechischen Herrscher ließen in ihren Städten die Bilder der verschiedenen Schutzgötter aufstellen, um die gegenseitige religiöse Toleranz zwischen den Völkern zu fördern. Für sie existierte hinter den Bildern des Zeus, des Jahwe, des Osiris oder des Apollo der eine unbegreifliche Weltgott, vor dem alle Völker den gleichen Wert haben.

Doch als der seleukidische König Antiochos IV. im Jahr 167 v.Chr. im Tempel von Jerusalem das Bild des griechischen Gottes Zeus aufstellen lassen wollte, kam es zum Aufstand der Makkabäer. Sie kannten die Semantik der Gewalt in ihren heiligen Buchrollen, die sie regelmäßig im Tempel und in den Synagogen lasen. Sie und ihre Anhänger konnten nicht ertragen, dass der griechische Gott Zeus mit dem Bundesgott Jahwe auf eine Stufe gestellt wurde. Dabei hatten zu dieser Zeit die jüdischen Priester mehrheitlich mit der Politik der Seleukiden zusammen gearbeitet. Nun fiel eine *fanatische Laienbewegung* den Priestern am Tempel in den Rücken. Wir sehen, dass die Semantik der Gewalt nicht nur bei

---

[35] W. Röd, Der Weg der Philosophie I. München 1996, 50–53; 202–215.

den Priestern beheimatet war. Es waren Glaubensfanatiker, die nun den Krieg begonnen hatten.[36]

Das römische Imperium hatte später die griechische Religionspolitik voll übernommen. Im ganzen Reich sollten die verschiedenen Völker und Stämme ihre Schutzgötter verehren, solange deren Kulte nicht gegen die „guten Sitten" des Zusammenlebens verstießen. Deswegen mussten die Kulte der Göttin Kybele und des Gottes Dionysos Einschränkungen hinnehmen. Für die Gebildeten gab es nur eine höchste Gottheit, die von den Menschen mit unterschiedlichen Namen verehrt und angerufen wurde. Weder die Priester, noch die Politiker erhoben ein Monopol der Gottesverehrung. So konnten im römischen Reiche viele Kulte neben einander sich entfalten, wohl in einer freien Konkurrenz zueinander. Einer dieser neu entstehenden Kulte zu dieser Zeit war das frühe Christentum, das sich relativ frei verbreiten konnte.

Doch als im Jahr 380 n.Chr. die Christen vom römischen Kaiser Theodosius I. das Monopol der Gottesverehrung zugesprochen bekamen, ging die Zeit der religiösen Toleranz zu Ende. Der römische Kaiser hatte wie viele seiner Vorgänger nach einer *einheitlichen Reichsreligion* gesucht, um die auseinander strebenden Kräfte noch bündeln zu können. Das Christentum erschien ihm wegen seines hohen Organisationsgrades am besten dafür geeignet. Nun wurden Statuen und Tempel fremder Religionen zerstört, wie zur Zeit des Königs Joschija in Jerusalem. Fortan wurden griechische und römische Tempel in christliche Gotteshäuser umgewandelt. Im Saal der römischen Senats musste auf Befehl der Bischöfe und des Kaisers die Statue der alten Siegesgöttin Victoria entfernt und zerstört werden.

Da stellte der alte Senator Symmachus die entscheidende Frage, ob es denn möglich sei, das eine göttliche Geheimnis nur auf eine einzige (christliche) Weise darzustellen und zu verehren.[37] Diese Frage trifft den jüdischen und den christlichen Monotheismus, sie ist bis heute aktuell geblieben. Doch für das römische Imperium war nun der christliche Reichsgott zu einem wirkungsvollen Instrument der zentralen Herrschaft geworden. Dieser Gott hat nun die entstehende europäische Kultur geprägt und geformt, die jüdische Bibel war nun zu einem Teil der christlichen Bibel geworden. Doch die Christen haben die Sprache der Gewalt zwar entscheidend modifiziert, aber nie ganz aufgegeben.

Spätfolgen der Mosaischen Wende

Heute können wir kulturgeschichtlich auf die Folgen und Spätfolgen des priesterlichen Monotheismus in der jüdischen Kultur blicken. Dabei kommen wir zu erstaunlichen Einsichten, die uns erst aus der zeitlichen Distanz möglich werden. Mit der Mosaischen Wende waren in der jüdischen Kultur die Natur, die Menschenwelt und der Kosmos entgöttlicht worden, der Bundesgott ist aus der Welt hinaus gerückt worden. Dem Erleben der Sexualität wurde die religiöse Dimen-

---

[36] A. Finkelstein, Perceptions 56–66. M. Smith, Palestinian parties 66–78.
[37] R. Wilken, Die frühen Christen. Wie die Römer sie sahen. Graz 1989, 64–73.

sion genommen, die alten Riten der Fruchtbarkeit wurden verboten. Die Frauen verloren ihre alten Rollen als Schamaninnen und Mantikerinnen, als Prophetinnen und weisen Frauen, auch als Heilerinnen, dem männlichen Bundesgott dienten ausschließlich männliche Priester. In der *patriarchalen Religion* (Patritheismus) hatten sich die Frauen den Männern unterzuordnen, ihre Schutzgötter der Fruchtbarkeit und der Geburt wurden ihnen genommen.

Sigmund Freud hatte mit seiner Mosesinterpretation deutlich auf das „Trauma" des Monotheismus hingewiesen. Aber er sah in der verordneten Verdrängung der Sinnlichkeit aus dem Kult auch einen Motor für die weitere geistige Entwicklung. Allerdings hatte er übersehen, dass diese geistige Entwicklung in Griechenland trotz der Verbindung zu einer sinnlichen Religion geschehen ist. So ist die Philosophie in der griechischen und nicht in der jüdischen Kultur entstanden, die Juden haben ihre eigenen Philosophen Aristobul und Philo kaum rezipiert.

Mit der Entstehung der jüdischen Bibel entstand die *erste Buchreligion*. Dieses heilige Buch sollte fortan die fehlende Herrschaft der Könige ersetzen. Es sollte vor allem ihre Identität vom Fremden abgrenzen, die Bibel ist ein Werk der Grenzziehung. Das priesterliche Gesetz (Tora) wurde als Schutzzaun um das Volk Israel/Juda verstanden. Die Abgrenzung geschah durch Speiseverbote, durch Heiratsverbote, durch Beschneidungsriten, durch Reinheitsgesetze und durch die Gotteslehre. Sie war von den nichtjüdischen Mitbewohnern im griechischen und im römischen Reich nicht leicht zu verstehen. So wurde die Abgrenzung von dem Fremden latent und akut zu einer Selbstausgrenzung in der antiken Lebenswelt. Bei den Nichtjuden entstanden Ängste und negative Vorurteile gegen die sich Ausgrenzenden. Gleichzeitig wurden deren Binnenmoral und Solidarität geschätzt und bewundert.[38]

Nun fühlten sich in der griechischen und römischen Zeit auch Griechen und Römer zur jüdischen Religion hingezogen. Sie schätzten zum einen das monopolhafte Gottesbild, zum andern die gelebte Solidarität mit den Schwächeren. Manche von ihnen traten freiwillig zum jüdischen Glauben über, Männer ließen sich an der Penisvorhaut beschneiden. Das waren die sog. „Proselyten". Die große Verbindung zwischen der jüdischen und der griechischen Kultur ist aber erst dem entstehenden *Christentum* gelungen, doch dieses hat sich von der jüdischen Selbstausgrenzung verabschiedet. Christliche Lehrer verbanden nun jüdische Morallehren und Gottesvorstellungen mit Einsichten und Lebensformen der griechischen Kultur. Sie nahmen auch Erkenntnisse der Philosophie, vor allem der Stoiker, in ihre Lehre auf. Doch damit haben sie die Mosaische Wende entscheidend abgeschwächt, ja teilweise aufgegeben.

Auch die Christen übernahmen aus der jüdischen Bibel die Semantik der Gewalt. Als die Mehrheit der Juden ihrem neuen Glauben nicht folgte, begannen sie, sich von ihnen abzugrenzen. Christliche Lehrer bezeichneten die Juden nun als verstockt und halsstarrig, sie seien von ihrem Bundesgott verlassen worden. Denn der neue göttliche Offenbarer sei Jesus aus Nazaret. Den Römern fiel schon

---

[38] J. Assmann, Die Mosaische Unterscheidung 145–154.

früh auf, dass sich Juden und Christen heftig um die wahre Lehre stritten. Als das Christentum römische Reichsreligion wurde, begannen die Verfolgungen der Juden. Nun zogen die christlichen Bischöfe die Grenzen, Christen durften nicht mit Juden speisen, sie durften keine Juden heiraten. Christliche Bauern durften ihre Felder nicht von den jüdischen Rabbis segnen lassen. Juden mussten in der Öffentlichkeit durch eigene Kleider erkennbar sein (Rouelle).[39]

Heute bedenken jüdische Philosophen wie Jacques Derrida und Jean François Lyotard selbstkritisch die Folgen und Spätfolgen der Mosaischen Wende. Sie sehen deutlich, dass jede Form der Ausgrenzung des Fremden sehr schnell zu einer Selbstausgrenzung aus der Lebenswelt und Kultur werden kann. Deswegen betonen sie, dass es in einer aufgeklärten Kultur nicht mehr um die Differenz vom Andern und nicht um die angeeignete Identität geht, auch nicht um Monopole der religiösen Lehren, sondern dass wir uns in einer Vielheit der verschiedenen „Sprachspiele" (L. Wittgenstein) einrichten müssen. In der Situation nach dem Schock des Holocaust sei die schrittweise *Dekonstruktion* der alten Glaubensmonopole und die fortschreitende *Transformation* alter Religionsformen notwendig. Nur dann könne es gelingen, dauerhaft in einer toleranten und humanen Lebenswelt zu leben.[40]

So könnten „Dekonstruktion" und „Transformation" zu Schlüsselbegriffen eines neuen Umgangs mit der Bibel werden. Darin könnte ein neuer hermeneutischer Schlüssel gelegen sein. Denn es ist denkbar, dass die kulturelle Katastrophe des Holocaust und der Shoah Spätfolgen der Mosaischen Wende mit ihren Monopolansprüchen gewesen sein könnten. Dieser Gedanke kann zumindest nicht ganz ausgeschlossen werden. Jede Buchreligion braucht ihre Regeln der Auslegung, um zu einer tragfähigen Hermeneutik des Glaubens zu gelangen. So ist J. Derrida davon überzeugt, dass der alte jüdische Erwählungsglaube heute auf alle Völker und Kulturen der Erde ausgedehnt werden muss. Wir erkennen in den verschiedenen Religionen unterschiedliche Formen der Gottesverehrung und verschiedene Geschwindigkeiten des kulturellen Lernens.

Die europäische Aufklärung hat wesentlich dazu beigetragen, den Monopolanspruch der jüdischen und der christlichen Religion aufzuweichen und zu relativieren. Beide Religionen sind in einen kulturellen Lernprozess eingetreten, an dem sich heute Mehrheiten der Bevölkerung beteiligen. Gleichzeitig gibt es starke Minderheiten von religiösen *Fundamentalisten* und von *Glaubenspositivisten,* die mit Verbissenheit an den alten Lehren und Ausgrenzungen festhalten wollen. Sie lesen weiterhin die Bibel wörtlich und sehen in jedem ihrer Sätze göttliche Offenbarungen. Diese Personen und Gruppen erschweren den kulturellen Lernprozess erheblich, denn sie geben die Sprache der Gewalt unvermindert weiter.[41]

---

[39] L. Poliakov, Geschichte des Antisemitismus I. Worms 1977, 15–24.

[40] J. Derrida, Die Schrift und die Differenz. Frankfurt 1976, 48–56. J.F. Lyotard, Der Widerstreit. München 1987, 56–70.

[41] W. Röd, Der Weg der Philosophie II, München 1997, 80–85. K. Salamun (Hg.), Was ist Fundamentalismus? Wien 2004, 67–78.

So muss eine Kulturgeschichte der Bibel beide Tendenzen sehen und gewichten, die mit der Mosaischen Wende verbunden sind. Die eine Tendenz zielt auf eine Vertiefung des persönlichen Gottesverhältnisses, auf die Stärkung der Gruppensolidarität und der sozialen Sensibilität, auf die Bildung von Gefühlen der Verantwortung und der Schuld unter den Glaubenden. Die andere Tendenz aber zielt auf die Ausgrenzung des Fremden, auf die Zerstörung der religiösen Bilder, auf die Semantik der Gewalt und auf fanatisches und intolerantes Verhalten. Monopolansprüche des Denkens und des Glaubens sind die logischen Folgen. Nun gibt uns das kritische Denken die Möglichkeit, die Folgewirkungen beider Tendenzen deutlich zu erkennen und damit zwischen beiden frei wählen zu können.

Eine *neue Hermeneutik der Bibel* muss dieses Buch mit realistischem Blick zu lesen beginnen. Es ist ein kulturelles Zeugnis wie viele andere, aber mit einer unvergleichbaren Wirkungsgeschichte. Nun hilft uns die kulturgeschichtliche Analyse, sowohl die Entstehungszusammenhänge dieser Texte, als auch ihre Wirkungsgeschichte besser zu verstehen. Wir begreifen die starken Potentiale einer solidarischen Ethik und eines sozial verträglichen Glaubens, die in diesen Texten gespeichert sind. Wenn wir die gefährlichen Potentiale der Semantik der Gewalt erkennen, können wir uns schrittweise oder sehr schnell von ihnen verabschieden.[42]

Wahrscheinlich müssen wir in Hinkunft mit vielen Methoden der „Dekonstruktion" und der „Transformation" an die Texte dieses Buches herangehen. Es geht dabei nicht um die Zerstörung ihrer wesentlichen und tragfähigen Inhalte, sondern um die Veränderung ihrer politischen und sozialen Kontexte. Denn dieses große Buch der Menschheit, auf das sich drei Religionen und mehr als die Hälfte der Menschheit beziehen, enthält wesentliche Vorgaben des sozialen Lebens, der vernünftigen Gottesverehrung, der Bewahrung des Friedens und der interkulturellen Kommunikation. Wenn es gelingt, die göttliche „Erwählung" auf alle Menschen und Kulturen auszudehnen, dann gewinnen wir damit ein starkes Fundament für den globalen Austausch und die Bewahrung des Weltfriedens.

Aufgrund unseres heutigen Wissens und unserer Erfahrungen mit diesem Buch der Bibel scheint es möglich zu sein, eine „Sprache der Gewalt" in ein Sprachspiel der *weltweiten Kommunikation* und der *interkulturellen Kooperation* umzuformen. Dann aber stellt sich auch die Bibel dem gleichwertigen Dialog mit den heiligen Büchern Indiens, Chinas, Japans, des Buddhismus und anderer Religionen. In diesem Austausch können alle Religionen und Kulturen nur dann gewinnen, wenn sie den Monopolanspruch auf Erkenntnis, auf Offenbarung und Erwählung konsequent aufgeben. Die vergleichenden Kulturwissenschaften möchten zu diesem Lernprozess einen kleinen Beitrag leisten. Für sie bleibt die Bibel aber weiterhin ein faszinierendes Buch.

---

[42] J. Derrida, Politik der Freundschaft. Frankfurt 2000, 68–78.

Griechische Kultur und die Bibel

Die griechische und später die hellenistische Kultur prägten ab dem 4. Jh. v.Chr. die jüdische Lebenswelt und folglich auch die Bibel. Die Juden und Israeliten kannten die Griechen seit langem, denn über die Phönikier hatten sie Austausch mit Kreta, mit Zypern und mit den jonischen Inseln, aber auch mit griechischen Städten in Kleinasien. Bereits im 7. Jh. v.Chr. sind uns griechische Söldner im Dienste der Ägypter an der Küste der Phönikier bezeugt. Zur Zeit des Nehemia kamen griechische Händler bis Jerusalem, die persische Provinz Jehud benutzte Münzen mit attischen Symbolen (Eule).

Mit dem militärischen Sieg des Makedonierkönigs Alexander über Persien und Ägypten (332 v.Chr.) begann auch für die Region von Israel und Juda die Zeit der griechischen bzw. der hellenistischen Kultur. Diese ging später fast nahtlos in die Herrschaft der Römer über und lebte dort weiter. Die Griechen nannten sich selbst Hellenen (Hellenoi) und ihre Kultur und Lebensform „Hellenismos". Die Kultur und Lebensform der Juden wurde in dieser Zeit häufig „Joudaismos" bezeichnet. Nun begannen beide Kulturen, sich zu vermischen und in einen kreativen Austausch einzutreten. Die oberen sozialen Schichten (Adel, Priester, Landbesitzer) öffneten sich stärker als die mittleren und unteren sozialen Schichten für die griechische Kultur, wohl vor allem aus wirtschaftlichen Gründen.[1]

Anfänge der griechischen Kultur

Die Griechen gehören zur indo-europäischen Sprachenfamilie, sie wanderten in mehreren Wellen im zweiten und im ersten Jahrtausend v.Chr. von südasiatischen Steppen und dem Schwarz-Meer-Raum kommend in den östlichen Mittelmeerraum ein. Der Schriftenforscher Harald Haarmann glaubt, dass vor ihnen größere Gruppen der Schwarz-Meer-Kulturen in den Raum der Ägäis verdrängt worden waren, die dort viele vorgriechische Ortsnamen hinterlassen haben. Die einwandernden Griechen, nämlich die Achäer, die Dorier und die Jonier waren anfänglich Hirtennomaden und Viehzüchter, Fischer und Jäger. Sie wurden im

---

[1] J. Pritchard, Großer Bibelatlas 156–160.

Raum der Ägäis sesshaft und haben von den dort ansässigen Ackerbauern den Ackerbau gelernt.

Wie die anderen indo-europäischen Völker kannten auch die Griechen das jährliche Pferdeopfer, ein kultisches Trinkfest und verschiedene Feuerriten. Ab 2000 v.Chr. ist auf der Insel Kreta die minoische Kultur archäologisch fassbar, ab 1600 v.Chr. gab es auf Teilen der griechischen Festlandes die mykenische Kultur. Die Gruppen und Sippen lebten dort in Dörfern, später gründeten sie kleine Städte und Stadtkulturen. Dabei bildeten sie eine soziale Schichtung der Krieger, der freien Mittelschicht (Bauern, Hirten, Handwerker, Händler) und der Unfreien. Ein Heerführer bzw. später König (wanax) stand an der Spitze der Krieger, die Sippen schlossen sich zu Sippenverbänden zusammen. In ihren Dörfern und Städten hatten diese Ackerbauern ihre heiligen Orte für den Vollzug der regelmäßigen Riten. Dies waren ausgegrenzte Orte (temenos), aus ihnen entstanden später die Tempelbauten. Sie verehrten ihre Ahnen, von denen sie annahmen, dass sie in einem Land der Toten meist friedlich weiterlebten. Außerdem wussten sich die Menschen von weiblichen und von männlichen Schutzgöttern (theai, theoi) geschützt und begleitet.

Diese Kulturen hatten frühe Schriftsysteme entwickelt, das Linear A und das Linear B System, sie wurden in Tontafeln eingeritzt. Soweit die Texte lesbar sind, erzählen sie von Herren und von Sklaven, vom Besitz des Tempels und von Tieropfern und Menschenopfern am Tempel. Die Waffen der Krieger waren zu dieser Zeit die Streitwagen, Speere und Lanzen, Schilde und Dolche, zuerst aus Bronze, später aus Eisen. Eine Landverfassung der Stadt Pylos listet die Besitzer von Ackerland und von Viehweiden auf. Neben dem privaten Besitz der Sippen gab es den Gemeinbesitz des Volkes (damos). Nur Freie konnten Ackerland besitzen, Unfreie konnten es pachten und ausleihen. Wir erkennen bereits eine deutliche und feste soziale Schichtung.[2]

Die Texte auf den Tontafeln berichten von Plünderungen und von Kriegen gegen fremde Städte, die Besiegten wurden fast immer als Sklaven mitgenommen. Nach den schriftlichen Quellen in Ägypten kam es ab 1200 v.Chr. zu großen kulturellen Brüchen und zu Wanderungen der sog. „Seevölker", dabei wurden die minoische und die mykenische Stadtkultur weitgehend zerstört. Nun folgte eine schriftlose Zeit von ung. 400 Jahren, aus der wir kein historisches Wissen haben. Die archäologischen Funde geben uns wenig Informationen über diese Zeitepoche. Doch seit 1930 kann von Forschern die Linear B Schrift von Kreta entziffert werden, das gibt einige wichtige Informationen über die Zeit davor. Die Linear A Schrift, die kretischen Hieroglyphen und die krypto-minoische Schrift können bis heute nicht gelesen werden.[3]

---

[2] F. Gschnitzer, Griechische Sozialgeschichte. Wiesbaden 1981, 10–25.
[3] F. Gschnitzer, Sozialgeschichte 10–27.

Frühe soziale Strukturen

Seit dem 8. Jh. v.Chr. treten wir wieder in die historische Zeit ein, die Kultsänger Homer und Hesiod berichten uns Mythen und Heldentaten der Krieger aus dieser Epoche. Nun hat sich die soziale Struktur der Stadtkulturen und des Umlandes verändert, die Krieger übernahmen fast ausschließlich die Macht und die Herrschaft über die Siedlungen. Viele Sippen und Stämme waren zu dieser Zeit noch auf Wanderschaft, oft wurden bestehende Siedlungen zerstört und neu aufgebaut. In den Stadtkulturen lebten Freie (eleutheroi) und Unfreie (douloi), Stadtbürger (politai) und Fremde (xenoi). Eine zunehmend patriarchale Rechtsordnung sicherte die Dominanz der Männer über die Frauen. Die Krieger (Adel) und die Freien besaßen Felder, Viehherden und Weideland.

Die unfreien Sklaven arbeiteten als Bauern, als Hirten, als Handwerker, sie konnten unter einander heiraten und Kinder zeugen, doch deren Kinder waren wiederum Sklaven. Viele Sklavinnen dienten den Kriegern und Freien als Zweitfrauen und als Konkubinen, ihre Kinder galten gemäß des Standes des Vaters als Freie. Nun gab es viele Freie ohne Grundbesitz (metoikoi oder paroikoi), sie arbeiteten gegen Entlohnung als Handwerker und Händler, als Heiler und Sänger, als Seher und Söldner. Die Krieger hatten ihre Gefolgsleute (therapontes), diese verwalteten die Güter ihrer Herren und zogen mit diesen in die Kriege. Die Angelegenheiten der Stadt und des öffentlichen Lebens (politeia) wurden nur von den adeligen Kriegern und zum Teil auch von den freien Besitzbürgern geregelt. Die Frauen hatten dabei kein Stimmrecht und keine Mitsprache, auch die besitzlosen Freien und die Sklaven hatten zu den Versammlungen der Männer (ekklesia) keinen Zugang.[4]

Der Ursprung der Versklavung lag zumeist in den vielen Kriegen zwischen den Stadtkulturen, den Sippenverbänden und den Stämmen. Die Besiegten wurden von den Siegern häufig zu Sklaven gemacht. So sagte der Philosoph Heraklit von Ephesos im 6. Jh. v.Chr., die Krieg sei der Vater von allen Ordnungen (polemos pater panton), die einen mache er zu Herren und Besitzenden, die anderen zu Sklaven und zu Unfreien. Es gab auch zeitlich begrenzte Schuldsklaven, die ihre Schulden beim Verleiher von Gütern abarbeiten mussten. Zu den Freien ohne Besitz gehörten die Lohnarbeiter (thetes), die Handwerker und die Facharbeiter (demiourgoi). Die Gefolgsleute waren für die Adeligen und Besitzbürger die wichtigsten Helfer und Mitstreiter.

Nun bildeten sich zwei Formen von Gemeinwesen, nämlich der ältere Stammesstaat, der aus Dörfern und Einzelhöfen bestand; und später der Stadtstaat, der eine Stadt mit ihrem Umfeld von Dörfern und Siedlungen umfasste. Die öffentlichen Angelegenheiten wurden auf dem Marktplatz (agora) verhandelt, ein Rat der Ältesten (gerontes) leitete die Entscheidungen. Der oberste der Krieger bzw. des Rates hieß in der Frühzeit wanax, später König (basileus). Ab dem 8. Jh. v.Chr.

---

[4] F. Gschnitzer, Sozialgeschichte 27–30.

vermehrte sich die Bevölkerung der Griechen, sie gründeten nun Kolonien und neue Siedlungen an vielen Küsten des ganzen Mittelmeeres. Sie segelten mit ihren Handelsschiffen bis Süditalien und Südfrankreich. So entstanden viele griechische Stadtstaaten rund um das Schwarze Meer und das Mittelmeer. Der Ackerboden wurde nun intensiver genutzt, das Weideland verringerte sich. Jetzt wurden individuelle Rechte am Boden festgelegt.[5]

In diese Zeitepoche fällt der langsame Übergang von der Naturalwirtschaft zur Geldwirtschaft. In den jonischen Städten wurden Münzen aus Metall geprägt und als Zahlungsmittel verwendet. Die Techniken der Seefahrt, der Rüstung und des Krieges verbesserten sich. In den Städten entstanden die ersten Bildungseinrichtungen der Schreibkunst, des Rechnens, der Stadtgeschichte, des Rechts, der Gesetze, der Astronomie, der Musik und der Dichtkunst. Sie waren zuerst nur den oberen sozialen Schichten zugänglich. Bald unterschieden sich nun Gebildete von den Nichtgebildeten in der Lebensform, die Adeligen hoben sich nun schärfer vom gemeinen Volk (demos) ab. Die Waffen galten ihnen als Zeichen der Herrschaft, die Rechtsordnung trennte nun die sozialen Schichten immer mehr von einander.

Jede Stadt war in Bezirke (phyle) und in Sippen (phratria) unterteilt, es gab Tischgemeinschaften, Kameradschaften und frühe Männerbünde. Strenge Gesetze regelten das Zusammenleben der sozialen Schichten, sie wurden vom Rat der Ältesten und vom Stadtkönig erlassen. Ab 650 v.Chr. wurden in einzelnen Städten diese Gesetze bereits schriftlich fixiert, der Jonier *Drakon* war um 620 v.Chr. ein früher Gesetzgeber, der uns mit dem Namen bekannt ist. Die adeligen Sippen horteten den Besitz an Boden, an Viehherden und an Sklaven, doch der *Gesetzgeber Solon* hatte um 594 v.Chr. diese Besitzkonzentration auf wenige Sippen unterbunden. Von nun an konnten Schuldsklaven freigekauft werden, auf geliehenes Geld wurden feste Zinssätze eingeführt. Der freie Handel wurde gefördert, der Markt war das Zentrum der Wirtschaft und des Wohlstandes.[6]

Nun konnten auch fremde Händler, Handwerker und Ärzte in eine Stadt kommen und dort die Bürgerschaft erwerben. Damit wuchs sowohl die örtliche, als auch die soziale Mobilität. Handwerker schlossen sich zu Bündnissen zusammen, gleichzeitig entstanden Vereine für den Kult der Ahnen und der Schutzgötter, aber auch für die Sozialhilfe an den Armen und zur Vorbereitung des eigenen Begräbnisses. Die neuen Gesetze und Stadtverfassungen sicherten die Besitzstände der Adelssippen, sie förderten auch die zentrale Wirtschaft des Tempels der Stadt. Denn der Tempel erhielt Abgaben der Bürger und Spenden bei den Riten, er wurde zu einem Ort des Geldverleihung. Nun wurden die alten Eheverbote zwischen den Stadtbürgern und den Fremden aufgehoben. Doch die besitzlosen Fremden (metoikoi und paroikoi) mussten ihren Unterhalt durch Lohnarbeit verdienen. Die Adeligen und Krieger entfremdeten sich immer mehr der Landarbeit, denn ihre

---

[5] F. Gschnitzer, Sozialgeschichte 44–56. H. Gottschalk, Lexikon der griechischen Mythologie. München 1996, 47–88.

[6] A. Grabner-Haider, Griechische Kultur. In: A. Grabner-Haider/K. Prenner (Hg.), Religionen und Kulturen der Erde. Wien 2004, 70–75.

Aufgaben waren die Politik der Stadt, die Verwaltung der Güter und die Verbesserung der Kriegskunst.

Die Stadt wurde vom Rat der Ältesten und vom Stadtkönig regiert, die politischen Funktionen wurden jedes Jahr durch Losentscheid neu vergeben. In einigen Städten wurde auch der König nur auf begrenzte Zeit eingesetzt, das alte erbliche Königtum wurde damit beseitigt. Die Höhen der Abgaben für die Stadt wurden nach der Menge der Getreideernte berechnet (500 oder 300 oder 200 bzw. 150 Scheffel). Das politische Ringen zwischen den sozialen Schichten und den Sippenverbänden führte zu zeitweiliger Herrschaft von einzelnen Adelssippen (Tyrannis). Ihnen gelang es für kurze Zeit, durch Waffengewalt und Bündnisse die Herrschaft über die Stadt an sich zu reißen. Doch bald wurde ihre Herrschaft wieder durch die Herrschaft vieler Adelssippen (Aristokratie) in der Stadt ersetzt. Daraus entstand die *Staatsform der Oligarchie*, in der nur wenige der Adelssippen die Herrschaft ausübten.[7]

So entwickelten sich die meisten griechischen Stadtstaaten vom frühen Königtum zur Herrschaft der Adelssippen, dann einzelner Tyrannen, später zur Oligarchie und zuletzt immer mehr zu einer *Frühform der Demokratie* der freien männlichen Stadtbürger. Kleisthenes hatte um 507 v.Chr. in Athen eine frühe Form der Demokratie begonnen. Von nun an durften bei allen politischen Entscheidungen der Stadt alle freien und männlichen Besitzbürger mitwirken. Der Stadtstaat Athen wurde in 10 Phylen, in 30 Trityen und in 100 Demen (demes) eingeteilt, um die Entscheidungen überschaubar zu machen. Ein Rat von 500 Personen musste die Geschäfte der Vollversammlung der freien männlichen Stadtbürger auf der Agora vorbereiten. Durch neue Gesetze gelang es nun, die sozial Schwächeren wirtschaftlich abzusichern, das Schuldrecht zu mildern und den Handel und das Gewerbe zu fördern.

Eine Ausnahme bei dieser Entwicklung bildeten die Städte Lipara, Sparta und die Insel Kreta, dort wurden andere soziale Modelle entwickelt. Doch im Stadtstaat Athen konnte sich ab dem 5. Jh. v.Chr. schrittweise das demokratische Modell der Herrschaft durchsetzen. Dieses zeigte Auswirkungen auf viele andere griechische Stadtstaaten in dieser Zeitepoche. Auch wenn die soziale Oberschicht weiterhin die Gesetze und die Politik bestimmte, so hatten die freien männlichen Besitzbürger ein Mitspracherecht, die soziale Gerechtigkeit zwischen den Schichten und die freie Lebensgestaltung wurden gefördert. Die Mittelschicht bildeten fortan die freien Bürger der Stadt mit den vollen Bürgerrechten, eine Stufen tiefer waren die freien Bürger ohne Bürgerrechte (metoikoi), und noch tiefer lebten die unfreien Sklaven. Diese konnten in günstigen Situationen von anderen freigekauft oder von ihren Herren frei gelassen werden.[8]

Die Fremden, die in eine Stadt zogen, konnten viele Berufe ausüben, aber sie hatten am Anfang kein Bürgerrecht. Dieses konnten sie durch Beschluss des

---

[7] F. Gschnitzer, Sozialgeschichte 74–94.
[8] F. Gschnitzer, Sozialgeschichte 110–121.

Rates (boule) bzw. des Volkes (demos) für besondere Verdienste für die Stadt bekommen. Die Adeligen waren bemüht, ihre alten Vorrechte und ihre besonderen moralischen Verpflichtungen zu bewahren; dazu gehörte die alte Tugend der Tapferkeit im Kampf. Das Maßhalten in den eigenen Ansprüchen wurde vor allem den unteren sozialen Schichten empfohlen (z.B. Plato). Die demokratische Politik war bestrebt, den tiefen Graben zwischen den oberen und den unteren sozialen Schichten zu verringern. Die reichen Bürger wurden durch Gesetze verpflichtet, die Armen der Stadt mit Nahrung (trophe) zu versorgen, so wurde eine öffentliche Getreidezuteilung eingerichtet.

Der *Stadtstaat* verteilte auch Grund und Boden an arme Sippen, er schuf Arbeitsplätze mit Besoldung; bezahlt wurden die Bauarbeiter, die Soldaten, die Ruderer und die Amtsträger. Bei den großen Kultfesten zu Ehren der Schutzgötter wurden Geschenke an die Bürger und an die Armen verteilt. Neben der Volksversammlung bekam das Volksgericht immer mehr an Bedeutung, das Recht sollte für alle das gleiche sein, so wurde es von innovativen Gruppen (z.B. den Sophisten) gefordert. Wir erkennen eine deutliche Emanzipation der mittleren sozialen Schichten, sie bekamen Zugang zur Bildung, zur Kunst des Schreibens und der Rede, zur Mathematik und zur Philosophie.

Die neuen Schulen der Philosophie (Sophisten) wurden sogar von den mittleren sozialen Schichten getragen. Denn diese Lehrer haben wesentlich zur Weiterentwicklung der Gesetze und der Politik beigetragen. Die *Sophisten* erkannten nämlich, dass in den Stadtkulturen alle Gesetze von Menschen gemacht werden, dass sie in jeder Stadt unterschiedlich sind und dass sie folglich jederzeit verändert werden können. Sie wollten vor allem zwei Kriterien für gute und sinnvolle Gesetze in der Stadt formulieren, nämlich das Kriterium der Vernünftigkeit (logos) und das der Naturentsprechung (physis). Die Gesetze sind dann für die Menschen gut und nützlich, wenn sie den Anforderungen der Vernunft und der menschlichen Natur entsprechen. Wenn sie das nicht tun, sind sie ungenügend und müssen verändert werden. Es ist die Aufgabe der Philosophie, an der Vernünftigkeit der Gesetze mitzuwirken und die Redekunst in der Volksversammlung zu verbessern.[9]

Als der Makedonierkönig Philipp II. (359–336 v.Chr.) die Vorherrschaft über die griechischen Städte gewann und als sein Sohn Alexander (gest. 323 v.Chr.) das persische Weltreich eroberte, entstanden neue Herrschaftsgebilde, welche nachhaltig von der griechischen Kultur geprägt wurden. Seit dem 19. Jh. hat sich für diese neue Kulturepoche die Bezeichnung „Hellenismus" (Hellenismos) durchgesetzt. Die griechische Kultur geht später in das römische Imperium über und prägt weiterhin die Lebenswelt der östlichen Reichshälfte. Sie verbindet Lebensformen des Alten Orients mit denen des Mittelmeerraumes. Wir erkennen in dieser Epoche einen umfassenden Austausch der Kulturen, der Lebenswelten und der Lebensformen, auch im Bereich der Religion.

---

[9] F. Gschnitzer, Sozialgeschichte 144–160.

Mythische Weltdeutungen

Die mythische Weltdeutung der Griechen kennen wir aus vielen historischen Zeugnissen und von archäologischen Funden. Die Menschen dieser Kulturepoche haben ihre Lebenswelt in zwei verschiedenen Dimensionen gedeutet, sie haben zwischen einer sichtbaren bzw. verfügbaren und einer unsichtbaren bzw. unverfügbaren Welt unterschieden. Sie waren nämlich der Überzeugung, dass in allen sichtbaren Dingen, Gegenständen und Lebewesen unsichtbare Kräfte und Dynamiken wirksam sind. Sie nannten diese unsichtbaren Kraftfelder das Größere, das Stärkere, das Lichtvolle oder das Göttliche (theion). Sie erzählten von göttlichen und dämonischen Wesen (daimones), welche auf ambivalente Weise auf das menschlichen Leben wirken.

Nun waren die Menschen von diesen unsichtbaren Kräften fasziniert, aber anderseits zitterten sie vor diesen Kräften. Sie wollten deren positive Wirkungen für ihr Leben nützlich und fruchtbar machen, deswegen führten sie symbolische Handlungen und Riten aus. Diese unsichtbaren Kräfte wurden anfänglich nebulos und verschwommen vorgestellt, in der späteren Deutung bekamen sie Form und Gestalt. Es war zumeist die Gestalt von Tieren und später von Menschen, welche mit den unsichtbaren Kräften verbunden wurden. Die Menschen der Frühzeit verehrten weibliche und männliche Götter (theai, theoi), sie sangen ihnen Lieder des Lobes und riefen sie in Notlagen um Hilfe an. Sie brachten ihnen Geschenke und Opfergaben, um deren Lebenskraft zu stärken und um ein gutes Schicksal im Leben zu bekommen. Und sie erzählten viele Geschichten (mythoi), wie Menschen diese göttlichen Wesen erlebt haben und wie diese Wesen unsichtbar und sichtbar in der Menschenwelt wirksam sind.[10]

Der zweite unsichtbare Bereich, auf den sich die Menschen in den Mythen bezogen, waren die Seelenkräfte (psychai) der Vorfahren und der Ahnen. Sie waren überzeugt, dass die unsichtbaren Seelen der Verstorbenen nach dem Tod ihrer Körper irgendwo weiter leben und auf die Menschen einwirken. Sie erzählten von einem Land der Ahnen bzw. einem Totenland (Hades), das unter der Erde oder in Erdspalten vermutet wurde. Und sie glaubten, dass sie mit den Seelen der Ahnen noch eine Verbindung aufnehmen konnten (Nekromantie). Die Krieger erzählten, dass die Seelen der im Kampf gefallenen Helden an einem besonderen Land (Elysion) weiterleben und glücklich sind. So verehrten alle sozialen Schichten ihre Ahnen und sie hofften selber auf ein gutes Schicksal nach dem Tod ihres Körpers.[11]

Was die Menschen in ihrer Weltdeutung besonders bewegte, war die Welt der vielen göttlichen und dämonischen Wesen. Denn sie waren davon überzeugt, dass ihr Leben einem Schicksal (moira, ananke) folgte und dass sie im Leben ständig dem Größeren, der Unverfügbaren und dem Göttlichem begegneten. Schon früh

---

[10] F. Gschnitzer, Sozialgeschichte 61–70. W. Burkert, Griechische Religion in der archaischen und klassischen Epoche. Stuttgart 1981, 293–312.
[11] W. Burkert, Griechische Religion 300–310.

stellten sie diese unverfügbaren Kräfte und ihre Schutzgötter in Bildern dar, in Stein oder in Holz. Sie verehrten diese Wesen an heiligen Orten, nämlich auf Bergkuppen und in Höhlen, an Quellen und an Waldlichtungen. Denn sie waren davon überzeugt, dass an diesen Orten die unverfügbaren Kräfte des Göttlichen in konzentrierter Weise anwesend und wirksam seien. Immer wollten sie durch die Begegnung mit dem Unverfügbaren die eigene Lebenskraft stärken, um ein langes Leben zu haben.

Nun erzählen die alten Mythen von *göttlichen Urmüttern*, die aus eigener Kraft das Leben und alle Wesen geboren haben. Da ist von der göttlichen Mutter Erde (Gaia) die Rede, aus der alles Leben kommt und zu der es wieder zurück kehren wird. Sie ist neben dem männlichen Liebesgott Eros die gestaltende Kraft im anfänglichen Zustand der Ungeordnetheit (chaos), denn sie gebar den Himmelsgott, die Berge und das Meer. Ihre göttlichen Söhne führten später viele Kriege miteinander (Gigantomachia), bis der Sohn Zeus den Sieg davon trug. In den alten Mythen sind die Göttinnen durchwegs autonom, sie wählen sich frei ihre Liebespartner aus. In den späteren Mythen müssen sie sich den Männern unterordnen, sie werden zu deren Töchtern und Ehefrauen degradiert. Doch die Jagdgöttin Artemis bewahrte noch ihre Wildheit und Unbezwingbarkeit in der historischen Zeit.[12]

Die Göttervorstellungen und Riten wurden von den einzelnen Sippen, Stammesbündnissen und Religionen unterschiedlich geprägt. Erst spätere Kultsänger haben sich bemüht, einige dieser Vorstellungen zu ordnen (Homer und Hesiod). So entstand die Bilderwelt der zwölf olympischen Götter. Nun verehrten beide Geschlechter die Schutzgötter der Fruchtbarkeit, der erotischen Liebe und des Lebensglücks. Aphrodite und Eros schenkten den Menschen die sinnliche Begierde, die Erfahrung der Ekstase und ein gutes Schicksal. Im Erleben der sinnlichen Lust und der sexuellen Ekstase glaubten beide Geschlechter, den unverfügbaren Kräften des Göttlichen nahe zu kommen. Die Verbindung zum Göttlichen wurde noch gesteigert, wenn Sexualität am heiligen Ort erlebt wurde.

Auch die Griechen sahen in den Phänomenen der Natur göttliche Wesen und unverfügbare Kräfte. Der Sonnengott Helios spendete das Licht und die Wärme, er konnte Blindheit erzeugen und heilen. Jeden Tag fährt er mit seinem feurigem Wagen über das Himmelszelt, dann verschwindet er im Ozean des Westens (Hesperiden). Die Mondgöttin Selene fährt in der Nacht mit einem Wagen oder sie reitet auf einem Pferd bzw. einem Stier über das Zelt des Himmels. Sie beschützt die Frauen bei der Menstruation und bei den Geburten der Kinder, den Zauberern gibt sie heimliche Kräfte. Auch in den Sternen sahen die Griechen viele göttliche Wesen.[13]

Die griechischen Mythensänger erzählten aber auch von *göttlichen Menschen* (theioi andres) und von Kulturbringern. Diese hatten zumeist einen göttlichen Vater und eine menschliche Mutter. So brachte der göttliche Sohn Herakles den

---

[12] H. Hunger, Lexikon der griechischen und römischen Mythologie. Reinbek 1984, VII–IX.
[13] H. Gottschalk, Lexikon 74–110.

Menschen viele Kulturtechniken, bis er mit seiner geliebten Frau in den Himmel der Götter einziehen durfte. Dionysos schenkte den Menschen die sinnliche Begeisterung und die Kunst der Ekstase, die Berauschung des Weines und des sexuellen Liebesspiels. Asklepios bracht den Ärzten die Kunst der Heilung von Krankheiten, er schenkte den Menschen ein langes und schmerzfreies Leben. In der hellenistischen Zeit rückten die großen Heerführer und Könige, aber auch Philosophen in den Rang von göttlichen Söhnen und Töchtern; z.B. Alexander, Ptolemaios, Berenaike, Plato u.a. Sie wurden von ihren Anhängern als göttliche Wesen verehrt.

So rückten in der hellenistischen Zeit das Göttliche und Unverfügbare näher zur Welt der Menschen. In der Frühzeit zitterten die Menschen vor den unheimlichen Mächten des Heiligen, später bekamen diese Mächte und Kräfte eine vertraute Gestalt, sie wurden gezähmt. Die Menschen verringerten ihre Lebensangst und fühlten sie bei göttlichen Wesen mit menschlichen Gesichtern geborgen und beschützt. In der Zeit der Sophisten fragten einige Denker und Philosophen öffentlich, ob die göttlichen und dämonischen Wesen überhaupt existierten. Denn sie wollten ihren Mitmenschen die Furcht vor den strafenden Göttern, den bösen Dämonen und den Kräften des Todes nehmen.

Homer und Hesiod haben in ihren Dichtungen die wichtigsten Schutzgötter der einzelnen Regionen in ein geordnetes System gebracht, sie bestimmten zwölf der großen olympischen Götter. Neben diesen verehrten die Menschen weiterhin eine Vielzahl von göttlichen und dämonischen Wesen. So schenkten die Musen den Menschen die schönen Künste, die Erynien rächten die bösen Taten, die Chariten schenkten beiden Geschlechtern die Anmut und den Liebreiz. Die Gorgonen und Graien verursachten Angst und Schrecken, die Horen bestimmten die Jahreszeiten, die Kabiren entfachten das Wachstum der Natur, die Kentauren waren Mischwesen mit menschlicher und tierischer Gestalt. Die Moiren bestimmten das Schicksal, die Nereiden halfen den Seefahrern in der Seenot, die Nymphen erfreuten sich des schönen Spieles und der Tanzes, die Sirenen lockten die Menschen in das Unheil.[14]

So war die Vorstellungswelt der Griechen voll mit unsichtbaren Wesen und Kräften, denen sich die Menschen ausgesetzt glaubten. In ihren Mythen erzählten sie, wie diese unverfügbaren Kräfte auf die Menschen wirkten und das Weltgeschehen bestimmten. Durch viele Symbole, Bilder und rituelle Handlungen wollten die Menschen auf das Unverfügbare einen gewissen Einfluss gewinnen. Nun spiegeln die Bilder des Göttlichen immer die Selbstbilder der Menschen auf ganz konkreten Kulturstufen. In ihren Mythen drücken die Erzähler ihr emotionales Erleben aus, sie kommunizieren darin Angst oder Lebensfreude, aber ebenso Hass und Vertrauen. So gelesen sagen uns Mythen Gewichtiges über die Selbstbilder und die Daseinsdeutungen der Erzähler.

---

[14] H. Gottschalk, Lexikon 200–235.

Die rituellen Handlungen

Riten sind genormte Handlungen und Gesten, mit denen die Menschen auf die unverfügbare Welt des Göttlichen und Dämonischen einen Einfluss gewinnen wollen. Sie wurden zumeist in Gruppen ausgeführt, deswegen führten sie Menschen zusammen und verbanden sie zu festen Gemeinschaften. In den rituellen Handlungen drücken die Feiernden ihre emotionale Befindlichkeit aus. Sie stellen auf symbolische Weise erlebte Angst oder Schuldgefühle oder Aggression oder Hass dar, aber ebenso Gefühle der Lebensfreude, der Hingabe, der Zärtlichkeit und der Liebe. Die Feiernden kommunizieren diese erlebten Gefühle und emotionalen Dynamiken in der Gruppe, damit stärken sie ihr emotionales Gleichgewicht. So halten Riten Gruppen zusammen, die griechische Kultur hat uns eine Vielzahl an rituellen Handlungen hinterlassen, die zum Teil in der europäischen Kultur weiterleben.

Nun hatten die Menschen der Frühzeit viele *heilige Orte*, an denen sie die unverfügbaren Kräfte des Göttlichen und Heiligen in besonderer Weise vermuteten. Das waren Höhlen und Bergkuppen, Quellen und Meeresbuchten, Flussläufe und Erdspalten. An diesen Orten wurden die rituellen Handlungen ausgeführt, dort wurden den Ahnenseelen und den Schutzgöttern Opfer dargebracht. An den heiligen Orten wurden kultische Tänze ausgeführt, um sich mit den Kräften des Lebens zu verbinden. Oder dort vereinigten sich die Geschlechter in sinnlicher Ekstase, um die Kräfte der Fruchtbarkeit zu vermehren. An den heiligen Orten wurden auch Tote begraben. Heute finden wir dort wertvolle archäologische Funde.[15]

Zu den alten Riten gehören die verschiedenen *Prozessionen* (pompe) zum heiligen Ort und die Tänze am Kultort. Im *ekstatischen* Tanz wollten sich die Feiernden mit den Kräften des Lebens verbinden, um ein gutes Schicksal zu haben. Sie brachten den Ahnenseelen und den Schutzgöttern verschiedene Opfergaben, um deren Lebenskräfte zu stärken. Sie gossen Wein oder Wasser am heiligen Ort aus, sie salbten ihren Körper mit gesegnetem Öl, sie gaben einander den heiligen Kuss. Oder sie töteten Tiere und auch Mitmenschen, um diese den Schutzgöttern zu opfern. Mit anderen Riten wollten die Feiernden böse Kräfte vertreiben oder fernhalten, oder sie wollten sich von Schuldgefühlen befreien. Vor allem aber wollten sie sich mit den Kräften des Lebens vereinigen, um in Gesundheit und im Frieden miteinander leben zu können.

Der heilige Ort wurde zuerst durch Steinkreise ausgegrenzt (temenos), später wurden dort Gebäude aus Stein errichtet (Tempel). An diesen Orten wurde regelmäßig die „heilige Hochzeit" (hieros gamos) gefeiert, um die Kräfte der Fruchtbarkeit zu vermehren; oder es wurden Kultmähler gehalten, um mit den Ahnen und den Schutzgöttern in Verbindung zu kommen. Mit vielen Opfern wollten die Menschen sich mit den unverfügbaren Mächten versöhnen, begangener Frevel sollte dadurch gesühnt werden. Die Feiernden besprengten sich mit dem Blut

---

[15] W. Burkert, Archaische Kulte. München 1999, 64–84. Th. Macho, Das zeremonielle Tier 22–44.

der geopferten Tiere, sie sprangen über das Feuer, sie sangen Loblieder auf die Schutzgötter. Oder sie hoben die Hände zum Himmel und riefen die göttlichen Mächte um Schutz und um Hilfe in Notsituationen an, sie beteten um Regen, um gute Ernten, um reiche Nachkommen.[16]

Die Ackerbauern brachten die ersten Früchte oder die Erstgeburten ihrer Tierherden als Opfer. Die Feiernden luden ihre Sünden und Verbrechen symbolisch dem Opfertier oder einem Mitmenschen (pharmakos) auf, sie vertrieben das Opfer aus ihrer Mitte oder töteten es. Schon früh stellten die Menschen *Bilder ihrer Schutzgötter* an den heiligen Orten auf, denn sie glaubten, dass in diesen Bildern die unverfügbaren Mächte anwesend seien. Später haben die Bildhauer die schönsten Götterbilder aus Stein geschaffen, wunderbare weibliche und männliche Körper. Die Götter wurden als sinnliche, als glückliche, aber auch als leidende Wesen dargestellt, an denen sich die Menschen das Maß nahmen. Wir sehen in diesen Bildern auch den Ausdruck einer sinnlichen Lebenswelt, in den vielen Bildern wurde das eine Göttliche verehrt.

An den Tempeln wirkten Priester und Priesterinnen, Mantiker sagten den Mitmenschen ihre Zukunft voraus. Es wurden Träume gedeutet oder die Seelen der Toten befragt, Menschen suchten die Heilung von Krankheiten. Oft schlossen sich die Feiernden zu Kultvereinen zusammen, dabei befolgten sie strenge moralische Regeln des Verhaltens. Wer gegen diese Regeln verstieß, wurde aus dem Kultverein (heteria) ausgeschlossen (anathema). Die Priester leiteten die Opferriten, sie erzählten die großen Mythen von den Göttern, sie sprachen die Gebete und sangen die Hymnen und Lieder. An den Tempeln wurden die mythischen Erzählungen mit verteilten Rollen nachgespielt, so entstand das kultische Drama. Dabei erlebten die Feiernden die Geschicke von göttlichen Wesen und ihre Beziehungen zu Menschen. Aus dem geschauten (theorein) heiligen Spiel wurde später das Theater.[17]

An den heiligen Orten fanden auch die *Kampfspiele der Krieger* statt, um ihre Kampfkraft zu stärken. Ursprünglich hatten diese Kampfspiele ihren Ort beim Begräbnis eines gefallenen Kriegers, später wurden daraus die großen Kultspiele, etwa in Olympia, in Nemäa, in Korinth u.a. Beim Festzug wurden die Bilder und Symbole des Göttlichen mitgetragen, von den Feiernden wurden Gaben eingesammelt (agermos). Tänze, Lieder und erotische Reden (aischrologia) gehörten zum Ritual, denn beim Wettkampf (agon) wurden die göttlichen Kräfte erlebt. Beim Ritual der heiligen Hochzeit beim Kultplatz wurden die Kräfte der Fruchtbarkeit für die Felder, die Viehherden und die Menschensippen erbeten.

Beim abschließenden Göttermahl (theoxenia) wurde eine zweifache Gemeinschaft erlebt, nämlich die Gemeinschaft der Feiernden untereinander und die Gemeinschaft mit den Kräften des Göttlichen bzw. mit den Seelen der Ahnen. Am heiligen Ort tanzten sich die Menschen in die Ekstase, sie traten aus dem Alltagsbewusstsein heraus und erlebten einen neuen Seelenzustand (enthousiasmos), sie

---

[16] W. Burkert, Griechische Religion 90–108.
[17] W. Burkert, Archaische Kulte 160–184. Th. Macho, Das zeremonielle Tier 42–68.

wussten sich von der Gottheit besessen (entheos). An den heiligen Orten wirkten die Seher (mantes), sie wollten die göttlichen Geheimnisse aufdecken (techne mantike). Durch verschiedene Formen des Orakels wurde der göttliche Wille erkundet, um die eigenen Entscheidungen besser treffen zu können.

Jeder Stadtstaat hatte seine Feste und seinen Festkalender, die Kultfeste (heortai) gaben dem Jahr seine feste Struktur. Zum Fest des Jahresbeginns wurde das Heiligtum gereinigt, das Gottesbild wurde neu geschmückt, in einer Prozession wurden die Kultgegenstände neu geweiht. Denn die alte Ordnung der Zeit war nun unterbrochen. Bei diesem Fest wurden Tieropfer geschlachtet (bouphonia), um im neuen Jahr Fruchtbarkeit zu erbitten. Dann wurde die Sozialordnung der Stadt erneuert, es wurden die Amtsträger durch das Los bestimmt oder gewählt. Das Fest der Karneia war bei den Doriern mit einem musischen Wettkampf an Gesängen, Tänzen und Liedern verbunden. Alte Schuld musste gesühnt werden, erst danach gaben die Seher die göttlichen Zeichen bekannt. Beim Fest der Anthesteria wurde das Wachsen und Blühen der Natur gefeiert, dabei wurden böse Dämonen vertrieben oder abgewehrt. Zum Schluss wurde die *heilige Hochzeit* (hieros gamos) gefeiert, auch gab es die Wettkämpfe der Krieger.[18]

Das Fest der Thesmophoria wurde vor allem von den Frauen gefeiert, dabei wurde die Muttergöttin Demeter um die Kräfte der Fruchtbarkeit angefleht. Schweine wurden als Opfer in Erdgruben versenkt. Die Frauen waren drei Tage lang von den Männern getrennt, sie sprachen unanständige Worte (aischrologia), um ihre Kräfte der Erotik zu stärken. Bei den Riten der Initiation wurden die Mädchen und die Knaben in ihre Rollen als Frauen und als Männer eingeführt. Sie waren mit Mutproben und mit der Einübung in die sexuellen Rollen verbunden. Auch politische Krisen der Stadt oder des Stammes wurden mit Riten am heiligen Ort abgemildert.

Die Kulte der Mysterien

Diese Kulte sind sehr alt, sie gehen auf archaische Stammesriten zurück. Später wurden sie von Kultvereinen weitergetragen, in ihnen galt die Pflicht zur Geheimhaltung (mysteria). Daher haben wir über die Inhalte der Lehren und die einzelnen Riten nur ein rudimentäres Wissen. Zum Teil waren es Initiationsriten für beide Geschlechter, denn es gab darin die Mutproben mit der Gefährdung des Lebens. Auch berauschende Getränke dürften darin eine Rolle gespielt haben, denn die Feiernden wollten die Vollendung (teleiosis) ihres Lebens und die Kraft der Unsterblichkeit (athanasia) erreichen. Die Kultgruppen tradierten mündlich ihre heiligen Lehren (hieros logos), darin war von leidenden, von sterbenden und von zu neuem Leben aufstehenden Göttern die Rede.

Die verehrten Götter waren durchwegs alte Vegetationsgottheiten, im Ritual wollten die Feiernden das Leiden, das Sterben und die Auferstehung der Schutz-

---

[18] W. Burkert, Griechische Religion 360–365.

götter nacherleben. Daher gingen sie symbolisch bis zu den Schwellen des Todes, um ihre innere Verwandlung zu erleben. Sie verstanden das Ritual als eine Wiedergeburt und Verwandlung, als Auferstehung und Vollendung ihres leidvollen Lebens. Denn sie strebten nach einem guten Schicksal für ihre Seelenkraft nach dem Tod ihres Körpers, von deren Unsterblichkeit sie allgemein überzeugt waren.

Bei diesen Riten der Mysterien wurde nun der einzelne Mensch immer wichtiger, er trat zumindest bei der Feier aus dem Verband der Sippe heraus, in den er eingebunden war. Er verband sich nun mit einer Schutzgottheit, sein Leben war wertvoll geworden. An diesen Riten konnten Freie und Unfreie teilnehmen, die sozialen Schranken des Stadtkultur wurden aufgelöst bzw. unterbrochen. Die Teilnehmer wurden zu einer strengen moralischen Lebensform (bios) verpflichtet, Verbrecher und Übeltäter waren nicht zu den Mysterien zugelassen. Es ist möglich, dass die alten Riten in Höhlen ausgeführt wurden, wo rohes Fleisch und das Blut der Opfertiere getrunken wurde.[19]

Der *Kult der Kabiren* auf Lemnos und Samothrake zeigt deutlich einen vorgriechischen Ursprung an. Dazu gehörte das Stieropfer und das kultische Weintrinken, denn in der heiligen Begeisterung und Ekstase wurde die Kraft des Göttlichen erlebt. Durch die persönliche Einweihung (myosis) konnten die göttlichen Geheimnisse geschaut werden. Häufig war dieser Kult mit dem Ritual der „heiligen Hochzeit" verbunden, denn es ging um die Stärkung der Kräfte der Fruchtbarkeit. Darauf weisen Phallusbilder auf Steinen deutlich hin. In den *Mysterien von Eleusis* wurde das Drama der Muttergöttin Demeter dargestellt und nacherlebt, denn sie hatte ihre Tochter Persephone an den Gott der Unterwelt verloren. Durch einen Götterbeschluss sollte die Tochter jedes Jahr eine bestimmte Zeit auf der Erde und eine Zeit im Hades verbringen. Damit artikulierte der Mythos die Kräfte der Vegetation.

Die Menschen feierten die Trauer der Mutter um ihre verlorene Tochter mit. Sie zogen in einer Prozession zum Meer, um sich von alter Schuld zu reinigen. Dabei versenkten sie ein Schwein als Opfer im Wasser. Dann zogen sie zum Kultort, tranken berauschende Getränke, um sich mit den Kräften des Göttlichen zu verbinden. Sie schauten das Heilige in symbolischer Gestalt und wurden dabei innerlich verwandelt. Jeder Myste wurde von einem Mystagogen geführt, er erlebte auf symbolische Weise die Pforten der Unterwelt und die Tore des Todes. Dabei schaute er ein großes Feuer mit seiner reinigenden Kraft, dieses Feuer des Lebens brachte Licht in das Dunkel der Todesverfallenheit.

Im Mythos war von einer göttlichen Geburt die Rede, die Feiernden wurden selig gepriesen. Denn sie waren nun von den Schrecken des Todes befreit und erwarteten ein gutes Schicksal für ihre Seelenkraft (psyche) nach der Auflösung ihres Körpers. Auch die *Bacchischen Mysterien* der Gottes Dionysos waren mit dem kultischen Weintrinken, der großen Prozession und dem ekstatischen Erleben des Göttlichen zu tun. Da war von rasenden Frauen die Rede, die rohes Fleisch

---

[19] W. Burkert, Griechische Religion 425–430.

aßen. Beide Geschlechter waren zu diesen Riten zugelassen. In der Raserei (mania) wurde die Kraft des Göttlichen erlebt, bei der Prozession wurden die Symbole der menschlichen Sexualität mitgetragen, was auf das Ritual der heiligen Hochzeit hindeutet. Die Feiernden erwarteten nach ihrem Tod ein glückliches Leben ihrer Seelenkraft auf einer „Insel der Seligen". Textfragmente sprechen von einer Vergöttlichung der Mysten.[20]

In den *orphischen Mysterien* ging es ebenfalls um das Erleben der Unterwelt und des Todes. Der Sänger Orpheus hatte dem Tod getrotzt, er wollte seine Frau Eurydike aus der Unterwelt holen. Seither erwarteten sich die Mysten ein gutes Leben nach dem Tod. Sie glaubten, dass die Übeltäter von den Göttern bestraft werden, deswegen verpflichteten sie sich zu einem moralisch guten Leben. Viele glaubten an die Möglichkeit einer Wiedergeburt der Seelenkraft nach dem Tod des Körpers, denn die Seele musste in einem neuen Körper alte Schuld sühnen und auslöschen. Daher lebten die Mysten zeitweilig asketisch, sie verzichteten auf Essen, Trinken, Schlafen und Sexualität. Im Erleben der Ekstase verbanden sie ihre Seelenkraft mit der Macht des Göttlichen und Unverfügbaren.

Für die Anhänger der Mysterienkulte war eine besondere moralische Lebensform (bios) wichtig und unabdingbar, sie wollten sich vom Lebensstil der Zeitgenossen unterscheiden. Hier wurde die Individualität der einzelnen Menschen deutlich gestärkt, die Sexualität erlebten sie als Begegnung mit dem Heiligen. Viele Elemente dieser Kulte leben im Christentum weiter.

Die philosophischen Weltdeutungen

In der mythischen Weltdeutung wird zwischen einer sichtbaren und einer unsichtbaren Welt unterschieden. Hinter allen Ereignissen und Phänomenen in der Menschenwelt werden göttliche Wesen und dämonische Kräfte vermutet. So wird angenommen, dass die Erde und die Gestirne von den Göttern erschaffen, geformt oder geboren worden seien. Doch ab dem 6. Jh. v.Chr. werden uns Beobachter der Natur bekannt, welche die Vermutung aussprachen, die ganze Welt könnte aus einem einzigen Urstoff (hyle) entstanden und geworden sein. Dieser formbare Urstoff müsste wie Sand am Meer immer gewesen sein. In dieser Deutung der Weltentstehung sehen wir die Anfänge der Naturphilosophie.

Diese Denker vermuteten, es könnte alles aus dem Urstoff Wasser geworden sein (Thales von Milet). Oder es könnte etwas unbegrenzt Formbares (apeiron) gewesen sein, aus dem alles geworden ist (Anaximander von Milet). Oder es könnte die Luft dieser Urstoff gewesen sei, aus der durch Verdichtung und Verdünnung alle Gegenstände entstanden sind (Anaximenes von Milet). Die ganze Welt und der Kosmos könnten nach der Ordnung der Zahlen geworden sein (Pythagoras). Oder alles könnte aus dem Urstoff des Feuers geworden sein, deswegen sei alles ständig in Bewegung (Heraklit von Ephesos). Die kleine Welt und der große

---

[20] W. Burkert, Griechische Religion 430–440.

Kosmos seien nach einem vernünftigen Plan und Weltgesetz (logos) geordnet, mit unserer Vernunft können wir diese Ordnung erkennen.[21]

Der Rhapsode *Xenophanes von Kolophon* kam zur Überzeugung, dass unter den vielen Göttern und Menschen einer der Größte sein müsse, weil es in der menschlichen Stadt auch so ist. Dieser höchste Gott sei weder in der Gestalt noch in den Gedanken uns Menschen ähnlich. Aber wenn wir Menschen über Götter sprechen, werfen wir ständig unsere eigenen Bilder in die Welt des Unverfügbaren. Deswegen haben alle Städte und Stämme andere Vorstellungen von den Göttern. Doch das Göttliche sei größer als das Menschliche, es sei zeitlos und unbeweglich, es umfasse und lenke alles. In der Gottheit werde das Gedachte Wirklichkeit, wir Menschen können uns mit unserem Verstand (nous) dem Göttlichen nähern.[22]

Parmenides von Elea entwickelte die Vorstellung vom zeitlosen Sein, in dem es kein Werden und kein Vergehen gibt. Es wird ein weiblicher Daimon angenommen, der in der Mitte der Welt wirkt und das ganze Weltall lenkt. Doch die Sophisten, die aus den mittleren und unteren sozialen Schichten stammten, bezweifelten zunehmend die mythische Weltdeutung. Einige von ihnen (z.B. Protagoras) waren überzeugt, dass wir Menschen nicht mit Sicherheit sagen können, ob göttliche Wesen existieren oder nicht. Kritias vermutete sogar, ein kluger Gesetzgeber habe die Götter erfunden, um mit ihnen die Einhaltung der Gesetze kontrollieren zu können. Denn die Götter sehen und hören angeblich alles.

Von Sokrates wird berichtet, dass er vom einen Göttlichen gesprochen habe, das sich in den vielen Gottesbildern und in der Stimme des eigenen Gewissens (daimonion) zeige Die *Sophisten* lehrten mehrheitlich, dass es im Staat keine ewigen und göttlichen Gesetze geben könne, denn alle Gesetze würden von Menschen aufgestellt. Folglich seien alle menschlichen Satzungen veränderbar und relativ, sie sollten den Vorgaben der allgemeinen Vernunft folgen. Zum anderen müssen sie den Vorgaben der menschlichen Natur entsprechen. Von der Natur her (ek physei) gäbe es nun aber keinen Rangunterschied zwischen den Herren und den Sklaven, zwischen den Männern und den Frauen, zwischen den Griechen und den Nichtgriechen. Die moralischen Tugenden und die staatlichen Gesetze seien für alle Menschen die gleichen.[23]

Die aristokratischen Denker *Plato* und *Aristoteles* haben diese Lehren der Sophisten wieder in Frage gestellt. Denn für Plato gibt es ewige und göttliche Gesetze, die von Menschen nicht verändert werden dürfen. Denn die Menschen setzen sich nicht selbst die Maßstäbe für ihr Verhalten, diese Maße werden von den Göttern bzw. von der Gottheit gesetzt. Sie haben die sozialen Unterschiede zwischen Herren und Sklaven, Männern und Frauen, Griechen und Nichtgriechen eingeführt. Die ganze Welt sei von einem göttlichen Künstler (demiourgos) nach den Bildern der ewigen Ideen erschaffen worden, sie sei die beste und schönste aller möglichen Welten.

---

[21] W. Röd, Geschichte der Philosophie I. München 1996, 64–80.
[22] W. Burkert, Griechische Religion 450–460.
[23] W. Röd, Geschichte I, 240–260; 100–130.

Für Aristoteles wurde der Weltprozess von einem ersten Beweger in Bewegung gesetzt, dieser göttliche Beweger sei durch und durch vernünftig. Deswegen folge der Kosmos vernünftigen Gesetzen. Der erste Beweger sei reine Vernunft, die sich selbst denkt (noesis noeseos) und erkennt. Er habe den seit Ewigkeit bestehenden Stoff (hyle) zu Gestalten geformt. Der Prozess der Formung von Stoff gehe weiter, ständig werden neue Gegenstände und Lebewesen. In uns Menschen erkennen wir drei Seelenkräfte, nämlich eine vegetative, eine emotionale und eine rationale Fähigkeit. Es ist wahrscheinlich, dass unsere rationale Seelenkraft den Tod des Körpers überleben wird.

In der hellenistischen Zeit entfalteten sich in der gesamten griechischen Kultur die *sokratischen Schulen* der Philosophie weiter, nämlich die Schulen der *Kyniker*, der *Stoiker* und der *Epikuräer*. Ihnen ging es vor allem um die Kunst des guten und glücklichen Lebens. Denn das Streben nach Wissen und nach Weisheit könne zum persönlichen Glück beitragen. Immer sei es die menschliche Vernunft, welche die emotionalen Strebungen maßvoll zu lenken wisse. Sie zeige uns auch, im rechten Maß die sinnliche Lust (hedone) zu erleben und den Schmerz zu vermeiden. Wenn wir die Dinge der Außenwelt entwerten und uns auf unsere inneren Einstellungen konzentrieren, werden wir von konträren Gefühlen nicht mehr hin und her gerissen. Wie erleben die innere Ruhe (ataraxia) und die Harmonie unserer Strebungen.

Damit könne die Philosophie wesentlich zu einem glücklichen Leben beitragen. Denn sie zeige uns die moralischen Werte, die für ein friedvolles Zusammenleben im Staat nötig sind. Die Menschen auf der Suche nach Weisheit fühlen sich als Bürger einer einzigen Welt (kosmopolites), auch wenn sie in verschiedenen Städten leben. Überall in der hellenistischen Kultur fühlen sie sich zu Hause, wo es vernünftige Gesetze gibt und wo um die moralischen Tugenden gerungen wird. Die Stoiker blieben bei der religiösen und mythischen Weltdeutung, während die Epikuräer einer naturalistischen Deutung des Kosmos zuneigten. Diese Denker haben den Übergang von der mythischen zur philosophischen Weltdeutung nachhaltig voran gebracht, ihre Lehren wurden in der antiken Kultur nicht mehr vergessen.[24]

Die politische Situation der Juden

Nach der Eroberung des Perserreiches durch Alexander kamen die Juden aus der persischen in die griechisch Abhängigkeit. Ihr Land wurde bis 200 v.Chr. von den Ptolemäern in Alexandria aus regiert und verwaltet. Die Griechen trieben mit den jüdischen Sippen Handel, sie verpachteten sogar ihre Steuern an jüdische Unternehmer. Jüdische Kaufleute verkauften Sklaven nach Ägypten (Zenon-Papyri), griechische Inschriften verdrängten bald die aramäischen Texte. In Jerusalem wurde ein Gymnasion gebaut, um die Jugend der oberen sozialen Schichten in

---

[24] M. Hossenfelder, Geschichte der Philosophie III. München 1997, 64–78.

der griechischen Kultur zu erziehen. Viele jüdische Familien und Sippen konnten nach Alexandria auswandern und dort wirtschaftliche Unternehmen aufbauen. Ihre Lebenswelt war nun ungleich größer geworden.

Nun zeigt sich, dass in Israel und Judäa die oberen sozialen Schichten mit den Priestern am Tempel die griechische Kultur schneller annahmen als die mittleren und die unteren sozialen Schichten. Denn sie erwarteten sich große wirtschaftliche Vorteile vor allem durch den Handel und den Austausch von Wissen. Die jüdischen Priester und Adeligen nahmen nun griechische Namen an, sie trugen griechische Kleidung; die Priester brachten am Tempel Opfer für die Herrschaft der Ptolemäer. Vor allem der Hohepriester Menelaos unterstützte die griechische Kultur, in seiner Amtszeit wurde Jerusalem zu einer griechischen Stadt. Nun wurden die Arbeitsverbote am Sabbat gelockert, bei den Opfern am Tempel durften nicht mehr ganze Tiere verbrannt werden, sondern nur noch Fettteile. Die Beschneidung der Penisvorhaut wurde von der Jugend der Oberschichten nicht mehr akzeptiert.[25]

Die jüdische Welt trat in einen umfassenden *kulturellen Lernprozess* ein. Doch wir erkennen während der Herrschaft der Ptolemäer (332 bis 200 v.Chr.) zwei gegensätzlich politische Strömungen im jüdischen Volk. Die einen nahmen die griechische Kultur mit innerer Zustimmung auf, sie sahen in der neuen Kultur viele Chancen für ihre wirtschaftliche Entwicklung. Die anderen hingegen widersetzten sich der griechischen Kultur, denn sie fürchteten um ihre jüdische Identität. Sie fanden vor allem bei den unteren sozialen Schichten, den Bauern und den Lohnarbeitern Gehör und Rückhalt. So spaltete sich in der griechischen bzw. hellenistischen Zeit die jüdische Kultur noch stärker als in der persischen Zeit in zwei gegensätzliche Richtungen, diese Spaltung dauerte in der ganzen Antike an. Doch die ethnozentrische Richtung hat in der römischen Zeit zur Selbstzerstörung der jüdischen Kultur geführt.

In dieser Zeit wanderten viele jüdische Sippen in die neu gegründeten griechischen Städte Alexandria und später Antiochia, sie bauten dort Gewerbebetriebe auf und trieben mit Erfolg Handel. Sie waren sogar am Aufbau dieser Städte maßgeblich beteiligt. Um ihre besondere Lebensform und Religionsform beibehalten zu können, besiedelten sie eigene jüdische Stadtviertel. Bei ihren gottesdienstlichen Versammlungen in der Synagoge begannen sie, ihre heiligen Schriften der Tora regelmäßig zu lesen. Doch in der zweiten und dritten Generation verstanden sie nicht mehr die hebräische Sprache, deswegen mussten die heiligen Bücher in die griechische Sprache übersetzt werden.

Diese Übersetzung der jüdischen Bibel erfolgte in Alexandria und dauerte über 100 Jahre, sie trug den Namen Septuaginta, weil angeblich 70 Übersetzer am Werk gewesen seien. Nun wurden die jüdischen Lehren und Lebensregeln der griechischen Sprache und Kultur zugänglich, griechische Handelspartner interessierten sich für diese Lehren. Sie durften als Gäste in die jüdische Synagoge kommen und wurden von den Juden „Fromme" (eusebeioi, sebomenoi) genannt. Manche von

---

[25] C. Schneider, Kulturgeschichte des Hellenismus I. München 1969, 864–870.

ihnen schlossen sich dem jüdischen Glauben an. Die jüdischen Sippen in Alexandria lebten in der „Verstreuung" (Diaspora), doch sie hatten wirtschaftlichen und kulturellen Austausch mit den Juden in Israel und Judäa.[26]

Um 200 v.Chr. kämpfte das Königshaus der Seleukiden, die in Antiochia regierten, gegen die Vorherrschaft der Ptolemäer in Ägypten. Diese mussten nach längeren Kriegen das Land der Juden nun an die Seleukiden abtreten. Nun unterstanden die Juden in Alexandria einer anderen Herrschaft als die Juden in Palästina, der kulturelle, der wirtschaftliche und der politische Austausch waren nun erschwert. Doch der Prozess der Hellenisierung der jüdischen Kultur ging auch unter der Herrschaft der Seleukiden in Syrien weiter, ja er wurde sogar noch verstärkt. Doch nun entstand in Palästina eine zweite Trennungslinie der Juden, eine Partei der Ptolemäer stand der Partei der Seleukiden gegenüber. Ein Teil der jüdischen Oberschicht fühlte sich weiterhin den Ptolemäern in Ägypten verpflichtet.

Unter den Ptolemäern war die jüdische Sippe der Oniaden mit der Eintreibung der Steuer betraut. Das änderte sich jetzt, denn für die Seleukiden übernahm nun die Sippe der Tobiaden die Steuereintreibung. Nun belasteten *zwei Trennlinien* den politischen Frieden im Land. Die Hohenpriester und die Mehrheit der Priester unterstützten auch unter der neuen Herrschaft den Prozess der Hellenisierung der jüdischen Kultur. Doch der seleukidische König Antiochos IV. wollte auch den religiösen Kult am Tempel zu Jerusalem immer mehr der griechischen Vorstellungswelt anpassen. Er sah den jüdischen Volksgott Jahwe als identisch mit dem griechischen Gott Zeus oder mit Dionysos. Denn die meisten Griechen sahen in Jahwe einen Volksgott unter vielen anderen.

Mit diesem religiösen Konzept ließ der König Antiochos IV. auf dem Prunkaltar des Tempels zu Jerusalem ein großes Bild für den Gott Jahwe-Zeus aufstellen. Außerdem sollten dort regelmäßig für die griechische Herrschaft Opfer dargebracht werden. Bald danach wurden im ganzen Land der Juden Kulte eingerichtet, die dem Weltgott Jahwe-Zeus galten und die griechische Herrschaft sichern sollten.[27] Nun wurde vor allem in den ländlichen Regionen der Widerstand gegen diesen neuen Kult und überhaupt gegen die griechische Überfremdung organisiert. Es waren vor allem die *Chassidim* (Asideioi), die später *Asidäer* und *Pharisäer* hießen, die zum Widerstand gegen die griechische Kultur aufrufen.

Nun kam es immer häufiger zu Kämpfen zwischen den hellenisierten und den toratreuen Juden, es gab bürgerkriegsähnliche Situationen. Die Kluft zwischen diesen beiden Gruppen bzw. Parteien vertiefte sich und dauerte die ganze Zeit der Antike an. Nun kam es zu einem Aufstand, der von der *Sippe der Makkabäer* (mit dem Stammvater Hasmon) organisiert und getragen wurde. Die aufständischen Kämpfer reinigten zuerst den Tempel in Jerusalem von griechischen Elementen und stellten wieder den alten jüdischen Kult her. Sie töteten hellenisierte Juden

---

[26] J. Pritchard, Großer Bibelatlas 138–141.
[27] J. Pritchard, Großer Bibelatlas 140–148.

in größerer Zahl, die Knaben wurden nun wieder der Beschneidung der Penisvorhaut unterworfen. Am Tempel wurde wieder die Verbrennung der Ganzopfer eingeführt, auch wurden Juden aus Galiläa nach Judäa umgesiedelt.

Als die Makkabäer in Teilbereichen des Landes siegreich geblieben waren und griechische Heere geschlagen hatten, wollten sie einen *hellenistisch-jüdischen Staat* errichten. Sie hatten nicht gegen die hellenistische Kultur gekämpft, sondern gegen die religiöse Überfremdung und um politische Selbständigkeit. Damit standen sie im Gegensatz zu den orthodoxen Juden und den Chassidim, denn sie blieben der griechischen Kultur verbunden. Ihre Münzen trugen für den Handel weiterhin griechische Aufschriften. Der Makkabäerführer Simon ernannte sich nun selbst zum erblichen Hohenpriester, der bisherige Oberpriester wurde seines Amtes enthoben. Gleichzeitig ließ sich Simon vom seleukidischen König, dem er rechtlich noch unterstellt war, zum „Ethnarchen" (Volksherrscher) einsetzen. Er baute in Jerusalem einen griechischen Palast und befestigte viele Städte im Land neu.

Auch die Nachfolger der Simon Makkabaios führten die griechische Kultur weiter, sie suchten aber gleichzeitig die Verständigung mit den Chassidim. Auf deren Wunsch hin hielten sie an der Beschneidung der Männer fest. In dieser Zeit schlossen sich nun die orthodoxen Juden zu einer politischen Partei der Asidäer (später Pharisäer) zusammen. Sie konnten und wollten nicht akzeptieren, dass sich der makkabäische Heerführer selbst zum Hohenpriester eingesetzt hatte. Das Amt des obersten Priesters sollte an die angestammten Sippen zurückgegeben werden.[28] Damit gingen die Kämpfe zwischen den jüdischen Parteien weiter, es herrschte im Land weithin Bürgerkrieg.

Einmal setzte der makkabäische König Alexander Jannaios sogar fremde Söldner gegen die Partei der Asidäer ein, er ließ seine frommen Gegner zahlreich kreuzigen. Nach seinem Tod wurde seine Frau Alexandra Salome für zehn Jahre Königin bzw. Ethnarchin im Land, was wiederum eine Provokation der orthodoxen Juden war. Denn nach ihrer Überzeugung konnte niemals eine Frau jüdische Herrscherin sein. Das Amt des Hohenpriesters übernahm sie aber nicht selbst, sondern übertrug es ihrem Sohn, um die Asidäer nicht weiter zu provozieren.

Nach dem Tod der Königin kämpften ihre beiden Söhne Aristoboulos II. und Hyrkanos II. um die Herrschaft im Land, der Bürgerkrieg ging weiter. Da rief Hyrkanos die römischen Soldaten zu Hilfe, die zu dieser Zeit bereits in Syrien Kriege führten. Der Feldherr Pompejus besiegte im Jahr 69 v.Chr. die kämpfenden Parteien und machte das Land von der römischen Politik abhängig. Die Auseinandersetzungen dauerten noch eine Zeitlang an, bis die Römer den *Idumäer Herodes I.* zum jüdischen König einsetzten. Dieser verstand sich als griechischer Großfürst und war zur Herrschaft der Römer stets loyal, er wurde vom Cäsar Augustus als befreundeter König eingestuft. Unter seiner Herrschaft erreichte die griechische Kultur einen neuen Höhepunkt.

---

[28] C. Schneider, Kulturgeschichte I, 869–972.

Er begann, den Tempel in Jerusalem nach griechischen Vorbild umzubauen, seine Münzen trugen griechische Aufschriften. In seinen Städten baute er Paläste und Gymnasien, Theater und Thermen. Er machte sogar Stiftungen für Bauwerke in Athen und auf der Insel Rhodos. Die Stadt Jericho erhielt eine Wasserleitung, Parkanlagen, ein Theater und Sportstätten. Er baute eine neue Hafenstadt am Mittelmeer (Cäsaräa) und förderte die Ansiedlung von Griechen in Galiläa (Dekapolis). So verstand sich Herodes I. als hellenistischer Fürst, der in seinem Land viele Völker mit einander verbinden wollte. Der Widerstand der orthodoxen Juden gegen seine liberale Politik konnte nur mühsam unterdrückt werden.[29]

Griechische Kultur in der jüdischen Diaspora

Die Juden, die außerhalb von Palästina siedelten, wussten sich in der „Verstreuung" (diaspora), unter ihnen war der griechische Kultureinfluss besonders groß. Sie siedelten in Alexandria, in Antiochia und in vielen anderen Städten des Vorderen Orients. Seit der Herrschaft der Assyrer und der Babylonier waren jüdische Sippen nach Ägypten geflüchtet, sie lebten dort vor allem als Söldner. In Elephantine (Papyri) behielten sie die aramäische Sprache noch bei, sie lasen aber griechische Schriften. Ihren Gott Jahwe verehrten sie zusammen mit einer alten Muttergöttin, sie lebten also mit einem polytheistischen Glaubenssystem.Onias, der Sohn eines Hohenpriesters in Jerusalem, war nach Ägypten geflohen und hatte dort einen Gegentempel zu Jerusalem erbaut.

Als die Seleukiden gegen die Ptolemäer kämpften, flohen wiederum viele jüdische Sippen nach Ägypten. Sie organisierten ihre Gemeinden und dienten im Heer der Ptolemäer. In der Stadt Leontopolis bauten sie einen Tempel für den Bundesgott Jahwe, der bis 73 n.Chr. bestanden hatte. Sie errichteten Versammlungshäuser (synagoge), die sie unter den Schutz des Königs stellten.[30]

Nun wurde *Alexandria* neben Jerusalem und Babylon ein drittes Zentrum der jüdischen Kultur und Religion, zwei Stadtteile wurden dort überwiegend von Juden bewohnt. Sie wirkten dort wirtschaftlich erfolgreich als Händler und Handwerker, als Soldaten und als freie Arbeiter, häufig auch als Geldverleiher. Sie waren bei ihren griechischen und ägyptischen Mitbürgern angesehen, auch ihre Religion und Lebensform wurde geschätzt. Freilich hatten sie in der Stadt auch Gegner wegen ihrer besonderen Lebensgesetze. Sie bauten eine große Synagoge mit griechischen Säulen, sie hatte die Form eines griechischen Theaters, mit 70 Ehrensitzen für die Priester.

Dort wurden die heiligen Schriften in griechischer Sprache gelesen und ausgelegt. Schon bei der Übersetzung der Septuaginta waren philosophische Begriffe in das heilige Buch aufgenommen worden. Der Jude Aristoboulos hatte als erster begonnen, die Lehren der griechischen Philosophie mit dem jüdischen Denken zu

---

[29] J. Pritchard, Großer Bibelatlas 146–150.
[30] G. Stemberger, Einführung in die Judaistik. München 2002, 62–71.

verbinden. Später hat Philo dieses Werk fortgeführt. In Alexandria und in anderen Gebieten Ägyptens kamen die Juden auch mit den griechischen Mysterienkulten in Berührung. Dort wurden die Riten der sterbenden und auferstehenden Gottheiten (z.B. Isis und Osiris) ausgeführt. Dadurch wurden immer deutlicher persönliche und mystische Beziehungen zur Gottheit bzw. für Juden zum Bundesgott Jahwe möglich.

In Alexandria schrieb Demetrios eine jüdische Geschichte in griechischer Sprache, der Philosoph Aristoboulos versuchte, jüdisches Denken mit griechischer Philosophie zu verbinden. Der Schreiber Artapanos verfasste Romane über die jüdische und griechische Geschichte. Vom Dichter Ezechiel wurde der Auszug der Juden aus Ägypten als Drama verfasst. Der Autor Pseudo-Hekataios schrieb Werke über Abraham und seine Nachfolger. Damit wollten die jüdischen Autoren zeigen, dass ihre Kultur der griechischen ebenbürtig sei. Doch die frommen Gruppen hatten ständig Angst vor der Überfremdung ihrer Religion und Kultur.

Auch im Herrschaftsbereich der Seleukiden lebten viele jüdische Sippen und Gemeinden, in Mesopotamien waren sie seit der Zeit des Babylonischen Exils ansässig. Die Gebiete östlich des Flusses Tigris (Adiabene) blieb der griechischen Kultur weitgehend verschlossen, dort ist die Wiege des babylonisch-talmudischen Judentums (Babylonischer Talmud). Doch die jüdischen Gemeinden am Fluss Euphrat öffneten sich der griechischen Kultur. Eine Synagoge in Dura zeigt einen Raum mit vielen Bildern, was zeigt, dass das Bilderverbot der Priester, wie es in der Tora festgelegt wurde, nicht überall eingehalten wurde. Die Inschriften der jüdischen Gräber sind in dieser Region griechisch, sie tragen allerdings ein jüdisches Symbol.[31]

Auch in Damaskus, Antiochia, Tarsos, Apameia und in den Hafenstädten des östlichen Mittelmeeres entstanden jüdische Siedlungen und Gemeinden. Sie bauten ihre Lehrhäuser und Synagogen, die bis nach Milet, Delos und Delphi reichten. In vielen griechischen Städten hatten Juden hohe Ämter in der Verwaltung und beim Militär übernommen. Geschätzt waren jüdische Mitbürger als Handwerker und Händler, als Ärzte, als Hersteller von Kunstwerken, z.B. als Perlenfasser; es gab aber auch jüdische Zauberer und Wahrsager. In manchen Städten hatten sie die Funktion der Steuerpächter, der Wächter und der Soldaten. Viele jüdische Männer empfanden die Beschneidung ihrer Penisvorhaut als anstößig, wenn sie in die Thermen oder in das Gymnasion gingen. Sie versuchten, dies zu verbergen. Die Synagoge war der Ort der religiösen und der moralischen Belehrung, dort wurden auch Geschäfte angebahnt und Lebenserfahrungen ausgetauscht. Häufig wurden griechische Handelspartner und Freunde zum Gottesdienst der Synagoge eingeladen.

Es gab bald viele Mischehen zwischen Juden und Griechen, die Kinder lebten in zwei Kulturen. Doch die meisten dieser Kinder wandten sich der griechischen Kultur zu, was den torafrommen Asidäern ein Dorn im Auge war. Sie bekämpf-

---

[31] G. Stemberger, Einführung 64–70.

ten diese Mischehen und versuchten, sie zu verbieten. Doch die meisten Juden fühlten sich als Bürger einer griechischen Stadt, sie hatten dort ihr Heimatrecht (politeuma), denn sie waren von der griechischen Kultur und Sprache geformt worden. Da in diesen Städten griechische Wanderlehrer unterwegs waren, lernten sie schrittweise auch die philosophischen Lehren der Kyniker, der Stoiker und der Epikuräer kennen. Viele dieser Ideen brachten sie in ihre neuen Schriften ein, die sie für den Gottesdienst verfassten.[32]

Die Zeit der Ptolemäer und der Seleukiden

In der Zeit der Ptolemäer und der Seleukiden verbreitete sich die griechische Kultur. In jeder Stadt wurden Kampfstätten (Stadion) für die jungen Krieger errichtet, dort fanden die Wettkämpfe im Ringen und im Laufen statt. Die Länge eines Stadions war zwischen 178 und 192 Meter, die Rennbahnen waren deutlich markiert. Für die Athleten wurden von der Stadt Geldpreise ausgesetzt. Und im Gymnasion leitete der Gymnasiarch die Bildung und die Erziehung der Jugend, beide Geschlechter hatten dort Zugang. Diese Orte waren mit Säulen und Sitzplätzen umgeben, dort lehrten auch die Philosophen und Rhetoren. In den Räumen der körperlichen Ertüchtigung wurde unbekleidet geturnt, daher kommt der Name Gymnasion. Männer und Frauen haben zu getrennten Zeiten ihr körperliches Training absolviert, denn es sollte ein gesunder Geist in einem gesunden Körper heranreifen.[33]

Auf dem Marktplatz der Stadt (agora) spielte sich das öffentliche Leben ab, dort gab es Geschäfte und Leihstellen für Geld, in den Säulenhallen fanden die politischen Diskussionen statt. In den gedeckten Hallen (basilika) fanden die Versammlungen des Volkes (demos) statt, dort tagte der Rat der Stadt (bouleuterion) und dort wurde Gericht gehalten. Die Städte richteten öffentliche Bäder (Thermen) ein, die allen sozialen Schichten zugänglich waren. Zuerst gingen die Badenden in einen heißen Raum, dann in einen kühleren Bereich (loutron) und am Ende in das Kaltwasserbecken. Daneben gab es Räume mit Liegebetten, wo die Badenden von ihren Sklaven eingeölt wurden. Männer und Frauen hatten getrennte Badezeiten.[34]

Auch das Theater gehörte zu einer griechischen Stadt, es wurde meist am Abhang eines Hügels gebaut. Dort wurden die mythischen Erzählungen der Dichter und die Heldentaten der Krieger dargestellt, mit Musik und Chor wurden traurige und heitere Szenen dargeboten. Die Zuseher weinten und lachten, sie konnten in der Gemeinschaft ihre emotionalen Befindlichkeiten zum Ausdruck bringen. In den Theatern wurden auch die Lobreden auf die Stadt und die Könige vorgetragen, die Sänger, Musiker und Schauspieler wurden mit Lorbeer bekränzt. Die

---

[32] J. Pritchard, Großer Bibelatlas 146–149.
[33] C. Schneider, Kulturgeschichte I, 860–875.
[34] J. Pritchard, Großer Bibelatlas 140–142.

Tempel waren heilige Orte für die Verehrung eines oder mehrerer Schutzgötter, dort standen ein Götterbild und ein Opferaltar. Die Menschen wollten dort göttliche Lebenskraft in sich aufnehmen, dafür brachten sie Opfergaben. Rund um die Tempel waren die Wohnungen der Priester und Geschäfte für Votivgaben.[35]

Das Reich der Seleukiden wurde zuerst von Seleukia am Tigris aus regiert, später wurde die Stadt Antiochia am Orontes als Regierungsstadt des Königs gegründet. In den neuen griechischen Städten wurde die kultische Verehrung der Herrscher eingeführt, um ihre fragile Macht durch Religion abzusichern. Dies aber führte zu Konflikten mit der jüdischen Religion, die in einen offenen Krieg bzw. Aufstand hineinführten. In Jerusalem hatte der Priester Menelaos wertvolle Gefäße des Tempels verkauft, um seine Schulden bezahlen zu können. Als der Priester Jason dagegen vorging, griff der König Antiochos IV. ein und plünderte den Tempelschatz. Schon vorher hatte er eine Festung auf dem Burgberg (akra) errichtet.[36]

Dieser Konflikt führte zum Aufstand der Makkabäersippe mit ihren Anhängern gegen die Herrschaft der Seleukiden.

Als im jüdischen Bürgerkrieg die Römer zu Hilfe gerufen wurden, da ordneten diese die Herrschaft im Vorderen Orient völlig neu. Sie errichteten römische Provinzen und Klienten-Königreiche, die als Verbündete und Freunde des Römischen Imperiums galten. Der jüdische Staat umfasste nach der Neuordnung der Römer Judäa, Idumäa, Galiläa und Peräa. Die Samariter behielten ihrer eigenen Staat mit Sichem und dem Tempel auf dem Berg Gorizim, der wieder aufgebaut worden war.[37]

Marcus Antonius, ein Freund Julius Cäsars, setzte die beiden Idumäerfürsten Herodes und Phasael als Viertelfürsten (Tetrachen) des jüdischen Staates ein. Und im Jahr 40 v.Chr. ernannte der römische Senat den *Idumäer Herodes* zum „König von Judäa". Dieser wurde 31 v.Chr. vom siegreichen Octavianus, dem späteren Kaiser Julius Augustus, zum Klienten-König Roms ernannt. Er verwaltete aber neben Judäa, Galiläa und Peräa auch Samaria, sowie einige Städte am Mittelmeer. Von dieser Zeit an wurde Palästina von der Sippe des Herodes oder direkt von römischen Beamten verwaltet.

Die Provinz Judäa war für die Römer ein unruhiges Gebiet, es kam zu mehreren Aufständen gegen die römische Herrschaft.[38] Herodes regierte als hellenistischer König, deswegen baute er den jüdischen Tempel in Jerusalem nach griechischem Vorbild um. Es wurden mehrere Säulenhallen gebaut mit Vorhöfen, Höfen und dem Raum des Allerheiligsten. Der König ließ sich in der Stadt einen neuen Palast bauen, gleichzeitig renovierte er die Burg der Seleukiden auf dem Burgberg. Nördlich des Tempels ließ er die Burg Antonia errichten, der er den Namen des Römers Marcus Antonius gab. Dort war eine römische Garnison zum Schutz des

---
[35] C. Schneider, Kulturgeschichte II, 183–200.
[36] G. Stemberger, Einführung 86–98. J. Pritchard, Großer Bibelatlas 146–148.
[37] J. Pritchard, Großer Bibelatlas 150–152.
[38] C. Schneider, Kulturgeschichte I, 880–890. J. Pritchard, Großer Bibelatlas 152–154.

Tempels untergebracht. Außerdem baute Herodes in der heiligen Stadt ein griechisches Theater und ein Hippodrom für die Wagenrennen.[39]

Schulen der griechischen Philosophie

Seit den *Sophisten* prägten auch Menschen der mittleren und der unteren sozialen Schichten das griechische Denken mit. Sie befassten sich mit den Regeln des Zusammenlebens in der Stadt, mit den Funktionen unserer Sprache, mit den Formen unserer Erkenntnis und der Gestaltung eines guten und glücklichen Lebens. In ihrer Denkweise trat der einzelne Mensch stärker aus der Gebundenheit an die Sippe heraus. Die Entfaltung der Vernunft und der Bezug zur menschlichen Natur sollten für alle ein besseres Leben ermöglichen. Der Einzelne musste nun für seine Entscheidungen und Handlungen mehr an Verantwortung übernehmen.

Die meisten der Sophisten waren überzeugt, dass von der Natur her (ek physei) alle Menschen denselben Wert haben, weil alle die gleiche Luft atmen. Deswegen müssten unsere Gesetze ständig den Vorgaben der menschlichen Natur und der fortschreitenden Erkenntnissen der Vernunft angepasst werden. Wir Menschen setzen uns selbst die Maßstäbe unseres Verhaltens, folglich können wir diese Maßstäbe auch jederzeit verändern. Die moralischen Tugenden und die Gesetze seien für alle Menschen und für beide Geschlechter dieselben. Freilich gab es auch Lehrer, die zu bedenken gaben, dass von der Natur her die Stärkeren sich über die Schwächeren erheben (Kalidamas).[40] Doch diese Meinung blieb in der Minderheit.

Aus der sophistischen Schule kommend, aber sie deutlich modifizierend lehrte Sokrates, dass die moralische Tugend für alle Menschen lernbar und lehrbar sei. Denn die Tugenden ergeben sich aus den Einsichten der aufrechten Vernunft. Wer unmoralisch denke und handle, sei das Opfer einer kognitiven Täuschung. Daher sei es das Ziel der Philosophie, die Mitmenschen zu einem guten und glücklichen Leben anzuleiten. Diese Denkimpulse haben später mehrere sokratische Schulen weiter entfaltet, sie sind für die hellenistische und griechische Kultur prägend geworden.

So erstrebten die *Kyniker* ein tugendhaftes Leben, das von den äußeren Lebensbedingungen weitgehend unabhängig sein soll. Der weise Mensch solle seinen inneren Überzeugungen folgen und in der moralischen Tugend sein höchstes Lebensziel sehen. Dieses Ziel trage seinen Lohn bereits in sich, der Lohn bestehe in einem konfliktfreien und glücklichen Leben. Wer seiner Natur folge und einfach zu leben verstehe, der könne von unvernünftigen Trieben frei werden. Wer in der Geborgenheit der Natur zu leben verstehe, könne die Unerschütterlichkeit seiner Seele erleben. Für den nach Weisheit strebenden Menschen seien die ganze Menschwelt und der große Kosmos so etwas wie Heimat.[41]

---

[39] J. Pritchard, Großer Bibelatlas 156–160.
[40] W. Röd, Der Weg der Philosophie I. München 1996, 73–80.
[41] W. Röd, Der Weg I, 91–97.

Etwas andere Lebensziele verfolgten die *Kyrenäiker*, welche die Regeln der Ethik ebenfalls in den Dienst des guten und glücklichen Lebens stellen wollten. Für sie wird das Erleben der sinnlichen Lust (hedone) zu einem Kriterium für das moralisch gute Handeln. Denn sie sind überzeugt, dass wir alle von unserer Natur her zum Erleben der sinnlichen Lust streben und den Schmerz vermeiden wollen. Die aufrechte und unterscheidende Vernunft zeige uns, welche Handlungen uns dauerhafte Lust bereiten und welche den Schmerz zur Folge haben. Die Befriedigung unserer geistigen Bedürfnisse verschaffe uns die höchste Lust, mehr als die Befriedigung körperlicher Bedürfnisse. Der weise Mensch versteht es, sinnliche Lust mit geistiger Einsicht zu verbinden und beide im Gleichmaß zu genießen. Ein Leben ohne Lusterfahrung wird als wertlos angesehen.

In der hellenistischen Zeit verbreiteten sich vor allem die Schulen der Epikuräer und der Stoiker. Sie sahen sich als Bürger einer groß gewordenen Welt, sie wollten die ethnischen und sprachlichen Grenzen überschreiten. Auch sie strebten nach der vernünftigen Erkenntnis der Welt und des Lebens, nach einem ausgeglichenen Seelenleben, nach dem Einklang mit der Natur und nach dem dauerhaften Glück des Daseins. Die *Epikuräer*, also die Schüler Epikurs, verstanden sich als eine Gemeinschaft von Freunden, Männer und Frauen strebten gemeinsam nach mehr Wissen und nach der Weisheit der Lebensgestaltung. Als Kriterium für wahre Erkenntnisse sahen sie die Übereinstimmung unserer Urteile mit unserem sinnlichen Erleben. Gleichzeitig wollten sie die Gesetze der Natur immer besser erkunden.[42]

Das Lebensziel des weisen Menschen bestehe im Erleben des dauerhaften Glücks. Um dieses erfahren zu können, müsse die Angst vor dem Tod und vor den strafenden Göttern überwunden werden. Denn wenn die Götter existieren sollten, dann sind sie glückliche Wesen, die sich um das Schicksal von uns Menschen gar nicht kümmern. Da die menschliche Seele aus feinsten Teilchen (atomoi) bestehe, könne sie nicht unsterblich sein. Sie löse sich beim Tod des Körpers in ihre Teilchen auf. Als moralisch gut bewerten wir Handlungen, die uns dauerhafte Lust verschaffen, doch diese Lust muss mit der unterscheidenden Vernunft erlebt werden. Moralisch böse sind solche Handlungen, die für uns selbst und für unsere Mitmenschen Schmerz zur Folge haben.

Der nach Weisheit Suchende lernt, über sein Leben zu verfügen, denn er will weder von der Macht des Schicksals, noch von Göttern und Dämonen bestimmt werden. Die Gesetze der Menschen in der Stadt beruhen auf einem Vertrag, der ein gutes Zusammenleben ermöglichen soll. Wir Menschen sind von unserer Natur her zum gemeinschaftlichen Leben angelegt, folglich müssen wir in der Stadt klar zwischen Gut und Böse sowie zwischen dem Recht und dem Unrecht unterscheiden. Der weise Mensch freut sich am Erleben der sinnlichen Lust, er sucht die Freundschaft mit Gleichgesinnten und die bessere Erkenntnis der Gesetze der

---

[42] M. Hossenfelder, Geschichte der Philosophie III. München 1994, 100–130. W. Röd, Der Weg I, 95–98.

Natur. Wenn er nicht in der Politik der Stadt mitbestimmen kann, zieht er sich in sein Privatleben zurück.[43]

Etwas andere Schwerpunkte setzte die *stoische Philosophie,* denn die Stoiker waren überzeugt, dass die gesamte Wirklichkeit vernünftig geordnet sei. Ihr Gründer, Zenon von Kition (Kypern), war semitischer Herkunft, er wollte die vernünftige Ordnung bzw. das ewigen Weltgesetz (logos) in der Natur und im Kosmos besser erkennen. Er war überzeugt, dass ein Leben gemäß der aufrechten Vernunft den Menschen mehr persönliches Glück und ein gutes Zusammenleben in der Stadt bringe. So vertrauen die nach Weisheit Suchenden der ewigen und göttlichen Weltordnung, sie erleben dadurch eine starke Geborgenheit im Dasein. Jede Erkenntnis beginne mit der sinnlichen Wahrnehmung, diese Wahrnehmung drücken wir dann durch unsere Sprache in den Begriffen und in logischen Schlüssen aus.

Das ewige Weltgesetz hat göttlichen Charakter, es hat die Qualität des Feuers. Aus diesem zeitlosen Logos-Feuer kommen alle Dinge und Lebewesen, und in dieses kehren sie wiederum zurück. Auch die menschliche Seele (psyche) bestehe aus feinsten Teilchen, sie lenke unser ganzes Leben mit den Kräften der Vernunft. Vor dem ewigen Weltgesetz seien alle Menschen gleichwertig, es gäbe keine Rangunterschiede zwischen den Männern und den Frauen, zwischen den Freien und den Unfreien, zwischen den Griechen und den Nichtgriechen. Damit ist die prinzipielle Gleichwertigkeit aller Menschen formuliert worden, wie sie schon von einigen Sophisten gelehrt worden war. Damit gelten die Stoiker als die Vordenker und Vermittler der allgemeinen Menschenrechte und Menschenpflichten.[44]

Die aufrechte Vernunft kann uns dazu befähigen, jedes Schicksal im Leben anzunehmen und zu ertragen bzw. autonom zu gestalten. Die Tugend des guten Lebens sei lehrbar und lernbar, sie trage ihren Lohn bereits in sich. Sowohl die Tugend als auch die entfaltete Vernunft sind die beiden Voraussetzungen für ein gutes und glückliches Leben im Staat. Dieses Glück erreichen wir durch rationales Denken, durch gelebte Tugend und durch das Gleichgewicht der Gefühle (ataraxia). Der weise Mensch möchte nicht mehr von seinen gegensätzlichen Gefühlen hin und her gerissen werden, denn er strebt nach der Ruhe der Seele. Er weiß darum, dass er die Normen des richtigen Handelns aus der menschlichen Natur herleiten kann.

Von unserer Natur her streben wir nach Gemeinschaft, in der wir immer soziale Pflichten für unsere Mitmenschen übernehmen müssen. Erst wenn wir gemäß dem ewigen Naturgesetz leben, nähern wir uns dem Glück des Lebens und sind zum Frieden mit anderen fähig. Unsere sittlichen Pflichten ergeben sich aus der Übereinstimmung mit dem universalen Naturgesetz. Erst wenn es uns gelingt, unsere gesamte Außenwelt zu entwerten, können wir ein ruhiges und selbstbestimmtes Leben führen. Hinter den vielen Göttern können wir ein einziges göttliches Wesen annehmen, das wir aber nicht genau erkennen können. Vor diesem einen Weltgott

---

[43] M. Hossenfelder, Geschichte III, 102–124.
[44] M. Hossenfelder, Geschichte III, 44–60.

sind alle Menschen gleichwertig, aber sie verehren ihn mit verschiedenen Bildern, Riten und Namen.[45]

Nun prägten diese Schulen der Philosophie zunehmend auch das Leben in den Städten. Denn die Philosophen lehrten öffentlich, meist gegen geringe Bezahlung. So wurden ihre Lehren allen sozialen Schichten zugänglich, vor allem die Kyniker und die Stoiker waren als Wanderlehrer unterwegs. Sie lehrten in den Städten die Erkenntnis der Natur und die Kunst des guten Lebens. So entstanden in vielen Städten Schulen der Erkenntnis, der Weisheit und der Lebenskunst. In den ländlichen Regionen waren die sog. Popularphilosophen unterwegs, sie übersetzten die philosophischen Lehren in die Sprache des einfachen Volkes. So wurden in der gesamten hellenistischen Kultur philosophische Lebenswerte und Erkenntnisse verbreitet.

Auch in den Städten und Dörfern Palästinas waren stoische und kynische Wanderlehrer unterwegs. In Alexandria und in Antiochia lernten die dort ansässigen Juden die beiden Schulen der Philosophie kennen. Sie übernahmen viele dieser Ideen in ihre Schriften, die sie zu dieser Zeit verfassten. Philosophische Lehren sind auch in die griechische Bibelübersetzung der Septuaginta eingegangen. Wir können sagen, dass diese philosophischen Lehren schrittweise zur Humanisierung der antiken Kultur beigetragen haben. Die Sklaverei wurde nicht beendet, aber sie wurde durch Gesetze erträglicher gestaltet. Die Rechtsentwicklung der hellenistischen Kultur wurde deutlich von der Philosophie mitgeprägt.

Die Anfänge der jüdischen Philosophie in Alexandria werden im II. Teil des Buches dargestellt.

Die Spätschriften der griechischen Bibel

In den Spätschriften der jüdischen Bibel, die meist in Alexandria entstanden sind, nimmt das griechische Denken einen breiten Platz ein. Das gilt vor allem für die Schriften der Septuaginta, die nicht zur hebräischen Bibel gezählt werden: die Bücher *Tobit, Judit, Weisheit Salomons, Jesus Sirach, 1. und 2. Buch der Makkabäer*. Zum anderen sind bereits bei der Übersetzung der hebräischen Bibel viele griechische Ideen und Formen der Weltdeutung in dieses heilige Buch eingegangen. So ist die Septuaginta inhaltlich bei weitem nicht mit der hebräischen Tora identisch. Dies ist der Grund, warum die orthodoxen Juden diese Übersetzung abgelehnt haben und bis heute ablehnen.

In der Septuaginta wurde das hebräische Wort für Mädchen (Jes 7,14) mit „Jungfrau" (parthenos) übersetzt, statt mit unverheiratete Frau (neanis). Damit kam der griechische Mythos von jungfräulichen Geburten bestimmter Helden und Göttersöhne in die griechische Bibel. Deutlicher wird das griechische Denken im Buch der *Weisheit Salomons*, das im 1. Jh. v.Chr. wohl in Alexandria verfasst worden ist. Es setzt die griechische Übersetzung der hebräischen Bibel bereits

---

[45] M. Hossenfelder, Geschichte III, 50–70.

voraus und dürfte keine hebräische oder aramäische Vorlage gehabt haben. Das Buch wurde also von jüdischen Gelehrten in griechischer Sprache verfasst. Darin wird die göttliche Weisheit (sophia) gepriesen, denn sie ordnet den Kosmos und lenkt die Welt der Menschen. Der Weltgott liebt diese Weisheit und lebt mit ihr in enger Gemeinschaft zusammen.

Die Menschen werden aufgefordert, nach dieser göttlichen Weisheit zu streben und mit ihrer Anleitung ihr Leben zu gestalten. Auch der König Salomo habe gemäß dieser Weisheit gelebt, dadurch sei ihm ein reiches und glückliches Leben beschieden worden. Denn allein diese ewige und zeitlose Weisheit könne die Menschen vor dem Bösen und dem Verderben bewahren.[46] Gott selbst lenke die Schritte der Frommen und der Gerechten, er bestrafe aber alle bösen Taten der Gottlosen und der Frevler. Nun sollten alle Menschen lernen, den Wert oder Unwert ihrer Taten selbst zu erkennen. Denn diese Weisheit sei für alle Völker das höchste Gut, sie gebe allen Menschen den gleichen Wert. Aber die törichten Übeltäter verfehlen den Sinn und Zweck ihres Lebens, sie werden vom göttlichen Richter bestraft. Diejenigen Menschen, die nach der göttlichen Weisheit ihr Leben gestalten, dürfen in der göttlichen Welt ewigen Lohn erwarten.

Das Buch der Weisheit erinnert die Leser an den Auszug des Volkes Israel aus der Knechtschaft in Ägypten. Die Gerechten werden nach ihrem Tod in Gottes Hand sein (3,1), und am Tag des Gerichts werden sie ihren guten Lohn bekommen. Der Weltgott will nicht den Tod der geschaffenen Wesen, sondern er will ihr Leben und ihre Entfaltung. Die Gerechtigkeit im Leben führe die Menschen in die Unvergänglichkeit und Unsterblichkeit, während die Ungerechten und Übeltäter von Gott im Tod ausgelöscht werden. So werden nur die moralisch guten Menschen in die göttliche Welt eingehen, alle bösen Gesetzesbrecher werden dort ausgeschlossen sein. Die göttliche Weisheit wird als persönliches Wesen gesehen, sie trägt deutlich die Züge der ägyptischen Göttin Isis.[47]

Das Buch *Jesus Sirach* hatte eine hebräische Vorlage, diese wurde im 2. Jh. v.Chr. in die griechische Sprache übersetzt. Seine Adressaten und Leser sind bereits mit der griechischen Literatur und Philosophie vertraut. Diese Schrift akzeptiert den politischen Wandel im Land und begrüßt die griechische Kultur und Lebensform. Sie preist aber die Frömmigkeit bzw. die Gottesfurcht als die Wurzel aller Weisheit. Der Autor will den griechischen Juden sagen, dass sich die Treue zur Tora und die griechische Weisheit verbinden lassen. Denn wer im Glauben an den Bundesgott Jahwe verwurzelt ist, muss die Lehren der griechischen Philosophie nicht fürchten.

Deswegen wird die göttliche Weisheit in der jüdischen Tora gepriesen, die göttliche Schöpfung sei voller Wunder. Und in der Geschichte Israels zeige sich die Größe des Bundesgottes Jahwe, doch seine Taten und Werke seien den Menschen unerforschlich. Der Autor erinnert an die großen Gestalten der jüdischen

---

[46] W. Röd, Der Weg I, 230–232.
[47] S. Schroer, Das Buch der Weisheit. In: E. Zenger, Einleitung 396–406.

Geschichte, die als Vorbilder eines aufrechten Glaubens gelebt haben. Dann werden alle Menschen selig gepriesen, die nach der göttlichen Weisheit streben und die im Leben der jüdischen Tora folgen. Die Gerechten glauben an eine universale Schöpfungsordnung, sie wissen sich von einem ewigen Weltgesetz geleitet. Doch die Gottesfurcht verleihe auch den Geringsten im Volk ihre Würde und Größe, sie schenke allen Menschen eine tiefe Geborgenheit bei Gott (10,19–24).

Auch das *Buch der Sprichwörter* verbindet jüdische und griechische Weisheitslehren, es hat einen sehr alten hebräischen Bestand mit griechischen Ergänzungen. Darin ist von einer personifizierten weiblichen Gestalt der Weisheit die Rede, die alles Weltgeschehen lenkt. Bei den Menschen sei die gelebte Weisheit viel wertvoller als Korallen, Gold und Silber. Eine weise Frau übertreffe alle Reichtümer der Welt, sie sei der höchste Schatz des frommen Mannes. Wer dem Gott Jahwe in Demut diene, werde im Leben Glück erfahren und wirtschaftlichen Erfolg haben. Von allen Menschen auf der Suche nach der Weisheit wird gefordert, Gott und die Mitmenschen zu lieben, ja sogar den Gegnern und Feinden mit Wohlwollen zu begegnen (17,13; 20,22; 24,17). Denn wer sich wirklich selbst liebe, der müsse auch für seine Mitmenschen Sorge tragen (31,19). Jeder Mensch sei für seine guten oder bösen Taten selbst verantwortlich, dafür werde er von Gott belohnt oder bestraft.[48]

Im Buch *Kohelet* (Prediger), das im 3. Jh. v.Chr. seine Endredaktion erhielt, finden sich viele Sprüche über das menschliche Glück. Auch darin werden deutlich jüdische Vorstellungen und griechische Lebenslehren mit einander verbunden. Im Blick auf das höchste Gut, das bei Gott liegt, werden alle menschlichen Lebenswerte relativiert. Zunächst erscheine das menschliche Leben sinnlos und leer, wie ein Windhauch vergehe es. Doch durch das Vertrauen auf den Bundesgott Jahwe bekommt jedes Leben seinen Wert und sein Ziel. Die wahre Freude am Leben komme aus der Hand Gottes zu den Menschen (2,24), der religiöse Glaube könne die drohende Sinnlosigkeit des Lebens überwinden. Freilich grenzt sich der Autor auch von der griechischen Glückslehre ab, denn er betont, das Glück sei für uns Menschen nicht machbar, es sei ein Geschenk des Bundesgottes Jahwe.

Auch das *Hohe Lied der Liebe* erhielt erst in der hellenistischen Zeit seine Endgestalt. Aber viel deutlicher ist das griechische Denken in den beiden *Büchern der Makkabäer*. Das erste hatte wohl einen hebräischen Urtext, der aber verloren gegangen ist; die griechische Übersetzung dürfte um 100 v.Chr. entstanden sein, in der Zeit der Hasmonäer-Dynastie.[49] Denn die Glaubenden sollen hoffen, dass Gott sein Volk trotz aller Sünden und der Gewalt von außen retten wird. Das zweite Buch der Makkabäer wurde im 1. Jh. v.Chr. in griechischer Sprache verfasst, es ist keine hebräische Vorlage erkennbar. In ihm sehen wir ein frühes Zeugnis von

---

[48] S. Schroer, Das Buch der Weisheit 396–400.
[49] L. Schwienhorst-Schönberger, Das Buch der Sprichwörter. In: E. Zenger, Einleitung 371–380.

der Hoffnung auf die leibliche Wiederauferstehung der gefallenen Krieger und der gesetzestreuen Gerechten (7,9; 14,37–46).

Diese Schriften aus der hellenistischen Zeit zeigen, wie jüdische Autoren sich bei der Verfassung ihrer Texte oder bei der Endredaktion älterer Texte mit den Lehren der griechischen Kultur auseinander setzten. Zum Grossteil wurden griechische Formen der Weltdeutung positiv aufgenommen, nur bei einigen Texten erkennen wir eine Abgrenzung von griechischen Lehren und Ideen. Wir sehen auch hier die zwei gegenläufigen Tendenzen im Judentum, die zum einen die griechische Kultur positiv rezipierte, die aber zum andern um die eigene jüdische Identität besorgt war. Diese konträren Tendenzen bestimmen in der Begegnung mit fremden Kulturen die gesamte jüdische Geschichte bis in die Moderne.

6 Entstehung der Bibel

Autoritäten und Institutionen

Bibel, Kanon, Heilige Schrift(en)
Für christliche Leser besteht die „Bibel" aus zwei Einheiten, dem Alten und Neuen Testament. Obschon diese beiden wieder eine Anzahl von Schriften enthalten, wird das Ganze, und darin auch das Alte Testament, unterschiedslos als „Heilige Schrift" angesehen, wobei sich „heilig" auf den Inhalt und sogar den Text bezieht. Im Judentum hat es jedoch eine solche „Bibel" nie gegeben und darum ist die im christlich-jüdischen Dialog geläufige Rede von einer „gemeinsamen Heiligen Schrift" eine Fiktion. Gemeinsam sind nur die Texte selbst, deren Wertung bzw. Autorität und deren Verständnis differieren hingegen beträchtlich.

Noch in neutestamentlicher Zeit sprach man in der Regel nur von „Tora (griechisch *nómos*, Gesetz) und Propheten", manchmal dazu auch noch von „Psalmen des David", also noch nicht von einer Einheit, die unserem „Alten Testament" entspricht. Der Ausdruck „Bibel" stammt ohnehin aus dem Griechischen und wurde nur im christlichen Sprachgebrauch üblich, wie man in der Alten Kirche ja überhaupt die griechischen Übersetzungen der biblischen Schriften als Heilige Schrift betrachtete und nicht etwa die hebräischen Texte. Auch die Rede von heiligen Büchern hat sich recht spät vor allem von der hellenistisch-ägyptischen Kultterminologie her und dann im Christentum verbreitet.[1] Und wie es keine jüdische „Bibel" gab, so gab auch keinen „Kanon". Denn auch dieser Begriff stammt aus dem christlichen Sprachgebrauch und bezeichnet dort v.a. ein Korpus *lehrmäßig* verbindlicher Schriften. Im traditionellen Judentum hingegen sind nur die fünf Bücher Mose (der Pentateuch) bzw. die darin enthaltenen Gesetze absolut verbindlich. Die Propheten sind als Weissagungen der Zukunft und als moralisch-religiöse Weisung zwar von Bedeutung, enthalten aber keine Tora. Die „(übrigen) Schriften" wurden als eigenes Korpus erst spät wahrgenommen, und einzelne Schriften bis ins 4. Jh. blieben umstritten; also bis in die Zeit, in der die Kirche ihren Bibelkanon festlegte.

---

[1] O. Wischmeyer, Das heilige Buch im Judentum des Zweiten Tempels. ZNW 86 (1995), 218–242.

Die christlichen Vorstellungen von „der Bibel", von „Kanon" und „kanonisch" und von „der Heiligen Schrift" haben also im Judentum keine Entsprechung. Dennoch werden sie in der Fachliteratur zum antiken Judentum gewohnheitsmäßig verwendet, und nichtbiblische Texte deshalb als „Apokryphen" oder „Pseudepigraphen" abqualifiziert. Sie werden fast durchwegs im Verhältnis von „kanonischen" und „nichtkanonischen" Schriften gewertet und behandelt, und vergleichbare Texte gelten meist als vorgegeben, älter und originaler. Die wissenschaftliche Bearbeitung konzentriert sich daher weithin darauf, die nichtbiblischen Texte als Bearbeitungen einer biblischen Vorlage darzustellen, als deren Auslegung oder als Beispiele für „re-written Bible" oder dergleichen. Das ist nicht zuletzt auch bei der Behandlung der Qumrantexte der Fall, die für die Bibelwissenschaft in jedem Fall zu wichtigen Fortschritten geführt hat. Erst seit einiger Zeit werden die nichtbiblischen Texte auch in ihrem Eigengewicht ernster genommen.[2]

In der alttestamentlichen Wissenschaft befasst sich mit der literarischen Vorgeschichte und Geschichte der biblischen Bücher eine eigene Disziplin, die „Einleitung in das Alte Testament", und manche dieser Einleitungen behandeln anhangweise auch die außerbiblische Literatur der Periode des Zweiten Tempels. Es liegen aber auch umfassendere Darstellungen zur Entstehung der jüdischen und christlichen „Bibel" unter besonderer Berücksichtigung der Qumrantexte vor,[3] und eigene Publikationen stehen überdies zur Einführung in die Textgeschichte und Textkritik zur Verfügung.[4] Im Folgenden geht es nicht um die literarische Entstehungsgeschichte der einzelnen biblischen Bücher, von denen die meisten literarisch nicht aus einem Guss sind, sondern schon eine längere Kompilations- und Redaktionsgeschichte hinter sich hatten, als sie im Sinne autoritativer Schriften in Gebrauch kamen. Es sollen nur die Bedingungen hinterfragt werden, unter denen sie nach und nach zu „biblischen" Schriften werden konnten.

Zuständigkeiten
Historisch betrachtet ist zu allererst nach den Institutionen und Instanzen zu fragen, denen die Kompetenz zuerkannt wurde, etwas als offenbart zu deklarieren.

---

[2] R.A. Kugler, Rethinking the Notion of ‚Scripture' in the Dead Sea Scrolls: Leviticus as a Test Case. In: R. Rendtorff/R.A. Kugler (Hg.), The Book of Leviticus: Composition and Reception. Leiden 2003, 342–357. J.G. Campbell, ‚Rewritten Bible' and ‚Parabiblical Texts': A Terminological and Ideological Critique, in: J.G. Campbell/W.J. Lyons/L.K. Pietersen (Hg.), New Directions in Qumran Studies: Proceedings from the Bristol Colloquium on the Dead Sea Scrolls, 8–10th September 2003. London (Library of Second Temple Studies 52) 2005, 43–68.

[3] M.J. Mulder (Hg.), Mikra, Assen (CRINT) 1988. M. Sæbø (Hg.), Hebrew Bible/Old Testament. The History of Its Interpretation, Vol. I. From the Beginnings to the Middle Ages, Part 1: Antiquity. Göttingen 1996, 33–48. J.L. Kugel, Traditions of the Bible. A Guide to the Bible as it was at the start of the Common Era. Cambridge/Mass. 1998. J. Trebolle Barrera, The Jewish Bible and the Christian Bible. An introduction to the history of the Bible. Leiden 1998.

[4] E. Würthwein, Der Text des Alten Testaments. Stuttgart 1988. J.L. Sharpe/K. van Kampen (Hg.), The Bible as Book. The Manuscript Tradition. London 1998. E. Tov, Der Text der Hebräischen Bibel. Handbuch der Textkritik. Stuttgart 1996.

Und es gilt, Beweggründe und Zweckbestimmungen zu benennen, die dazu geführt haben, dass ein Text als „offenbart" etikettiert und gewertet wurde. Dabei haben in vorexilischer Zeit zwei Institutionen eine maßgebliche Rolle gespielt: das Heiligtum der Residenzstadt mit dem Kultpersonal, und der Königshof mit seinen politischen und militärischen Einrichtungen. Eine israelitische Besonderheit war die Verklammerung beider Bereiche durch ein administratives Personal, die „Leviten". Sie galten mit und neben den Priestern genealogisch als Teil des Kultdienerstammes Levi und waren sowohl im Kultdienst wie in der kultischen und staatlichen Administration vertreten. Diese Konstruktion spiegelt jene nachexilischen Verhältnisse, die institutionell und ideologisch/theologisch das Judentum nachhaltig bestimmt haben.

Heiligtum und Königshof waren administrativ und politisch zwar miteinander eng verflochten, verfolgten aber auch Eigeninteressen und konkurrierten machtpolitisch. Für das Kultpersonal, das zum größeren Teil aus Leviten und zum kleineren Teil aus Priestern bestand, gewährleistete die genealogische Definition zusammen mit der Institution des Heiligtums ein hohes Maß an Kontinuität. Der Königshof erwies sich dem gegenüber trotz der davidisch-dynastischen Erbfolge in Juda als weniger konstant, denn er war stärker von außenpolitischen und innenpolitischen Faktoren abhängig. Und mit dem Untergang des Reiches Juda im Jahr 586 v.Chr. verlor die davidisch-dynastische Komponente im Gegensatz zur kultischen ihre faktische Bedeutung weitgehend. In der Zeit des Exils konnte die exilierte Jerusalemer Kultdienerschaft frei von der altisraelitisch-altjudäischen Volksreligion und ohne Konkurrenz anderer Heiligtümer als ausgesprochene Elitereligion ganz nach eigenen Traditionen und Zielvorstellungen reformieren und organisieren. Das nachexilische Judentum ist das Produkt dieser exilisch-nachexilischen Gemeinschaft. Nach vergeblichen Bemühungen um eine davidische Restauration kam es unter persischer Oberherrschaft schließlich zu einer Vereinigung der politischen und kultischen Kompetenzen in der Hand des Hohenpriesters. Die Heimkehrergemeinschaft hat versucht, die eigenen Auffassungen und Praktiken allen aufzuzwingen, und wo dies nicht gelang, wie im Fall der Samaritaner, hat sie sich von der Landesbevölkerung konsequent abgegrenzt. Unter diesem Vorzeichen kam es zur Sichtung und Neufassung alter literarischer und mündlicher Traditionen, wobei auch die „biblischen" Schriften ihre uns überlieferte Gestalt erhalten haben. Dabei waren natürlich in erster Linie die Schreiber des Heiligtums am Werk, doch handelte es sich nicht um einlinige Entwicklungen und einheitliche Prozesse. Das Kultpersonal war sich nämlich von früh an in manchen Belangen uneins und es kam auch immer zu Machtkämpfen innerhalb der maßgeblichen Familien. Auf solche Vorgänge weisen nicht nur innerbiblische Differenzen und Widersprüche in priesterlichen Überlieferungen hin, auch außerbiblische Quellen belegen eine konfliktreiche Geschichte, vor allem die Textfunde am Toten Meer (Qumran) haben diesbezüglich ein deutlicheres Bild vermittelt. Die Bibelwissenschaft hat gern die Konflikte zwischen levitischem Kultpersonal und Priestern hervorgekehrt. Solche Spannungen hat es zwar gegeben, aber maßgeblicher war doch das gemeinsame Interesse, das auf der kultischen Abgabenorganisation beruhte, dank der die Kultdienerschaft insgesamt eine beherrschende ökonomisch-soziale Position einnahm.

Was von den Traditionen als überlieferungswürdig und brauchbar zu werten war, wurde also vor allem in den fachkundigen Kreisen am Heiligtum zu Jerusalem entschieden. Der Kultapparat des Zweiten Tempels, der infolge des staatlich geförderten kultischen Abgabenwesens eine beherrschende soziologisch-ökonomische erlangen konnte, erforderte eine umfangreiche Bürokratie, deren Personal zum größten Teil aus den „Leviten" bestand. Zu den Agenda dieser Institution gehörte auch das städtische und höhere Rechtswesen, dessen Organisation von der deuteronomischen Tradition her bestimmt war. Und zwar gemäß Dt 16,18–20 (vgl. 11Q19 51,11–16), Dt 17,8–13 (vgl. 11Q19 LVI,1–11) und Dt 1,9ff (im samaritanischen Pentateuch mit ihrer besonderen Variante; vgl. auch 1Q22 II,7ff). In 2Chr 19,4–11 wird es als Anliegen einer Reform des Königs Jehosafat dargestellt, in der Szene von Ex 18 wird es anhand der Mosefigur veranschaulicht. Demnach sind in den städtischen Zentren Gerichtshöfe, und für schwierige Fälle eine Höchstinstanz am Heiligtum einzurichten.[5] Die unteren Instanzen urteilen nach geltendem Recht, die Höchstinstanz entscheidet schwierige Fälle. Nicht zuletzt Fälle, für die keine Rechtsnormen vorlagen, so dass mit dem Urteil auch ein neues Gesetz proklamiert wurde. Für diese Höchstinstanz wurde absolut verbindliche Autorität in Anspruch genommen, und zwar im Sinne direkter Offenbarung durch einen priesterlichen „Propheten wie Mose", der im Heiligtum die Gottheit im Rahmen einer orakelartigen Prozedur befragte, die göttliche Entscheidung dem Höchstgericht mitteilte, das danach das Urteil bzw. die entsprechende Anweisung proklamierte, und zwar ohne Widerspruchsmöglichkeit, als absolut verbindliche Offenbarung. Diese gleichermaßen judikative wie legislative Kompetenz war von weitreichendem rechts- und machtpolitischem Gewicht, und daher war die Position dieses „Propheten wie Mose" von früh an im Spannungsfeld zwischen politischen und kultischen Interessen umstritten. Derartige offenbarten Regelungen nannte man *tôrah*, absolut verbindliche Anweisung, ursprünglich wohl nur kultische Belange betreffend, aber schon in der späten Königszeit auch auf andere Bereiche ausgeweitet. Die Erzählungen im Pentateuch, in denen Mose ins Heiligtum geht, um anstehende offene Fragen durch direkte Befragung der Gottheit zu klären, illustrieren das dahinter stehende institutionalisierte Verfahren.[6]

Auch der „Prophet wie Mose" erfragt jeweils im Heiligtum vor Gott zu konkreten Sachverhalten eine (neue) Entscheidung, während der Hohepriester so wie Aaron an das Ritual gebunden ist und nur zu den vorgeschriebenen Anlässen eintreten darf. „Mose" offenbart bislang „verborgene" Tora, „Aaron" hingegen verwaltet und repräsentiert die offenbarte Tora.

---

[5] Siehe dazu F. Crüsemann, Die Tora. München 1992, 113–121. Zu den Funktionen der Heiligtümer in vorexilischer Zeit s. B. Herr, „Deinem Haus gebührt Heiligkeit, Jhwh, alle Tage". Typen und Funktionen von Sakralbauten im vorexilischen Israel. Berlin (BBB 124) 2000, 81–146.

[6] Siehe dazu F. Crüsemann, Die Tora 76–113.

Man hat in der christlichen Auslegungstradition den „Propheten wie Mose" aus Dt 18 als endzeitliche Figur verstanden und daher gründlich missdeutet. Der biblische Text selbst und die genannten, sachlich dazu gehörigen Passagen setzen eine Institution voraus, die je und je nach Bedarf zur Verfügung steht und die bei den Nichtjuden üblichen Wahrsagemethoden ersetzt. Demgemäß konnte auch von einer je und je geltenden und von einer (jeweils) letzten Niederschrift der (offenbarten) Tora die Rede sein, was nichts mit dem Pentateuch zu tun haben musste. Die geläufige Annahme, dass „Tora" nur im Pentateuch zu finden sei, hat das Verständnis dieses Sachverhalts lange und weithin verhindert. Die Einfügung dieses Schemas in Ex 18 – direkt vor der Sinaioffenbarung – sollte die Autorität der Tora als Inbegriff des Gotteswillens schlechthin demonstrieren: die Tora ist in ihrer Gesamtheit vorzeitlich, bei Gott „verborgen", liegt nur soweit „offenbart" vor, als es die Verhältnisse erfordern. Die Tora ist die Ordnung der Schöpfung, vollkommen, und die Lebensordnung Israels (Ps 19). Ex 18 führt auch die oberste Tora-Kompetenz des Mose vor Augen, wobei „Mose" nicht als historische Gestalt, sondern als Chiffre für eine institutionalisierte Form direkter Offenbarungsvorgänge und für absolut verbindliche legislative Offenbarung zu verstehen ist.

Im Lauf der Zeit wurden auch ganze Rechtssammlungen mit dem Namen des Mose verknüpft. Die Beweggründe konnten variieren. Es konnte das Ergebnis eines Kompromisses sein, aber auch die programmatische Anmeldung der umfassenden priesterlich-levitischen Rechts-Kompetenz signalisieren, mit der Folge, dass Spätere darin althergebrachtes, verbindliches Recht erblicken mussten.

Es gibt Hinweise darauf, dass die Institution eines „Propheten wie Mose" am Heiligtum in Jerusalem bis ins 2. Jh. v.Chr. ihren Platz hatte, so wie es noch Josephus in Ant IV,218 bei der Wiedergabe von Dt 18, 15–19 präziser definiert und als selbstverständlich vorausgesetzt hat. Er nannte nämlich als Mitglied der Höchstinstanz am Heiligtum neben Hohepriester und Notablengremium (*gerusia*) ausdrücklich auch „den Propheten".

(a) Laut Esra 2,63 wurde der Statthalter wegen der problematischen Zugehörigkeit einer bestimmten Sippe zur Priesterschaft angefragt. Der (jüdische!) Statthalter traf aber nur eine vorläufige Entscheidung, gültig bis zum –Amtsantritt eines Urim-Tummim-Priesters, was eine letztentscheidende, priesterliche Instanz am Heiligtum voraussetzt.[7]

(b) Ein weiterer Beleg liegt 1 Makk 4,41–47 vor, wo auch die Differenz zwischen „Verborgenem" (4,44–46) und „Offenbartem" (4,47) veranschaulicht wird: Judas Makkabäus *suchte nun makellose, torawillige Priester aus, (43) die das Heiligtum reinigten und die Steine der Verunreinigung an einen unreinen Ort schafften. (44) Danach beriet man über den verunreinigten Brandopferaltar, wie*

---

[7] Einen Konfliktfall im Zusammenhang mit einem Propheten in einem einzelnen Stamm setzt der Qumrantext 4Q375 Frg. 1 i–ii voraus. Seine Zuverlässigkeit wird am Heiligtum durch die priesterliche Höchstinstanz entschieden, mittels eines Orakel-Rituals, das der „gesalbte Priester" durchführt.

mit ihm zu verfahren sei. (45) Dabei kam ihnen der treffliche Ratschluß in den Sinn, ihn abzureißen, damit ihnen nicht zur Schande gereichen könne, dass die Nichtjuden ihn verunreinigt hatten. Daher rissen sie den Altar ab (46) und deponierten die Steine auf dem Tempelberg an einem geeigneten Ort bis zum Vorhandensein eines Propheten, der über sie entscheiden könne. Um 165 v.Chr. konnte also kein Prophet („wie Mose") befragt werden, und zwar wahrscheinlich deshalb, weil der vorhandene *môreh çädäq* („Lehrer der Gerechtigkeit", genauer: „Rechts-Anweiser") von der Richtung, die nun das Sagen hatte, nicht anerkannt worden ist. Aber man setzte noch voraus, dass das Amt irgendwann wieder mit einem anerkannten Kandidaten besetzt werden soll.

(c) Ebenso in 1 Makk 14,41ff, wo es allerdings nicht um eine ritualgesetzliche, sondern um eine verfassungsrechtliche Frage ging. Die Volksversammlung von 141 v.Chr. hatte den siegreichen Simon Makkabäus als Inhaber einer erblichen Regentschaft und Hohepriesterwürde eingesetzt, dies aber zeitlich begrenzt: (41) bis zum Amtsantritt eines „betrauten Propheten", und das heißt, man übertrug dem Simon die dritte mosaische Funktion, die Torakompetenz, nicht. Hinter dem Ausdruck „betraut" (*pistos*) steht das hebräische *nä^{a}man* im Sinne von Num 12,7: *Nicht aber so mein Diener Mose: in meinem ganze Hause ist er betraut.* Es handelt sich nicht um das Motiv der Erwartung eines endzeitlichen Propheten, sondern um die Funktion des legislativen Toraoffenbarers à la Mose. Allem Anschein nach ist der letzte Amtsinhaber, der *môreh ha-çädäq* der Qumrantexte, bald nach 141 v.Chr. (ca. 138) verstorben; und die Hasmonäer hatten kein Interesse daran, das Amt wieder zu besetzen, was eine Verfassungsänderung bedeutete, mit der die Möglichkeit, neue Tora zu offenbaren, aufgehoben war.[8]

Bald danach kam es noch einmal zu einer verfassungsrechtlichen Zäsur von weitreichender Bedeutung. Die Tatsache, dass die Hasmonäer die Funktionen des Hohenpriesters und des Regenten verbunden haben, hat auf der laien-orientierten pharisäischen Seite Bedenken ausgelöst, aber kaum unter Priestern, denn für sie war der Vorrang für „Levi" selbstverständlich. Auch in den Qumrantexten ist entgegen früheren Vermutungen keinerlei Kritik an der Kombination der beiden Ämter feststellbar. Anders verhält es sich mit dem Amt des Torapropheten. Obwohl man priesterliche und prophetische Funktionen traditionell miteinander verbunden hat, und speziell dem Hohepriester prophetische Fähigkeiten zugesprochen wurden, darf man dies nicht mit der Prophetie à la Mose vermengen. Die ganze jüdische Tradition unterstreicht dementsprechend den Unterschied zwischen Normalprophetie und der einzigartigen „Prophetie des Mose" nachdrücklich.

Was die Hasmonäer ab 141 v.Chr. und offenbar besonders unter Johannes Hyrkan anstrebten, war nicht weniger als die Verbindung aller drei Funktionen des Mose in einer Hand, und das vermochten sie nicht durchzusetzen. Josephus hat in Ant III, 218 mit dem Tod des Johannes Hyrkan zwei gewichtige Zäsuren

---

[8] J. Maier, Der Lehrer der Gerechtigkeit. Münster (Franz-Delitzsch-Vorlesung) 1995.

verbunden, den Übergang zur monarchischen Verfassung und die Abschaffung des Orakels der Urim und Tummim. Da dieses Orakel der Urim und Tummim wahrscheinlich wenigstens teilweise auch mit Toraentscheidungen zu tun hatte, zumindest in Fragen, die mit Ja oder Nein beantwortet werden konnten, bedeutet diese Abschaffung zweierlei: (a) Der König wird vor der Peinlichkeit oder Anmaßung bewahrt, als gleichzeitig amtierender Hohepriester seine eigenen politisch-militärischen Entscheidungen mittels eines Orakelpriesters rechtfertigen zu müssen oder können, sich dadurch gewissermaßen auch selbst zu kontrollieren. (b) Da das Amt des Torapropheten nicht mehr existierte, war eine priesterlich kontrollierte höchstrichterliche Entscheidung nicht mehr möglich und jede weitere neue Tora-Erteilung ausgeschlossen. In der Richtung hinter den Qumrantexten nahm man an (CD XX, 15), dass nach dem Tod des *môreh ha-çädäq* nur mehr 40 Jahre bis zum Beginn der ersten Endzeitperiode (ca. 98 v.Chr.) vergehen würden. Dann sollte die korrekte Verfassung mit Tora-Prophet, Hohepriester und Herrscher wieder in Kraft treten. Daher verfügte man, dass bis dahin alles auf der Basis der vorliegenden („offenbaren") Gesetze geregelt werden solle. So auch 1QS IX, 10–11: *Und keinerlei Beschluss der Tora sollen sie verlassen, um zu wandeln (10) in all der Verstocktheit ihres Herzens, und sie sollen anhand der alten Gesetze gerichtet werden, mit denen die Männer der Einung begonnen hatten, sich zu disziplinieren, (11) bis zum Amtsantritt eines Propheten und der Gesalbten Aarons und Israels.* Mit anderen Worten: bis zum Wiederinkrafttreten der Verfassungsform, die durch einen Hohepriester, einen Herrscher und einen (Tora-)Propheten an der Spitze repräsentiert wird.

In der Folge mussten die vorhandenen Tora-Niederschriften automatisch an Bedeutung gewinnen und traten gewissermaßen an die Stelle der alten Höchstinstanz. Vor allem schriftliche Tora-Fassungen, die allgemeine Anerkennung genossen, und speziell jene in dem Schriftkorpus, das schon seit der späten persischen Zeit als Basis der jüdischen Autonomie galt: die im Pentateuch niedergeschriebene Tora. Die Zunahme der nachweisbaren Qumran-Exemplare von Pentateuchtexten seit diesem Verfassungswechsel passt zu diesem Befund (Kap. 7).

Sprache, Schrift, Schriftrollen und Schreiber

Die meisten biblischen Schriften sind in hebräischer Sprache abgefasst worden, nur wenige Teile auf (Biblisch-) Aramäisch (Dan 2,4–7,28; Esra 4,8–6,18). Da die Texte aus einem langen Zeitraum stammen und ganz unterschiedliche Literaturarten repräsentieren, ist der sprachliche und sprachgeschichtliche Befund einerseits recht unterschiedlich, andrerseits infolge der ständigen Bearbeitungs- und Aktualisierungsvorgänge auch wieder verwischt. Was alt und spät ist, lässt sich darum nicht immer eindeutig festlegen. Je gewichtiger ein Text eingeschätzt wurde, desto mehr wurde er der Sprache der Zeit angepasst. Zuletzt waren es die Masoreten des Mittelalters, die jene Textgestalt festgeschrieben haben, die unserer Bibel zugrunde liegt.

Für das Hebräische wurde in alter Zeit die althebräische bzw. phönizische Schrift verwendet. In nachexilischer Zeit, unter der Perserherrschaft, wurde das Aramäische zur Reichssprache und die Juden übernahmen allmählich die aramäische Schrift auch für das Hebräische. Dennoch wurden noch bis in neutestamentliche Zeit Texte in der alten Schrift kopiert; in manchen Texten wurde nur mehr der Gottesname JHWH so geschrieben. Es fällt ins Auge, dass vor allem Pentateuchtexte so geschrieben wurden.[9] Da auch hasmonäische Münzen und jüdische Münzen aus der Zeit der Aufstände gegen Rom (66–70 und 132–135 n.Chr.) althebräische Legenden aufweisen, darf man annehmen, dass diese alte Schrift als spezifisch jüdisch gegolten hat.

Man schrieb nur die Konsonanten, die Vokale, die die Bedeutung der Wörter variieren, wurden nur teilweise und ohne feste Regeln durch bestimmte Konsonanten (v. a. *j* für i, *w* für o/u) angezeigt. Erst im frühen Mittelalter wurden Systeme zur Festsetzung der Vokalisierung entworfen, wobei manchmal auch eine von zwei möglichen Deutungen festgelegt wurde.

Die Unterschiede in der Schrift und in der Form der Buchstaben waren weitgehend durch feste Schreibertraditionen bestimmt. Man kann Änderungen zeitlich ordnen und damit eine relative Chronologie der schriftlichen Zeugnisse erstellen, freilich mit einer gewissen Grauzone, denn Neuerungen setzten sich ja nicht sofort allgemein durch, weil alte und junge Schreiber manchmal längere Zeit nebeneinander gewirkt haben. Nur auf Grund datierter Urkunden ergibt sich die Möglichkeit zu einer „absoluten" Chronologie der Schriftphasen, sofern ausreichendes Vergleichsmaterial vorliegt. Eigentümlicherweise ist für die ältere, die persische Zeit, mehr datiertes Vergleichsmaterial erhalten als für das 2. und frühe 1. Jh. v.Chr. Seit dem Beginn der jüdischen Münzprägung unter dem Hasmonäer Johannes Hyrkan (134–104 v.Chr.) sind gewisse zusätzliche Anhaltspunkte gegeben. Von entscheidender Bedeutung sind die Funde in den Höhlen von Qumran mit (vorwiegend Kopien von) Texten aus der Zeit zwischen ca. 250 v.Chr. bis 68 n.Chr. Allerdings handelt es sich nicht um datierte Dokumente und daher muss das Schriftalter anhand der Schriftmerkmale erschlossen werden. Ausreichend fest datiertes Vergleichsmaterial ist erst wieder für das 1.–2. Jh. n.Chr. erhalten, und zwar dank der Funde in der Wüste Juda, die nicht mit den Qumranfunden gleichzusetzen sind.

Man unterscheidet meist eine „archaische" Periode der hebräischen (formalen und kursiven) Schrift zwischen 250 und 150 v.Chr., eine hasmonäische Schrift zwischen 150–ca. 40/30 v.Chr., und eine herodianische zwischen 40/30 v.Chr. bis 70 n.Chr. (früh-herodianisch für die Zeit bis ca. 6 n.Chr., spätherodianisch für den Rest der Periode). Vielleicht muss man die großen politischen Machtwechsel

---

[9] Nicht pentateuchisch sind von 10 Handschriftenresten nur zwei (4Q101 = 4paleoJob^c und 4Q123 = 4QpaleoparaJosh). Dazu s. E. Ulrich, The Paleo-Hebrew Biblical Manuscripts from Qumran Cave 4. In: D. Dimant/L.H. Schiffman, Time to Prepare he Way in the Wilderness. Leiden (STDJ 16) 1995, 103–130.

und den durch sie bedingten Wandel in den Schreiberschulen stärker ins Kalkül ziehen. So den Wechsel von der ptolemäischen zur seleukidischen Herrschaft um 200 v.Chr. Auch für die Ausprägung einer hasmonäischen Schrift hat sich vielleicht doch erst in der Zeit ab 141 v.Chr. eine angemessene Basis ergeben. Der Übergang zur römischen Oberherrschaft 63 v.Chr. leitete allem Anschein nach auch eine Übergangsphase zu einer Schreiberpraxis ein, die dann unter der langen Regierung des Königs Herodes in der herodianischen Schönschrift ihren Höhepunkt erreichte. Nicht alle Gruppen haben mit ihren Schreibern einen solchen Wechsel gleichzeitig mitgemacht, denn außer der generationsbedingten zeitlichen Überlappung von Schreibergewohnheiten gab es wohl auch gruppenbedingtes Beharren an alten Gewohnheiten, obschon bisher keine strikt gruppenspezifischen Schrifttypen festgestellt werden konnten, das heißt, dass auch in Bezug auf Qumrantexte auf diese Weise nicht zwischen Exemplaren interner und externer Herkunft unterschieden werden kann.

Manche der früh datierten biblischen Handschriftenkopien aus Qumran könnten noch älter sein, als in der Regel angegeben wird. Genauere Hinweise ergeben sich nur durch die physikalische Bestimmung des Materialalters, auch wenn dann und wann ein Text auf älterem Material kopiert worden sein mag. Die Zahl der bisherigen (zeit- und kostenintensiven) Untersuchungen reicht noch nicht aus, um ein ganz sicheres Urteil zu fällen.[10] In mehreren Fällen der späthasmonäisch-herodianisch datierten Handschriften ist hingegen eine Herabsetzung des Alters um ein bis eineinhalb Jahrzehnte im Gespräch. Für die meisten Fälle hat sich jedoch eine erstaunlich deutliche Bestätigung der paläographischen Datierungen ergeben.

Das Griechische ist im 3.–2. Jh. nicht nur in der griechischsprachigen jüdischen Diaspora, sondern auch in Judäa in einem gewissen Ausmaß verwendet worden. Seit den Qumranfunden weiß man, dass die griechische Übersetzung des Pentateuchs (und danach auch weiterer biblischer Bücher), die in Alexandrien im 3. Jh. erstellt worden war, keine Sache der Diasporajuden allein war. Unter den Qumranfragmenten fanden sich Reste von griechischen Pentateuchübersetzungen aus dem späten 3. und 2. Jh. v.Chr. Dennoch dürfte das Griechische in der jüdischen literarischen Tradition Palästinas nur begrenzte Bedeutung gehabt haben, weil das Hebräische und Aramäische für die literarische Produktion vorgezogen wurden. Dies hatte seinen Grund aber weniger in einer feindseligen, „antihellenistischen" Einstellung, sondern in den Voraussetzungen der Bildungstraditionen und in der starken Ähnlichkeit der beiden „einheimischen" Sprachen, die zudem in ein und derselben Schrift geschrieben wurden. Nicht zuletzt ist zu bedenken, dass Kenntnisse des Griechischen, die für Alltags- und Geschäftsangelegenheiten ausreichten, noch lange nicht die Fähigkeit oder den Willen zur Lektüre griechischer Literatur voraussetzen. Und selbst für die Mehr-

---

[10] R. Van de Water, Reconsidering Palaeographic and Radiocarbonic Dating of the Dead Sea Scrolls. Revue de Qumran 19,75 (2000), 423–439.

heit der Aramäisch sprechenden Juden sollte man das Maß der Lesefähigkeit und Belesenheit nicht überschätzen.[11]

Im Rahmen der Qumranfunde spielen griechische Übersetzungen biblischer Bücher zwar zahlenmäßig nur eine geringe Rolle. Doch handelt es sich in einem Fall um ein sehr frühes Zeugnis, und insgesamt um einen bemerkenswerten Hinweis darauf, dass in dieser Tradition das Griechische zwar sicher als fremde Sprache gegolten hat, nicht aber so negativ beurteilt wurde, wie man auf Grund des gängigen Geschichtsbildes annehmen könnte, das immer noch durch die hasmonäische Propaganda bestimmt wird, wonach das Judentum unter Antiochus IV. sich einer gewaltsamen Hellenisierung erwehren musste. Reste von 6 Handschriften aus der Höhle 4 und von 19 Papyri aus der Höhle 7 weisen vielmehr darauf hin, dass selbst in so konservativ-priesterlichen Kreisen die Verwendung des Griechischen nicht verpönt war. Im Unterschied zu den Funden in der Wüste Juda aus dem ausgehenden 1. und aus dem 2. Jh. n.Chr. enthalten die Qumrantexte freilich keine Zeugnisse für den Alltagsgebrauch des Griechischen innerhalb der dahinter stehenden Gruppe.[12] Doch gilt es zu bedenken, dass unter den Qumrantexten solche Dokumente sowieso kaum vertreten sind; die wenigen vorhandenen sind nämlich aus Versehen dazu geraten und gehören zu den Funden aus der Wüste Juda aus der Zeit nach 70 n.Chr.

Geschrieben wurde vorzugsweise auf zugeschnittenen Lederstücken, die man zu Schriftrollen aneinander nähte. Und zwar zu Rollen ganz unterschiedlichen Formats und stark variierender Länge; unter den Qumranschriften gab es einzelne, die ursprünglich sogar über 25 m lang waren. Papyrus, ein sehr brüchiges Material, wurde hingegen für längere Texte selten verwendet. Man schrieb den Text in Kolumnen auf die Rolle, meist in etwa gleichem Ausmaß und in gleicher Zeilenzahl. Diese Buch- und Schreibtechnik ist anhand der Qumrantexte gründlich untersucht worden.[13] Für biblische Schriften sind im Unterschied zur späteren, rabbinischen Schreiberpraxis keine Besonderheiten festzustellen. Doch fällt auf, dass manche (aber nicht nur biblische!) Texte auf Rollen von vergleichsweise großem Format kopiert worden sind, sozusagen im Luxusformat. Aber es gab auch Mini-Schriftrollen von weniger als 10 cm Höhe, etwa für das Hohelied Salomos, die Klagelieder, und für das Buch Ruth.

---

[11] I.M. Young, Israelite Literacy: Interpreting the Evidence, VT 48 (1998), 239–253; 408–422; A.R. Millard, Pergament und Papyrus, Tafeln und Ton. Lesen und Schreiben zur Zeit Jesu. Gießen, 2000. P.S. Alexander, Literacy among Jews in Second Temple Palestine: Reflections an the Evidence from Qumran. In: M.F.J. Baasten/W.Th. van Peursen (Hg.), Hamlet on a Hill: Semitic and Greek Studies Presented to Professor T. Muraoka on the Occasion of His Sixty-Fifth Birthday, presented to T. Muraoka. Leuven (Orientalia Lovaniensia Analecta 118) 2003, 3–24. M. Bar-Ilan, Literacy among the Jews in Antiquity. Hebrew Studies 44, 2003, 217–222. J. van Oorschot, Weisheit in Israel und im frühen Judentum. VuF 48 (2003), 59–89.

[12] E. Tov, Greek Texts from the Judean Desert. The Qumran Chronicle 8, 1999, 161–168.

[13] E. Tov, Scribal Practices and Approaches Reflected in the Texts Found in the Judean Desert. Leiden/Boston (STDJ 54) 2004.

Die Schreiber

Die kulturelle und öffentliche Rolle

Die Schreibkunst war in alter Zeit selbst in den oberen Schichten nicht weit verbreitet, sie war Sache von Spezialisten, hebräisch einfach „Schreiber"genannt. Innerhalb der Schreibkundigen gab es je nach dem Betätigungsfeld beträchtliche Niveauunterschiede. In unserem Kontext sind nicht die gewöhnlichen Schreiber von Interesse, die für Unkundige Schriftstücke lasen oder anfertigten, sondern jene, die an den maßgeblichen Institutionen wirkten und in der Regel auch wohl aus deren Schreiberschulen hervorgegangen sind. Man bezeichnet sie gern als „Schriftgelehrte", was den unzutreffenden Eindruck erwecken kann, es handle sich insbesondere um Experten der „Heiligen Schrift".[14] Je nach dem Aufgabenbereich konnten solche Schreiber im Dienst dieser Institutionen (Staat bzw. Hof, Tempel) einen weit reichenden Einfluss im öffentlichen Leben ausüben, in jedem Fall bestimmten sie die kulturell-literarische Tradition über ihre jeweiligen engeren Wirkungskreise hinaus, wie man auch an den gemeinsamen Schreiberpraktiken erkennen kann.

Selbstverständlich gab es in vorexilischer Zeit auch am königlichen Hof zu Jerusalem wie in der Umwelt eine Schreibertradition und die königliche Verwaltung war auch im ganzen Land auf die Dienste von Schreibern angewiesen. Ganz abgesehen davon, dass es eine Tradition gab, die den „weisen König" als Idealbild des Herrschers beschrieb.[15] Diese Schreiber unterschieden sich in ihren Berufsbildern wohl kaum wesentlich von ihren Kollegen in anderen Ländern des Alten Orients,[16] und man darf annehmen, dass ihnen auch Bildungstraditionen der Umwelt weitgehend bekannt waren. Hinweise darauf geben die allgemeine Spruchliteratur oder die vielfältige Bearbeitung des Genres und Themas der Hofintrige, besonders weit verbreitet in Form des Achikar-Romans, innerhalb der Bibel im Esterbuch und in Daniel 1–6 vertreten, unter den Qumrantexten mit 4Q550.[17]

Natürlich haben israelitisch-jüdische Schreiber durch spezielle religiöse Faktoren und Funktionen ein Eigenprofil erhalten. Im staatlichen Bereich gab es in Verbindung mit der Administration auch kultisch-religiöse Belange zu versorgen, und auch im Rechtswesen dürfte sich mit der Entwicklung der Konzeptionen von

---

[14] H.-F. Weiß, Schriftgelehrte I. Judentum, II. NT. Theologische Realenzyklopädie 30, 1999, 511–516; 516–520.

[15] L. Kalugila, The Wise King. Studies in Royal Wisdom as Divine Revelation in the Old Testament and its Environment, (CB.OT 15) 1980. St. Wälchli, Der weise König Salomo. Eine Studie zu den Erzählungen von der Weisheit Salomos in ihrem alttestamentlichen und altorientalischen Kontext. Stuttgart (BWANT 141) 1999.

[16] J.G. Gammie/L.G. Perdue (Hg.), The Sage in Israel and the Ancient Near East, Winona Lake 1990. D.W. Jamieson-Drake, Scribes and Schools in Monarchic Judah. A socio-archaeological approach. Sheffield (JSOT.S 109) 1991. L.G. Perdue (Hg.), Scribes, Sages and Seers. The Sage in the Mediterranean World. Göttingen (FRLANT 219) 2007.

[17] I.M. Wills, The Jew in the Court of the Foreign King. Ancient Jewish Court Legends. Minneapolis 1990.

der Tora eine besondere Note herausgebildet haben.[18] Für die Bereiche des Rechts, die offizielle Geschichtsschreibung und für andere, abgrenzbare Aufgaben hat es wahrscheinlich Spezialisten gegeben, aus deren Kreis entsprechende Ämter im Rahmen der vorexilischen höfisch-staatlichen Ordnung und nach dem Exil im Rahmen der hierokratischen Ordnung des Zweiten Tempels besetzt wurden.

Ebenso selbstverständlich ist die Annahme, dass der Tempel mit seinem Verwaltungsapparat über eine Schreibertradition verfügte, und auch die Priesterschaft verfügte offenbar über Spezialisten, die für die Niederschrift der Daten sorgten, die in ihrem Interessenbereich von besonderem Belang waren. Dazu gehörten außer dem kultischen Recht und den einzelnen Ritualen Genealogien, deren Konstruktion und Ausweitung automatisch eine streng periodisierende Geschichtsdarstellung nach sich zog. Ein weiteres Spezialgebiet dürfte das Kalenderwesen und die Chronographie gewesen sein, für die Kultordnung unerlässlich und für eine periodisierende Geschichtsschreibung von weit reichender Bedeutung.[19] Kein Wunder also, dass es unterschiedliche chronographische Entwürfe gab, die auf verschiedenen Kalender- und Zeitrechnungssystemen beruhten.

Wieweit solche Traditionen und Schulen in diesem Dualismus der beiden maßgeblichen Institutionen Hof und Heiligtum zusammengewirkt haben, sei hier dahingestellt. Sie dienten jedenfalls unterschiedlichen und manchmal auch gegensätzlichen Interessen. Eine Verklammerung bildeten wahrscheinlich jene Elemente, die als „levitisch" etikettiert wurden und in der Administration, in der Rechtspflege und im Kultdienst ihren Platz hatten.[20] Auch im militärisch-administrativen Bereich spielten sie eine Rolle, wie überhaupt Heer und Kult zahlreiche organisatorische und terminologische Parallelen aufweisen.[21]

Schreiber waren jedenfalls nicht bloß Schreibkundige, denen man diktierte und die irgendwelche Vorlagen kopierten, sie stellten die kreative kulturelle Eliteschicht dar.[22] Aber nicht so sehr im Sinne individueller Bildungsträger, sondern als

---

[18] E.J. Schnabel, Law and Wisdom from Ben Sira to Paul. A Tradition Historical Enquiry into the Relation of Law, Wisdom, and Ethics. Tübingen 1985.

[19] J. Maier, Die Qumran-Essener, Bd. 3. München 1996, 10–110.

[20] G.W. Ahlström, Royal Administration and National Religion in Ancient Israel. Leiden 1982; U. Dahmen, Leviten und Priester im Deuteronomium. Literarkritische und redaktionsgeschichtliche Studien. Bodenheim (BBB 110) 1996. C. Werman, Levi and Levites in the Second Temple Period, DSD 4 (1997), 211–225. E. Otto, Die post-deuteronomistische Levitisierung des Deuteronomiums. Zu einem Buch von Ulrich Dahmen. ZABR 5 (1999), 277–284. R. Achenbach, Levitische Priester und Leviten im Deuteronomium. Überlegungen zur sog. „Levitisierung" des Priestertums. ZABR 5 (1999), 285–309. J. Schaper, Priester und Leviten im achämenidischen Juda: Studien zur Kult- und Sozialgeschichte Israels in persischer Zeit. Tübingen (FzAT 31) 2000; A. Labahn, Antitheocratic Tendencies in Chronicles. In: R. Albertz/B. Becking (Hg.), Yahwism after the Exile: Perspectives an Israelite Religion in the Persian Era. Assen (STAR 5) 2003, 115–135 (Die Deutung als „antitheokratische" Tendenz ist aber nur einer von zwei gleichzeitigen Stoßrichtungen, die andere ist durchaus theokratisch im Interesse des gesamten Kultpersonals.).

[21] J.R. Spencer, PQD, the Levites, and Numbers 1–4. ZAW 110 (1998), 535–546.

[22] R.F. Person, The Ancient Israelite Scribe as Performer. Journal of Biblical Literature 117 (1998), 601–609.

Experten der herrschenden Oberschicht, meistens wohl Angehörige von Familien, in denen die Schreibertraditionen von alters her kontinuierlich gepflegt worden sind, vor allem innerhalb der ohnedies abstammungsmäßig definierten Gruppen der Priester und Leviten. Sie verfügten über die Bildungstraditionen ihrer Zeit, verwendeten sie und entwickelten sie fort, um jenen Institutionen, Autoritäten und Interessen zu dienen, die zu ihrer Zeit maßgeblich waren, wie es auch in der Umwelt geschah, nicht zuletzt in Ägypten, von wo das umfangreichste und nächstliegende Vergleichsmaterial stammt.

Der Untergang des Königreiches Juda stellte alle vor eine völlig neue Situation. Die meisten Schreiber sind wahrscheinlich exiliert worden und waren nun Berufsgruppen ohne institutionelle Basis. Die davidische Dynastie war zwar noch nicht endgültig von der Bühne der Politik verschwunden, aber machtlos, und eine Restauration der Königsherrschaft war so rasch nicht abzusehen. Priesterliche und levitische Schreiber hatten immerhin noch ihre abstammungsmäßig definierte Kaste als Rückhalt, und die Kultdienstordnungen blieben auch ohne Tempel wirksame Formen der Berufsorganisation. Laienschreiber waren hingegen auf sich allein gestellt. Als dann 538 v.Chr. die Perser den Exilierten die Heimkehr und den Wiederaufbau des Tempels gestatteten, kam vorübergehend der alte Dualismus Hof – Tempel wieder zum Zug, repräsentiert durch den Davididen Serubbabel und den Hohepriester Josuè ben Jehosadaq. Aber die davidische Restauration hatte keinen Bestand und damit war für höfische Weisheit im Gemeinwesen des Zweiten Tempels nur wenig Raum. Die übermächtige Rolle, die im deuteronomistischen und chronistischen Werk den Priestern und Leviten im öffentlichen Leben zugeschrieben wird, spiegelt die Realität: Schreiber im Dienst des Heiligtums, mit dessen Abgabenwesen die Wirtschaft und die Administration der Provinz eng verflochten war, genossen ein hohes Sozialprestige. Gegenüber diesem vorherrschenden Betätigungsfeld dürfte die Pflege von Schreiber- und Bildungstraditionen im Dienst reicher Familien nur eine nachgeordnete Rolle gespielt haben.[23]

Es hat sich in der Bibelwissenschaft eingebürgert, die „Weisheit" (wie „Prophetie" und „Apokalyptik") als eine innerjüdische Richtung darzustellen und auf bestimmte literarische Zeugnisse bzw. Genres zu beschränken. Sachgemäßer ist wohl, die Schreibertradition insgesamt, vorzugsweise aber jene des Tempels unter funktionalen Gesichtspunkten als Hauptort der allgemeinen Bildungstradition zu betrachten.[24] Auch die frühjüdischen Weisheitstraditionen legen in ihrer Vielfalt eine solch umfassendere Betrachtungsweise nahe.[25]

---

[23] R. Kalmin, The Sage in Jewish Society of Late Antiquity. New York 1999. Chr. Schams, Jewish Scribes in the Second Temple Period. Sheffield (JSOT.S 291) 1999.

[24] Zur priesterlichen Komponente siehe auch E. Torleif, Priestly Sages? The Milieus of Origin of 4QMysteries and 4QInstruction. In: J.J. Collins u.a. (Hg.), Sapiential Perspectives: Wisdom Literature in Light of the Dead Sea Scrolls. Leiden (STDJ 51) 2004, 67–87.

[25] M. Küchler, Frühjüdische Weisheitstraditionen. Zum Fortgang weisheitlichen Denkens im Bereich des frühjüdischen Jahweglaubens. Fribourg/Göttingen 1979.

Die Schreiber waren wohl auch für den Schriftwechsel von der althebräischen zur aramäischen Schrift verantwortlich gewesen, denn Schreiber, die sich wie die Samaritaner auf das Althebräische beschränkten, hätten die weit reichenden Möglichkeiten nicht nützen können, die sich durch die aramäische Reichssprache ergeben haben.

Was immer von älteren Gesetzes- und Weisheitstraditionen in Laienkreisen und als Familienerbe weitergepflegt sein mag: ohne Aufnahme in das Bildungs- und Traditionsgut der Jerusalemer Kultinstitutionen wäre davon kaum etwas erhalten geblieben. Es steht außer Frage, dass vor allem die Schreiber im Dienste des Heiligtums auch für die Ausformung und Fixierung der Traditionen zuständig waren, die später als biblische Schriften galten. Leider wissen wir so gut wie nichts über diese Vorgänge, auch wenn es möglich ist, durch literaturwissenschaftliche Methoden Überlieferungs- und Redaktionsprozesse nachzuweisen und daraus mancherlei Rückschlüsse zu ziehen. Überliefert wurde in erster Linie, was im Rahmen der Institutionen gebraucht wurde. Archivarische Aktivitäten haben sicher eine Rolle gespielt, aber für die Öffentlichkeit hatte das nur selten Bedeutung, etwa im Fall eines bewussten oder zufälligen Rückgriffs auf archivierte Dokumente oder Bücher. Man darf auch eine Arbeitsteilung vermuten und annehmen, dass für jene Bereiche, die öffentlich eine größere Rolle spielten, auch besondere Schreiber zuständig waren.

Schwer einschätzbar ist die Rolle der Schreiber in den innerjüdischen und innerpriesterlichen Richtungskämpfen. Selbstverständlich dürfte jede Richtung oder Gruppe versucht haben, Schreiber für sich zu gewinnen und eigene Traditionen zu begründen. Doch scheinen die grundlegenden Bildungstraditionen der Schreiberfamilien samt der Kunst des Schreibens als Gemeingut des Berufstandes davon kaum ernsthaft berührt worden zu sein. Selbst im 2. bis 1. Jh. v.Chr., also in der Zeit der Qumrantexte, waren gemeinsame Merkmale der priesterlich-levitischen Bildungstraditionen und auch Schreibtechniken noch so stark, dass diesbezüglich keine nennenswerten Differenzen nachzuweisen sind.

Nur in einem Bereich kam es zu einem fundamentalen, auch sozial profilierten Wandel. Unter städtischen Laien entwickelte sich, wohl verstärkt durch Unterstützung gewisser levitischer Kreise, eine Laiengelehrsamkeit, die nicht als Fortsetzung der alten Bildungstraditionen der reichen Familien angesehen werden kann. Sie entwickelte sich eher aus den Bedürfnissen der lokalen Rechtspflege, wo infolge eines festgefügten lokalen/regionalen Gewohnheitsrechtes die priesterliche Rechtshoheit nur in Ausnahmefällen zur Geltung kommen konnte. Je stärker sich diese Laiengelehrsamkeit verbreitete, desto mehr wuchs das Selbstbewusstsein dieser Kreise gegenüber der priesterlichen Autorität. Das kultische System hat diesen Freiraum selbst verursacht. Denn natürlicherweise konzentrierte sich das Interesse der priesterlichen Experten auf die Belange des Kultes und der kultischen Abgaben. Die kultische Ordnung regulierte mit ihren rituellen Vorschriften alles vom Gesichtswinkel des Heiligtums und des Kultpersonals, also gewissermaßen vom Gesichtswinkel der Konsumenten aus. Die aufstrebende Laiengelehrsamkeit stand hingegen im Dienst derer, von denen die kultische Ordnung ihre materiellen Grundlagen bezog, insofern vom Gesichtswinkel der Produzenten aus. Selbst bei grundsätzlicher Bejahung des Kultes waren damit gegensätzliche Interessenlagen vorgegeben. Die auffällig starke Ausbildung ritueller Vorschriften in den Laienkreisen ist daher wohl zu einem guten Teil auf das Bestreben dieser Laien zurückzuführen, gerade auch in rituellen Fragen eine eigene Kompetenz unter Beweis zu stellen und die priesterliche Autorität einzudämmen bzw. streckenweise zu ersetzen. Dem rabbinischen Judentum nach 70 n.Chr. kam dieser Trend zugute, als es galt, ohne Tempel und damit verbundener Kultordnung das jüdische Leben auf eine nicht minder effektive Weise zu regulieren. Zur Zeit des aufkommenden Christentums scheinen die Pharisäer ihre eigene Gelehrtentradition bereits recht weit ausgebildet zu haben. Im priesterlichen Bereich haben die internen Zerwürfnisse jedenfalls seit ca. 200 v.Chr. zwar zu Spaltungen geführt, aber die Schreiber des Heiligtums spielten insgesamt immer noch eine der Bedeutung des Tempels und seiner Administration entsprechende, vorherrschende Rolle.

Mit der Trennung zwischen Tempelkult und staatlicher Verwaltung am Ende der Hasmonäerherrschaft ergab sich in Judäa ein erweitertes Betätigungsfeld für Schreiber außerhalb der kultischen Ordnung. Vor allem die Verwaltungsmaßnahmen des Königs Herodes und anschließend der Römer bewirkten diesen Wandel, der mit einer schroffen Konfrontation der unterschiedlichen Richtungen Hand in Hand ging und auch die Schreiber stärker in die aktuellen Auseinandersetzungen eingebunden haben dürfte. Im Krieg gegen Rom, mit der Zerstörung des Tempels und der dadurch bedingten Auflösung der bis dahin immer noch recht dominanten kultischen Ordnung verloren die Schreiber des Heiligtums überhaupt ihre Existenzbasis. Die Zukunft gehörte daher schließlich den Rabbinen, die sich als legitime Erben sowohl der Schreiber-, der Priester- und der Prophetentradition verstanden.

Die Schreiber als Tradenten
Es gibt einen Graubereich zwischen schriftlicher und mündlicher Überlieferung, den das Gedächtnis abdeckt. In Kreisen mit traditionellen Lernmethoden hat sich bis in die Gegenwart herauf das umfangreiche Quantum an auswendig gelernten Texten nachhaltig ausgewirkt. Und da gerade die am höchsten gewerteten Texte auswendig gelernt wurden, waren diese auch am stärksten den kleinen Tücken ausgesetzt, denen das menschliche Gedächtnis unterliegt, und dazu kamen eben noch Mechanismen mnemotechnischer Art, die manchmal allein durch Stichwortverbindungen zu Assoziationen verleiten, die in der Sache des Kontexts nicht begründet sind. Und natürlich wirkten die jeweilige Gegenwartssprache und aktuelle Umstände und Tendenzen auf die Tradenten und Schreiber ein, was eine laufende Aktualisierung und Adaptierung bewirkte. Andrerseits muss mit der automatischen Einwirkung auswendig gelernter Texte auf die normale Ausdrucksweise gerechnet werden. Die mnemotechnischen Mechanismen erleichtern das Lernen, bestimmen aber auch die Reproduktion durch das Gedächtnis. Gelerntes

prägte folglich die jeweilige Gegenwartssprache und Ausdrucksweise, was einen archaisierenden Stil bewirkt. Diese Wirkung reicht von der Wortwahl und Diktion bis zur unabsichtlichen Einfügung kleinerer bis größerer Textpassagen infolge von Stichwortverbindungen. Spätere, kanontheologisch orientierte Leser sahen darin bewusste und absichtsvoll vorgenommene Anspielungen und Zitate, wobei eventuellen Textabweichungen ein Gewicht zugeschrieben wird, das so nicht intendiert war, weil der Schreiber nicht den Text selbst im Sinne hatte, sondern nur einen Sachverhalt zum Ausdruck gebracht hat, mit Mitteln, die ihm gedächtnismäßig-assoziativ geläufig waren. In der rabbinischen Überlieferung erreichten diese mnemotechnischen Mechanismen übrigens ein noch viel größeres Gewicht und bestimmten sogar die Ausprägung gewisser literarischer Gattungen.[26]

Henoch als Typus der Schreiber-Elite
Die umfangreichsten Aussagen über die Rolle und das Selbstverständnis der gebildeten Schreiber bzw. Weisen finden sich im Henochbuch und im Buch Sirach.[27]

Die Rolle des Schreibers, die der Figur des Henoch zugeschrieben wurde, spiegelt wahrscheinlich eine entsprechende „irdische" Institution am Heiligtum, wo die Schreiberschule bzw. die Schreiberschaft wohl einem Chef unterstand. Wie Melchizedek als Typus bzw. Repräsentant des Jerusalemer Hohenpriesteramts galt, dürfte analog dazu Henoch als Repräsentant der Schreiber-Institution gegolten haben. Nach Henoch 12,3–4 haben die Wächterengel Henoch als „Schreiber" bezeichnet und gesagt: „Henoch, Schreiber des Rechts, komm, verkünde den Wächterengeln des Himmels, die den Himmel verlassen haben ..." Es handelt sich hier nicht um die normale Berufsbezeichnung für Schreiber allgemein, sondern um den Titel für eine hohe Funktion im Gemeinwesen. Der Titel „Schreiber" (*sôfer*), wird in V. 4 auf eine Weise präzisiert, die seit den Qumranfunden präziser verstanden werden kann. Im Ausdruck „Schreiber des Rechts" (auch in Henoch 15,1) bedeutet „Recht" das absolute, höchste Recht, so dass die funktionsgerechte Übersetzung eigentlich „höchster Rechts-Schreiber" lautet. Im Sinne der Funktion, die dem Priester Esra zugeschrieben wurde, der sowohl eine im Perserreich fest verankerte königlich-staatliche wie eine spezifisch jüdische Aufgabe erfüllt hat. Und in diesem Zusammenhang ist von Interesse, dass auch Mose in manchen Traditionen als ein Weiser im Sinne des Henoch stilisiert worden ist.[28] Eine semantisch und institutionell analoge Bezeichnung gilt in den Qumrantexten dem Funktionär, dem die höchste Tora-Kompetenz im Sinne des „Propheten wie Mose" zukommt, dem *môreh (ha-)çädäq* („Rechtsanweiser"). Es steht außer Frage, dass

---

[26] B. Gerhardson, Memory and Manuscript. Oral Tradition and Written Transmission in Rabbinic Judaism and Early Christianity. Grand Rapids ³1998.
[27] H. Stadelmann, Ben Sira als Schriftgelehrter. Tübingen 1980. Zu Sir 38,33–39,11 s.unten Kap. 7.2.
[28] B.Z. Wacholder, Eupolemus. Cincinnati 1974, 71–96.

die am Heiligtum institutionalisierte Schreiberschule nicht nur für die Bildungstraditionen allgemein von größter Bedeutung war, sondern auch für die inhaltliche wie begriffliche Ausprägung von „Tora" eine entscheidende Rolle gespielt hat.[29]

Auf die Henochfigur wurden Offenbarungen und Traditionen zurückgeführt, speziell auch schriftliche. In Hen 13,4 erscheint er in einer üblichen Schreiberfunktion, allerdings in einer Mittlerrolle gegenüber Gott. In 14,1 wird jedoch eine offizielle Niederschrift (c. 14–19) erwähnt, die juristische Bedeutung hat: laut 4Q204 (4QEn^c) Kol. VI,9 handelte es sich um ein *Buch der Worte der Wahrheit*, eine Dokumentation und Anklageschrift gegen die Wächterengel. Henoch steht für einen Funktionär, der v. a. Gerichtsschreiberfunktion hat. Henochs Kenntnisse sind für die Menschen zudem der Ursprung aller Wissenschaft, denn sie beruhen auf Einblicke in die himmlischen Tafeln und Bücher, in denen alles verzeichnet ist, von den Gesetzen des Kosmos bis zu den Taten aller Menschen.[30] Hen 81,1–2 spricht der Engel: *Henoch, sieh die Schrift der Tafeln des Himmels und lies, was darauf geschrieben steht, und nimm alles zur Kenntnis. Ich betrachtete alle Dinge auf den Tafeln des Himmels, las alles, was da niedergeschrieben ist, und lernte jede Einzelheit kennen, las das Buch und alles, was da geschrieben steht, all die Taten der Menschen und aller Söhne des Fleisches auf der Erde, für alle Generationen* (vgl. 108,12). Sobald Henoch auf die Erde zurückgekehrt war, definierten die Engel seine Aufgabe in 80,6 so: *Für ein Jahr lassen wir dich bei deinen Söhnen, damit du neue Kraft schöpfst, um deine Söhne zu lehren, um für sie alles niederzuschreiben und es allen deinen Söhnen zu Gehör zu bringen.* Und dementsprechend sagt dann Henoch in 82,1: *Und nun, mein Sohn Methusalem, sage ich dir an alle diese Dinge und schreibe sie dir nieder. Ich habe dir alles dargelegt und ich habe dir die Schriften bezüglich allem gegeben. Bewahre, mein Sohn Methusalem, die Bücher aus der Hand deines Vaters, damit du sie den künftigen Generationen überliefern kannst.* Auch Henoch 83,1 geht es zunächst um die mündliche Instruktion des Sohnes über erfahrene Visionen, wobei 83,10 ein Gebet erwähnt, das Henoch für alle weiteren Generationen niedergeschrieben hat.

Hen 92,1 bezieht sich jedoch auf ein von Henoch, dem „Schreiber dieser ganzen Weisheitslehre", geschriebenes Buch. In Hen 93,1 zitiert Henoch aus Büchern, und 100,6 setzt ein Buch voraus, das in der Endzeit alle verstehen werden. Henoch 104,10ff rechnet mit Verfälschungen der schriftlichen Überlieferung durch Sünder (104,11–12): *Aber wenn sie in ihren Sprachen alle meine Worte genauestens niederschreiben und nichts ändern und nichts weglassen von meinen Worten, sondern alles genau niederschreiben, alles, was ich zuvor in Bezug auf sie bezeugt habe,*

---

[29] A. Fitzpatrick-McKinley, The Transformation of Torah from Scribal Advice to Law. Sheffield (JSOT.S 287) 1999.

[30] Jub 36,10 erwähnt Buch der Ermahnung der Menschenkinder; Buch des Lebens und Buch der zum Untergang Bestimmten, was an Henoch als Gerichtsschreiber erinnert, so auch der Katalog der Verstöße gegen Keuschheit Jub 39,6.

(12) weiß ich ein anderes Geheimnis: dass die Bücher den Gerechten und den Weisen zur Freude übergeben werden, zu Rechtschaffenheit, und große Weisheit verursachen. (13) Ihnen werden die Bücher übergeben, und sie werden Vertrauen in sie haben und sich wegen ihnen freuen. ... Es ist bezeichnend, dass diese Betonung der korrekten Kopierpraxis nicht biblische Texte betrifft, sondern andere, unter den jüdischen Richtungen strittige Traditionen, und dass in diesem Zusammenhang der Vorwurf der Fälschung erstmals begegnet.

Auch im sogenannten „Buch der Bilderreden" (Henoch 37–71), das durch Qumranfragmente nicht bezeugt ist, erscheint Henoch als Empfänger oder Verfasser von Schriften. So in 39,2: *zu der Zeit empfing Henoch Schriften des Unmuts und des Zorns ...,* und laut 40,8 hat er himmlische Dinge gesehen bzw. gehört und aufgeschrieben. Noah berichtet Henoch 68,1 daher: *Und danach gab er (Michael) mir Unterweisungen bezüglich aller geheimen Dinge im Buch meines Großvaters Henoch, und die Gleichnisreden, die ihm gegeben worden waren, welche er verfasst hatte im Buch der Gleichnisreden.* Diese positive Schreibertradition steht im Gegensatz zu einer negativen (vgl. auch Henoch 98,15; 104,10; Buch der Jubiläen 8,2–3), die Henoch 69,9–10 auf einen gefallenen Engel zurückführt.

Henoch wird auch im Buch der Jubiläen 4,16–26 in diesem Sinne geschildert. Er hat als erster Mensch Schreibkunst, Wissenschaft und Weisheit erlernt, speziell auch die astronomisch-kalendarischen Berechnungen, und diese auch in einem Buch niedergeschrieben. Dazu schaute er die gesamte Geschichte, Vergangenes und Zukünftiges, was diese „Schreiber"-Funktion mit der Aufgabe eines Geschichts-Propheten und obersten Chronisten verknüpft, und auch diese Dinge hat er in Büchern niedergeschrieben. Er verbrachte sechs Jobelperioden bei den Engeln und schrieb die dort erworbenen besonderen Kenntnisse in Büchern nieder, fungierte aber zunächst als himmlischer Gerichtsschreiber gegen die gefallenen Wächterengel und als Zeuge gegen die verdorbene Generation der Sintflut. Er wurde schließlich in den Garten Eden entrückt, als Gerichtsschreiber für das Eschaton.

So wie die Chiffre „Mose" für Toraoffenbarung steht, steht die Chiffre „Henoch" für in alter Zeit empfangene Traditionen und Bücher mit kosmologischen, heilsgeschichtlichen und rechtlichen Inhalten. Es handelt sich um Traditionen, die nicht für jedermann bestimmt waren, deren Niederschriften nicht publiziert, sondern in der Familie vererbt wurden. Wahrscheinlich waren es tatsächlich bestimmte Priester- und Levitenfamilien, in denen die entsprechenden Funktionen und die dazugehörigen Bildungstraditionen als Berufswissen gepflegt worden sind. Auf Schriften des Henoch wird darum auch wiederholt Bezug genommen, so des Öfteren in den *Testamenten der XII Patriarchen*, in denen manche der Patriarchen sich rühmen, in solchen Büchern gelesen zu haben.[31]

---

[31] Vgl. Test.Dan 5, Test.Juda 18, Test.Levi 10, Test.Naftali 4, Test.Simeon 5, und Test. Sebulon 3.

Das Sirachbuch enthält aufschlussreiche Aussagen zum Wirken und zum Selbstverständnis eines gebildeten Schreibers, wobei außer umfassender Bildung gerade auch die Tätigkeit im öffentlichen Dienst unterstrichen wird. Und schließlich wird auch in Sap 7,12–30 der ganze Umfang der Bildung und ihre religiöse Bedeutung dargelegt: *(12) Ich habe mich an all diesen ergötzt, weil die Weisheit für sie als Anleitung dient, nur habe ich nicht gewusst, dass sie auch deren Urheberin ist. (13) Ohne Arg habe ich sie gelernt, neidlos davon mitgeteilt, ihren Reichtum nicht verborgen. (14) Denn sie ist ein unerschöpflicher Schatz für die Menschen, durch den sich jene, die sich seiner bedienten, bei Gott Freundschaft erwarben, bestens empfohlen durch die Gaben, die ihnen aus der Bildung zuteil geworden sind. (15) Möge mir Gott es schenken, davon nach meinem Vorsatz zu reden, und auf eine Art zu denken, die den empfangenen Gaben entspricht, weil er der Leiter der Weisheit und der Unterweiser der Weisen ist. (16) In seiner Hand sind wir, so wie unsre Worte, jede Einsicht und praktische Sachkenntnis. (17) Er hat mir die wahre Kenntnis der Dinge geschenkt, damit ich das Ganze der Welt begreife und die Kraft der Elemente, (18) Anfang, Ende und Mitte der Zeiten, die Sonnenwenden und den Wechsel der (Jahres-) Zeiten, (19) den Umlauf der Jahre und die Konstellationen der Sterne, (20) die Natur des Viehs und die Triebe der Bestien, die Macht der Geister und die Gedanken der Menschen, die Vielfalt der Pflanzen und die Wirkungen der Wurzeln. (21) Alles, was es davon an Verborgenem und Offenbartem gibt, habe ich erkannt, (22) denn die Weisheit, die Urheberin von allem, hat es mich gelehrt. Sie birgt einen Geist, der erkennt, heilig, einzigartig, vielseitig, fein, beweglich, durchsichtig, makellos, klar, unversehrbar, das Gute liebend, durchdringend, (23) unwiderstehlich, wohltuend, menschenfreundlich, fest, irrtumslos, unabhängig, alles überblickend, alle erkennenden Geister durchwaltend, die reinen und feinen. (24) Beweglicher als jede Bewegung ist nämlich die Weisheit, sie durchdringt wegen ihrer Lauterkeit alles. (25) Sie ist ein Hauch der Macht Gottes, lauterer Ausfluss der Herrlichkeit des Allherrschers, weshalb nichts Beflecktes in sie gerät. (26) Denn sie ist Abglanz ewigen Lichts, ein fleckenloser Spiegel göttlichen Wirkens und ein Abbild seiner Güte. (27) Alleine vermag alles sie zu tun, bleibt in sich unverändert, erneuert alles und geht Generation um Generation in heilige Seelen über, und sie begabt die Freunde Gottes und die Propheten. (28) Niemanden liebt nämlich Gott so wie den, der mit der Weisheit umgeht, (29) denn herrlicher ist sie als die Sonne und erhabener als jedes Sternbild. Mit dem Licht verglichen, wird sie vorgezogen, (30) denn diesem folgt Nacht, über die Weisheit aber gewinnt Schlechtes die Bosheit nicht die Oberhand, (4,1) sie erstreckt sich mit Macht von einem Ende zum andern und durchwaltet verlässlich das All.*

Esra, Priester und Schreiber des Gesetzes
Für die persische Zeit wird eine Spitzenfunktion erwähnt, nämlich die eines Schreibers, der auf Grund königlich-persischer Legitimation das Rechtswesen in der Provinz Juda reorganisiert und kontrolliert haben soll: „Esra, der

Schreiber".³² Die Datierung und das Verhältnis zu den Amtszeiten des Nehemia sind zwar umstritten, doch spielt dies für den Kontext hier keine wesentliche Rolle.

Die entscheidende Passage in Esra 7 lautet:

(7,1) Nach diesen Begebenheiten, unter der Herrschaft des Artaxerxes, des Königs von Persien, ist Esra, Sohn des Seraja, Sohn des Azaria, Sohn des Chilkia, (2) Sohn des Sallum, Sohn des Zadok, Sohn des Achitub, (3) Sohn des Amarja, Sohn des Azarja, Sohn des Merajot, (4) Sohn des Zerachja, Sohn des Uzzi, Sohn des Bukki, (5) Sohn des Abisua, Sohn des Pinchas, Sohn des Eleazar, Sohn des Aaron, des Hohenpriesters,

(6) dieser genannte Esra von Babylonien nach Jerusalem heraufgezogen. Er war ein Schreiber-Experte in der Torah des Mose, welche JHWH, der Gott Israels, gegeben hat. Und der König genehmigte ihm alles, was er erbeten hatte, weil die Hand des JHWH, seines Gottes, über ihm war.

(7) Am siebten Jahr des Königs Artaxerxes brachen auch einige der Israeliten, der Priester, Leviten, Sänger, Torwächter und Tempeldiener nach Jerusalem auf, (8) und er kam im fünften Monat in Jerusalem an, im siebten Jahr des Königs. (9) Denn der Erste des ersten Monats war der Beginn des Zuges von Babylonien her, und am ersten Tag des fünften Monats kam er in Jerusalem an, da die gütige Hand seines Gottes über ihm war. (10) Denn Esra hatte sein Herz darauf gerichtet, die Torah des JHWH darzulegen (lidroš), um in die Praxis umzusetzen (la`asot) und um zu lehren (le-lammed) Vorschrift und Gesetz in Israel.

(11) Und das ist die Abschrift des Briefes, welche der König Artaxerxes dem Priester-Schreiber Esra gegeben hatte, (dem) Schreiber³³ der Worte der Gebote des JHWH und seiner Vorschriften in Bezug auf Israel: (12) „Artaxerxes, König der Könige, an Esra, Priester und Schreiber des Gesetzes (data´) des Himmelsgottes, Gruß etc. (13) Es ergeht die Anordnung von mir aus, dass jeder, der in meinem Reich vom Volk Israel und seinen Priestern und den Leviten nach Jerusalem ziehen will, mit dir gehen soll, (14) da du durch den König und seine sieben Räte beauftragt bist, über Juda und Jerusalem die Aufsicht zu führen (lbqr´) gemäß dem Gesetz deines Gottes, welches sich in deiner Hand befindet, (15) und um ... etc.

Mehrere Punkte sind deutlich: Esra wird als Priester und als Spezialist für die „Tora des Mose" bezeichnet:³⁴ *ein Schreiber, Experte in der Tora des Mose, die JHWH,*

---

³² A. Laato, Josiah and David Redivivus. Stockholm 1992, 301–355. L.L. Grabbe, What Was Ezra's Mission? in: T.C. Eskenazi/K.H. Richards (Hg.), Second Temple Studies. 2. Temple and Community in the Persian Period. Sheffield (JSOT.S 175) 1994, 286–299; M. W. Duggan, Ezra, Scribe and Priest, and the Concerns of Ben Sira. In: J. Corley/T.M. Skemp Vincent (Hg.), Intertextual Studies in Ben Sira and Tobit: Essays in Honor of Alexander A. Di Lella. Washington, DC: (Catholic Biblical Quarterly Monograph Series 38) 2005, 201–210.

³³ LXX: „das ist der Priester, der Schreiber der Worte ...".

³⁴ E. Blum, Esra, die Mosetora und die persische Politik. In: R.G. Kratz, Religion und Religionskontakte im Zeitalter der Achämeniden. Gütersloh 2002, 231–256.

der Gott Israels, gegeben hat. (V. 6), als *Priester-Schreiber, Schreiber der Worte der Gebote des JHWH und seiner Vorschriften für Israel.* (V. 11). Im aramäischen königlichen Schreiben wird er *Priester und Schreiber des Gesetzes (data´) des Himmelsgottes* (V. 12) genannt, und seine vom Hof verordnete Aufgabe wird V. 14 auf Aramäisch so definiert: beauftragt zu sein, *über Juda und Jerusalem die Aufsicht zu führen gemäß dem Gesetz (dat) deines Gottes, welches sich in deiner Hand befindet.*

Die Tätigkeit des Esra wird in V. 10 wie folgt beschrieben: *Denn Esra hatte sein Herz darauf gerichtet, darzulegen (lidroš) die Tora des JHWH, um in die Praxis umzusetzen (la'ªśot) und um zu lehren (l^e-lammed) Vorschrift und Gesetz in Israel.*" Das Verb *lidroš* wird durchwegs im Sinne von „studieren", „auslegen" oder ähnlich verstanden und übersetzt, wobei zumeist der Text des Pentateuch als Objekt vorausgesetzt wird. Nun bedeutet das Verb *lidroš* in alter Zeit aber nie „studieren" oder „auslegen", und außerdem ist auch hier der juristische Sprachgebrauch anzunehmen: „darlegen/als anwendbar bzw. gültig proklamieren," mit der Konsequenz der Anwendung (*la'ªśot*) und der begründenden Unterweisung (*l^e-lammed*) der einzelnen Vorschriften und Gesetze.

Der königliche Auftrag im zitierten Schreiben verwendet *dat(a')*, das persische Wort für „Gesetz", „(verbindlicher) Brauch", wenn auch auf den „Himmelsgott" als der religiösen Autorität der betroffenen Gruppe bezogen. So auch 7,25, wo allerdings klar wird, dass die eigentliche Autorität vom König ausgeht: *Und du, Esra, sollst gemäß der Weisheit deines Gottes, welche sich in deiner Hand befindet, für sie Richter und Gerichtsbeamte einsetzen, welche für das ganze Volk jenseits des Stromes Recht sprechen sollen, also allen, die die Gesetze (datê) deines Gottes kennen, und denen, die sie nicht kennen, sollt ihr sie lehren. (26) Und wer nicht das Gesetz (data') deines Gottes und das Gesetz (data') des Königs hält, dem soll genau ihm entsprechend das Urteil gesprochen werden, sei es zum Tode, sei es zur Verbannung, sei es zu Geldbuße oder zu Haft.*

Der aramäische Text formuliert neutral und setzte einen Dualismus von religiösem und königlichem Recht voraus. Der hebräische Kontext spricht hingegen konkreter und spezifischer von „Tora des Mose" bzw. „Tora des JHWH". Was immer konkret damit gemeint war: Es wird vorausgesetzt, dass es sich um ein schriftliches Dokument handelt, das Esra mit sich brachte. Auf seiner Basis sollte das Rechtswesen (nicht unbedingt das Recht insgesamt!) der Provinz, bzw. genauer: des („jüdischen") Volkes reformiert werden. In Neh 10 wird eine entsprechende Verpflichtungszeremonie mit konkreten gesetzlichen Vereinbarungen erwähnt. Nun war die persische Provinz Juda zuvor ja kein rechtsfreier Raum gewesen und es ist auch kaum anzunehmen, dass das gesamte Recht durch ein neues ersetzt worden ist. In der Tat ergibt sich aus Neh 10, wo der Inhalt der Reform zusammengefasst wird, dass a) eine kultisch zugespitzte Rechtsreform stattgefunden hat, von der das lokale/regionale Gewohnheitsrecht ansonsten offensichtlich unberührt blieb, und b) vor allem eine gezielte Personalpolitik im Justizwesen betrieben, wodurch also mit Hilfe der Autorität der Reichsmacht und der Provinzverwaltung (Nehemia) in offensichtlicher Distanz zum amtierenden Hohepriester und seiner Partei eine Machtfrage entschieden wurde. Die Esra-Partei hat die administrativen Vorgangsweisen der feudal strukturierten persischen Oberherrschaft jedenfalls geschickt für die eigenen Zwecke auszunützen verstanden. Und um den traditionellen Anspruch auf die Rechtskompetenz für „Levi" zu unterlaufen, wurde der Priester Esra ausgewählt, dessen vornehme priesterliche Abstammung entsprechend demonstrativ herausgestrichen wird (7,11–21: 10,10.16; Neh 8,2–9; 3Esra 9,42). Konsequenterweise wurde dann (3Esra 9,50.49; Ant XI,133) auch versucht, Esra gar als Hohepriester darzustellen. Wahrscheinlich handelte es sich um bereits seit längerer Zeit schwelende, gerade auch innerpriesterliche Konflikte, die so mit Hilfe der Oberherrschaft – zumindest vorläufig – entschieden wurden.

Esra wird also ausdrücklich als ein königlich legitimierter und bevollmächtigter, priesterlicher Rechtsexperte vorgestellt, aber nichts weist darauf hin, dass ihm die Funktion eines „Propheten wie Mose" (Dt 18,18) zukam. Wenn es zu der Zeit einen solchen gab, hat er sich ebenso wie der Hohepriester dem staatlichen Druck (vgl. Esra 7,26) zu fügen. Die Aufgabe des Esra wird auch nirgends im Sinne einer Tora-Prophetie beschrieben. Er vertritt vorhandenes („offenbares") Recht, fungiert als oberster Justiz-Administrator. So kam also durch die Autorität eines persischen Königs eine ganz bestimmte, wohl im Exil ausgeformte innerjüdische und innerpriesterliche Tora-Tradition zum Zug, nachdem in Juda selbst unter den herrschenden realen Bedingungen eine andere Ordnung eingetreten war. Man braucht nicht vorauszusetzen, dass es sich dabei um grundverschiedene Ordnungen handelte. Wahrscheinlich markierte eine Anzahl konkreter Differenzen (ähnlich wie die später in 4QMMT aufgelisteten) Positionen, die eigentlich durch machtpolitische Tendenzen und innerpriesterliche Rivalitäten bestimmt waren, wobei es wohl auch um recht handfeste Anliegen ging.[35] Die Schriften des so genannten „chronistischen Geschichtswerks" repräsentieren diese Richtung, die man sich kaum als geschlossene Gruppe vorstellen soll, sondern als komplexere Strömung, wie ja auch die innere Inkonsistenz des „chronistischen Geschichtswerkes" selber anzeigt.[36] Auf der Gegenseite wusste man mit der Figur des Esra begreiflicherweise nichts anzufangen, wie ihr Fehlen im „Lob der Väter" des Ben Sira und in den Qumrantexten zeigt. Sogar die hasmonäische Propaganda benutzte nicht den Priester-Schreiber Esra, sondern den politisch maßgeblicheren Statthalter Nehemia für ihre Zwecke.[37] Flavius Josephus, selbst ein Priester, suchte diesen Zwiespalt wieder auszugleichen, stellt aber Esra im Vergleich zu Nehemia (Ant XI,159ff) nicht sonderlich groß heraus

---

[35] J. Schaper, The Temple Treasury Committee in the Times of Nehemiah and Ezra. Vetus Testamentum 47, 1997, 200–206.

[36] A. Laato, Josiah and David Redivivus. Lund 1992, 302–355.

[37] Th.A. Bergren, Nehemiah in 2 Maccabees 1:10–2:18. Journal for the Study of Judaism 28 (1997), 249–270.

(Ant XI,120–158).[38] Unter den Qumranfunden ist das sog. „chronistische Geschichtswerk" (trotz ständig wiederholter Behauptungen) wahrscheinlich nicht vertreten. In der pharisäisch-rabbinischen Tradition hingegen wird Esra hoch geschätzt, als zweiter Mose und als Prototyp des rabbinischen Gelehrten stilisiert,[39] der mit den „Männern der Großen Versammlung" ein proto-rabbinisches Gremium repräsentiert.

Offen bleibt bei alledem das Verhältnis dieser divergierenden Tora-Traditionen zum biblischen Pentateuch.[40] Es sieht so aus, als hätte der Pentateuch, falls er überhaupt schon vorlag, mit diesen internen Auseinandersetzungen gar nichts zu tun gehabt, weshalb er ja auch später als allgemein anerkanntes Dokument angesehen werden konnte.

Die neue Ordnung hatte indes nicht lange Bestand, und wie weit sie tatsächlich Wirkung zeigte, ist zumindest als Frage am Platz.[41] Eine königlich legitimierte Position wie die des Esra war selbstverständlich dem Statthalter zugeordnet, daher dominiert in manchen Quellen auch die Person des Nehemia, ob dieser nun davidischer Herkunft war oder nicht, spielt dabei kaum eine Rolle. Im Lauf des 4. Jh. änderte sich das Gewicht und der Status der Provinz aber, und zwar angesichts der neuen Situation gegenüber dem 398 v.Chr. abgefallenen Ägypten.[42] Mit dem Ergebnis, dass die statthalterlichen Befugnisse weitgehend an den Hohepriester fielen, was dann auch eine entsprechende Münzprägung nach sich gezogen hat. Damit wäre das Hohepriesteramt gegenüber einem derartigen „Schreiber der Torah des JHWH" zur politisch vorgesetzten Behörde geworden und der Anspruch der Rechtskompetenz für „Levi" war wieder voll durchsetzbar. Das Verhältnis zu den Samaritanern wurde durch die Reformen des Esra/Nehemia sicher empfindlich getrübt, war aber – wie die Situation in Juda selbst – noch nicht entschieden.

Rechtswesen und Offenbarung

Im Unterschied zu nicht-gesetzlichen Überlieferungen handelte es sich bei „Tora" lange Zeit um eine offene, immer wieder fortgeschriebene Größe, wobei von Zeit zu Zeit und zu bestimmten Themen Tora-Niederschriften angefertigt und

---

[38] L.H. Feldman, Josephus' Portrait of Nehemiah, Journal of Jewish Studies 43, 1992, 187–202. Ders., Josephus' Portrait of Ezra, VT 43 (1993), 190–214.

[39] G. Farbini, La figura di Esdra nella letteratura e nella storia. Ricerche storico-bibliche 10, 1998, 59–68.

[40] U. Kellermann, Erwägungen zum Esragesetz. ZAW 80 (1968), 373–385.

[41] L.L. Grabbe, Triumph of the Pious or Failure of the Xenophobes? The Ezra-Nehemiah Reforms and their Nachgeschichte. In: S. Jones u.a. (Hg.), Jewish Local Patriotism and Self-Identification in the Graeco-Roman Period. Sheffield 1998, 50–65.

[42] O. Kaiser, Zwischen den Fronten. Palästina in den Auseinandersetzungen zwischen dem Perserreich und Ägypten in der ersten Hälfte des 4. Jh. In: Von der Gegenwartsbedeutung des Alten Testaments. Gesammelte Studien. Göttingen 1984, 189–198.

gesammelt wurden.⁴³ Aber es waren weniger die vorliegenden Texte als die jeweiligen Rechtsprobleme und gesellschaftlichen Bedürfnisse, die solche Prozesse bestimmten. Niedergeschriebene Torasammlungen gab es zuerst im kultischen Bereich, meist schon thematisch gruppiert („Das ist die Tora für den Fall ..."), oder in Form von Ritualen (vgl. Lev 16), wobei je nach Zweckbestimmung bzw. Benutzerkreis variierende Fassungen angefertigt werden konnten. Rituale und Vorschriften für den internen priesterlichen Gebrauch drangen wohl kaum jemals über die Priesterkreise hinaus. Die Sammlungen dienten vor allem praktischen Zwecken, aber auch zur Dokumentation von Übereinkünften, die fallweise in die literarische Form eines feierlichen Vertrags bzw. eines Bundesschlusses gefasst wurde. Was davon jeweils in Geltung war und angewandtes Recht darstellte, bleibt weithin offen, denn in einem nicht abschätzbaren Ausmaß handelte es sich auch um programmatische Zielsetzungen, und die Verbindlichkeit ergab sich erst im Nachhinein, auf Grund der wachsenden Hochschätzung schriftlicher Traditionen. Auch „weltliche" Regelungen wurden auf solche Weise programmatisch als Tora deklariert und literarisch verarbeitet, um den priesterlich-levitischen Anspruch auf die Kontrolle des Rechtswesens zu untermauern.

Kennzeichnend für diesen Anspruch ist die Formulierung des Mosesegens in Bezug auf „Levi" (Dt 33,8–11), der die Gesamtheit des Kultpersonals repräsentiert, dem „Vertrauensmann" Mose genealogisch vorgeordnet, der die gesamte kultische wie weltliche Machtfülle des Kultpersonals repräsentiert, was auch im Wechsel von der 3. Person Singular zur 3. Person Plural zum Ausdruck kommt.

(8) Und zu/über Levi sprach er:

Deine Tummim und deine Urim deinem Vertrauensmann, den du auf die Probe gestellt in Massa, dem du Recht verschafft an den Wassern von Meriba (Ex 17), (9) ihm, der von seinem Vater und von seiner Mutter gesagt: „Ich habe sie nie gesehen", der seine Brüder nicht gekannt hat und von seinen Söhnen (Lesart: seinem Sohn) nichts wissen wollte (Ex 32,26–29), weil sie (die Levi-Nachkommen) dein Wort bewahrt und deinen Bund gewahrt haben. (10) Sie weisen Jakob deine Gesetze an und Israel deine Tora,⁴⁴ sie legen Räucheropfer vor deine Nase und

---

⁴³ Vgl. 1QS VIII,15–16 im Vergleich mit den Textfassungen in 4Q258 und 4Q259

(15) Das ist die Niederschrift der Torah, [die] Er befohlen hat durch Mose,	[Tora]h, die Er befohlen hat dur[ch Mose,	(6) Das ist die [Nied]erschr[ift der Torah, di]e Er befohlen hat durch Mose.
um zu praktizieren gemäß allem Offenbaren, Zeit um Zeit, (16) und wie es offenbart haben die Propheten durch den Geist Seiner Heiligkeit.	um zu pra]ktizieren all das Offenbare (8) Ze[it um Zeit, und wie es offenbart haben die Propheten durch den Geist Seiner Heiligkeit.	[(Fehlt!)]

⁴⁴ Dieses „anweisen" (hebr. *jôrû*), wovon auch das Nomen *tôrah* kommt, wird hier von der Septuaginta sachgerecht als orakelartigen Offenbarungsvorgang verstanden, ansonsten als (offenbarende) Gesetzgebung. Unter diesem Vorzeichen verstanden die Übersetzer das Wort im Sinne von Gesetzgebung und Mose als Gesetzgeber.

Ganzopfer auf deinen Altar. (11) Segne, HERR, seine Schaffenskraft, und nimm das Werk seiner Hände an, zerschmettere die Hüften seiner Gegner und die seiner Feinde, dass sie nicht wieder aufstehen!
Auch Mal 2,1–9 erwähnt den Levi-Bund und die Rechts-Kompetenz, und V. 7 lautet: *Denn Lippen eines Priesters bewahren Wissen und Tora sucht man aus seinem Mund, denn Bote des HERNn Zebaot ist er.* Dementsprechend beklagt 2Chr 15,3 eine Zeit ohne Priester und ohne Tora. Josephus führt in Ant VIII,296–297 dazu ein nichtbiblisches Zitat an, in dem auch der offenbarende Prophet erscheint: „wenn kein wahrer Prophet in eurer Volksmenge gefunden wird, noch ein Priester, der Rechtssatzungen anweist."

Die Figur des Levi als des frühesten Repräsentanten des Kultpersonals Israels mit Anspruch auf die Mose-Funktionen spielte in den Traditionen des Zweiten Tempels auch sonst eine hervorragende Rolle, speziell in den aramäischen Levi-Texten aus Qumran[45] und im *Testamentum Levi* aus den *Testamenten der XII Patriarchen*. Eine ganze Reihe von Schriften, gerade auch aus Qumran, ist mit dieser Figur und mit anderen Ahnherren der levitisch-priesterlichen Kaste verbunden.[46]

Besonders eindrucksvoll wird dieses Anliegen auch im *Buch der Jubiläen* vertreten.[47] Nach Jub 27,14 wurde Levi am 1. Tag des 1. Monats geboren und der Segen Isaaks über Levi in Jub 31,12ff nimmt nicht nur die priesterliche, sondern auch expressis verbis die herrscherliche Funktion für ihn in Anspruch, was auch anderen Zeugnissen aus der Zeit entspricht: Dem Priestertum gebührt die eigentliche Leitung des Volkes Israel; sofern ein weltlicher Herrscher eingesetzt bzw. von Gott erwählt wird, handelt es sich um delegierte Macht unter Wahrung des priesterlichen Vorranges, so auch im Segen Jub 31,14–16: ... *und der Herr gebe dir und deiner Nachkommenschaft große Ehre, und er lasse dich und deine Nachkommenschaft ihm nahen, aus allen anderen, die von Fleische sind, um in seinem Heiligtum zu dienen wie die Angesichtsengel und die Heiligen (Engel). Die Nachkommenschaft deiner Söhne soll ihnen gleich sein hinsichtlich der Ehre, der Größe und der Heiligkeit. Er mache sie groß in allen Weltzeiten! (15) Sie sollen Regenten, Richter und Häupter sein für die ganze Nachkommenschaft der Söhne Jakobs. Sie sollen in Gerechtigkeit das Wort des Herrn proklamieren und in Gerechtigkeit alle seine Urteile fällen. Sie sollen Jakob meine Wege anweisen und meine Pfade Israel. Der Segen des Herrn soll in ihrem Munde sein, damit sie die Söhne des Geliebten (Jakob) segnen.*

---

[45] M.E. Stone/J.C. Greenfield, 4QLevi ar. In: G.J. Brooke u.a. (Hg.), Qumran Cave 4. Parabiblical Texts, Part 3, Oxford (DJD XXII) 1997, 1–72. H. Drawnel, An Aramaic Wisdom Text from Qumran. A new interpretation of the Levi document. Leiden/Boston (JSJ.S 86) 2004. J.C. Greenfield/ M.E. Stone/E. Eshel, The Aramaic Levi Document. Edition, Translation, Commentary. Leiden (StVTPs 19) 2004.

[46] R.A. Kugler, From Patriarch to Priest. The Levi-Tradition from *Aramaic Levi* to *Testament of Levi*. Missoula 1996.

[47] F. Schubert, Tradition und Erneuerung. Studien zum Jubiläenbuch und seinem Trägerkreis. Frankfurt a.M. (EHS III/771) 1998.

Wenige Jahre vor 300 dürfte ein dem Hekataios zugeschriebener Bericht über die Juden verfasst worden sein, der von Diodor im Buch XL aufgegriffen wurde, auf den sich wieder Flavius Josephus in seinem apologetischer Schrift *Contra Apionem* (I,183–204 und II,43) berief. In den Extrakten bei Diodor, die bei Photius erhalten sind, heißt es: *(3.4) Mose ... wählte sich die Männer mit der meisten Eignung und der größten Fähigkeit zur Leitung des ganzen Volkes aus, ernannte sie zu Priestern und ordnete an, dass sie sich dem Tempel widmen sollten und den Ehrungen und Opfern, die ihrem Gott dargebracht werden. (2.5) Ebendiese Männer ernannte er zu Richtern in allen größeren Streitfragen und betraute sie mit der Wahrung der Gesetze und Gebräuche. Aus diesem Grunde haben sie niemals einen König, sondern die Leitung (prostasia) der Volksmenge wird jedesmal dem Priester zugesprochen, der seinen Kollegen in Weisheit und Tugend überlegen ist. Sie nennen diesen Mann Hohepriester, und sie glauben, dass er ihnen gegenüber als Bote der Gebote Gottes fungiert. (3.6) Es ist er, welcher in ihren Versammlungen und anderen Zusammenkünften proklamiert, was geboten worden ist, und die Juden sind in diesen Dingen so fügsam, dass sie sofort auf den Boden niederfallen und dem Hohepriester huldigen, wenn er ihnen die Gebote darlegt. Am Ende der Gesetze ist sogar angefügt: „Diese sind die Worte, die Mose von Gott gehört hat und den Juden bekannt gibt," ... etc. (Es folgen Beispiele für die jüdischen Gesetze und Bräuche).*[48]

Schriften des Heiligtums und heilige Schriften
Der hebräische Ausdruck *sifrê ha-qodäš* kann zwar mit „Schriften der Heiligkeit" übersetzt werden, bezeichnet aber ursprünglich „Schrift(roll)en des Heiligtums." Das sind nicht „heilige Schriften" im späteren Sinn des Bibelkanons, sondern Schriftexemplare, die im Heiligtum deponiert waren und ihre Heiligkeit der Heiligkeit des Ortes verdanken, aber ganz unterschiedlichen Inhalts sein konnten. Exemplare, die nicht mit dem Heiligtum verbunden waren, galten demgemäß nicht als heilig. Dass Schriften im Heiligtum deponiert wurden, galt als Selbstverständlichkeit. Josephus gab in Ant IV,303–304 an, dass Mose vor seinem Tod dem Volk eine Dichtung in Hexametern vorgetragen habe und dass davon als einer prophetischen Schrift eine Niederschrift im Tempel deponiert worden sei. Damit dürfte das Moselied Dt 32 gemeint sein. Und da nach Dt 31,24–25 Mose, nachdem er „alle Worte dieser Tora" niedergeschrieben hatte, dem Josua befohlen hat, dieses *Buch der Tora* bei der Bundeslade im Heiligtum zu deponieren, und es zuvor Dt 31,9 heißt, Mose habe die niedergeschriebene Tora den Priestern übergeben, gab Flavius Josephus in Ant IV,304 auch an, Mose habe alle diese Bücher den Priestern anvertraut, zusammen mit der Bundeslade, in welcher er bereits die beiden Tafeln des Dekalog deponiert hatte. Auch in Ant III,38 (bezüglich des Wasserwunders Ex 17,1ff) und V,61 (bezüglich des Sonnenwunders zu Gibea, Ri 10), wo der verlorene *Sefer ha-jašar*, das *Buch des Rechtschaffenen*, erwähnt wird, sowie Ant

---

[48] B. Bar-Kochba, Pseudo-Hecataeus „On the Jews". Berkeley 1996, 20ff.

VI,66–67 bezüglich des von Samuel niedergeschriebenen Königsrechts setzte Josephus noch Niederschriften im Heiligtum voraus, die nicht erhalten geblieben sind. Es ist anzunehmen, dass dort auch eine Pentateuchfassung als Bundes-Dokument deponiert war, abgesehen von Exemplaren, die der Schreiber-Institution des Heiligtums dienten. Eine Tora-Rolle hatte laut Bell VII, 162 Vespasian als Beute aus dem Tempel in sein Haus genommen, und das war nicht das einzige Buch in römischer Hand, denn Flavius Josephus erhielt von den Römern Bücher aus der Beute zu seiner Verfügung gestellt (Vita 418). Auch in der rabbinischen Tradition ist noch von Buchrollen des Priesterhofes die Rede.

Jedenfalls kann vorausgesetzt werden, dass für diese deponierten Exemplare Priester die letzte Verantwortung trugen, wie auch im Aristeasbrief nicht nur der Hohepriester Eleazar als maßgebliche Instanz auftritt, sondern nach § 310 bei der Verlesung der Übersetzung die Priester an der Spitze der Versammlung stehen, nach ihnen die Vertreter der Schreiberzunft bzw. der Übersetzer, und dann erst die übrigen Würdenträger.

Ein Bundes-Dokument hatte eine besondere Bedeutung, denn es setzt voraus, dass die Repräsentanten der Gemeinschaft darauf vereidigt worden sind (vgl. auch Ant IV,309). Es ist der Funktion nach eine deponierte Vertragsurkunde, über die das Heiligtum und damit die Priester als Wahrer des Bundes verfügen. Dem entspricht auch ein formelhafter Sprachgebrauch im Hebräischen der Periode: Die Priester sind „Wahrer des Bundes",[49] das Volk hat die Vertragsbedingungen einzuhalten und zu praktizieren, wie es z.B. 1QS V, 9–10 heißt: *Umzukehren zur Tora des Mose gemäß allem, was Er befohlen, mit ganzem (9) Herzen und mit ganzer Seele, zu allem, das von ihr offenbar wird den Söhnen Zadoks, den Priestern, den Wahrern des Bundes und Darlegern Seines Willens, und der Mehrheit der Männer ihres Bundes (10), die sich gemeinschaftlich als willig erweisen …*

Der Ausdruck „Heilige Schrift" stammt ebenfalls aus dem christlichen Sprachgebrauch. In der jüdischen Tradition ist nur von „Schrift(roll)en des Heiligtums/ der Heiligkeit" die Rede, was sich ursprünglich auf die im heiligen Bereich des Tempels befindlichen Schriftexemplare bezog und erst spät, in talmudischer Zeit, dann und wann auf alle 24 Schriften angewandt wurde.[50] Die heiligen Schriftrollen im Tempel waren nur durch das entsprechend „heilige" bzw. rituell reine Kultpersonal handhabbar, weshalb die Pharisäer und dann auch die Rabbinen diese Heiligkeit herabstuften und festlegten, dass Heilige Schriftrollen nur „die Hände verunreinigen" und daher für ihre Handhabung nur eine Händewaschung erforderlich sei. Damit war auch außerhalb des Heiligtums und da auch für Laien die Verfügung über heilige Schriftexemplare möglich. Das Adjektiv „heilig" bezieht

---

[49] Vgl. Mal 1,9.
[50] In diesem Zusammenhang den Begriff Kanonisierung zu verwenden, entspricht christlicher Sicht; vgl. dafür etwa A. van der Kooij, The Canonization of Ancient Books Kept in the Temple of Jerusalem. In: A. van der Kooij/K. van der Toorn (Hg.), Canonization and Decanonization. Leiden 1998, 17–40.

sich also eigentlich nicht auf den Inhalt, sondern auf das Schriftrollen-Exemplar, das nach bestimmten Regeln für den liturgischen Gebrauch angefertigt worden ist. Ein gedrucktes biblisches Buch ist daher nicht „heilig", doch die Gottesnamen gelten in jedem Fall als heilig, daher sollen alle Texte, die Gottesnamen enthalten, rituell bestattet werden. Erst unter dem Einfluss der Kabbalah wurde auch der Text selbst geradezu buchstäblich als „heilig" und aussagekräftig gewertet, wobei aber über den Wortsinn hinaus noch drei weitere Schriftsinne vorausgesetzt wurden, vor allem der geheime kabbalistische.

Tora und Pentateuch

Aller Wahrscheinlichkeit nach war das letzte Jahrhundert der persischen Herrschaft für die Endredaktion des Pentateuchs eine entscheidende Phase.[51] Der Pentateuch hat die Bedeutung als Bundesdokument auf zweierlei Weise erhalten. Die Gesetze, die man in diesen „historischen" Rahmen eingebaut hatte, galten wahrscheinlich als unumstritten und wurden so als alte Tradition ausgewiesen. Insofern war der Pentateuch ein Kompromissprodukt, auf den sich im Konfliktfall so gut wie alle berufen konnten. Aber mindestens ebenso entscheidend war die staatspolitische Bedeutung des Pentateuchs. Er galt offenbar schon in persischer Zeit als Basisurkunde der Autonomie der Tempelprovinz Juda/Judäa und in der Folge der jüdischen Minorität überhaupt. Und diese Funktion hat sich unter hellenistischer Herrschaft weiter verfestigt, nicht zuletzt als Folge der Übersetzung ins Griechische im 3. Jh. v.Chr. In diesem Zusammenhang taucht eine Formulierung auf, die rechts- wie religionsgeschichtlich von weit reichender Bedeutung werden sollte, nämlich die Rede von „Überlieferungen bzw. Sitten der Väter".[52] Das schriftliche Bundes- und Basis-Dokument war nämlich nicht als Gesetzbuch konzipiert, der gesetzliche Inhalt auch nicht als umfassende und abschließende Kodifizierung gedacht. Für das praktische Rechtsleben und für die kultisch-rituellen Belange hatte man immer noch gesonderte Sammlungen, wie sie teilweise in den Pentateuch aufgenommen worden waren und später noch unter den Qumrantexten in beachtlicher Vielfalt zu finden sind. Um sicher zu stellen, dass auch die gesamte Rechtspraxis und Lebensweise durch dieses Basisdokument abgedeckt war, hat man zusätzlich stereotyp auf die väterlichen Gesetze und Bräuche verwiesen, deren hohes Alter hervorgehoben und damit einen weiten Spielraum für die Ausübung der jüdischen Autonomie sichergestellt. Die Gesetze im Pentateuch reichten allein ja auch nicht aus, um ein Gemeinwesen zu organisieren. Es hat folglich von früh an Gesetze gegeben, die zum Teil ebenfalls als Tora deklariert waren, aber zuletzt teilweise nicht von allen jüdischen Gruppen anerkannt wurden, und noch viele andere Rechtstraditionen, die den Alltag mehr bestimmten

---

[51] F. Crüsemann, Die Tora. München 1992, 381ff.
[52] B. Schröder, Die „väterlichen" Gesetze. Flavius Josephus als Vermittler von Halacha an die Griechen und Römer. Tübingen (TStAJ 53) 1996.

als die schriftlich fixierten Überlieferungen. Als der Pentateuch mehr und mehr die Geltung der niedergeschriebenen Sinai-Tora schlechthin erhielt, gab es daneben nur mehr „säkulares" Recht, das als solches natürlich nicht die Autorität erreichte, die dem offenbarten Gesetz zukam. Die Rede von den Überlieferungen und Sitten der Väter in Ergänzung zur Pentateuch-Tora sollte also sicherstellen, dass es weitere verbindliche Traditionen gab. Die letzte Konsequenz aus solchen Überlegungen zogen dann nach 70 n.Chr. die Rabbinen, indem sie der ziemlich begrenzten *Schriftlichen Tora* eine viel umfangreichere und nicht schriftliche fixierte *Mündliche Tora* beigesellten.

Tora, Prophetie und Geschichtsschreibung

Prophetie allgemein und Prophetie des Mose
Ein grundlegender Unterschied in der jüdischen Auffassung von Prophetie wird oft zu wenig beachtet, obschon er schon im Deuteronomium klar und deutlich herausgestellt und in zahlreichen Pentateucherzählungen illustriert vor Augen geführt wird, nämlich der fundamentale Unterschied zwischen Prophetie allgemein und der einzigartigen Prophetie des Mose. Mose war zwar auch Normalprophet, aber als Toraprophet auf unvergleichlich höherer Stufe. Propheten weissagen, die Offenbarung, die sie empfangen, galt als eine indirekte, vermittelt in Träumen, Visionen und Auditionen. Mose – und dementsprechend der „Prophet wie Mose" – empfängt hingegen direkte Gottesoffenbarung. Ein normaler Prophet vermittelt auch keine Tora, er kann zur rechten Torapraxis anleiten.

Das hatte auch hermeneutische Konsequenzen. Tora wird, wie das Wort selbst andeutet, absolut verbindlich angewiesen, das Verb *lᵉ-hôrôt* bleibt auch später in der rabbinischen Terminologie noch Ausdruck für die halakische, d.h. gesetzliche Anweisung von höchster Autorität; das gilt auch für den Titel *Môräh*, den man mit „Lehrer" nur unzulänglich übersetzt. Die Tora gilt als „vollkommen" (Ps 19,7), sie bedarf darum eigentlich keiner Erklärung, sie wird aus dem „Verborgenen" als „Offenbartes" proklamiert (*lᵉ-hôrôt*), danach dargelegt (*lidrôš*), und muss befolgt werden, ungeachtet der Tatsache, dass es sehr wohl zu unterschiedlichen Auffassungen und praktischen Konsequenzen der Gesetze kommen kann. Der Ausdruck *lidrôš* bedeutet bis in die frühe rabbinische Zeit nie „auslegen", sondern stets („offenbare") Tora verbindlich und kompetent darlegen. Eine vornehmlich levitisch-priesterliche Aufgabe, die nach der Tempelzerstörung im Jahr 70 n.Chr. in Fortführung pharisäisch-laizistischer Tendenzen als Monopol auf die Rabbinen überging. Ein *midraš* war in jener alten Zeit auch keine Auslegung, sondern eine offizielle Darlegung oder Niederschrift. In Qumrantexten wird *midraš* wechselnd mit *serek* (niedergeschriebene Ordnung) verwendet, einem terminus technicus der Administration, des Militärs und des Rechtswesens.

Prophetische Aussagen hingegen sind als vermittelt offenbare Weissagungen von Natur aus erklärungsbedürftig, so wie Träume, daher wurde für ihre Deutung auch das Verb *pšr/ptr* („auflösen") bzw. das Nomen *pešär* verwendet. In der Regel handelte es sich dabei um aktualisierende Deutungen der Prophetenworte.[53] Die *pešär*-Methode benützt den Text in seiner prophetischen (inspirierten) Autorität, um den Inhalt auf aktualisierende Weise umzudeuten. Der Text selbst ist für die Aussage des *pešär* inhaltlich nicht maßgeblich, er bildet nur die autoritative Basis für diesen zweiten, eigentlich maßgebenden Offenbarungsvorgang, die Entschlüsselung des Gesagten bzw. Geschriebenen. Doch nie handelt es sich um einen Gesetzestext.

Unter den beschriebenen Voraussetzungen ergaben sich zwei autoritativ deutlich abgestufte literarische Überlieferungsstränge, die beide ihren eigentlichen Sitz im Leben im Bereich des Tempels hatten: die Tora-Tradition und die offizielle Historiographie. Folgerichtig sprach man darum auch von „Gesetz (Tora) und Propheten" als den maßgeblichen autoritativen Sparten der Literatur. Beide gerieten – am wahrscheinlichsten wohl durch Leviten – auch in gebildete Kreise außerhalb des Kultpersonals und bestimmten das religiöse Denken breiterer Schichten. Die deuteronomisch-deuteronomistische Theologie hatte ohnedies schon Tora und Prophetie, also Gesetzespraxis und Geschichtsbild aneinander gebunden. Auf Grund der zugrunde liegenden Überzeugung der kollektiven Bundesverpflichtung und deren dynamische Bedeutung für den Geschichtslauf entwickelte auch die Laiengelehrsamkeit ein intensives Interesse an beiden Bereichen. Schließlich gewährleistete die fachliche Beschlagenheit den Laiengelehrten gegenüber dem kultisch-institutionell verankerten Kompetenzanspruch der levitisch-priesterlichen Kaste eine gewisse Unabhängigkeit.

Offizielle Geschichtsschreibung als Aufgabe von Propheten
Nach 2 Chr 13,22 ist unter König Abia der Prophet Iddo für die Niederschrift (*midraš*; LXX: *biblíon*) der offiziellen Chronik zuständig gewesen, 2 Chr 24,27 spricht von einer Niederschrift (*midraš*; LXX: *graphé*) des *Buches der Könige*. Das hebräische Nomen *midraš* hat in früher Zeit ebenso wenig mit „Auslegung" zu tun wie das Verbum *drš* als juristischer Terminus technicus; *midraš* bezeichnete, wie die LXX mit der Übertragung durch *biblíon* und *graphé* zeigt, eine offizielle Niederschrift. In Qumrantexten wird *midraš* wechselnd mit *säräk* verwendet, einem terminus technicus der (zivilen und militärischen) Administration und des Rechtswesens. Allem Anschein nach hat es schon in der Königszeit hohe Positionen für Schreiber gegeben, die auf Annalistik und Geschichtsschreibung spezialisiert und mit der Hofprophetie und Kultprophetie eng verbunden waren. Die spätere Bezeichnung der Bücher Josua bis 2 Könige als „Frühe Propheten" dürfte ihre Wurzeln in dieser Aufgabenzuteilung haben. Zugrunde liegt die Überzeugung, dass auch der Geschichtslauf der Vergangenheit etwas offenbarungsartig vermittelt, die Geschichtsdeutung sowohl hinsichtlich der Vergangenheit

---

[53] M.P. Horgan, Pesharim, Washington N.CHR. 1979. G.J. Brooke, Exegesis at Qumran. Sheffield 1985.

wie der Zukunft eben eine „prophetische" Aufgabe darstellt,[54] weil der gesamten Geschichte ein göttlicher Plan unterliegt. Nach Jub 1,27.29; 2,1 schreibt darum auch ein Angesichtsengel die Geschichte Israels von Anfang bis Ende nieder, und die literarische Gattung der Apokalypse diente dazu, die Geschichte als Offenbarungsinhalt darzustellen.[55] Auch Josephus war offenbar der Überzeugung, in dieser Tradition prophetischer Geschichtsdarstellung zu stehen.[56]

Das Nebeneinander der Institutionen für die Offenbarung neuer Tora und für die mit einem Offenbarungsanspruch verbundene Geschichtsdeutung konnte im Extremfall auf eine Verbindung beider Ansprüche in einer Person hinauslaufen. Für die späte Königszeit sind diesbezüglich nur Vermutungen möglich, doch die Propheten wie Jesaja und Jeremia, beide Priester, haben offensichtlich eine gewichtige, aber prekäre Rolle im Verhältnis von Hof und Heiligtum gespielt. Sehr klar wird die Verbindung beider Ansprüche in Bezug auf den *môreh ha-çädäq* („Lehrer der Gerechtigkeit") der Qumrantexte. Ihm soll Gott nicht nur offenbart haben, was in der aktuellen endzeitlichen Situation als Gotteswille gilt, also Tora ist, sondern auch die eigentliche, endzeitbezogene Bedeutung der Prophetenworte, was sich in der *Pešär*-Deutung seiner Anhänger niedergeschlagen hat.

Im Vorfeld der Entstehung der „Bibel" gab es also eine Phase, in der „Tora und Propheten" noch nicht als Schriftwerke zur Debatte standen, sondern als jeweils aktuelle Kundgebungen der autoritativen gesetzlichen und der historiographischen Instanzen. Im Unterschied zur Tora-Institution stützte sich aber die historiographische auf bereits vorliegende Texte, auf Prophetenschriften, deren eigentliche Bedeutung der Prophet selber noch nicht kannte, die nun aber durch die *pešär*-Auslegung aktualisierend erhoben wurde. Freilich nicht aus Interesse an der richtigen Textgestalt, sondern einzig mit dem Ziel, dem Wortlaut die gewünschte Deutung zu unterlegen. Aber eben auf der Basis eines vorliegenden, mehr oder minder feststehenden Textes und insofern anders als im rechtlichen Bereich, wo die Tora „fortgeschrieben" wurde. Dabei wurden nicht einfach vorliegende Texte interpretiert, sondern Einzelvorschriften wurden den neu auftretenden Rechtsfragen entsprechend novelliert oder überhaupt neue Tora offenbart, und so kam es zu jeweils „letzten Niederschriften der Tora", bis die dafür zuständige Instanz unter den Hasmonäern fortfiel. Der auf eine bestimmte Person zugespitzte Anspruch, sowohl die richtige geschichtliche Einordnung der Gegenwart in die Endzeitabläufe zu kennen, als auch die dafür geltende Tora mit höchster Offenbarungsautorität festlegen zu können, hat diese Instanz zu einem Machtfaktor gemacht, den die Herrschenden so nicht dulden wollten.

---

[54] W.M. Schniedewind, The Word of God in Transition. From Prophet to Exegete in the Second Temple Period. Sheffield (JSOT.S 197) 1995, 209ff. R.G. Hall, Revealed Histories. Techniques for Ancient Jewish and Christian Historiography. Sheffield 1990.
[55] L.L. Grabbe/R.D. Haak (Hg.), Knowing the End from the Beginning: The Prophetic, the Apocalyptic and their Relationships. London (JSP. S 46) 2003.
[56] N. Kelley, The Cosmopolitan Expression of Josephus' Prophetic Perspective in the *Jewish War*. Harvard Theological Review 97 (2004), 257–274.

Von da an ist in der Tat eine für alle Richtungen akzeptable Textgrundlage an die Stelle der umstrittenen „mose-prophetischen" Höchstinstanz getreten. Aber es handelte sich nicht um ein Gesetzbuch. Der Pentateuch kam als Bundesurkunde zu dieser Funktion, die eine Anzahl repräsentativer und unumstrittener Gesetzessammlungen in einem *historiographischen* Entwurf als alte Offenbarungsinhalte ausweist. Von da an wurden „Gesetz und Propheten" als zwei Schriftkorpora zur verbindlichen Offenbarungsgrundlage, die Tora (im Pentateuch) als absolut verbindliche Offenbarung, die Prophetenschriften und Geschichtsbücher als bei- und untergeordnete autoritative Dokumente, von normaler Prophetie ebenfalls durch ein Alterskriterium (bis zur Generation des Exils) unterschieden. Manchmal fügte man den Propheten noch die Psalmen Davids hinzu, womit mehr gemeint sein konnte, als der biblische Psalter. In neutestamentlicher Zeit ist diese Konzeption von „Torah und Propheten" bereits eine Selbstverständlichkeit, doch wäre es anachronistisch, auf Grund dessen von einem (dreiteiligen) Kanon zu sprechen.[57]

Übrige Schriften
Abgesehen von nichtgesetzlichen Pentateuchtexten, die der normalen Prophetie des Mose zugeschrieben wurden, von den biblischen „Propheten", und von Psalmen als inspirierten Dichtungen Davids, die alle der *pešär*-Methode unterliegen, begegnet kein anderer sonstiger biblischer Text als Gegenstand einer *pešär*-Auslegung. Das zeigt einen entsprechend tieferen Status der übrigen Hagiographen an. Somit ergeben sich drei qualitativ-hierarchisch abgestufte Formen der Schriftautorität: Tora ist absolut verbindliche, unmittelbare Offenbarung; Prophetentexte und Psalmdichtungen Davids sind vermittelte Weissagungen, bedürfen der *pešär*-Auslegung; und die restlichen Schriften werden erst gar nicht näher qualifiziert, sie hatten offensichtlich sogar geringere Bedeutung als einige andere, nicht in der Bibel erhalten gebliebene Texte.

---

[57] J.G. Campbell, 4QMMT and the Tripartite Canon. Journal of Jewish Studies 51 (2000), 181–190.

7 Bezeugung der Bibel

Frühe Zeugnisse

Inschriften

Es gibt nur wenige inschriftliche Bezeugungen biblischer Texte bzw. Inhalte, aber zwei davon sind besonders erwähnenswert.[1]

Dt 24,12–13[2] enthält eine pfandrechtliche Bestimmung, die durch ein Ostrakon von Metsad Chashavjahu für das ausgehende 7. Jh. als praktiziertes Recht bestätigt wird.[3] Das beweist aber nicht, dass damals das Deuteronomium als Gesetzbuch vorlag und gegolten hat.

Num 6,22–27 enthält den so genannten „aaronitischen Segen" bzw. Priestersegen, ein Stück aus der Tempelliturgie. Das Alter des Textes wurde viel diskutiert, wobei angesichts literarischer Zeugnisse aus der Zeit des Zweiten Tempels allerdings die Frage auftauchte, ob dahinter nicht ein liturgisches Formular steht, das je nach Anlass textlich unterschiedlich ausfallen konnte. Im Hinnomtal (Ketef Hinnom) bei Jerusalem wurde nun ein Silberplättchen gefunden, das ins 7. Jh. datiert wird und somit die älteste Variante des Priestersegens enthält.[4] Es war wohl vor allem die wechselnde Zweckbestimmung, die Variationen der Textgestalt verursacht hat. Der Umstand, dass eine Variante im Buch Numeri Aufnahme gefunden hat, besagt keineswegs, dass es sich dabei um die älteste handelt. Mit solchen Sachverhalten muss in früher Zeit überall gerechnet werden, wo unterschiedliche Verwendungen von inhaltlich und terminologisch verwandten Traditionseinheiten möglich waren.

---

[1] Mehr dazu bei W. M. Schniedewind, How the Bible Became a Book: Textualization in Ancient Israel. Cambridge 2004.

[2] Vgl. Ex 22,25f; Jos.Ant IV,267–269.

[3] Dazu s. U. Hübner, Bemerkungen zum Pfandrecht: Das judäische Ostrakon von Meçad Hašavyahu. UF 29, 1997, 215–225.

[4] G. Barkay, Excavations on the Slope of the Hinnom Valley. Qadmoniot 17 (1984), 99–108. H.N. Rösel, Zur Formulierung des aaronitischen Segens aus den Amuletten von Ketef Hinnom. Biblische Notizen 35 (1986), 30–36. G. Barkay, The Priestley Benediction on Silver Plaques from Ketef Hinnom in Jerusalem. Tel Aviv 19 (1992), 139–192.

Papyri aus Ägypten (Elephantine)

Die ältesten Textfunde, unter denen man eine Bezeugung biblischer Schriften erwarten könnte, sind die aramäischen Papyri und Ostraca aus Ägypten, vor allem die aus dem 5. Jh. v.Chr. aus der jüdischen Militärkolonie von Elephantine, die über ein eigenes Heiligtum verfügte. Es handelt sich um rechts- und religionsgeschichtlich bemerkenswerte Texte, denn sie bezeugen Traditionen, die noch nicht auf die Situation in Jerusalem/Juda abgestimmt waren, in der die exilische Elitereligion den weiteren Verlauf bestimmte und in der damals die biblischen Bücher ihre überlieferte Gestalt gewonnen haben. Man hat auch Fragmente des aramäischen Achiqar-Romans gefunden, der auch durch Qumranfragmente bezeugt ist, aber keine biblischen Texte. Einer Korrespondenz mit Jerusalem um 419/8 v.Chr. ist zu entnehmen, dass man dort bemüht war, die Militärkolonisten auf Elephantine unter Berufung auf königlich-persische Autorität zur Einhaltung einer bestimmten Form bzw. eines bestimmten Datums des Passah-Mazzot-Festes zu bewegen.[5] Dieses Fest im Sinne der deuteronomistischen Tradition war ein wichtiges Kriterium für die Selbstdefinition der judäischen Heimkehrergemeinschaft.[6] Auch im *Buch der Jubiläen* Kap. 49 wird es ausführlich behandelt.

In einer Korrespondenz aus den Jahren 410 v.Chr., im Zusammenhang mit der Zerstörung des Tempels auf Elephantine durch Ägypter, fehlt ebenfalls jede Bezugnahme auf biblische Gesetze.

Pseudo-Hekataios

Wenige Jahre vor 300 dürfte der Bericht über die Juden verfasst worden sein, der dem Hekataios zugeschrieben und von Diodor im Buch XL aufgegriffen wurde, auf den sich wieder Flavius Josephus in seinem apologetischen Buch *Contra Apionem* (I,183–204 und II,43) berief. Hier heißt es u.a.: *(3.4) Mose ... wählte sich die Männer mit der meisten Eignung und der größten Fähigkeit zur Leitung des ganzen Volkes aus, ernannte sie zu Priestern und ordnete an, dass sie sich dem Tempel widmen sollten und mit den Ehrungen und Opfern, die ihrem Gott dargebracht werden. (2.5) Ebendiese Männer ernannte er zu Richtern in allen größeren Streitfragen und betraute sie mit der Wahrung der Gesetze und Gebräuche. Aus diesem Grunde haben sie niemals einen König, sondern die Leitung (prostasia) der Volksmenge wird jedesmal dem Priester zugesprochen, der seinen Kollegen in Weisheit und Tugend überlegen ist. Sie nennen diesen Mann Hohepriester, und sie glauben, dass er ihnen gegenüber als Bote/Engel der Gebote Gottes fungiert. (3.6) Es ist er, welcher in ihren Versammlungen und anderen Zusammenkünften proklamiert, was geboten worden ist, und die Juden sind in diesen Dingen so fügsam, dass sie sofort auf den Boden niederfallen und dem Hohepriester huldigen, wenn er ihnen die Gebote darlegt. Am Ende der Gesetze ist sogar angefügt: „Diese*

---

[5] P. Grelot, Documents araméens d'Égypte. Paris 1972, 378–386.
[6] Vgl. Jos 5,10ff; 2 Chr 30; 2 Kön 23,21–23/2 Chr 35/3 Esr 1,1–22; Esra 6,19–22.

sind die Worte, die Mose von Gott gehört hat und den Juden bekannt gibt," ... *etc.* (es folgen Beispiele für die jüdischen Gesetze und Bräuche).[7] Hinter diesem Bericht sind jüdische Informationen zu vermuten, und diese setzen die priesterliche Torah- und Rechtskompetenz in der Nachfolge des Mose voraus. Es ist von Gesetzen die Rede und von einzelnen Gesetzessammlungen, an deren Ende eine Formel in der Art von Lev 26,46; Num 36,13 (Buchende); Dt 28,69 gestanden haben soll.

Das Buch Sirach

Als ältester Beleg für ein Korpus, das in etwa unserem Alten Testament entspricht, wird in der Regel eine Passage im Buch Sirach angeführt. Das Buch des Ben Sira wurde gegen 200 v.Chr. hebräisch abgefasst, und dieser Text ist zum Teil durch mittelalterliche Handschriften aus der Geniza von Kairo, durch einige Qumranfragmente und durch ein größeres Fragment von Masada bezeugt.[8] Der Text ist jedoch nicht einheitlich überliefert und in rabbinischer Zeit sprach man von „Büchern des Ben Sira", zitierte daraus manchmal wie aus biblischen Schriften, konnte sich aber schließlich für keine der Fassungen entscheiden, als es um die Frage der Zugehörigkeit zu den „heiligen Schriften" ging. Das Werk wurde weithin aus vorhandenen Stücken kompiliert und ist in einem frühen Stadium bearbeitet und ergänzt worden. Darauf weisen u.a. die abweichende Anordnung und das Auftauchen zusätzlicher Stücke in der griechischen Übersetzungstradition hin (Kapitel-Zählung im Folgenden nach dieser).

In einer Passage, zu der leider kein hebräischer Text erhalten ist, wird fast durchwegs eine Anspielung auf einen dreiteiligen „Kanon" (Gesetz, Propheten, Weisheitsschriften) gefunden. Der Kontext (38,24–39,11) handelt allerdings von Berufsgruppen. Zunächst werden die Tätigkeiten der Handwerker beschrieben und gelobt, ihre Bedeutung zuletzt jedoch mit folgenden Worten eingeschränkt:

(38,33) Aber sie werden nicht zum Volksrat gesucht
und in einer Versammlung tun sie sich nicht hervor,
auf einem Richterstuhl nehmen sie nicht Platz
und (die) Rechtsordnung verstehen sie nicht,
(34) auch zeigen sie nicht Bildung und Urteilsvermögen
und in Spruchweisheit sind sie nicht beschlagen.
Aber sie sichern die Schöpfungsordnung
und ihr Gebet besteht in Gewerbeausübung.

---

[7] B. Bar-Kochba, Pseudo-Hecataeus „On the Jews". Legitimizing the Jewish Diaspora, Berkeley 1996, 20ff. Für eine zweite Passage s. a.a.O. 221–222.
[8] J. Marböck, Sirach/Sirachbuch. Theologische Realenzyklopädie 31, 1999, 307–317.

Danach heißt es in Bezug auf die Berufsgruppe der gelehrten Schreiber:
(39,1) Jedoch der, welcher seine Seele daransetzt
und im Gesetz des Höchsten studiert,
Weisheit aller Alten sucht
und in Prophezeiungen sich auskennt,
(2) die Ausführung berühmter Männer bewahrt
und Antithesen von Sprüchen einsieht,
(3) Verborgenes von Gleichnissen herausfindet
und in Spruchrätseln bewandert ist,
(4) der mitten unter Großen dient
und vor Regenten auftritt,
sich im Land fremder Völker bewegt,
Gutes und Schlechtes in Menschen erfahren hat,
(5) er richtet sein Herz frühan auf den Herrn aus, der ihn gemacht hat,
und betet vor dem Höchsten,
er öffnet seinen Mund im Gebet
und bittet für seine Sünden.
(6) Wenn der HERR, der Große, es will,
wird mit Einsichtsgeist er erfüllt,
er wird die Worte seiner Weisheit kundtun
und im Gebet den HERRn anerkennen.
(7) Er wird seinen Ratschluss und seine Erkenntnis zurechtrichten
und dessen Verborgenheiten begreifen,
(8) er wird die Bildung seiner Lehre erweisen
und für sich Ruhm suchen im Gesetz des Bundes des HERRn. ... etc.

Die Passage im ersten Teil scheint nur auf den ersten Blick und isoliert für sich betrachtet eine dreiteilige schriftliche Tradition vorauszusetzen, die aus Gesetz, Prophetie und Spruchliteratur besteht, doch im Zusammenhang gesehen trifft dies so nicht zu. Mit „Gesetz des Höchsten" ist zweifelsfrei die Tora gemeint, aber schwerlich nur jene im Pentateuch, und darüber hinaus geht es einfach um literarische Bildung. Denn Universalität der Bildung (vgl. Dan 1,4), nicht aber kanonische Beschränkung kennzeichnet das Idealbild eines solchen Weisen, dem hier auch eine hohe Bedeutung im öffentlichen Leben, und zwar nicht nur im Rechtsleben, zugemessen wird. Und dazu gehörte auch Geschichtskenntnis.[9] Darüber hinaus geht es auch um eine Rolle im Sinne religiöser „Dienstleistungen", die in Sir 39,5–11 beschrieben werden. Sie entsprechen allem Anschein nach denen des *maśkîl* in den Qumrantexten (vgl. auch v. a. 4Q417 Frg. 2 i) und dem hohen Prestige, das den *maśkîlîm* auch im Danielbuch (Dan 11,33) zugesprochen wird.[10]

---

[9] O. Wischmeyer, Die Kultur des Buches Jesus Sirach. Berlin (BZNW 77) 1995.

[10] C.A. Newsom, The Sage in the Literature of Qumran. The Function of the „maskil". In: J.G. Gammie/L.G. Perdue (Hg.), The Sage in Israel and the Ancient Near East. Winona Lake 1990, 373–382.

Auch im Aristeasbrief (um 100 v.Chr.) werden § 121–122 ähnliche Eigenschaften erwähnt, und dazu passt auch § 181ff enthaltene Beschreibung von Gelagen mit Gesprächen. Neben Prov 9 belegt Sir 24 ein Tora-Konzept, das den Anspruch erhebt, die Weisheit überhaupt und letztlich die göttliche Schöpfungsweisheit zu repräsentieren. Der Verfasser vertrat noch voll und ganz den priesterlichen Anspruch auf die Kontrolle des Rechtswesens im Sinne des Levi-Spruchs Dt 33,10 (Sir 45,1–5). Die Pflege und Anwendung der Tora obliegt Aaron und seinen Nachkommen als Teil der dienstlichen Verpflichtungen (45,17). Im Rahmen dieser Bildungstraditionen nahmen daher Tora-Traditionen den ersten Platz ein.

Der Enkel des Verfassers, der das Buch ins Griechische übersetzt hat, lebte zu einer Zeit, da die innerpriesterlichen Differenzen in Jerusalem bereits verfestigt waren und die Bildungstraditionen gruppen- bzw. parteigebunden in Anspruch genommen wurden. Der Prolog ist in seiner Authentizität zwar nicht ganz gesichert und auch in der Relation zum übersetzten Text nur ungefähr datierbar, es ist möglich, dass es sich um das 38. Jahr des Ptolemäus VII. Euergetes handelt (ca. 132 v.Chr.), falls von dessen Mitregentschaft (ab 170 v.Chr.) an gerechnet wird, oder erst um eine Zeit um 107 v.Chr., falls von dessen Alleinherrschaft an gerechnet werden muss, und sofern der Prolog wirklich vom Enkel stammt.[11] Jedenfalls bezeugt dieser Prolog bereits eine deutlich engere Sicht der Tradition, die der späthasmonäischen Periode entspricht, und in diesem Rahmen begegnet tatsächlich eine Dreiteilung in Gesetz, Propheten und anderen Schriften (Prolog 1–2 und 8–10), wobei der Umfang der beiden letzteren nicht bestimmbar ist.

Die samaritanische Tradition

Die Beziehungen zwischen Juden und Samaritanern entwickelten sich entgegen manchen früheren Annahmen offensichtlich nicht einheitlich und gleichmäßig.[12] Auffällig ist auch die auf Grund der neueren archäologischen und epigraphischen Erkenntnisse feststellbare enge Verbindung auf schreibtechnischem Gebiet. Die Gruppen- und Interessengegensätze in Jerusalem/Juda und die dadurch bedingten Frontstellungen haben in Jerusalem/Judäa zu unterschiedlichen bis gegensätzlichen Einstellungen und Verhaltensweisen geführt, bis sich nach den Eroberungen und Zerstörungen unter Johannes Hyrkanos (135–104 v.Chr.) eine massive Konfrontation und eine Differenzierung auch in den Schreibertraditionen ergab.[13] Leider bringen auch die Qumrantexte nur wenig Licht ins Dunkel der samarita-

---

[11] Vgl. B.J. Diebner, „Mein Großvater Jesus". Dielheimer Blätter zum AT 16 (1982), 1–37.
[12] A.D. Crown/R. Pummer, A Bibliography of the Samaritans, Lanham/Toronto/Oxford ³2005. I. Hjelm, The Samaritans and Early Judaism: A Literary Analysis. Sheffield (JSOT.S 303) 2000.
[13] J. Naveh, Scripts and Inscriptions in Ancient Samaria. IEJ 48 (1998), 91–100.

nisch-judäischen Beziehungen,[14] doch weist manches darauf hin, dass es sehr sehr dichte priesterliche Traditionszusammenhänge gegeben hat. Für die Geschichte der Bibel ist bemerkenswert, dass auch die Samaritaner den Pentateuch als Basisdokument der Provinzautonomie betrachtet und ihn als verbindliche Offenbarung anerkannt und in althebräischer Schrift weitertradiert haben; er dürfte spätestens gegen 100 v.Chr. in seiner Sonderform vorhanden gewesen sein.[15] Leider ist die vorhandene Textgestalt nur spät bezeugt,[16] und dasselbe gilt für die aramäische Pentateuchübersetzung der Samaritaner,[17] doch wird der samaritanischen Texttradition des Pentateuchs in der Bibelwissenschaft trotzdem ein hoher Stellenwert eingeräumt.[18] Grund dazu bot der Vergleich mit dem masoretischen Text und der griechischen Übersetzungstradition, wobei man geneigt war, von drei Textformen zu sprechen: einer proto-masoretischen, einer samaritanischen, und einer Textvorlage der Septuaginta. Die Qumranfunde haben diese Dreiteilung als zu schematisch erwiesen.

Über den Pentateuch hinaus, in Bezug auf Geschichts- und Prophetenbücher, erweist sich eine deutliche Differenz. Es sind zwar Traditionen weitergepflegt worden, die stofflich biblischen Inhalten entsprechen, v.a. in einem Josuabuch[19] und in eigenen Chroniken, aber ansonsten bezeugen sie eine ganz andere Entwicklung, und ihre vorliegende Textgestalt ist erst spät bezeugt.[20] Die frühe Ausbildung des Korpus der „Frühen und Späteren Propheten" und dann vollends des „chronistischen Geschichtswerkes" und ihre Aufwertung zu maßgeblichen Schriften dürfte wohl auch durch die Rivalität zwischen Juden und Samaritanern mitbestimmt worden, die ja auch in der griechisch-sprachigen Diaspora aktuell war. Somit ist auch das Verhältnis von griechischen Pentateuchübersetzungen und samaritanischen Textzeugnissen nicht nur in Bezug auf die Textvorlagen der Übersetzungen

---

[14] F. Dexinger, Samaritan Origins and the Qumran Texts. In: M.O. Wise, etc. (Hg.), Methods of Investigation of the Dead Sea Scrolls and the Khirbet Qumran Site. Annuals of the New York Academy of Sciences 722, 1994, 231–250. Für eine extreme Theorie des Verhältnisses Qumran – Samaritaner s. Th. Thordson/M. Thordson, Qumran and the Samaritans. Ingaro/Schweden 1996. Im Übrigen s. E. Tov, Rewritten Bible Compositions and Biblical Manuscripts, with Special Attention to the Samaritan Pentateuch. Dead Sea Discoveries 5 (1998), 334–354.

[15] E. Eshel/H. Eshel, Dating the Samaritan Pentateuch's Compilation. In: S.M. Paul, u.a. (Hg.), Emanuel. Studies in the Hebrew Bible, Septuagint and Dead Sea Scrolls in honor of Emanuel Tov. Leiden 2003, 215–240.

[16] A. Tal, The Samaritan Pentateuch, edited according to Ms 6 (C) of the Shekhem Synagoge. Tel Aviv 1994.

[17] A. Tal, The Samaritan Targum of the Pentateuch. In: J. Mulder (Hg.), Mikra, Assen (CRINT II/1) 1988, 189–216.

[18] J. Margain, Samaritain, Pentateuque. Dictionnaire de la Bible Suppl. 64–65, Paris 1991, 762–773.

[19] F. Niessen, Eine samaritanische Version des Buches Yehošua` und die Šobak-Erzählung. Hildesheim (TSO 12) 1999. MacDonald, J., The Samaritan Chronicle No. II (Sepher ha-Yamim). From Joshua to Nebuchadnezzar, Berlin (BZAW 107) 1969.

[20] R.T. Anderson/G. Terry, Tradition Kept. The Literature of the Samaritans. Peabody/Mass. 2006.

ein Thema, sondern auch ein Zeugnis für eine krisenreiche Beziehung. Diese wurde übrigens auch durch äußerst wechselhafte außenpolitische Orientierungen mitbestimmt, die auf beiden Seiten auch intern eine maßgebliche Bedeutung für die Richtungskämpfe hatten.

Septuaginta (LXX) und Aristeasbrief

Das griechischsprachige Judentum Ägyptens hatte seit der Mitte des 3. Jh. v.Chr. die Bücher des Pentateuchs in griechischen Übersetzungen zur Verfügung.[21] In Gang gesetzt wurde dieses Unternehmen durch mehrere Faktoren, deren Gewichtung umstritten ist. Einer davon war das Interesse der Bibliothek zu Alexandrien, möglichst alles zu sammeln, was an schriftlichen Überlieferungen vorzufinden war.[22] Auf jüdischer Seite war dies aber kaum ein entscheidender Beweggrund. Mehr Bedeutung hatte sicher die Rolle des Pentateuchs als Basisdokument der jüdischen Autonomie, also ein juristisch-politischer Gesichtspunkt. Dieser erklärt auch ein Zusammenwirken mit den Jerusalemer Autoritäten (vgl. Josephus, Ant I, 10–13), denn Judäa stand ja bis 198 v.Chr. ebenfalls unter ptolemäisch-ägyptischer Herrschaft.

Eine Diasporagemeinschaft war freilich politisch weit stärker exponiert, daher hatte dieses Basisdokument für sie auch höhere Bedeutung. Folglich entstanden hier auch die frühesten Kommentare zum Pentateuch, und man war bemüht, seine Inhalte gegenüber Kritik zu verteidigen, denn er galt schließlich als „das Gesetz" der Juden und als Offenbarung Gottes überhaupt.[23] Erst nach und nach folgten Übersetzungen weiterer, biblischer und „deuterokanonischer (apokrypher) Schriften".

Man hat lange gemeint, durch den Vergleich mit dem uns vorliegenden („masoretischen") hebräischen Text die Vorlage der Septuaginta-Übersetzer rekonstruieren zu können. Nun zeigt sich aber, dass man für die Septuaginta-Vorlagen offensichtlich denselben komplizierten Befund voraussetzen muss. Handschriftliche Zeugnisse aus alter Zeit sind jedoch nur wenige erhalten, die meisten stammen aus christlicher Überlieferung, und erst die Qumranfunde haben neue Einsichten in die vorchristliche Geschichte dieser Übersetzungen ermöglicht.[24] Bemerkenswerter Weise handelt es sich v. a. um Pentateuchfragmente, und die repräsentieren text-

---

[21] F. Siegert, Zwischen Hebräischer Bibel und Altem Testament. Eine Einführung in die Septuaginta. Münster (Münsteraner Judaistische Studien 9) 2001. ders., Register zur „Einführung in die Septuaginta". Mit einem Kapitel zur Wirkungsgeschichte, Münster (Münsteraner Judaistische Studien 13) 2003. K. De Troyer, Die Septuaginta und die Endgestalt des Alten Testaments. Göttingen (UTB 2599) 2005.

[22] N.L. Collins, The Library in Alexandria and the Bible in Greek. Leiden (VT.S 82) 2000.

[23] R. Weber, Das Gesetz im hellenistischen Judentum. Studien zum Verständnis und zur Funktion der Thora von Demetrius bis Pseudo-Phokylides. Frankfurt a.M. 2000.

[24] H.-J. Fabry, Die griechischen Handschriften vom Toten Meer. In: H.-J. Fabry/U. Offerhaus (Hg.), Im Brennpunkt: Die Septuaginta. Studien zur Entstehung und Bedeutung der Griechischen Bibel. Stuttgart (BWANT 153) 2001, 131–153.

lich dieselbe Vielfalt wie die hebräischen Textzeugen aus Qumran, stehen darum auch zu den erhaltenen Septuaginta-Texten in einem entsprechend uneinheitlichen Verhältnis.[25] Angesichts des Alters dieser Kopien ist der Befund ebenso bemerkenswert wie jener für die althebräisch geschriebenen Handschriften.

Es ist nun sicher, dass es von bestimmten Büchern verschiedene Fassungen gab und die griechischen Übersetzer z.T. eine andere Fassung vor sich hatten als die in unserer Bibel erhaltene. Das gilt für die Bücher Josua, Richter, 1–2 Samuel, 1–2 Könige, und von den Prophetenbüchern für Jeremia und Ezechiel, schließlich auch für Daniel. Eine besondere Situation ergab sich für das Zwölfprophetenbuch, weil in der Wüste Juda beachtliche Teile einer Rolle aus dem späten 1. Jh. n.Chr. gefunden worden sind.

Die Frage, welche Art von Autorität man zur Zeit der Septuaginta-Übersetzungen den Vorlagen und den übersetzten Texten zuschrieb, ist nur hinsichtlich des Pentateuchs klar zu beantworten, weniger präzis in Bezug auf Propheten und Psalmen, überhaupt nicht in Bezug auf die übrigen Schriften. Der alexandrinische jüdisch-griechische Schriftsteller Demetrios hat im ausgehenden 3. Jh. v.Chr. eine griechische Übersetzung des Pentateuchs bereits als Basis seiner exegetisch-chronographischen Ausführungen verwendet und nannte ihn in ägyptischer Manier das „heilige Buch" (in Eusebius, Praep. Evang. IX,29,11,15 aus Alexander Polyhistor). Diesen deutlichen Vorrang hat der Pentateuch in den jüdischen Gemeinden beibehalten.

Im sogenannten *Aristeasbrief* wurde der Übersetzungsvorgang auf legendäre Weise ausgemalt, nämlich als wunderbares Gemeinschaftswerk von 72 gelehrten Übersetzern.[26] Die recht unterschiedliche Bewertung dieser Angaben durch die Forschung hat die Diskussion über die Entstehung der „Septuaginta" immer entscheidend mitbestimmt.[27] In diesem Kontext geht es freilich weniger um den Wahrheitsgehalt der geschilderten Umstände, sondern um Zeit und Anlass zu diesem Übersetzungsunternehmen, und das sichtliche Bemühen, die alexandrinische Fassung als die autoritative darzustellen[28] und das jüdische Bewusstsein dieser Diasporagemeinschaft zu stärken.[29]

Das rabbinische Judentum hatte zu den griechischen Bibelübersetzungen ein ambivalentes Verhältnis. Grundsätzliche Bedenken gab es kaum, aber man be-

---

[25] L.J. Greenspoon, The Dead Sea Scrolls and the Greek Bible. In: P.W. Flint/J.C. VanderKam (Hg.), The Dead Sea Scrolls after Fifty Years, I. Leiden 1998, 101–127.

[26] Zur Orientierung: K. Müller, Aristeasbrief. Theologische Realenzyklopädie 3, 1979, 719–725. O. Murrry, Aristeasbrief. RAC Suppl. I/4, 1986, 573–587.

[27] A. Pelletier, Josephus, the Letter of Aristeas, and the Septuagint. In: L.H. Feldman/G. Hata (Hg.), Josephus, the Bible, and History. Leiden 1989, 97–115.

[28] H. Noah, The Letter of Aristeas: A New Exodus Story? JSJ 36 (2005), 1–20.

[29] A. Passoni Dell'Acqua, Alessandria e la Torah. Ricerche storico bibliche 16, 2004,177–218. Dazu siehe in einem weiteren Kontext auch: S.R. Johnson, Historical Fictions and Hellenistic Jewish Identity. Third Maccabees in Its Cultural Context. Berkeley/London 2004. A. Kovelman, Between Alexandria and Jerusalem: The Dynamic of Jewish and Hellenistic Culture. Leiden/Boston (The Brill Reference Library of Judaism 21) 2005.

mühte sich um Fassungen und Revisionen, die dem eigenen Textverständnis entsprachen.³⁰ Eine Tendenz, die in der Übersetzung des Aquila aus dem frühen 2. Jh. besonders deutlich zum Tragen kam.³¹

Aramäische Texte

Es ist üblich geworden, die aramäische Übersetzung einer biblischen Schrift als *targum* (plur. *targumim*) zu bezeichnen, was im Hebräischen an sich aber nur „Übersetzung" heißt und also auch für eine griechische und jede andere Übersetzung verwendet werden kann. „Targum(im)" wird vor allem als terminus technicus für jene aramäischen Bibelübersetzungen verwendet, die im rabbinischen Judentum im Zusammenhang mit der synagogalen Schrift-Lesung und im rabbinischen Schulbetrieb eine feste Rolle gespielt haben.³²

Unter den Qumrantexten befindet sich eine aramäische Fassung des Buches Hiob in 11Q10, geschrieben gegen 50 n.Chr.; dazu kommt noch das Fragment 4Q157, paläographisch auf 40–50 v.Chr. datiert. Da das Buch Hiob auch rabbinisch nie für eine liturgische Lesung verwendet wurde, entfällt jede Vergleichsmöglichkeit funktionaler Art. Zwei Fragmente mit einer aramäischen Fassung von Lev 16,12–15 und Lev 16,8–21 stammen aus der Handschrift 4Q156 (spätes 2. Jh. v.Chr.). Lev 16 betrifft den Versöhnungstag, und daher ist eventuell mit einem liturgisch-ritualartigen Text zu rechnen. Einen Nachweis für die Institution eines „Targums" (im rabbinisch-synagogalen Sinne) stellen diese Qumrantexte nicht dar.

Die Schriftrollenfunde in den Höhlen bei Qumran

Die Funde und ihre Bedeutung
Vor den Qumranfunden hat es überhaupt keine hebräischen bzw. aramäischen Handschriften biblischer Bücher aus der Antike gegeben, wenn man von einem kleinen Fragment (Papyrus Nash) absieht. Nun liegen Reste von rund 200 biblischen Texten aus der Zeit vor 68 n.Chr. vor, die in Einzelfällen bis ins 3. Jh. v.Chr. zurück reichen. Dementsprechend rege war das bibelwissenschaftliche Interesse an diesen Zeugnissen, wobei sich die Wertungen z.T. bemerkenswert verändert haben.³³

---

³⁰ G. Veltri, Eine Tora für den König Talmai. Untersuchungen zum Übersetzungsverständnis in der jüdisch-hellenistischen und rabbinischen Literatur. Tübingen (TSAJ 41) 1993.
³¹ K. Hyväerinen, Die Übersetzung des Aquila. Lund 1977; G. Veltri, Libraries, Translations, and ‚Canonic' Texts. The Septuagint, Aquila and Ben Sira in the Jewish and Christian Traditions. Leiden (JSJ.S 109) 2006, 147–189.
³² Zur Orientierung s. U. Gleßmer, Targumim. In: L.H. Schiffman/J.C. VanderKam, Encyclopedia of the Dead Sea Scrolls, 2 Bd. Oxford/New York 2000, 915–918.
³³ Zur Orientierung s.: F.M. Cross/S. Talmon (Hg.), Qumran and the History of the Biblical Text. Cambridge/Mass. 1975. E. Tov, Die biblischen Handschriften aus der Wüste Juda – eine neue Synthese. In: U. Dahmen/A. Lange/H. Lichtenberger (Hg.), DieTextfunde vom Toten Meer und der Text der Hebräischen Bibel. Neukirchen 2000, 1–34.

Der Zeitraum zwischen diesen Kopien und der Abfassungszeit bzw. den letzten Redaktionsprozessen der einzelnen Bücher bzw. Corpora beträgt nur wenige Jahrhunderte. Dennoch bedeutet dies nicht in jedem Fall, den „Urtext" erreicht zu haben. Nicht jedes biblische Buch war das Werk eines einzelnen Verfassers und in einem solchen Fall ist der Begriff „Urtext" auch nicht am Platz, weil die Textgestalt von früh an nicht nach dem Willen eines Autors geformt, sondern bestimmten, uns z.T. nicht mehr bekannten Bedürfnissen entsprechend gestaltet worden ist, und mit der Zeit veränderten sich die Bedingungen jeweils nach den religiösen Richtungen und nach den Verwendungszwecken. Manche der uns vorliegenden biblischen Bücher repräsentieren daher wohl nur eine von mehreren damals vorhandenen Fassungen der entsprechenden Stoffe, und in bestimmten Fällen sind uns tatsächlich auch zwei biblische Fassungen und mehr überliefert, wenn man die griechischen Übersetzungstraditionen mit berücksichtigt. Solange ein Text nicht als so autoritativ galt, dass man ihn nur mehr kopierte, unterlag er eben der kreativen Gestaltungskraft der Schreiber.

Die Anzahl der Exemplare und die paläographische Datierungen bieten Anhaltspunkte für die Einschätzung der Bedeutung einer Schrift. Die Qumrantexte stammen freilich aus einer besonderen innerjüdischen Tradition jener Zeit, und daher sind die Befunde auf andere jüdische Richtungen nicht ohne Weiteres übertragbar. Ferner ist damit zu rechnen, dass abgenützte oder schadhaft gewordene Exemplare laufend durch neue Kopien ersetzt worden sind. Wenn also für frühe Zeit weniger Exemplare bezeugt sind als für Spätphasen, sagt dies nicht viel über eine unterschiedliche Verbreitung und Bedeutung der betreffenden Texte aus. Nur wenn im Einzelfall eine auffällige Diskrepanz zutage tritt, wie es bei Pentateuchtexten der Fall ist, kann man darin ein Indiz für bestimmte Entwicklungsstadien in der Wertung und Funktion solcher Texte erblicken.

Die Zahl der Zitate und Anspielungen ist ein weiterer wichtiger Anhaltspunkt. Die Verwendung von festen Phrasen, Einzelpassagen und Einzelkomplexen war damals allerdings ein wesentlicher Faktor bei der Abfassung oder Redaktion von Schriften, daher kann nicht in jedem solchen Fall das uns vorliegende biblische Buch als Grundlage vorausgesetzt werden. Dazu kommt, dass man bei Fragmenten aus einer Schriftrolle nicht weiß, wie weit der biblische Textbestand in der Rolle wirklich gereicht hat. Hätte man z.B. von der Tempelrolle (11Q19) nur Fragmente aus jenen Passagen gefunden, die mehr oder minder dem biblischen Deuteronomium entsprechen, wäre 11Q19 als Deuteronomiums-Exemplar klassifiziert worden.

In den Höhlen bei Qumran sind Reste von etwa 800 Texten gefunden worden, davon entfällt etwa ein Viertel auf biblische Texte. Dazu kommen aber noch Texte, die eindeutig biblische Schriften zur Basis haben, nämlich die *pešär*-Kommentare, die den interpretierten biblischen Text ja auch zitieren. Solche *pešär*-Kommentare sind aber relativ jungen Datums, sie stammen nämlich aus der Zeit nach 63 v.Chr. (Beginn der römischen Periode).

Buch	Zahl der Exemplare (mit Wüste Juda-Texten)
Genesis	22
Exodus	18
Leviticus	16 (17)
Numeri	08 (12)
Deuteronomium	34
Jesaja	21 + *Pešär* 4Q161–4Q165; 4Q515
Jeremia	06
Ezechiel	06
Daniel	07
XII Propheten	10 (12)
Amos	03 (4)
Habakuk	01 (3)+ *Pešär* 1QpHab
Haggai	02
Hosea	03 + *Pešär* 4Q166; 4Q167
Jona	03
Joel	02
Maleachi	02
Micha	02 (5) + *Pešär* 1Q14
Nachum	02 (4) + *Pešär* 4Q169
Obadja	01 (2)
Sacharja	03 (5)
Zefanja	03 (5) + *Pešär* 1Q15; 4Q170
Psalmen	38 (39) + *Pešär* 4Q171; 4Q173; 4Q83–98
Hiob	04 bzw. 6
Proverbien	02
Josua	02
Richter	04
Samuel	04
Könige	03
Chronik	01 (?)
Esra	01 (?)
Canticum	04
Kohelet	03
Ruth	04
Klagelieder	04
Tobit	05
Sirach	01 (2)

Die Zahl mancher Bücher, insbesondere Deuteronomium, Jesaja und Psalmen, zeigt eine überragende Bedeutung an. Bei Jesaja und Psalmen weisen auch die *Pešär*-Auslegungen auf eine hohe Wertschätzung. Diese Gewichtung entsprach einer verbreiteten Ansicht, denn ein ähnliches Bild ergibt sich auch auf Grund der frühchristlichen Verwendung biblischer Schriften. Einige nichtbiblische Schriften sind aber in so zahlreichen Exemplaren bezeugt, dass auch ihnen eine besondere Gewichtigkeit zugemessen werden muss. Es macht allerdings wenig Sinn, sie nach einem anachronistischen Kriterium zu den biblischen Schriften als „kanonischen" in ein Verhältnis bringen zu wollen.

Buch	Zahl der Exemplare
Jubiläenbuch	16
CD (Damaskusschrift)	12
1QS	11 (13?)
1QHymnenrolle	09
Gigantenbuch	08
Henochbücher	07
0QSabbatopferlieder	08
1QM Kriegsrolle	07
4QMMT	06
0QNJ Neues Jerusalem	06
11QTempelrolle	03
Buch *HHGW/J*	4 mal erwähnt[34]

Im Allgemeinen entspricht die in der Tabelle der Qumranexemplare bezeugte Häufigkeit auch dem Maß der Zitierung und Verwendung biblischer Passagen. Vom Pentateuch dominiert auch dabei das Buch Deuteronomium, von den prophetischen Büchern Jesaja, und auch den Psalmen kam ein hoher Stellenwert zu. Das alles ist aber unter der Voraussetzung zu werten, dass der biblische Pentateuch und die Vorlagen des Pentateuchs der Septuaginta in dieser Tradition zwar die zunehmend dominante, aber durchaus nicht einzige literarische Fassung der betreffenden Stoffe darstellte. Auch die Gleichsetzung des mehrmals erwähnten *Buch des Mose* mit dem biblischen Pentateuch ist nicht gesichert, und ein Teil des Hagiographencorpus spielte keine oder kaum eine Rolle, während anderen, nichtbiblischen Schriften offenkundig eine hohe Bedeutung zukam.

Es ist daher problematisch und irreführend, wenn – wie üblich – von „der Bibel in Qumran" gesprochen wird. Auch eine Verarbeitung der biblischen Stücke zu einem Text, wie sie in der Publikation „The Dead Sea Scrolls Bible. The Oldest Known Bible Translated for the First Time into English" (San Francisco 1999) von M. Abegg, P. Flint und E. Ulrich vorliegt, verleitet trotz der Anmerkungen und Hinweise zur Annahme, dass damals „die Bibel" bereits vorhanden war und als „kanonisch" gewertet wurde.

Der älteste Beleg für eine Berufung auf drei Gruppen autoritativer Schriften ist in einem Qumrantext 4QMMT zu finden, der aus den Resten mehrerer Exemplare

---

[34] Das nichtbiblische *Buch HHGW/Y* enthielt Vorschriften gesetzlicher und ritueller Art, deren Kenntnis allgemein und insbesondere für Funktionäre in der Gruppe als unerlässlich galt. St. D. Fraade, Hagu, Book of. In: L.H. Schiffman/J.C. VanderKam, Encyclopedia of the Dead Sea Scrolls, Bd. 1. Oxford/New York 2000, 327.

(4Q394–4Q399) zu einem guten Teil rekonstruiert werden kann.[35] Der Anfang der Sammelschrift ist verloren, erhalten ist zunächst ein kalendarischer Text (vgl. 4Q327), danach eine Zusammenstellung von etwa zwei Dutzend kontroverser, v.a. ritueller Praktiken, und ein Schlussteil, der mit dem verlorenen Anfang wahrscheinlich das Ganze als Epistel gerahmt hat und in dem ein namentlich nicht genannter Herrscher angesprochen wird. Jedenfalls weisen Inhalte und Diktion der ursprünglich wohl kaum zusammengehörigen Komponenten markante Unterschiede auf. Der letzte Teil in seiner Epistelform dürfte der Schlussredaktion zuzuschreiben sein, wobei nicht festzustellen ist, ob es sich um eine rein literarische Epistel handelt oder ob eine solche Rolle in der Tat einem hasmonäischen Herrscher zugesandt worden ist. Sofern letzteres erwogen wird, ist die Identifizierung mit Alexander Jannaj am wahrscheinlichsten, der als erster auf eindrucksvolle Weise die Königswürde in Anspruch nahm. In diesem Fall wäre die epistolarische Gestalt in die frühe Zeit dieses Herrschers, zwischen 103 v.Chr. und etwa 90 v.Chr. zu datieren, das Alter der anderen Komponenten ist kaum näher bestimmbar, aber wohl um einiges höher.

Die Auflistung der kontroversen Praktiken betrifft auch biblisch bezeugte Topoi, doch fällt auf, dass für den eigenen Standpunkt zwar auf Geschriebenes verwiesen, der Beleg aber nicht expressis verbis zitiert wird. Das Geschriebene ist nicht die Basis der korrekten Praxis, es bezeugt diese. Im Bewusstsein dessen ist auch eine entsprechende Passage im Epistelteil formuliert: Dem angesprochenen Herrscher wird eine gewisse Sachkompetenz zuerkannt und die Liste der kontroversen Praktiken soll ihm eine Entscheidungshilfe sein. 4QMMT (4Q397 Grundtext; 4Q398 Frg. 14–17 **fett**):

... *Denn auf [solche Dinge] richten [w]ir [unser Herz. und zudem] (10) haben wir <sie> an dich [geschrieben], damit du Einblick gewinnst ins* **Buch Moses** *[und] in die Büch[er der Pro]pheten und in Davi[d(s Psalmen)] (11) [und hinsichtlich der Praktiken (?)] einer jeden* **Generation. Und im Buch steht geschrieben** *[–].[–]... nicht (12) [...]... Und es steht auch geschrieben,*[36] *dass [du* **abweichen** *wirst von dem We[g]e und das Böse [dir] widerfährt.* **Und es steht (auch) gesch[rieben,]** *(13) dass Er über dich bringen wird al]le diese Ding[e(/Worte) am En]de der T[a]ge, den Seg[en und den]* **Fluch,** *(14) [damit du es] dir [zu* **Herzen nimmst]** *und u[m]kehrst[zu ihm mit]deinem [gan]zen Herzen und mit deiner [gan]zen Se[ele am En]de der Zeit und[–] (15) [Und es steht geschrieben im Buch]Moses und in den [Büchern der Prophete]n, dass eintreffen werden[–] ...[–] (16) [... die Segnung]en, welche [... in den Ta]gen[–]*

Das *Buch Moses* scheint zwar der biblische Pentateuch zu sein, aber sicher ist das keineswegs. Der Verweis auf „das Buch" betrifft Segens- und Fluchformeln

---

[35] E. Qimron/J. Strugnell, Qumran Cave 4.V: Miqçat Ma'ase ha-Torah, Oxford (DJD X) 1994. E. Qimron, Some Works of the Torah. 4Q294–4Q299 (= 4QMMT^{a-f}) and 4Q213. In: J.H. Charlesworth (Hg.), The Dead Sea Scrolls, Bd. 3. Tübingen/Louisville 2006, 187–251.

[36] Vgl. Dt 31,29, aber kein wörtliches Zitat.

im Blick auf das Handeln des Königs und des Volkes im Sinne eines Vertragsformulars à la Dt 27–28.

So kann mit Sicherheit nur festgestellt werden, dass diese Passage zwar die Existenz eines „Mose-Buches", von „Worten der Propheten" und von „Psalmen Davids" als anerkannte Traditionen voraussetzt, diese aber nicht ohne weiteres mit den biblischen Corpora Pentateuch, Propheten und Psalter gleich zu setzen sind.[37] Und die eigenen Positionen bzw. Praktiken werden nicht exegetisch aus Schriftstellen abgeleitet, sondern umgekehrt: ihr Verständnis und ihre Anwendung wird von der eigenen Position und Praxis abhängig gemacht.

Die Bezeugung des Pentateuchs
Bemerkenswert ist im Blick auf die chronologische Verteilung der Kopien der Befund in Bezug auf althebräisch geschriebene Exemplare und griechische Übersetzungen, sie gehören nämlich in ihrer überwiegenden Zahl zu den älteren biblischen Handschriften von Qumran.

Althebr. Texte	In „Quadratschrift"	Datierung	Griechische Übersetzung
	4Q17 = 4QExod-Lev^f	Ca. 250 v.Chr.	
4Q46 = 4QpaleoDeut^s	4Q46 = 4QpaleoDeut^s	225–175 v.Chr.	4Q122 = 4QLXX Dtn
	5Q1 = 5QDeut		
	4Q122 = 4QLXXDeut		
	4Q28 = 4QDeut^a	175–150 v.Chr.	
	4Q12 = 4QpaleoGen^m		
4Q12 = 4QpaleoGen^m		ca. 150 v.Chr.	
	4Q16 = 4QExod^e	150–125 v.Chr.	
	4Q23 = 4QLev-Num		
	4Q29 = 4QDeut^b		
	4Q30 = 4QDeut^c		
		150–50 n.Chr.	4Q126 = 4QpapParaEx gr
	11 Exemplare	125–50 v.Chr.	
1Q3 = 1QpaleoLev		125–100 a.C.	
11Q1 = 11QpaleoLev^a		ca. 100 v.Chr.	4Q119 = 4QLXXLev^a
			7Q1 = 7QLXX Ex
4Q22 = 4QpaleoExod^m		100–25 v.Chr.	
4Q11 = 4QpaleoGen-Ex^l		100–40 v.Chr.	
4Q45 = 4QpaleoDeut^r		100–30 v.Chr.	4Q120 = 4QpapLXXLev^b
	42 Exemplare	50–1 v.Chr.	
2Q5 = 2QpaleoLevc		1. Jh. v.Chr.?	
		1. Jh.v./1. Jh. n.Chr.	4Q121 = 4QLXXNum
	12 Exemplare	1–68 n.Chr.	

---

[37] J.G. Campbell, 4QMMT^g and the Tripartite Canon. JJS 51 (2000), 181–190.

Zu den späten Kopien aus dem späten 1. Jh. n.Chr.) sind auch noch Fragmente aus den Funden in der Wüste Juda und auf Masada anzuführen. Sdeir1 = SdeirGenesis; 5/6 HevNumbers^a, Xhev/SeNumbers^b, 34SeNumbers, (?) Hev/SeDeuteronomium; Mas 1039–270 = Mas 1a = MasLev^a, Mas 92–480 = Mas 1b = MasLev^b.

Nur wenige Fragmente lassen erkennen, dass sie von einer Schriftrolle mit mehr als nur einem Pentateuchbuch stammen: 4Q11 = 4QpaleoGen-Ex; 4Q1 = 4QGen(esis)-Ex(odus)^a; 4Q17 = 4QExod-Lev^f; 4Q23 = 4QLev-Num^a. Vor allem das Deuteronomium war in zahlreichen Exemplaren offensichtlich für sich im Umlauf, aber wohl auch Quellenschriften des Buches, wie z.b. jene, die in 11Q19 (Tempelrolle) verarbeitet worden sind. Bemerkenswert ist in diesem Zusammenhang, dass es riesige Schriftrollen mit Pentateuchstoff-Fassungen gegeben hat, die man nicht, wie üblich, nur als Bearbeitungen der Pentateuchtexte werten sollte: 4Q158 = 4QBibParaph; 4Q364–367 = 4QPentPar^{a-d} /4QPP; 6Q20 = 6QParaphr. Deut.

Auffällig ist die Zunahme der Kopien in hasmonäisch-römischer Zeit, v.a. unter Herodes. Auch wenn man berücksichtigt, dass ältere Exemplare durch neue ersetzt worden sind, weist die Statistik auf eine stark anwachsende Bedeutung des Pentateuchs im Lauf der Zeit ab ca. 125 v.Chr. und ganz besonders ab ca. 50 v.Chr. Die Textgestalt dieser späten Kopien unterscheidet sich nur wenig von jener in den Funden aus der Wüste Juda und dem späteren „masoretischen" Text. Aber das heißt nicht, dass es sich dabei in jedem Fall auch um einen „besseren" Text handelte. In alter Zeit ging es weniger um die Textgestalt, als um die Verfügungsgewalt über die Textexemplare, die öffentlich verwendet wurden. Erst danach, im Lauf der talmudischen Periode und im Frühmittelalter, v. a. aber mit dem Aufkommen des Islam und seiner Koran-Bewertung, ergab sich auch ein gezieltes Interesse an der Gestalt des Konsonantentextes im Einzelnen und auch an der Fixierung der Aussprachetraditionen.

Die Geschichtsbücher (Josua bis 2 Könige)
Die wenigen Fragmente von drei Handschriften (4Q47; 4Q48; 4QXJoshua) haben die Forschung am Buch Josua erneut belebt. Das masoretische hebräische Buch und die griechische Übersetzung stellen nämlich zweierlei Fassungen dar, und 4Q47 dürfte eine dritte repräsentieren.[38] Die Anordnung der Textstücke setzt eine andere Abfolge des Erzählten voraus, und man vermutet, dass Flavius Josephus in Ant V,15ff eine ähnliche Fassung benützt hat.

Die Gestalt des Josua und Josua-Traditionen hatten in der frühjüdischen Literatur eine nicht geringe Bedeutung.[39] Aus Qumran sind Reste einer Sammlung von Dichtungen und Erzählungen erhalten, die dies illustrieren.

---

[38] J. Trebolle Barrera, A „Canon within a Canon": Two Series of Old Testament Books Differently Transmitted, Interpreted and Authorized. Revue de Qumran 19,75 (2000), 382–399.
[39] A.D. Crown, Dositheans, Resurrection and a Messianic Joshua. Antichton 1, 1967/8, 70–85. R.D. Nelson, Josia in the Book of Joshua. JBL 100, 1981, 531–540. E. Nodet, A Search for the Origins of Judaism. Sheffield (JSOT.S 165) 1996. E. Qimron, Concerning „Joshua Cycles" from Qumran. Tarbiz 63, 1994, 503–508.

Das Richterbuch ist nur auf wenigen Fragmenten von 1Q6, 4Q49 =4QJudc[a] und 4Q50 vertreten, aber mit Abweichungen, denn ein Fragment enthält Ri 6,6–13, lässt aber v. 7–10 aus.

Die Samuelbücher sind durch Qumrantexte sehr gut abgedeckt. Vom Fragment 1Q7 abgesehen handelt es sich um Fragmente aus der Höhle 4,[40] die unterschiedliche Fassungen bezeugen, wie auch die Septuaginta und Josephus vermuten ließen.[41] Die Kopie 4Q52 = 4QSam[b] gehört zu den ältesten Qumrantexten, aus 220–180 v.Chr; 4Q53 = 4QSam[c] stammt aus 100–75 v.Chr., und die vergleichsweise umfangreiche und sehr interessante Handschrift 4Q51 = 4QSam[a] wird auf 50–25 v.Chr. datiert.

Die Königsbücher werden durch Qumranhandschriften vergleichsweise schwach bezeugt; die Textfragmente stammen aus 1Kön 1; 3; 7–8; 12 und 22, sowie aus 2Kön 5–10. Die Handschrift 5Q2 = 5QKgs stammt aus 125–100 v.Chr., ebenso 6Q4 = 6QKings, aber auf Papyrus. 4Q54 = 4QReg[a] wurde 60–40 v.Chr. kopiert.[42]

Prophetenbücher

Das Buch Jesaja ist neben dem Buch Deuternomium die am meisten verwendete Einzelschrift des frühen Judentums, auch für das frühe Christentum war es von erstrangiger Bedeutung. Es ist das einzige biblische Buch, das vollständig auf einer Schriftrolle aus Qumran (1QIsa[a], 175–150 v.Chr.) erhalten ist, von einer zweiten Rolle (1QIsa[b]) sind große Teile erhalten, und zahlreiche Fragmente mehrerer Handschriften bieten darüber hinaus eine Fülle von Textpassagen zum Vergleich, was auch hinsichtlich der Orthographie und anderer Schreibergewohnheiten sehr aufschlussreich ist. Das Buch wurde seiner Gewichtigkeit entsprechend auch intensiv im Sinne der aktualisierenden *pešär*-Interpretation für aktuelle Anliegen und Auseinandersetzungen in Anspruch genommen und oft zitiert. Eigentümlich ist, dass ausser der vollständigen Rolle keine Handschrift bis ins 2. Jh. zurückdatiert werden kann, aber sehr viele aus der ersten Hälfte des 1. Jh. v.Chr. stammen. Eine (4Q69) wurde auf Papyrus geschrieben. In der späten Handschrift 4Q57 erscheint das Tetragramm in althebräischer Schrift.

Die Reste von sechs Handschriften mit offenbar unterschiedlichen *pešär*-Kommentierungen stammen aus der herodianischen Zeit, ihre Abfassung dürfte nicht sehr viel früher liegen, auf alle Fälle unter römischer Herrschaft (ab 63 v.Chr.), als die Interpretation des Geschichtslaufs angesichts der mit 98/7 v.Chr. (490 Jahre

---

[40] F.M. Cross/D.W. Parry/R.J. Saley/E. Ulrich, Qumran Cave 4. xii. 1–2 Samuel. Oxford (DJD XVII) 2005.

[41] E. Ulrich, The Qumran Text of Samuel and Josephus. Atlanta 1978. A. Fincke, The Samuel Scroll from Qumran. 4QSam(a) Restored and Compared to the Septuagint and 4QSam(c). Leiden (Studies on the Texts of the Desert of Judah 43) 2001.

[42] J. Trebolle Barrera, 4QKgs. In: E. Ulrich/F.M. Cross (Hg.), Qumran Cave 4,ix: Deuteronomy, Joshua, Kings. Oxford (DJD XIV) 1995, 171–183.

nach der Zerstörung des ersten Tempels) angeblich angebrochenen Endzeitperiode immer dringlicher wurde.

Die hebräische Fassung des biblischen Buches Jeremia ist nicht identisch mit der Vorlage der griechischen Übersetzung, die eine andere Anordnung und einen kürzeren Text aufweist. Die Qumranfunde enthalten Textzeugen für beide Traditionen, die alte Handschrift 4Q70 (200–175 v.Chr.) entspricht der biblisch-masoretischen Fassung.

Im Zusammenhang mit Person und dem Wirken des Propheten Jeremia gab es auch mancherlei außerbiblische Traditionen. Zu ihnen gehören das deutero-kanonische *Buch Baruch*, die *Epistola Ieremiae,* die durch den griechischen Papyrus 7Q2 bezeugt ist, und die (wesentlich späteren) *Paralipomena Ieremiae*. Unter den Qumrantexten gehören zu den Jeremia-Schriften wahrscheinlich 4Q383 = 4QapocrJer A (?); 4Q384 = 4Q4QpapApocryphen of Jeremiah B; 4Q385b 4QApocrJer C („Apocryphon of Jeremiah"); 4Q387b sowie 4Q389a = 4QApocrJer E. Eine unbekannte Baruch-Schrift wird CD VIII,20 erwähnt.

Das biblische Buch Ezechiel ist textgeschichtlich sowohl in seiner hebräischen wie griechischen Fassung mit Problemen beladen, die auf eine intensive und variierende frühe Geschichte zurückgehen, aber leider gibt es zu dem Buch nur wenige Qumranfragmente.[43] Das Buch Ezechiel wurde nicht zuletzt deshalb so diffus überliefert, weil das Interesse an ihm recht intensiv war. Das betraf nicht zuletzt den Schlussteil 40–48 mit dem Tempelentwurf, aber auch Ez 37, die Vision von den wiederbelebten Gebeinen, und natürlich die Kapitel 1–3 und 10 über die *merkabah,* den Thronwagen Gottes. Noch zur Zeit der Kirchenväter waren abweichende Fassungen im Umlauf, wie einige im biblischen Text nicht verifizierbare Zitate beweisen. Wie bei Jeremia haben auch Person und Wirken des Ezechiel allerlei Überlieferungen nach sich gezogen.[44] Von den Qumrantexten sind dafür 4Q385; 4Q386; 4Q387; 4Q388; 4Q391 anzuführen.

Mit Resten von acht Exemplaren zählt das Buch Daniel zu den durch Qumranhandschriften gut bezeugten biblischen Texten.[45] Die älteste Handschrift 4Q116 = 4QDan^e wurde zwischen 125–90 v. Chr kopiert, 1Q72 = 1QDan^b zwischen 100–50 v.Chr. Abgesehen vom Kapitel 9, das nur teilweise in 4Q116 belegt ist, sind bis auf 11,40–45 und das Kapitel 12 alle Komponenten des aramäisch–hebräischen Danielbuches belegt. Die Fassung in der Septuaginta ist erheblich länger. Sie enthält (cap. 13–14) als größere Zusätze die Erzählungen *Susanna*[46] sowie *Bel und*

---

[43] J. Lust, Ezekiel Manuscripts in Qumran. In: ders. (Hg), Ezekiel and His Book, Leuven 1986, 90–100.

[44] M.E. Stone u.a (Hg.), The Apocryphal Ezekiel. Atlanta (SBL. Early Judaism and its Literature) 2000.

[45] P.W. Flint, The Daniel Tradition at Qumran. In: C.W. Evans/P.W. Flint, Eschatology, Messianism, and the Dead Sea Scrolls. Grand Rapids (Studies in the DSS) 1997, 41–60.

[46] Die geringen aramäischen Reste von 4Q551 wurden voreilig als *4QDan(iel and) Sus(annah)* bezeichnet. Siehe dazu G.W.E. Nickelsburg, 4Q551: A Vorlage to Susanna or a Text Related to Judges 19? Journal of Jewish Studies 49 (1997) 349–351.

der Drache, ferner eingeschobene Überlieferungseinheiten, das *Gebet des Azaria* (3,26–45), und das *Gebet der drei Männer im Feuerofen* (3,52–90). Abgesehen von der griechischen Fassung der (christlichen) Septuaginta existierte noch eine jüdische, beträchtlich abweichende, die Theodotion (2. Jh. n.Chr.) zugeschrieben wird.[47] Darüber hinaus hat es wohl von der exilischen Zeit an eine anwachsende Zahl von Überlieferungen mit zum Teil ähnlichen und sogar identischen Inhalten gegeben, die der Thematik des Gegensatzes zwischen empirischem Weltreich und der Herrschaft Gottes/Israels galten.[48] Einige Qumrantexte hat man daher nach kanon-theologischen Kriterien als „Pseudo"-Danieltexte oder ähnlich klassifiziert.

Flavius Josephus hat in Ant X;186–281) die Danielgeschichten recht ausführlich und mit einer hintergründigen Zielrichtung auf das Römische Imperium hin wiedergegeben. Er sah in Daniel einen der größten Propheten und Verfasser mehrerer Bücher (Ant X,266–269.276–281), und er hielt ihn auch für einen Davididen (Ant X,186).[49]

Das Zwölfprophetenbuch scheint schon früh als eine Schriftrolle vorhanden gewesen zu sein.[50] Zahl, Alter und Art der Handschriftenreste belegen eine hohe Wertschätzung, was auch zum Befund im NT stimmt. Zwei der Handschriften stammen aus der Zeit um 150 v.Chr., 4Q76 = 4QXII^a und 4Q77 = 4QXII^b, die übrigen wurden erst nach 75 und v.a. nach 50 v.Chr.kopiert. Zwei fragmentarische, aber weithin rekonstruierbare Rollen, eine hebräische und eine griechische, stammen aus Funden in der Wüste Juda und enthalten die umfangreichsten Zeugnisse für den Text des Zwölfprophetenbuches (8HevXIIgr/Seyal coll. I).[51]

Psalmen Davids und biblische Psalter

Einige der jüdischen Zeugnisse und auch neutestamentliche Zeugnisse ergänzen das Doppel-Corpus „Gesetz und Propheten" durch die „Psalmen Davids", weil David – so wie dann auch noch in der christlichen Kirche – als ein durch den Geist Gottes inspirierter Autor galt und man seinen Psalmen daher prophetische Qualität zugemessen hat.[52] Die „Psalmen Davids" sind nicht unbedingt identisch mit dem biblischen Psalter, da man zu der Zeit noch weit mehr Psalmen Davids kannte.

---

[47] J. Schüpphaus, Das Verhältnis von LXX und Theodotion-Text in den apokryphen Zusätzen zum Danielbuch. ZAW 83 (1971), 49–72. T.J. Meadowcroft, Aramaic Daniel and Greek Daniel. Sheffield (JSOT.S 198) 1995.

[48] K. Koch, Spätisraelitisch-jüdische und urchristliche Danielrezeption vor und nach der Zerstörung des zweiten Tempels. In: R.G. Kratz/T. Krüger (Hg.), Rezeption und Auslegung des Alten Testaments und in seinem Umfeld. Freiburg/Göttingen (OBO 153) 1996, 93–123.

[49] L.H. Feldman, Josephus Portrait of Daniel. Henoch 14, 1992, 37–96.

[50] R. Fuller, The Minor Prophets Manuscript from Qumran. In: E. Ulrich u.a. (Hg.), Qumran Cave 4,X: The Prophets, Oxford (DJD XV) 1997, 221–318.

[51] E. Tov u.a., The Greek Minor Prophets Scroll from Nahal Hever (8HevXIIgr). Oxford (DJD VIII) 1990.

[52] M. Kleer, „Der liebliche Sänger der Psalmen Israels". Untersuchungen zu David als Dichter und Beter der Psalmen. Weinheim (BBB 108) 1996.

Dabei ergibt sich eine Parallele zum Verhältnis von Torah und Pentateuch, und zwar nicht so sehr wegen der Einteilung in fünf Bücher, sondern wegen des Verhältnisses zwischen vor- und nichtbiblischen Psalmdichtungen einerseits und späterem biblischen Psalter andererseits. Im Neuen Testament waren mit Psalmen Davids allerdings wohl nur mehr Psalmen des Psalters gemeint. Dieser weist in der griechischen Übersetzung der christlichen Tradition (Septuaginta) eine etwas andere Zählung auf und enthält am Ende den Ps 151. In der syrischen christlichen Tradition kannte man sogar fünf zusätzliche Psalmen, einer davon ist der Ps 151 der Septuaginta, für ihn und weitere fand sich eine hebräische Fassung in Qumranhandschriften. Die Qumranfunde beweisen nicht nur, dass es dieses zusätzliche Material in hebräischer Sprache gegeben hat, sie belegen vor allem, dass man mit der Etikette „David" weit mehr abdeckte als nur biblische Psalmen. Schon die Notiz 2Sam 23,7 setzt eine größere Zahl von Schöpfungen voraus, und laut 11Q5 XXVII,2–11 galten insgesamt 4050 Dichtungen als „davidisch", womit weniger eine Verfasserschaft Davids als eine bestimmte Qualität und damit auch die kultisch-liturgische Zweckbestimmung angezeigt werden sollte, da David nun einmal als Begründer der kultisch-liturgischen Ordnung am Tempel galt.

Solche kultisch-liturgischen Stücke konnten in dieser Anzahl natürlich gar nie zusammen niedergeschrieben werden, sie bildeten einen großen Fundus von Material, das als „davidisch" etikettiert in allerlei Sammlungen zur Verfügung stand, in den einzelnen Sammlungen je nach den liturgischen Anlässen ausgewählt und gruppiert. Die Etikettierung als „davidisch" scheint in der priesterlich-levitischen Tradition in erster Linie den Bezug zur Kulttradition anzuzeigen, in zweiter Linie die Torah-Treue des Idealherrschers. Die letztere Bedeutung trat aber in den laien-orientierten (also vor allem pharisäisch-rabbinischen) Gruppen an die erste Stelle und wurde wahrscheinlich sogar zu einem Leitgedanken bei der Redaktion des biblischen Psalters, für den eine liturgische Verwendung selbst im synagogalen Bereich nicht nachzuweisen ist. Unwahrscheinlich und anachronistisch wäre eine Bedeutung der Etikettierung mit „David" im Sinne einer Kennzeichnung als „kanonisch".

Die Bibel selbst enthält abgesehen von der vereinzelten Verwendung von Psalmdichtungen in Prosakontexten (Ps 18 /2Sam 22) ein charakteristisches Beispiel für eine solche Komposition, denn 1Chr 16,7–36 entspricht den biblischen Psalmstücken Ps 105,1–15; Ps 96; Ps 106,1. Das bedeutet keineswegs, dass solche Stücke dem Psalter entnommen und dann verwendet bzw. zusammengestellt worden sind. Die meisten Dichtungen, die in biblische Prosa-Kontexte eingeschaltet erscheinen, sind nicht im Psalter enthalten, und es ist literaturgeschichtlich gesehen auch sinnvoll, alles poetische Material zusammen im Vergleich mit den Zeugnissen aus der Umwelt zu behandeln und im Detail vor allem nach der jeweiligen Vewendung zu fragen.

Hinweise auf eine Verwendung einzelner Psalmen im Kult bzw. in einem liturgischen Kontext enthalten die in ihrer Überlieferung allerdings oft recht unterschiedlichen Psalm-Titel. Darüber hinaus hat man immer wieder versucht, aus dem

Inhalt und von der Struktur einzelner Psalmen aus auf ihre kultische Verwendung zu schließen. Selbst in den Fällen, für die im Titel ein Hinweis enthalten ist, lässt sich nicht mehr feststellen, für welchen Personenkreis und für welchen konkreten Anlass während eines Festes dieser Psalm Verwendung gefunden hat. Wie immer dies im Einzelfall gewesen sein mag, die bloße Tatsache, dass ein Psalm in den biblischen Psalter aufgenommen wurde, beweist diesbezüglich nicht viel, wenn die begründete Vermutung zutrifft, dass der biblische Psalter nicht zu kultisch-liturgischen Zwecken kompiliert worden ist, sondern eine publizierte Psalmensammlung darstellt.

Laut 1 Chr 25 hat David auch die Tempelmusik und den Levitengesang angeordnet. Und zwar, nachdem er laut 1Chr 16 bereits zuvor den Leviten für den Kult vor der Bundeslade eine liturgische Komposition vorzutragen befohlen hatte, die aus Stücken besteht, die auch im biblischen Psalter auftauchen.

Nach 2 Makk 1,30 (cf. 1 Makk 4,54) haben Priester bei der Wiedereinweihung des Tempels unter Judas Makkabäus Hymnen vorgetragen; welche, wird aber nicht angegeben.

Flavius Josephus erwähnt in Ant VII,364 (zu 1 Chr 25) nur ganz allgemein levitisches Singen zu Gottes Lob mit Musikbegleitung, ohne konkretere Angaben zu machen. So auch im Zusammenhang mit dem Passahopfer unter König Hiskija (1 Chr 29) in Ant IX,268.269. Eine konkrete und wohl glaubwürdige Nachricht stammt aus der rabbinischen Literatur, und sie betrifft bezeichnender Weise die levitische Liturgie. In mTamid VII,4 wird für jeden einzelnen Wochentag ein bestimmter Psalm zum Vortrag aus Anlass der Tamidopfer genannt:[53] Sonntag Ps 24, Montag Ps 48, Dienstag Ps 82, Mittwoch Ps 94, Donnerstag Ps 81, Freitag Ps 93, Sabbat Ps 92. Sie dienten nicht als Opfer-Begleittexte, sondern ihr Vortrag galt dem Laienpublikum im sogenannten „Frauenvorhof".

Noch stärker publikumsgebunden war der wohl schon vor 70 n.Chr. übliche Vortrag der Hallel-Psalmen (Ps 113–118) an Festen und am Passah-Abend. Dem entspricht auch ihre Struktur mit Responsionen. Folglich kam dieser Teil des Psalters auch später in der synagogalen Liturgie in ähnlicher Weise zum Zug.[54] In 11Q5 fehlt dieser Block bezeichnender Weise, nur eine Komposition aus Elementen, die in Ps 118 enthalten sind, taucht zwischen Ps 109 und Ps 104 auf.

In den Handschriften stammen nur zwei, 4Q98G=4Q236 und 4Q83 (ohne Ps 32), aus dem 2. Jh. v.Chr.; 4Q522 wurde zwischen 75–30 v.Chr. kopiert, alle anderen später als 50 v.Chr. Dazu kommen 2 Handschriften von Masada und eine aus dem Nahal Hever.

Nicht belegt sind durch Qumrantexte immerhin die Psalmen 3; 4; 8; 10; 15; 20; 21; 23; 24; 29; 32; 41; 46; 55; 58; 61; 64; 65; 70; 72; 73; 74; 75; 80; 87; 90;

---

[53] M.H. Ben-Shammai, Shir sel jom ba-`abodat ha-tamid. Jerusalem 1962.
[54] J. Maier, Zur Verwendung der Psalmen in der synagogalen Liturgie. In: H. Becker/R. Kaszynski (Hg.), Liturgie und Dichtung I. St. Ottilien 1983, 55–90.

110; 111; 117; 123. Ein Großteil davon ist allerdings in Textlücken anzusetzen, doch zwingen die erhaltenen Abweichungen von der biblischen Anordnung zur Vorsicht. So fehlt z.B. Ps 32 nachweislich in 4Q83 und 4Q98 innerhalb einer ansonsten „biblischen" Reihenfolge, und in 4Q83 befindet sich Ps 71 zwischen Fragmenten mit Ps 38 und 47, und in den wenigen Fragmenten von 4Q88 sind wie in 11Q5 nichtbiblische Stücke vorzufinden. Auch Psalmrollen mit geringerem Bestand sind durchaus anzunehmen, so scheint Ps 119 sogar für sich auf einer kleinen Rolle gestanden zu haben.

Aus alledem ergibt sich für die Bücher I (Ps 1–41), II (Ps 42–72) und III (Ps 73–89) des biblischen Psalter eine relativ hohe Stabilität, wenn man von Ps 32 in zwei Fällen und 71 in einem Fall absieht. Die Entsprechungen und Diskrepanzen zwischen diesen Handschriften, dem biblischen hebräischen Psalter und dem griechischen Psalter sind eingehend untersucht und dargestellt worden. Die Folgerungen sind aber gegensätzlich, meist wird eine Vielfalt von Sammlungen angenommen,[55] andere suchen die Differenzen auszuräumen und unterlegen den biblischen Psalter.[56] Dabei ist zu bedenken, dass die Septuaginta in der Zählung teilweise abweicht und den zusätzlichen Psalm 151 enthält, und dass in der Überlieferung des Psalters auch weiterhin noch Besonderheiten bezeugt sind, also von einem völlig stabilen biblischen Psalter weder im christlichen noch im jüdischen Bereich die Rede sein kann.

Somit ergibt sich aus den Qumranfunden keine Bestätigung für die Gestalt des biblischen Psalters als Ganzes. Nur Buch III ist (in den erhaltenen Stücken!) als Einheit und die Bücher I–III im wesentlichen als stabil bezeugt. Die Psalmen des Buches IV und V sind offenbar aus einem sehr variablen Fundus von Einzelpsalmen und Psalmgruppen ausgesucht und zusammengestellt worden, die in verschiedenen Kompositionen auftauchen und wahrscheinlich doch auch ganz konkreten liturgischen Zwecken gedient haben. Gerade deshalb fanden solche Sammlungen auch nicht den Weg in die Publizität, denn liturgisches Gut gehörte in der Regel wohl zum levitisch-priesterlichen Berufswissen, nur die Levitenliturgie enthielt manche Stücke, die auch Laien mit betrafen.[57] So war es vor allem die Sammlung der „davidischen" Psalmen des Buches I–II mit gewissen levitischen Stücken, die sich am frühesten als stabile Größe von öffentlichem Interesse etablieren konnten.

---

[55] P.W. Flint, The Dead Sea Psalms Scrolls and the Book of Psalms. Leiden (STDJ 17) 1997, 138ff. Ders., The Book of Psalms in the Light of the Dead Sea Scrolls. VT 48 (1998) 453–472. H.-J. Fabry, Der Psalter in Qumran. In: E. Zenger (Hg.), Der Psalter in Judentum und Christentum. Freiburg i. Br. 1998, 137–163.

[56] U. Dahmen, Psalmentexte und Psalmensammlung. Eine Auseinandersetzung mit P.W. Flint. In: U. Dahmen/A. Lange/H. Lichtenberger (Hg.), Die Textfunde vom Toten Meer und der Text der Hebräischen Bibel. Neukirchen 2000, 109–126.

[57] Siehe J. Maier, Zu Kult und Liturgie der Qumrangemeinde. Revue de Qumran 14, 56 (1990), 543–586. Ders., Liturgische Funktionen der Gebete in den Qumrantexten. In: A. Gerhards/A. Doeker/P. Ebenbauer (Hg.), Identität durch Gebet. Zur gemeinschaftsbildenden Funktion institutionalisierten Betens in Judentum und Christentum. Paderborn (Studien zum Judentum und Christentum) 2003, 59–112.

Und es ist deutlich, dass die Übereinstimmungen mit dem biblischen Psalter in den späten Handschriften zunehmen.

Dazu passt, dass der in priesterlicher Bildungstradition stehende Philo relativ oft aus Psalmen zitierte, allerdings vor allem aus den Büchern I–III, nach der masoretischen Zählung: Ps 23,1; 27,1; 31,19; 37,4; 42,4; 46,5; 62,12; 65,10; 65,9; 75,9; 57,48; 80,6.7; 84,11; ansonsten nur Ps 94,9; 101,1 und 115,17. Das deutet unter Umständen darauf hin, dass ihm die Bücher I–III als geschlossene Sammlung bzw. Sammlungen vorgelegen haben. Ausserdem sind Reste von drei *pešär*-Kommentaren erhalten: 1Q16 = 1QpPs; 4Q171 = 4QpPs[a]; 4Q173 = 4QpPs[b.]

Über den hebräischen Psalter der Bibel hinaus begegnen in Psalmensammlungen außer den in 11Q5 enthaltenen nichtbiblischen Stücken noch fünf Psalmdichtungen, die in der Alten Kirche und speziell in der syrisch-christlichen Tradition zum Teil noch als biblische Psalmen gegolten haben (Ps 151–155). Ausserdem enthält die außerbiblische Literatur des antiken Judentums eine Fülle von poetisch-liturgischen Stücken, für die zumindest teilweise ebenfalls ein kultisch-liturgischer „Sitz im Leben" anzunehmen ist.

Übrige Schriften
Für das Buch Hiob fällt an erster Stelle die alte (225–150 v.Chr.), althebräisch geschriebene Handschrift 4Q101 = 4QpaleoJob[c] ins Auge, die anderen stammen aus der Zeit zwischen 75–1 v.Chr.

Aufsehen erregte 11Q10, eine recht gut erhaltene Rolle (aus dem 1. Jh. n.Chr.) mit einer aramäischen Fassung, wozu noch das Fragment 4Q157 = 4QtgJob kommt. Der Vergleich mit dem Text des biblischen Hiobbuchs ergibt viele Hinweise auf bislang unbekannte Wortbedeutungen, daher ist der Text auch eine wichtige lexikographische Quelle. Im Wortlaut weist 11Q10 gegenüber der biblischen Fassung zahlreiche kleine Auslassungen und Zusätze auf, und auch im Verhältnis zur griechischen biblischen Fassung ergeben sich viele kleine Unterschiede. Weder der biblische Text noch der Text der Vorlage der Septuaginta dürften demnach als Vorlage für diese aramäische Fassung gedient haben.

Die komplizierte Textgeschichte des biblischen Buches der Sprüche (Proverbien) in seiner hebräischen und griechischen Gestalt weist auf eine ebenso diffuse Vorgeschichte. Die wenigen Qumranfragmente, die übrigens stichometrisch geschriebene Texte enthalten, bestätigen diesen Befund, repräsentieren weder die biblische Textgestalt der hebräischen noch der griechischen Überlieferung.[58]

Zu den Überraschungen, welche die Funde von Qumran bereitet haben, gehört die mit Ausnahme des Buches Ester relativ gute Bezeugung der Bücher, die später in der rabbinischen Literatur als die fünf Megillot bezeichnet und bestimmten Fes-

---

[58] E. Tov, Recensional Differences between the Masoretic Text and the Septuagint of Proverbs. In: H. Attridge u.a. (Hg.), Of Scribes and Scrolls, New York 1990, 43–56. J. De Waard, 4QProv and Textual Criticism. Textus 109 (1998), 87–96.

ten zugeordnet wurden. Alle Qumran-Handschriften bezeugen Einzelschriften, aber es gibt keinen Hinweis auf ihre Bedeutung und Verwendung, auch Zitationen sind, übrigens auch im Neuen Testament, nicht nachzuweisen. Einen Sonderfall stellt das Buch Ester dar, das wie schon der sehr verbreitete Achikar-Roman und Dan 1–6 zum Genre der Hoferzählung gehört.[59] Auch in diesem Fall lag der griechischen Überlieferung nicht das hebräische biblische Buch zugrunde, und dazu kommt der sogenannte Alpha-Text als eine weitere griechische. Schließlich scheint auch Flavius Josephus noch eine besondere Version der Erzählung verwertet zu haben. Das heißt: es hat mehrere Ester-Bücher gegeben und das sicher nicht im Sinne von „rewritten Bible".[60] Unter den Qumranfragmenten konnte jedenfalls nichts irgendeiner dieser bekannten Fassungen zugeordnet werden. Dazu passt, dass auch für das Purimfest, als dessen ätiologische Legende das biblische Buch diente, für Palästina kein alter Beleg vorhanden ist. Aber in 4Q550 = 4QProtoEster^{a-f} sind Reste einer jüdisch-persischen Hof-Erzählung in aramäischer Sprache erhalten, die unter König Darius spielt. Die Namen Ester, Mordechai und Haman tauchen nicht auf, wohl aber ein jüdischer Höfling und sein nichtjüdischer Konkurrent. Gewisse Bezüge sind zu den Zusätzen in der griechischen Überlieferung festzustellen, weil es sich offenbar um fluktuierendes poetisch-liturgisches Material handelte.[61] Das narrative bzw. literarische Schema der Hofintrige war derart populär, dass eine bunte Palette von Variationen des Themas kolportiert worden ist. Auch in talmudischer und mittelalterlicher Zeit blieb diese Publikums-Nachfrage wirksam.

Das deuterokanonische, ins Griechische übertragene Buch Sirach stellt ebenfalls nur eine Fassung unter mehreren im Umlauf befindlichen dar, und sie weist im Vergleich zu den hebräischen Textzeugnissen auch eine andere Anordnung auf. Es sind also Teilsammlungen vorhanden gewesen, die in den einzelnen Fassungen unterschiedlich positioniert werden konnten. Auch die rabbinische Tradition sprach noch im Plural von „Büchern des ben Sira".

Durch die Handschriftenreste von 2Q18 (DJD III,75–77) von 50–20 v.Chr. ist Text aus folgenden Passagen des biblischen Buches belegt: 1,19–20(6,14–15?); 6,20–31; dazu kommt aus der Psalmensammlung 11Q5 Kol. XXI,11–17 noch Sir 51,(1)13–(11)20 und auf Kol. XXII,1 das Ende von Sir 51,30, aus einer poetisch-liturgischen Einheit, die wohl für sich zur Verfügung gestanden hat und nicht aus einem Sirach-Buch übernommen worden ist. Ein größeres Fragment

---

[59] L.M. Wills, The Jew in the Court of the Foreign King. Ancient Jewish Court Legends. Minneapolis 1990.

[60] W.L. Humphreys, The Story of Esther in its Several Forms: Recent Studies. RStR 24 (1998), 335–342. R. Kossmann, Die Esthernovelle – Vom Erzählten zur Erzählung. Studien zur Traditions- und Redaktionsgeschichte des Estherbuches. Leiden (VT.S 79) 2000.

[61] M.G. Wechsler, Two Para-Biblical Novellae from Qumran Cave 4: A Reevaluation of 4Q550. Dead Sea Discoveries 7 (2000), 130–172. K. De Troyer, Once More, the co-called Esther Fragments of Cave 4. Revue de Qumran 19,75 (2000), 401–422.

von Masada[62] belegt Sir 39,27–28c.29–32; 40,10–19.28–30; 41,1–22; 42,1–23; 43,1–25.29–30; 44,1–17. Die Bezeugung durch diese hebräischen Fragmente ist zwar nicht umfangreich, aber zusammen mit den mittelalterlichen hebräischen Handschriftenfragmenten aus der Kairoer Geniza und im Vergleich mit der griechischen Überlieferung bestätigen diese Textzeugen das Bild einer in früher Zeit alles andere als einheitlichen Überlieferung.

Für die *Epistola Ieremiae* ist unter den griechischen Fragmenten aus 7Q ein Beleg vorhanden, nämlich 7Q2 = 7QEpJer LXX (DJD III,143). Das Fragment enthält Text aus den Versen 43b–44. Der Brief gehört zu den bereits erwähnten Jeremia-Traditionen (cap. 7.2).

Als Handschrift des Buches der Chronik hat man das Fragment 4Q118 = 4QChr identifiziert, weil in Kol. II ein Wort zu 2Chr 28,27 und das Weitere zu 2Chr 29,1–3 passt. Doch Kol. I enthält Textreste, die nicht zum Chroniktext stimmen. Das Fragment stammt wohl eher aus einer Quelle des Chronisten oder aus einem Werk, das aus der gleichen oder aus einer ähnlichen Quelle geschöpft hat. Nach den Qumranfunden zu schließen, entsprachen die Bücher 1.–2. Chronik, Esra und Nehemia zwar einer verwandten, aber doch anderen Linie der Tradition, und war jener, die unter den Hasmonäern und danach den Sieg davongetragen hat. Demgemäß ist von den Büchern dieses „chronistischen Werkes" in Qumran wahrscheinlich nichts vorhanden gewesen.

Auch für das hebräische biblische Buch Esra wird auf Grund von 4Q117 = 4QEzra (ca. 50 v.Chr.) angegeben, es sei in Qumran vorhanden gewesen. Die drei Fragmente belegen Text aus Esra 4,2–6 (vgl. 3Esra 5,66–70); 4,9–11 und 5,17; 6,1–5 (vgl. 3Esra 6,20–25), wenn auch mit zwei kleinen Textvarianten gegenüber dem masoretischen hebräischen und aramäischen Text. Sie können nicht der Vorlage des griechischen (deuterokanonischen) Buches 3 Esra zugeordnet werden, das noch Flavius Josephus benutzt hat. Es kommen aber Zweifel auf, ob diese drei Fragmente wirklich aus einer Handschrift mit dem biblischen Buch Esra stammen, wenn man bedenkt, dass keines der drei Textstücke aus der „Esra-Quelle" (Kap. 7ff) stammt, sondern alle drei in eine ältere literarische Einheit davor gehören, die bei der Redaktion des biblischen Buches in dieses aufgenommen worden ist. Esra 4,1–6,22 ist nämlich ein Bericht, der hauptsächlich aus einer älteren Sammlung aramäischer Dokumente zur nachexilischen Jerusalemer Geschichte (4,6–6,18) besteht. Dieser Bericht schließt mit der Feier des Passah-Mazzot-Festes, das auch im Zusammenhang mit den Elephantine-Papyri als ein besonderes Anliegen des späten 5. Jh. belegt ist. Einleitung (Esra 4,1–5) und Schlußteil (6,19–22) sind also wohl nicht erst dem zuzuschreiben. Möglicherweise stammen die Qumranfragmente aus dieser Quelle des biblischen Buches Esra. Vom Buch Nehemia gibt es unter den Qumrantexten keine Spur, was den Verdacht bestärkt, dass auch das biblische Buch Esra nicht vorhanden war.

---

[62] Masada VI. Yigael Yadin Excavations 1963–1965. Final Reports. S. Talmon, Hebrew Fragments from Masada. Y. Yadin, The Ben Sira Scroll from Masada. Jerusalem 1999, 153–226; 227–231.

Philo von Alexandria

Für Philo von Alexandria, der im frühen 1. Jh. n.Chr. schrieb, dominierte der Pentateuch als autoritative Grundlage.⁶³ Doch gilt auch hier, dass für praktische Zwecke besondere Gesetzessammlungen bereit lagen, von denen Philo ebenfalls Gebrauch gemacht hat.⁶⁴ Selbst für ethisch-religiöse Darlegungen berief sich Philo kaum auf Passagen in der Weisheitsliteratur oder auf Prophetentexte, er stützte solche Aussagen vielmehr auf allegorisch interpretierte Pentateuchpassagen. Der Pentateuch ist der *nomos* schlechthin und insofern eine Einheit.⁶⁵ Er wird häufig mit dem sonst nicht so üblichen Ausdruck *hiera grammata*, „heilige, den Tätigkeiten der Gelehrten entsprechende Schriften" bezeichnet, wovon der Singular das einzelne Schriftwort meint. Auch der allgemeine Ausdruck *graphē* (Schrift/Schriftstück) wird oft im selben Sinne mit dem Adjektiv „heilig" verwendet. Ferner begegnet die in der Geschichtsschreibung, in administrativen und rechtlichen Kontexten übliche Bezeichnung *anagraphē* („Niederschrift"), wobei zwei Aspekte eine Rollen spielen können: jener der Aufzeichnung historischer Vorgänge, und die urkundliche Festschreibung von Bestimmungen. Ebenfalls geläufig ist der Ausdruck *biblos* („Buch") bzw. „heilige Bücher".

Gleichwohl hat Philo über den Pentateuch hinaus einer größeren Anzahl von Schriften eine besondere, wenn auch nicht gleichrangige Qualität zugeschrieben. Seine relativ wenigen (ca. 40) Zitate aus nichtpentateuchischen biblischen Schriften, lassen dies da und dort durchaus erkennen, wenn auch nicht in einem exakt definierbaren Sinn; sie begegnen zudem nie in einem Kontext, der verbindliche Offenbarung zum Inhalt hat. Von prophetischer Qualität ist zwar dann und wann die Rede, doch die Ausdrucksweise ist recht allgemein. Zu 1 Sam 1,11 verwendete er allerdings immerhin den Ausdruck *hieros logos* („heiliges Wort").

In seiner Schrift *De vita contemplativa* 25 berichtet er von den Therapeuten, dass sie ein meditatives Lesen praktizieren, und das betrifft „Gesetze, durch Propheten erteilte Orakelworte, Hymnen und anderes, durch die Verständnis und Frömmigkeit gemehrt und vervollkommt werden". Das wird zwar gern mit dem dreiteiligen Kanon assoziiert, doch werden offensichtlich nicht drei Korpora, sondern nur verschiedene Literatur-Arten aufgeführt.

Flavius Josephus

Die biblischen Textvorlagen, die Flavius Josephus für die Abfassung seiner Werke in den letzten Jahrzehnten des 1. Jh. benutz hat, waren offensichtlich

---

⁶³ H. Burkhardt, Die Inspiration heiliger Schriften bei Philo von Alexandrien. Gießen/Basel 1988.
⁶⁴ P. Borgen, Philo of Alexandria. An Exegete for His Time. Leiden 1997. P. Borgen, Philo of Alexandria: Reviewing and Rewriting Biblical Material. Studia Philonica Annual 9, 1997, 37–53.
⁶⁵ N.G. Cohen, The Names of the Separate Books of the Pentateuque in Philo's Writings. Studia Philonica Annual 9 (1997), 54–78.

recht unterschiedlich. Die Befunde wechseln von Buch zu Buch, auch innerhalb der einzelnen Bücher der *Antiquitates Iudaicae*, und das selbst für den Pentateuch.[66] Zwar dürften auch hebräische Bibeltexte benützt worden sein, aber die lagen nicht auf der „protomasoretischen" Linie, die im rabbinischen Judentum überhand genommen hat. Josephus war schließlich Priester und bediente sich eben anderer Traditionen. Unsicherheit bereitet auch die Tatsache, dass kaum jemals ein wirkliches Zitat vorliegt, denn der Autor legte als hellenistischer Schriftsteller großen Wert auf den Nachweis, die Inhalte in anderen Worten korrekt wiedergeben zu können.[67] Auch griechische Übersetzungen hat Josephus benützt (Ant I,10–12), aber auch dafür ergibt sich dasselbe, unsichere Bild, weil kaum genaue textliche Entsprechungen vorliegen. Anstelle des kanonischen Esrabuches benützte er übrigens das deuterokanonische 3. Buch Esra, jedoch in einer abweichenden textlichen Gestalt.

Als zweitältester Beleg für die Existenz eines jüdischen Bibelkanons gilt die Passage in Flavius Josephus, *Contra Apionem* I,37–43.[68] Hier ist von 22 offiziellen Niederschriften im Judentum die Rede, die im weiteren Kontext den offiziellen Niederschriften andrer Völker als viel genauer und verlässlicher tradiert gegenübergestellt werden. Es geht also weniger um ein Kriterium für „Kanonizität" sogenannter „Heiliger Schriften" und auch weniger um das „Gesetz", sondern um eine apologetische Argumentation. Diese knüpft ganz gezielt an die hellenistische Terminologie für offizielle Niederschriften an, die in den LXX-Übersetzungen biblischer Bücher so noch nicht aufscheint. In I,37 stellt er heraus, dass es nicht jedermanns Sache war, solche Niederschriften anzulegen, sondern Aufgabe von Experten, die er hier als göttlich inspirierte Propheten bezeichnet, weshalb die jüdischen Schriften auch keine Widersprüche enthalten. Und im Kontrast zur Fülle nichtjüdischer schriftlicher Überlieferungen und deren unausgewogenen Inhalt stellt er die vergleichsweise geringe Zahl von 22 jüdischen Büchern (*biblia*) als großen Vorteil heraus: übersichtlich an Zahl und leicht kontrollierbar nach dem Inhalt, inhaltlich eine offizielle Niederschrift (*anagraphē*) der Ereignisse aller Zeiten. Und zwar handelt es sich um folgende Bücher:

(I,39) Von diesen sind:

(a) fünf von Mose, welche sowohl die Gesetze enthalten wie auch die Überlieferung seit der Entstehung der Menschen bis zum Lebensende des erwähnten (Mose). Diese Zeitspanne erstreckt sich über etwas weniger als 3000 Jahre. (I,40)

---

[66] É. Nodet, Le Pentateuque de Flavius Josèphe. Paris 1996.

[67] L.H. Feldman, Use, Authority and Exegesis of Mikra in the Writings of Josephus. In: M.J. Mulder (Hg.), Mikra, Assen (CRINT II/1) 1988, 455–518. Ders. Studies in Josephus' Rewritten Bible, Leiden 1998.

[68] St. Mason, Josephus on Canon and Scriptures, in: M. Saebo (Hg.), Hebrew Bible/Old Testament. The History of Its Interpretation, Bd. 1: From the Beginnings to the Middle Ages, Part 1: Antiquity. Göttingen 1996, 217–235.

b) Vom Lebensende des Mose bis zu Artaxerxes, welcher nach Xerxes König der Perser war, haben die Propheten die zu ihrer Zeit geschehenen Dinge in dreizehn Büchern schriftlich aufgezeichnet.
c) Die übrigen vier (Bücher) enthalten Hymnen an Gott und Anleitungen zur Lebensführung für die Menschen.
d) (I,41) Ab Artaxerxes bis auf unsere Zeit wurde zwar alles geschrieben, wurde aber gegenüber den früheren (Schriften) nicht als gleichermaßen zuverlässig gewertet, weil es keine genaue Nachfolge der Propheten gegeben hat.

Terminologisch und technisch ergibt sich hier für die Nieder- bzw. Abschrift biblischer Schriften kein Unterschied zur Niederschrift von nichtbiblischen offiziellen Dokumenten, z.B. zu den in I,32–36 erwähnten Priester-Genealogien, deren Zuverlässigkeit Flavius Josephus so sehr unterstreicht. Wichtig erschien ihm die institutionelle Kontinuität als Garant für die Zuverlässigkeit der historischen Niederschriften, und diese Kontinuität war für ihn ab Artaxerxes nicht mehr gegeben, bis zu dessen Herrschaftsantritt demnach alle genannten 22 Bücher verfasst worden sind. Diese werden aber im Einzelnen nicht aufgezählt und daher liegt hier eben keine exakte Bezeugung der Bücher des „Kanons" vor.

Bezeichnend ist schließlich auch, dass in diesem Kontext nicht von „heiligen Schriften" die Rede ist. Hingegen taucht dieser charakteristisch jüdisch-hellenistische Ausdruck in *Contra Apionem* I,54 auf, in einer Passage (I,53–56), wo Flavius Josephus seine Geschichtsdarstellung verteidigt: Sie beruhe vor allem auf gediegener persönlicher Kenntnis und Erforschung der Fakten. In den *Antiquitates* habe er eine Wiedergabe der „heiligen Schriften (*grammata*)" geboten, als Priester mit priesterlichen Ahnen bestens bewandert in *philosophia* dieser Schriften. Es geht offensichtlich darum, den Autoritätsanspruch der nichtjüdischen Geschichtsschreibung zu überbieten, der ja auch sehr deutlich zum Ausdruck gebracht worden ist und überdies auch weithin eine institutionelle Verankerung hatte.[69]

Ähnlich klingt *Antiquitates* XX,265–266, wo Flavius Josephus in seinem Schlusswort zu den Antiquitates kurz auf ein entsprechendes Corpus verweist. Er betont, dass sein Werk die erhaltene Tradition (*paradosis*) über die das jüdische Volk betreffenden Ereignisse von der Erschaffung des Menschen bis zum 12. Jahr des Kaisers Nero wiedergibt. Zur Unterstützung der Richtigkeit und Genauigkeit seiner Wiedergabe verweist er XX,261 einerseits auf seine lückenlose Aufzählung der Hohenpriester in ihrer Sukzessionskette, was die priesterliche Traditionsbasis hervorhebt, andrerseits auf Berichte über politische Ereignisse, *so wie die heiligen Bücher in Bezug auf alle (diese) Dinge die offizielle Niederschrift (anagrafê) enthalten.* Nach einem kräftigen Eigenlob bezüglich seiner Kenntnisse bittet er die Leser um Nachsicht für gewisse formale, stilistisch-rhetorische Unzuläng-

---

[69] B. Meißner, Historiker zwischen Polis und Königshof. Studien zur Stellung der Geschichtsschreiber in der griechischen Gesellschaft in spätklassischer und frühhellenistischer Zeit. Göttingen 1992.

lichkeiten, und verweist darauf, dass es unter den Juden vor allem jene im Sinne von Sachkompetenz bzw. „Weisheit" hoch geachtet werden, *welche die Gesetze umsichtig verstehen und die Kraft der heiligen Schriften (grammata) wirkungsvoll zu vermitteln vermögen.* Wie in *Contra Apionem* werden zwei Gruppen klar voneinander abgesetzt: die Gesetze bzw. die mosaische Tradition als erste, und weitere Schriften, hier unter dem Begriff „heilige Schriften" zusammengefasst und nicht weiter spezifiziert, die aber auch hier vor allem als Geschichtsquellen gesehen werden. Auch in *Antiquitates* XIII,167 wird nur erwähnt, dass man von außen her eigentlich keine Information über die Verwandtschaft zwischen Spartanern und Juden braucht, weil dies durch „unsere heiligen Schriften (*grammata*) zuverlässig bezeugt ist". Anders steht es mit *Antiquitates* X,210, wo es um die Weissagung zukünftiger Dinge und um das Buch Daniel geht, das man „unter den heiligen Schriften findet". Für Flavius Josephus ging es also vorrangig um zwei sorgfältig voneinander getrennte Gruppen autoritativer Schriften: das mosaische Corpus und die anderen, die „heiligen Schriften". Und nur das „Gesetz" ist Gegenstand einer für das Judentum charakteristischen Unterrichtung breiter Volksschichten, entsprechend seiner juristischen, ethischen und religiösen Relevanz (*Contra Apionem* II,175–189).

Welche biblischen Bücher Flavius Josephus im Einzelnen gemeint hat, ist nicht ganz klar, zumal das Verhältnis zwischen der zweiten und dritten Gruppe offen ist. Jedenfalls war eine liturgische Lesung für ihn hier kein Kriterium für Wertung und Einteilung. Die dritte Gruppe kann mit vier Büchern, von denen eines sicher der Psalter ist, auch nicht einfach mit dem späteren Hagiographen-Korpus gleichgesetzt werden.

Es ist offenkundig, dass Flavius Josephus nicht mit Kriterien eines Kanons argumentierte, sondern im Sinn von mehr oder weniger verlässlichen offiziellen Niederschriften.

Die hohe Bedeutung der priesterlichen Funktion betonte Flavius Josephus auch schon vorweg apologetisch in *Contra Apionem* I,28–29, und zwar unter Hinweis auf die genealogische Kontinuität der Priesterschaft (cf. I,30–32.36), die eine entsprechend kontinuierlich gepflegte und somit verlässliche Tradition im Kontrast zu den angeblich weniger zuverlässigen Traditionen anderer Völker garantierte. Die Pflege der offiziellen Niederschrift (*anagraphē*) war bei den Juden nämlich den „Hohepriestern und Propheten" anvertraut. Und wenn durch Katastrophen und Zerstörungen die schriftlichen Traditionen in Mitleidenschaft gezogen wurden, haben laut *Contra Apionem* I,35 überlebende Priester die verlorenen Niederschriften aus erhaltenen Archiven neu abgeschrieben bzw. wiederhergestellt.

IV. Esra

Das 4. Buch Esra ist literarisch auf die Tempelzerstörung von 586 v.Chr. gemünzt, aber in Wirklichkeit stammt seine Endgestalt aus der Zeit nach der Zerstörung des Zweiten Tempels. Das 14. Kapitel wird gern als Beleg für die Existenz eines jüdischen Bibelkanons angeführt.[70] Das trifft formal in Bezug auf die Zahl der Bücher und ihrer Abgrenzung als einer gesonderten Gruppe zu, nicht aber hinsichtlich der Wertung als höchster Autorität, denn diese gilt einer zweiten, umfangreicheren Gruppe von Schriften.

Das Buch ist eine „Apokalypse", eine Offenbarungsschrift. Der angebliche Offenbarungsempfänger Esra, der nach der dahinter stehenden Chronologie zur Exils-Heimkehrergeneration gehörte, empfängt von einem Engel Offenbarungen über Lauf und Ziel der Heilsgeschichte. Diese Offenbarungen soll er laut 4 Esr 12,37 in ein Buch schreiben, es an einem verborgenen Ort verwahren und es die Weisen des Volkes lehren. Es geht um den doppelten Vorgang der Deponierung eines Exemplars an einem sicheren Ort und seiner Publikation, hier allerdings nicht als Buch, sondern als mündliche Lehre, die einer intellektuell-moralischen Eliteschicht zur Tradition anvertraut wird. In 14,20–21 wird vorausgesetzt, dass mit der Zerstörung des Tempels das Gesetz verbrannt ist und daher niemand die Taten Gottes kennt. Esra bittet daher Gott um Inspiration, um die Inhalte der vernichteten Schriften rekonstruieren zu können: *(V. 22) und ich werde niederschreiben, was in der Welt seit ihrem Anfang sich ereignet hat, wie es in deinem Gesetz geschrieben stand.* Darauf wurde er laut 14,23–43 mit fünf anderen Männern mit dieser Aufgabe betraut, und diese Aufgabe soll in deutlicher Anknüpfung an die Sinai-Szenerie innerhalb von 40 Tagen vollendet worden sein. Das Ergebnis lautet nach 4 Esra 14,44–47: *(44) Und so wurden in den vierzig Tagen <vierundneunzig> Bücher niedergeschrieben. (45) Als die vierzig Tage um waren, sprach der Höchste zu mir wie folgt: Die vierundzwanzig Bücher, die du zuerst geschrieben hast, sollst du publizieren, es möge sie lesen, wer würdig und wer unwürdig ist. (46) Die siebzig Schriften sollst du aber zurückhalten und sie den Weisen deines Volkes zur Verfügung stellen, (47) denn in ihnen sprudelt die Quelle der Einsicht und der Born der Weisheit, der Strom der Erkenntnis.* Vierundzwanzig Bücher sollen also veröffentlicht jedermann unterschiedslos zugänglich sein, siebzig bleiben hingegen den Experten vorbehalten. Leider werden die 24 Bücher nicht im Einzelnen aufgelistet, doch nimmt man wohl mit Recht an, dass es sich um die uns überlieferten 24 Bücher der hebräischen Bibel handelt. Dabei wird keinerlei Kriterium erkennbar, das dem Konzept eines Kanons entspricht; es fehlt, so wie bei Flavius Josephus in *Contra Apionem* I,37–43, jeder Hinweis auf eine liturgische Verwendung oder auf eine definierte religiöse Autorität.

Das eigentlich maßgebliche Wissen ist demnach in den 70 nicht publizierten Büchern zu finden, liegt also in der Verfügung der Experten. Das verrät ein massives Standesinteresse und differenziert innerhalb des „Offenbaren" noch einmal zwischen Offenbarem für jedermann und Offenbarem, das für die Mehrheit nur über die Vermittlung der befugten Experten zu erfahren ist. Was immer man sich

---

[70] Dazu s. C. Macholz, Die Entstehung des hebräischen Bibelkanons nach IV Esra 14. In: E. Blum u.a. (Hg.), Die hebräische Bibel und ihre zweifache Nachgeschichte. Neukirchen 1990, 379–392.

unter den 70 Büchern im Detail vorstellen soll, im Text geht es nicht um diese Details, sondern um das Prinzip der durch eine Expertenkaste monopolisierten Administration der verbindlichen Tradition. Die Bedeutung der 24 Bücher erscheint angesichts dessen geradezu relativiert. Dieses Phänomen setzt sich in der rabbinischen Tradition fort, wo betont wird, dass für den normalen Israeliten die Lektüre der 24 Bücher völlig ausreiche und alle Lektüre darüber hinaus eher von Übel sei. Und als Grund wird angegeben, dass solch übermäßige Lektüre vom Lehrhaus (bêt midraš) fernhält, wo Experten das für das jüdische Leben eigentlich Wichtige vom „Offenbaren" darlegen.

Rabbinisches Judentum

Nach den Aufsehen erregenden Textfunden in den Höhlen von Qumran hat man auch in den Wadis der Wüste Juda Höhlen archäologisch untersucht. In einigen wurden in der Tat ebenfalls Texte gefunden, vor allem Dokumente und Briefe, aber auch einige biblische Zeugnisse. Diese Kopien biblischer Texte gehören ins späte erste und frühe 2. Jh. n.Chr. und repräsentieren textgeschichtlich den Trend zur „protomasoretischen" Texttradition.

Die jüdische Tradition unterscheidet drei Schriftkorpora, (1) Die (schriftliche) Tora" im Sinne von Pentateuch, die fünf Bücher Mose, und im engsten Sinn die darin enthaltenen 613 Gesetze, 248 Gebote und 365 Verbote. (2) „Propheten", das sind die historischen Schriften (Josua bis 2 Könige) als „Frühe Propheten" und die eigentlichen Prophetenschriften (Jesaja bis Maleachi) als „Späte Propheten". (3.) „(die übrigen) „Schriften".

Diese drei Korpora werden in ihrer Offenbarungsqualität und Autorität klar voneinander abgesetzt, liturgisch entsprechend unterschiedlich verwendet, und in den dafür vorgeschriebenen Schriftrollen auch mittels Schreibvorschriften formal unterschiedlich gestaltet.

Die „Schriftliche Tora" wird im Zug eines Perikopenzyklus im vollen Umfang liturgisch vorgelesen. Die „Propheten" gelten als mittelbar inspiriert, ihre liturgische Lesung beschränkt sich auf Auswahlperikopen (Haftarot) zu den Toraperikopen.[71] Die „Schriften" werden für die liturgische Lesung nicht verwendet, obwohl die Psalmen als inspirierte Dichtungen Davids (wie in der Kirche) einen besonderen Rang einnehmen und entsprechend viel verwendet werden. Die Verlesung der Festrollen, der M^{e}gillôt (Hohelied zum Päsachfest, Rut am Wochenfest, Klagelieder zum 9. Ab, Kohelet zum Laubhüttenfest, Ester zum Purimfest), stellt keine liturgische Lesung dar.

Erst spät bürgerten sich in der talmudischen Zeit die nur vage definierten Ausdrücke von „der (zu lesenden) Schrift" (miqra'), von „der Lehre" (Talmud), oder von „Schriften der Heiligkeit/des Heiligtums" als Sammelbezeichnung für die 24

---

[71] J. Maier, Schriftlesung in jüdischer Tradition. In: F. Agnar (Hg.), Streit am Tisch des Wortes?, St. Ottilien 1997, 505–559.

Bücher der hebräischen Bibel des rabbinischen Judentums ein. Doch damit wurden die Unterschiede in der Offenbarungsqualität und Verbindlichkeit keineswegs verwischt. Absolut verbindlich ist nur „Tora", auch wenn man zur Untermauerung einzelner Inhalte gelegentlich Passagen aus „Propheten" und „Schriften" anführte. Zuletzt wurde als Sammelbezeichnung die Abkürzung *TeNaK* für **Tôrah**, **N**ᵉ**bîʾîm** (Propheten) und **K**ᵉ**tûbîm** (Schriften) üblich.

Die rabbinische Konzeption, die sie sich zwischen 70–150 n.Chr. herausgebildet hat, setzt voraus, dass Gott dem Mose am Sinai die „Schriftliche Tora" (im Pentateuch) diktiert ihn zusätzlich noch eine „Mündliche Tora" gelehrt hat, die dann über Josua bis zu den rabbinischen Autoritäten der Gegenwart mündlich überliefert worden ist. In *mAbot* I,1 wird dies so formuliert: *Mose hat Tora vom Sinai empfangen (qbl) und hat sie dem Josua überliefert (msr), Josua den Ältesten, die Ältesten den Propheten, und die Propheten haben sie den Männern der „Großen Versammlung" (zur Zeit des Esra) überliefert.* Zwischen den „Männern der großen Versammlung" und den frühen rabbinischen Autoritäten der Schulen des Hillel und des Schammai im 1. Jh. n.Chr. lehrten laut *mAbot* I,2–11 Simon der Gerechte, noch als Mitglied der „Großen Versammlung" bezeichnet; nach ihm Antiochus von Soko, und danach Tradentenpaare. Das ergibt eine ununterbrochene mündliche Traditionskette bis gegen 200 n.Chr., als man begann, die Traditionen der Tannaiten (Lehrer/Tradenten seit ca. 70 n.Chr.) in einer verbindlichen Auswahl, der sog. *Mischna*, schriftlich festzuhalten.

In der *Mischna* und in den großen rabbinischen Sammelwerken, also im *Talmud* (palästinensischer bzw. Jerusalemer Talmud und Talmud babli) und in den *Midraschim* (zu biblischen Texten), ist die „Mündliche Tora" seit ca. 200 n.Chr. offiziell schriftlich niedergelegt worden und dient seither mit der „Schriftlichen Tora" als Basis des jeweils aktualisierten, geltenden jüdischen Rechts, der *Hᵃlakah*. Man spricht daher im Blick auf das rabbinische Judentum der Zeit nach 70 n.Chr. von einer „doppelten Tora". Der größte Teil der absolut verbindlichen Offenbarung befindet sich nach dieser Konzeption also außerhalb der Bibel, im rabbinischen Schrifttum, was einen wesentlichen, aber zu wenig beachteten Unterschied zum christlichen Offenbarungs- und Bibelbegriff anzeigt.

8 Der ägyptische Hintergrund

Statt erstarrter Religion stetiger Wandel der Glaubensvorstellung
Es gehört nach wie vor zur gängigen Auffassung, dass sich die religiösen Vorstellungen der Alten Ägypter, abgesehen von dem Intermezzo der Amarnazeit mit ihrer monotheistischen Konzeption, ihre dreitausendjährige Geschichte hindurch nicht verändert hätten. Dafür sprechen vordergründig die scheinbar in ‚heiliger' Tradition erstarrten bildlich gestalteten Ausdrucksformen ägyptischer Kunst sakralen Inhalts.

Doch bei Kenntnis der schriftlichen Überlieferung als auch bei genauerer Betrachtung der Bildquellen zeigt sich ein ganz anderes Bild. Vertreter der geistigen Elite, die an herkömmlichen Glaubensinhalten Anstoß nahmen und deshalb neue Vorstellungen entwickelten und diese zu Bestandteilen der offiziellen Reichsreligion zu erheben in der Lage waren, belegen einen kontinuierlichen Wandel der Gottesvorstellungen. Dieser schritt teilweise rasch und dynamisch voran, manchmal ging er aber nur langsam und behäbig über die Bühne.[1]

Insgesamt sind in dieser Darstellung die ägyptischen Glaubensvorstellungen in dem Ausmaß Gegenstand der Betrachtung und werden soweit beschrieben, damit einerseits die innere Logik und die entwicklungsmäßigen Veränderungen innerhalb dieses religiösen Weltbildes verständlich und nachvollziehbar bleiben. Andererseits erfolgte die Stoffauswahl mit ihren thematischen Schwerpunkten unter dem Aspekt, wo sich dafür Abhängigkeiten vornehmlich in den Büchern des Alten Testaments finden.

---

[1] Aus der großen Anzahl an wissenschaftlichen Darstellungen der ägyptischen Religion seien hier nur genannt: J. Assmann, Ägypten – Theologie und Frömmigkeit einer frühen Hochkultur, Stuttgart 1984. A. Erman, Die Religion der Ägypter, Berlin/Leipzig 1934. G. Hart, Egyptian Gods and Goddesses, London/New York 1968. H. Kees, Der Götterglaube im Alten Ägypten, 4. Aufl., Berlin 1956 (ND 1980). K. Koch, Geschichte der ägyptischen Religion: Von den Pyramiden bis zu den Mysterien der Isis, Stuttgart/Berlin/Köln 1993. B.S. Lesko, The Great Goddesses of Egypt, Oklahoma 1999. S. Morenz, Ägyptische Religion, Stuttgart 1960. K. Mysliwiec, Studien zu Gott Atum, Bd. I–II (Hildesheimer Ägyptologische Beiträge 5 u. 8), Hildesheim 1978–1979. J. Taylor, Death and Afterlife in Ancient Egypt, London 2000. F. Teichmann, Die ägyptischen Mysterien, Stuttgart 1999. St. Quirke, The Cult of Ra. Sun-worship in Ancient Egypt, London 2001.

Von den Vielen zum Einen

Der Weg von der Verehrung zahlreicher Gottheiten über den Monotheismus zu pantheistischen Glaubensvorstellungen elitärer Gesellschaftsschichten

Der Götterhimmel der ersten Dynastien

Wie in allen frühen Hochkulturen erfüllte ein mythisch-magisches Weltbild das Denken der damaligen Menschen und ermöglichte ihnen ihre physische Umwelt mit ihren naturgegebenen Phänomenen genauso zu erklären wie ihr eigenes traditionell geprägtes Sozialleben mit all seinen Verhaltensregeln, Sitten, Gebräuchen und Glaubensvorstellungen. Daraus resultierte auch die Tatsache, dass alle Tiere, die dem Menschen nützlich sein oder gefährlich werden konnten, oder die durch ihr Aussehen auffällig waren oder sich dem Menschen durch ihre Fähigkeiten als weit überlegen erwiesen, als Gottheiten verehrt wurden, d.h. besänftigt, bedankt und günstig gestimmt werden sollten. Doch auch Pflanzen, der Nil, Felsen und Berge waren beseelt gedacht und konnten auch in rein anthropomorpher oder theriomorpher Gestalt, sowie – wie bei vielen Tieren – in einer Art Mischform mit Menschenleib und Tierkopf auftreten. So verehrten die im Raum in Oberägypten lebenden Bauern, die hauptsächlich Schafe züchteten, einen Widder als das Wesen, das nicht nur für seine eigene Art, sondern für die gesamte Natur und damit auch für die Menschen die Zeugungskraft garantierte. Von solchen göttlichen Widdern erlangten später Chnum, beheimatet auf der Insel Elephantine bei Assuan, und seit der 11. Dynastie vor allem der mit Amun gleichgesetzte Widder von Theben überregionale Bedeutung.

Rinder züchtende Bevölkerungsgruppen in den unterägyptischen Ortschaften wie Xois, Athribis, Leontopolis, Heliopolis und Memphis sahen hingegen im Stier wegen seiner sexuellen Potenz, seiner Kraft und Wildheit einen Gott analogen Charakters. Vor allem der Apis in Memphis errang bereits in der 1. Dynastie überregionale Bedeutung, da die mit ihm verbundenen Fruchtbarkeitsriten unter die königlichen Sakralfunktionen aufgenommen wurden und der Apis-Stier in der Spätzeit mit Osiris als Herrscher der Unterwelt und Jenseitsrichter gleichgesetzt wurde. Zudem stellten sich die Rindezüchter das Himmelsgewölbe als Kuh vor. Unter diesen machte schon am Ende der vorgeschichtlichen Zeit die Hathor, deren Name als „Haus des Horus" ihre sekundäre Verbindung zum falkengestaltigen Himmelsgott Horus zum Ausdruck bringt, Karriere.

Neben den genannten Nutztieren galt es erst recht jene Tiere zu besänftigen und gnädig zu stimmen, die dem Menschen wie seinen Haustieren gefährlich werden konnten. Zu ihnen zählte im Delta die Speikobra, die Uräusschlange, die letztlich zur Schutzherrin Unterägyptens aufstieg, genauso wie der Skorpion, der in den trockenen Randzonen des westlichen Niltales beheimatet ist, wo die Ägypter hauptsächlich ihre Gräber anlegten. In dem weiblichen Exemplar in Gestalt der Göttin Selket wurde der Skorpion zu einer der Schutzgöttinnen der Verstorbenen. Da sich erfahrungsgemäß Löwinnen, die Junge aufziehen, besonders aggressiv verhalten, flößten sie dem Menschen in besonderem Maße Respekt ein. Deshalb genoss die löwenköpfige Sachmet als Kriegs-, Heil-, aber auch als Liebesgöttin eine besondere Verehrung.

Überall im Niltal war einst das Krokodil präsent. Als Gott Sobek besaß es hauptsächlich in Kom Ombo und seit dem frühen Mittleren Reich in der Oase Fayum Kultzentren. Dem gelegentlich sehr aggressiven Nilpferdweibchen, der Thoeris, räumte der Ägypter letztendlich die Rolle einer Beschützerin schwangerer Frauen und der Mütter ein. Doch auch ein besonders auffälliges Verhalten konnte Anlass zur Verehrung einzelner Tiere werden. So die Tätigkeit des Mistkäfers, des Skarabäus, der eine Kugel aus Dung herstellt, in die er seine Eier ablegt. Im analogen Denken der frühen Ägypter identifizierte man die Dungkugel mit der Sonne, die der Gott täglich über das Firmament rollt. Bedingt durch ein Wortspiel mit dem Verbum „chepri" (werden, entstehen), avancierte der Mistkäfer „Chepre" zu einem solaren Schöpfergott, den man schon im frühen Alten Reich mit dem in Heliopolis verehrten falkengestaltigen Sonnengott Re verknüpfte.

Die Beobachtung, dass Paviane früh morgens auf Felskuppen sitzend die ersten wärmenden Sonnenstrahlen erwarten und bei deren Eintreffen sichtlich aus Wohlbefinden kreischen, führte dazu, dass man in ihnen die ersten Sonnenanbeter sah. Schließlich identifizierte man einen von ihnen mit dem unterägyptischen Gott Thot, der in der Gestalt des Ibis als der schriftkundige, weise „Sohn des Re", ja sogar als „Herz des Re" angesehen wurde.

Es war das Flug- und Jagdgeschick des Falken, das diesen Raubvogel an mehreren Stellen des Niltales zum Gegenstand göttlicher Verehrung machte. Dachte man sich im oberägyptischen Nechen, dem Hierakonpolis griechischer Zunge, den Leib des „Horus" genannten Falken mit dem Himmelsgewölbe identisch, wobei Sonne und Mond sein rechtes und sein linkes Auge bildeten, so setzte man den Falkengott Re in Heliopolis mit der Sonne selbst gleich.

Zu den bedeutendsten Kultzentren Oberägyptens war schon in frühdynastischer Zeit, spätestens in der Ära Negade III (3100–2950 v.Chr.), das Heiligtum des Himmelsgottes Horus in Nechen aufgestiegen. Gleichzeitig war der Herrscher im Bereich des großen Nilknies in Oberägypten zu einem magisch dermaßen mächtigen Wesen avanciert, dass man von ihm behauptete: „Deine Majestät ist der siegreiche Horus."[2] Die Tatsache, dass der Pharao nun als Inkarnation des Horus alle anderen Machthaber und damit alle Gaugötter im Lande besiegt bzw. bezwungen hatte, hatte ihn somit als das mächtigste Wesen und folglich als obersten Gott erwiesen. „Der König ist ein Gott, der älter ist als die Ältesten …"[3] Er kann sich in seiner menschlichen Erscheinungsform, aber auch in der des Horusfalken oder in der eines anderen mächtigen Wesens zeigen, wie die Bild- und Textzeugnisse belegen.

Der vorgeschichtliche Vegetationsgott Osiris, beheimatet im östlichen Nildelta, war zuerst mit einer anderen lokalen Gottheit, dem Hirtengott Andjeti ver-

---

[2] A. Erman, Literatur der Ägypter. Leipzig 1923, 51f.
[3] Pyr. 407.

schmolzen und dann mit Isis, als Personifizierung des Thrones, verknüpft worden. Schließlich, wahrscheinlich erst im Verlauf der 5. Dynastie, als Re-Atum die Position des Himmels- und Sonnengottes innehatte, sank Horus zum Kind dieses Götterpaares ab. Als gefestigte Vorstellung tritt uns diese göttliche Familie erst gegen Ende des Alten Reiches entgegen.

Mit der Schaffung des Einheitsreiches um 3000 v.Chr. setzte auch ein Prozess der Angleichung bzw. Identifizierung jener Gottheiten ein, die sich entweder durch ihre identische äußere Gestalt, wie z.b. bei den Falken- und Löwengöttern, oder auf Grund ihrer analogen Funktion nahe lag, wie z.B. bei den Himmelsgöttinnen. So verschmolz zuerst die unterägyptische Vorstellung von der kuhgestaltigen Himmelsgottheit mit der oberägyptischen von einem Sperberweibchen als Mutter des Horus, namens Hat-Hor, „Haus des Horus". Eineinhalb Jahrtausende später setzte man dann die Hathor mit der rein menschengestaltigen Isis gleich, die damit ihrerseits zur Himmelsgöttin aufstieg.

Es waren politische, verwaltungstechnische, wirtschaftliche und/oder kultische Gründe, die den Pharao schon damals wie auch noch im Verlaufe des Alten Reiches veranlassten, an bestimmten Orten regionale Heiligtümer zu fördern, ihren Gottheiten eine bevorzugte Stellung im offiziellen Pantheon einzuräumen und damit auch seine eigene sakrale Bedeutung zu stärken und seine politische Macht zu legitimieren. Zu diesen Orten zählten Abydos, die Kultstätte für Chontamenti, eines Schutzgottes der Verstorbenen. Hier besaß dann seit ca. 2000 v.Chr. Osiris als Herr der Unterwelt eines seiner Hauptheiligtümer. Weiters gehörten Memphis mit dem Fruchtbarkeitsgott Apis, mit dem falkengestaltigen Sokar als Beschützer der Nekropole von Sakkara und dem rein menschengestaltigen Gott Ptah, dem Patron der Handwerker, zu diesen privilegierten Orten. Auch das Kultzentrum von Iunu, dem On in der Bibel, später von den Griechen „Heliopolis" genannt, wo der menschengestaltige Schöpfergott Atum, der Sonnenfalke Re, der Mnevis-Stier und der Sonnengott Chepre verehrt wurden, zählte dazu. Auch die im Delta liegende Gauhauptstadt Saïs, die Heimat der anthropomorphen Kriegsgöttin Neith, erfreute sich eines prestigeträchtigen Aufstiegs.

Die heliopolitanische Sonnentheologie der 5. Dynastie

Die von der Priesterschaft in Heliopolis während der 3. und 4. Dynastie entwickelte und mit Beginn der 5. Dynastie zur Staatsreligion erhobene Theologie um eine Götterneunheit mit der synkretistischen Gestalt des Re-Atum als Schöpfer-, Himmels- und Sonnengott an der Spitze stellte eine der prägendsten religiösen Konzeptionen Ägyptens dar. Denn nur noch neun genealogisch gereihte Gottheiten stellten das offizielle Pantheon dar. Re-Atum wurde nun weiter mit Horus, Chepre und Sobek identifiziert. Der ganze Kosmos galt jetzt als Leib dieser Gottheit, von der es hieß: „Du bist der Himmel, die Erde, die Unterwelt, das Wasser und die Luft, die zwischen ihnen ist." Im Kosmos waltet die Maat, die von Re-Atum festgelegte göttliche Ordnung, Gerechtigkeit und Wahrheit. Doch auf den

Vorwurf, wie es der Schöpfer zulassen konnte, dass Ungerechtigkeit und rohe Gewalt Platz greifen konnten, ja dass – vornehmlich in den Augen der Elite im Staat – schließlich mit dem Zusammenbruch des Alten Reiches (um 2160 v.Chr.) die von diesem Gott geschaffene politische und soziale Weltordnung durch das Chaos schlechthin ersetzt wurde, legte man dem Schöpfergott folgende Antwort in den Mund: „Es waren die Herzen der Menschen, die verletzten, was ich angeordnet habe ... (Denn) ich habe jedermann wie seinesgleichen geschaffen und nicht befohlen, dass sie Unrecht tun." Damit gestand man dem Menschen einen freien Willen zu, der ihn befähigte, sich auch gegen Gottes Gebote zu stellen.

Zu einem der nachhaltig bedeutsamsten Dogmen dieser Theologie zählte die Vorstellung, dass der Pharao der leibliche Sohn des Schöpfergottes und einer irdischen Mutter, und somit halb Mensch und halb Gott zugleich sei. So habe Re-Atum selbst unter den jungen Frauen des Landes Ägypten eine erwählt und dieser durch seinen Boten, den Gott Thot, verkünden lassen, sie werde einen Sohn gebären. Dieser werde Herrscher über Ägypten sein und schließlich seinem Vater im Himmel Rechenschaft über seine Regierungstätigkeit auf Erden abzulegen haben. Seit dem Pharao Djedefre, dem Sohn und Nachfolger des Königs Cheops, wurde nun in jedem König ein leiblicher Sohn des Re-Atum und der menschlichen königlichen Mutter gesehen.

Logisch konsequent führte dieser Gedanke zur Vorstellung, dass der Pharao als Sohn Gottes auch schon vor seinem irdischen Dasein in seinem göttlichen Vater, dem Schöpfergott, zugegen bzw. mit ihm identisch war, und dies nach seinem Tode und Eingehen in das himmlische Gefilde des Re-Atum wieder sein wird. So konnte man auch bezüglich des Herrschers formulieren: „Als noch nicht der Himmel entstanden war, als noch nicht die Erde entstanden war, als noch nicht die Menschen entstanden waren, als noch nicht die Götter geboren waren, als noch nicht das Sterben entstanden war"[4], existierte bereits Pharao NN.

Revolutionär an dem neuen Gottesbild war der Gedanke, dass „die Menschen wohl versorgt sind", denn „ihretwegen erschuf er Himmel und Erde, er drängte die Gier des Wassers zurück und schuf die Luft, damit ihre Nasen leben. Seine Ebenbilder sind sie, aus seinem Leib hervorgegangen. Ihnen zuliebe geht er am Himmel auf, für sie schuf er Pflanzen und Tiere, Vögel und Fische, damit sie zu essen haben ... Ihnen zuliebe lässt er es Licht werden, um sie zu sehen, fährt er (am Himmel) dahin. Er errichtete sich eine Kapelle hinter ihnen, wenn sie weinen, dann hört er. Er schuf ihnen Herrscher und Befehlshaber, um den Rücken des Schwachen zu stärken. Und er schuf ihnen Zauber als Waffen um den Schlag des Schicksals abzuwehren wachend über sie des Nachts wie am Tage."[5]

Doch duldet dieser Schöpfergott keinen Verstoß gegen die Maat, die göttliche Ordnung, die Wahrheit und Gerechtigkeit. So „tötet er seine Feinde und ging vor

---

[4] Pyr. 1466.
[5] Überliefert im Schlusshymnus in der Lehre für Merikare; transkribierter Text mit Übersetzung bei J. Assmann, Re und Amun 168f.

gegen seine Kinder, weil sie auf Rebellion sannen ... Er erschlug die Krummherzigen unter ihnen."

Der Aufstieg des Amun-Re und die Reichstheologie des Mittleren Reiches

Mit dem politischen Aufstieg Thebens anlässlich der Schaffung eines neuen Einheitsstaates, nämlich dem des so genannten Mittleren Reiches (2010–1785 v.Chr.), avancierte der ehemals lokale Gaugott Amun, „der Verborgene", zum obersten Reichsgott. Vornehmlich mit Re gleichgesetzt und dessen solaren Charakter wie das zugehörige theologisches Bild übernehmend erhielt Amun immer transzendentere Züge. Als „Ältester des Himmels, Erstgeborener der Erde, Herr des Seienden bleibend in allen Dingen. Einzigartiger unter den Göttern, ... Herr der Maat, Vater der Götter, der die Menschen machte und das Vieh erschuf ... der Höchste und Schöpfer der ganzen Erde"[6] wird Amun-Re nun angerufen. Gleichzeitig verknüpften die Priester am Reichsheiligtum in Karnak auch die kosmologischen Vorstellungen von der „Achtheit", den acht Urgöttern, die in der mittelägyptischen Stadt Hermopolis, dem Hauptheiligtum des Gottes Thot, entwickelt worden waren, mit Amun-Re. „Die Acht waren deine erste Verkörperung ... Geheim war dein Leib unter den Uralten, du hast dich verborgen als Amun an der Spitze der Götter."[7] Als Schöpfergott, der „aus sich selbst entstanden war" stand der Reichsgott im Mittelpunkt der Theologie von Theben, die nun Züge eines Hochgottglaubens aufwies. Parallel dazu gewannen der Krokodilgott Sobek, dessen Gunst zu erwerben durch die agrarische Erschließung der Oase Fayum dringend wurde, und der anthropomorphe Fruchtbarkeitsgott Min an Bedeutung. Setzte man Sobek mit Re gleich, so identifizierte man immer öfter Amun mit dem Min und reduzierte mit diesem Synkretismus die Anzahl der Reichsgötter weiterhin.

Der Weg zum Monotheismus und seine Folgen

Mit dem Sturz der Hyksos und deren Vertreibung sowie dem imperialistischen Ausgreifen der Pharaonen der frühen 18. Dynastie nach dem Vorderen Orient und damit der Schaffung eines ägyptischen Weltreiches, des Neuen Reiches (1540–1070 v.Chr.), lässt sich in der geistigen Elite der neuen Reichspriesterschaft des Amun-Re in Theben eine deutliche Tendenz zu einer weiteren Reduzierung des Pantheons in Richtung einer monotheistischen Vorstellung greifen. So avancierte Amun-Re als Götterkönig und Herrscher mit den Insignien des thebanischen Kultbildes zum Ur- und Schöpfergott, der als Sonne die Schöpfung erhält. Er ist „der Grosse Gott, selbstentstanden, Urgott, der die Urgötter zur Welt brachte, gerüstete Macht, die aus dem Urwasser kommt, und Licht gibt dem Himmelsvolk."[8]

---

[6] J. Assmann, Ägyptische Hymnen 199, Nr. 87A, Zl. 10–16, 25.
[7] J. Assmann, Ägyptische Hymnen 315, Nr. 135, Zl. 1–4.
[8] Textstellen gesammelt bei Assmann, Re und Amun 147.

Als „Herrscher der Götter und Göttinnen, Herr der Herren, König der Neunheit, Vater der Väter, Mutter der Mütter, Oberhaupt in Himmel, Erde und Unterwelt ist die Lebenszeit in deiner Faust versammelt. Du gibst davon nur, wem du willst. Luft, Wasser, Begräbnis unterstehen dir. Alles, was geschieht, entspringt deinem Befehl."[9] Und wer dank seiner Anbetung in der Gunst dieses Gottes steht, „der hört in Ewigkeit nicht auf, ihn zu schauen, Gott, Vater der Menschheit"[10]

So war es nur ein relativ kleiner Schritt zur vollen Konsequenz in dem Ur- und Schöpfergott den einzigen Gott überhaupt zu sehen. Schon unter Thutmosis IV. und seinem Sohn Amenophis III. zeichnet sich in den Hymnen an diesen Reichsgott die Betonung seiner Erscheinung in der Sonnenscheibe „Jati" (früher als „Aton" gelesen) ab. Den entscheidenden Schritt vollzog dann bekanntlich der Sohn Amenophis' III., Pharao Amenophis IV. Achanjati (früher „Echnaton" gelesen; 1353–1336 v.Chr.). In einer persönlichen Offenbarung meinte der junge König, das Wissen um die Existenz eines einzigen Gottes erfahren zu haben, der mit der Sonnenscheibe identisch ist. So behauptet Achanjati von seinem Gott: „Du lässt ihn kundig sein deiner Pläne und deiner Macht."[11] Für den „einzigen Gott, Gott ohne einen anderen außer ihm" ließ Achanjati überall im Reich neue Tempel erbauen, alle anderen Gotteshäuser schließen und die Priester entlassen, wenn sie nicht zum neuen Staatsgott konvertierten. Zudem erteilte er den Befehl, vor allem den Namen Amun-Re's zu tilgen. Ein bezeichnendes Element dieses radikalen Monotheismus bildete auch die Behauptung dieses Pharaos, „der von der Wahrheit lebt", dass sein Gott unerforschlich sei und sich nur ihm geoffenbart habe, denn „es gibt keinen anderen, der dich kennt, außer Achanjati", und „die Liebe zu dir ist groß und gewaltig."[12]

Anknüpfend an die schon vorgegebenen Schöpfungsvorstellungen rühmt der Pharao seinen Gott mit dem Hinweis: „Die Erde entsteht auf deinen Wink, wie du sie geschaffen hast: du gehst auf für sie, sie leben, du gehst unter, sie sterben. Du bist die Lebenszeit selbst, man lebt durch dich."[13] So rühmt man ihn: „Du erhabener Gott, der sich selbst ‚baute', der jedes Land erschuf und was darinnen ist, hervorbrachte an Menschen, Herden und Wild und allen Bäumen, die auf dem Erdboden wachsen – sie leben, wenn du für sie aufgehst. Du bist Mutter und Vater für die, die du erschaffen hast."[14] „Du bist die lebendige Sonne, die unendliche Zeit ist dein Abbild."[15]

Noch konkreter formulierte Achanjati den Gedanken, dass Jati auch alle Länder und ihre sich in Sprache, Hautfarbe und Sitten unterscheidenden Völker dieser Erde geschaffen hat und folglich auch von allen Völkern der Erde zu verehren

---

[9] K.A. Kitchen, Ramesside Inscriptions III, 18f.
[10] J. Assmann, Ägyptische Hymnen 188, Nr. 72 Zl. 9f.
[11] J. Assmann, Ägyptische Hymnen 220, Nr. 92, Zl. 124.
[12] J. Assmann, Ägyptische Hymnen 213, Nr. 91, Zl. 12.
[13] J. Assmann, Ägyptische Hymnen 221, Nr. 92, Zl. 125–128.
[14] J. Assmann, Ägyptische Hymnen 213, Nr. 91, Zl. 16–21.
[15] J. Assmann, Ägyptische Hymnen 215, Nr. 91, Zl. 52.

wäre. „Du hast die Erde erschaffen nach deinem Herzen, der du allein warst."[16] „Du erschaffst Millionen Verkörperungen aus dir, dem Einen, Städte und Dörfer, Äcker, Weg und Fluss."[17] Was die Menschen betrifft, so „sind die Zungen verschieden im Sprechen, ihre Eigenschaften desgleichen, ihre Hauptfarbe ist unterschieden, (denn) du unterscheidest die Fremdländer."[18] Deshalb gilt Jati auch als der "Herr eines jeden Landes."[19] Deswegen verlangte Achanjati, „dein Sohn, den du liebst", in missionarischem Eifer, dass auch „jegliches Fremdland ... Loblieder anzustimmen" habe.[20]

Auch wenn dieser Monotheismus mit seinem Absolutheitsanspruch, der nur durch die Mitglieder der königlichen Familie und etliche Angehörige der Elite getragen worden war, bereits unter dem jungen Pharao Tutanchamun (1336–1327) als Staatsreligion aufgegeben werden musste, und Amun-Re wieder seine frühere Position eingeräumt erhielt, so zeitigte das Konzept Achanjatis beträchtliche theologische Auswirkungen.

Die Konsequenz bestand in dem Bild eines pantheistischen Ur-, Schöpfer- und Allgottes, der in seinen Hymnen zwar als Amun-Re angesprochen wurde, der aber als „Einherr", als „der Eine, der sich zu Millionen machte"[21], „der Eine, der alles Seiende geschaffen hat, der Eine Einsame, der schuf, was ist" beschrieben wurde. Folglich sah man – logisch korrekt – jetzt auch die alte heliopolitanische „Neunheit in deinem Leib vereinigt; jeder Gott ist ein Abbild von dir, vereinigt in deinem Wesen."[22]

Auch wenn man sich den Ur-, Schöpfer- und Sonnengott einerseits unendlich fern und verborgen dachte und deshalb formulierte, „er hat sich hoch entfernt, niemand kennt seine Gestalt"[23], denn er ist „zu geheim, um ihn zu erreichen"[24], so glaubte man von ihm andererseits „du bist doch nahe, ohne dass man dich erkennen kann."[25] Ikonographisch am häufigsten dargestellt wurde dieser Gott in der Gestalt des Skarabäus, des alten Schöpfergottes Chepre, „der mitten in seiner Barke ist, Urzeitlicher, dessen Leib die Ewigkeit ist." Im Rahmen dieser Allgottvorstellung, gemäß der es heißt: „Du bist Amun, du bist Atum, du bist Chepre, du bist Re, ...",[26] stellte das Licht, das von ihm ausging, eine Form der leibhaftigen Gegenwärtigkeit Gottes dar, in der sich seine „Schönheit" offenbart und bei den

---

[16] J. Assmann, Ägyptische Hymnen 219, Nr. 92, Zl. 79.
[17] J. Assmann, Ägyptische Hymnen 220, Nr. 92, Zl. 115–117.
[18] J. Assmann, Ägyptische Hymnen 219, Nr. 92, Zl. 87–89.
[19] J. Assmann, Ägyptische Hymnen 219, Nr. 92, Zl. 94.
[20] J. Assmann, Ägyptische Hymnen 222, Nr. 93, Zl. 7–13.
[21] J. Assmann, Ägyptische Hymnen 293, Nr. 129, Zl. 3.
[22] J. Assmann, Ägyptische Hymnen 316, Nr. 136, Zl. 1f.
[23] K.A.Kitchen, Ramesside Inscriptions I, 1968, 330.
[24] J. Assmann, Ägyptische Hymnen 294, Nr. 129, Zl. 20.
[25] J. Assmann, Zwei Sonnenhymnen der späten XVIII. Dyn. in thebanischen Gräbern der Saïtenzeit. In: Mitteilungen des Deutschen Archäologischen Instituts Abt. Kairo 27.1, 1971, Text 161 = 253.
[26] J. Assmann, Ägyptische Hymnen 290, Nr. 128, Zl. 58f.

Geschöpfen das Gefühl der „Liebe zu dir" auslöst.[27] Denn „die Liebe zu ihm flutet wie der Nil und durchdringt alle Leiber."[28]

Doch auch die Vorstellung einer Art ‚Dreifaltigkeit', drei Gottheiten in einer vereint, findet sich ausgesprochen, indem es in ramessidischer Zeit heißt: „Drei sind alle Götter: Amun, Re und Ptah, ... Der seinen Namen verbirgt als Amun, er ist Re im Angesicht, sein Leib ist Ptah."[29] Somit konnte jede der alten traditionellen Gottheiten in Ägypten, gleichgültig ob männlich oder weiblich, als eine personifizierte Erscheinungsform dieses Allgottes gesehen werden, denn „es ist jeder Gott ein Abbild von dir, vereinigt mit deinem Leib." Weiters heißt es von ihm, „du bist das Leben"[30], „keiner ist, der ohne dich leben kann."[31]

Mit dieser Theologie vom All- und Weltengott ist somit auch Osiris zu einer Erscheinungsform desselben geworden. Die alte Vorstellung, dass der Sonnengott auf seiner nächtlichen Bahn stets die Unterwelt von Westen nach Osten in seinem Boot durchfährt, um am Morgen neu am Himmel zu erstrahlen, hatte sich nun zur Vorstellung von der Vereinigung von Re und Osiris in der Tiefe der Unterwelt gesteigert: „Re ruht in Osiris, Osiris ruht in Re", die „vereinigte Seele des Re-Osiris" stellt die Neugeburt und Wiederbelebung und damit den Kreislauf von Tod und Auferstehung dar.[32]

Vom Gottesstaat zur Heilserwartung

Eine Folge des Zusammenbruchs des ägyptischen Weltreiches war auch ein gewaltiger Prestigeverlust des Pharaos, dessen Legitimation und Macht durch seine angebliche Gottessohnschaft dadurch auf das Schwerste erschüttert wurde. Als sich dann durch wirtschaftliche Missstände und soziale Unruhen auch innerhalb Ägyptens bürgerkriegsähnliche Zustände entwickelten, riss die Reichspriesterschaft in Theben die Macht an sich und erklärte den Schöpfergott zum einzig legitimen Herrscher. In diesem Gottesstaat regierte nun angeblich Amun-Re durch die Antworten, die er seinen Priestern im Rahmen von Orakelbefragungen erteilte. Der weltliche Pharao trug zwar traditioneller Weise immer noch seine alten sakralen Titel, er blieb jedoch nur noch eine Marionette in den Händen der Priesterschaft.

Das Konzept der Reichspriesterschaft beschrieb ihren Allgott als „Der Eine Einzige, der die Seienden schuf, der die Erde begründete am Anbeginn"[33], und als

---

[27] J. Assmann, Ägyptische Hymnen 202f, Nr. 87D, Zl. 97–106.
[28] Textzitat aus einem Amun-Re-Hymnus auf einem Ostrakon (oIFAO 1038) bei J. Assmann, Re und Amun 112, Zl. 33.
[29] J. Assmann, Ägyptische Hymnen 318, Nr. 139, Zl. 1–5.
[30] Hymnus des Wesirs Hori an Amun-Re transkribiert und übersetzt bei Assmann, Re und Amun 265.
[31] J. Assmann, Ägyptische Hymnen 416, Nr. 200, Zl. 15.
[32] E. Hornung, Das ägyptische Totenbuch, 182, Zl. 15–19.
[33] J. Assmann, Ägyptische Hymnen 308, Nr. 131, Zl. 8f.

„großen Gott, der von der Wahrheit lebt, ... als erlauchtes Machtbild, das Liebe einflösst, ... aus dessen Gestalt jede Gestalt entstand. Der das Werden begann, als niemand war außer ihm."[34] Dieser Amun-Re war als gänzlich transzendentes Wesen und als eine verborgene Einheit gedacht, denn „geheim an Verwandlungen, funkelnd an Erscheinungsformen, wunderbar erscheinender Gott, reich an Gestalten" ist er. „Zu geheimnisvoll, um seine Hoheit zu enthüllen, er ist zu groß, um ihn zu erforschen, zu mächtig, um ihn zu erkennen." Deshalb „fällt man nieder auf der Stelle vor Schrecken, wenn man seinen Namen versehentlich oder unwissentlich ausspricht."[35]

Besondere Bedeutung erhielt schließlich das Bild von Seth als dem Pharao, der nicht zum Wohle der Bewohner des Landes herrschte, erst in der Zeit des 1. Jahrtausends v.Chr., weil damals Ägypten meist unter Fremdherrschaften stand. Chronologisch gesehen waren diese fremden Herren die Libyer, die Äthiopier, die Assyrer und die Perser, wobei die Unterdrückung der einheimischen Bevölkerung durch diese fremden Machthaber im Laufe dieser Zeiten zunahm. Vor allen Dingen war das assyrische Joch als besonders bedrückend empfunden worden, und dann verstärkt das persische, das auch am längsten andauerte.

Die alte Vorstellung vom Pharao als dem leiblichen Sohn des Schöpfergottes wurde nun aufgrund der politischen Situation aktualisiert. Dabei erfuhr der fremde Herr über Ägypten eine Gleichsetzung mit Seth, der dabei in zunehmenden Ausmaß ‚verteufelt' und damit zum Gegenspieler des Schöpfergottes wurde. Die Hoffnung auf die baldige Geburt des göttlichen Kindes, das als rechtmäßiger Pharao die Herrschaft des Seth stürzen und das Land befreien würde, nährte die Reichspriesterschaft. Die entsprechenden theologischen Texte sprechen davon, dass dann, wenn dieses Kind auf die Welt kommt, sich sein himmlischer Vater am Himmel zeigen und erklären werde: „Du bist mein leiblicher Sohn, den ich gezeugt habe. Ein König ist euch geboren, ein Retter in höchster Not, er ist Mensch und Gott zugleich."[36]

Als es dann Psammetich I. im Jahre 664 v.Chr. tatsächlich gelang, das assyrische Joch abzuschütteln und das alte Einheitsreich wiederherzustellen, wurde er durch seine Anerkennung von Seiten der Reichspriesterschaft in Theben nicht nur als rechtmäßiger Pharao legitimiert, sondern auch als der von Gott gezeugte Sohn bestätigt.

Schließlich geriet Ägypten aber neuerdings unter eine Fremdherrschaft, nämlich unter die persische (525–404, 343–332 v.Chr.). Diesmal war es der Perserkönig, der mit Seth identifiziert wurde, und wiederum wuchs die Hoffnung auf einen Befreier. Diejenigen aus den Reihen der ägyptischen Elite, die es versuchten, scheiterten letztendlich. Nur einem gelang es dann wirklich, das persische Joch

---

[34] J. Assmann, Ägyptische Hymnen 308, Nr. 131, Zl. 4; 11; 14f.
[35] J. Assmann, Ägoptische Hymnen 317, Nr. 138, Zl. 1f; 23–27.
[36] Texte und Bildzeugnisse bei H. Brunner, Die Geburt des Gottkönigs (Ägyptologische Abhandlungen 10), 1964. K. Koch, Geschichte 264–268.

endgültig abzuwerfen und tatsächlich als Befreier ins Land zu kommen. Dieser kam allerdings nicht aus den eigenen ägyptischen Reihen, sondern aus dem Ausland, nämlich Alexander der Große. Um als rechtmäßiger ägyptischer Pharao legitimiert zu werden, musste Alexander ebenfalls die Anerkennung durch die Reichspriesterschaft erlangen. Da die Reichspriesterschaft damals nicht mehr in Theben, sondern in dem entsprechenden Amun-Re-Heiligtum in Siwah saß, war Alexander gezwungen gewesen, sich dorthin zu begeben. Die Tatsache, dort als der rechtmäßige, der gottgesandte Herrscher akzeptiert und als leiblicher Sohn des Schöpfergottes identifiziert zu werden, zeigt, wie bedeutend die damalige Hoffnung auf das Kommen des Erlösers und Befreiers vom fremden Joch war, und wie bedingungslos seine Akzeptanz ausfiel, obwohl der Befreier seinerseits ein Ausländer war.

Eine andere Frage war, ob sich eine pharaonische Dynastie ausländischen Ursprungs auf Dauer als rechtmäßige, im Sinne gottgesandter Herrscher über das Land am Nil werde halten können. Es stand der Masse der einheimischen Bevölkerung nicht nur das makedonische Besatzungsheer, sondern auch eine zunehmende Masse an Einwanderern aus der gesamtgriechischen Welt gegenüber. So zeichnete den ersten Nachfolger Alexanders auf ägyptischen Boden, Ptolemaios I., besonders aus, dass er in politisch kluger Weise erkannte, nur eine neue theologische Legitimation, die alle Bevölkerungsteile im Lande miteinander verband, könne die Chance mit sich bringen, dass die makedonische Dynastie auf längere Zeit unangefochten an der Macht bleiben würde.

Sich selbst zum „Soter", zum „Retter, Heiland, Erlöser" deklariert berief Ptolemaios eine Art Konzil in Alexandria ein, auf dem Reichspriester Ägyptens und führende Theologen aus dem griechischen Raum ein neues Konzept, nämlich eine neue Staatsreligion entwerfen sollten. Diese hatte einerseits die religiösen Vorstellungen der Oberschicht, vor allem der Reichspriesterschaft, und andererseits natürlich die Glaubensvorstellungen der Masse des Volkes, sowohl der Ägypter als auch die der Makedonen und Griechen, zu berücksichtigen.

Dieses neue Konzept stellte einen Synkretismus zwischen den damaligen griechischen und den ägyptischen Glaubensvorstellungen in Gestalt einer heiligen Familie dar.

So steht an der Spitze der All- und Schöpfergott Sarapis. Er stellt eine Verschmelzung zwischen dem pantheistischen Amun-Re der ägyptischen Hochreligion und dem Osiris-Apis, der besonders im Volk verehrten alten Fruchtbarkeitsgottheit und dem Jenseitsrichter, dar. Gleichgesetzt wurde Sarapis mit Zeus-Helios, da sich der ägyptische All- und Schöpfergott bekanntermaßen in der Sonne manifestierte. Der Aspekt des Unterweltsrichters kam in der gräzisierten Ikonographie, die Sarapis gleichsam als thronenden bärtigen Zeus zeigte, der nun einen Kalathos am Haupt trägt, in Gestalt des neben diesem Gottvater sitzenden Kerberos zum Ausdruck.

Doch Sarapis war in transzendenter Hinsicht dermaßen abgehoben von dem, was in der Volksreligion nachvollziehbar war, sodass für die breite Masse des Volkes in erster Linie die weibliche Gestalt dieser Trias, Isis, die Mutter des göttlichen Kindes, des Horusknaben, von den Griechen „Harpokrates" genannt, in den Vordergrund trat. Als Herrin der Welt im Sternenmantel, als *Isis lactans*, die das göttliche Kind, den Erlöser stillt, war sie mit der griechischen Hera, der Gattin des Zeus, und mit der Fruchtbarkeitsgöttin Demeter sowie mit der Schicksalsgöttin Tyche identifiziert worden. Diese synkretistische Gottesmutter mit ihrem göttlichen Kind erfreute sich im Verlauf der hellenistischen Ära und dann während der römischen Kaiserzeit einer ständig steigenden Beliebtheit und errang eine enorme Popularität. Heiligtümer für Gottvater Sarapis wurden bereits während der Zeit des 3. Jh. v.Chr. bezeichnender Weise im hellenistischen Osten errichtet, wo damals schon transzendentere Glaubensvorstellungen um die oberste Gottheit Fuß gefasst hatten.

Die Gestalt des göttlichen Kindes Harpokrates erfuhr nun sehr rasch eine Identifizierung mit den in der griechischen Mythologie beheimateten Söhnen des Zeus und einer menschlichen Mutter, nämlich mit Herakles und Dionysos. Nahe liegend war die Verschmelzung dieser Göttersöhne, denn der Grund dafür lag in ihrer jeweiligen leiblichen Gottessohnschaft und der Erlösungshoffnung, die sich an diese Menschensöhne angelagert hatte, welche eines gewaltsamen Todes starben, dann aber ihrer göttlichen Natur wegen wieder auferstandenen und in den Himmel aufgefahren waren.

Wandel der Jenseitsvorstellungen

Von den Pyramidentexten zu den Unterweltsbüchern
Wie in allen frühen Kulturen – und nicht nur in diesen – glaubten auch die Ägypter an ein jenseitiges Weiterleben, das dem diesseitigen weitgehend entsprach. So bekam jeder Verstorbene all sein persönliches Hab und Gut, Speis und Trank und die Gerätschaften, mit in sein Grab, die er für die Ausübung seines Berufes in der jenseitigen Welt wieder benötigte. Daher nahmen die Pharaonen und ranghöchsten Beamten während der ersten Dynastie auch ihren Hofstaat bzw. ihr Dienerpersonal mit ins Jenseits. Doch rasch stellten sich Zweifel ein, ob es dem Pharao selbst so mühelos gelingen mochte, ins Reich der Götter aufzusteigen. Mit dem Absinken des Königs zum Sohn des Schöpfer- und Sonnengottes Re-Atum, hatte er sich vor seinem himmlischen Vater für sein irdisches Wirken zu verantworten. Als Osiris gegen Ende des Alten Reiches zum Herrscher der Unterwelt und Jenseitsrichter aufgerückt war, erhoffte der verstorbene Herrscher mit ihm eins zu werden, ehe er seinen Aufstieg in den Himmel zu seinem göttlichen Vater antreten konnte. Entscheidend für die weitere Entwicklung war die in einer Art Demokratisierungsprozess erfolgte Adaptierung der Glaubensinhalte um das jenseitige Schicksal des Pharaos seitens der Angehörigen der königlichen Familie und der elitären Oberschicht, welche im Verlauf des Mittleren Reiches rasant voranschritt, wie die Texte auf den Särgen der Verstorbenen bezeugen. Geradezu ein Jenseitsführer, das „Zweiwegebuch", war damals konzipiert worden, um den Verstorbenen sicher zur Gerichtshalle des Osiris gelangen zu lassen. Im Neuen Reich hoffte bereits jeder

Verstorbene, nachdem ihn das Totengericht frei von Schuld gesprochen hat, nicht nur eins mit Osiris, sondern selbst zu Re-Atum bzw. Amun-Re zu werden.

Voraussetzung war das Bestehen vor dem Totengericht, bei dem das Herz des Verstorbenen, das bei den Ägyptern als Sitz des Willens, des Verstandes, der Gefühle und Lebenskraft und Gefühle galt, gegen die Maat aufgewogen wurde. Zu diesem Zweck legte man dem Verstorbenen ein negatives Sündenbekenntnis bei, in dem er in einer langen Litanei beteuerte, keine Verfehlungen gegenüber der göttlichen Maat begangen zu haben. Doch je nach dem, wie tief die Waagschale mit dem Herzen sank, konnten Osiris und die 42 Richter dem Verstorbenen schließlich eine Zeit der Buße in einem „Messersee" oder in einem „Feuersee" auferlegen, bis der Sünder gereinigt und gerechtfertigt war, oder ihn zum endgültigen Tod verdammen.

Deshalb gilt es für die in der Unterwelt auf Erlösung wartenden, „die Goldene anzubeten, das Auge des Re", denn „Du erleuchtest das Angesicht der Unterweltlichen", und „nachdem du erstrahlt bist" und „dein Glanz den Westen erhellt, ... sind ihre Augen offen, um dich zu sehen, ihre Herzen jubeln, wenn sie dich erblicken." Denn „vom Gold seiner Strahlen werden sie überschwemmt mit Leben." Folglich heißt es auch im Text, mit dem man die Uschebtis, die Ersatzfiguren für den Verstorbenen, beschriftete, „Es möge beschienen werden, Osiris NN." Denn dann wird dieser auferstehen als „Gerechtfertigter" und damit als Erlöser das Boot des Sonnengottes besteigen und damit in den Himmel auffahren. Dann erklärt der Erlöste: „Ich habe das Reich der Ewigkeit erreicht und mich mit dem Reich der ewigen Dauer vereint. Du aber bist es, der mir dies zugewiesen hat, du mein Herr."[37]

Im Verlauf der 18. und 19. Dynastie entstand eine große Anzahl von sogenannten Toten- und Unterweltsbüchern, deren Inhalt auf Papyri, aber auch auf die Wände der Särge wie der Gräber geschrieben ihre magische Wirkung in alle Ewigkeit sicherstellen sollten.[38] In ihnen finden sich die ursprünglich für den Pharao erdachten Hoffnungen auf Erlösung, die bis in die ptolemäische Ära hinein geradezu jeder Ägypter für sich in Anspruch nahm. Sie alle beschreiben das Jenseits und bieten dabei jeweils einen spezifischen Aspekt der Erlösungshoffnung. Gemeinsam ist allen das Anliegen, dem Verstorbenen einen Leitfaden auf den bedrohlichen Weg in die Unterwelt mitzugeben. Mit seiner Hilfe sollen die ihn bedrohenden Gefahren gebannt und der Schutz durch göttliche Mächte gesichert werden. Einer der wesentlichen Aspekte besteht dabei darin, dass in diesen Büchern so deutlich wie noch nie in den älteren Texten zwischen dem von der Vergänglichkeit bedrohten Leib und der Seele des Menschen, dem „Ba", der häufig als Vogel mit Menschenkopf dargestellt

---

[37] E. Hornung, Die Unterweltsbücher der Ägypter. Düsseldorf/Zürich 1997, 57f.
[38] Eine kommentierte Gesamtausgabe des Totenbuches legte zuletzt in deutscher Übersetzung E. Hornung, Das Totenbuch der Ägypter. Zürich 1979 vor, und eine solche der Unterweltsbücher in deutscher Übersetzung bietet Hornung, Unterweltsbücher. E. Hornung, Altägyptische Jenseitsbücher. Darmstadt 1997. A. Schweitzer, Seelenführer durch den verborgenen Raum. Das ägyptische Unterweltsbuch Amduat. München 1994.

wurde, unterschieden wird. Nur beim Gerechtfertigten fliegt die Seele zum leblosen mumifizierten Körper zurück und belebt ihn wieder, so dass der Verstorbene dann mit Leib und Seele wieder auferstehen kann.

Das Aufkommen moralischer Qualitäten als Forderungen an das Geschöpf Mensch und die Folgen für das jenseitige Schicksal:

Der Wandel der Glaubensinhalte um das Göttliche konnte nicht ohne gravierende Folgen für die Jenseitshoffnungen bleiben. Da schon im Alten Reich die Adaptierung der Glaubensinhalte um das jenseitige Schicksal des Pharaos, der seit Djedefre als leiblicher Sohn des Sonnen- und Schöpfergottes gedacht wurde, seitens der Angehörigen der sozialen Oberschicht eingesetzt hatte und dieser Demokratisierungsprozess im Verlaufe des 2. Jahrtausends rasant weiter voran schritt, so dass im Neuen Reich bereits jeder Verstorbene hoffte, entweder selbst zu Re-Atum zu werden, wie die Totentexte zeigen: „Oh, Re-Atum, dein Sohn kommt zu dir, NN kommt zu dir! Lass ihn zu dir aufsteigen, schließe ihn in deine Arme, dein Sohn ist er, deines Leibes ewiglich." Weiters wird dem Gläubigen in Aussicht gestellt: „Du nimmst Platz auf dem Thron des Re", und schließlich „hast du Gestalt angenommen, indem du die Gesamtheit aller Götter bist."

Andererseits wünschte man sich jede Unterstützung, um das jenseitige Gericht vor Osiris zu bestehen. Denn „man macht dort keinen Unterschied zwischen arm und reich, sondern es kommt nur darauf an, dass man ohne Fehler befunden wird. Waage und Gewicht stehen vor dem Herrn der Ewigkeit, keiner ist davon befreit, Rechenschaft ablegen zu müssen."[39]

Entscheidend für die Frage, ob der Verstorbene vor dem Totengericht wird bestehen können, war sein Lebenswandel auf Erden, nämlich wie weit er sich an die göttlichen Gesetze, die Bestimmungen der Maat gehalten hatte. Bis zum Beginn des Neuen Reiches hatte sich ein Katalog an Tugenden gebildet, das so genannte negative Sündenbekenntnis, das der Verstorbene anlässlich des Jenseitsgerichtes vor Osiris rezitierte:

„Ich habe kein Unrecht gegen Menschen begangen
und ich habe keine Tiere misshandelt.
Ich habe nichts ‚Krummes' anstelle von Recht getan.
Ich kenne nicht, was es nicht gibt,
und ich habe nichts Böses erblickt ...
Ich habe keinen Gott beleidigt.
Ich habe kein Waisenkind an seinem Eigentum geschädigt.
Ich habe nicht getan, was die Götter verabscheuen.
Ich habe keinen Diener bei seinem Vorgesetzten verleumdet.
Ich habe nicht Schmerz zugefügt und (niemand) hungern lassen,
ich habe keine Tränen verursacht.
Ich habe nicht getötet

---

[39] J. Assmann, Ägyptische Hymnen 308, Nr. 131.

Und ich habe (auch) nicht zu töten befohlen.
Niemandem habe ich ein Leid angetan.
Ich habe die Opferspeisen in den Tempeln nicht vermindert
Und die Götterbrote nicht angetastet ...
Ich habe den Gott zufrieden gestellt mit dem, was er möchte:
Brot gab ich dem Hungrigen,
Wasser dem Dürstenden,
Kleider dem Nackten, ein Fährboot dem Schifflosen.
Gottesopfer habe ich den Göttern, Totenopfer den Verklärten
dargebracht ..."[40]

Unübersehbar sind die humanen Forderungen, die als Maxime des Schöpfergottes betrachtet und damit von der höchsten Autorität erlassen zum gültigen Maßstab für das soziale Zusammenleben deklariert wurden.

Tempelkult und regionale Riten

Schon am Ende des Alten Reiches sah ein Angehöriger der geistigen Elite in der regelmäßigen Verrichtung kultischer Dienste eine Tat, die die eigene Seele auf das Jenseits vorbereitete: „So erweist ein Mann seinem Ba Wohltaten: Monatsopfer durchführen, weiße Sandalen anlegen, sich in den Tempel begeben, das Geheime enthüllen, eintreten ins Allerheiligste, Brot essen im Gotteshaus."[41] Die Priester, aller Körperhaare beraubt, waren etlichen Tabus unterworfen. Dazu gehörte während des Neuen Reiches z.B., dass sie kein tierisches Blut vergießen durften. Während des strengen Monotheismus Achanjatis durften überhaupt keine blutigen Opfer vollzogen werden. Nur pflanzliche Produkte waren auf den Altären eines Jati-Tempels geopfert worden.

Das Bild vom Schöpfergott

Dass ursprünglich an mehreren Orten im Niltal lokale Schöpfungserzählungen entstanden waren und tradiert wurden, ist uns in den diversen Gattungen religiöser Texte noch deutlich greifbar. Von überregionaler Bedeutung wurden schließlich die Konzeptionen von Heliopolis, Hermupolis, Elephantine und Memphis, die letztlich von der Reichspriesterschaft in Theben zu einer umfassenden Schöpfungslehre ausgebaut wurde. Diese ist uns vornehmlich in erzählender Form im Kairener Amunhymnus sowie im Hymnus von Tura überliefert ist.[42]

---

[40] E. Hornung, Totenbuch 233–241.
[41] W. Helck, Die Lehre für Merikkare (Kleine Ägyptologische Texte). Wiesbaden 1977, 38f (P63–65).
[42] S. Sauneron/J. Yoyotte, La naissance du monde selon l'Egypte ancienne. In: Sources Orientales 1, 1959, 17–91. S. Morenz, Ägyptische Religion 167–191. J. Assmann, Re und Amun 226–234.

So herrschte im Anfang das Chaos und Finsternis, es existierte nur das Urgewässer „Nun", „die müde Flut". In ihr nahm „der Verborgene" schließlich Gestalt an: „Er kam hervor als Selbstentstandener ... Er formte sich, als Himmel und Erde noch nicht entstanden waren, als die Erde im Urgewässer war inmitten der müden Flut."[43] „Die „Acht" waren deine erste Verkörperung, damit du diese zur Eins vollmachtest. Geheim war dein Leib unter den Uralten, indem du dich verborgen hieltest als Amun an der Spitze der Götter."[44]

Die Achtheit von Hermupolis stellte in ihrer Interpretation schon zur Zeit des Mittleren Reiches ein mit abstrakten Begriffen arbeitendes Konzept dar. So bestand der Urzustand aus den vier Paaren, jeweils in männlicher und weiblicher Gestalt gedacht, nämlich Nun und Naunet, die Urgewässer, Heh und Hehet, die Endlosigkeit, Kek und Keket, die absolute Finsternis, und Niu und Nenet, das Nichts.[45] So dachte man sich den Urzustand selbst schon als erste Manifestation des Schöpfergottes.

Aus der Konzeption von Memphis mit dem Schöpfergott Ptah entstammt die Vorstellung vom Auftauchen des Urhügels in Gestalt des Erdgottes Tatenen. Deshalb heißt es im Folgenden: „Du nahmst deine (nächste) Gestalt an als Tatenen, um die Urgötter hervorzubringen in deiner Urzeit."[46] Nun folgt der planende Entwurf der weiteren Schöpfung, wie sie dem memphitischen Ptah als Gott der Künstler, Bildhauer und Handwerker zugeschrieben worden war, wobei die einzelnen Akte zuerst im „Herz" entworfen und dann durch die „Zunge" formuliert, das heißt durch den Sprechakt in ihre Existenz gerufen wurden: „... entsprechend dem, was dein Herz erdacht hat, als du allein warst" und „was aus deinem Munde hervorging, ... hast du angefangen, dieses Land zu erschaffen."[47] Dies beginnt nach der Erschaffung der Götter mit der Trennung von Wasser und Land, von Himmel und Erde, von Licht und Finsternis, um dann die Erschaffung der irdischen Lebewesen folgen zu lassen. Hier steht der Mensch an erster Stelle: „Du erschufst die Menschen, das Klein- und Großvieh, alles Gewordene und alles Seiende."[48] Daraufhin schildert die Kosmogonie den Dank und Lobpreis der Geschöpfe. Den Abschluss der Schöpfung dachte sich die Priesterschaft in Memphis in menschlicher Manier: „So ruhte Ptah, nachdem er alle Dinge und alle Gottesworte gemacht hatte."[49]

Mit der Gestalt des Schöpfergottes Chnum in Elephantine war hingegen ausschließlich die Erschaffung der individuellen menschlichen Person verbunden

---

[43] J. Assmann, Ägyptische Hymnen 208, Nr. 88, Zl. 24–29. J. Assman, Re und Amun 226.

[44] J. Assmann, Ägyptische Hymnen 315, Nr. 135, Zl. 1–4. J. Assmann, Re und Amun, 222f.

[45] K. Sethe, Amun und die acht Urgötter von Hermopolis (Abhandlungen der Preußischen Akademie der Wissenschaften 1929, 4). Berlin 1929; Sauneron/Yoyotte, La naissance 53–58. Koch, Religion 120f.

[46] J. Assmann, Ägyptische Hymnen 315, Nr. 135, Zl. 5f.

[47] Transkription und Übersetzung bei J. Assmann, Re und Amun 227. Zur Schöpfung durch das Wort siehe S. Morenz, Ägyptische Religion 172–174.

[48] J. Assmann, Re und Amun 227.

[49] H. Junker, Die Götterlehre von Memphis (Abhandlungen der Preußischen Akademie der Wissenschaften 23). Berlin 1939, Zl. 59.

gewesen. So modelliert der in anthropomorpher Gestalt erscheinende Gott den Ka, den Körper und seine physische Lebenskraft, und Ba, die Seele des betreffenden Menschen auf der Töpferscheibe.

Bezüglich des solaren Schöpfergottes war man überzeugt, dass er hernieder steigen werde, um seine Schöpfung zu betrachten: „Schöner, der vom Himmel herabkommt, um zu schauen, was er geschaffen hat auf Erden"[50], „kein Leib ist hier frei von Liebe zu ihm."[51]

Innerhalb seiner strengen monotheistischen Theologie dachte sich Achanjati, wie bereits oben angesprochen, dass es Tag für Tag zu einem ununterbrochenen Schöpfungsakt käme. Im Charakter einer Naturlehre wird die Entstehung des Lebens im embryonalen Stadium gesehen. So „lässt" Jati z.B. „den Samen sich entwickeln in den Frauen, der Wasser zu Menschen macht; der den Sohn am Leben erhält im Leib seiner Mutter und ihn beruhigt, indem er seine Tränen stillt. Amme im Mutterleib, der Luft gibt, um alles zu beleben, was er geschaffen hat. ... Wenn das Küken im Ei redet in der Schale, dann gibst du ihm Luft darinnen, um es zu beleben; du hast ihm seine Frist gesetzt, um sie zu zerbrechen im Ei."[52]

Damit hat die innerägyptische geistige Entwicklung in der Person Achanjati's nicht nur die religionsgeschichtliche Entwicklungsstufe eines strengen Monotheismus erreicht, sondern in der von ihm konzipierten zugehörigen Kosmogonie eine schon nahezu wissenschaftlich fundierte Naturlehre geschaffen gehabt.

---

[50] Text bei J. Assmann, Re und Amun 108.
[51] J. Assmann, Re und Amun 112.
[52] J. Assmann, Ägyptische Hymnen 218, Nr. 92, Zl. 59–64; 68–72.

Sumerische, Babylonische, Kanaanäische Kultur

Die sumerisch-babylonische Kultur ist neben der ägyptischen die älteste Schriftkultur der Welt, die wir heute lesen können. Folglich haben wir auch ein Wissen über die Weltdeutung und Mythologie dieser frühen Zivilisationen im Bereich an und zwischen den Flüssen Euphrat und Tigris. Die Schriftexte reichen bis ung. 2900 v.Chr. zurück, in dieser Zeit erkennen wir die Kulturformen von Hirtennomaden und höheren Ackerbauern. Denn es entstanden bereits größere Dorfsiedlungen und frühe Städte mit einer beginnenden sozialen Schichtung und Arbeitsteilung.

Die jüdische Kultur lebt in einem vielfältigen Austausch mit der babylonischen und assyrischen Lebenswelt, welche die sumerische Kultur beerbt haben. Die Handelsbeziehungen waren immer auch mit dem Austausch von Mythen und Riten verbunden. Diese Abhängigkeit drückt die jüdische Bibel mit ihrem Stammvatermythos von Abraham aus, der mit seiner Sippe aus der Stadt Ur in Chaldäa nach Palästina gewandert sein soll. Die historischen und archäologischen Forschungen ergeben, dass Sippen von Hirtennomaden aus der babylonischen Kultur in Israel und Juda eingewandert sind. Damit ist der enge Bezug der Bibel zu dieser Kultur gegeben.[1]

Anfänge der Stadtkulturen

In der Frühzeit lebten Hirtennomaden und sesshafte Ackerbauern in einem wirtschaftlichen Austausch. Die Siedlungen der Ackerbauern wurden größer, es entstanden frühe Dörfer und Städte, die zum Teil befestigt wurden. Um sie herum lag das bewirtschaftete Acker- und Weideland. Die Städte waren mit einander in Konkurrenz, sie bildeten Kampfbündnisse zur Verteidigung. Innerhalb der Städte bildeten sich soziale Schichten, etwa die Krieger und Wächter, die Priester und Schreiber, die Handwerker und Händler, die freien Bauern und Hirten, die unfreien

---

[1] H. Trenkwalder, Sumerisch-babylonische Religion. In: J. Figl (Hg.), Handbuch der Religionswissenschaft. Innsbruck/Göttingen 2004, 118–139.

Sklaven. Jede Stadt hatte ihren zentralen Kultort, an dem die Schutzgötter der Stadt verehrt und gestärkt wurden. An diesen Orten entstanden Tempelbauten aus Stein und Lehmziegeln, dort wurde auch die zentrale Verwaltung der Wirtschaft eingerichtet.

Die Priester und andere heiligen Personen organisierten und leiteten den Kult am Tempel, sie entwickelten dort auch die ersten Schriftzeichen. Zuerst verwendeten sie eine vereinfachte Bilderschrift, dann gingen sie zur Keilschrift über. Mit diesen Schriftzeichen der Schreiber konnten Handelsgüter registriert werden, es wurden aber auch mythische Erzählungen festgehalten. So hatte jeder Tempel seine Schreiber und Archive des Geschriebenen. Das zweite Zentrum der Macht bildete der oberste der Krieger, der Stadtkönig mit seiner Sippe. Er galt als ein Sohn des Schutzgottes der Stadt, deswegen konnte er auch priesterliche Funktionen übernehmen. Die politische Macht war in diesen frühen Stadtkulturen religiös und mythisch legitimiert.

Die frühesten Städte Eridu und Uruk gehen auf gewachsene Dörfer zurück. Schon um 3000 v.Chr. sind Tempelbauten archäologisch festzustellen, die Kunst der Töpferei und der Keramik ist weit verbreitet. Aus dieser Zeit stammen die Gräber der frühen Stadtkönige von Ur mit menschlichen Gestalten, die aus Ton gefertigt sind. Beim Ringen der Städte um die Vorherrschaft wurden in jeder Zeitepoche alte Gebäude zerstört und neue aufgebaut.[2]

Die mythische Weltdeutung

In den Texten dieser Kultur ist von einer unverfügbaren Kraft (me) die Rede, der sich die Menschen ausgesetzt wissen. Von dieser Kraft sagen sie, dass sie groß und mächtig sei und wie ein Licht strahle. Sie fürchten diese Kraft, durch Gebete, durch Riten und Gesänge wollen sie auf diese einen Einfluss gewinnen. Sie leben in Gruppen (Sippen und Clane) zusammen und verehren eine gemeinsame Schutzkraft (su.nir = Totem). Durch diese unsichtbare Kraft wissen sie sich zusammengehalten und vor bösen Ereignissen sicher. Sie teilen also ihre kleine Welt in einen sichtbaren und in einen unsichtbaren Bereich ein, beide Bereiche werden als gefährlich erfahren.

Nun finden sich schon in den frühen Texten auch Vorstellungen von göttlichen Wesen, die den Menschen ähnlich sind. In ihnen haben die unsichtbaren und unverfügbaren Kräfte eine sichtbare Gestalt angenommen. Da ist von der großen Kraft (me) der Götter die Rede, von der unverfügbaren Gewalt eines einzelnen Gottes, aber auch von den unsichtbaren Wirkungen der Riten und des Kultes. Die Priester und der Stadtkönig beanspruchten einen besonderen Zugang zu diesen göttlichen Kräften, von ihnen leiteten sie ihre Herrschaft ab. In den folgenden Mythen bekommen diese unsichtbaren Kräfte immer deutlicher die Gestalt von

---

[2] J. van Dijk, Sumerische Religion. In: J. Asmussen (Hg.), Handbuch der Religionsgeschichte I. Göttingen 1971, 431–496.

Menschen, von Männern und von Frauen. Sie werden nun für die Bewohner des Landes ansprechbar und anrufbar.

Nun haben die Sippen, die Dörfer und später die Städte ihre Schutzgötter mit Namen, männliche und weibliche. Die Kräfte des Unverfügbaren zeigen sich den Menschen fortan in verschiedenen Gestalten, auch noch in Gestalten von Tieren und Pflanzen. Die Menschen richten sich in ihrer Lebenswelt ein und fühlen sich darin von größeren Kräften beschützt. Sie erzählen nun von Göttern, welche die Krieger begleiten, Tiere schützen und Krankheiten heilen können. Vom Gott Enlil wird gesagt, dass er die Gestalt eines Hirten hat und unsichtbare Macht ausübt, seine ihm ergebene Ehefrau heißt Ninlil.[3]

Die Götter bestimmen nun das Schicksal für die Menschen, sie legen die Lebenswege fest. Jeder Bewohner des Landes ist Teil einer Gruppe, einer Sippe oder eines Clans, denn nur in der Gruppe kann er überleben, als Einzelner hat er keinen Wert und keine Chance. Im Götternamen Enlil erkennen wir bereits die semitische Silbe il, die sich später bei den Göttern El und Ilah findet. Da ist von göttlichen Vätern und Müttern die Rede, sowie von göttlichen Menschenformern. Die Lebenswelt wird in göttliche Schutzzonen eingeteilt, es gibt Schutzgötter der Erde und des Himmels, des Windes und des Wassers, der Fruchtbarkeit und des Lebens. Vom Gott Enlil (akkadisch Ea) wird gesagt, dass er als Schützer der Weisheit und der magischen Kraft die Menschen geformt habe. Sie sollten fortan für die Götter die Arbeit als Hirten und Bauern leisten und den Tempelkult ausführen. In diesem Mythos wird bereits die soziale Schichtung der Bewohner erkennbar.[4]

Eine große Göttin ist Inin/Ischtar, die in der Sonne und im Morgenstern gesehen wurde. Sie schützte bei den Menschen die sexuelle Liebe und die Fruchtbarkeit, den Kriegern zog sie in den Kampf voraus und brachte ihnen die Siege. Sie wurde von Ackerbauern und von Hirtennomaden verehrt, in der Frühzeit wurde ihr ein Baumkult zugeordnet. Als Schützerin der sinnlichen Liebe war sie mit dem Hirten Dumuzi/Tammuz eng verbunden, beim Neujahrsfest wurde ihr Bild in einer großen Prozession zum Tempel getragen. Ihr Heiligtum war fast in jeder Stadt, denn zu ihr riefen die Menschen in Notsituationen. Der Hirt Dumuzi wurde im Mythos mit der absterbenden und neu beginnenden Vegetation in Verbindung gebracht. In mehreren Lieder wird die erotische Liebe zwischen dem Hirten Dumuzi und der Göttin Inin besungen.

Der König Gilgamesch verweigerte das erotische Liebesspiel mit der Göttin bzw. mit ihrer Priesterin, deswegen wurde ihm die Unsterblichkeit genommen. Der Mondgott Sin wurde als Vermesser der Zeit, als Spender der Fruchtbarkeit und als Heiler von Krankheit gesehen. Der Sonnengott Schamsch galt als Lichtbringer der Erde und als Richter des Himmels, er bezwang das Dunkel und half den Schwachen. In den Städten schützte er das Recht und die Gerechtigkeit, er lenkte die Herzen der Menschen und richtete die Bedrückten wieder auf. Und in den Orakeln

---

[3] M. Vieyra, Die Mythologie der Sumerer, Babylonier und Hethiter. In: P. Grimal (Hg.), Mythen der Völker I. Frankfurt 1977, 84–110.
[4] H. Trenkwalder, Sumerisch-babylonische Religion 118–122.

sagte er den Menschen die zukünftigen Ereignisse voraus. Auch im Gewitter, im Donner und im Blitz sahen die Menschen göttliche Mächte und Gestalten.

In der Dynastie des Stadtkönigs Hammurabi (18. Jh. v.Chr.) von Babylon wurde der Kriegergott Marduk zum Beherrscher des Reiches, ihm wurden im ganzen von Babylon abhängigen Land zahlreiche Tempel errichtet. Er hieß nun bei den Riten der Herr des Himmels, der Former der Menschen, der König und Herrscher über alle Götter. Denn wer über die Schutzgötter der Dörfer und Städte herrschte, der herrschte auch über die dort wohnenden Menschen. Im großen Epos „Enuma Elisch" (18. Jh. v.Chr.) wurde nun die Erhöhung des Gottes Marduk zum höchsten Gott und König dargestellt, fortan spendet er im Land den Überfluss und das Getreide in Fülle. Wie ein Vater und eine Mutter verschafft er den Rechtlosen ihr Recht, durch die Technik der Beschwörung vertreibt er böse Dämonen.[5]

Dieses Epos wurde im Kult des Tempels in Babylon verlesen, es ist von Sängern, Musikern und Priestern die Rede. Nun war es einer Königsdynastie gelungen, ihren bisher wenig bekannten Kriegsgott als höchsten Schutzgott der Königsstadt durchzusetzen. Ähnliche Proezesse erkennen wir später bei den jüdischen Königen und Priestern in Jerusalem. Wir erkennen also bereits im 18. Jh. v.Chr. in Babylon die Tendenz zu einem kultischen Monotheismus. Gewiss existierten viele Götter, aber in Babylon sollte nur der Gott Marduk verehrt werden. Zu dieser Zeit war der Gott Nabu ein Helfer und Handwerker, der für Marduk den göttlichen Thron anfertigte. Er war auch ein Schreiber am Tempel des Marduk, später errichteten ihm Priester in der Stadt Bosippa einen eigenen Tempel.

Dieser göttliche Schreiber führte den heiligen Griffel, zudem hatte er die Schickalstafeln der Götter in den Händen. Er galt fortan als ein Sohn des Gottes Marduk, er verlieh den Menschenkönigen die Herrschaft und verkündete den Priestern die Orakel. Zum Neujahrsfest (akitu) zog dieser Gott Nabu mit anderen Göttern in großer Prozession in die Stadt Babylon zum Tempel des Gottes Marduk. Dort verkündete der Stadtgott das Schicksal für die Stadt und ihre Bewohner, Nabu schrieb das Verkündete auf Tontafeln auf. Doch Schritt für Schritt wurde dieser Gott von den Priestern zum obersten Gott erhöht, er verdrängte im Kult den Gott Marduk. Wir erkennen hier eine deutliche Tendenz zu einem kultischen Monotheismus, noch längst vor dem ägyptischen König Echnaton/Achanjati.

Es ist sehr wahrscheinlich, dass die Herrschaft eines einzigen Gottes die Herrschaft eines einzigen Stadtkönigs bei den Menschen sichern und legitimieren sollte. In den ländlichen Regionen wurden weiterhin viele Schutzgötter verehrt, aber in der Stadt förderten die Priester die Verehrung eines einzigen Stadtgottes. Demnach wäre der kultische Monotheismus eine Erfindung der Stadtkulturen. Eine ähnliche Entwicklung sehen wir ung. 1000 Jahre später in Israel und Juda, bzw. in der Stadt Jerusalem, wo die Priester und einzelne Könige die alleinige

---

[5] H. Trenkwalder, Sumerisch-babylonische Religion 124–128.

Verehrung des Gottes Jahwe durchsetzen wollten. Die babylonischen Stadtkönige verstanden sich als Söhne von starken Göttern, Lungalbanda war der Sohn des Sonnengottes Uttu, Gilgamesch sah sich als Sohn des Gottes Ninsun. Neben den Göttern der Herrschaft verehrten die Babylonier ganze Gruppen von Göttern, z.B. die Igigi und die Anuna, doch sie gehorchten dem Gott Marduk.[6]

Über den Tod und das Schicksal der Toten sagen die sumerisch-babylonischen Texte nur wenig. Die Toten wurden in ein Tuch oder eine Schilfmatte gelegt und in einer Grube bestattet. Das Grab war entweder in der Nähe des Hauses oder an einem eigenen Ort für die Toten. Meist wurden Speisen und Geschirr in das Grab mitgegeben, die Krieger erhielten Wagen, Tiere und Musikanten (Menschenopfer). Es wurde angenommen, dass das Leben der Verstorbenen an einem dunklen und staubigen Ort und in verminderter Form weiter geht. Ein Mythos erzählt, dass die Göttin Inin in die Unterwelt der Toten abstieg.

Die Menschen scheinen den Tod gefürchtet zu haben, denn in vielen Texten beten sie um Gesundheit und ein langes Leben. Der König Gilgamesch beklagte sieben Tage lang den Tod seines Freundes Enkidu, denn die Toten gehen in das Land ohne Wiederkehr, sie folgen dem Schicksal und gehören der Erde. Sie müssen einen Fluss überqueren und gelangen zu einem Hügel mit Tonscherben, wo alle ihre Gefäße zerbrochen wurden. Nun haben sie keine feste Gestalt mehr, sondern sie gleichen flüchtigen Schatten (gidim). Von den Lebenden werden sie gefürchtet, denn sie bringen ihnen die Krankheiten und den frühen Tod. Durch Beschwörungsriten und durch besondere Kleidung wollen sich die Lebenden vor den Toten schützen.[7]

Die Klage um die Toten war hauptsächlich die Aufgabe der Frauen, wie das Trauerritual um den gestorbenen Hirten Dumuzi zeigt. Die Menschen hüteten und pflegten die Grabstätten ihrer Vorfahren. Ereschkigal war die Schutzgöttin der Unterwelt bei den Sumerern, unter ihrer Herrschaft lebten die Toten ein Leben im Dunkeln. Die Akkader sahen im Gott Nergal den Beschützer der Toten, er schickte den Menschen die vielen Dämonen, welche die Krankheiten brachten. Dämonen waren auch in dieser Kultur meist ältere und verdrängte Schutzgötter, die von späteren Generationen degradiert wurden. Auch sie hatten noch unsichtbare Kräfte, die von den Menschen gefürchtet wurden. Sie verloren ihre Gestalt und wurden an keinem Tempel mehr verehrt.

Die Priester der nachfolgenden Schutzgötter leiteten die Riten der Beschwörung, mit denen die bösen Dämonen von den Menschen ferngehalten oder vertrieben werden sollten. Sie riefen die neuen Schutzgötter an, dass sie die gefährlichen Dämonen besiegen und Krankheiten der Menschen heilen sollten. Diese Rituale sehen wir auch bei den jüdischen Propheten oder bei Jesus aus Nazaret.

---

[6] J. van Dijk, Sumerische Religion 440–480.
[7] J. van Dijk, Sumerische Religion 460–482.

Tempelkult und Ritual

Der Tempel hatte bei den Sumerern und Akkadern die Grundform eines Hauses, er war nur um Vieles größer. Meist wurde er aus Steinen und Lehmziegeln gebaut, die an der Sonne getrocknet wurden. Aus Lehm wurden auch die Menschen geformt, sagte der Mythos, so hatte dieses Material kultische Bedeutung. Der Bau eines Tempels wurde mit vielen Riten begleitet, schon früh wurden an diesen Bauten Türme errichtet, die als Schutz gegen die regelmäßigen Überschwemmungen der großen Flüsse gesehen wurden. Vielleicht flüchteten dorthin die Menschen zur Zeit der Überflutung. Seit dem 3. Jahrtausend v.Chr. sind uns auf Siegeln Bilder und Statuen von Schutzgöttern bezeugt, durch die bildhafte Darstellung wollten die Menschen göttliche Kräfte an sich ziehen.

Nun sprechen die Texte von der Herstellung von Gewändern und Thronen für die Götterbilder, was auf das regelmäßige Ritual am Tempel hinweist. Dort wurde die Herrschaft der Götter durch Symbolhandlungen der Priester dargestellt, in den Bildern der Schutzgötter war die göttliche Kraft (me) anwesend und gebündelt. Folglich verfügten auch die Hersteller dieser Bilder über geheime Kräfte, deswegen wurden ihnen oft nach der Vollendung ihrer Werke die Hände abgeschlagen, damit sie mit diesen kein magisches Wirken mehr entfalten konnten. Ihre Hände wurden den Göttern geopfert, wir haben es mit einem Teilopfer zu tun. Die Priester trugen bei den großen Prozessionen rund um den Tempel die Bilder und Statuen der Götter, damit ihre Kraft auf die Stadt ausstrahlen konnte.[8]

Oft waren die Statuen der Götter mit Kultsymbolen verbunden, etwa mit der Säge, dem Griffel, der Sonnenscheibe und mit Gewändern. Jede Statue wurde durch ein Ritual dem Gott oder der Göttin geweiht, dazu gehörte die Waschung und die Mundöffnung. Der Mund der Statue wurde im Fluss oder im Wasserbecken beim Tempel gewaschen, dann wurden als Nahrunsmittel Honig, Butter und Duftstoffe in den Mund gestrichen. Danach wurde die Statue in feierlicher Prozession in den Tempel gebracht und dort aufgestellt. Nun konnten die Menschen die Anwesenheit des Gottes oder der Göttin mit den Augen sehen und dort deren unsichtbaren Kräfte empfangen.

Vor den Tempeln wurden die Tieropfer dargebracht, in der Frühzeit waren es wohl auch Menschenopfer, wie mythische Texte andeuten. Diese Opfer sollten die Götter und die Stadt stärken, die Priester leiteten die Riten, sie bekamen nun in diesen Stadtkulturen auch starken politischen Einfluss. Die Tempel waren jetzt auch die Orte der zentral gelenkten Wirtschaft und der Schreibkunst, dort wurden die Ernten der Bauern und die Viehbestände der Hirten registriert. An den Tempeln wurden Nahrungsmittel gesammelt und an Teile der Bevölkerung verteilt, so wurden diese Kultorte auch frühe Wirtschaftszentren der Stadtkulturen. Dort wurde vor allem die Kunst des Schreibens gelehrt, die wichtigen Ereignisse des Jahres wurden auf Tontafeln aufgeschrieben. Die Priester bestimmten den Kalender für die Ackerbauern, der sich am Lauf des Mondes orientierte.

---

[8] H. Trenkwalder, Sumerisch-babylonische Religion 119–130.

Einige der frühen Städte wie Ur, Uma und Nippur hatten bereits Jahreskalender mit 12 Monaten. Die großen Kultfeste orientierten sich an der Aussaat und den Ernten der Ackerbauern, die Hirten hatten eigene Feste. Neben den großen Festkalendern der Städte und Tempel gab es viele regionale Kalender der Dörfer. Es gab Orakelstätten, wo künftige Ereignisse erfragt wurden, dort wurden die günstigen Tage für Unternehmungen verkündet. Meist wurde dort ein Schaf geopfert, und aus der Lage der Leber wurden zukünftige Ereignisse abgelesen. Bei den großen Kultfesten konnten die Menschen die Staue der Gottheit sehen und dabei göttliche Kraft in sich aufnehmen.[9]

Das große Fest der Städte war das Neujahrsfest zur Zeit der Aussaat, da zogen die Priester und Krieger in großer Prozession durch die Stadt zum Tempel. Im Mythos wurde erzählt, dass nun die Götter und Göttinnen in den Tempel zogen, um den Bewohnern der Stadt Reichtum und Überfluss zu schenken. Bei diesem Fest feierte der Stadtkönig mit der Oberpriesterin die Heilige Hochzeit, um die Felder, die Viehweiden, die Viehherden und die Menschensippen fruchtbar zu machen. In der Frühzeit feierten die Viehzüchter und Ackerbauern dieses Ritual an kleineren Kultorten, unter Fruchtbäumen, auf Viehweiden und Äckern. Auf vielen Siegeln ist das Ritual der heiligen Hochzeit bildhaft dargestellt, viele Kultlieder nehmen darauf Bezug. Immer wurden die Schutzgötter der sinnlichen Liebe um Schutz und Kraft angerufen, denn das Leben musste in den Sippen weiter gehen.

Am Neujahrsfest zeigten sowohl die Götter, als auch die Menschen ihren Herrschern die Unterordnung und Unterwerfung an. Denn die Götter spiegelten das Leben der Menschen in der Stadt. Diese Zeit war ein Übergang, in dem die politische Macht neu verteilt wurde. Der König wurde symbolisch degradiert, er musste nun die Zeichen seiner Macht ablegen. Für kurze Zeit wurde ein Ersatzkönig eingesetzt. Danach wurde der alte König von den Priestern und Kultdienern wieder in sein Amt eingesetzt, er bekam wieder die Insignien der Macht verliehen. Nun war er wieder für ein Jahr der Garant der Fruchtbarkeit, des Wohlstands und des Friedens.[10]

Andere Feste folgten dem Mythos vom Hirten Dumuzi, der am Ende der Vegetationsperiode in die Unterwelt absteigen musste, bis er von einer Göttin wieder zum Leben zurück geholt wurde. Das Fest war mit Klageriten und symbolischen Reinigungen verbunden, damit wurde die Unterbrechung der Vegetation in der Dürreperiode dargestellt und nacherlebt. So war die Lebenszeit der Ackerbauern und der Hirtennomaden durch viele regionale Feste strukturiert, durch das Ritual wussten sich die Gruppen mit einander verbunden und gestärkt. Die Feiernden waren eingebunden in den Kreis des Sonnenjahres und Mondphasen, sie wussten sich unter dem Schutz von starken Göttern und Göttinnen.

---

[9] J. van Dijk, Sumerische Religion 457–477.
[10] H. Trenkwalder, Sumerisch-babylonische Religion 122–130.

Die großen Themen der Mythen

In einigen Texten wird gesagt, dass eine Göttin das Getreide in das Land Sumer gebracht habe. Dies deutet darauf hin, dass der Anbau von Getreide in der Frühzeit von Frauen betreut wurde. Die Unterbrechung der Vegetation in der Zeit der Dürre wird durch den Abstieg eines göttlichen Wesens in die Unterwelt erklärt. Allgemein wurde geglaubt, dass die Menschen von göttlichen Wesen aus weichem Lehm geformt wurden, so wie sie selber Töpfe formten. Die Priester lehrten, dass die Menschen dafür erschaffen wurden, um für die Götter und den Tempel die Arbeit zu verrichten und die Riten auszuführen. Als göttliche Menschenformer werden genannt: Namu, Enki, Ninmach, Marduk, Aruru u.a., denn jede Stadt erzählte ihre eigenen Mythen.

Nach dem großen Epos „Enuma Elisch" war es zwischen den älteren und den jüngeren Göttern zu einem großen Krieg gekommen, wohl wegen des ständigen Kriegslärmes der Jüngeren. Dabei sei ein niedriger Gott Kingu geschlachtet worden und aus seinem Blut seien die Menschen geworden, sie seien göttlicher Abstammung. Der Mythos deutet auf frühe Menschenopfer hin. Andere Texte sagen, dass allem Erzeugten der magische Ruf: „Es sei!" zuteil geworden sei, dadurch seien die Menschen wie Gras aus den Feldern gewachsen. Als der Himmel den Göttern den Wohlstand und die Fülle schenkte, ließ der Gott Enki ein Haus aus Silber und Lapislazuli erbauern. Dieser Text weist auf den Bau eines Tempels in der Stadt hin. Enki wurde dort als Herrscher verehrt, er habe die Menschen mit seinen Händen aus nassem Lehm geformt.

Er habe alle Lebewesen erschaffen und ihnen das Schicksal zugeteilt. Ähnlich formte der biblische Schöpfergott den ersten Menschenmann Adam aus nassem Lehm, wir haben es hier mit Mythen von Töpferkulturen zu tun.[11] Die Menschen sollten mit ihrer Arbeit den Göttern dienen, so wie in der Stadt die Sklaven ihren Herren dienten. Zur mühsamen Arbeit der Götter gehörte das Graben von Bewässerungsgräben für die Felder, diese Arbeit mussten nun die Menschen verrichten. Nach diesem Mythos werden die Krieger und Priester von der manuellen Arbeit dispensiert, eine frühe Arbeitsteilung ist erkennbar. Ein anderer Text sagt, dass die Menschen vom Gott Namu nach seinem Bild geformt worden seien. Auch hier haben wir die Verbindung zum priesterlichen Schöpfungsbericht in der Bibel, nach dem beide Geschlechter nach dem Bild des göttlichen Schöpfers geschaffen wurden (Gen 1,28).

In diesen Mythen sind die Götter die vergrößerten Menschen, sie tragen die Züge von Kriegern, Priestern und Kulturbringern, von Töpfern und Ackerbauern. Einige Texte erzählen von einer großen Flut, welche die Felder und Siedlungen der Menschen zerstörte. Die sumerischen Königslisten unterscheiden zwischen einer Zeit vor und einer Zeit nach der großen Flut. Es gab die jährlichen Überschwemmungen der beiden Flüsse Euphrat und Tigris von unterschiedlicher Höhe,

---

[11] M. Vieyra, Die Mythologie 98–111.

wie die archäologischen Funde bezeugen. Von Zeit zu Zeit muss es große Überschwemmungen gegeben haben, welche Teile der Stadtkulturen zerstört haben. Von einer großen Flut erzählen das Gilgamesch-Epos und das Atrahasis-Epos. Danach beschlossen die Götter, ein große Flut zu schicken, in der das meiste Leben umkam. Doch durch die Hilfe des Gottes Enki konnte ein Menschenpaar auf einem Boot überleben und gerettet werden.[12]

In dieser Flut ertranken viele Menschen und auch niedrige Götter, das gerettete Menschenpaar brachte dem Gott Enki ein großes Dankopfer dar. Im Atrahasis-Mythos wird erzählt, dass die Menschen von der Göttin Mami erschaffen und mit Arbeitsgeräten für den Feldbau versorgt worden seien. Sie vermehrten sich und bebauten das Land und führten viele Kriege gegen einander. Wegen des Kriegslärms fühlten sich die Götter gestört, da beschloss der Gott Enlil, eine große Flut zu senden. Auch darin kamen viele Menschen um, nur ein Menschenpaar überlebte. Das Motiv des Lärmes, der die Götter störte, findet sich auch in anderen Mythen. Dort wird erzählt, dass die Menschen die Regeln der Götter verletzten und dafür bestraft wurden. Den Priestern gelang es, viele Naturphänomene als Strafe der Götter zu deuten, um ihre Verhaltensregeln im Land durchzusetzen.[13]

Wir erkennen in den Mythen die Verehrung von Naturphänomenen, die im Lauf der Zeit mit der Vorstellung von göttlichen Wesen verbunden wurden. Die Menschen glaubten, dass in den Göttern und an den heiligen Orten die unverfügbare Kraft (me) wirksam sei. Spätere Mythenerzähler haben die Götter der frühen Kulturen zu bösen Dämonen degradiert, welche den Menschen nun Krankheit und Leiden bringen. Durch bestimmte Rituale können diese dämonischen Mächte aus der Menschenwelt vertrieben werden. Insgesamt sehen wir in der Kultur der Sumerer und Babylonier eine Vielfalt von Mythen und Riten, nach Regionen und Stadtkultur verschieden. Nur in den großen Städten konnten die Priester eine einheitliche Mythologie verbreiten.[14]

Mit dem Entstehen von großen Reichen und Herrschaftsgebieten erhielten die Mythen der Sieger einen großen Verbreitungsbereich. Von den Schreibern und Mythenerzählern wurden nun Götterlisten und Götterfamilien zusammengestellt. Wo ein Stadtkönig längere Zeit über andere Städte herrschen konnte, wurde der Einfluss seines Schutzgottes (z.B. Marduk, Nabu) ausgedehnt. Wie ein König auf der Erde herrschte, so herrschte nach der Lehre der Priester ein männlicher Gott bei den Göttern. Wir haben es mit einer stark patriarchalen Mythologie zu tun, in der in der Frühzeit die weiblichen Göttinnen aber noch erstaunlich autonom handeln. Diese Mythologie spiegelt die sich verstärkende männliche Dominanz in der Lebenswelt in dieser Zeitepoche.

---

[12] H. Uhlig, Die Sumerer. Bergisch Gladbach 1989, 121–141.
[13] H. Ringgren, Die Religionen des Alten Orients. Göttingen 1996, 120–144.
[14] H. Trenkwalder, Sumerisch-babylonische Religion 130–139.

Riten der Fruchtbarkeit

Die Fruchtbarkeit der Felder und Viehherden war die Voraussetzung für das Überleben der frühen Ackerbauern und Hirtennomaden. Deswegen kannten sie viele Riten zur Vermehrung der Fruchtbarkeit und der Lebenskraft, sie verehrten viele Schutzgötter des Lebens. Da alles Leben von den Frauen geboren wird, spielen weibliche Göttinnen bei den Riten der Fruchtbarkeit eine dominante Rolle. Das männliche Symbol der Lebensweitergabe war lange Zeit der Stier, die weibliche Lebenskraft wurde in der Gestalt einer Kuh gesehen. Die Rinder waren die wichtigsten Nutztiere dieser Kulturen.

Eine wichtige Rolle spielte die Liebesgöttin Inanna, die auf vielen Bildern nackt dargestellt wurde, damit die Menschen ihre Lebenskraft erlangen konnten. Sie wählte sich autonom ihre göttlichen Liebespartner und unterwarf sich nicht der patriarchalen Ehe dieser Zeit. In den Mythen trägt sie verschiedene Namen, nämlich Innin, Ninsianna, Ischtar, Astarte. Sie galt als die Herrin der Himmels, ihr Bild wurde im Abendstern gesehen. So haben wir in der sumerischen Kultur die ältesten Liebeslieder der Welt, die wir lesen können. Ein Text erzählt, wie ein Stadtkönig auf einem Boot und mit einem Schaf als Opfer zum Tempel der Göttin Inanna fährt. Denn dort vollzieht er mit der Priesterin der Göttin das Ritual der Heiligen Hochzeit, um im ganzen Land die Fruchtbarkeit zu gewährleisten.

Die Priesterin spricht und handelt nun im Namen und in Vertretung der Göttin, sie hat sich für das Liebesspiel mit dem König vorbereitet. So hat sie sich gebadet, mit Öl gesalbt und den Schmuck angelegt. Nun will sie für den König ihren Schoß öffnen, wie die Göttin Inanna es für den Hirten Dumuzi tut. Dabei will sie für den Stadtkönig und für die Bewohner seines Landes ein gutes Schicksal bestimmen. Der König ist bei diesem rituellen Liebesspiel in der Rolle des Hirten Dumuzi oder eines Schutzgottes der Stadt.[15] Aus dem Inanna-Tempel in Ur haben wir Textfragmente eines Liebesliedes der Göttin bzw. der Priesterin beim Ritual der Heiligen Hochzeit.

In diesen Texten rühmt die Göttin zuerst die Schönheit ihres männlichen Liebespartners, sie nennt ihn einen starken Löwen. Dann wartet sie, dass er sie zum Ort des Liebesspieles führe, dort will sie ihn liebkosen und mit Zärtlichkeiten überhäufen. Denn seine Küsse seien süßer als Honig. Dann spricht sie von ihrer Mutter und ihrem Vater, die ihren Liebespartner mit Geschenken überhäufen. Sie will seine Seele trösten und sein Herz mit Freude erfüllen.[16] Dieser Text zeigt deutliche Anklänge an das sog. „Hohe Lied der Liebe", das sich in der jüdischen Bibel findet. Auch dieses Lied dürfte anfänglich beim Ritual der Heiligen Hochzeit seinen Platz gehabt haben. Denn beim Liebesspiel am heiligen Ort verbindet sich die menschliche Sexualität mit den Kräften des Göttlichen.

Ein anderer Mythos erzählt, wie der Hirt Dumuzi und der Ackerbauer Enkidu sich um die Liebe zur Göttin Inanna gestritten haben. Der Sonnengott ersuchte

---

[15] H. Uhlig, Die Sumerer 142–144.
[16] H. Uhlig, Die Sumerer 144–146.

dann seine göttliche Schwester, den Hirten zu heiraten, denn der habe gute Milch und reichlich Rahm. Doch die Göttin wehrte sich gegen dieses Ansinnen, nun zählte der Hirt alle seine Vorzüge auf, denn er wusste sich dem Ackerbauern überlegen. Nun neigte sich das Herz der Göttin dem Hirten zu, der Ackerbauer akzeptierte ihre freie Entscheidung. Er kämpfte nicht länger gegen den Hirten, sondern versöhnte sich mit ihm. Er bot ihm die Ränder seiner Felder als Weideland für die Tiere und das Wasser aus seinen Bewässerungskanalen zum Trinken an.

Nach diesem Mythos versöhnen sich der Hirt und der Ackerbauer und arbeiten zusammen. Die jüdische Bibel erzählt einen anderen Mythos vom Viehzüchter Kain und vom Ackerbauern Abel. Dort erschlug der Hirt den Bauern, es kam zu keiner Kooperation. Doch der sumerische Mythos setzt nicht mehr auf Krieg und Totschlag, sondern auf Versöhnung und Zusammenarbeit zweier Kulturformen. Ein anderer Mythos erzählt, dass der Hirt Dumuzi nach der Heiligen Hochzeit mit der Göttin Inanna in die Unterwelt gehen musste, um die Göttin frei zu bekommen, die dort getötet wurde. Der Hirt musste anstelle der Göttin jedes Jahr für einige Monate an den Ort der Toten, bis auf der Erde das Wachstum wieder begann.[17]

Der Mythos vom Tod und der Auferstehung des Dumuzi wurde mit dem Ritual der Heiligen Hochzeit verbunden. Der König war in der Rolle des Dumuzi, er legte für einige Zeit die Zeichen der Herrschaft ab. In einigen Texten ist vom „Weg der Auferstehung" die Rede, was auf frühe Menschenopfer beim Ritual hindeuten könnte. Den Opfern wurde von den Priestern gesagt, dass sie nach ihrem gewaltsamen Tod am Opferaltar in der göttlichen Welt aufstehen und weiterleben werden.

Über die Deutung des Lebens spricht das große Epos des Königs Gilgamesch, das im 18. Jh. v.Chr. verfasst worden sein dürfte. Es erzählt von einem legendären König, der tausend Jahre frühen in der Stadt Uruk geherrscht haben soll. Von ihm wird gesagt, dass er menschliche Fähigkeiten mit göttlichen Kräften in sich vereinigte. Er war reich an Weisheit und kannte tiefe göttliche Geheimnisse, in seiner Stadt baute er eine Mauer und einen Tempel. Er verstand sich als der Hirt und Hüter der ihm untergebenen Menschen.

Eine Muttergöttin hatte den Naturmenschen Enkidu erschaffen, dieser kannte noch keine Stadtkultur. Er lebte als Jäger und Sammler unter den Wildtieren, sein ganzer Körper war mit Haaren bedeckt. Nun kam dieser Naturmensch mit den Wildtieren regelmäßig zu einem Wasserloch in der Nähe der Stadt, um dort zu trinken. Ein Mann aus der Stadt sah ihn dort und schickte ihm ein Freudenmädchen des Tempels zum Teich, damit sie den wilden Jäger zähme. Die junge Frau ging zum Wasserloch, sie warf dort ihre Kleider ab und zeigte ihm ihre Brüste und den Schoß. Sie lud ihn zum Liebesspiel ein, da wurde Enkidu von sinnlicher Begrierde erfasst. Er gab sich nun 6 Tage und 7 Nächte lang dem sinnlichen Liebesspiel mit dem Freudenmädchen des Tempels hin, dann war sein Verlangen gesättigt.

---

[17] J. van Dijk, Sumerische Religion 474–489. H. Uhlig, Die Sumerer 121–144.

Doch nun entfernten sich die wilden Tiere von ihm, denn er hatte das Leben und die Kultur der Stadt kennen gelernt. Die Kultivierung des Naturmenschen zum Stadtmenschen erfolgte durch das sexuelle Liebesspiel, das an den Tempeln der Göttinnen entfaltet wurde. Wir erkennen hier den Tempel auch als einen Ort der frühen erotischen Kultur. Nun hatte Enkidu Sehnsucht nach einem männlichen Freund, das Freudenmädchen führte ihn zum König der Stadt.[18] Zuerst wollten die beiden mit einander kämpfen, doch beim Ringen erkannten sie den Wert der Freundschaft. So wurden sie Freunde und sahen, dass ihnen der Friede mehr Vorteile brachte als der Streit. Sie lebten lange Zeit zusammen und freuten sich des Lebens, bis Enkidu starb. Nun trauerte der König, weil sein Freund in der Unterwelt leben musste und nicht wiederkehrte.

Der König verweigerte fortan die Heilige Hochzeit mit den Göttin Inanna bzw. mit ihrer Priesterin. Darüber erzürnte die Göttin und nahm auch dem König die Unsterblichkeit. Dieser suchte nun nach Zaubermitteln und Heilkräutern, um nicht sterben zu müssen. Doch dann erkannte er, dass der Tod das Schicksal aller Menschen sei. Vorher aber sollten sie ihr Leben in Freundschaft und im Frieden genießen.[19]

Erzählt wurde auch der Mythos von einem fernen und glücklichen Land Tilmun, wo es kein Leiden und keine Krankheit gibt. Aber dieses Land war wie eine ferne Insel für die Menschen nicht mehr erreichbar. Wir erkennen in vielen Mythen die Lehren der Priester und die Ordnungen des Tempelkults. Die Priester sagten damit, dass die Freundschaft und der Friede den Menschen mehr Vorteile bringe als der Streit und der Krieg. Zum andern erkennen wir eine Hochschätzung der erotischen Kultur, die am Tempel gelehrt wurde und die zur Zivilisation der Stadtmenschen gehörte. Auch in dieser Kultur waren die Frauen die Lehrmeisterinnen des Liebesspiels.[20]

In der *babylonischen* und *assyrischen* Lebenswelt lebten viele Mythen und Riten der alten sumerischen Kultur weiter, der Tempelkult wurde durch neue Elemente ergänzt. Semitische Hirtennomaden wurden sesshaft und prägten neue Stadtkulturen. Der Stadtkönig Hammurabi ließ im 18. Jh. v.Chr. seine Gesetze in Stein meiseln und in mehreren Städten seines Reiches aufstellen. Denn nun sollten überall die gleichen Gesetze gelten, die Übeltäter sollten zugrunde gehen, die Stärkeren sollten sich nicht mehr über die Schwächeren erheben können. Die patriarchale Ehe wurde durchgesetzt, die Frauen konnten nicht länger ihre Liebespartner wählen. Der König wollte Gerechtigkeit im ganzen Land walten lassen, wie die Sonne wollte er über seinem Volk leuchten. Marduk wurde nun als der oberste Schutzgott der Stadt Babylon durchgesetzt.[21]

---

[18] H. Uhlig, Die Sumerer 164–179.
[19] J. van Dijk, Sumerische Religion 480–488. H. Uhlig, Die Sumerer 170–176.
[20] H. Uhlig, Die Sumerer 200–234.
[21] L. Laessoe, Babylonische und assyrische Religion. In: J. Asmussen (Hg.), Handbuch der Religionsgeschichte I. Göttingen 1971, 497–500.

Dieser junge Gott herrschte nun über die anderen Götter, sowie der König von Babylon über die anderen Fürsten im Land herrschte. Die Götter versammelten sich zum Rat, wie die Menschen es taten, sie schrieben auf den Tafeln des Schicksals alle Ereignisse der Zukunft auf. Diese Schicksalstafeln wurden jedes Jahr ergänzt, sie waren ein göttliches Buch. Seit die Menschen die Kunst des Schreibens entdeckt hatten, konnten auch die Schutzgötter schreiben. Später sagten sie, diese Kunst hätten sie von den Göttern gelernt. Doch es waren die Priester und die Schreiber, die an den Tempeln die Kunst des Schreibens und das Geschriebene verwalteten. Sie legten große Bibliotheken an, die zum Teil bis heute erhalten geblieben sind.

In der großen Schöpfungserzählung „Enuma Elisch" wurde die Geschichte des Landes und der Stadtkultur dargestellt. Der Text stammt aus dem 18. Jh. v.Chr., zu dieser Zeit war Marduk bereits der oberste Schutzgott der Stadt Babylon, vermutlich haben seine Priester das Epos verfasst. Darin heißt es, dass am Anfang der Himmel noch nicht mit seinem Namen benannt war, unten gab es noch keinen festen Grund. Aus dem anfänglichen Abgrund (abzu) seien zwei göttliche Wesen geworden, diese paarten sich und zeugten und gebaren die weiteren Götter. Anderseits wurden aus der göttlichen Urmutter Tiamat die Götter geboren, noch bevor sich die Inseln und das Marschland der Flüsse gebildet hatten. Das Süßwasser und das Salzwasser waren noch nicht getrennt. Der Name der göttlichen Urmutter Tiamat (hebräisch tehom, arabisch tichama) bedeutet den ungeordneten Zustand.[22]

Aus dem uranfänglichen Chaos wurden die ordnenden Mächte der Götter, es zeigten sich die Trennungslinien zwischen dem Himmel und dem Erde, zwischen den Salzwassern und den Süßwassern. Alle Wesen wurden von den Göttern mit einem Namen benannt, damit begannen sie zu existieren. Wir sehen hier die Vorstellung der alten Namensmagie, der ausgesprochene Name bewirkt das, was er sagen will. Nun wird gesagt, dass die göttlichen Väter ihre Söhne nach ihren Bildern erschufen. Marduk beerbt die älteren Götter, vor allem Enlil. Dann erschufen die Götter die Menschen und zeigten ihnen den Ackerbau und die Stadtkultur. Die Könige setzten sie als Hirten für die Menschen ein. Deutlich spiegeln die Götter im Himmel die Lebenswelt der Menschen.

Nun erzählen die Priester, wie die jüngeren Götter gegen die älteren Krieg führten. Dabei wurden die älteren Götter besiegt, die göttliche Urmutter bzw. das Urchaos wurden getötet. Jetzt herrschte der Stadtgott Marduk über das Land, die Unordnung der früheren Zeit war besiegt. Die jungen Götter herrschten mit Weisheit und Wissen, aber sie waren Konkurrenten der Macht. Aus der getöteten Urmutter Tiamat habe Marduk die ganze Welt, die Gestirne und die Wasser erschaffen. Aus dem Blut des geopferten Gottes Kingu seien die Menschen geworden, sie müssten den Göttern dienen.[23]

---

[22] J. Laessoe, Babylonische und assyrische Religion 510–520.

[23] J. Laessoe, Babylonische und assyrische Religion 510–518.

Wir erkennen in diesem Text die Weltdeutung der Priester und Schreiber, sie sahen den Tempel als Zentrum der Weltordnung an. Der König herrschte in Kooperation mit den Priestern, er hatte am Tempel auch kultische Funktionen. So deuteten die Priester das Leben auf zwei Ebenen, auf der der Götter und auf der der Menschen. Beide Welten waren komplementär und spiegelgleich, die Menschen sahen in den Göttern die unverfügbaren Kräfte des Daseins. Die Priester schufen verschiedene Mythen über die Götter, um die Herrschaft in der Stadtkultur zu legitimieren. Die Symbolsprache des Mythos und der Religion hat hier ordnende Funktion, sie legitimiert die soziale Schichtung, die Dominanz der Männer und die Herrschaft der Krieger. Doch Mythen sind immer ein Schlüssel zur Lebenswelt einer Kultur.

Die Kultur der Kanaanäer

Da die Israeliten mit den Kanaanäern lange Zeit im wirtschaftlichen und kulturellen Austausch lebten, sind viele Elemente der kanaanäischen Weltdeutung in die Bibel eingegangen. Zum andern grenzten sich die jüdischen Priester und Propheten deutlich von der Weltdeutung und den Riten der Kanaanäer ab. Im Land Kanaan begegneten und vermischten sich viele Völker und Stämme, seit ca. 3000 v.Chr. ist die dominierende Bevölkerung semitisch geprägt. Die Kanaanäer lebten in kleinen Stadtkönigtümern, ein größeres Reich haben sie nie geschaffen. Sie waren sesshafte Ackerbauern und waren im wirtschaftlichen Austausch mit Hirtennomaden der Umgebung. Sie kannten viele Formen des Handwerks und trieben mit vielen Nachbarvölkern Handel.

Ihre Mythologie kennen wir durch die Textfunde aus Ugarit/Ras Schamra vom Jahr 1929. Die archäologische Forschung förderte alte Kultstätten mit Kultbildern zu Tage. Denn die unverfügbaren Kräfte und später die Schutzgötter der Sippen und der Dörfer wurden an eingezäunten Kultplätzen verehrt. Früh gab es dort die Steinheiligtümer und Steinsäulen (massebah) und Wasserbecken als Orte der göttlichen Kraft. Manche Heiligtümer wurden an Quellen errichtet, auch ein Kultbaum spielte eine Rolle. Später wurden Figuren und Zeichen in Stein gemeiselt. Die Sippen feierten ihre Riten in großen Wohnhäusern, wie dort die Ausgrabungen von Götterbildern zeigen. Doch die großen Feste des Jahres wurden von den Sippen auf gemeinsamen Kultplätzen gefeiert.

Die Kultfeste richteten sich nach den Arbeiten der Bauern, es waren Feste der Aussaat und der Ernte, des ersten Weins oder der Baumfrüchte. Die großen Feste wurden in Laubhütten auf den Feldern gefeiert, sie zeigen die Verbindung der Stadtbewohner zum Ackerbau. An den Kultorten standen Altäre aus Stein mit Steinmalen, dort wurden den Schutzgöttern Feldfrüchte und Tiere als Opfer gebracht. Oft stand dort ein Räucheraltar, der mit Stierhörnern geschmückt war, der Stier war ein Symbol der Fruchtbarkeit und der Rauch sollte die Götter stärken. Die Kultgegenstände wurden meist in Höhlen aufbewahrt, Tempelbauten sind in den Dorfsiedlungen nicht zu erkennen.

Als die Bewohner größere Siedlungen und Städte bildeten, bauten sie frühe Tempel aus Holz und aus Stein. Diese Bauten waren als Wohnstätten der Schutzgötter gedacht, deswegen wurden dort Bilder und Statuen der Götter aufgestellt. Verehrt wurden die männlichen und weiblichen Schutzkräfte der Sippen, der Dörfer und der Städte, der Fruchtbarkeit und des Reichtums. Vor den Tempelbauten wurden die Tieropfer dragebracht, die mit einem Kultmahl verbunden waren. In der Halle des Tempels fanden die Versammlungen der Priester und der Krieger statt, auch die Bauern konnten an diesen Versammlungen beteiligt sein.[24]

Das primäre Ziel des Kultes war die Fruchtbarkeit der Felder, denn die Erde war oft nach kurzer Zeit ausgelaugt. Auch der Nachwuchs bei den Haustieren und Kinderreichtum in den Sippen waren für das Überleben wichtig. An und in den Tempeln wurden auch sexuelle Riten der Fruchtbarkeit ausgeführt, die Feiernden paarten sich am heiligen Ort mit heiligen Personen beiden Geschlechts. Am Tempel lebten die „heiligen Frauen" (chedeschah) und wohl auch den Schutzgöttern geweihte Männer. Auch in dieser Kultur wird das Erleben der Sexualität als Begegnung mit den Kräften des Göttlichen gedeutet. Diese Riten wurden später auch von den Israeliten übernommen.

Die archäologischen Funde von Ugarit/Ras Schamra zeigen ein Gelände von ung. 25 ha, das von dieser Stadtkultur bearbeitet wurde. Es liegt in der Nähe zum Mittelmeer und war mit einem Hafen am Meer verbunden. Die Besiedelung lässt sich bis ung. 4000 v.Chr. verfolgen, die obersten Schichten stammen aus der Zeit zwischen 2000 und 1200 v.Chr. Dort fanden sich große Häuser und Lagerräume, Tonkrüge für Olivenöl und Fässer für Wein, Gefäße aus Alabaster und Elfenbein, Schmuckstücke aus Gold und Silber, ganze Silberbarren und Gewichte. Im Hafen wurden Purpurschnecken gezüchtet, die Purpurfarbe war ein wichtiges Handelsgut. Aus der Vielfalt der Schmuckstücke erkennen wir die Reichweite des Fernhandels.

Die südlichen Gebiete von Kanaan waren aber armes Bauernland mit kleinen Siedlungen und Dörfern. Der Reichtum das ganzen Landes kam durch den Handel mit Ägypten und Syrien, aber auch mit Zypern und den Bewohnern des östlichen Mittelmeeres. Die Bewohner von Ugarit waren mehrheitlich Semiten, wie ihre sprachlichen Texte zeigen.[25]

Nun lebten die Kanaanäer zum Teil unter dem Einfluss der ägyptischen Kultur, zum andern waren sie lange Zeit vom babylonischen Reich abhängig. Es gab Verbindungen zu den Hurritern und zu den Völkern des Mittelmeeres. Ein Stadtkönig regierte mit seinen Kriegern und Priestern, mit Schreibern und Beamten das Land. Wichtig war für die Stadt das gute Verhältnis zu den Schutzgöttern. Einer der ausgegrabenen Tempel war dem Gott Baal geweiht, ein zweiter dem Gott Dagan. Jeder Tempel hatte zwei Räume, in einem stand auf einem erhöhten Steinsockel

---

[24] J. Pedersen, Kanaanäische Religion. In: J. Asmussen (Hg.), Handbuch der Religionsgeschichte II, Göttingen 1972, 33–40.

[25] J. Pritchard, Großer Bibelatlas 44–47.

das Götterbild oder ein Kultsymbol. Der ganze Bereich um den Tempel war mit Steinen abgegrenzt.

Die in Ugarit gefundenen Texte in Keilschrift entstammen wohl dem 14. Jh v.Chr., darin werden auch viele Göttermythen berichtet. Auf einem Steinbild hält der Gott Baal in der rechten Hand eine Steinkeule, in der linken Hand eine Lanze, die in einen Blitz übergeht. Dieser Gott war also ein Anführer der Krieger und ein Gewittergott. Bei den Aramäern und Israeliten heißt dieser Gott Hadad und wird als junger Krieger dargestellt. Auf dem Helm trägt er zwei Stierhörner, was auf seine Rolle für die Fruchtbarkeit hindeutet. In einigen Mythen nimmt der Gott sogar die Gestalt eines Stieres an. Er fährt wie der jüdische Gott Jahwe auf den Wolken daher und brüllt im Donner, den Bauern und Viehzüchtern schickt er aus seinem Wassersack den Regen.[26]

Der Gott Dagan schenkte den Menschen das Getreide und die Fruchtbäume, er hat ähnliche Züge wie Baal. Der Mythos erzählt vom regelmäßigen Tod und von der folgenden Auferstehung des Gottes Baal. Dieser Mythos wurde jedes Jahr bei einem Kultfest als Drama dargestellt. Nach seiner Aufweckung aus dem Tod bestieg der Gott wieder seinen Herrscherthron, er regierte die Götter und die Menschen. Mit diesem Ritual wurde die Erneuerung der Fruchtbarkeit nach der Dürre des Sommers nachgespielt. Über dem Baal und die vielen anderen Götter aber herrschte der Göttervater El, er saß am Ursprung der Ströme, sein Arm war so lang wie das Meer. Als weiser Richter beriet er die Götter und löste Streitfälle.[27]

Die Gemahlin des Gottes El war die Muttergöttin Athirat, die in der jüdischen Kultur Aschera heißt. Sie beschützte die patriarchale Ehe und die Frauen bei der Geburt der Kinder, sie gebar 70 Söhne und ebenso viele Töchter. Sie galt als die Mutter der Götter, bei den Menschen schützte sie das Meer und die Seefahrer. Sie war am Fruchtbarkeitskult um den Gott Baal beteiligt, denn sie bat den Göttervater El, er möge den toten Baal wieder zum Leben aufwecken. In Palästina wurde eine Vielzahl von kleinen Statuen der Göttin gefunden, die von den Menschen zur Mehrung der Fruchtbarkeit mitgetragen wurden. Die Frauen hielten diese Statuen beim Liebesspiel und bei den Geburten in den Hand, wie spätere Bilder zeigen. Die Göttin Astarte (Aschtoret) scheint mit Aschera identisch zu sein, sie wurde als Beschützerin der Bräute bei der Hochzeit angerufen.

Eine alte kanaanäische Göttin war Anat, die auch in Ägypten verehrt wurde. In der jüdischen Kolonie Elephantine in Oberägypten und auf aramäischen Papyritexten wird sie Anat Jahu genannt, sie ist dort also die Ehefrau des Gottes Jahwe. Im Tempel des Pharao Ramses II. aus dem 13. Jh. v.Chr. wurde sie in ägyptischer Kleidung dargestellt und „Frau des Himmels" und „Herrin aller Götter" genannt. Ihr Name findet sich in den kanaanäischen Stadten Bet Anat und Anatot, sowie in Aschtarot östlich des Jordan. In einigen Regionen Kanaans scheint sie die oberste Göttin gewesen zu sein, in anderen Gebieten waren

---

[26] J. Pedersen, Kanaanäische Religion 36–44.
[27] J. Pedersen, Kanaanäische Religion 38–42.

Aschera oder Astarte an der Spitze der Hierarchie. Die Götter waren machtvolle Wesen, von denen sich die Menschen abhängig wussten, sie konnten ihre Rollen und Gestalten wandeln.[28]

Der Gott Baal brüllte in den Wolken, er führte die Krieger in den Kampf und schenkte den Tieren und den Menschen die Nachkommenschaft. Die Göttin Anat trug den Titel „Jungfrau", was bedeutet, dass sie sich nicht der patriarchalen Eheform unterwarf, sondern autonom ihre Liebespartner bestimmte. Sie wird als sinnliche Frau dargestellt, aber auch als wilde Kriegerin, oft mit dem Symbol der Kuh. Wahrscheinlich wurden die Göttermythen beim Ritual rezitiert und gespielt, denn es wurden Bilder gefunden, auf denen Menschen Masken tragen. Die Masken zeigen eine fremde Identität an und weisen auf das Rollenspiel hin. Viele Texte sind lückenhaft, folglich können nicht alle Mythen eruiert werden.

Ein Text berichtet vom Gott Mot, dem Herrn der Unterwelt und des Todes. Oder es wird berichtet, dass der Gott Baal über den Drachen Lotan (jüdisch Leviathan) gesiegt habe. Vermutlich hat der Göttervater El dem Baal befohlen, in die Unterwelt hinabzusteigen. Er musste dorthin die Wolke und den Wind, den Wassersack und den Regen, sieben Knechte und acht Schweine mitnehmen. Hier ist von Schweinen die Rede, die später von der jüdischen Kultur als unrein geächtet wurden. Vor seinem Abstieg in die Unterwelt paarte sich der Gott Baal in der Gestalt eines Stieres mit der Göttin Anat, welche die Gestalt einer Kuh angenommen hatte. Damit war das Leben auch während der Dürrezeit im Sommer gesichert.

Beim Ritual riefen die Priester, dass Baal nun tot sei. Nun trauerten die Menschen um ihn, das Gras verdorrte und die Tiere lechzten nach Wasser. Selbst der Göttervater El stieg von seinem Thron und vollzog im Staub die Trauerriten.[29] Danach stieg die Göttin Anat in die Unterwelt und besuchte den toten Baal. Begleitet wurde sie vom Sonnengott Schapasch, dieser hob den toten Baal auf die Schultern der Göttin. Sie trug den Gott auf den Götterberg im Norden, dort beweinte sie ihn, dann begrub sie ihn in der Höhle der Götter. Danach erfolgte ein großes Tieropfer. Nun gingen die Götter zum Acker des Göttervaters El und veranlassten, dass für den toten Baal ein Ersatzkönig eingesetzt wurde. Dieser hieß Athar Aris und setzte sich auf den Thron der Herrschaft.

Danach begann die Befreiung des Gottes Baal, mit einem Beil stürzte sich die Göttin Anat auf den Gott der Unterwelt und erschlug ihn. Sie zerhackte seinen Körper und streute die Leichenteile auf den Acker, um ihn fruchtbar zu machen (Zerstückelungsopfer). Nun wurde Baal zum Leben geweckt, er kehrte wieder auf seinen Thron zurück. Der Göttervater El ließ wieder den Regen strömen und die Täler füllten sich mit Honig. Dann rief der Göttervater laut, dass Baal, der Fürst der Erde lebe. Nun ist auch Mot, der Gott der Unterwelt, zum Leben erwacht, er kämpft gegen den Gott Baal, aber er unterliegt im Kampf. Nun begann das

---

[28] J. Pedersen, Kanaanäische Religion 40–44. J. Pritchard, Großer Bibelatlas 52–56.
[29] J. Pritchard, Großer Bibelatlas 52–55. J. Pedersen, Kanaanäische Religion 42–46.

Wachstum auf der Erde, und die Meeresgöttin Athirat forderte die Götter auf, für Baal ein Haus und einen Thron zu bauen.[30]

Baal erhielt nun sein Haus (Tempel) aus Zedernholz und Lehmziegeln, es war mit Gold, mit Silber und mit Lapislazuli geschmückt. Nun wurden im Tempel die Opferfeuer entzündet, die nun sieben Tage brannten. Dann feierte Baal mit den 70 Söhnen der Göttin Athirat ein großes Festmahl mit Fleisch und Wein, zum Schluss wurde die Heilige Hochzeit gefeiert, um die Fruchtbarkeit bei den Göttern und bei den Menschen zu sichern. Jetzt konnte die Stimme des Baal wieder im Donner erschallen, der Tempel erhielt eine Luke, durch die der Donner erschallen konnte. Baal bestieg den Königsthron, er war nun wieder der Herrscher über die Götter und der Ernährer der Menschen.

Dieser Text schildert das große Fest der Tempelweihe, das sieben Tage dauerte. Dort wurde der Mythos mit verteilten Rollen und wohl mit Masken gespielt, ein Wasserbecken spielte dabei eine Rolle für die Reinigung. Das Fest war der Beginn des Fruchtjahres im Herbst zum Einsetzen der Regenzeit und zur Aussaat. In diesem kultischen Drama kämpften jedes Jahr die Kräfte des Todes (Mot) gegen die Mächte des Lebens (Baal), aber das Leben erwies sich als stärker als der Tod. Das Wachstum der Felder und Viehweiden konnte nach der Zeit der Dürre wieder weitergehen, das Überleben der Menschen war gesichert. Der Mythos sagt, dass die Kräfte des Lebens stärker sind als die Mächte des Todes.

Durch das Ritual der Heiligen Hochzeit wurden die Felder und die Obstgärten wieder fruchtbar, das Leben wird aus dem Tod geboren, weil auch das Getreide aus der Erde wächst. Das absterbende Getreidekorn wurde mit dem Gott Mot identifiziert, aus seinem Körper wächst dann neues Leben. Nun kämpfte Baal auch gegen die Dämonen des Meeres und gegen Drachenwesen, welche das Leben bedrohten. Er setzte dem Meer seine Grenze, damit es nicht das Ackerland und die Obstgärten der Bauern überschwemmen konnte. Dieser Gedanke findet sich auch im ersten Schöpfungsbericht der jüdischen Bibel. Beim Kultfest des Gottes Baal wurde ein Zicklein in der Milch gekocht, dieses Ritual wurde von den Juden verboten (Ex 23,19; 34,26). Die Heilige Hochzeit wurde vom Stadtkönig und von der Priesterin vollzogen.

Im Text ist auch vom Acker der Jungfaru Athirat die Rede, das ist wohl der Festplatz, auf dem die Feierden die Heilige Hochzeit vollzogen. Bei diesem Fest feierte der Göttervater El die Hochzeit mit zwei Göttinnen, die eine gebar ihm danach die Morgenröte, die andere den Sonnenuntergang. Dann ist von einem Vogel die Rede, der im Feuer gebraten wurde, das ist vermutlich der Vogel der Fruchtbarkeitsgöttin Anat. Danach wurden Opfer dargebracht für den Mond und die Gestirne, für den Morgen und den Abend, die der Zeit die feste Ordnung geben. Durch ein Ritual am Wasserbecken vor dem Tempel sollte das Meer gezähmt werden; dieses Wasserbecken fand sich später auch beim Tempel in Jerusalem. Die Botschaft von der Herrschaft des Baal und des Lebens wurde nun von den Steinen

---

[30] J. Pritchard, Großer Bibelatlas 52–56. J. Pedersen, Kanaanäische Religion 44–48.

und Bäumen, vom Himmel und der Erde, vom Meer und den Sternen verkündet. Nun war die Ordnung des Lebens wiederhergestellt.[31]

Erstaunlich ist die Rolle der Göttin Anat, denn in der Zeit der Abwesenheit des Gottes Baal geriet sie in Ekstase und tötete wahllos Götter und Menschen, bis sie im Blut watete. Danach reinigte sie sich mit Wasser und Öl und begann, die Wiederkehr des Gottes Baal vorzubereiten. Vermutlich ist damit die Angst vor dem Chaos des Anfangs ausgedrückt, denn ohne die Herrschaft des Königs konnten die Menschen einander grundlos töten, es war keine Sicherheit gegeben. Der Text könnte aber auch auf frühe Menschenopfer beim Ritual des Gottes Baal hinweisen. Ein ähnliches Opferritual ist uns auch aus dem babylonischen Kult des Gottes Tammuz (Dumuzi) bekannt. Durch die Königsherrschaft wird die Ordnung der Stadt wieder hergestellt. Anat holte nun Handwerker aus Ägypten, die den Tempel des Gottes Baal bauten. Damit ist die kulturelle Abhängigkeit von Ägypten direkt ausgedrückt.[32]

Beim Ritual war der König teils in der Rolle des Göttervaters El, teils in der Rolle des Baal, denn er war der Träger der Lebenskraft für das Volk. Als Sohn des El empfing er die göttlichen Offenbarungen, er kannte die Technik der Ekstase. Beim Sieben-Tage-Fest vermittelte er zwischen den Göttern und den Menschen, um die Kräfte des Lebens und der Ordnung zu erneuern. Ein Text berichtet von einem Stadtkönig Daniel (Danel), der den Gott El um einen Sohn bat. Die Bitte wurde erhört, beim Sieben-Tage-Fest wurde die Geburt des Königssohnes gefeiert. Der König erhielt Pfeil und Bogen und sprach über die Streitenden das Recht. Als der Königssohn von einem Adler getötet wurde, folgte ein langes Trauerritual mit den Klagefrauen. Danach paarte sich der König wieder mit einer seiner Frauen und es wurde ihm von El ein weiterer Sohn geschenkt.[33]

Ein anderer Text aus Ugarit berichtet von einem König der Urzeit, auch er galt als ein Sohn des Gottes El. Er zog in ein fernes Land Uden (Edom), um von dort eine Königstochter als Ehefrau heimzuführen. Mit seinen Kriegern zog er aus und forderte vom König von Uden die schönste seiner Töchter, sie sollte der Göttin Astarte gleichen. Der König bekam die Tochter zur Frau, nun versammelten sich die Götter und beschlossen, dem Paar acht Söhne und Töchter zu schenken. Zu dieser Zeit wohnten die Götter noch in Zelten, sie hatten noch keine Paläste, außerdem veranstalteten sie regelmäßige Prozessionen.

Nun feierte der König ein großes Fest mit Opferriten und Freudentänzen, doch er konnte selbst nicht am Fest teilnehmen, weil er erkrankte. Jetzt vollzog seine älteste Tochter ein Heilungsritual, sie brachte den Göttern Wein und Öl als Opfergaben. Nun beschloss der Gott El mit der Götterversammlung, den König wieder gesund werden zu lassen. Damit konnte er den Thron wieder besteigen und die Herrschaft ausüben. Doch einer seiner Söhne bat ihn, mitregieren zu

---

[31] A. Caquot, Die Mythologie der Westsemiten. In: P. Grimal (Hg.), Mythen der Völker I. Frankfurt 1967, 132–149. J. Pedersen, Kanaanäische Religion 46–50.
[32] A. Caquot, Die Mythologie 134–144.
[33] J. Pedersen, Kanaanäische Mythologie 49–51.

dürfen, danach verfluchte ihn der König. Denn solange der König lebt, gibt es keine Teilhabe der Macht.[34]

In Ugarit galt der König als der Sohn des höchsten Gottes, deswegen ging er nach seinem Tod in die Welt der Götter ein und die Menschen brachten ihm Opfer dar. Die Götter repräsentieren die unverfügbaren Mächte in menschlicher Gestalt, sie leben in Zelten und Palästen und lenken die Schicksale der Menschen. Die Mythologie thematisiert den ständigen Kampf zwischen dem Leben und dem Tod, das Ringen um Fruchtbarkeit, die Befolgung der Gesetze und die Aufrechterhaltung der sozialen Ordnung. Die Götter sind zu dieser Zeit schon patriarchal organisiert, aber die weiblichen Götter zeigen noch eine erstaunliche Autonomie in ihren Entscheidungen.

Um 1200 v.Chr. endete die Geschichte der Stadt Ugarit, fremde Völker kamen über das Meer und entlang der Küste. Die Philister waren ein Teil dieser Fremdvölker, sie ließen sich an der Küste nieder. Zu dieser Zeit begann auch die Einwanderung der Sippen und Stämme Israels im Bergland von Kanaan. Die Einwanderer lebten mit den Kanaanäern im wirtschaftlichen und kulturellen Austausch. Doch die Kultur der Kanaanäer lebte auch bei anderen Stämmen und Völkern weiter, wie phönikische und aramäische Inschriften zeigen. Der Mythos vom sterbenden und aufstehenden Gott begegnet uns auch im syrischen Kult des Gottes Adonis. Die kanaanäischen Heilungskulte mit den heiligen Schlangen lebten in Israel weiter, wie die Kupferschlange im jüdischen Tempel zeigt (Num 21,4-9). Vor allem die Phöniker haben die Vorstellungen und Riten der Kanaanäer im Mittelmeerraum verbreitet.[35]

---

[34] J. Pritchard, Großer Bibelatlas 52–56. J. Pedersen, Kanaanäische Religion 50–53.
[35] J. Pedersen, Kanaanäische Religion 54–57. J. Pritchard, Großer Bibelatlas 52–56.

10 Der persische Hintergrund

Hier sollen der Zoroastrismus und seine Wirkungsgeschichte kurz dargestellt werden, soweit sie zur jüdischen Kultur ausstrahlen.

Berufung Zarathustras zum Gesandten Gottes

Räumlich ist das Auftreten Zarathustras im Nordosten Irans anzusetzen, wo die beiden indogermanischen Völker Iraner und Inder gemeinsam siedelten, bevor sie sich dann Ende des 2. Jahrtausends v.Chr. trennten; die Iraner wanderten in das Hochland des Iran, die Inder nach Indien. Von daher ergeben sich auch diverse gemeinsame Aspekte im Kulturschaffen beider Völker. So sind etwa die altiranische und altindische Götterwelt eng miteinander verwandt. Zarathustra hat religiöse Vorstellungen und Kultpraktiken seiner Zeit aufgenommen, sie neu interpretiert bzw. modifiziert, und sie so insgesamt einem neuen Konzept unterworfen, wobei Vieles, das nicht der reformierten Lehre entsprach, beiseite gelassen wurde.

Allgemein hat sich heute in der Forschung die Annahme durchgesetzt, dass Zarathustras zeitliche Einordnung am Übergang vom 2. zum 1. Jahrtausend v.Chr. anzusetzen sei. Nicht mehr vertreten wird heute jene Sicht, die Zarathustras Auftreten an den Beginn der Achmämenidenzeit setzt.[1] Die zoroastrische Religion hat seit ihren Anfängen bis zu ihrer heutigen Gestalt viele Entwicklungsstadien durchschritten. Vom ältesten Stadium, nämlich jenem des Religionsgründers selbst, über die Zeit der Achämeniden bis in die islamische Zeit hinein, wo sie jene Gestalt gewann, wie wir sie heute kennen. Freilich müsste vollständigkeitshalber noch hinzugefügt werden, dass sie, durch die spezifischen Bedingungen, die in den Diasporagemeinden in Europa, Nord-Amerika etc. herrschen, einer weiteren Veränderung ausgesetzt ist.

Die religiöse und kultische Vorstellungswelt der altiranischen Gesellschaft war geprägt von einem Pantheon, zu dem etwa der Feuergott Atar, der Lichtgott Mithra, daher Vertrags- und Bundesgott, und Anahita, eine Fruchtbarkeits- und Kriegsgöttin zählten. An der Spitze stand ein höchster Gott, nämlich der Himmelsgott Ahura Mazda. Opferhymnen, blutige (Stieropfer) und unblutige (Saft

---
[1] G. Widengren, Feudalismus im alten Iran. München 1965, 61f.

der Haoma-Pflanze) Opfer bildeten den religiösen Kult, für den spezielle Priester (zaotar) zuständig waren. Auch Zarathustra fungierte als ein Priester. Er lebte in einer sesshaften Gesellschaft, deren Lebensgrundlage die Viehzucht und eine entsprechende Weidewirtschaft bildeten, wie die ältesten Teile des Avesta, die Gathas, bezeugen. Neben dem Pferd und dem Kamel war vor allem das Rind ein wichtiger Wirtschaftsfaktor und somit Grundlage der altiranischen Gesellschaft. Jedoch gab es zur Zeit Zarathustras von Seiten der Männerbünde gegenüber Tier und Mensch vielerlei Misshandlungen und Gewaltexzesse, Viehraub, orgiastische Opferfeiern mit blutigen Tieropfern. In der altiranischen Gesellschaft könnte mit den Männerbünden der Zusammenschluss der geschlechtsreifen und waffenfähigen (unverheirateten) männlichen Jugend mit eigenem Kult und spezifischen sozialen Funktionen verstanden werden".[2] Ihr Bundesgott war die altiranische Gottheit Mithra. Hier findet nun auch die religiöse und sozial-ökonomische Reform Zarathustras ihren Ansatz, nämlich die Ablehnung der blutigen Tieropfer einerseits und sein Eintreten für Entrechtete und wirtschaftlich Schwächere andererseits. Als „Gesandter" des weisen Gottes Ahura Mazda verkündet er in diese Situation hinein die von ihm empfangene göttliche Botschaft (Offenbarung), die diese Missstände anprangert. In Yasna 29 findet sich ein Berufungserlebnis in Form einer Audition; es handelt sich um ein Göttergespräch im Himmel:

Die göttliche Rinderseele im Himmel klagt über die Misshandlungen, die das Rind auf Erden erleiden muss. Ahura Mazda verweist als Ersatz für das blutige Stieropfer auf den Opferspruch (Wort) und die Gussspende (Milch), also auf ein unblutiges Opferritual. In der Folge wird Zarathustra selbst für die Verbreitung dieser Botschaft auserwählt. Insgesamt fungiert das Rind nach dieser Sicht in erster Linie als Symbol für die Tierwelt und weiter für das Leben und die Erhaltung der Schöpfung. Die Gathas fordern daher dazu auf, nicht nur das Weideland entsprechend zu pflegen, sondern auch für das Rind zu sorgen und es zu schützen. Daraus resultieren vielfache Anspielungen auf die Natur, auf die Pflanzen- und Tierwelt in der Verkündigung Zarathustras, wobei dieser nicht nur die Realität beschreibe, wie Hutter[3] betont, sondern diese Begriffe auch immer wieder im symbolischen Sinn für seine Verkündigung überhöhe.

Der Zoroastrismus ist somit die älteste Offenbarungsreligion, die den „Gesandten Gottes", der eine göttliche Botschaft vermittelt, religionsgeschichtlich zum ersten Mal thematisiert.

Kult und Lehre

Den Ausgangspunkt der Theologie Zarathustras bildet ein eschatologischer und kosmischer Dualismus zwischen Gut und Böse, sowohl auf geistiger als auch auf materieller Ebene. Zarathustra baut hier auf der Vorstellungswelt der altiranischen

---

[2] H.P. Hasenfratz, Zarathustra. Zu: P. Antes (Hg.), Große Religionsstifter. München 1992, 12f.

[3] M. Hutter, Die Naturvorstellungen im Zoroastrismus. Zeitschrift für Religionswissenschaft (1993), 13–17.

Religion auf, unterwirft sie jedoch einer Neudeutung, wie dies die Verwendung der beiden im altiranischen Kontext synonymen Begriffe *ahura* („Herr") und *daeva* („Gott") zeigt: die *Ahuras* bilden die positive Seite, während die *Daevas* die böse Seite vertreten.[4] Die Vorstellung geht weiter von einem dreiteiligen Kosmos aus: Der ursprünglichen Einheit von Himmel und Erde (Y. 44,4) folgt die Zeit der Vermischung und des Kampfes zwischen Ahura Mazda, der das Gute, und Angra Mainyu, der das Böse verkörpert. Mit Zarathustras Sendung beginnt sodann die dritte Epoche, die nach dessen Vorstellung mit der Eschatologie endet, mit dem endgültigen Sieg des Guten über das Böse. Als zeitliche Dauer dieser drei Perioden wird die Zeit nach Zarathustra 6000 Jahre für die erste Periode, und jeweils 3000 Jahre für die folgenden beiden Perioden festlegen. Der Religionsstifter und seine Anhänger erwarten die Endzeit bereits in naher Zukunft. Die Gläubigen sind aufgerufen, an der Vervollkommnung von Welt und Kosmos selbst mitzuwirken. Hier zeigt sich die ethisch-soziale Ausrichtung der Reform der Religion durch Zarathustra.

In einer Offenbarung werden Zarathustra die beiden uranfänglichen göttlichen Geistwesen, die beiden Urprinzipien des Daseins, die „Zwillinge" mitgeteilt: der gute, „der heiligste Geist", Spenta Mainyu, als eine Offenbarungsform des Ahura Mazda, und „der böse Geist", Angra Mainyu (Y. 45,2). Mit Ahura Mazda verbindet sich das Leben, die Wahrheit und das Gute, mit Angra Mainyu die Unwahrheit, das Nicht-Leben und das Böse. Angra Mainyu und seine Anhänger werden am Ende der Zeiten von Ahura Mazda und seinem Hofstaat endgültig vernichtet werden und dem Tod anheimfallen.

Diesem eschatologischen und kosmischen Dualismus entspricht auf anthropologischer Ebene ein „begrifflich scharf ausgeprägter Leib-Seele-, Geist-Stoff-Dualismus."[5] Die Grundlage für die Beurteilung des Menschen, die im Rahmen eines individuellen bzw. eschatologischen Totengerichtes stattfindet, sind „Gedanken, Worte und Werke". Hierbei offenbaren sich die guten oder bösen Kräfte des Menschen. „Das schlechte Denken ist ebenso wie das gute Denken eine im Menschen wirkende teuflische bzw. göttliche Macht".[6] Die Worte müssen durch das gute Denken sichtbar und einsehbar gemacht werden, wobei die gute Gesinnung jene des Gottes Ahura Mazda ist, die wiederum mit der guten Religion identisch sei:

„Man soll das Beste tun mit der Zunge durch Reden gemäß dem guten Denken, mit den Händen durch Tun aus fügsamen Sinn".[7]

„Des frommen Zarathustra Spitama Segnung und Schutzgeist verehren wir nun, des ersten, der das Gute gedacht, des ersten, der das Gute gesagt, des ersten, der das Gute getan hat, des ersten Priesters, des ersten Kriegers, des ersten sesshaften Bauern, des ersten Offenbarers, *des* ersten, der Offenbarungen empfing, der als

---

[4] M. Hutter, Religionen in der Umwelt des Alten Testaments I. Stuttgart 1996, 198.
[5] H.P. Hasenfratz, Zarathustra, 16.
[6] B. Schlerath, Gedanke, Wort und Werke. In: M. Mayrhofer (Hg.), Antiquitates Indogermanicae. Innsbruck 1974, 216.
[7] Yasna 47,2.

erster für sich verdient" und empfangen hat: das Rind und die Segnung und das Wort und Gehorsam für das Wort und die Herrschaft und alles vom Herrn Geschaffene, wahrheitsentstammte Gute".[8]

Der Mensch hat durch seinen freien Willen die Fähigkeit, das Rechte und das Wahre zu erkennen und sodann die Möglichkeit, zwischen beiden zu wählen und in der Folge das Erkannte zu tun: das Gute tun im Denken, Reden und Handeln. Dies drückt sich vor allem in der Pflege der Landwirtschaft und der guten Behandlung des Rindes aus. Die Nichtbeachtung dieser ethischen Forderungen hat einen sündhaften Zustand des Menschen zur Folge. In diesem Zusammenhang hat sich im Zoroastrismus ein entsprechendes Sündenbewusstsein und Sühnedenken mit den entsprechenden Reinigungsriten herausgebildet.

Religionsgeschichtlich hat Zarathustra den Polytheismus seiner Zeit in ein dualistisches System integriert,[9] sodass ein spiegelbildliches polytheistisches Pantheon von Göttern und Dämonen entstand. Auf der einen Seite befinden sich jene geistigen Wesen, die Ahuras, die Ahura Mazda an ihrer Spitze haben. Zwar ist bereits in den altavestischen Texten bezeugt, dass an der Spitze der Götterwelt Ahura Mazda steht, aber er ist keineswegs der einzige Gott. Charakteristisch für Ahura Mazda ist seine Weisheit, die in engem Zusammenhang mit der rechten Weltordnung und der Wahrheit (*asha*) steht, und durch die er den Kosmos als Schöpfer des Lebens erhält.

Die Zuordnung der unterschiedlichen Gottesvorstellungen, wie sie in den Gathas zum Ausdruck kommen, wird von der Forschung nicht einheitlich vorgenommen. So wird etwa die Rede vom Monotheismus der Gathas bzw. die Bezeichnung Ahura Mazdas als monotheistischer Schöpfergott hinterfragt und als kaum aufrecht zu erhalten bezeichnet,[10] was natürlich auch Konsequenzen für die Wirkungsgeschichte des Zoroastrismus hat. G. Widengren hat die hinter der Diskussion stehende Problematik folgendermaßen zum Ausdruck gebracht: „Die monotheistische Tendenz, die in der Lehre Zarathustras durchaus vorhanden ist, kann sich nicht durchsetzen, weil die ganz entgegengesetzte dualistische Strömung ihr entgegenwirkt. Zwar ist rein formal gesehen in den Gathas der Gegenspieler Angra Mainyu kein ebenbürtiger Gegner Ahura Mazdas, denn es ist ja sein eigener Mainyu, Spenta Mainyu, der Angra Mainyu als direkten Widersacher hat (Y. 45:2), aber hinter Spenta Mainyu steht doch der Höchste Gott selbst, wie denn auch die zwischen ihnen bestehende Einheit mehrfach hervorgehoben wird (z.B. Y. 43:2, 6; 47:3)".[11] Widengren verweist auf die Aussage von Yasna 31,8, die er folgendermaßen übersetzt: „Dich aber, o Mazdā, habe ich in dem Sinn als den Ersten und den Letzten erkannt". Von seiner Entstehungsgeschichte her könne man den Zoroastrismus als „einen durch einen abgeschwächten Dualismus

---

[8] Yashts 13,88.
[9] M. Hutter, Religionen 197–199.
[10] G. Ahn, Toleranz und Reglement. In: R. Kratz (Hg.), Religion und Religionskontakte im Zeitalter der Achämeniden, Gütersloh 2002, 191–209.
[11] G. Widengren, Feudalismus 76.

charakterisierten Monotheismus" bezeichnen.[12] Stroumsa[13] sieht überhaupt im Dualismus eine Variante des Monotheismus als Revolte gegen einen angeblich allmächtigen Gott, „der unfähig ist, eine überzeugende Lösung für das Problem des Bösen anzubieten". Gerade letztere Aussage deutet darauf hin, dass man auch mitbedenken muss, dass verschrifteten Gottesbildern vielfältige religiöse Erfahrungen zugrundeliegen, gerade angesichts des Bösen. Wer ist der Verursacher des Bösen, wer hat es zu verantworten? Wird die Verursachung des Bösen auch dem allmächtigen Gott zugeschrieben, entsteht sodann das Problem der Warum-Frage, also das Theodizee-Problem, vor allem dann, wenn es um das Leiden Unschuldiger geht. Gerade die Frage nach der Zu- und Einordnung des Bösen lässt zwischen Monotheismus und Dualismus eine unscharfe Grenzen entstehen, d.h. dass die konkrete religiöse Erfahrung oft mit dualistischen Erklärungsmustern arbeitet.

Ahura Mazda entgegengesetzt wirkt Angra Mainyu, der als böser Geist und als Repräsentant der widergöttlichen Kräfte, der Daevas, gesehen wird und der Ahura Mazdas gute Schöpfung mit Hilfe der Lüge (*drug*) bekämpft. Die ursprünglich gute Schöpfung Ahura Mazdas, nämlich nutzbringende Pflanzen und gute Tiere, wurde durch die Gegenschöpfung Angra Mainyus mit negativen Elementen ausgestattet, das sind schädigende Tiere, Ödland etc. Für dieses dualistische Konzept, das grundsätzlich sozial-ethisch ausgerichtet ist und das konkrete Dasein des Menschen ordnet, ist es wesentlich, dass sich der Mensch durch seine eigene Wahl für das Gute oder für das Böse entscheidet. Denn die „Zwillinge" haben das Weltall geschaffen, Leben und Nicht-Leben. Es liegt beim Menschen, auf welche Seite er sich stellt, ob er das Leben, die Wahrheit, insgesamt das Gute fördert oder aber das Nicht-Leben, das Böse und Falsche.

Wie Angra Mainyu von den Daevas umgeben ist, so ist Ahura Mazda der Anführer der Ahuras, die in den jungavestischen Texten als Amesha Spentas bezeichnet werden und als seine Kinder gelten; die Konzeption dieser Gottheiten dürfte „als Proprium auf den Religionsstifter selbst" zurückgehen:[14] Asha (Wahrheit/richtige Ordnung), Vohu Manah (gutes Denken/Sinn), Khshatra Vairya (die zu wählende Herrschaft), Armaiti (Rechtgesinntheit), Ameretat (Unsterblichkeit) und Haurvatat (Ganzheit, Heilsein) bilden dabei gemeinsam mit Ahura Mazda eine Siebenergruppe. Anscheinend hat Zarathustra die abstrakten Eigenschaften Ahura Mazdas auf diese Weise in vergöttlichter und personifizierter Form in seine Verkündigung eingebaut. „Der Hochgott ist in den Gathas von einer Schar von Gottheiten umgeben, die die Fülle seines Wesens ausmachen. Diese sind aus ihm hervorgegangen, sind selbständige Götter, zugleich aber doch nur Aspekte von ihm".[15]

Im Laufe der Zeit ist diese Vielfalt der Götterwelt mannigfachen Veränderungen ausgesetzt; die Vorrangstellung Ahura Mazdas blieb davon zwar unberührt,

---

[12] C. Cereti, Zarathustra/Zoroastrismus. In: RGG⁴, Sp. 1781–1786.
[13] G. Stroumsa, Dualismus. In: RGG⁴, Sp. 1004–1005.
[14] M. Hutter, Religionen 203.
[15] G. Widengren, Feudalismus 203.

aber die Amesha Spentas wurden stärker vergeistigt und zu Eigenschaften Ahura Mazdas reduziert. Diesem Prozess der Vergeistigung unterlag auch das anthropomorphe Kultbild Ahura Mazdas (Flügelsonne mit menschlicher Gestalt), das nun nur noch symbolisch durch sein Licht im Feuer als Verehrungsobjekt dargestellt wurde. Hier hat die zentrale Funktion des Feuers im Gottesdienst der Zoroastrier ihren Ursprung (Feuertempel). Ab der Achämenidenzeit dringt wieder der Kult von Gottheiten (*yazatas* = die „Verehrungswürdigen") ein, die von Zarathustra selbst ausgeblendet wurden, etwa jener von Mithra und Anahita.

Reinheit – Unreinheit

Alles Streben im Zoroastrismus gilt der Abwehr der Dämonen, dem Kampf gegen den Bereich dessen, was Angra Mainyu zugehört; ein Bereich, der dann auch als kultische Unreinheit definiert wird. Demgegenüber befindet sich die Förderung jenes Bereiches, den Ahura Mazda beherrscht und der die kultische Reinheit verkörpert.

Dem Antagonismus zwischen den Göttern und Dämonen entspricht in der sublunarischen Sphäre und der Biosphäre der Antagonismus zwischen „Licht und Finsternis, Tag und Nacht, Sommer- und Winterhalbjahr, Wasserreichtum und Trockenheit, Fruchtland und Wüste, Leben und Tod, Wachstum und Verfall, Gesundheit und Krankheit, Mensch und Raubtier, Nutztier und Ungeziefer. Im Innern des Menschen als Antagonismus von Wissen und Irrtum, Wahrheit und Lüge u.a. Für den Menschen, der sich zu *Ohrmazd* bekennt und auf der *ahurischen* Seite steht, bedeutet das: Kontakt mit der *daevischen* Sphäre möglichst nur in Form des Kampfes gegen sie einerseits; andererseits Reinhaltung und Förderung der *ahurischen* Schöpfung und ihrer „Elementarbereiche" (Wasser, Fruchtland, Heil- und Nutzpflanze, Haustier, Feuer, Mensch). Also: Kampf gegen Raubtiere, Ungeziefer, Unkraut; Gewinnung von Kulturland, Anbau von Heil- und Nutzpflanzen, Pflege und Vermehrung von Haustieren und Nutzvieh. Reinhaltung von Wasser, Feuer, Erde ... Vermeidung von Kontakt mit Krankheit, Tod"[16] etc. Der Kampf gegen die Unreinheit betrifft daher ganz wesentlich auch die Gemeinschaft, ihre Kultpraktiken und ihr tägliches Verhalten und hat somit soziale und gesellschaftliche Auswirkungen. Im menschlichen Bereich sind es jede Art von Ausfluss (Eiter und Blut, Samenerguss, Haare u.a.), die Absonderung der Frau während der Menstruationszeit und bei der Geburt; aber auch das Verbot, Andersgläubige zu heiraten. Für die Beseitigung der Unreinheit gibt es die Reinigungsmittel bzw. Reinigungsriten.

Da der Mensch nach zoroastrischer Sicht dazu aufgerufen ist, am Sieg des Guten über das Böse aktiv mitzuwirken, hat dies auch Auswirkungen auf lebenspraktische Bereiche des Menschen, die es ständig zu verbessern gilt im Sinne der Fortsetzung des schöpferischen Handelns Ahura Mazdas. In späterer Zeit, als

---

[16] H.P. Hasenfratz, Zarathustra 26.

der Zoroastrismus auch im Westen des Iran Fuß fasste, trat auch der Ackerbau in den Blick, sodass nun neben der Viehzucht der Ackerbau als das Anbauen und Kultivieren von Getreide eine neue Lebensgrundlage bildete und somit auch als zur Religion gehörend betrachtet wird. In Videvdat 3, 23–33 wird dieser Situation Rechnung getragen:

> „O Schöpfer (der stofflichen Welt) asha ehrwürdiger!
> Wer befriedigt viertens mit größter Zufriedenstellung die Erde hier?"
> Da sagte Ahura Mazdah:
> „Wahrlich, wo man am meisten, o Spitama Zarathustra, durch Aussäen anbaut:
> Getreide und Gräser und Pflanzen mit essbaren Früchten,
> indem man zur Wüste hin Wasser schafft ...
> „O Schöpfer der stofflichen Welt, asha ehrwürdiger!
> Was ist der Kern der mazdayasnischen Religion?"
> Da sagte Ahura Mazdah:
> „Wenn man tüchtig Getreide baut, o Spitama Zarathustra!
> Wer Getreide durch Aussäen anbaut:
> Der baut das Asha an,
> der führt die mazdayasnische Religion vorwärts."

Ackerbau und die Kultivierung des Bodens werden somit insgesamt in den Dienst des Kampfes gegen die dämonische Welt gestellt. In diesem Zusammenhang ordnet Hutter die königlichen Garten- und Parkanlagen der Achämeniden- und Sasanidenzeit ein, bekannten sich doch beide Herrscherdynastien zum Zarathustrismus. Die entsprechende Pflege des Bodens und die Kultivierung des Ackerlandes sind demnach ein religiöses Werk, eine Vorwegnahme der paradiesischen Zustände im Diesseits. Geht doch der Begriff „Paradies" auf ein altiranisches Wort zurück, das „die umhegten und gepflegten Gärten bezeichnet."[17] Die Erneuerung der Welt beginnt so bereits im Diesseits.

Rechtes Denken, Sprechen und Handeln als die Mitte zoroastrischer Ethik beziehen sich somit in erster Linie auf die Förderung der Schöpfung Ahura Mazdas, die auch die Förderung der Menschen und die Verbesserung seiner Lebensbedingungen miteinbezieht.

Die Durchführung der Riten für das Heil der Gemeinde obliegt den Kultspezialisten, der Priesterschaft, wobei Laien von der aktiven Beteiligung am Kult grundsätzlich ausgeschlossen sind. Die konkrete Gemeinde verehrt Ahura Mazda mit Gebeten und Lobgesängen. Diese steigen zum himmlischen Paradies auf, wo sie auf die Seelen der Gläubigen harren und somit ihr Jenseitslos mitbestimmen. Konkret ist es das heilige Opferfeuer, das die Lobgesänge und Gebete nach oben in die himmlische Welt vermittelt. Neben der Durchführung der Gottesdienste haben die Priester auch das religiöse Wissen zu tradieren. Als sich die in Medien

---

[17] M. Hutter, Naturvorstellungen 25.

beheimateten *Magi* dem Zoroastrismus anschlossen, die bereits vor ihrer Annahme dieses Glaubens auf die Durchführung religiöser Riten spezialisiert gewesen sind, hat sich endgültig eine Priesterhierarchie herausgebildet, an deren Spitze eben diese Magi standen. Diese haben einerseits das Prinzip der Vererbbarkeit des Priesteramts in den Zoroastrismus gebracht und andererseits auch die Bedeutung von Reinheit und Unreinheit weiter entwickelt, sodass dieser Bereich immer stärker in den Mittelpunkt gerückt wurde. Dabei wurde die rituelle Beseitigung von Unreinheit als Aktualisierung und Konkretisierung des Kampfes für das Gute verstanden. Vor allem thematisiert das Videvdat, dessen Endredaktion (ab Kap. 3) in der Seleukidenzeit anzusetzen ist,[18] das Thema „Unreinheit".

Die den Kosmos beherrschende Dichotomie zwischen der guten und der bösen Schöpfung entspricht dem Unterschied von Reinheit und Unreinheit im innerweltlichen Bereich. Damit verbindet sich für den jeweiligen Gläubigen ein klares normatives sozial-ethisches Verhalten, das garantiert, dass er in einer Umgebung, die mehrheitlich nicht-zoroastrisch ausgerichtet ist, seine Identität als Zoroastrier bewahren kann. Die Beachtung der Reinheitsvorschriften bewahrt so die Gemeinde vor Vermischung und dem Aufgehen in anderen Gesellschaften. Sie stellt jenen „Machtbereich" (*maga*) dar, der die Grenze zum dämonischen Bereich, dem Bereich der Unreinheit markiert.

Neben diversen Reinheitsvorschriften für die Priester, deren Aufgabe es ist, dass das Feuer als Repräsentant Ahura Mazdas nicht verunreinigt wird (Atem oder Speichel), und Vorschriften für die Einzelnen (kleinere Reinigungsriten und „Reinigung der neun Nächte") ist die tägliche Durchführung der Yasnaliturgie von zentraler Bedeutung. Das ist ein Opferritual mit Weihe, Pressung, Konsumation und Libation des Saftes der Haoma-Pflanze.[19] Am stärksten wirkt sich die Unreinheit im Bereich des Todes aus, wo ebenfalls die Dämonen die gute Schöpfung Ahura Mazdas bekämpfen. Daher ist die Beseitigung eines Leichnams von der Frühzeit des Zoroastrismus an zu einer wichtigen Kulthandlung geworden, damit diese Unreinheit, die vom Bereich der Dämonen beherrscht wird, der Welt der Lebenden keinen Schaden zufügen kann. Zu diesem Zweck wird der Leichnam in unbewohnten Gebieten ausgesetzt („Türme des Schweigens") oder in einem Steinsarkophag beigesetzt, damit die Erde nicht verunreinigt wird.

Am Dualismus von Gut und Böse bzw. von Wahrheit und Lüge orientieren sich demnach insgesamt die Praxis und Ethik dieser Religion. Denn das irdische Leben hat Auswirkungen auf das Jenseits. Aus Sorge um das jenseitige Heil ruft daher Zarathustra zum rechten Handeln im Sinne Ahura Mazdas auf. Wir treffen hierbei auf zwei Vorstellungsbereiche, die zur Zeit Zarathustras noch unvermittelt nebeneinanderstehen und erst in späterer Zeit miteinander zu einer ganzheitlichen eschatologischen Konzeption verbunden werden: das Individualgericht und das Gericht über alle Menschen. Es ist daher zwischen den Texten der Gathas, jenen

---

[18] M. Hutter, Religionen 234.
[19] M. Hutter, Religionen 229f.

der jungavestischen Schriften und den Pahlevi-Schriften zu unterscheiden. Auf der einen Seite wird in den Zarathustra zugerechneten Schriften, den Gathas, ein individuelles Gericht über die Seele nach dem Tode des Einzelnen mit doppeltem Ausgang erwartet, nämlich Belohnung oder aber Bestrafung. Dort werden schlechte Gedanken, Worte und Werke auf den Zustand nach dem Tod, wenn die Seele vom Körper getrennt ist, Einfluss haben. Über das Tun des Menschen wird gleichsam Buch geführt, sodass sich gute und schlechte Taten wie Soll und Haben gegenüberstehen (Yasna 31,14). Das Urteil beim Endgericht über alle Menschen wird dann als Ordal vorgestellt, also als Gottesurteil durch Feuer und geschmolzenes Erz.[20]

Die Seele dessen, bei dem die guten Gedanken, Worte und Taten überwiegen, wird nach dem Tode ins Paradies kommen. Dieses wird bildhaft als Garten und Lichtreich Ahura Mazdas beschrieben, wo Freude und Glück herrschen.[21] Die Seele dessen, bei dem schlechte Gedanken, Worte und Taten überwiegen, kommt in die Hölle, vorgestellt als Reich der Finsternis, der Trauer und Qualen.[22] In diesem Zusammenhang muss der Tote die Jenseitsbrücke (Činvat-Brücke) überqueren, die sich in den mittelpersischen Texten für den Frommen weitet, für den Sünder jedoch verengt, sodass er von der Brücke in die Hölle stürzt. Außerdem werden in diesen Texten auch konkret drei Richter genannt. Die Seele des Verstorbenen erfährt so Belohnung oder Bestrafung und erwartet hier das Ende der Zeiten.

Mit dem Gedanken eines bevorstehenden „Gottesgerichtes" am Ende der Zeiten hat Zarathustra etwas Neues eingeführt. Er muss sich dieses göttliche Gericht am Ende der Zeiten, bei dem er selbst als Richter mitwirken soll,[23] als nahe bevorstehend gedacht haben.[24] Hier liegt die Vorstellung eines allgemeinen Gerichtes über die Lebenden beim endgültigen Sieg Ahura Mazdas über seine Gegenspieler am Ende der Zeiten zugrunde.

Nach Zarathustra wandelt sich die Vorstellung von der Seele nach dem Tode insofern, als in den jüngeren Schriften des Avesta der Zeitraum zwischen Todesstunde und dem Beschreiten der Činvat-Brücke mit drei Tagen angegeben wird. Auf dem Weg ins Jenseits begegnet der Seele, wenn es sich um eine rechtschaffene handelt, ihre Daena (Gewissen) als schönes, junges Mädchen, während ihr, wenn es sich um eine böse Seele handelt, ein altes Weib erscheint. Weiters verbindet sich in den jungavestischen Schriften mit dem eschatologischen Konzept auch der Gedanke an die leibliche Auferstehung der Toten. Bereits in Yascht 19, XI, 89 wird dieser Gedanke ausgesprochen: „Wenn die Toten auferstehen, dann wird kommen der lebendige ohne Verderben, nach Wunsch wird das Leben verklärt gemacht werden".[25]

---

[20] Yasna 51,9; 43,4.
[21] Yasna 45,11; 46,10.
[22] Yasna 31,20; 51,13.
[23] Yasna 33,1.
[24] Yasna 48,2.
[25] G. Widengren, Feudalismus 105.

Beide Vorstellungen wurden dann später zu einem einheitlichen Konzept verbunden: Das nach dem Tod stattfindende individuelle Gericht mit Belohnung oder Bestrafung bestimmt den Aufenthaltsort der Seele – Lichtreich oder Finsternisreich – bis zum Ende der Zeiten.

Dieses kündigt sich mit einer kosmischen und sozialen Katastrophe und dem Auftreten des Saoshyant (einer Messiasgestalt) aus dem Geschlechte Zarathustras an, geboren aus einer Jungfrau, der die Herrschaft der bösen Mächte vernichten und jene der guten Mächte auf Erden errichten wird. Es erfolgt die leibliche Auferstehung, die Vereinigung von Körper und Seele, und daran anschließend das eschatologische Gericht über alle Menschen.

Schließlich wird die ganze Schöpfung erneuert und vervollkommnet, indem die schlechte Schöpfung Angra Mainyus endgültig überwunden und vernichtet wird. Die Welt wird insgesamt unsterblich und ewig werden, denn Ahura Mazda versöhnt am Ende alle Menschen mit sich und macht alle unsterblich. Somit kehrt die Schöpfung wieder in ihren Urzustand zurück.

Die Entwicklung des Zoroastrismus nach Zarathustra

Nach Zarathustra setzt eine Entwicklung ein, die zur Auffassung führte, dass Zarathustra eben als Offenbarer, Lehrer und Erlöser mehr als ein rein menschliches Wesen war.[26] Auf diese Weise wurde das Leben des Religionsstifters mit weiteren Erzählungen ausgeschmückt. Insgesamt zeigt sich in der zweiten Epoche, die man mit der Achämenidenzeit (ab Mitte des 6. Jh. v.Chr.) eingrenzen kann, dass der Dualismus wieder schärfere Konturen gewinnt. Die Forschung stimmt heute im wesentlichen darin überein, dass grundsätzlich der Zoroastrismus als die offizielle Religion der Achämeniden gelten könne. Neben dem Zoroastrismus haben nicht nur andere religiöse Vorstellungen existiert, sondern auch der Zoroastrismus in sich zeigt pluralistische Züge.[27] So wurde etwa unter Dareios auch elamischen Göttern geopfert. Gewisse Einschränkungen gab es auch unter Xerxes. Zudem wird neben dem Kult von Ahura Mazda der Kult verschiedener Gottheiten eingeführt, denen in der Zeit Zarathustras keine Funktion zukam; z.B. Mithra, der Vertrags- und Bundesgott, und Anahita in der Zeit Artaxerxes II. Aber Ahura Mazda bleibt der alle überragende Gott. Die Zeit von der Eroberung des Achämenidenreiches durch Alexander den Großen bis zu Beginn der Herrschaft der Sasaniden (224 n.Chr.) ist geprägt von verschiedenen Hellenisierungsprozessen der iranischen Welt.

Allgemein wird angenommen, dass die zoroastrische Tradition vor der Sasanidenzeit nicht schriftlich niedergelegt war. Im Zuge der Etablierung der sasanidischen Herrschaft wurde der Zoroastrismus offizielle Religion. In dieser Zeit erfolgt die Sammlung sowie Niederschrift des Avesta und die Herausbildung des

---

[26] G. Widengren, Feudalismus 99.
[27] M. Hutter, Religionen 241.

Kanons des Avesta (ab 4. Jh.). Damit verbunden ist das Aufkommen einer Orthodoxie (orthodoxer Zoroastrismus), die sich gegen Andersgläubige abgrenzt, gegen Juden, Christen und Manichäer.

In den Pahlevi-Schriften des Avesta wird uns das Bild des Zoroastrismus in sasanidischer Zeit vermittelt als das einer streng orthodoxen Religion, in welcher Kosmogonie, Kosmologie und Eschatologie eine große Rolle spielen.[28] Außerdem finden wir in dieser Zeit einen radikalen Dualismus, der Ohrmazd (Ahura Mazda) mit Ahriman (Angra Mainyu) als Gegenspieler sieht.

Das 7. Jh. ist gekennzeichnet durch die Auseinandersetzung mit dem Islam und seinem strengen Monotheismus, bedingt daher einen weiteren Entwicklungsschritt für den Zoroastrismus mit seinen unterschiedlichen Gottesvorstellungen. Im Zuge der Angleichung an diese dritte Offenbarungsreligion werden, ähnlich wie schon im vorausgehenden Entwicklungsschritt, Ahura Mazda und die Amesha Spentas vergeistigt. Nun wurden auch die Yazatas, also jene anderen Gottheiten, die bislang noch immer ein Eigendasein führten, zu Geistwesen und entsprechend den islamischen Glaubensvorstellungen als „Engel" gedeutet. Für die Stellung Ahura Mazdas bedeutete dies, dass er nun mehr nicht nur als höchster, sondern als der einzige Gott gedeutet wurde. Damit konnte auch der Zoroastrismus gegenüber dem Islam als monotheistisches Religionssystem gesehen werden und seiner Erwähnung im Koran (*al-madschus*)[29] gerecht werden.

Als Heilige Schriften fungieren im Zoroastrismus das Avesta („Lobpreis"),[30] zuerst mündlich überliefert und dann in der avestischen Sprache in sasanidischer Zeit (etwa 4. Jh.) abgefasst, wobei zwischen zwei Sprachstufen zu unterscheiden ist: das Altavestische und das Jungavestische. Der gesamte Text umfasste ursprünglich 21 Bücher (*Nask*), die heute nur noch teilweise erhalten sind.

Der Yasna (Opfer, abgek. Y.) ist eine Sammlung von liturgischen Kultgebeten der ältesten zoroastrischen Gemeinde und umfasst 72 Kapitel, wobei die Kapitel 28–34, 43–51 und 53 (die sog. Gathas), Gesänge und Hymnen, und der Yasna Haptanhaiti (Y. Kap. 35–41) als authentische Verkündigung Zarathustras gelten dürfen und in der altavestischen Sprache abgefasst sind. Der restliche Textbestand des Yasna ist in jungavestischer Sprache verfasst, nämlich die Kapitel 1–27 sowie 54–72.

Bei diesen altavestischen Texten handelt es sich um den Kern des zoroastrischen Rituals. Diese Texte enthalten weniger eine systematische Lehre, sondern dienen eher liturgischen Zwecken, um Ahura Mazda als höchsten Gott und Herrn der Schöpfung zu verherrlichen, in Hymnen und rituellen Handlungen. Die Yasna Liturgie (Weihe, Pressung, Konsumation und Libation des Saftes der Haoma-Pflanze) ist heute die Mitte der zoroastrischen Liturgie. Das Ritual wird dabei von zwei Priestern für die Gemeinde durchgeführt mit dem Ziel, Ahura Mazda

---

[28] C. Cereti, Zarathustra/Zoroastrismus 1785.
[29] Sure 22,17.
[30] M. Hutter, Religionen 184–190.

und die geistigen Wesen (*yazatas* = Gottheiten) zu erfreuen, wobei die Liturgie zugleich auch den kosmischen Kampf zwischen Ahura Mazda und Angra Mainyu symbolisiert.

Ausschließlich in jungavestischer Sprache sind folgende Schriften: Der Videvdad (V. 1), das „Gesetz gegen die Dämonen". Mit Kapitel 3 beginnen Reinheitsvorschriften: Angaben hinsichtlich der Bearbeitung der Erde und Hinweise, sie nicht zu verunreinigen (V. 3); Vorschriften zur Behandlung von Leichen zur Vermeidung von Unreinheit (V. 5–12); aber Unreinheit von Frauen im Zusammenhang mit Menstruation und Geburt (V. 15; 16) oder aber sonstige Formen von Unreinheit (V. 17; 18); Weiter der Yascht (Yt.), der Anrufungen und Preisungen von Gottheiten beinhaltet.

Davon zu unterscheiden sind religiöse Texte aus spätsasanidischer und frühislamischer Zeit in mittelpersischer Sprache (Pahlevi). Es handelt sich hierbei um keine wörtlichen Übersetzungen, sondern eher um erklärende Bemerkungen zu einzelnen Versen oder Kommentierungen zum Thema des jeweiligen Abschnittes; diesen Texten kommt kein Offenbarungscharakter mehr zu.

Möglicher Einfluss auf das Judentum

Ein möglicher Einfluss verschiedener Elemente des Zoroastrismus auf das Judentum (Engellehre, Dämonologie, Apokalyptik und Eschatologie, Auferstehung der Toten, messianische Hoffnungen/Erlöser) wird sehr kontrovers diskutiert. Der positive Einfluss für das palästinensische Judentum im 2. Jh. v.Chr. ist sehr wahrscheinlich. „Vieles spricht dafür", schreibt Hultgrad, „dass das palästinensische Judentum der hellenistisch-römischen Periode eben in der ersten Hälfte des 2. Jh. v.Chr. entscheidende Anregungen von der iranischen Religion bekommen hat, die sich in demselben Ausmaß nie wiederholten".[31] Das Judentum war in dieser Zeit vielfältigen Strömungen im Rahmen der Begegnung mit dem Hellenismus ausgesetzt; in diesem Zusammenhang wurde die iranische Religion zu einem „antreibenden und vorbildlichen Faktor, um jene Probleme zu lösen".[32]

Komplexer und kontroverser wird der Diskurs um den Nachweis für einen möglichen Einfluss in der Achämenidenzeit geführt. Diese wird als jene Zeit gesehen, wo die Toleranzpolitik ihrer Herrscher gegenüber den Religionen der von ihnen unterworfenen Völker vorherrschend gewesen sei. Vor allem sei dafür die achämenidische Politik gegenüber den Judäern ausschlaggebend gewesen, wie sie bei Esra und Nehemia zum Ausdruck kommt, wo den nach Babylon verschleppten Juden die Erlaubnis zur Rückkehr und zum Wiederaufbau des Tempels erteilt wird; weiters bei Deuterojesaja (45,1ff) wo Kyrus als „Gesalbter Jahwes" gepriesen wird. Nach Ahn habe daher die Rezeption dieser Sichtweise in Werken

---

[31] A. Hultgard, Das Judentum in der hellenistisch-römischen Zeit und die iranische Religion. In: H. Temporini/W. Haase (Hg.), Aufstieg und Niedergang der römischen Welt. Berlin 1979, 558.
[32] A. Hultgard, Das Judentum 582.

der modernen Forschung auch gravierende Auswirkungen auf die Beschreibung von interkulturellen Begegnungsprozessen zwischen Juden und Persern dieser Zeit gehabt.[33] Denn diese politisch bevorzugte Behandlung der Juden durch die Achämeniden wurde religiös begründet und zwar in einem gemeinsamen monotheistischen Gottesbild, das Juden und Zoroastriern gemeinsam sei, nämlich der Glaube an den einen Schöpfer- und Himmelsgott. Freilich gibt es daneben eine andere Interpretationsweise, nämlich dass die Ursache für diese Toleranzpolitik rein im politischen Machtkalkül der Achämeniden begründet liege.

Nach Ahn lasse sich diese religiöse Toleranzpolitik der Achämeniden gegenüber fremden Völkern nicht nachweisen. Außerdem lassen sowohl die Gottesvorstellungen des Avesta als auch jene der achämenidischen Inschriften keine monotheistische Interpretation zu.[34] Dies alles sei zu berücksichtigen, wenn von einem möglichen Einfluss des Zoroastrismus auf das Judentum gesprochen wird.

Für eine Neubestimmung des Verhältnisses der Juden und der Achämeniden sei ausschlaggebend, dass jüdische und persische Kultur seit der frühen Achaimenidenzeit in Kontakt gestanden haben und es in diesem Rahmen auch zu kulturellen Entlehnungen gekommen ist.[35] Das heißt, dass man grundsätzlich mit der Möglichkeit einer Beeinflussung der jüdischen Theologie durch zoroastrische Vorstellungen seit der Achämenidenzeit (ab Mitte des 6. Jh. v.Chr.) rechnen könne. Strittig sei allerdings in der Forschung, ob dies gleichzeitige auch auf „religiöse Interaktions- und Austauschprozesse" schließen lässt. Ahn mahnt jedoch, dass man die in nachexilischer Zeit beobachtbaren Umbrüche in der jüdischen Theologie nicht zu vorschnell „als Reflexe eines auf dieser geistigen Verwandtschaft basierenden jüdisch-persischen Kultur- und Religionskontaktes" deuten dürfe.[36] Hierfür ausschlaggebend ist natürlich auch die Frage, wie weit sich eine Religion öffnet, und wie weit sie sich abschottet und abgrenzt.

Hutter[37] geht davon aus, dass man zumindest in den Büchern Tobit, Esther, Daniel und in Pseudepigraphen mit iranischen Einflüssen rechnen könne. Freilich bestehe daneben durchaus auch die Möglichkeit, dass Vorstellungen über Griechenland in das achämenidische Persien eingedrungen sein könnten. Im Zusammenhang mit der Diskussion über einen möglichen Einfluss bezüglich der Engellehre, der Dämonologie, der Jenseitsvorstellungen und der Apokalyptik vom Zoroastrismus auf das Judentum differenziert Hutter[38] folgendermaßen: Einfluss müsse nicht heißen, dass etwa völlig Neues und Fremdes im Judentum entstanden ist, sondern vielmehr Ansätze, die in älteren Schichten des Alten Testaments vorhanden waren, durch neue Impulse nichtjüdischer Provenienz eine Akzentverschiebung erhalten haben.

---

[33] G. Ahn, Toleranz und Reglement 196.
[34] G. Ahn, Toleranz und Reglement 200.
[35] G. Ahn, Toleranz und Reglement 201.
[36] G. Ahn, Toleranz und Reglement 206. M. Hutter, Religionen 241–244.
[37] M. Hutter, Religionen 243.
[38] M. Hutter, Religionen 243.

Neben den offiziellen Vertretern einer Religion bzw. ihrer normativen Ausrichtung gibt es die Ebene der konkret gelebten Religion des breiten Volkes, die ein vielfältiges oft „unorthodoxes" Spektrum zeigt. Auf dieser Ebene, die natürlich schwer einzufangen ist, weil sich die Vorgänge einer deskriptiven Erfassung auf weite Strecken entziehen, sind diverse Austauschprozesse und die damit verbundenen Modifizierungen und Weiterbildungen innerhalb eines bestimmten kulturellen Rahmens vermutlich noch intensiver. Gerade in der Frage der Beeinflussung des Judentums durch den Zoroastrismus kommen Themen mit ins Spiel, die überwiegend die Volksreligiosität betreffen, wie Engellehre und Dämonenvorstellungen, dualistische Erklärungsmodelle der Welt, messianische Konzepte eines Heilbringers usw. Diese Themen dienen als Deutungsmuster zentraler Bereiche des menschlichen Daseins, denn das Erleiden von Ungerechtigkeiten durch Völker oder einzelne Personen nährt Endzeitvorstellungen und gibt Heilbringern und Rettergestalten Konturen, mit denen man die Erwartung verbindet, dass sie von der Fremdherrschaft befreien.

Jüdische Schriften der Antike

In der Zeit der hellenistischen und der römischen Kultur siedelten viele Juden in den Städten und Regionen außerhalb Palästinas. Mit der griechischen Sprache übernahmen sie dort auch griechische Denkweisen und Lebensformen. Im Bemühen um die eigene religiöse und kulturelle Identität lasen sie die Tora, die Propheten und jüdische Weisheit in griechischer Sprache. Gebildete Juden in den großen Städten begannen bald, ihre eigenen Glaubensvorstellungen mit dem griechischen Denken zu verbinden und diese Einsichten in schriftlicher Form darzulegen. So entstand eine umfangreiche jüdisch-hellenistische Literatur, die von unterschiedlichen Gruppen und Überzeugungen geprägt wurde.

Diese Literatur soll in einer kurzen Übersicht dargestellt werden, denn sie dokumentiert den kreativen Auschtausch zweier Kulturwelten. Sie ergänzt die Schriften, die später zur jüdischen Bibel wurden, und führt sie weiter; sie vermittelt diese dem breiten Volk. Zumeist werden diese Schriften als *apokryphe Schriften* zum Alten Testament bezeichnet, oder sie werden als zwischentestamentliche Literatur zusammen gefasst. K.M. Woschitz hat sie *Parabiblica* genannt, weil sie parallel und nachfolgend zur Bibel entstanden sind. Sie geben uns Einblick in die Vielfalt der jüdischen Glaubenswelt und Kultur zu dieser Zeitepoche.

Zum andern zeigen diese Schriften religiöse und moralische Lernprozesse an, die später oder gleichzeitig im frühen Christentum zum Tragen gekommen sind. Viele Lehren und Bilder des Neuen Testaments werden erst vor dem Hintergrund dieser jüdischen Schriften verständlich. Dieser interkulturelle Lernprozess zeigte sich bereits in den Schriften der jüdischen Weisheit. Wir erkennen in diesen Schriften aber auch den Prozess der Abgrenzung gegenüber dem Fremden und Neuen. Vor allem die Schriften der Apokalyptik zeigen tiefe Ängste vor der griechischen und römischen Lebenswelt.

Suche nach Wahrheit

In Alexandria lehrte im 1. Jh. v.Chr. ein jüdischer Weiser, der griechische Philosophie mit jüdischem Denken verbinden wollte. *Aristoboulos* hatte von den Stoikern die Methode der allegorischen Mythenauslegung gelernt, er wandte sie nun auch auf die jüdische Tradition an. Eusebius und Klemens von Alexandria berichten von diesem Denker, der die jüdische Schöpfungslehre mit der griechischen Kosmologie verbinden wollte. Er war aber von der Überlegenheit und zeitlichen Priorität der jüdischen Lehren überzeugt, die griechischen Philosophen hätten von den Hebräern gelernt. Dies ist für den platonischen Schöpfungsmythos im „Timaios" zwar nicht auszuschließen, aber auch nicht zu beweisen. Diese Frage ist nach heutigem Wissensstand nicht zu entscheiden. Aristoboulos übernahm von den pythagoräischen Lehrern die Vorliebe für die Zahl 7, die auch in der jüdischen Schöpfunslehre zentral ist. Sie hängt einfach mit dem Mondkalender zusammen. Später hat Philo von Alexandria diese Lehren aufgeriffen und selbständig weiter entwickelt.[1]

Ein anonymer philosophisch und rhetorisch gebildeter Autor verfasste zu Beginn des 1. Jh. n.Chr. das *Vierte Makkabäerbuch*. Es ist möglich, dass Paulus aus Tarsos dieses Werk kannte, wie A. Deissmann vermutet hat. Es schildert den Wiederstand der jüdischen Makkabäerbrüder gegen den griechischen Tyrannen und deutet ihr Martyrium als Selbstopfer für die Tora Jahwes. Doch die Martyrer des Glaubens leben nach ihrem Tod weiter, sie haben ein ewiges Leben beim Bundesgott. Wir erkennen in dieser Schrift die stoische Lehre von der aufrechten Vernunft (orthos logos), die auf den religiösen Glauben übertragen wird. Die weisen Martyrer lebten in der Übereinstimmung mit der ewigen Weltvernunft (logos), sie wurden von den Wirren und Leiden des Lebens nicht mehr hin und her gerissen. Sie folgten ihrer sittlichen Pflicht und ihrer inneren Überzeugung, damit konnten sie jedes Schicksal ertragen. So hatte es Zenon von Kition gelehrt.

Die Urteilskraft sei die Führerin zu den Tugenden und die Beherrscherin der Leidenschaften. Doch die Norm des guten und des vernünftigen Lebens liege im Gesetz des Moses, deswegen müsse der gläubige Jude für das göttliche Gesetz sterben. Das ganze Leben sei ein Kampf (agon) um die Tugend, der weise Glaubende werde nicht mehr von Gefühlen zerrissen, er lebe im Gleichgewicht (apathia). Der jüdische Priester Eleazar widersetzte sich den Befehlen des Tyrannen, er wollte kein göttliches Gebot übertreten. Auch die sieben makkabäischen Brüder seien als Martyrer des Glaubens gestorben, in ihnen sei die von Gott gelenkte Vernunft die Herrin über die Triebe und Gefühle geblieben. Der Tyrann könne nur den Leib, aber nicht die Seele (psyche) töten (13,13–15).

Hier haben gebildete Juden bereits die griechische Lehre von der Unsterblichkeit der Seele von den Orphikern und Platonikern rezipiert. Die jüdische Vorstellung von der leiblichen Auferstehung der Gerechten (2Makk 7,14; Ps. Sal. 3,16; Test. Jud, 25,1) wird auch hier übernommen. Unsterblichkeit (athanasia) des Gerechten meint in diesem Denken das ewige Leben in der Welt Gottes, während die Seele der Übeltäter im göttlichen Gericht bestraft wird. Gott wird als weise gepriesen, denn er schenkt den Glaubenden den Sieg über das Leiden. Die Martyrer stehen nahe beim göttlichen Thron und erleben ewige Seligkeit. Die Lehre von der Ver-

---

[1] K.M. Woschitz, Parabiblica. Wien 2005, 94–106.

wandlung der Leiden in der göttlichen Herrlichkeit ist auch für Paulus wichtig, sie prägt fortan die jüdische und die christliche Martyrerverehrung.

Das Gesetz des ewigen Weltgottes ist stärker als alle Tyrannen dieser Welt, denn Gott belohnt die Tugend und bestraft die Übeltat. Der Siegespreis der Tugend sei ein Ausgleich für die bitteren Leiden der Gegenwart. Die Vorstellung, dass die Frommen in ewiger Gemeinschaft bei Gott leben, findet sich schon im Buch der Weisheit (3,9).[2]

Hekataios von Abdera (4./3. Jh. v.Chr.) hatte unter dem König Ptolemaios I. einen Exkurs über die Juden verfasst, der später von Diodoros aus Ägypten (bibliotheke historike) zitiert wurde. Darin wird Moses als vorbildhafter Weiser und Lehrer dargestellt, das monotheistische Gottesbild und die hohe Sozialmoral der Juden wird gelobt. Hekataios berichtet vom bildlosen Gottesdienst und vom Tempelstaat Juda, von den rituellen Reinheitsgesetzen, den Priestern als den Hütern des Gesetzes, von der Erziehung der Juden und der Verteilung des Besitzes. Er berichtet, dass die Juden keine Kinder aussetzen und dass ihr Gott keine menschliche Gestalt (anthropomorphos) habe. Wegen einer Seuche, die die Götter als Strafe geschickt hätten, und wegen ihrer Absonderung von den Ägyptern seien die Juden aus Ägypten ausgezogen.

Der Autor Strabo griff den freiwilligen Auszug der Juden unter der Führung des Moses auf, dieser Führer sei ein dissidenter ägyptischer Priester gewesen. Er habe mit seinen Anhängern den einen Weltgott verehrt, diese Einsicht habe er aus der Philosophie gewonnen. Deswegen lehnte er die menschlichen und tierischen Bilder der ägyptischen Götter ab, er lehrte einen bildlosen Kult und einen rein moralischen Gottesdienst. Zwei spätere Textfragmente (Pseudo-Hekataios I und II) sprechen abenfalls vom freiwilligen Auszug der Juden aus Ägypten. Sie sagen, die Weisheit des Moses sei der Lehre der Ägypter überlegen, denn er habe die höhere Tugend gelehrt. Der eine Weltgott sei der Schöpfer aller Dinge.[3]

Aus dem 2. Jh. v.Chr. stammt der *Aristeasbrief*, der in der jüdischen Tora die ganze göttliche Weisheit geoffenbart sieht. Wie der Philosoph Euhemeros von Messeme deutet auch er die griechischen und ägyptischen Götter als vergrößerte Herrscher und Kriegshelden. Die Verehrung der Götter in den Tierbildern Ägyptens hält er für töricht. Im Menschenbild wird deutlich zwischen dem Körper und der Seele (psyche) unterschieden. Grundsätzlich sei die jüdische Weisheit der griechischen Philosophie weit überlegen. Bei der Bitte um die Freilassung jüdischer Gefangener folgte der ägyptische König dem stoischen Ideal der Menschlichkeit (philanthropia). Die ägytischen Priester nannten die Juden wegen der Verehrung eines einzigen Gottes „Menschen Gottes" (anthropoi theou). Die jüdischen Reinheitsgebote seien für die moralische Formung der Glaubenden nötig.

Bei einem Festmahl (symposion), das eine Woche dauert, werden die Grundfragen des Lebens und der Weisheit diskutiert. Vom König wird gesagt, dass er

---

[2] G. Delling, Die Bewältigung der Diasporasituation durch das hellenistische Judentum. Göttingen 1987, 65–80. K.M. Woschitz, Parabiblica 108–145.
[3] K.M. Woschitz, Parabiblica 145–152

die Gottheit nachahmen und daher gottesfürchtig leben müsse. Dann werde er das Rechte tun und mit Gerechtigkeit herrschen. Gemäß der Goldenen Regel der Moral müsse er seinen Untertanen menschenfreundlich begegnen, er dürfe ihnen nichts antun, was er selber nicht erleben möchte. Er muss sich selbst beherrschen und die Gleichheit der Menschen anerkennen, das bewahre ihn vor Übermut. Wir erkennen hier deutlich Gedanken und Wertungen der kynisch-stoischen Philosophie. Die Frömmigkeit und die Liebe seien Gaben des Gottes, die ein Menschenleben reich machen. Die bisherigen Tieropfer an den Tempeln sollen durch moralische Einstellungen vergeistigt werden, die rechte und gute Gesinnung sei für alle lebbar.

Die Tugend zeige sich in der Besonnenheit und Mäßigung, sie schenke den Menschen ein glückliches Leben. Der eine Weltgott regiere die Welt mit Güte und ohne Zorn, die weisen Menschen folgen seinen Geboten und Gesetzen. Wie ein Steuermann müsse die aufrechte Vernunft ein Leben lenken. Solche Gedanken finden sich auch im Buch Jesus Sirach. Der weise König müsse alles mit kritischem Verstand beurteilen, die Einsichten der Philosophie solle er in die Tat umsetzen, dann wird er von Gott geehrt werden. Ein guter und gebildeter Charakter sei am besten zur Herrschaft im Staat geeignet, dann können die Untertanen im Frieden leben. Deutlich wird auf das „Symposion" Platons Bezug genommen. Der beste Gottesdienst des Königs sei die Verwirklichung der Gerechtigkeit, dieser solle die Wahrheit sagen, sich selbst beherrschen und von Liebe zum Vaterland erfüllt sein.

Gott allein schenke den Menschen die Mittel zur Verwirklichung der moralischen Tugenden. Die Juden verehren denselben Gott wie die anderen Völker, sie alle geben ihm verschiedene Namen (Zeus und Dis). Ein Gott hat alles erschaffen, er belebt und leitet die Welt. Mit diesen Gedanken baut der Autor eine Brücke zwischen dem polytheistischen Glauben an die vielen Götter und Göttinnen und dem monotheistischen Bekenntnis zum einen Weltgott. Er steht dem Buch der Weisheit (Kap. 13–15) nahe und wirbt für die Akzeptanz der griechischen Übersetzung (Septuaginta) der jüdischen Bibel. Im Kulturmilieu der Großstadt Alexandria möchte er den jüdischen Glauben für das griechische Denken öffen. Auf diesen Autor greifen später Philo von Alexandria und Josephus Flavius zurück. Insgesamt ist der Aristeasbrief ein wichtiges Zeugnis für den Dialog der antiken Kulturen im Bereich der Moral und der Religion.[4]

Der jüdische Autor *Artapanos* zeichnete im 2. Jh.v.Chr. in seinem nicht erhaltenen Buch „Über die Juden" ein idealistisches Poträt des Religionsgründers und Kulturbringers Moses. Dieses Buch ist uns nur in Zitaten anderer Autoren erhalten, etwa bei Klemens von Alexandria und Eusebius. Abraham habe den Ägyptern wertvolle Erkenntnisse der Sternenkunde gebracht, Joseph sei der Begründer der Landvermessung und Moses der Erfinder der ägyptischen Schrift. Dieser habe auch die Philosophie nach Ägypten gebracht, er habe Maschinen für den Transport

---

[4] G. Veltri, Eine Tora für den König Talmai. Tübingen 1994, 68–78. K.M. Woschitz, Parabiblica 152–176.

von Steinen und neue Kriegswaffen erfunden. Damit sei die jüdische Kultur der ägyptischen überlegen und älter als diese. Mit dieser Schrift antwortet Artapanos auf den ägyptischen Priester Manetho, der in einer Schrift Moses und die Juden abwertend dargestellt hatte.

Aber schon früh waren in Alexandria antijüdische Vorurteile entstanden, wegen der Selbstausgrenzung der jüdischen Lebensform. Zur Zeit des Kaisers Caligula kam es zu Ausschreitungen der Griechen gegen die Juden, beide Parteien sandten Gesandtschaften zum Kaiser. Auf der Seite der Juden war der Philosoph Philo, auf der Seite der Griechen der Historiker Ptolemaios Apion. Josephus Flavius hatte danach eine Schrift „Gegen Apion" (Contra Apionem) verfasst, in der er den Glauben und die Lebensform der Juden verteidigte. Auch Tacitus (Historia 5,5) berichtet, dass die Juden wegen der Beschneidung der Männer, der Sabbatgebote und der Speisevorschriften verspottet wurden.

Für den Griechen Herodot waren die Ägypter das weiseste und älteste Volk, von denen die anderen Völker gelernt hätten. Dem widersprach Artapanos mit der Behauptung, alle Weisheiten und kulturellen Techniken seien von den Juden zu den anderen Völkern gekommen. Diese ethnozentrische Idee findet sich später bei Aristoboulos und bei Philo, sie ist ein Ausdruck des religiösen Erwählungsglaubens der Priester und Propheten. Wenn der Bundesgott Jahwe der eine Weltgott ist, dann müssen alle Weisheiten und Kulturtechniken vom ihm stammen. Wir erkennen hier ein starkes Konfliktpotential mit anderen Kulturen, was nach heutigem Wissen aus einem Gefühl der Schwäche und der Minderwertigkeit kommt.[5] Dieses Grundgefühl wird im Zeichensystem der Religion überkompensiert.

Auch *Eupolomos*, der um 158 v.Chr. schrieb und von Eusebius zitiert wird, behauptet in einer Schrift, Moses sei der erste Weise gewesen, er habe den Juden die Schrift gebracht, von ihm hätten die anderen Völker die Kulturtechniken gelernt. Ein *Pseudo-Orpheus-Hymnus* verbindet die griechische Orpheusmystik mit dem jüdischen Glauben an einen einzigen Gott. Dieser eine Gott sei der Ursprung von allem, er lasse Gutes und Böses über die Menschen kommen, für die Sterblichen sei er unsichtbar. Doch sei er überall in der Welt zugegen. Moses sei in die göttliche Welt entrückt worden. Orpheus belehrt als göttlicher Proselyt (ein Grieche, der zum jüdischen Glauben übertrat) seine Schüler über die Geheimnisse des Kosmos und der Schöpfung. Der Text liegt in vier Fassungen vor und dürfte im 1. Jh. v.Chr. entstanden sein.[6]

Das *Dritte Makkabäerbuch* gibt Einblick in die Lebenswelt der Juden in Ägypten im 1. Jh. v.Chr. Es berichtet von Anfeindungen der Nichtjuden, der Beter wendet sich an den Bundesgott um Hilfe in der Not. Gott ist der Wahrhaftige und Lebendige, ein „Vater für seine Söhne". Ung. 50 Jahre später hat Jesus von Nazaret den Bundesgott als seinen Vater gepriesen. Das ganze Volk wird „Söhne Gottes" (6,28)

---

[5] N. Walter, Artapanos. Göttingen 1976, 121–136. G.E. Sterling, Historiography and Selfdefinition. Cambridge 1992, 167–182. K.M. Woschitz, Parabiblica 176–187.
[6] K.M. Woschitz, Parabiblica 193–206.

genannt, es wird aus der Not errettet. Doch der fremde König schenkt dem Volk der Juden die Freiheit zurück, sie dürfen in ihre Heimat zurück kommen. Deswegen feiern sie ein großes Freudenfest und singen ihrem Gott Lieder des Dankes. Der Autor dieses griechischen Romans ist ein Vertreter der deuteronomischen Lehre der Priester. Er will den König Ptolemaios davon abhalten, die Juden zu vernichten, weil ihr Bundesgott für sie streite.[7]

Ein historisches Drama verfasst der *Tragiker Ezechiel* im 2. Jh. v.Chr., dabei folgte er der griechischen Bibelübersetzung (Septuaginta). Er inszeniert den Auszug des Volkes Israel aus Ägypten (Exagoge) als griechiches Drama, er muss also die Dramen von Aischylos oder Sophokles gekannt haben. Das Werk hat er in jambischen Trimetern abgefasst. Begonnen wird mit einem Prolog, dann folgen viele Monologe und Dialoge, ein Traum des Moses, die Deutung des Traumes, ein Gespräch des Moses mit Gott, die Anweisungen an das Volk und die Berichte der Boten. 269 Verse dieses Werkes sind erhalten geblieben, es war aber umfangreicher. Darin führt der Bundesgott sein Volk durch alle Gefahren, er vernichtet das Heer der Ägypter, seine Stimme strahlt im brennenden Dornbusch. Immer schenkt er seinem Volk die Gnade und Errettung. Der ägyptische Vogel Phönix ist in diesem Drama das Symbol der Todesüberwindung.[8]

Streben nach der Weisheit

Die jüdische Weisheitslehre wurde auch außerhalb der Bibel vielfältig entfaltet und weiter geführt. So dürfte die Geschichte vom *Weisen Ahikar* im Raum Nordsyriens entstanden sein, wo aramäisch gesprochen wurde. Ahikar stellt sich als Ratgeber des assyrischen Königs vor, er verfasste Lebenslehren und Sprüche der Weisheit. Mit einer bildhaften Sprache will er viele Mitmenschen zu einem guten und frommen Leben anleiten. Wer die Weisheit liebe, der diene dem Leben. Gott sei der ewige Richter, er belohne die Tugend und bestrafe jede Übeltat. Wie ein strenger Erzieher (paidagogos) züchtigt er die Menschen, damit sie lernen, seinen Geboten zu folgen. Das Werk ist den Büchern Tobias und Jesus Sirach bekannt, manche Sprüche könnten auf alte Orakel zurück gehen. Ein aramäischer Text findet sich in den Papyri von Elephantine, einer jüdischen Kolonie in Ägypten.[9]

Ein religiöses Lehrgedicht von *Pseudo-Phokylides*, das zur Zeit des römischen Kaisers Caligula entstanden sein dürfte, verbindet die jüdische Weisheit mit den Lehren der stoischen Ethik. So werden die Gelassenheit und die Besonnenheit betont, gefordert wird die Solidarität mit den Armen, gelobt werden die einfrige Arbeit, die treue Ehe und die Hoffnung auf die Auferstehung vom Tod. Da von der Sektion von toten Körpern die Rede ist, dürfte die Schrift in Alexandria entstanden

---

[7] M.L. Wills, The jewisch novel in the ancient world. Chicago 1995. K.M. Woschitz, Parabiblica 207–219.

[8] R. Kannicht, Musa tragica. Die griechische Tragödie von Thesbis bis Ezechiel. Göttingen 1991, 216–255. K.M. Woschitz, Parabiblica 221–235.

[9] K.M. Woschitz, Parabiblica 243–260.

sein, denn dort wurden seit langem Leichen von Ärzten untersucht und erforscht. Dort gab es Schulen der empirischen Medizin.

Im großen Roman *Joseph und Asenath* wird ausführlich der Übertritt von der griechischen zur jüdischen Religion geschildert. Es wird erzählt, Joseph habe in Ägypten Asenath, die Tochter eines Priesters, geheiratet, diese sei vor der Ehe zum jüdischen Glauben übergewechselt. Der König habe seine Zustimmung gegeben, dass der Jude Joseph die Tochter des Pentephros heiraten konnte. Dann will der Autor die Vernünftigkeit und moralische Vorbildlichkeit des jüdischen Glaubens darlegen. Dabei sind die moralischen Lebenswerte deutlich von der stoischen und kynischen Philosophie geprägt. Die Proselyten werden als vollwertige Juden gewertet, weil sie sich dem einen Weltgott zugewandt haben. Dann wird die erste Begegnung des jungen Paares, die Zeit der Brautwerbung und die Feier der Hochzeit geschildert.

Der Name der Braut Asenath sagt, dass sie der Göttin Neith geweiht war. Beim Aufnahmeritual in den jüdischen Glauben bekennt die Braut vor der jüdischen Gemeinde ihre bisherigen Sünden, dann wird ihr das göttliche Heil zugesagt. Nun empfängt sie einen neuen Namen und ein neues Gewand, dann folgt ihre große Seligpreisung. Als Sybol der neuen Gemeinschaft empfängt sie Honig, dann wird das Ritual erklärt und gedeutet, es endet mit dem heiligen Kuss mit allen Versammelten. Vorher war ein Trennungsritual mit der Verwerfung der ägyptischen Götterbilder voraus gegangen. Die Proselytin sei nun zum Gott Israels „umgekehrt" (metanoia), dieser schenke ihr nun den Geist der Wahrheit und der Weisheit, denn er sei barmherzig. Die neue Jüdin ist jetzt von der Finsternis zum Licht geschritten, vom Irrtum zur Wahrheit, nun muss sie im Leben den neuen Weg der Tugend gehen. Das Buch dürfte um das Jahr 100 v.Chr. in Ägypten verfasst worden sein, es enthält Anklänge an griechische Mysterienriten.[10]

Das *Leben Adams und Evas* wird auf griechisch „Apokalypse des Moses" genannt. Es ist griechisch übersetzt, ein hebräischer Originaltext ist wahrscheinlich. Darin wird das Leben des ersten Menschenpaares in vielen bildhaften Erzählungen ausgeschmückt. In der lateinischen Fassung findet sich die Erzählung vom Sündenfall des Teufels, der sich als Engel geweigert hatte, vor Adam niederzufallen und ihn anzubeten. Diese Version findet sich 600 Jahre später im islamischen Koran, sie muss in Arabien verbreitet gewesen sein.

Auf das Buch *Jannes und Jambres* wird im christlichen zweiten Timotheusbrief (3,8f) Bezug genommen. Das waren zwei ägyptische Zauberer, die sich dem Moses widersetzt hatten, weil sie mit dem Teufel im Bunde waren. Dieses Werk dürfte zu Beginn des 1. Jh. n.Chr. in griechischer Sprache verfasst worden sein.

In der *Geschichte der Rechabiten* ist von den „Inseln der Seligen" die Rede, welche die tugendhaften Menschen nach ihrem Tod erreichen werden. Der ursprünglich jüdische Text weist spätere christliche Ergänzungen auf, was anzeigt,

---

[10] M. Philonenko, Joesph and Asenath. Leiden 1968, 134–145. K.M. Woschitz, Parabiblica 269–292.

dass die frühen Christen auch jüdische Texte weiter interpretiert haben. In dem Werk ist von der jungfräulichen Geburt des göttlichen Logos und von der Zeit des Fastens die Rede. Vor allem die äthiopischen Handschriften zeigen, dass später christliche Autoren den Text weiter geschrieben haben.

Ein Werk *Leben der Propheten* dürfte im 1. Jh. n.Chr. verfasst worden sein, es hat 23 Lebensgeschichten von jüdischen Propheten zum Inhalt. In der Darstellung folgt das Buch deutlich den griechischen Heldenromanen, darin haben die Engel die Botenfunktion zwischen Gott und den Menschen. Erwartet wird die Auferstehung von der Toten, die Propheten werden an einem himmlischen Ort in einer neuen Gemeinschaft leben. Im göttlichen Gericht werden die Taten aller Menschen beurteilt. Der christliche Hebräerbrief nimmt wahrscheinlich auf dieses Werk Bezug.[11]

Eine eigene Gruppe der jüdischen Literatur in der griechischen Zeit bilden die Vermächtnisse (Testamente) der großen Männer des Glaubens. Denn in ihren letzten Worten haben diese ihre Weisheiten und Lebensregeln mitgeteilt, sie sind mit Abschiedsworten vor dem Sterben verbunden. So sind die *Testamente der zwölf Patriarchen* ein jüdisches Werk mit ermahnendem Charakter, später wurden in einzelne Texte christliche Lehren eingefügt. Entstanden sind diese Schriften in der griechischen Synagoge, wo um die rechte Lebensführung und um die Erwartungen für die Zukunft gerungen wurde. Erwartet werden häufig Messiasgestalten, aber auch die Auferstehung von den Toten. Aber damit die Gläubigen ihre Lebensziele erreichen, müssen sie im Leben die Tugenden des rechten Glaubens verwirklichen.

Die Struktur dieser Texte ist ähnlich, zuerst wird die Lebensgeschichte des Patriarchen dargestellt, dann folgt die sittliche Ermahnung. Den Schluss bildet immer der Blick in die Zukunft, vor allem auf die Ereignisse nach dem Tod. So ermahnt Ruben die Gläubigen, Reue über das Böse zu zeigen und die rechte Gesinnung zu suchen. Gewarnt wird vor den sexuellen Verführungen der Frauen, die stark zum Bösen neigen, denn es gelten die Regeln der patriarchalen Ehe, wo Frauen Besitzstücke der Männer sind. Asketisch zu leben sei auf alle Fälle besser als in eine fremde Ehe einzubrechen. In der Synagoge werden zuerst die Priester (presbyteroi), dann die Leviten und zuletzt die Laien zum Verlesen und Auslegen der heiligen Bücher aufgerufen. Die Menschen sollen ihre Herzen dem Bundesgott unterwerfen, aber vor den unsichtbaren Geistwesen keine Angst mehr haben.

Simeon warnt seine Nachkommen vor dem Neid, denn dieser wirke wie ein böser Dämon und verwüste die Seelen. Den Einfältigen schenke Gott seine Gnadenkraft, von den Hartherzigen wende er sich aber ab. Lewi gibt Anweisungen über den Priesterdienst in seinem Stamm und spricht über die Offenbarungen des kommenden Erlösers. In einer Vision schaut er den göttlichen Thron im Himmel sowie den vernünftigen und unblutigen Gottesdienst (3,6). Hier ist also von un-

---

[11] K.M. Woschitz, Parabiblica 293–361.

blutigen Opfern die Rede, wie sie später auch von den Christen gefordert werden (Röm 12,1–2), Eingeschärft werden die kultischen Waschungen vor dem Gottesdienst, was heute im Islam weiterlebt. Die Glaubenden werden untereinander zu Freundschaft und zu Gerechtigkeit aufgefordert. Bei der Auferstehung der Toten erwarten die Frommen den Lohn für ihre guten Taten. Der Text hat einige christliche Einschübe (16,3), die auf eine christliche Rezeption hinweisen.[12]

Juda empfiehlt seinen Nachkommen die Tapferkeit im Leben und im Glauben, er warnt vor der Hagbier und vor den unerlaubten sexuellen Beziehungen. Auf den Genuss von Wein solle verzichtet werden, denn in diesem seien viele böse Dämonen – dieses Alkoholverbot findet sich im Glauben der Moslems wieder. Gefährlich für das soziale Leben seien der Zorn, die Verschwendung der Güter, die Lüge und die Täuschung, die übermäßige Gewinnsucht und der Übermut, die Verleumdung und der Streit. Die Menschen hätten die Wahl, dem Geist der Wahrheit und des Lichtes zu folgen, oder sich von den Mächten des Irrtums und der Finsternis leiten zu lassen. Hier sind deutliche Zusammenhänge zum christlichen Johannesevangelium zu erkennen. Erwartet wird am Ende des Lebens der Messias, der ewiges Glück zu schenken vermag.

Issachar ermahnt seine Söhne und Töchter zur Einfalt im Leben und zur Lauterkeit im Herzen. Sie sollen die Gesetze des Bundesgottes lieben, den Armen helfen und die Schwachen annehmen. Die Ehe dürfen sie nicht brechen, alle werden zu fleißiger Arbeit auf den Feldern aufgefordert. Sebulon legt seinen Nachkommen das Mitleid mit den Leidenden und das Erbarmen mit den Schwächeren ans Herz. Die Männer werden zur Leviratsehe aufgefordert, wenn ihre Brüder frühzeitig gestorben sind, müssen sie deren Witwen Kinder zeugen und diese ernähren. Am Ende der Zeit werden alle in Jerusalem wohnen, wo der Bundesgott die Sonne der Gerechtigkeit scheinen lässt. Dan warnt seine Nachfahren vor dem Zorn und der Lüge, denn sie zerstören die Gemeinschaft. Der Neid habe keinen Platz im Herzen der Gerechten, doch der Teufel (Satan) verführe viele Menschen zum Bösen. Die Frommen sollen auf ihre Engel schauen, die bei Gott für sie Fürsprache einlegen.

Naphtali spricht zu seiner Sippe über die Vorteile des gerechten Lebens, die Menschen sollen die Gesetze des Bundesgottes treu befolgen. Die Gottesfurcht hält uns von bösen Taten ab und zeigt uns die Werke des Lichtes. Die gesamte Natur folge den göttlichen Befehlen, vor den Gestirnen müssen die Glaubenden keine Angst mehr haben. Die Übeltäter aber werden vom Teufel in Besitz genommen, sie sind dem Bundesgott ein Ekel. Gad spricht zu den Seinen über die Macht des Hasses, der den Frieden zerstört und in den frühen Tod führt. Allein die Liebe zu den Mitmenschen führe zum Leben und zur Rettung aus der Not. Die Gerechten und Demütigen scheuen sich, Unrecht zu tun, denn sie tragen die Satzungen des Bundesgottes in ihren Herzen. Die Nachfahren werden aufgefordert, einander

---

[12] M.E. Stone, The testament of Levi. Jerusalem 1969, 134–156. K.M. Woschitz, Parabiblica 340–361.

im Wort, in den Taten und in der Gesinnung zu lieben. Die Armen aber seien von Gott besonders geschützt.[13]

Aser schildert den Seinen den Weg der Bosheit, der immer ins Verderben führe. Sie sollen den Weg der Tugend wählen, den Gott von allen Menschen wünscht. Wir müssen immer zwischen diesen zwei Wegen im Leben wählen, Tugend und Laster lassen sich klar unterscheiden. Die Nächstenliebe decke in der Gemeinschaft viele böse Taten zu, am Ende erwarten die Glaubenden das ewige Leben (zoe aionios), die Erlösung vom Bösen und das Heil. Wenn dann der höchste Gott die Erde heimsuchen wird, dann werden die Frommen jubeln und jauchzen.

Joseph belehrt seine Sippe über die Tugend der Keuschheit und der Geduld. Kein Mann und keine Frau sollen die Ehe brechen, den fremden Ehepartner sollen sie niemals begehren. Aber viele Frauen versuchen, mit Zaubertränken und mit Lüge die Männer zum Ehebruch zu verführen. Das Fasten, das Gebet und die sexuelle Enthaltsamkeit seien dem Bundesgott wohlgefällig. Alle sollen nach der Geduld und Besonnenheit streben. Wer vom Bösen umkehrt und sein Herz den Gesetzen Gottes unterwirft, ist auf dem guten Weg des Lebens. Im Testament des Joseph (19) findet sich ein christlicher Einschub von der Geburt einer Jungfrau aus dem Stamm Juda.

Benjamin verabschiedet sich von den Seinen mit der Ermahnung zur aufrechten Gesinnung und zur Treue gegenüber dem göttlichen Gesetz. Wer den Armen mit Barmherzigkeit begegnet, empfängt vom Bundesgott die Ehrenkränze. Und wer eine gute Gesinnung (dianoia) in sich trägt, wird mit allen Mitmenschen im Frieden leben können. Er wird den Bedrängten zu Hilfe eilen und dem Teufel (Beliar) widerstehen können, denn seine Seele werde von den Engeln des Friedens geleitet. So sieht er die Reinheit der Liebe, als Mann stellt er keiner verheirateten Frau nach, weil der Geist Gottes auf ihm ruht. Die sich aber der Blutschande in der Sippe oder der widernatürlichen Sexualität hingeben, werden vor Gott zugrund gehen. Die Glaubenden blicken voll Freude auf die allgemeine Auferstehung der Toten, die Freuden der Endzeit werden als große kultische Feiern gesehen. Auch hier finden sich einige christliche Ergänzungen.[14] Dies zeigt, wie viel die frühchristlichen Lehrer von diesen jüdischen Texten übernommen haben.

Das *Testament des Hiob* ist eine Legende in der Form einer Mahnrede aus dem 1. Jh. v.Chr. Es könnte im Kreis der jüdischen „Therapeuten" in Alexandria verfasst worden sein. Denn diese studierten die heiligen Schriften, sangen große Hymnen und feierten alle 50 Tage ein nächtliches Fest mit einem Kultmahl, mit Lesungen aus den heiligen Schriften und mit Reigentänzen. Ihre Gebetsrichtung war nach Osten gerichtet, obwohl Jerusalem im Norden lag. Sie nannten sich „Diener Gottes" (therapontes) und standen in Konkurrenz zu den Essenern. Wichtig war

---

[13] K.M. Woschitz, Parabiblica 370–385. L. Rost, Einleitung in die alttestamentlichen Apokryphen und Pseudepigraphen. Heidelberg 1971, 98–114.

[14] K.M. Woschitz, Parabiblica 386–399. L. Rost, Einleitung 98–114.

ihnen ein tugendhaftes Leben (bios theoretikos), das von der aufrechten Vernunft geleitet werden sollte.

Im Testament des Hiob werden die Leiden des großen Dulders geschildert, seine Opfer werden als Tilgung von alten Sünden gedeutet. In den Hymnen wurde die Herrlichkeit des Bundesgottes besungen. Dann wird von den drei magischen Gürteln erzählt, die Hiob seinen drei Töchtern geschenkt hatte. Sie sollen diese Gürtel tragen, bis sie in die Welt des Himmels eingehen. Denn mit diesen Gürteln können sie schon jetzt in der Ekstase die göttliche Welt schauen, Krankheiten heilen und himmlische Stimmen vernehmen.

Wir erkennen in diesem Werk jüdische Mystik und Weisheit mit einander verbunden, sowie den Bezug zur griechischen Mysterienfrömmigkeit. Auch apokalyptische Ideen und magische Riten sind erkennbar. In der moralischen Unterweisung ist von den zwei Wegen die Rede, welche alle Menschen wählen müssen. Der Teufel (Satan) verführe die Menschen zu Lüge und Täuschung, dabei nehme er immer neue Gestalten an. Die Töchter Hiobs können im Erleben der Ekstase mit den Engeln im Himmel sprechen. Über der Menschenwelt wird eine Dimension der Geistwesen und Engel angenommen. In Alexandria gab es eine Siedlung der Therapeuten, welche in besonderer Weise die Tugend der Geduld (hypomone) leben wollten. In ihrem Umfeld dürfte dieses Werk entstanden sein.[15]

Auch hier erkennen wir deutliche Bezüge zur frühchristlichen Glaubensverkündigung, etwa bei Paulus von Tarsos. Es ist sehr wahrscheinlich, dass diese Ideen und Lehren der Therapeuten in Jerusalem und in anderen Synagogen griechischer Städte bekannt waren. Auch sie bilden eine Brücke zu den christlichen Vorstellungen, Riten und Lebensformen.

Ein *Testament des Abraham* stammt aus dem griechischen Judentum, es wurde im 1. Jh. v.Chr. oder n.Chr. verfasst. Eine genauere Datierung ist bisher nicht möglich. Hier nimmt der Stammvater Abraham von seinen Söhnen Abschied, da nimmt er ein letztes Mahl zu sich und spricht ein großes Segensgebet. Dabei bringen die Engel seine Worte zum Thron Gottes. Danach erzählt sein Sohn Isaak einen Traum über die Sonne und den Mond. Dann wird Abraham von den Engeln in die himmlische Welt getragen, nun darf er auf einem vergoldeten Thron neben dem Urvater Adam sitzen. Von dort schaut er auf die Erde zurück und sieht das Treiben der Menschen, danach sieht er den Strafort für die Sünder und Übeltäter. Er sieht das göttliche Gericht, wo der Erzengel Pyriel die Taten der Verstorbenen im Feuer (pyr) prüft. Nach dieser Prüfung werden ewiger Lohn oder ewige Bestrafung verteilt.

Schließlich gelangt Abraham in das himmlische Paradies, wo es keine Leiden mehr gibt, denn dort ist ewiger Friede. Nach diesem Werk sind sowohl die Juden, als auch die Griechen berufen, den Weg der Tugend zu gehen, um in das himmlische Land zu gelangen. Beim Tod trennt sich die Seele (psyche) vom Körper und

---

[15] R.P. Spittler, The testament of Job. Harvard 1971, 78–89. K.M. Woschitz, Parabiblica 399–414.

kommt vor das göttliche Gericht, allein die moralischen Handlungen entscheiden über den Wert oder Unwert eines Lebens.[16]

Ein *Testament des Isaak* ist stark asketisch ausgerichtet und enthält christliche Einschübe. Das *Testament des Jakob* enthält Lehren der griechischen Popularphilosophie und ist ebenfalls christlich überarbeitet und ergänzt worden. Das *Testament des Moses* (Assumptio Mosis) schildert den Abschied des großen Gesetzgebers von seinem Volk und ruft zur Befolgung der Gesetze auf. Dann betet dieser für sein Volk und schaut die Ereignisse der Endzeit. Da wird ein göttlicher Ordner (taxon) auftreten, der unter den Menschen wieder die göttliche Ordnung herstellen wird. Dann wird der Weltgott zum großen Gericht erscheinen, sein Zorn richtet sich gegen die Nichtjuden. Dieses ethnozentrische Werk dürfte von der Gruppe der Chassidim im 1. Jh. n.Chr. verfasst worden sein.

Das *Testament Salomons* ist volkstümlich gehalten und gibt uns Einblick in die jüdische Lehre der Engel, der Dämonen und der Gestirne. Sieben Himmelskörper bestimmen das Schicksal auf der Erde, die Dämonen greifen ständig in das Leben der Menschen ein und bringen ihnen Krankheiten. Sie senden den Neid, den Hass und die Zwietracht und stören das Zusammenleben. Durch magische Riten und Beschwörungen, durch Amulette und Ringe können die bösen Dämonen vertrieben werden. Eine ähnliche Dämonenvorstellung hatte die frühe Jesusbewegung, auch Jesus und seine Jünger haben mit Riten und Beschwörungen bösen Dämonen aus Menschen ausgetrieben. Das Werk wurde im 1. Jh. v.Chr. verfasst, es ist möglich, dass es der Autor des Matthäusevangeliums gekannt hat:[17]

Fortschreiben der Bücher

In der hellenistischen Zeit wurden viele Bücher der Bibel (Septuaginta) durch Ausleger und Lehrer auf kreative Weise weiter geschrieben. Dabei wurden die Inhalte des Geschriebenen auf die Zeitsituation der Hörer angepasst. Wir erkennen darin die kreative Arbeitsweise in den Synagogen und Schulen der Weisheit. So wird im *Buch der Jubiläen* der Inhalt der Bibel von Genesis 1 bis Exodus 12 auf freie und schöpferische Weise nacherzählt. Dieses Buch wird auch „Apokalypse des Moses" genannt, es thematisiert die Hoffnung der Juden auf die Befreiung von der Fremdherrschaft der Römer und auf die Errichtung eines neuen Tempels als Wohnstätte des Bundesgottes. Dieses neue Jerusalem wird dann von allen Nichtjuden gereinigt sein, es wird eine neue Schöpfung beginnen. Auch dieses Buch denkt stark ethnozentrisch.

Es wird gesagt, dass der Himmel und die Erde und alle Lebewesen zu einem neuen Leben verwandelt werden. Der Sabbat und die Feste werden von allen Volksgenossen eingehalten, denn Israel wurde vom Bundesgott erwählt. In vielen Visionen wird die Zukunft geschaut, in der die vielen Völker zum heiligen Berg

---

[16] K.M. Woschitz, Parabiblica 414–422. L. Rost, Einleitung 74–84.
[17] L. Rost, Einleitung 74–86. K.M. Woschitz, Parabiblica 424–456.

Sion hinaufziehen werden, denn dort wird das göttliche Paradies liegen. In den Tiefen der Erde sind die gefallenen Engel und die ungehorsamen Gottessöhne gefangen. Abraham wurde vom Erzengel Michael aufgefordert, seine Heimat in Chaldäa zu verlassen. Er ist für seine Söhne und Nachkommen zum moralischen Vorbild geworden, weil er dem göttlichen Willen folgte.

Nach dem Tod Abrahams wurde Isaak zum Träger des göttlichen Segens. Im Blick auf die Zukunft wird das göttliche Gericht geschaut, das vor allem die Nichtjuden hart treffen wird. Die Mischehen zwischen Juden und Griechen werden verboten und bestraft. Es werden zwei Messiasgestalten erwartet, ein priesterlicher Messias aus dem Stamm Levi und ein königlicher Erretter aus dem Stamm Juda. Die Menschen werden zur Gottesliebe und zur Bruderliebe aufgefordert. Die große Zeit unter Joseph in Ägypten wird wiederkehren, dann wird in Israel die Fremdherrschaft zu Ende gehen. Dann wird der Bundesgott wegen seiner großen Taten gepriesen, die Sünder bitten ihn um Vergebung ihrer Schuld. Dieses Werk dürfte um 100 v.Chr. in chassidisch orientierten Priesterkreisen in Jerusalem verfasst worden sein.[18]

Ein *Buch der biblischen Altertümer* (Liber Antiquitatum Biblicarum) wurde im 2. Jh. v.Chr. in hebräischer Sprache verfasst, es wird auch Pseudo-Philo genannt. Auch darin werden die heiligen Bücher der Synagoge weiter geschrieben, inhaltlich erkennen wir die Lehren pharisäischer Kreise. Das Werk besteht aus Genealogien und Erzählungen, aus Reden und Gebeten, der Verfasser bleibt anonym. Im Mittelpunkt steht die Theologie des Bundes Gottes mit seinem Volk, die Menschen müssen die göttlichen Gebote und Gesetze strikt befolgen, jede Übertretung wird hart bestraft. Am Ende der Zeit kommt eine neue Welt, die alte Weltzeit (aion) wird abgelöst. Beim Tod trennen sich die Seelen der Menschen vom Körper, sie sind unsterblich und gehen vor das göttliche Gericht. Dort werden sie nach ihren Taten beurteilt, die Guten und Gerechten werden im Frieden wohnen, die Bösen und Übeltäter werden ewig bestraft.[19]

Gebete und Psalmen

Im *Gebet des Jakob* finden wir starke Bezüge zu magischen Riten und Formeln, böse Dämonen sollen vertrieben werden. Das *Gebet des Joseph* vermittelt uns eine ausführliche Lehre von den Engeln und eine Mystik des Aufstiegs der Seele zum göttlichen Licht. Die Beter schauen auf die Gemeinde Israel im Himmel, sie sehen den Hofstaat der Engel um den Thron Gottes. Jakob wird als ein auf die Erde herabgestiegener Engel bezeichnet. Im *Gebet des Manasse* bittet der reuevolle Sünder den Bundesgott um Vergebung der moralischen Schuld. Gott wird darin Allherrscher genannt, der den Himmel und die Erde wunderbar geordnet hat. Sein Name ist Furcht erregend, doch er befreit die Sünder vom Bösen, wenn sie ihn

---

[18] L. Rost, Einleitung 89–99. K.M. Woschitz, Parabiblica 457–491.
[19] S. Spiegel, The last trial. New York 1967, 78–89. K.M. Woschitz, Parabiblica 492–516.

darum bitten und von den Übeltaten ablassen. Dieses Werk dürfte im 2./1. Jh. v. Chr. in griechischer Sprache verfasst worden sein.

Aus 18 Liedern bestehen die *Psalmen Salomos*, die im 1. Jh. v.Chr. in Palästina entstanden sind. Sie nehmen Bezug auf die Eroberung Jerusalems durch den römischen Feldherrn Pompejus im Jahr 63 v.Chr., als sich zwei Brüder des Hasmonäerdynastie bekämpften. Darin findet sich eine Klage über die Stadt Jerusalem, die jetzt von Fremdlingen verwüstet wurde. Deutlich wird der Glaube an die Auferstehung, an das göttliche Gericht und an das ewige Leben nach dem Tod ausgedrückt. Die Menschen werden vor der Gesetzlosigkeit und vor den verborgenen Sünden gewarnt, was pharisäischens Denken ausdrückt. Die Armen erhoffen sich Hilfe beim Bundesgott, die Frommen übergeben ihr Leben dem göttlichen Willen. Viele Zeitgenossen leben in der Sünde, deswegen trifft sie der göttliche Zorn. Die Übeltäter werden bestraft und gezüchtigt, aber nicht endgültig verstoßen. Denn Gottes Wege sind weise und gerecht, die Frommen dürfen darüber jubeln. Wer in der Treue und Liebe zum göttlichen Gesetz lebt, wird von allen Leiden befreit und erwartet die Seligkeit im Himmel.

Doch die Gottlosen, die sich der griechischen Kultur geöffnet haben, werden vom Bundesgott in der Hölle bestraft. Erwartet wird ein königlicher Messias aus dem Haus David, der die Herrschaft der Hasmonäerkönige beenden wird. Dieser Messias wird wie ein Hirt sein Volk sammeln und alle Fremden aus dem Land vertreiben. Diese ethnozentrischen Psalmen sind im Kreis der Pharisäer bzw. der Chassidim verfasst worden, sie richten sich gegen die priesterliche Partei der Saduzzäer, die sich mehrheitlich mit der griechischen Kultur und Herrschaft verbunden hat.[20]

Die *Oden Salomos*, die um 120 n.Chr. verfasst worden sind, zeigen eine jüdische Grundschicht, die aber später von Christen ergänzt und überarbeitet worden ist. In diesem Werk vermischen sich jüdische, christliche und gnostische Vorstellungen und Lehren. Die Menschen leben im Spannungsfeld zwischen der Wahrheit und dem Irrtum. Gott habe die Welt durch sein mächtiges Wort erschaffen. Dann sei der göttliche Erlöser vom Himmel zu den Menschen herabgestiegen, doch dort sei er fremd gewesen und schließlich seinen Gegnern erlegen. Aber mit göttlicher Hilfe habe er die Hölle des Teufels überwunden, danach sei er in die göttliche Welt zurück gekehrt. Seither befreit er die Menschen von der Unwissenheit und führt sie zum himmlischen Licht. Christus habe als Erlöser die feindlichen Mächte besiegt und das Kleid der Unsterblichkeit angezogen.

Wir erkennen in dieser Lehre eine Nähe zum Hymnus im christlichen Philipperbrief (2,5–11) und zum Johannesevangelium. Die Gläubigen sollen in der Reinheit der Herzen leben, keine Sklaven kaufen, nicht stehlen und keine Mitmenschen betrügen. Denn sie haben Anteil an der Gnade und der Herrlichkeit Gottes, erst aus der Erkenntnis (gnosis) der Warheit folge die rechte Frömmigkeit. Der Bundesgott habe „wie eine Mutter" ihre Brust bereitet, damit alle Gläubigen von

---

[20] L. Rost, Einleitung 89–98. K.M. Woschitz, Parabiblica 542–567.

ihr „die heilige Milch" trinken können. Diese müssen sich eng mit dem Christus verbinden, damit sie durch seine Liebe unsterblich werden. Die Gläubigen werden wie Christus göttliche Söhne, sie tragen wie er das Kleid des Lichtes. Die obere Welt habe sich mit der unteren Welt verbunden, deswegen sei die Erlösung vom Bösen schon geschehen.[21]

Apokalyptische Denkmodelle

In der hellenistischen Zeit entstanden viele jüdische Apokalypsen, die sich ursprünglich auf prophetische Visionen bezogen. Das Wort Apokalypsis bedeutet Aufdeckung eines göttlichen Geheimnisses. Diese Texte beziehen sich durchwegs auf eine bald erwartete Endzeit, in der der Weltgott Gericht halten und alle seine Feinde, die Israels Feinde sind, besiegen wird. Diese Apokyalypsen sind Phantasien der Ohnmacht und der Rache von besiegten oder bedrängten Gruppen. Die Gläubigen suchen bei ihrem Schutzgott Zuflucht und erbitten von ihm die Befreiung und die Rache an den Unterdrückern. Wir kennen apokalyptische Bilder in der jüdischen Kultur seit der Fremdherrschaft der Assyrer, der Babylonier, der Perser, der Griechen und der Römer. Es sind vor allem fromme und enthnozentrische Gruppen, welche die Fremdherrschaft nicht hinnehmen wollen.

Sie benutzen religiöse Bilder und Vorstellungen, um zum politischen Widerstand und zur Rache an den Unterdrückern aufzurufen. In diesen Denkmodellen sind Religion und Politik am engsten mit einander verflochten. Auffallend ist, dass in der antiken Kultur vor allem Juden und Christen soche apokalypstischen Denkmodelle verwenden, während sie bei anderen Völkern und Gruppen kaum zu finden sind. Darin wird der eigene Bundesgott um Hilfe angerufen, er soll das eigene Volk oder die eigene Gruppe von der Unterdrückung befreien. Die eigene Ohnmacht wird in den Himmel Gottes projeziert.

Nun werden Bilder geschaut und erträumt, in denen der Bundesgott, der inzwischen zum Weltgott geworden ist, die Reiche der Griechen und der Römer zerbrechen wird, so wie er die Reiche der Assyrer, der Babylonier, der Ägypter und der Perser zerschlagen habe. Die Bedrückten erhoffen nicht nur die Errettung und Befreiung, sie fordern die exzessive Bestrafung der jetzt Herrschenden und der Sieger. In diesen Visionen werden die realen Machtverhältnisse in der Welt umgedreht, die jetzt Besiegten werden dann vor dem Bundesgott bzw. dem Weltgott die Sieger und die Herren sein. So liegt in diesen Bildern für alle Herrschaften und Weltreiche ein stark destabilisierendes Potential verborgen. Das römische Imperium dürfte auch die Wirkungen dieser Bilder bei bestimmten Gruppen zu spüren bekommen haben.

Nun werden die realen Machtverhältnisse bei den Menschen in eine kosmische Dimension hinein gehoben und vor den einen Weltgott gestellt. Damit werden sie

---

[21] M. Franzmann, The Odes of Solomon. Cambridge 1991, 67–88. K.M. Woschitz, Parabiblica 567–584. L. Rost, Einleitung 89–98.

relativiert und in Frage gestellt, der Weltgott ist selbstverständlich auf der Seite der Apokalyptiker. Das Weltbild dieser Texte ist stark pessimistisch und negativ, die Gesellschaft wird als böse, ungerecht und gottfeindlich eingestuft. Erwartet wird ein göttlicher Erlöser mit politischen Funktionen, der die jetzt Bedrückten und Besiegten aufrichtet und sie aus ihren Nöten rettet. Die Kämpfer gegen die Weltreiche werden als Martyrer gepriesen, weil sie für ihren Glauben und Schutzgott ihr Leben hingeben. Latent und verschlüsselt wird in diesen Texten zum Kampf gegen die ungerechte Herrschaft aufgerufen.

Alle diese Texte sind stark ethnozentrisch, ausgrenzend und dissoziierend, wir erkennen darin starke Lebensängste und ein tiefes Krisenbewusstsein. Erwartet wird von den Sehern und Propheten ein neues Paradies, wo es den Glaubenden und Frommen gut gehen wird. Ausgegrenzt werden die Gottlosen, mit denen meist die jüdischen Sympathisanten mit der griechischen oder römischen Kultur gemeint sind. Die meisten dieser Texte kämpfen latent gegen die griechische und römische Herrschaft, sie benutzen religiöse Überzeugungen für den politischen Widerstand, aber auch als Trost in schwierigen Zeitlagen. Alle diese Texte haben bis heute ihre politische Sprengkraft behalten.

Ein großes Werk ist die *Äthiopische Henochapokalypse*, die sich auf den jüdischen Urvater und Kulturbringer Henoch bezieht. In der jüdischen Kultur entstand seit dem 3. Jh. v.Chr. eine breite Henoch-Literatur, die um die eigene Identität und die Überlegenheit über die griechische Kultur ringt. Das Werk gehört zu einer großen Henoch-Bibliothek, die aus fünf Schriften bestand und um 150 v.Chr. verfasst worden sein dürfte. Der vollständige Text liegt uns in 40 äthiopischen Handschriften vor, was auf die weite Verbreitung in Äthiopien hinweist.

Im Buch der Engel wird der Abfall eines Teils der Engel von Gott und das Eindringen des Bösen in die Welt geschildert. Die gefallenen Engel haben als „Gottessöhne" ihr göttliches Wissen an die Menschenfrauen verraten, mit denen sie sich gegen Gottes Weisung gepaart hatten. Sie gelten als die Urheber des Bösen, aber auch als die Urheber der griechischen Kultur. Henoch wird als Begründer der jüdischen Lebensform dargestellt. Im Buch der Wächter (6–36) schaut Henoch auf einer Himmelsreise (Vision) die gefallenen Engel, die sog. „Wächter". Er verkündet ihnen, dass sie keinen Frieden und keine Vergebung finden werden und dass Gott ihre Kinder und Nachkommen ausrotten wird. Mit dieser Drohung sind die Griechen gemeint, die im Land die Herrschaft ausüben.

Henoch schaut dann den göttlichen Thron, der von Feuer umgeben ist und Herrlichkeit ausstrahlt. Um diesen Thron stehen zehntausend mal zehntausend Engelwesen. Nun sagt Henoch den gefallenen Engeln, den „Gottessöhnen", dass sie Unrecht getan haben und dass Gott ihre Söhne, die „Riesen" auslöschen und töten wird. Damit sind wieder die Griechen gemeint. Dann wird gesagt, Gott habe nur bei den Menschen Frauen erschaffen, nicht aber bei den Engeln (15,6). Diese Lehre findet sich im christlichen Markusevangelium, wo Jesus gelehrt haben soll, dass es im Himmel keine sexuellen Beziehungen und Hochzeiten geben werde, weil die Erlösten wie Engel leben würden (Mk 12,25).

Beim göttlichen Gericht werden die Nachfahren der „Gottessöhne" und der Riesen getötet und vernichtet. Auf seiner weiteren Himmelsreise schaut Henoch die Sphären der Unterwelt und den Strafort für die gefallenen Engel bzw. für die Griechen. Im Westen schaut er das Feuer des Himmels und den Gottesberg mit dem göttlichen Thron. Dort steht der Baum des Lebens, es fließen die Wasser des Lebens und es gibt das „Brot des Lebens" in der Gemeinschaft mit dem Weltgott. Vom Brot des Lebens spricht auch das christliche Johannesevangelium, wir erkennen hier Anklänge an die griechische Mysterienfrömmigkeit und die Riten der Orphiker.

Dann schaut Henoch Jerusalem als die Mitte der ganzen Welt und als Ort des göttlichen Gerichts. Im Osten erkennt er den Baum der Weisheit, von diesem lernen alle Menschen das rechte Verhältnis zu Gott.[22] In einer Bildrede spricht Henoch von der Zeit des Messias und vom Licht der Gerechten und Erwählten. In dieser Zeit wird es keine Finsternis mehr geben, die Gerechten wohnen unter den „Flügeln Gottes", er sei der Herr aller Geistwesen. Hier wird Gott im Bild eines Vogels gesehen. Die Gerechten schauen die Geheimnisse des Himmels und haben am ewigen Leben Anteil.

In einer anderen Vision schaut Henoch den „Menschensohn", der vom Herrn der Geistwesen erwählt wurde, um die Gerechtigkeit zu bringen. Dieser Menschensohn wird alle Menschenkönige von ihren Thronen stürzen, sein Name wurde schon vor der Erschaffung der Gestirne genannt. Die jetzt leidenden Gerechten aber bitten Gott um ihre Rettung, denn das Blut der Martyrer schreie zum Himmel nach Vergeltung. Im Menschensohn sei der Geist der Weisheit, er heiße der „Gesalbte" (Messias). Die göttliche Weisheit sei wie Wasser über die Welt ausgegossen, die ewige Herrschaft der Erwählten habe schon begonnen.

Beim göttlichen Gericht werden die Übeltäter und Gottlosen vom Totenreich verschlungen. Doch der Menschensohn sitzt auf dem Thron der Herrlichkeit, die Gerechten leben in der ewigen Gemeinschaft mit Gott. Aber die von ihm abgefallenen Engel werden in einem Tal mit feurigen Eisen gequält, weil sie die Menschen zum Bösen verführt haben. Dann schaut Henoch wieder den göttlichen Thron und die unzählbaren Engel um ihn herum. Im astronomischen Buch wird die Bewegung der Himmelskörper beschrieben (72–82). Dabei erkennt Henoch, dass die Sünden der Menschen selbst den Lauf der Gestirne verändern und stören. Danach schaut er das göttliche Gericht als große Flut, er sieht wie die Sterne vom Himmel fallen und die sieben Erzengel beim Gericht sitzen.

Danach schaut Henoch die ganze Geschichte des Volkes Israel, die Wanderung durch die Wüste und die Eroberung des Fruchtlandes, die Zeit der Propheten und die Herrschaft der Perser. Nach dem göttlichen Gericht folgt die Zeit des Heiles, an dem auch fremde Völker teilnehmen dürfen. Dann gibt es im ganzen Land Frieden und Lebensfreude, Licht und Gerechtigkeit. Dann folgt ein Brief des

---

[22] T.F. Glassow, Greek influence of jewisch eschatology. London 1966, 123–145. K.M. Woschitz, Parabiblica 607–626. L. Rost, Einleitung 98–110.

Henoch (92–108) und die Mahnschrift an Metusala. Darin werden die Frommen aufgefordert, in Gerechtigkeit zu leben und das göttliche Gericht zu erwarten. Dabei werden die gottlosen Unterdrücker vernichtet, die Armen und Bedrückten aber werdenbei Gott leben (96,5). Verflucht werden die Reichen, welche den Armen die Hilfe verweigern. Die Männer sollten nicht auf Geld und Eisen ihr Vertrauen setzen, sondern der göttlichen Weisheit folgen. Im göttlichen Buch werden alle Übeltaten aufgeschrieben und dann beim göttlichen Gericht verlesen (98,7).

Das Menschenbild dieser Schrift ist zum Teil bereits griechisch geprägt, es wird schon zwischen dem sterblichen Leib und der unsterblichen Seele unterschieden. Diese Seele wird „Geist" genannt, sie geht nach dem Gericht in die himmlischen Freuden oder in die ewigen Qualen ein. Dies ist die Lehre der Juden in der griechischen Diaspora, die von den Juden in Palästina kaum geteilt wurde. Die Frommen werden Kinder der Warheit genannt. In der Mahnschrift an Metusala werden die gefallenen Engel mit brennenden Bergen verglichen, da ist vom regelmäßigen Fasten die Rede, von Askese und Hingabe an Gott, die als Verdienste angerechnet werden. Die Frommen werden in Licht verwandelt und leben unter dem ewigen Segen des Bundesgottes. (108,1–15).

Diese Apokalypse beschreibt die Bosheit der Menschen und blickt auf die große Endzeit, in der die Erneuerung und Erlösung der Welt erwartet wird. Die Frommen wissen sich vom Bundesgott zum Heil auserwählt, sie sehen sich als göttliche „Söhne". Der Anfang des Bösen wird im Sündenfall der Engel gesehen, damit wird latent Sexualität außerhalb der patriarchalen Ehe abgewertet. Wir erkennen in dieser Apokalypse die Lehren der Chassidim (Asidäer), die sich den jüdischen Priestern widersetzten. In den Ermahnungen werden die Grenzen zwischen den Frommen und den Sündern, d.h. auch zwischen den Juden und den Griechen verschärft. Dieses Buch hatte großen Einfluss auf das frühe Christentum und seine Bilderwelt.[23]

Neben dem äthiopischen entstand noch das *Slavische Henochbuch*, das ebenfalls Visionen des Henoch wiedergibt. Es dürfte in der jüdischen Diaspora entstanden sein und ist uns nur in altslavischen Handschriften erhalten. Henoch wird in seinen Visionen durch verschiedene Regionen des Himmels geführt, dort schaut er die Bahnen der Gestirne, den Garten Eden im Osten und den Wohnort Gottes. Nach dieser Vision muss er wieder auf die Erde zurück, um seinen Söhnen den Glauben an den einen Gott und dessen Gebote zu verkünden. Beim göttlichen Gericht wird Adam mit allen seinen Nachkommen aus der Unterwelt geführt, dann findet das große Festmahl der Erwählten statt.

Glücklich gepriesen werden alle Menschen, die sich von den nichtigen Dingen der Welt abwenden, die in Gerechtigkeit leben, die Wahrheit sagen, zu den Armen barmherzig sind und den Schwachen mit Sanftmut begegnen. Diese Gerechten werden aufgefordert, in Geduld und Sanftmut zu leben, um die letzten Weltzeit

---

[23] D.R. Burkelt, The Son of Man debate. Cambridge 1999, 128–144. K.M. Woschitz, Parabiblica 664–683. L. Rost, Einleitung 98–110.

(aion) zu erleben. Sie dürfen das erlebte Böse nicht vergelten, ihren Besitz sollen sie mit den Armen teilen, die Waisen und Fremdlinge müssen sie schützen, den Schwachen müssen sie die Hände entgegen strecken. Wenn sie so leben, sammeln sie einen „Schatz im Himmel" (50,5–6; 51,2). Dieser Text klingt wie die Bergpredigt Jesu, offensichtlich hatte die frühe Jesusbewegung solche Lebenswerte gekannt.

Beim göttlichen Gericht werden die guten und die bösen Taten auf einer Waage gewogen. Die Zeit der Leiden wird zu Ende gehen, dann schauen alle Gerechten das neue Jerusalem mit seinen unzerstörbaren Mauern (65,10). Henoch ruft die Seinen zum Verzicht auf Rache auf, der Schwur soll vermieden werden, auch die Tiere müssen gut behandelt werden. Das alte Recht der Sippenrache und der Vergeltung wird hier aufgebrochen, wir erkennen den Einfluss der griechischen Philosophie. Die Menschen tragen füreinander Verantwortung, der göttliche Wille verpflichtet sie zu Solidarität. Durch seine Visionen und Himmelsreisen ist Henoch zu einem Engel geworden, der im Himmel wohnen darf.

Ähnlich wird später in den christlichen Erzählungen Jesus von Nazaret aufgrund seiner Visionen und Lehren in den Himmel aufgehoben. Vom Priester Melchisedek wird gesagt, dass er ohne menschlichen Vater aus der göttlichen Welt gekommen sei. Dieses Werk könnte in der Gruppe der Therapeuten in Alexandria entstanden sein, welche die griechische Philosophie und die jüdische Weisheit verbinden wollten. Deutlich sind die Übergänge zur Ethik der Jesusbewegung zu erkennen. Dies ist die einzige Apokalypse, in der auf Rache an den Gegnern und Fremden verzichtet wird, wir erkennen auch in dieser Vorstellungswelt einen Lernprozess, der durch die Philosophie angeregt wurde.[24]

Ein *Hebräisches Henochbuch* (3 Hen) schildert die Himmelsreise des Rabbi Ischmael und seine Begegnung mit Henoch bzw. Metatron. Henoch hält die Schlüssel des Himmels in der Hand, denn er ist der Diener des göttlichen Thrones. Nun sammelt er die Seelen der verstorbenen Gerechten und bringt sie zum göttlichen Thron. Dabei verwandelt er sich in himmlisches Licht, die Herrlichkeit ist sein Gewand, zur Krönung wird ihm ein göttlicher Name verliehen. Er heißt nun der „kleine Jahwe" und wird in einen Engel verwandelt. Er wird mit der Krone der Königsherrschaft gekrönt, die Krone besteht aus 49 Edelsteinen, in sie hat Gott in Flammenschrift die Buchstaben der Schöpfung hinein geschrieben. Die Engel und die Gestirne zittern vor Henoch, der am Thron der göttlichen Herrlichkeit in Feuer verwandelt wird (15).

Ähnlich lehrten die frühen Christen, dass Jesus einen göttlichen Namen trägt und dass ihm die göttliche Herrschaft übertragen wurde. Die Bilderwelt wird zwischen den einzelnen jüdischen Bekennntnissen fließend. Dann wird von Myriaden von Engeln erzählt, die den göttlichen Willen ausführen. 70 verschiedene Engelklassen und Engelssprachen gibt es, 72 Engelfürsten versammeln sich zum

---

[24] J.T. Milik, The books of Enoch. Oxford 1978, 128–140. K.M. Woschitz, Parabiblica 690–702. L. Rost, Einleitung 74–86.

Himmlischen Rat (Sanhedrin). Der Seher Ischmael schaut dann den Ort den Seelen der verstorbenen Gerechten (43), aber auch den Strafort der Übeltäter (Gehenna). Er sieht der Reinigungsort für jene Seelen, die noch einen kleinen Makel an sich tragen (44,5), dort werden sie im Feuer gereinigt. Diese Vorstellung ist später in die christliche Lehre vom „Fegefeuer" geflossen.

Die Seelen der Erzväter und der Gerechten beten vor Gott um die Rettung Israels. Dann schaut der Seher zwei Messiasse, einen Sohn Josephs und einen Sohn Davids, beide bringen eine neue Zeit. In dieser Zeit werden alle jüdischen Gerechten aus den Fremdvölkern herausgeführt und nach Jerusalem gebracht, dort wird ein großes Freudenfest sein. Henoch (Metatron) wird als himmlischer Toralehrer gesehen, der göttliche Weisheit empfängt. Er heißt „kleiner Jahwe", Fürst aller Fürsten und Diener des göttlichen Thrones. Die Hochmütigen wird er stürzen, die Niedrigen aber erheben.[25] Auch diese Vorstellung wurde von den Jesusjüngern weiter entwickelt.

Die *Apokalypse Adams* lässt bereits den Übergang zur gnostischen Form der Weltdeutung erkennen. Darin gibt Adam die an ihn ergangenen göttlichen Offenbarungen an seinen Sohn Seth weiter. Es wird gesagt, ein böser Handwerker (demiourgos) wolle die Menschen durch Wasser und Feuer vernichten, doch Adam wurde mit Seth und Noah vor der Vernichtung bewahrt. Nun werden die Menschen von einem Erleuchteten über die Endzeit belehrt, dann müssen alle Völker vor das göttliche Gericht treten und für ihre Sünden Buße tun. Adam und Eva seien anfänglich den Engeln gleich gewesen, ihre Geschlechter waren mit einander verbunden, sie waren adrogyn. Doch sie wurden vom göttlichen Handwerker (demiourgos), dem Herrn der Weltzeiten, in zwei Geschlechter getrennt. Diesen Mythos erzählt auch der griechische Philosoph Plato.

Bei dieser Trennung der Geschlechter verloren beide ihre erste Erkenntnis (gnosis), sie dienten fortan dem göttlichen Handwerker, ihre Herzen wurden finster und sie kamen unter das Joch des Todes. Doch von drei Männern erhielt später Abraham die Offenbarung über die künftigen Ereignisse. Er erfährt, dass ein Retter kommen wird, der die Mächtigen verfolgen wird. Dieser erleuchtete Retter werde den Menschen die wahre Erkenntnis bringen. Die Gnostiker, die ihm folgen, werden in der Wahrheit leben. Dieses Buch unterscheidet also den Schöpfergott der Genesis (demiourgos) vom obersten Himmelsgott, dadurch entsteht eine dualistische Weltdeutung.

Die Menschen teilen sich nun in zwei Gruppen, das sind zum einen die Gnostiker, die von Seth abstammen (Sethianer), und zum andern die Anhänger des göttlichen Handwerkers. Allein die Gnostiker erkennen die göttliche Wahrheit und werden ewig leben (83,12–14). Am Ende der Zeit werden alle Völker die Wahrheit der Gnosis erkennen.[26]

---

[25] P. Schäfer (Hg.), Synopse zur Hekhalot-Literatur. Tübingen 1984, 124–144. K.M. Woschitz, Parabiblica 704–710. L. Rost, Einleitung 77–89.
[26] L. Rost, Einleitung 82–88. K.M. Woschitz, Parabiblica 710–715.

Die *Apokalypse des Abraham* wurde im 1. Jh. n.Chr. verfasst, später wurde sie durch christliche und gnostische Textstellen ergänzt und weiter geschrieben. Hier ist Abraham der Empfänger der göttlichen Offenbarungen, in sieben Visionen schaut er die Geheimnisse der göttlichen Welt. Er sieht die Engel und den himmlischen Thron, den Erdkreis und die Sünden der Menschen, die Zerstörung des Tempels in Jerusalem und die Bestrafung der Römer, sowie den Sieg der Gerechten. Diese Schrift wurde bald nach dem Jahr 70 verfasst, sie reagiert auf die Zerstörung des Tempels. In der Stimme des Donners zeigt sich der Bundesgott dem Abraham, sein Name darf aber nicht ausgesprochen werden. Dann schaut Abraham den göttlichen Thron mit vier feurigen Wesen, diese haben das Gesicht eines Löwen, eines Stieres, eines Adlers und eines Menschen. Ein ähnliches Bild hatte bereits der Prophet Daniel geschaut.

Danach schaute Abraham den Abgrund der Hölle, wo die Anhänger des Leviathan ihre Strafen erleiden. Er sieht in den Garten Eden, wo die Gerechten in Ewigkeit wohnen. Die Menschen werden zu einem asketischen Leben aufgefordert, um den göttlichen Lohn zu empfangen. Auf den jetzt bösen Aion folgt eine Weltzeit der Gerechtigkeit, dann werden die Opfer der Priester nicht mehr nötig sein. Der Abschnitt 29,3–11 wurde christlich überarbeitet, was anzeigt, dass frühe Christen diese Apokalypse benutzten. Es finden sich in ihr deutliche Parallelen zur Apokalypse des Johannes, die zum Neuen Testament gehört.

Die *Elia-Apokalypse* dürfte erst im 3. Jh. entstanden sein, auch sie hat einen jüdischen Grundtext, der christlich überarbeitet und ergänzt wurde. Darin ist vom Messias und vom Gegenmessias (Parachristos) die Rede. Gott habe seinen Sohn in die Welt gesandt, um die Menschen aus der Gefangenschaft des Bösen zu erretten. Den Frommen wird das Studium der Tora, das Fasten, das regelmäßige Gebet und das Almosen empfohlen. Wenn aber der göttliche Sohn vom Himmel kommt, dann wird bei den Menschen eine neue Zeit beginnen. Dann werden den Reumütigen die Sünden vergeben, viele Krankheiten werden geheilt und böse Dämonen werden vertrieben. Am Ende der Zeit werde ein „Sohn der Gesetzlosigkeit" auftreten und gegen den Messias kämpfen, er wird dessen Werke und Taten nachäffen, doch über die Menschenseelen bekommt er keine Macht mehr.[27]

Ein großes Werk der Apokalyptik ist die *Syrische Baruch-Apokalypse*, die zwischen 70 und 135 n.Chr. verfasst worden ist. Denn sie setzt die Zerstörung des Tempels voraus, doch die Stadt Jerusalem besteht noch in ihrer alten Gestalt. Weil der Tempel zerstört ist, sieht der Seher einen neuen Tempel, der im Himmel errichtet worden ist. Der Gesalbte Gottes (Messias) wird als königliche Gestalt erwartet, doch jetzt wird das Volk wegen seiner vielen Sünden gezüchtigt. Aber es kommt eine Zeit des Glücks und der Freude, jetzt blicken die Menschen auf eine himmlische Stadt und ein göttliches Paradies. Sie setzen ihre Hoffnung auf den Bundesgott, dessen Ruhm ewig dauert. Wir erkennen hier die Lehren des orthodoxen Judentums in Palästina.

---

[27] L. Rost, Einleitung 82–88. K.M. Woschitz, Parabiblica 718–737.

Die teilweise zerstörte Stadt Jerusalem und der Tempel sollen wieder aufgebaut werden, dann wird Gott ein strenges Gericht über seine Feinde, die Römer, abhalten. In der Zeit der großen Drangsal beten die Frauen, dass sie keine Kinder mehr gebären, und die Kinderlosen freuen sich über ihre Unfruchtbarkeit. Die im Krieg Gefallenen sind jetzt in der Unterwelt (Scheol, Hades), doch beim göttlichen Gericht werden sie wieder aufstehen und vor Gott hintreten. Dann wird der Messiaskönig kommen und den Frommen und Gerechten eine Zeit des Glücks bringen. Die Felder und die Weinberge werden reichlich Früchte tragen, alle Menschen müssen vor das göttliche Gericht kommen.

Dann werden die Übeltäter und Gottlosen (Römer) zur ewigen Strafe verurteilt, aber die Gerechten und Frommen werden verwandelt, sie werden in der Nähe des Bundesgottes ungestörtes Glück erleben. Wenn der Messias aus den Wolken kommen wird, dann werden von den Menschen die Sünden getilgt und es beginnt eine „neue Schöpfung". Baruch schaut die göttlichen Geheimnisse und den Plan der ganzen Schöpfung. In der Zeit des Messias werden die Frauen wieder ohne Schmerzen die Kinder gebären, die Tiere werden den Menschen dienen, das Getreide wird reichlich wachsen. Am Ende des Buches tröstet Baruch die trauernden Juden über den Verlust des Tempels.

Der erwartete Messias trägt die Züge des Kriegers, nicht des Priesters. Der Bundesgott aber ist der Schöpfer der ganzen Welt und der Richter aller Menschen. Sein Volk Israel hat er erwählt, um es in eine glückliche Zeit zu führen. Das Fasten und die genaue Befolgung der Tora können das Kommen des Messias beschleunigen, dann aber wird das Volk aus seiner Not gerettet werden. Wir erkennen in diesem Text die Lehren der Rabbiner, die nach der Zerstörung des Tempels die Priester zu ersetzen begannen. Das Buch will dem Volk in einer Zeit der Trauer Hoffnung und Trost spenden.[28]

Eine *Griechische Baruch-Apokalypse* entstand in der jüdischen Diaspora und trägt stark mystische Züge. Baruch schaut die verschiedenen Dimensionen des Himmels, dort sieht er den Garten Eden für die Frommen und die Strafort für die Gottlosen, den Vogel Phönix, den Mond und die Sonne. Beim göttlichen Gericht schaut er die Tugenden der Gerechten und das glückliche Leben der Frommen. Deswegen warnt er die Lebenden vor Mord und Lüge, vor Neid und Trunkenheit, vor Zorn und Diebstahl, vor Ehebruch und der Verehrung fremder Götter, vor Eifersucht und Wahrsagekunst. Denn der Bundesgott greift in die Geschichte der Menschen ein, er bestraft die Übeltäter. Michael ist der Anführer der Engel, er hat den Schlüssel zur göttlichen Welt (11,2). Teile dieser Apokalypse (Kap. 4 bis 5 und 11 bis 16) wurden von Christen überarbeitet. Nach den kanonischen Evangelien hat Jesus den Schlüssel zur himmlischen Welt und übergibt ihn dem Jünger Simon Petrus.

Auch das *Vierte Buch Esra* ist eine jüdische Apokalypse, die im 1. Jh. verfasst worden ist. Sie setzt die Zerstörung des zweiten Tempels im Jahr 70 voraus. Darin

---

[28] O.H. Steck, Das apokryphe Baruchbuch. Göttingen 1993, 117–132. K.M. Woschitz, Parabiblica 737–772.

werden vierzehn Gespräche geschildert, in denen um Fragen des religiösen Glaubens gerungen wird. Der Seher schaut die göttliche Welt und erfährt die Deutung der menschlichen Geschichte. Aber die Frommen müssen erkennen, dass es ihnen unmöglich ist, die Pläne und Urteile des Bundesgottes zu erkunden. Nur seinen Erwählten offenbart der Herr der Geschichte seine wahren Ziele. In einer Vision wird Israel als der erstgeborene und einzige „Sohn Jahwes" bezeichnet (6,58). Gott betritt seinen Richterstuhl und hält über alle Völker sein Strafgericht ab.

In der Endzeit wird es große Kriege geben, da werden die Gottlosen (Römer) über die Frommen herfallen. Die Gedemütigten klagen über ihren Schmerz, aber sie bekennen sich zur Gerechtigkeit ihres Bundesgottes. Auch in der bitteren Not glauben sie an das göttliche Erbarmen, deswegen erwarten sie einen politischen Messias und einen göttlichen Menschensohn. Dieser neue Weltherrscher wird das Reich der Römer zerstören, dann wird die Weltherrschaft auf das Volk Israel übergehen. Der große Erlöser wird vom Meer und aus den Wolken kommen, die Gerechten werden sich um ihn scharen. Zur Esra-Literatur kamen später noch eine Apokalypse und eine Vision des Esra hinzu.[29]

Zur apokalyptischen Literatur gehören zum Teil auch die *Sibyllinischen Orakel*, die teilweise eine jüdische Grundschicht haben und später von Christen überarbeitet wurden. Auch diese Schriften zeigen, dass christliche Gruppen die jüdischen Orakel übernommen und weiter geschrieben haben. Wir erkennen die enge Verflechtung der jüdischen und der christlichen Literatur in der Antike und Spätantike.

Dieser Überblick zeigt, dass in der jüdischen Kultur neben der Bibel noch viele andere Schriften entstanden sind, die in Teilgruppen sehr geschätzt wurden. Diese Schriften haben die Vorstellungswelt der Jesusbewegung und der frühen Christen stark mitgeprägt. Sie spiegeln die Vielfalt des jüdischen Glaubenslebens und die intensive Vermischung, oder aber die Ablehung der griechischen Kultur. Wir sehen im Judentum seit dem König Alexander zwei gegenteilige Strömungen, die sich in der Antike und Spätantike fortsetzen. Die eine verhält sich offen und lernbereit gegenüber der griechischen Kultur, die andere verschließt sich dieser Kultur und verhält sich enthnozentrisch.

Diese beiden Strömungen setzten sich in der Zeit der europäischen Aufklärung und der Moderne bzw. Postmoderne fort. Das orthodoxe Judentum denkt bis heute ethnozentrisch und ausgrenzend, alles Fremde soll als bedrohlich vermieden werden. Hingegen verhält sich das liberale Judentum diskursoffen und lernbereit, es hat mit stark kreativen Potentialen die europäische Kultur mitgeformt.

Wir erkennen diese beiden gegensätzlichen Strömungen auch im frühen Christentum, in der Form des Judenchristentums und des griechischen Christentums. Das Judenchristentum hat große Teile der jüdischen Tora übernommen, Gebetszeiten, Fasten, Sabbatregeln, Kalender wurden weiterhin befolgt. Es ist im Osten des Römischen Reiches, in Syrien, Armenien, Ägypten, Äthiopien und in Arabien

---

[29] A.H. Grunneweg, Esra. Gütersloh 1985, 11–128. K.M. Woschitz, Parabiblica 790–830.

wirksam geworden. Dort hat es in der Stadt Medina wesentlich zur Ausprägung des Islam beigetraten.[30]

Hingegen hat das griechische Christentum den Großteil des Römischen Imperiums und später der europäische Kultur geprägt. Wir erkennen aber eine doppelte Abgrenzung, nämlich zwischen dem Judenchristentum und dem griechischen Christentum einerseits, zwischen dem Islam und dem westlichen Christentum anderseits Die Grenze wurde durch die Rezeption der griechischen Philosophie und Lebensform gezogen. Der Islam hat bis heute weder die Philosophie der antiken Aufklärung, noch die Philosophie der europäischen Aufklärung übernommen. Das Gleiche gilt vom Judenchristentum und vom orthodoxen Judentum bis in die Gegenwart.

Wir können also sagen, dass die *kritische Philosophie* der Antike und der Neuzeit die Grenze zwischen den geschlossenen religiösen Glaubenssystemen und den offenen und lernbereiten Systemen gezogen hat. Heute ringen wir um die entscheidende Frage, ob sich der Islam als Weltkultur von 1,4 Milliarden Menschen und das orthodoxe Judentum in kleinen Schritten den Einsichten der kritischen Vernunft werden öffnen können oder nicht.

---

[30] K. Prenner, Die Stimme Allahs. Religion und Kultur des Islam. Graz 2003, 89–112. A. Grabner-Haider (Hg.), Philosophie der Weltkulturen. Wiesbaden 2006, 273–311. A. Grabner-Haider (Hg.), Ethos der Weltkulturen. Göttingen 2006, 277–318.

II. TEIL
NEUES TESTAMENT

Einleitung

Die spezifisch christliche Bibel, das sog. „Neue Testament" (oder „Zweite Testament") geht auf jüdische Impulse und Lehren zurück, ist aber in der griechischen Kultur geformt worden. Der Wanderlehrer Jesus aus Nazaret hatte eine Bewegung von Wandercharismatikern ausgelöst, die seine Lehren und Lebensformen nach seinem gewaltsamen Tod weiter trugen. So entstand zuerst in Galiläa und Judäa die sog. *Jesusbewegung*, die eine moralische Neuorientierung und eine veränderte Lebensform im Volk zum Ziel hatte. Sie stand in einem Gegensatz zu den Priestern am Tempel, grenzte sich aber von allen zur Gewalt gegen die römische Herrschaft bereiten Gruppen deutlich ab.

Jesus muss mit seinem Programm und seiner Lebensform auf seine Anhänger und Mitstreiter eine starke Faszination ausgeübt, er hatte die Frauen, die Kinder und die Niedrigen im Volk stark aufgewertet. Er zeigte ihnen einen direkten Zugang zu einem väterlichen Bundesgott, auch im gemeinsamen, im stillen und ekstatischem Gebet. Vor diesem Gott sollten sie sich als angenommene und geliebte Kinder verstehen. Nach dem Schock des gewaltsamen Todes ihres Lehrers kamen viele zur festen Überzeugung, dass dessen moralische Lehren und Lebensformen weiter wirken mussten. Nicht wenige von ihnen erlebten in ekstatischen Erfahrungen den gekreuzigten Jesus als einen zum neuen Leben aufgestandenen göttlichen Sohn und Offenbarer.

Bald bildeten sich kleine Gemeinschaften in der Nachfolge ihres Lehrers, in Galiläa, in Jerusalem und in der weiteren Umgebung. Die Mitglieder dieser Gruppen waren anfänglich mehrheitlich aramäisch sprechende Juden, doch fanden sich unter ihnen Personen mit griechischen Namen und griechischer Kultur. In den Synagogen und in privaten Gebetsräumen trafen sich gläubige Juden mit frommen Griechen (eusebeioi, sebomenoi), um zu beten und über Gott zu sprechen. Diese Griechen schätzten das Gottesbild und die solidarische Ethik der jüdischen Religion. Die Sprachgrenze zwischen den Kulturen war in den Städten und größeren Siedlungen niedriger, als bisher angenommen wurde, denn es gab zweisprachige Personen und Gruppen, nicht zuletzt aus wirtschaftlichen Gründen.

In diesen regelmäßigen Versammlungen trafen seit mehreren Generationen jüdische und griechische Kultur zusammen, dort wurde religiöse und *kulturelle*

Übersetzungsarbeit geleistet. Nun müssen schon bald nach dem Tod Jesu Anhänger der Jesusbewegung in griechische Siedlungen und Städte außerhalb von Judäa und Galiläa gekommen sein. Wir finden sie früh in Samaria, in Städten an der Mittelmeerküste, in den Großstädten Antiochia und Alexandria und in Damaskus. In den Versammlungen und Synagogen dieser Orte und Städte wurde auch die Botschaft von und über Jesus bekannt gemacht. Die frühen Jesusjünger übersetzten diese Botschaft aus der aramäischen in die griechische Sprache. Sie verkündeten den gekreuzigten Jesus als einen göttlichen Sohn und Boten, der von Gott zum neuen Leben aufgeweckt worden sei.

Nun dürften einige der regelmäßigen Besucher dieser Versammlungen und Synagogen schrittweise diesem Glauben gefolgt sein. Denn parallel zu den jüdischen Gemeinden entstanden die ersten Gemeinden von „Christen", wie sie in der Stadt Antiochia genannt wurden. Denn sie sahen in Jesus einen „Gesalbten" (christos) Gottes.

Durch die politischen Unruhen und die vielen Aufstände gegen die römische Herrschaft in Palästina wanderten viele jüdische Sippen und auch Jesusjünger in die hellenistischen Städte aus. Dort entfaltete sich die Jesusbewegung, teils in Kooperation und teils in Abgrenzung zur jüdischen Synagoge, in vielfältiger Form. Bereits in der ersten Generation entstand eine neue Kultgruppe, denn die Anhänger verehrten Jesus als neuen Kultheros, sie sangen ihm Lieder und verfassten Hymnen. In ihren Häusern feierten sie nun regelmäßig ein Gedächtnismahl an Jesus, sie gingen aber am Sabbat weiterhin in die jüdische Synagoge. In den griechischen Städten entstand nun eine religiöse und ethische Erneuerungsbewegung, die sich der griechischen Sprache (Koine) bediente.

Durch den ersten christlichen Autor Paulus aus Tarsos, der sich bereits drei Jahre nach Jesu Tod zu den Jesusjüngern bekehrte, haben wir über diese frühen Hausgemeinschaften ein rudimentäres Wissen. Sie deuten nun das Schicksal ihres Lehrers nach den Denkmodellen der griechischen Kultur. So wurde für sie Jesus aus Nazaret zu einem „Gesalbten Gottes" (Christos), zu einem „göttlichen Sohn" (hyios theou), zu einem neuen Herren (kyrios) der Menschheitsgeschichte, zum Offenbarer des menschlichen Heiles. Sie sahen in ihm den „Erlöser" (soter) von den Kräften des Bösen, des Todes und der Zerstörung. In ihrer persönlichen Lebensform wollten sie seinen moralischen Vorgaben folgen.

Schon früh wurden einige dieser „christlichen" Hausgemeinschaften missionarisch tätig, sie schickten Boten ihres neuen Glaubens in andere Städte der Provinz bzw. der Region. So schickte die Christengemeinde von Antiochia zwei Glaubensboten nach Zypern und nach Kleinasien. Paulus war mit Barnabas einer dieser Missionare im griechischen Kulturraum des Ostens. Nun wurden die Inhalte des neuen Glaubens stark von den griechischen Vorstellungen geprägt. Die Judenchristen waren zur Zeit des Jüdischen Krieges gegen die Römer (66 bis 70) mehrheitlich aus Jerusalem und Judäa ausgewandert, oder sie waren von strengen Juden vertrieben worden. Ihre Spuren finden sich im Osten des Imperiums und später im Islam.

Nun entstand aus der frühen „Jesusbewegung" keine homogene Gruppe von „Christen", sondern wir erkennen eine starke *Vielfalt von christlichen Glaubensformen*. Die Missionare des neuen Glaubens haben früh Sprüche Jesu gesammelt, ins Griechische übersetzt und mündlich weiter gegeben. Irgend wann haben sie diese in Griechisch aufgeschrieben zur Orientierung ihrer Mission. Gleichzeitig wurden Erzählungen vom Leben und Sterben Jesu geformt, übersetzt, mündlich tradiert und aufgeschrieben. Damit hatten die frühen Christen klare Anhaltspunkte für ihr Leben.

Der Missionar Paulus hat später den von ihm neu gegründeten Hausgemeinschaften mehrere Briefe geschrieben, sie sind die ältesten Zeugnisse der christlichen Literatur, die uns heute zugänglich sind. Darin fasst er die Grundzüge seiner Lehre und der moralischen Normen zusammen, er zitiert darin Lieder und Formeln, die im Gottesdienst der Hausgemeinden Verwendung fanden. Aus diesen und anderen schriftlichen Zeugnissen erkennen wir die Entwicklung der christlichen Lehre in den ersten Generationen. Die entstandenen christlichen Hausgemeinden konkurrierten miteinander in der Deutung der Botschaft und des Todes Jesu. Ab der zweiten und dritten Generationen haben diese Gemeinden begonnen, ihren neuen Glauben in mündlicher Form weiterzugeben und ihn bald auch schriftlich darzulegen.

Nun begannen diese Gemeinden, sich in ihrer Lebenswelt einzurichten, einige gebildete und schreibkundige Autoren verfassten sog. „Frohbotschaften" (Evangelien) von und über Jesus Christus. Nach dem griechischem Vorbild entstanden bald auch sog. Apostelgeschichten, Apostelbriefe und „Offenbarungen" (Apokalypsen). Die meisten dieser Schriften wurden anonym oder pseudonym verfasst, die Autoren wollten hinter dem dargestellten Inhalt zurück treten, oder sie beriefen sich auf Autoritäten der Frühzeit. Diese Schriften wurden nun regional begrenzt in den Gottesdiensten vorgelesen und ausgelegt.

Gleichzeitig wurden weiterhin die Texte der griechischen Bibel (Septuaginta) vorgelesen und diskutiert. Diese Bibel wurde „die Schrift" (he graphe) genannt. Gleichzeitig erhielten die neu entstehenden christlichen Schriften einen hohen Rang in der Gemeinden. Im 3. Jh. begannen einzelne Bischöfe (z.B. Irenaios von Lyon) darüber nachzudenken, welche der neuen christlichen Schriften im Gottesdienst verlesen werden sollten und welche nicht. Und im 4. Jh. entstand dann, auch auf Druck des römischen Kaisers, eine einheitliche Liste (Kanon) dieser heiligen Bücher. Nun wurde bald zwischen einem „Alten Testament" (Palaia diatheke) und einem „Neuen Testament" (Kaine diatheke) unterschieden. Zu diesem wurden durch Beschluss der Bischöfe 27 Bücher gezählt.

Mit dieser Abgrenzung eines Kanons (Richtschnur) wurden die anderen christlichen Schriften aus der Verlesung im Gottesdienst ausgeschlossen, sie waren aber bei den verschiedenen christlichen Gruppen weiterhin sehr geschätzt. Die Bischöfe zogen nun innerhalb der christlichen Gruppen und Lehren die Grenze zwischen der Rechtgläubigkeit (orthodoxia) und dem davon abweichenden Glauben (heterodoxia, hairesis). So ist die *Bibel* insgesamt das *Ergebnis eines*

Abgrenzungsprozesses, doch damit kommt die Vielfalt des christlichen Glaubens nicht zu Ende.

Der zweite Teil dieses Buches will nun die Lebenswelt der Jesusbewegung und der frühen Christen schärfer in den Blick bekommen. Denn die Schriften des Neuen Testaments spiegeln immer konkrete kulturelle Situationen und politische Lebenswelten, soziale Strukturen und Rollenverteilungen, ein bestimmtes Verhältnis der Geschlechter und soziale Wertordnungen. Das Neue Testament (von Theologen auch Zweites Testament genannt) hat die europäische Kultur nachhaltig geprägt, es bleibt mit den Lebenswerten der griechischen Kultur eng verbunden. Die griechische Bibel ist das Ergebnis eines gewaltigen Übersetzungsprozesses zwischen der jüdischen und der griechischen Kultur, sie ist ein wirkmächtiges Zeugnis eines umfassenden kulturellen Austausches. Denn sie verbindet jüdische Lebensformen und Weisheiten mit den Einsichten der griechischen Philosophie.

Ursprünglich waren zwei getrennte Bände, Altes Testament und Neues Testament, geplant. Von daher sind einige Überschneidungen erklärbar.

Jüdische Kultur im 1. Jahrhundert

Zu Beginn des 1. Jh. wurde die jüdische Kultur und Lebenswelt noch stark von den Nachwirkungen des Königs Herodes I. geprägt, der fast 40 Jahre lang regiert hatte und im Jahr 4 v.Chr. verstorben war. Er war ein Ituräer und kam durch die Herrschaft der Römer an die Macht, vom Kaiser Augustus wurde er als „befreundeter König" eingestuft. Sein Herrschaftsgebiet bestand aus Judäa, Galiläa, Peräa, Samaria, Idumäa. Später erhielt er zwei Städte der sog. griechischen Dekapolis (Hippos und Gadara), sowie Gebiete von Batanäa, von Auranitis und von Trachonitis. Mit Waffengewalt eroberte er das Gebiet um Esbus vom Volk der Nabatäer, nur die Stadt Askalon blieb der römischen Verwaltung direkt unterstellt.

Die Herrschaft des hellenistischen Königs Heroder umfasste mehrere Städte, mehrheitlich aber ländliche Regionen (Topardia). Die Bevölkerung von Samaria war ethnisch stark gemischt, dort lebten neben den Samaritern auch Araber, Moabiter, Phönikier und Babylonier. Die Bevölkerung an der Küste des Mittelmeeres setzte sich aus Philistern, Phönikiern, Griechen und Juden zusammen. In den ländlichen Regionen wurden Getreide, Wein, Oliven, Feigen und Gemüse kultiviert, sie kamen auf die Märkte der Städte. An der Küste des Mittelmeeres und rund um den See Genesaret gab es gut organisierten Fischfang, die Fische wurden gesalzen auf die Märkte gebracht. In einigen Gebieten wurde Balsam kultiviert, der als Duftstoff auch exportiert wurde. Das Töpferhandwerk war im ganzen Land verbreitet.[1]

In vielen Gebieten lebten Hirten mit großen Schafherden, ihre Wolle wurde verarbeitet und vermarktet, Wollkleider aus Palästina waren im ganzen römischen Reich geschätzt. Die Milch von Ziegen und Schafen wurde zu Käse verarbeitet und in den Städten verkauft. In den Ebenen von Jesreel wurde Flachs angebaut und zu Stoffen verarbeitet. Am Ufer des Toten Meers wurde Salz abgebaut und Teer für den Schiffsbau gewonnen. Von den Städten an der Küste des Mittelmeeres wissen wir, dass dort die Purpurschnecke kultiviert wurde, ihr Farbstoff war bei den oberen Schichten des römischen Imperiums überaus geschätzt. Im Gebiet von Askalon gab es Eisenverarbeitung, dort wurden aber auch Getreide, Zwiebeln,

---

[1] J. Pritchard, Großer Bibelatlas. Freiburg 2002, 156ff.

Henna und Reis gepflanzt. Wichtige Exportgüter des Landes waren Datteln und Fruchtgetränke, die sogar Plinius der Ältere kannte.

Als der König Herodes I. im Jahr 4 v.Chr. starb, ging eine lange Herrschaftsperiode zu Ende, er hatte in den Städten Paläste und Gartenanlagen, Gymnasien und Rennbahnen, sowie griechische Tempel errichten lassen. Den alten Tempel in Jerusalem hatte er umgebaut, vergrößert und in griechischer Bauweise gestaltet, den Römern war er ein treuer Vasall und Freund. Per Testament hatte er sein Reich auf seine drei Söhne aufgeteilt, die jetzt längere Zeit um ihr Erbe stritten. Es kam zu Aufständen im Volk, die vom römischen Feldherrn Varus nieder geschlagen wurden. Dabei wurden 2000 Aufständische gekreuzigt. Damit sollte die römische Autorität wieder hergestellt werden. Kaiser Augustus hatte das Testament des Herodes bestätigt, damit wurde es rechtskräftig durchgesetzt.[2]

Der Sohn Archelaus erhielt die Regionen Judäa, Samaria und Idumäa. Der zweite Sohn Herodes Antipas bekam die Gebiete von Galiläa und Peräa. Der dritte Sohn Philippus erhielt Batanäa, Gaulanitis, Auranitis und Trachonitis. Die Städte Gaza, Hippus, Gadara und Esus wurden der Provinz Syria angegliedert, Skythopolis und Pella wurden von den Römern direkt verwaltet. Die privaten Ländereien des Königs Herodes scheinen verkauft worden zu sein. Doch schon im Jahr 6 n.Chr. wurde Archelaus vom Kaiser Augustus als König abgesetzt, seiner Funktionen enthoben und ins Exil geschickt. Von da an wurde für die Gebiete Judäa, Samaria und Idumäa ein römischer Statthalter (procurator) aus dem Ritteradel eingesetzt, der dem kaiserlichen Legaten der Provinz Syria unterstellt war.

Im Jahr 6 v.Chr. führten die Römer in diesem Gebiet eine allgemeine Volkszählung (census) durch, um die Eintreibung der Kopfsteuer (tributum capitis) genau durchführen zu können. Der zweite Sohn Herodes Antipas herrschte in seinem Gebiet noch bis 39 n.Chr., dann wurde er nach Gallien verbannt. Der dritte Sohn Philippus herrschte bis zu seinem Tod im Jahr 33/34, danach bekam ein Enkel von Herodes I., nämlich Agrippa I. das Gebiet zur Verwaltung. Syrien war im Jahr 27 v.Chr. kaiserliche Provinz geworden. Dies ist das politische Umfeld, in dem Jesus aus Nazaret aufwuchs.

Die Region Galiläa

Nach den Berichten der Evangelien ist Jesus in Nazaret in Galiläa aufgewachsen, wo er die meiste Zeit seines Lebens verbrachte. Diese Region wurde von 4 v.Chr. bis 39 n.Chr. von Herodes Antipas regiert. Obwohl sie von vielen griechischen Städten umgeben war, konnte sie ihre jüdische Identität behaupten. Seit 57 v.Chr. war Galiläa ein römischer Verwaltungsbezirk, die Hauptstadt der Provinz war Sepphoris. Diese Stadt war im jüdischen Bürgerkrieg und im Kampf gegen die Römer im 1. Jh. v.Chr. zerstört worden, sie wurde zur Lebenszeit Jesu wieder auf-

---

[2] M. Ebner, Jesus von Nazaret in seiner Zeit. Sozialgeschichtliche Zugänge. Stuttgart 2004, 43–53.

gebaut. Nazaret, der Wohnort Jesu, lag ca. 6 km von Sepphoris entfernt, Jesus hat wahrscheinlich als Lohnarbeiter (tekton) über mehrere Jahre beim Wiederaufbau der Stadt mitgewirkt.

Doch Herodes Antipas errichtete zwischen 17 und 20 n.Chr. die Stadt Tiberias als neuen Regierungssitz, der Name bezog sich auf den römischen Kaiser Tiberius (14 bis 39 n.Chr.). Diese Stadt lag am Ufer des Sees Genesaret, sie wurde auf einer alten Totenstadt (Friedhof) gebaut, in der Nähe waren heiße Schwefelbäder. Von dieser Stadt aus gab es einen direkten Zugang zum griechischen Gebiet der Zehn Städte (Dekapolis). Überhaupt stand Galiläa im wirtschaftlichen Austausch mit griechischen Städten der Umgebung; mit Ptolemais, Tyros und Sidon an der Küste des Mittelmeeres, mit Cäsaräa Philippi im Norden, mit Gaba im Süden. Zumindest die Händler und die Menschen in der Verwaltung müssen zweisprachig gewesen sein. Doch Galiläa bewahrte seine jüdische Kultur und Tradition.[3]

Der jüdische Schriftsteller Josephus Flavius (39 bis 100 n.Chr.) stammte aus Galiläa, seine Ortsangaben werden heute von der archäologischen Forschung bestätigt. Er unterscheidet zwischen Obergaliläa und Untergaliläa, welche durch das Bet-Keremtal und die Schlucht des Wadi Ammud getrennt werden. Untergaliläa war durch seine Ebene ein fruchtbares Land der Bauern, während das bergige Obergaliläa vor allem der Schafzucht diente. Die Ausgrabungen zeigen die gleichen Geräte, Werkzeuge und Schmuckgegenstände rund um den See, sodass von einer homogenen Kultur ausgegangen werden kann. Nach Josephus zählte Galiläa zu Beginn der Jüdischen Krieges (66 n.Chr.) 204 Dörfer und Städte als Verwaltungseinheiten.

Neben den beiden größeren Städten Sepphoris und Tiberias gab es in Galiläa nur Kleinstädte und Dörfer, das Land wurde von Bauern und Viehzüchtern, von Hirten und Handwerkern, von Fischern und Wanderarbeitern geprägt. Die Menschen lebten mehrheitlich gemäß einem bäuerlichen jüdischen Ethos. Rund um den See lagen die Dörfer der Fischer, in Magdala (Migdal Nunnaja = Fischturm) wurden die Fische eingesalzen und für den Verkauf zubereitet. Josephus berichtet, dass er dort im Jüdischen Krieg 230 Fischerboote beschlagnahmen ließ (Bellum Jud. 2,635). Die Griechen nannten den Ort Terichea (Einsalzort), Strabo berichtet über seine guten Fische.[4]

In Galiläa kämpfte der junge Herodes als Statthalter seines Vaters gegen sog. „Räuberbanden" (Aufständische) im Grenzgebiet von Obergaliläa. Als er im Jahr 40 v.Chr. von den Römern zum König ernannt wurde, leisteten ihm die Galiläer Widerstand. Sie stellten sich auf die Seite seines Konkurrenten Antigonus, des letzten Hasmonäerfürsten. Als Herodes aber siegte, versteckten sich die Krieger in den Höhlen von Arbela, doch der König vertrieb sie bis zum Jordan. Josephus berichtet, Herodes habe den Städten und Dörfern in Galiläa wegen ihres Widerstands hohe Geldstrafen auferlegt (Bellum Jud. 1,314ff). Die römische Verwal-

---

[3] J. Pritchard, Großer Bibelatlas 162–164.
[4] Strabo, Geographia 16,2,45.

tung wurde unter Kaiser Nero im Jahr 55 n.Chr. geringfügig geändert, die Städte Terichea (Magdala), Tiberias und Betsaida wurden dem Herodes Agrippa II. zur Verwaltung übergeben, der über Batanäa und Gaulanitis herrschte.

In der persischen Zeit (539 bis 332 v.Chr.) waren phönikische Siedler und Ituräer (arabischer Stamm) nach Galiläa gekommen. In der griechischen und römischen Zeit wurde der Austausch mit der griechischen Kultur deutlich verstärkt. Zwei große Handelsstraßen führten durch das Gebiet, die eine von Damaskus nach Alexandria, die andere (Via maris) vom Mittelmeer (Cäsarea) zum See Genesaret. Herodes Antipas verstärkte den Handel und Kulturaustausch mit der griechischen Welt. Er residierte zuerst in Sepphoris, die Stadt hatte zu seiner Zeit eine Basilika mit fünf Schiffen und ein griechisches Theater mit 4000 Sitzplätzen. Von daher wird auf 8000 bis 12.000 Einwohner geschätzt.

Im Jahr 19 n.Chr. verlegte Herodes Antipas seine Residenz nach Tiberias, die er in wenigen Jahren über einer Totenstadt erbauen ließ. Dort stand ein griechischer Palast, es galt das griechische Stadtrecht. In Magdala gab es ein Hippodrom mit Pferderennen, wie Ausgrabungen zeigen. Nun gab es in Galiläa häufig politisch motivierte Aufstände, wenn ein Herrschaftswechsel war. Herodes kämpfte gegen einen Galiläer Ezechias und später gegen viele galiläische Krieger. Als der König im Jahr 4 v.Chr. starb und sein Sohn die Herrschaft übernah, da plünderten Rebellen unter dem Anführer Judas das königliche Waffenlager in Sepphoris. Und als im Jahr 6 n.Chr. in Judäa die römische Volkszählung durchgeführt wurde, kämpfte wieder der Galiläer Judas dagegen. Dabei war Galiläa von dieser Volkszählung gar nicht betroffen.[5]

Diese Galiläer kämpften wohl für die alte Dynastie der Hasmonäer und gegen die neue Herrschaft des Herodes aus Idumäa, den sie als einen Fremdling ansahen. Die Hasmonäer waren vom Bundesgott Jahwe zur Herrschaft eingesetzt, denn er allein verteilte nach jüdischem Glauben die politische Macht im Land. Der Idumäer Herodes war aber von den Römern eingesetzt, er sah das Land als ein Lehen des Kaisers. Das war in den Augen der Frommen ein Frevel gegen den Bundesgott Jahwe. Wir erkennen in diesen Aufständen eine enge Verbindung zwischen der Religion und der Politik. Die religiöse und die politische Erwartung ging dahin, dass der Bundesgott Jahwe sein altes Zwölf-Stämme-Volk neu errichten und von den Römern befreien werde. Deswegen wehrten sie sich gegen die römische Verwaltung, die Römer sahen Galiläa als ihren Besitz.

Allgemein bedrückend wirkte das *römische Steuersystem*, denn die Römer erhoben seit Julius Cäsar im Land eine Grundertragssteuer von ca. 25% auf alle Erträge der Wirtschaft. Dazu kam dann noch die Kopfsteuer (tributum capitis) für jeden Erwachsenen zwischen 14 und 60 Jahren. Als die Römer ab 6 n.Chr. die Gebiete Judäa und Samaria direkt verwalteten, führten sie die große Volkszählung durch, um alle erwachsenen Personen zu erfassen. Von dieser Zählung blieb Galiläa verschont, weil dort Herodes Antipas regierte. Zu diesen direkten

---

[5] M. Ebner, Jesus 43–50.

Steuern kamen dann noch die indirekten Abgaben für Wege und Brücken, für Handel und Gewerbe sowie für Marktrechte. Diese indirekten Steuern wurden von ortsansässigen Steuerpächtern eingetrieben, die direkten Steuern wurden von der römischen Verwaltung erhoben.[6]

Zur Zeit Jesu mussten die Menschen in Galiläa an drei verschiedene Institutionen Steuern abführen, nämlich an das römische Imperium, an den eigenen König und an den Tempel in Jerusalem. Der Tempel war der Ort der Opfer und der Sühne, nach der Lehre dier Priester erfolgte dort die Sündenvergebung für das ganze Volk. Vier priesterliche Familien stellten der Reihe nach den Hohenpriester, der eng mit der römischen Verwaltung zusammen arbeitete. Diese priesterlichen Familien hatten den Kaiser in Rom gebeten, ihre Provinz Judäa direkt unter die römische Verwaltung zu stellen, als im Jahr 6 n.Chr. ihr König Archelaus vom Kaiser abgesetzt wurde. Im selben Jahr warb der Hohepriester im Volk, der Volkszählung Folge zu leisten und dem Römischen Reich pünktlich die Steuern zu zahlen. Die Partei der Priester und der Hohenpriester nannte sich Saduzzäer, obwohl diese Familien keine direkten Nachkommen der Sippe Sadoks aus der Zeit des Königs Davids waren.

Galiläa war zu dieser Zeit in einer kulturellen Isolation. Die Fischer und Bauern, die Hirten und Handwerker und die Lohnarbeiter sprachen aramäisch, nur die Händler und Zöllner kannten marginal die griechische Verwaltungssprache. Die galiläische Aussprache des Aramäischen war für die Menschen in Judäa leicht zu erkennen, die Galiläer verschluckten bestimmte Guturallaute. So wurde Galiläa von vielen Bewohnern Judäs latent abgewertet, es wurde ihnen unterstellt, sie seien der Schrift nicht kundig und verstünden nicht das heilige Gesetze (Tora). Josephus nennt nur zwei Schriftgelehrte aus Galiläa (Judas und Eleazar), die aber nicht in ihrer Heimat lehrten. Doch die meisten Galiläer hielten sich genau an die Reinheitsvorschriften der Priester, sie gaben den Zehent an den Tempel und wussten sich mit diesem solidarisch.[7]

Als im Jahr 39 n.Chr. der römische Kaiser Caligula im Tempel zu Jerusalem eine Kaiserstatue aufstellen lassen wollte, kam es zu einer Massendemonstration in der Stadt Tiberias. Und im Jahr 66 n.Chr. zu Beginn des Jüdischen Krieges wurde der Palast des Königs Herodes Antipas von Aufständischen niedergebrannt. Schon Herodes I. hatte in Judäa und in Galiläa nicht gewagt, einen griechischen Tempel zu bauen, wie er es in anderen Gebieten seiner Herrschaft tat. Er wollte die streng gläubigen Jahweverehrer nicht provozieren. Allein im nördlichen Grenzgebiet Galiläas, in Panäes wurde ein kleiner griechischer Tempel gebaut. Insgesamt war Galiläa ein fruchtbares Land, während Judäa karg und gebirgig war. Herodes Antipas kurbelte die Wirtschaft im Land an, er förderte die Fischerei und brachte neue Fischarten an den See Genesaret. Im Volk war noch lange Zeit

---

[6] G. Theißen, Die Jesusbewegung. Sozialgeschichte einer Revolution der Werte. Gütersloh 2004, 99–110. M. Ebner, Jesus 46–56.
[7] G. Theißen, Jesusbewegung 55–80. M. Ebner, Jesus 49–53.

das alte System der Tauschwirtschaft verbreitet, nach seinem Glauben gehörte das Land dem Bundesgott Jahwe und sonst niemandem. Der Tempel in Jerusalem stand für dieses Glaubenssystem.

Doch nach dem römischen System war der Staat der Besitzer des Bodens, die Bauern mussten den Boden pachten und dafür Steuer zahlen. Der Tempel in Jerusalem war der Ort der moralischen Schuldvergebung für das Volk, dort verrichteten die Priester ihren Wochendienst. Als Judäa unter die direkte römische Verwaltung kam, zog eine römische Kohorte in die Burg Antonia ein, um das Gelände des Tempels zu sichern und zu kontrollieren. Von nun an wurden die Gewänder der Hohenpriester in dieser Burg aufbewahrt, zu den großen Festen wurden sie von den Römern herausgegeben. Auf diese Weise arbeitete die jüdische Hierarchie bzw. Theokratie der Priester eng mit dem Römischen Imperium zusammen.[8]

Die literarischen Quellen dieser Zeit sprechen von Synagogen (Gebetsräumen) in Galiläa, doch die archäologischen Funde zeigen kaum Bauten, die als Synagogen erkennbar sind. Das deutet auf die Möglichkeit hin, dass zur Zeit Jesu große Räume der Häuser für Versammlungen, Gebete und Toralesungen benutzt wurden. Erst nach der Zerstörung des Tempels im Jahr 70 n.Chr. werden eigene Bauten als Synagogen erkennbar, das sind Räume mit einem Toraschrein, mit einem erhöhten Podium und mit einer Ausrichtung der Bauten nach Jerusalem. Zur Zeit Jesu könnte der Toraschrein noch eine tragbare Vorrichtung gewesen sein, die von einem Versammlungsraum zum anderen getragen wurde. Spuren solcher Synagogen finden sich in Kafarnaum und in Gamala, nicht aber in Magdala (Migdal).

Die religiösen und politischen Parteien

Die *Saduzzäer* bildeten also die Oberschicht der Priester, der Hohenpriester und der Aristokraten, vor allem in Judäa. Ihren Namen leiteten sie vom Hohenpriester Sadok aus der Zeit Davids ab, mit dem sie aber nicht verwandt waren. Diese Sippen waren gegenüber der hellenistischen Kultur offen und lernbereit, sie hatten ihre Funktionen schon vor der Zeit der Makkabäer. Die mündliche Lehre (Halacha) lehnten sie ab, denn sie bezogen sich allein auf die schriftliche Tora. Die griechische Vorstellung einer Auferstehung der Toten lehten sie aber ab, denn sie entsprach nicht der alten jüdischen Lehre. Als sich der Makkabäer und Heerführer Jonathan das Amt des Hohenpriesters anmaßte, arbeiteten die meisten weiterhin mit ihm zusammen.

Doch zwei Gruppen scheinen sich zu dieser Zeit von der alten Aristokratie der Priester abgetrennt zu haben. Das war die priesterliche Sippe der Oniaden, die nach Ägypten auswanderte und in der Stadt Leontopolis einen neuen Tempel gründete und baute. Sie wollte den Makkabäerführer nicht als neuen Hohenpriester anerkennen. Eine andere Gruppe von Priestern um den „Lehrer der Gerechtigkeit"

---

[8] G. Theißen, Die Religion der ersten Christen. Eine Theorie des Urchristentums. Gütersloh 2000, 47–57.

wanderte zu dieser Zeit nach Qumran aus und gründete dort einen „geistigen Tempel", ohne Kultbauten aus Stein. Herodes I. setzte die Hohenpriester nach seinem Belieben in ihr Amt ein und entzog es ihnen wieder. Nach seinem Tod schickten die Priester eine Delegation an den Kaiser Augustus nach Rom mit den Bitte, keinen König im Land mehr einzusetzen. Im Jahr 6 n.Chr. kam der Kaiser ihrer Bitte nach und ließ Judäa direkt verwalten. Schon zu Beginn der Herrschaft des Königs Herodes I. waren die Hohenpriester an den römischen Feldherrn Pompejus mit der gleichen Bitte herangetreten, doch sie hatten keinen Erfolg. Unter der direkten römischen Verwaltung wurden die Hohenpriester aufgewertet und gestärkt, sie waren neben dem römischen Statthalter die höchsten Autoritäten im Land. Der Tempel Jahwes und die Burg Antonia bildeten eine politische Einheit.

Eine zweite Gruppe bildete sich um 120 v.Chr., es war die Partei der *Essener* bzw. der *Qumran-Priester*. Sie waren ursprünglich Saduzäer, gingen aber als Priester in Opposition zum Hohenpriester der Makkabäer. Um 100 v.Chr. sind sie nach Qumran ausgewandert, dort errichteten sie nun einen spirituellen Tempeldienst. Statt der Tieropfer wollten sie nun das „Hebeopfer der Lippen", sie wollten für das ganze Land Sühne leisten. Sie hatten ihre eigenen liturgischen Bücher und Sabbatlieder, aber insgesamt warteten sie auf einen neuen Tempel. Sie hielten nach einem priesterlichen und nach einem königlichen „Messias" (Gesalbter) Ausschau, denn wie zur Zeit Davids sollte der König zusammen mit den Priestern das Volk leiten.

Während der Tempel in Jerusalem seit der Herrschaft der Makkabäer den seleukidischen Mondkalender befolgte, orientierten sich die Priester von Qumran am Sonnenjahr mit 52 Wochen und 364 Tagen.[9] Die Qumran-Anhänger verstanden sich als die von Jahwe erwählte Gemeinde des Bundes, deswegen war ihnen die genaue Erfüllung der Tora wichtig. Sie studierten die Schriften des heiligen Gesetzes, schrieben sie ab und verfassten dazu Kommentare. Ihre kultischen Waschungen dienten der rituellen Reinheit aller Mitglieder, die Güter des täglichen Lebens wurden gemeinsam verwaltet. Als „Söhne des Lichtes" wollten sie sich deutlich von den „Söhnen der Finsternis" abgrenzen. So warteten sie auf eine „Endzeit" des göttlichen Gerichts, in der die Lichtkinder von den Kindern der Finsternis getrennt werden. Diese Ideen der Essener und der Qumran-Anhänger waren zur Zeit Jesu auch in Galiläa und in Judäa bekannt.

Die dritte religiös-politische Gruppe bildeten die *Pharisäer*, sie kamen vor allem aus dem Mittelstand der Städte und der größeren Dörfer. Sie waren gegenüber den Priestern eine Laienbewegung, wollten aber nach der priesterlichen Ordnung leben. Deswegen befolgten sie die Reinheitsvorschriften des Tempels in ihren Häusern und Sippen, denn sie suchten den alternativen Tempel mitten in ihrer privaten Lebenswelt. Von den Griechen und Römern grenzten sie sich klar ab, um ihre jüdische Identität zu bewahren. Die genaue Beachtung des priesterlichen

---

[9] D. Marguerat, Jesus von Nazaret. In: L. Pietri (Hg.), Geschichte des Christentums I. Freiburg 2003, 10–37. M. Ebner, Jesus 65–75.

Gesetzes zwang sie zum Waschen der Hände vor jedem Essen, sie gaben den zehnten Teil ihrer Erträge dem Tempel. Mit den Griechen und Römern wollten sie keine Heirat und keine Tischgemeinschaft, deswegen hießen sie im Volk prushim (Spalter), daraus wurde der Name Pharisäer.

Ihren Ursprung haben sie bei der Gruppe der Chasidim (Asidäer), deren messianische und apokalyptische Naherwartung sie aber nicht teilten. Im 1. Jh. v.Chr. kritisierten sie die hellenistische Politik der Hasmonäer-Könige. Und unter König Herodes gewannen sie Einfluss auf den Hohen Rat und im Volk als moralische Autoritäten. Sie sahen in der Tora den ewigen Weltplan, nach dem Gott die Welt erschaffen hat. Nur Israel kennt diesen Weltplan, das ist ein Zeichen seiner göttlichen Erwählung. Wer nun im Leben diesem göttlichen Gesetz folgt, findet das Heil und das Glück. Freilich muss die Tora den jeweiligen Lebenssituationen angepasst werden, deswegen bedarf es neben der schriftlichen Fixierung auch der mündlichen Auslegung und Tradition. Die Schriftgelehrten waren für die Auslegung des Gesetzestexte zuständig. Die Pharisäer waren überzeugt, dass auch Sünder und Nichtjuden durch Bekehrung zur Tora das göttliche Heil erlangen konnten.

So waren sie um die Einhaltung des Sabbats bemüht, dabei kamen ihnen die Römer entgegen, indem sie anordneten, dass jüdische Soldaten in Friedenszeiten am Sabbat nicht marschieren mussten. Im 1. Jh. n.Chr. sind die Pharisäer in Galiläa nicht nachzuweisen, doch die Frommen lebten dort ähnlich wie die Pharisäer in einer Nähe zur Tora, zum Tempel und zur Wallfahrt dorthin. Die Konflikte Jesu mit den Pharisäern dürften dadurch entstanden sein, weil dieser auf autonome Weise und ohne Bindung an Autoritäten die Tora auslegte und an wesentlichen Punkten veränderte.[10]

Josephus spricht von einer „vierten Partei" im Land und meint damit alle zur Gewalt gegen die Römer bereiten Gruppen. Sie leiteten sich wohl vom öffentlich protestierenden Zweig der Pharisäer ab, denn auch sie gingen davon aus, das Land gehöre dem Bundesgott Jahwe und nicht dem römischen Kaiser. Sie protestierten im Jahr 6 n.Chr. gegen die Volkszählung in Judäa und Samaria, viele von ihnen wollten dem Kaiser überhaupt keine Steuern zahlen. Ihre Anführer wurden damals vom römischen Prokurator Tiberius Alexander gekreuzigt. Zu dieser Lehre der Gewalt bekannten sich die Zeloten und die Sikarier, die sich als Männer des Dolches verstanden; von Josephus werden sie „Räuber" genannt. Viele von ihnen kamen aus der jüdischen Oberschicht, sie planten Attentate auf römische Beamte und jüdische Priester. Das Kaiseropfer verweigerten sie, denn sie wollten den Tempel von der römischen Herrschaft befreien und reinigen.

In der Zeit vor dem Jüdischen Krieg traten viele „Messiasse" und „Propheten" auf, sie wollten das alte jüdische Königtum wieder herstellen und die Römer aus dem Land vertreiben. Deswegen eroberten sie die königlichen Waffenlager und zündeten die Paläste des Königs Herodes I. an (Bellum Jud. 2,56–58). Im Jahr 66 eroberten ihre Anführer Menachem und Simon ben Giora die heilige Stadt

---

[10] G. Theißen, Jesusbewegung 80–91. M. Ebner, Jesus 40–43.

Jerusalem und den Tempel. Dies war der Anfang des Jüdischen Krieges, der vier Jahre dauerte und im Jahr 70 mit dem Sieg der Römer und der Zerstörung des Tempels endete.

Zur Zeit Jesu predigten mehrere Propheten einen neuen Auszug aus Ägypten und den baldigen Einzug ins Gelobte Land. Einer von ihnen wurde der „Ägypter" genannt, er verkündete das nahe Eingreifen des Bundesgottes Jahwe. Andere Propheten inszenierten mit ihren Anhängern den neuen Zug durch die Wüste am Ölberg bei Jerusalem (Bellum Jud. 2,61). In diesem Kontext ist vielleicht auch der Einzug Jesu in Jerusalem mit seiner Tempelreinigung zu sehen. Diese Propheten strebten ein theokratisches Modell der Herrschaft an. Nach Jesu Tod trat ein Prophet in Samaria auf und setzte viele Zeichenhandlungen. Einige dieser Propheten stellten auf symbolische Weise den Zug des Volkes Israel durch das Rote Meer dar. So war die Erzählung vom Auszug aus Ägypten eine starke Motivation, um für die politische Freiheit des Landes zu kämpfen. Bis zum Jüdischen Krieg nahm die Zahl dieser Prophetengestalten ständig zu.[11]

Der Täufer Johannes und Jesus

Der Täufer Johannes, der vermutlich aus einer priesterlichen Familie stammte, hat viel mit den Lehren und Vorstellungen der Qumran-Gemeinde gemeinsam. Er lebte in der Nähe zur Wüste und erwartete eine apokalyptische Wende in der jüdischen Geschichte. Am Fluss Jordan predigte er seinen Zuhörern und Anhängern vom nahen göttlichen Gericht und von der notwendigen „Umkehr" in der bisherigen Lebensform. Durch die Symbolhandlung der Wassertaufe versprach er die Vergebung der Sünden. Doch damit stellte er sich klar in Opposition zum Tempel in Jerusalem, denn dort beanspruchten die Priester das Monopol der Sündenvergebung.

Die Taufe durch Untertauchen im Fluss war ein Wasserritus, er sollte die blutigen Tieropfer am Tempel ersetzen. Wer bei dieser Taufe seine Schuld bekennt und sich zur Umkehr vom sündhaftern Leben entschließt, darf das göttliche Heil erwarten. Für das einfache und arme Volk waren keine großen Opfer und Spenden am Tempel mehr nötig. Auch Johannes verstand sich als Prophet, er predigte gegen die Priester am Tempel und gegen die Herrschaft des Herodes Antipas. Als Ort seiner Taufen wählte er den Weg der Wallfahrer im Jordantal, die nach Jerusalem pilgerten. Das mussten die Priester als Affront verstehen.

Jesus von Nazaret war als bisheriger Lohnarbeiter wohl auf einer Wallfahrt nach Jerusalem, als er auf den Täufer Johannes stieß. Er hörte dessen Predigt von der Umkehr und erlebte seine Wassertaufe als ein ekstatisches Ereignis. Denn er sah „den Himmel offen" und hörte eine göttliche Stimme, die ihn einen „göttlichen Sohn" nannte. Offenbar war Jesus von der Gerichtspredigt des Johannes tief betroffen, es ging um einen neuen Lebensweg der Umkehr, des Fastens und des

---

[11] M. Ebner, Jesus 77–81. G. Theißen, Die Religion 59–63.

Gebets. Er hörte die Botschaft vom „Reich Gottes" und ordnete sich dem Täufer unter, d.h. er wurde sein Schüler. Auch zwei Anhänger mit griechischen Namen (Andreas, Philippos) werden genannt (Joh 1,35). So erfuhr Jesus seine spirituelle Prägung und die Unterweisung im ekstatischen Gebet beim Täufer Johannes.[12]

Später begann auch Jesus mit seinen Anhängern im Umfeld von Samaria zu taufen (Joh 3). Doch seine eigene Taufe im Jordan war sein Schlüsselerlebnis, denn in einer ekstatischen Vision sah er den Teufel vom Himmel fallen. Und er wusste sich fortan als göttlicher Sohn beim Bundesgott Jahwe angenommen. Nach einer Zeit in der Wüste und einer Versuchung des Teufels trennte sich Jesus mit einer Gruppe vom Lehrer Johannes. Nun predigte er selbst das kommende „Reich Gottes" und die nötige Umkehr von den Sünden. Doch er ging vom Jordan und der Wüste weg und zog zu den Siedlungen der Bauern, der Hirten und der Fischer. Zuerst predigte er noch die Lehren des Täufers Johannes, es war kein abrupter Bruch gewesen.

Jesus als Wanderprediger

Im Lauf seiner Predigttätigkeit entwickelte Jesus seine eigenen Bilder und Lehren, die der Lebenswelt seiner Zuhörer entsprachen, er verzichtete auf ein Ritual der Sündenvergebung. Dafür sprach er den einfachen Menschen die Vergebung ihrer Sünden und die Heilung der Krankheiten zu. Doch damit stand auch er im Widerspruch zu den Priestern am Tempel, außerdem vertrieb er böse „Dämonen" aus der Lebenswelt der Menschen. Bei Jesus trat nun das Bild vom göttlichen Gastmahl (chawura) in den Vordergrund, das Bild vom göttlichen Gericht blieb im Hintergrund. So feierte Jesus mit seinen Anhängern regelmäßig diese Gastmähler, sie sollten Zeichen für die Freude auf das kommende Gottesreich sein.

Aus diesem Grund wurde ihm von Kritikern bald nachgesagt, er sei ein Freund der Zöllner (Zollpächter) und Trinker. In Galiläa trat er in der Rolle des endzeitlichen Propheten auf, er las in den Synagogen und Gebetsräumen aus den Texten der Propheten, die dort aufbewahrt wurden, und deutete sie. Er stammte aus dem Dorf Nazaret, das zu seiner Zeit zwischen 40 und 400 Einwohner gehabte haben dürfte. Er wuchs in einer Sippe mit Brüdern und Schwestern auf, dann übte er den Beruf eines Wanderarbeiters und Bauhandwerkers (tekton) aus. Vermutlich war er beim Wiederaufbau der Stadt Sepphoris beteiligt, die 6 km von Nazaret entfernt liegt. Er lebte als Wanderarbeiter ohne Besitz. Ob er verheiratet war und eine Familie hatte oder nicht, ist heute nicht mehr sicher zu entscheiden.[13]

Jesus könnte ab 16 n.Chr. beim Bau der Stadt Sepphoris gearbeitet haben. Sein Name Jehoshua bedeutet „Gott hilft". Bei einer Wallfahrt nach Jerusalem traf er auf den Täufer Johannes und dessen Anhänger. Bei ihm blieb er eine Zeit lang, dann kehrte er nach Galiläa zurück. Nun gab er seinen Beruf auf und verkündete mit

---

[12] G. Theißen, Jesusbewegung 118–134. D. Marguerat, Jesus 30–37.
[13] M. Ebner, Jesus 100–110. D. Marguerat, Jesus 38–47.

ein paar Anhängern in den Dörfern der Bauern, Hirten und Fischer das kommende „Reich Gottes". Er heilte Kranke, trieb böse Dämonen aus, deutete die Tora und lebte von den Spenden seiner Sympathisanten. Mit einigen Schülern begann er ein unstetes Wanderleben, seine Sippe hielt ihn bald für „verrückt". Als Prophet setzte er vor allem zwei Zeichenhandlungen, er vertrieb von den Menschen böse Dämonen und er veranstaltete Gastmähler (chawura) als Abbilder des kommenden Gottesreiches. Auf die Kritik an der Herrschaft der Römer und ihrer Steuer scheint er verzichtet zu haben, seine Lehren standen in der Tradition der jüdischen Weisheit und der Propheten.

Diese Lehren hat er wahrscheinlich in den Synagogen und Versammlungen kennen gelernt. Nun verkündete er die Umkehr von den Sünden und das Kommen der Herrschaft Gottes. Dieser Begriff hatte gewiss auch einen politischen Unterton, doch dieser verband sich mit dem religiösen Bild. Jesus wollte die Leidenden von unsichtbaren bösen Mächten befreien, er trat in die Rolle des Exorzisten, die im Land bekannt war. Seine Gegner sagten nun, er sei im Bund mit dem Dämon Beelzebul und nicht mit dem Bundesgott Jahwe. Als besitzloser Wanderprediger verweigerte er fortan seine familiären Pflichten, er kehrte nicht mehr in seine Sippe zurück. In einer ekstatischen Vision am Rand der Wüste hatte er den Sturz des Teufels (Satan) gesehen, das war für ihn die Berufung zum prophetischen Dienst.

Auch das Bild Satans hat eine politische Konnotation, es deutet auf die Herrschaft der Römer hin. Jesus verstand sich selbst als ein vom Bundesgott angenommener „Sohn", er lehrte seine Anhänger das ekstatische Gebet, das er beim Täufer Johannes gelernt hatte. Nun stiegen auch seine Anhänger aus ihrem sozialen Netz aus, sie lebten mit ihm zusammen als hauslose und besitzlose Wandercharismatiker. Es ist sehr wahrscheinlich, dass ihm auch Ehepaare gefolgt sind, denn er verbot unter seinen Anhängern das Verlassen des Ehepartners. Auf diese Weise wollte er auf symbolische Weise das Gottesvolk der Endzeit sammeln, das aus zwölf Stämmen bestehen sollte. Es ist immerhin möglich, dass mit den zwölf besonderen Jüngern zwölf Ehepaare gemeint sind. Denn Jesus lehrte, die Ehen sollten nicht zerbrechen, der begehrliche Blick auf die fremde Frau wird verboten.

Seine Aussendung der Jünger zu zweit könnte sich auch auf Ehepaare bezogen haben. Denn in der frühchristlichen Mission vor Paulus werden Ehepaare mit Namen genannt: Priska und Aquila, Andronikus und Junia.[14] Die zweite Zeichenhandlung war das Gastmahl mit seinen Anhängern, Freunden und Sympathisanten. Diese freudigen Gastmähler waren Zeichen für das beginnende Reich Gottes, das eine neue Qualität des menschlichen Zusammenlebens bringen sollte. Zu diesen Mählern waren Ausgegrenzte und Kranke zugelassen, Zollpächter und Freudenmädchen, sog. Unreine und Sünder nahmen daran teil. Die Zollpächter waren des öfteren die Gastgeber für die Armen, denn sie hatten Geld und Besitz. Jesus sagte seinen Jüngernpaaren, sie sollten nicht auf den Marktplätzen predigen,

---

[14] G. Theißen, Die Religion 131–139. M. Ebner, Jesus 160–170.

sondern in die Häuser und Sippen gehen und dort ihre Botschaft verbreiten. Dort sollten sie ein paar Tage als Gäste bleiben und sich mit Nahrung und Kleidern versorgen lassen.

Die Wandercharismatiker in der Nachfolge Jesu rechneten also mit der Gastfreundschaft ihrer Anhänger und Sympathisanten. Auf ihren Wanderungen von Dorf zu Dorf waren sie der Gefahr von Räubern und Gewalttätern ausgesetzt. In solchen Situationen sollten sie auf Gegengewalt verzichten und dem Schläger die andere Wange hinhalten. Durch diese gewaltlose Form des Zusammenlebens und durch die gegenseitige Hilfe in der Not wachse unter den Menschen wie ein Senfkorn das „Reich Gottes". Doch viele Türen blieben den Jesusjüngern verschlossen, sie wurden häufig abgewiesen. In den griechischen Gebieten des Landes und in den größeren Siedlungen waren seit langem stoisch-kynische Wanderprediger unterwegs, auch sie lehrten die Menschen eine neue und friedvolle Form des Zusammenlebens. Vermutlich sind diese Lehren auch der frühen Jesusbewegung bekannt gewesen.

Kafarnaum am Nordufer des Sees Genesaret war ein Zentrum der Jesusjünger, dort besaß der Fischer Simon (Petrus) ein Haus (Mk 1,29). Auch in den Nachbardörfern Choirazin und Betsaida wurden Zeichenhandlungen gesetzt, die Predigttätigkeit dürfte intensiv gewesen sein. Im Dorf Nain südlich von Nazaret soll Jesus einen jungen Mann vor dem frühen Tod bewahrt haben (Lk 7,11–17). Auf einem Berg soll Jesus regelmäßig gepredigt und gebetet haben, dort erlebten auch seine Jünger ekstatische Erfahrungen (Mk 9,2). Auch soll er sich regelmäßig in eine einsame Gegend zurückgezogen haben, an anderen Orten soll er viele Anhänger und Zuhörer in einem großen Mahl gespeicht haben. Diese Orte sind heute nicht mehr bestimmbar.[15]

Nur selten dürfte Jesus Städte und Siedlungen außerhalb von Galiläa besucht haben. In Cäsarea Philippi soll Simon (Petrus) den Lehrer des Gottesreiches als „Messias" bezeichnet haben (Mk 8, 27ff). Und im Umfeld der phönikischen Städte Tyrus und Sidon soll Jesus ein Mädchen von dämonischer Besessenheit geheilt haben (Mk 7,24–30). Er wirkte vor allem am nördlichen Ufer des Sees Genesaret in der Gegend um Nazaret, dort predigte er in Versammlungsräumen und Synagogen, auf Straßen, Plätzen und freien Feldern. Die beiden griechisch geprägten Residenzstädte Sepphoris und Tiberias dürfte er bei seinen Predigten gemieden haben. Denn seine Zielgruppe waren Juden in Galiläa.

Nach den Berichten der Synoptiker kam Jesus mit seinen Anhängern nur einmal nach Judäa, und zwar durch das Jordantal bis Jericho, dann über Betfage und Bethanien nach Jerusalem. So soll der Prophet aus Nazaret während seiner öffentlichen Predigttätigkeit nur ein einziges Passahmahl gefeiert haben. Doch das Johannesevangelium berichtet von mehreren Passahfeiern, was eine mehrjährige Predigttätigkeit voraussetzen würde. Nach Johannes sei Jesus in der Nähe von Bethanien getauft worden (1,28), danach sei er in Kana und Kafarnaum gewesen,

---

[15] J. Pritchard, Großer Bibelatlas 164–166.

um dort die ersten Jünger zu gewinnen. Danach habe er in Judäa getauft (3,22) und habe in Sichem und Samaria gepredigt (4,5). Danach sei er noch einmal nach Kana und Kafarnaum gekommen, um wieder nach Jerusalem zurückzukehren (5,1). Dann sei er an die Ostseite des Sees Genesaret gezogen und bis zum Laubhüttenfest im Herbst in Galiläa geblieben (7,1–3).

Dann sei er heimlich nach Jerusalem gepilgert und bis zum Tempelweihefest (Chanuka) im Dezember dort geblieben (10,22). Nach der Zeitangabe des Johannes zog Jesus danach wieder in das Gebiet östlich des Jordan, dann ging seine Reise nach Bethanien (11,1–44). Um sich vor einem geplanten Überfall zu schützen, soll er sich nach Efron und Bethanien zurück gezogen haben. Als er nach Jerusalem kam, wurde er von seinen Gegnern gefangen gesetzt und zum Tod verurteilt. Das Johannesevangelium schildert Jesus aber als einen Judäer, der einige Male auf Besuch nach Galiläa gekommen sei.[16] Wir haben hier zwei unterschiedliche Berichte von der Lehrtätigkeit Jesu, wegen der größeren zeitlichen Nähe zum Leben Jesu wird den Berichten der Synoptiker von den meisten Exegeten der Vorzug gegeben.

---

[16] J. Pritchard, Großer Bibelatlas 164–166. M. Ebner, Jesus 160–170.

Die griechische Kultur und das Neue Testament

Das gesamte Neue Testament ist in griechischer Sprache (Koine) verfasst worden, es spiegelt damit die hellenistische Kultur und Lebenswelt. Aus der aramäisch sprechenden jüdischen Erneuerungsbewegung rund um den Wanderlehrer Jesus aus Nazaret ist in kurzer Zeit eine griechisch geprägte religiöse und ethische Bewegung der Lebensgestaltung geworden. Der Austausch und der Übersetzungsprozess zwischen der aramäischen und der griechischen Lehre erfolgte wohl hauptsächlich in den Gebetsräumen und Synagogen der jüdischen Gemeinden in den griechischen Städten. Diese Übersetzung erfolgte nur zum geringen Teil in Palästina, sie erfolgte vor allem in den Städten Syriens und Ägyptens. Denn dort lebten seit vielen Generationen Juden und Griechen in enger Verbindung, sie sprachen dieselbe Sprache und hatten wirtschaftliche Beziehungen.

Der Prozess der Übersetzung

Seit langem gab es in den Städten des östlichen Imperiums Griechen und griechisch sprechende Nichtjuden, welche das Gottesbild und die Sozialmoral der jüdischen Kultur schätzen gelernt hatten. Diese Sympathisanten der jüdischen Kultur und Religion wurden von den Juden „Gottesfürchtige" (sebomenoi, eusebeioi) genannt. Nur wenige von ihnen traten zum jüdischen Glauben und zur Beobachtung der Tora, samt der Beschneidung der Männer über, diese hießen Proselyten. Die meisten blieben in einer wohlwollenden Verbundenheit, sie nahmen öfter oder regelmäßig an den jüdischen Zusammenkünften, Gebeten und Toraauslegungen in den Versammlungsräumen und Synagogen teil. An diesen Orten müssen bald nach Jesu Tod (30 n.Chr.) oder schon zu seiner Lebenszeit Anhänger der Jesusbewegung aufgetreten sein, die vom neuen Lebensprogramm des Propheten aus Galiläa berichteten.

Solche Orte der Begegnung der Kulturen und der Übersetzung der Lebensdeutung waren die Synagogen in Damaskus, in Antiochia, in Alexandria und in anderen Städten im Umfeld von Palästina. Dorthin kamen Anhänger und Sympathisanten der Jesusbewegung, die zumindest rudimentär zweisprachig gewesen sein mussten. Denn sie übersetzten mit anderen und besser Gebildeten die aramäischen Lehren und Sprüche Jesu in die griechische Sprache, gleichzeitig sammelten sie diese Sprüche und gaben sie mündlich weiter. In Jerusalem, in Samaria und in Galiläa waren zu dieser Zeit stabile Gruppen der Jesusbewegung, die mehrheitlich aramäisch sprachen, von ihnen konnten neue Informationen geholt werden.

Die Übersetzung der Lehren Jesu aus der aramäischen in die griechische Sprache erfolgte in den Synagogen der an Palästina angrenzenden griechischen Städte. Der bereits seit langem bestehende Austausch zwischen der jüdischen und der griechischen Kultur in der hellenistischen Welt war die Grundvoraussetzung für die Entstehung des frühen Christentums. Ohne diesen Austausch hätte die Jesusbewegung den jüdischen Kulturraum kaum überschreiten können, so ist das Christentum ein Ergebnis der hellenistischen Kultur. Einer der frühen Zeugen dieser Übersetzungsarbeit war Paulus aus Tarsos, der in der entstehenden Gemeinde der Jesusjünger in Antiochia geformt wurde. Er war griechisch gebildet, verstand durch sein Studium der Tora in Jerusalem auch Hebräisch und vielleicht auch Aramäisch. Jesus selbst hatte er nicht mehr kennen gelernt, zuerst lehnte er die Jesusbewegung in Jerusalem ab, weil sie in wesentlichen Punkten von der Tora abwich.[1]

Doch durch ein ekstatisches Erlebnis bei einem Sturz vom Pferd wurde er schrittweise ein Sympathisant und dann ein Anhänger dieser neuen Bewegung, die nun schon in Damaskus, in Antiochia und in Alexandria Gemeinden gebildet hatte. In diesen Gemeinschaften wurden die Lehren und Sprüche Jesu in die griechische Sprache und Denkwelt übersetzt. Nun kam es in den jüdischen Synagogen der griechischen Städte rund um Palästina bald zu einem Unterscheidungsprozess. Denn die einen nahmen die neuen Lehren der Jesusbewegung mit Zustimmung oder mit Begeisterung an, die anderen aber lehnten sie ab, denn sie sahen darin einen Abfall von den alten Lehren der Priester. Doch beide Gruppen trafen sich weiterhin regelmäßig am Sabbat in den Synagogen und Gebetshäusern zum Gebet und zur Auslegung der Tora.

Irgendwann begannen die Jesusjünger, neben dem Sabbatgottesdienst in der Synagoge ihre eigenen Zusammenkünfte und Gedenkfeiern an Jesus zu organisieren. Diese Feiern wurden in den Häusern der Jünger zumeist am Sonntag (Tag der Auferstung Jesu) abgehalten, es waren Mahlfeiern mit Dank und Lobpreis an Gott und Jesus (eucharistia, eulogia). Vermutlich wurden hier die symbolischen Mahlfeiern Jesu in abgewandelter Form und ergänzt durch das Gedächtnis an den Gründer weitergeführt. Der Bezug zum letzten Mahl Jesu mit seinen Jüngern dürfte erst später hergestellt worden sein.[2]

Zu den Jesusjüngern stießen in den griechischen Städten gottesfürchtige Griechen und Nichtjuden (eusebeioi), aber auch für die griechische Kultur offene

---

[1] E. Lohse, Paulus. Gütersloh 2002, 64–80. S. Legasse, Paulus und der urchristliche Universalismus. In: L. Pietri (Hg.), Geschichte des Christentums I. Freiburg 2003, 90–125.

[2] G. Theißen, Die Religion 76–81.

Juden. Sie sahen nun in Jesus einen Propheten, einen göttlichen Sohn und Boten, ja sogar einen „Gesalbten" (Christos). Mit diesem Titel übersetzten sie die jüdische Gestalt des erwarteten Messias. Weil sie sich in ihren Lehren, Liedern und Gebeten auf den Christus Gottes bezogen, wurden sie von ihren Mitbürgern bald als „Christen" (christianoi) bezeichnet. In der Stadt Antiochia begegnet dieser Name zum ersten Mal. Die Griechen unter den Jesusjüngern sahen nun im Propheten Jesus aus Nazaret zunehmend einen neuen Kultheros, wie es in ihrer Kultur viele gab. Sie dichteten nun Hymnen und Lieder, wie sie in ihrer Kultur auf Dionysos, auf Herakles und auf Asklepios gesungen wurden.

Bevor die Übersetzungsarbeit von der jüdischen zur griechischen Kultur näher verfolgt werden kann, müssen noch weitere Grundzüge der griechischen Kultur und Lebenswelt in den Blick kommen.

Strukturen der Lebenswelt

Die Griechen sind im Gegenstz zu den Semiten Indo-Europäer, sie sind in mehreren Wellen in den östlichen Mittelmeerraum eingewandert. Ursprünglich waren sie Hirtennomaden und Viehzüchter, sie sind später sesshafte Ackerbauern und Fischer geworden. Ihre frühen Stadtkulturen auf Kreta und dem Festland reichen weit in das zweite Jahrtausend v.Chr. zurück (minoische und mykenische Kultur). Früh entwickelten sie Schriftsysteme (Linear A und Linear B), sie bauten Burgen und Tempel und verfügten über Waffen aus Bronze und später aus Eisen. Diese Kulturen sind um 1200 v.Chr. von den sog. „Seevölkern" zerstört worden, dem auch die Kulturen Kanaans zum Opfer gefallen waren. Für die Griechen folgte nun ca. 400 Jahre eine schriftlose Zeit.

Ab dem 8. Jh. v.Chr. beginnt bei den Griechen wieder die Schriftkultur, die Kultsänger Homer und Hesiod berichten von Mythen und von Lebensformen der Krieger. Alte Siedlungen waren zerstört worden, nun wurden neue Dörfer und Burgen gebaut, einige Stämme waren zu dieser Zeit noch auf Wanderung. In den Dörfern und Siedlungen übten die Krieger die Verwaltung aus, dort lebten Freie (eleutheroi) und Unfreie (douloi), Bürger (politai) und Fremde (xenoi). Die Krieger und die Freien besaßen das Land, die Unfreien arbeiteten als Bauern, als Hirten und Handwerker, sie konnten heiraten und Kinder zeugen. Viele Sklavinnen dienten den Kriegern als Zweitfrauen. Die Freien ohne Grundbesitz (metoikoi) arbeiteten als Handwerker, als Heiler und Seher oder als Händler gegen Entlohnung. Die Krieger hatten ihre Gefolgsleute (therapontes), die ihnen mit ihrer Arbeits- und Kampfkraft zur Seite standen.

In dieser frühen Zeit entstanden wieder Stadtkulturen (poleis) mit zentraler Verwaltung. An den politischen Entscheidungen durften nur die Krieger, die Priester und die Besitzbürger mitwirken, die Besitzlosen und die Sklaven, aber auch die Frauen und Kinder waren davon ausgeschlossen. Ein Rat der Ältesten (gerontes) fungierte als Ratgeber des Stadtkönigs (basileus). Ab 650 v.Chr. wurden in einzelnen Städten die Gesetze des Zusammenlebens aufgeschrieben, zu dieser Zeit prägten einige Städte in Lydien und Jonien die ersten Geldmünzen aus Metall. Der Gesetzgeber Solon hatte die fortschreitende Konzentration des Landbesitzes auf wenige Sippen eingeschränkt, von jetzt an konnten Schuldsklaven freigekauft werden. Für geliehenes Geld wurden erstmalig feste Zinsen eingehoben. In den Städten bildeten sich Vereine für den Kult, das Begräbnis und die Armenhilfe. Auch die Handwerker schlossen sich zu Bünden (heteriai) zusammen.[3]

Ung. ab 500 v.Chr. entwickelte die Stadt Athen eine Frühform der Demokratie, an der alle freien männlichen Besitzbürger und Adeligen (Krieger) beteiligt waren. Die Versammlung der Stimmbürger (ekklesia) fand auf dem Markt (agora) statt, dort steuerten die Rhetoren und Demagogen die politischen Entscheidungen. Zu dieser Zeit lebte ung. ein Drittel der Bevölkerung als Unfreie und Sklaven, sie dienten den Adelssippen oder den Tempeln. Nun lehrten bereits einige Philosophen (Sophisten), dass es von der Natur her (ek physei) gar keinen Unterschied zwischen den Herren und den Sklaven gäbe, weil alle dieselbe Luft atmeten. Auch die Rangunterschiede der Männer und der Frauen entspräche nicht der menschlichen Natur.

Diese kritischen Stimmen wurden von den politisch Stärkeren nicht gehört, doch in den sich bildenden Schulen der Weisheit (philosophia) wurden sie nicht mehr vergessen. Durch neue Gesetze wurden die Besitzstände der Adeligen und der Tempel gesichert, die Eheverbote zwischen den Stadtbürgern und den Fremden wurden aufgehoben. Nun konnten auch Fremde die Bürgerrechte einer Stadt erwerben. Besitzlose Fremde (metoikoi und paroikoi) mussten ihren Lebensunterhalt durch Lohnarbeit verdienen. Sklaven konnten von Besitzbürgern frei gekauft werden.[4]

In der *hellenistischen Zeit* nach dem Makedonierkönig Alexander wurde die Öffnung zu fremden Kulturen verstärkt, denn nun waren große Reiche geschaffen worden. Nun wurde die griechische Sprache (koine) zur Grundlage einer einheitlichen Verwaltung und Bildung, aber auch der Wirtschaft und des Handels. Das Wissen der alten Kulturen Kleinasiens, Ägyptens, Persiens und Babyloniens wurde nun allgemein zugänglich. Nun lehrten verschiedene Schulen der Philosophie (Stoiker, Kyniker, Epikuräer, Platoniker, Peripathetiker) die Kunst der guten Lebens und des richtigen Verhaltnes in der Gemeinschaft. In den oberen sozialen Schichten begann die Emanzipation der Frauen aus der Dominanz der Männer, Ehefrauen konnten nicht mehr ohne die Angabe von Gründen von den Männern verstoßen werden. Nun wurden die Gesetze der Städte allgemein aufgeschrieben, die Gerichtsverfahren wurden einheitlich geordnet, nun wurden Berufungsverfahren zu höheren Gerichten möglich.

In dieser Zeit wurden viele neue Städte geründet, bestehende Städte wurden erweitert, es war eine Zeit des wirtschaftlichen Wachstums. Die bekanntesten

---

[3] F. Gschnitzer, Griechische Sozialgeschichte. Wiesbaden 1981, 27–48.
[4] F. Gschnitzer, Sozialgeschichte 100–124.

Neugründungen sind Alexandria und Antiochia, die in 300 Jahren eine Einwohnerzahl von ung. 1 Million erreichten. Seleukia wurde als Regierungssitz der Seleukiden geründet, Damaskus wurde erweitert. In allen größeren Städten wurden nun Gymnasien eingerichtet, um die Jugend an Körper und Geist zu bilden und zu üben. Ein Gymnasiarch leitete dort den Unterricht und bestimmte die Lehrinhalte, nun lernten viele der oberen und der mittleren sozialen Schichten das Schreiben und das Lesen, aber auch die Grundregeln der Arithmetik, der Astronomie und der Physik.

Die Krieger vergrößerten ihre Kultspiele und übten sich in neuen Kampftechniken, in vielen Städten wurden Rennbahnen für Pferderennen (hippodromos) gebaut. Es wurden große Theater an den Hängen der Berge eingerichtet, wo ein Großteil der Bewohner die Darstellung der Heldentaten, der Göttermythen und der Kultdichtungen miterleben konnten. In den vielen Tempeln (temenos) wurden die männlichen und weiblichen Schutzgötter der Stämme und Sippen verkehrt, dort holten sich die Menschen Lebenskraft für den Alltag. Die größeren Städte errichteten Bäder und Thermen, die allen Bewohnern zugänglich waren, Frauen und Männer badeten zu getrennten Zeiten. Diese Einrichtungen trugen zu einer sinnlichen und lebensfreudigen Kultur bei.[5]

Verschiedene Ärzteschulen erforschten den menschlichen Körper, sie verfassten Bücher über das Heilungswissen. Die Schulen der Philosophie gaben neben ihrer Weltdeutung und Ethik auch das Wissen über die Natur und die Mathematik weiter. Die Gebildeten begannen in der hellenistischen Kultur sich als Weltbürger (kosmospolitai) zu fühlen, aufgrund einer gemeinsamen Bildungssprache konnten sie überall zu Hause sein. Erst diese Kultur des Austausches machte es möglich, dass die jüdische Bibel in die griechische Sprache übersetzt werden konnte, ohne sie wäre die Entstehung und Verbreitung der christlichen Religion undenkbar gewesen.

Mythos und Religion

Die griechische Kultur hat uns eine Vielzahl von religiösen Zeugnissen hinterlassen, Heiligtümer auf Bergkuppen, in Höhlen und an Meeresbuchten, später eine Vielzahl an Tempeln, Kultplätzen und Orakeln. Dort wurden die unsichtbaren Kräfte der Göttlichen (theoi) und der Ahnenseelen (psychai) erlebt und angerufen. Die männlichen und die weiblichen Götter wurden als die größeren, die stärkeren und die lichtvollen Wesen vorgestellt, die überall in der Natur und im Leben wirksam waren. Diese unverfügbaren Kräfte der geordneten Welt (kosmos) wurden von den Menschen ambivalent erlebt, denn sie konnten ihnen Nutzen oder Schaden bringen. Von den unsichtbaren Seelenkräften der Verstorbenen wurde angenommen, dass sie nach dem Tod des Körpers in einem Seelenland (Hades, Elysion) weiterlebten und starken Einfluss auf die Lebenden ausübten. So waren

---

[5] C. Schneider, Kulturgeschichte des Hellenismus II, München 1967, 120–140.

die Götter, die Dämonen und die Ahnenseelen die unsichtbaren Bezugsgrößen der griechischen Mythologie.

Die Kultsänger erzählten in ihren Liedern und Dichtungen von den weiblichen Göttinnen des Uranfangs (Gaia), welche die Erde, das Meer, den Tag und die Nacht, sowie die vielen anderen Götter und schließlich die Menschen geboren hätten. Es ist von göttlichen Urmüttern die Rede, welche den Göttern und den Menschen das Leben geschenkt haben und die es bewahren. In den frühen Mythen waren die männlichen Götter den weiblichen Göttinnen deutlich untergeordnet, sie führten als Helden (heros) deren Willen aus. Später wurden sie gleichwertig und in der patriarchalen Zeit der menschlichen Kultur wurden auch die Götter im Himmel über die Göttinnen dominant. Nun erzählten Mythensänger von alten Muttergöttinnen, die zu Töchtern (Athena) oder zu Ehefrauen (Hera) der männlichen Götter (Zeus) degradiert wurden. Doch viele Göttinnen bewahrten auch in der späten Mythologie ihre Wildheit und Autonomie (Artemis), sie trugen den Ehrentitel „Jungfrau" (parthenos), der anzeigt, dass sie sich keinen Mann unterordneten.[6]

Wir erkennen aus der kulturanthropologischen Forschung, dass sich in den Mythen immer die Lebenswelten der Menschen spiegeln. Die heiligen Bezirke (temenos) waren von den anderen Bereichen (bebelon) abgegrenzt, dort wurden die unverfügbaren Kräfte des Göttlichen vermutet und verehrt. Schon früh wurden die menschenähnlich vorgestellten göttlichen Wesen in Holz oder in Stein dargestellt, in diesen Bildern wurden die unverfügbaren Kräfte des Heiligen vermutet. Überall gab es die heiligen Prozessionen (pompe) zu den Kultorten, dort wurden die Riten der Reinigung, der Vertreibung des Bösen, der Vereingung mit dem Göttlichen ausgeführt. Und es wurden Erntegaben, Tiere und Mitmenschen den Göttern als Opfer (thysia) gebracht, um deren Kräfte zu stärken.

Zu den Riten der Vereinigung gehörten der heilige Kuss, die Salbung mit Pflanzenöl, der ekstatische Tanz, das Kultmahl und die sexuelle Vereinigung der Geschlechter am heiligen Ort (sog. Heilige Hochzeit = hieros gamos). Dabei wollten die Feiernden die göttlichen Kräfte in sich aufnehmen, um ein gutes und gesundes Leben zu haben. Die Heilige Hochzeit gehörte zu den ältesten Fruchtbarkeitsriten der Hirtennomaden und der Ackerbauern, sie wurde in der Frühzeit auf den Feldern und Viehweiden vollzogen, später wurde sie auf bestimmte Tempel zentriert. Zu den Kulten gehörten das Erleben der Ekstase im Tanz, die Weissagung in vielfältiger Form und die Wettkämpfe der Krieger. Manche Kulte waren nur den Männern, andere nur den Frauen vorbehalten.[7]

Vor allem die Totenfeiern für die gestorbenen Krieger wurden von Wettkämpfen und Waffentänzen begleitet. Solche Kampfspiele fanden dann regelmäßig in Olympia, in Delphi, in Nemea, in Argos und in Athen statt. Dabei ging es darum, die Krieger mit göttlichen Kräften zu stärken und die Sippen und Stammesverbände eng mit einander zu verbinden. Viele Kultue waren von ekstatischen Tänzen

---

[6] W. Burkert, Griechische Religion der archaischen und klassischen Epoche. Stuttgart 1977, 191–129.

[7] W. Burkert, Archaische Kulte. Das biologische Erbe der Religion. München 1998, 134–148.

und Trinkfesten geprägt (Dionysoskult), die Feiernden wollten in heiliger Begeisterung (enthusiasmos) die göttlichen Kräfte in sich aufnehmen und sich mit ihnen verbinden. In der kultischen Berauschung (mania) sprachen die Feiernden in ekstatischen Reden (glossolalia), Mantiker warfen die Lose, um den göttlichen Willen zu erkunden. Die Priester und Mantiker empfingen an den heiligen Orten im Orakel göttliche Offenbarungen (apokalypseis) und Botschaften.

Beim Kult der Toten wurden die Seelen der Verstorbenen in das Totenland geleitet. In den Mythen wurde erzählt, dass die Seelen (psychai) in der Unterwelt (hades) mit verminderter Lebenskraft weiter leben. Von den Kriegshelden wurde erzählt, dass sie an einem himmlischen Ort (elysion) weiterleben, nur Könige und Krieger konnten dorthin gelangen. Später erzählen viele Mythen von menschlichen Helden und Kulturbringern, die einen göttlichen Vater und eine menschliche Mutter hatten, die also aus der göttlichen Welt zu den Menschen kamen. Die bekanntesten „Gottmenschen" (theios aner) waren Dionysos, Herakles und Asklepios. In der hellenstischen Zeit wurden auch Könige, Heerführer und Philosophen als göttliche Menschen verehrt. Das Göttliche rückte nun näher zur Welt der Menschen.[8]

Die Orphiker und die Pythagoräer glaubten, dass jede Menschenseele in mehrere Leben hineingeboren werden müsse, um sich von Schuld reinigen zu können. Dieser Lehre schloss sich später auch der Philosoph Plato an. So war das ganze Jahr durch Kultfeste strukturiert, der attische Kalender aus dem 5. Jh. v.Chr. hält alle Opferzeiten genau fest. Beim Hekatombenfest wurden dem Gott Apollo viele Stiere geopfert, beim Fest der Panathenaien wurde die Gründung der Stadt Athen gefeiert. Das Fest der Karneia wurde in Hütten und Zelten gefeiert, was an die Kultur der Frühzeit erinnern sollte. Das Blütenfest der Anthesteria stand unter dem Schutz des Gottes Dionysos und war mit kultischem Weintrinken und der Heiligen Hochzeit verbunden. Beim Fest der Thesmophoria wurde von den Frauen die Initiation der Mädchen vollzogen, dabei wollten sie selbst die Kräfte ihrer Sexualität erneuern. Deswegen stiegen sie symbolisch in Erdhöhlen als Zeichen der Unterwelt hinab, sie sprachen unzüchtige Reden (aischrologia) und hielten ein Kultmahl ab.

Viele Mythen erzählen von der Unterwelt, etwa der Mythos vom Kultsänger Orpheus, der mit den Kräften der Musik vorübergehend des Gott Hades besiegte. Plato erzählt im Dialog „Timaios" einen großen Mythos von der Erschaffung der Welt durch einen göttlichen Künstler (demiurgos), der den Kosmos nach den ewigen Ideen gestaltete und formte. Dieser „Vater des Kosmos" habe die Gestirne und die Menschenwelt nach den ewigen Gesetzen geschaffen, er habe dem gestaltlosen Weltstoff (hyle) eine Form gegeben. Der ganze Kosmos sei beseelt und lebendig, er werde von der göttlichen Weltseele gelenkt, diese umfasse den Kosmos und sei gleichzeitig dessen Mitte. Der große Kosmos und die kleine Menschenwelt bestehen aus den vier Urelementen Erde, Feuer, Wasser und Luft.[9]

---

[8] W. Burkert, Griechische Religion 163–188.
[9] W. Burkert, Griechische Religion 473–484.

Zuletzt habe der göttliche Künstler die Götter erschaffen, dieser hätten später die Menschen und die Tiere geformt. Die unsterblichen Seelen der Menschen seien vom Demiurgen nach der Anzahl der Gestirne geschaffen worden, sie müssten mehrfach geboren werden, bis sie nach 10.000 Leben wieder an den himmlischen Ort der Gestirne zurückkehren könnten. Der göttliche Weltschöpfer sei höchster Geist und reine Vernunft, er freue sich über die Schönheit seiner Werke. Denn unsere Welt, in der wir leben, sei die beste und schönste aller möglichen Welten (Plato, Timaios 37c).

Mysterienkulte und Gnosis

In der hellenistischen Zeit verbreiteten sich die Mysterienkulte, die sehr alte Wurzeln hatten. Da ließen sich Frauen und Männer in Geheimkulte (mysteria) einweihen, um von Schuld frei zu werden, ein gutes Leben zu haben und nach dem Tod ein glückliches Schicksal der Seele erwarten zu können. Zu den ausgeführten Riten gehörten Prozessionen und Einweihungen in Kulthöhlen, der symbolische Abstieg (katabasis) zur Grenze des Todes und der Aufstieg (anabasis) zu einem neuen Leben, das rituelle Trinken und Gastmahl und oft auch die Heilige Hochzeit. Die Mysterien von Eleusis, die fast durch 1000 Jahre bezeugt sind, standen unter dem Schutz der alten Getreide- und Muttergöttin Demeter. Ihre Tochter musste jedes Jahr für einige Monate in die Unterwelt absteigen, in dieser Zeit erlosch auf der Erde das Wachstum. Nun feierten die Mysten die Trauer der göttlichen Mutter, sowie den Abstieg und den Aufstieg der göttlichen Tochter Persephone. Dabei erlebten sie die innere Verwandlung ihres Lebens.

Die Feiernden zogen in einer Prozession in eine Grotte, wo sie das Tor zur Unterwelt sahen. Dort mussten sie sich verhüllen und warten, bis ein großes Licht aufleuchtete und die Priesterin eine göttliche Geburt verkündete. Dann begannen die Feiernden ekstatisch zu tanzen, dabei erlebten sie die Vereinigung mit den göttlichen Kräften. Beim Fest wurden Stiere geopfert, deren Fleisch beim Kultmahl gegessen wurde. Die Priester sprachen Gebete um Regen, um Fruchtbarkeit für die Felder und um ein gutes Schicksal der Seelen der Mysten nach dem Tod. In ihrem alltäglichen Leben mussten die Mitglieder der Mysterien eine bestimmte moralische Lebensform (bios) verwirklichen, Verbrecher und Übeltäter waren aus diesem Ritual ausgeschlossen.

Beim Kult des Gottes Dionysos zogen Frauen und Männer in heiliger Begeisterung auf einen Berg, um dort ihre Einweihung und Vollendung (telete) zu feiern. Denn sie erstrebten die Erlösung vom Leiden und von Krankheit, die Erde sollte sich für kurze Zeit in ein Paradies verwandeln. Rasende Frauen zerstückelten ein junges Reh und aßen rohes Fleisch, denn Dionysos war der Herr des Wahns (mania). Beim Festzug waren beide Geschlechter in sexueller Erregung, Satyrn und Mänaden begleiteten die Prozession. Die Feiernden gingen den „Weg des Zeus" und strebten zur „ewigen Seligkeit", sie wollten am Ende ihres Lebens zu den „Inseln der Seligen" gelangen. Ihnen wurde von den Mystagogen die Vergöttlichung (theiosis) verheißen, denn auf Textfragmenten steht zu lesen: „Ein Gott bist du geworden statt eines Sterblichen".[10]

Bei den Orphischen Mysterien gab es viele Riten der Reinigung von Schuld, dabei wurden verschiedene Rollen verteilt. Durch Opfer und Beschwörungen sollte alte Schuld ausgelöscht werden, damit die Seele ein gutes Schicksal bekomme. Denn nach der orphischen Lehre war jede Menschenseele zur Sühne von moralischer Schuld aus früheren Leben in einen Körper verbannt worden. Sie musste nun solange wieder geboren werden, bis alle Schuld getilgt war, dann durfte sie in die himmlische Welt heimkehren, aus der sie gekommen war. Durch die rituelle Einweihung wurde jede Schuld getilgt und die Seele wurde auf ihre Heimkehr in die himmlische Welt vorbereitet. Bei dieser Heimkehr musste sie alle Bereiche des Kosmos durchwandern, bis sie an ihr Ziel gelangte. Platon sprach von „unmoralischen Riten", was auf die Heilige Hochzeit hindeutet.

Auch die Pythagoräer hatten Verbindungen zu den alten Mysterienkulten, es wurde erzählt, Pythagoras sei ein Myste der großen göttlichen „Urmutter" gewesen. Die Menschenseele sei deswegen unsterblich, weil sie von den Göttern abstamme. Um von Schuld frei zu werden, müsse sie in vielen Leben geboren werden. Durch die Einweihung und eine neue Lebensform (bios) kann die alte Schuld getilgt werden. Die Luft sei voll von Menschenseelen und von Dämonen, wurde gesagt.

In der hellenistischen Zeit kamen nun neue Mysterienkulte aus dem Alten Orient in die griechische Kultur. So wurde die ägyptische Göttin Isis als „Königin des Himmels" verehrt, in ihren Mysterien suchten die Menschen die innere Verwandlung, ein langes Leben und ein gutes Schicksal nach dem Tod. Die Götter Sarapis und Osiris wurden als Heiler von Blindheit und von anderen Krankheiten angerufen.[11]

Aus Phrygien kam der Kult der alten Muttergöttin Kybele in die griechische Welt. Die Feiernden tanzten sich in Ekstase und verletzten sich an den Geschlechtsorganen, was auf frühe Teilopfer für eine Muttergöttin hindeutet. Beim Kult der semitischen Götter Adonis und Baal baten vor allem die Frauen um reiche Liebeskraft, um Fruchtbarkeit und Gesundheit, sowie um die Schönheit des Körpers. Viele Soldaten ließen sich in die Mysterien des alten persischen Kriegergottes Mithras einweihen, um ihre Angst vor dem Tod zu überwinden, ihre Kampfkraft zu stärken und ein gutes Schicksal nach dem Tod zu erbitten. Bei den Mysterien des Gottes Attis wurde eine Bluttaufe mit Stierblut ausgeführt, die Mysten sollten dadurch von Schuld gereinigt und innerlich verwandelt werden.

---

[10] W. Burkert, Griechische Religion 413–426.
[11] W. Burkert, Griechische Religion 426–440.

Verwandlung und Vollendung

Bei vielen Mysterienkulten ging es den Mysten um die innere Verwandlung und die Vollendung eines geringen und leidvollen Lebens. Sie mussten ihre Lehren und Riten nach außen geheim halten, deswegen ist nur wenig davon bekannt geworden. Bei den Demetermysterien wurden die Feiernden selig gepriesen, weil sie die Verwandlung ihres Lebens erfuhren. Dort gab es drei Einweihungsstufen, die Myesis, die Telete und die Epoptia. Zu diesen Riten waren neben den Freien und Metoiken auch Sklaven und Nichtgriechen zugelassen, Frauen und Männer waren darin gleichgestellt. Sie lernten ein Kennwort (synthema, symbolon) und erfuhren den Kultmythos. Die Einweihung erfolgte in der Nacht, sie war mit Tieropfern und einem großen Kultmahl verbunden. In der Frühzeit könnte es dabei auch Menschenopfer bzw. Kinderopfer gegeben haben, darauf deuten spätere Berichte hin.[12]

Einige spätere Philosphen (z.B. Epiktet) sahen in den Mysterien auch die Chancen zur Erziehung und moralischen Besserung der Menschen. Die Dionysosmysterien zeigten noch lange Zeit die Wildheit der Menschen auf frühen Kulturstufen und den Bezug zu den Riten der Fruchtbarkeit. Das Erleben der Sexualität wurde als etwas Unverfügbares und Heiliges gedeutet, als Begegnung mit dem Göttlichen. In der kultischen Berauschung sollte göttliche Lebenskraft erfahren und aufgenommen werden. In der Frühzeit dürfte auch bei diesen Riten die Heilige Hochzeit gestanden haben, um die Fruchtbarkeit der Felder, der Tiere und der Menschen zu stärken. In den Orphischen Mysterien war der Bezug zum Leben der Seele nach dem Tod des Körpers im Vordergrund, die Mysten erhofften die Verwandlung und Vollendung ihres Lebens.

Bei einigen Riten waren große Tieropfer im Vordergrund, die Mysten benetzten sich mit dem Blut der getöteten Tiere, um ihre Seelen von alter Schuld zu reinigen. Manche Riten waren mit dem Erleben von körperlichen Schmerzen und mit Selbstverletzung, ja mit dem Opfer von Körperteilen verbunden. Beim Isiskult erkennen wir mehrere Schichten, die ägyptische Göttin wird als die Spenderin des Getreides und als Weckerin zum neuen Leben verehrt. Unter ihrem Schutz wollten die Mysten ihr Leben verwandeln, sie priesen die Göttin als Königin des Himmels und als Spenderin des bleibenden Lebens. Die Mithrasmysterien waren mit dem Stieropfer, mit Kampfspielen und mit einem Kultmahl verbunden, in sieben Weihegraden wollten sich die männlichen Mysten ihrer Vollendung nähern.[13]

Viele Intentionen der Mysterienkulte lebten im frühen Christentum weiter, deswegen sahen anfänglich viele Griechen und Römer darin eine neue Mysterienreligion aus dem Osten. Mit diesen Kulten verbanden sich Suchbewegungen, die nach Lebensweisheit und Geheimwissen (gnosis) fragten. Daran beteiligten sich vor allem Menschen aus den unteren sozialen Schichten (Metoiken und Paroiken), deren Leben bedrückend und leidvoll war. Sie konnten nicht glauben, dass

---

[12] H.J. Klauck, Die religiöse Umwelt des Urchristentums I. Stuttgart 1995, 90–96.
[13] H.J. Klauck, Die religiöse Umwelt I, 100–122.

ein guter Weltgott eine derart ungerechte Welt erschaffen hatte, die sie alltäglich erleben mussten. Ein Drittel der Bevölkerung lebte zu dieser Zeit im Status der Unfreiheit bzw. der Sklaverei.

Die marginalisierten Gruppen der antiken Gesellschaft kamen zur Überzeugung, dass nur ein böser Weltgott oder ein hinterhältiger göttlicher Handwerker (demiurgos) diese ungerechte Welt erschaffen haben konnte. Die entstehende Suchbewegung der „Gnosis" strebte nun nach „Erlösung" (soteria) und Befreiung aus dieser bösen Welt. Die Suchenden erwarben sich ein Geheimwissen und führten Riten der Einweihung aus, denn sie glaubten weiterhin an eine gute Geistwelt und Lichtwelt, mit der sie sich verbinden wollten. Doch die stoffliche Welt der Körper erlebten sie als fremd und finster. Einige ihrer Lehrer sagten, diese böse Welt sei ein „Unfall" oder ein Missgeschick, das dem göttlichen Weltschöpfer zugestoßen sei.

Diese Gnostiker glaubten an eine göttliche Lichtwelt und an den göttlichen Ursprung ihrer Seelenkraft, deswegen kämpften sie gegen die bösen Mächte der Finsternis. Durch Riten der Reinigung und durch Kultmähler wollten sie der Erlösung von den Kräften des Bösen näher kommen. Sie lehrten unterschiedliche Wege der Erkenntnis und erzählten von einem „Urmenschen", der vom Himmel gekommen sei. In jedem Menschen vermuteten sie einen göttlichen Lichtfunken, der die Seele zur Vollendung führen könne.[14] Zum Weg der Erlösung gehörten der zeitweilige oder dauerhafte Verzicht auf sexuelle Lust (askesis), die Vermehrung des Geheimwissens über die Gesetze des Kosmos und die Einweihung in die göttliche Lichtwelt.

Viele Gnostiker folgten einem göttlichen Offenbarer, aber sie wollten sich aus eigener Kraft aus der Verfallenheit in die Sünde befreien. Sie glaubten an eine göttliche Mutter des Weltalls oder einen Herren der Weltzeiten (Aione). In mehreren Stufen der Vollkommenheit wollten sie sich als Hyliker, als Sarkiker und als Pneumatiker der Erlösung nähern. Manche Gruppen sahen im kultischen Erleben der Sexualität einen Schritt zur Erlösung, andere Gruppen wiederum verzichteten auf entfaltete Sexualität und verweigerten die Weitergabe von Leben. Von Persien her strömten extrem dualistische Weltdeutungen in die hellenistische Kultur ein.[15]

In diesen gnostischen Suchbewegungen erkennen wir deutlich die Lebenswelt von marginalisierten Personen und Gruppen, denen sich freilich auch Menschen der mittleren sozialen Schichten anschlossen. Für sie war die Lebenswelt der Herren und der Sklaven, der Mächtigen und der Armen, der Besitzbürger und der Besitzlosen böse und finster. Innerlich emigrierten sie aus dieser Welt und orientierten sich mit ihren mentalen Kräften an einer göttlichen Lichtwelt, wo sie sich geborgen fühlten. Die Spuren dieser gnostischen Suchbewegung erkennen wir bald auch in der jüdischen Kultur und im entstehenden Christentum.

---

[14] W. Burkert, Griechische Religion 436–447.
[15] M. Scopello, Gnostische Strömungen. In: L. Pietri (Hg.), Geschichte des Urchristentums I. Freiburg 2003, 518–545.

Die göttlichen Menschen

In der Vorstellung der Griechen war das Göttliche (to theon) immer das Größere, das Stärkere,das Unverfügbare und das Lichtvolle. Dieses war von der Menschenwelt getrennt, konnte sich aber in ihr zeigen. Die Menschen erlebten das Göttliche in den Ereignissen der Natur, in ekstatischen Visonen und Auditionen, an heiligen Orten und bei rituellen Feiern. In den Erzählungen der Mythen war das Göttliche zuerst formlos, später bekam es konkrete Formen und Gestalten. Es wurde menschenähnlich (anthropomorphos) vorgestellt, die Götter und Göttinnen gebärdeten sich wie Menschen. In den Erzählungen der Krieger und der Priester spiegelten sich die Lebenswelt der oberen sozialen Schichten. Im allgemeinen hatten Götter ein langes Leben oder sie waren unsterblich (athanatoi), doch einige der Götter mussten sterben, konnten aber zu einem neuen Leben aufstehen (anastasis).

Durch Frömmigkeit (eusebeia) konnten sich die Menschen den Göttern nähern, in den Riten wollten sie göttliche Kräfte in sich aufnehmen. Beim Ritual der Heiligen Hochzeit am Kultort verbanden sich die Feiernden mit den Kräften der Fruchtbarkeit, im ekstatischen Tanz und in der kultischen Berauschung nahmen sie das Göttliche in sich auf. Die Mythensänger erzählten, dass sich männliche Götter mit Menschenfrauen sexuell vereinigen konnten. Die Kinder aus diesen Vereinigungen waren dann „göttliche Menschen" (theioi adres), sie hatten einen göttlichen Vater und eine menschliche Mutter. Sie hatten auch zwei Naturen (physeis), eine göttliche und eine menschliche.[16]

In der hellenistischen Zeit wurden vor allem Dionysos, Herakles und Asklepios als göttliche Menschen verehrt. Herakles war der Sohn des Gottes Zeus und der Königstochter Alkmene, er hat den Menschen viele neue Kulturtechniken geschenkt. Als sein Leben zu Ende kam, weil sein Gewand mit dem Blut eines sterbenden Kentauren bestrichen worden war, bestieg er den Scheiterhaufen und ließ sich verbrennen. Dabei rief er aus: „Es ist vollbracht" (tetelestai), dann starb er und wurde in den Himmel der Götter aufgenommen. Die frühen Christen sahen in Jesus den „neuen Herakles", denn auch er rief sterbend am Kreuz: „Es ist vollbracht" (Joh 19,30).

Der zweite göttliche Mensch war Dionysos, sein Vater war Zeus, seine Mutter die Königstochter Semele. Er schenkte den Menschen den Wein, die Kräfte der Fruchtbarkeit und die Fähigkeit der Ekstase. In seinen Mysterien erlebten die Menschen ihre innere Verwandlung, sie durften auf ein gutes Schicksal nach dem Tod hoffen. An einigen seiner Tempel stand der Spruch: „Ich bin der Weinstock, ihr seid die Reben". Auch diesen Spruch übertrugen griechische Christen auf Jesus (Joh 15,5), er war für sie der neue Dionysos.

Ein anderer Gottmensch war Asklepios, sein Vater war Apollo, seine Mutter die Königstochter Koronis. Er schenkte den Menschen die vielen Formen der Heilkunst, die Ärzteschulern standen unter seinem Schutz. Als er den verstorbenen

---

[16] S. Legasse, Vielfältige Wege der Mission. In: L. Pietri (Hg.), Geschichte des Urchristentums I. Freiburg 2003, 150–181.

Hippolytos wieder zum Leben weckte, wollte Zeus diesen Frevel gegen die göttliche Ordnung nicht hinnehmen. Deswegen erschlug er diesen Gottmenschen mit dem Donnerkeil, doch die Ärzte heilten weiterhin in Namen dieses Gottmenschen. Griechische Christen sahen in Jesus den neuen Asklepios, der Kranke heilte und Tote zum Leben erweckte.

In der hellenistischen Zeit ließen sich viele Könige als göttliche Menschen verehren, um ihre Herrschaft religiös abzusichern. Es wurden Priestergremien eingerichtet, welche die Vergöttlichung der Herrscher und der Kriegshelden im feierlichen Ritual verkündeten. So wurden Alexander, die Könige der Ptolemäer und der Seleukiden, aber auch Königinnen (Berenaike, Kleopatra) als göttliche Menschen verehrt. Der Philosoph Plato hatte gelehrt, dass sich die weisen Menschen immer mehr dem Göttlichen nähern und diesem ähnlich (homoiosis theou) werden. Folglich verehrten die Schüler Platons ihren Lehrer nach seinem Tod als göttlichen Menschen.[17]

Anfänglich wurden die Könige und Herrscher erst nach ihrem Tod vergöttlicht. Doch später setzten viele Herrscher ihre Vergöttlichung schon zu Lebzeiten durch, um ihre politische Macht zu sichern. Denn gegen einen „göttlichen Sohn" durfte kein Aufstand angezettelt werden. Die Dimension des Göttlichen rückte dem Menschlichen näher und verband sich mit ihm. Einige Philosophen (Sophisten) fragten sich, ob es überhaupt Götter bzw. eine Gottheit gäbe. Manche hielten diese Frage für nicht entscheidbar, andere verneinten sie. Die meisten Philosophen glaubten aber an die unverfügbare Kraft des Göttlichen, der sie neue Qualitäten zusprachen. Plato und Aristoteles sahen in ihr unvermischte Geistigkeit und reines Denken (noesis noeseos).

Vor allem die Epikuräer wollten den Mitmenschen die Ängste vor den Göttern und vor dem Tod nehmen. Daher lehrten sie, die Götter führten ein glückliches Leben, aber sie kümmerten sich nicht um die Geschicke der Menschen. Es gäbe für diese weder Belohung für das Gute, noch Strafe für das Böse. Die Seele des Menschen löse sich beim Sterben in nichts auf, folglich sei der schmerzlose Tod nicht zu fürchten. Die Stoiker hielten am Glauben an das eine Göttliche und das göttliche Weltgesetz (logos) fest, wer in seinem Leben dem ewigen Weltgesetz folge, nähere sich dem Göttlichen an. Plato hatte das Göttliche eng mit der Idee des Guten und des Schönen verbunden, und für Aristoteles war die Gottheit der „erste Beweger" des Kosmos und reines Denken seiner selbst.

In den vielen Kulten und Riten wurden persönliche und menschenähnliche Götter und Göttinnen verehrt. Doch die Philosophen dachten die eine Weltgottheit zunehmend als unpersönliches Wesen und als geistige Wirklichkeit. Bald kam es zu einem Austausch zwischen den religiösen und den philosophischen Lebensdeutungen, der sich auch in den Lehren der frühen Christen spiegelt. Viele Menschen nähern sich durch Weisheit und durch gelebte Moral der Solidarität dem Göttlichen, sie werden ihm ähnlich (homoiousioi). Das Göttliche begegnet

---

[17] C. Schneider, Kulturgeschichte des Hellenismus II. München 1969, 888–907.

in weisen und liebesfähigen Personen beiden Geschlechts, es ist den Menschen sehr nahe gerückt.[18] Dort liegt auch der Ansatz der christlichen Lehre.

Der Glaube des Volkes

Die Sippen verehrten in ihren Häusern ihre Schutzgötter und die Seelen der Ahnen, das Haus (oikos) bildete eine soziale Einheit. Dort standen Bilder und Symbole der Götter der Fruchtbarkeit, es gab Altäre und Schreine für Opfergaben. Bei großen Festen, bei Mahlzeiten und Trinkgelagen wurden die Schutzgötter des Hauses angerufen. Die Bauern zogen in Prozessionen um ihre Felder, um die Kräfte der Fruchtbarkeit zu wecken. Die Hirten räucherten die Viehställe, um böse Dämonen zu vertreiben. Zum Gedächtnis der Ahnen wurden rituelle Mahlzeiten veranstaltet, dabei wurden die Seelen der Toten um Rat gefragt oder um Hilfe angerufen.

Über die Sippen hinaus gab es verschiedene Kultvereine, die ein Heiligtum unterhielten und dort regelmäßig Riten ausführten. Diese Kultvereine standen unter dem Schutz eines Gottes oder einer Göttin, sie hatten eine differenzierte Organisation mit geteilten Rollen und Funktionen. Von den Mitgliedern wurde eine bestimmte Lebensform (bios) gefordert, es gab Regeln der Aufnahme und des Ausschlusses. Die Mitglieder mussten Beiträge zahlen, um die Riten ausführen zu können. Es waren Riten der Reinigung von Schuld, der Vertreibung von bösen Dämonen, Opferriten und Tänze mit Masken, sowie gemeinsame Kultmähler (theoxenia). Mit Liedern und Gesängen wurden die Götter der Fruchtbarkeit und der Heilung verehrt, die Mitglieder der Kultgruppen wussten sich eng mit einander verbunden.[19]

Eine besondere Rolle spielte der Totenkult, der in den sozialen Schichten unterschiedlich gestaltet wurde. Die Krieger veranstalteten große Opferriten und Waffentänze, der Leichnam wurde gewaschen, gesalbt und mit weißen Gewändern bekleidet. Das Feuer des Herdes wurde gelöscht, die Klagefrauen begleiteten den Zug (pompe) mit dem Toten zum Grab oder zum Ort der Verbrennung. Die unteren sozialen Schichten hatten einfache Riten, auch sie reinigten und schmückten den Toten für die Reise in die Unterwelt. Ein Totenmahl sollte die Sippe wieder zusammen binden, es wurden Totenopfer und Grabbeigaben gegeben. Die Unterwelt (Hades) war dunkel, doch das Seelenland der Krieger (Elysion) war lichtvoll.

Im Volk verbreitet waren Riten der Heilung, die meist unter dem Schutz des Gottmenschen Asklepios und seiner Tochter Hygieia standen. An den heiligen Orten wurden Heilungen erlebt und Traumorakel empfangen, dort fungierten Wunderheiler und Traumdeuter. Sie konnten von den Menschen böse Dämonen fernhalten oder vertreiben. Von Apollonios von Tyana wird berichtet, dass er Krankheiten heilte, böse Dämonen vertrieb, geheime Weisheiten kannte und

---

[18] W. Röd, Der Weg der Philosophie I. München 1995, 99–142; 147–179.
[19] H.J. Klauck, Die religiöse Umwelt I, 60–70.

Tote zum Leben weckte. Er war ein Zeitgenosse Jesu, von dem seine Anhänger Ähnliches erzählten.

Viele dieser Wundertäter und Heiler wurden in der griechischen Welt als göttliche Boten angesehen. Eine besondere Rolle spielten die Mantiker, welche zukünftige Ereignisse voraussagten und schwierige Lebenssituationen zu deuten verstanden. Sie lasen aus dem Flug der Vögel, aus den Schreien der Wildtiere, aus dem Blut und der Lage der Eingeweide bei den Opfertieren den göttlichen Willen ab. An vielen Orten wurden Orakel befragt, oft hörten die Mantiker in der Ekstase die Stimmen der Götter, oder sie hatten Verbindung zu den Seelen der Toten. Berühmte Orakelstääten waren Delphi, Korope und Lebadeia.[20]

Eine wichtige Rollen im Glauben des Volkes spielten magische Handlungen. Dabei wurde angenommen, dass diese Riten im Bereich der unsichtbaren Kräfte (dynameis) etwas bewirken konnten. Sie konnten böse und zerstörende Kräfte von den Menschen fern halten oder herbeirufen. In den antiken Zaubertexten (Papyri) sind uns viele magische Formeln erhalten geblieben. Angestrebt wurden die Heilung von Krankheit, die Fruchtbarkeit der Felder, Kinderreichtum in der Sippe, Gewinnung eines Liebespartners, aber auch Schadenshandlungen, die Zerstörung von Lebensglück und der frühe Tod.

Einzelne Philosophen kamen zur Überzeugung, dass magische Riten gar keine Wirkung hätten. Doch das Volk hielt an den alten Riten fest und glaubte weiterhin an gute und böse Dämonen im Leben der Menschen. Selbst Paulus aus Tarsos war noch überzeugt, dass im Kosmos und in der Luft unsichtbare Kräfte wirken (Röm 8,38). Weit verbreitet war der Glaube an die Macht der Gestirne, von denen sich die Menschen abhängig wussten. Schon früh war die babylonische Astrologie in die griechische Kultur gekommen, Sterndeuter wollten aus dem Lauf der Gestirne künftige Ereignisse verhersagen.

Die Astrologen hatten in vielen Städten großen Einfluss auf die Entscheidungen der Beamten und der Herrscher. Wenn sich diese Entscheidungen als falsch erwiesen, wurden die Sterndeuter kurzzeitig aus der Stadt ausgewiesen. Aber sie kamen bald wieder zurück, denn das Volk brauchte ihre Dienste. Zu dieser Zeit wurden Handbücher der Sterndeutung verfasst, darin wurden Symbole mit magischen Zahlen verbunden. Die Menschen lebten im Glauben, dass ihr Leben von unsichtbaren Kräften bestimmt werde, auf vielfältige Weise wollten sie das Unverfügbare vermindern.[21]

Weltdeutung der Philosophen

In der hellenistischen Zeit wurden die Weltdeutungen der Philosophen auch in den mittleren und unteren sozialen Schichten verbreitet. Die Anregung dazu ging von den Lehren der *Sophisten* aus, die aus diesen Schichten kamen. Sie waren

---

[20] W. Burkert, Griechische Religion 343–370.
[21] H.J. Klauck, Die religiöse Umwelt I, 182–190.

mehrheitlich davon überzeugt, dass es von der Natur her (ek physei) keine sozialen Unterschiede zwischen den Menschen gäbe, weil alle dieselbe Luft atmeten. Deswegen überprüften sie die Gesetze ihrer Städte, ob sie den natürlichen Ordnungen und Bedürfnissen der Menschen entsprächen oder nicht. Sie kamen zur festen Überzeugung, dass alle Gesetze und Ordnungen von Menschen gemacht werden und daher veränderbar seien. Die Gesetze werden nicht von Göttern aufgestellt, sie werden von den Stärkeren in der Stadt durchgesetzt.

So lehrte Protagoras aus Abdera, dass wir Menschen und nicht die Götter unsere Maßstäbe setzen. Wir leben als Mängelwesen, denn uns fehlen viele Fähigkeiten der Tiere. Deswegen hätten uns (bildhaft gesprochen) die Götter den Sinn für Sittlichkeit (aidos) und für Recht (dike) geschenkt. Erst mit diesen beiden Fähigkeiten sei es uns möglich geworden, Gemeinschaften zu bilden und friedvoll in Dörfern und Städten zusammen zu leben. Doch das Recht und die Gesetze einer Stadt beruhen immer auf den Übereinkünften von Menschengruppen. Ob die Götter wirklich existieren, können wir wegen der Kürze unseres Lebens nicht entscheiden.[22]

Unsere Erkenntnis der Dinge hänge immer von unseren Reaktionen auf diese ab. Unsere Urteile gelten dann als wahr, wenn sie allgemein akzeptierte Überzeugungen ausdrücken. Prodikos von Keos war überzeugt, dass es keine göttlichen Wesen gäbe und dass sich unsere Seelen nach dem Tod des Körpers auflösen. Folglich bräuchten wir keine Angst vor dem Tod und vor strafenden Göttern zu haben. Von der Natur aus seien die Dinge der Außenwelt weder gut noch böse, erst durch unseren Gebrauch werden sie für uns nützlich oder schädlich.

Der Sophist Kritias vertrat die Überzeugung, dass ein kluger Gesetzgeber in einer Stadt die Angst vor den Göttern eingeführt habe, indem er gelehrt habe, dass die Götter alle Taten der Menschen sehen können. Damit hatten die Könige und Herrscher eine unsichtbare Kontrolle des richtigen oder des falschen Verhaltens bei allen Menschen. Für Antiphon war es einsichtig, dass es von der Natur her keine Herren und keine Sklaven gäbe, weil alle von der gleichen Luft leben. In dieser Sichtweise sind alle Menschen mit einander stammesverwandt, denn sie sind Bürger eines einzigen „Reiches der Natur" (Hippias von Elis).

Für Alkidamas war es die Aufgabe der Philosophie, die Gesetze einer Stadt dann zu verändern, wenn sie der allgemeinen menschlichen Natur widersprechen. Denn der eine Gott habe alle Menschen als freie Wesen geschaffen, von Natur aus sei kein Mensch ein Sklave. Für das soziale Unrecht in der Stadt seien wir Menschen allein verantwortlich, denn die Götter können unser Treiben gar nicht sehen (Trasymachos). Die Natur habe uns Menschen veranlasst, Gemeinschaften zu bilden und soziale Regeln aufzustellen, damit wir im Frieden zusammen leben können. Lykophron war überzeugt, dass die Rechtsordnungen in der Stadt durch frühe Verträge zwischen den Bewohnern zustande gekommen seien. Und Kallikles

---

[22] W. Röd, Der Weg I, 73–80.

vertrat die Meinung, dass von der Natur her den Stärkeren mehr an Besitz zustehe als den Schwächeren.[23]

Insgesamt kritisierten die Sophisten die starren Sozialordnungen der Städte, in denen sie lebten. Sie wollten zu den Veränderungen dieser Ordnungen beitragen, damit sind diese frühen Philosophen die Vordenker der allgemeinen Menschenrechte in der europäischen Kultur geworden. Für sie hatten alle Menschen von der Natur her denselben Wert und Rang, sogar unsere Vorstellungen von den göttlichen Wesen seien veränderbar und relativ. So gelten diese Denker als die Initiatoren einer kritischen d.h. unterscheidenden Philosophie, wir sprechen von einer antiken bzw. griechischen „Aufklärung". Doch die aristokratsichen Denker Plato und Aristoteles haben sich diesen egalitären Denkansätzen vehement und mit Erfolg widersetzt.

Auch *Sokrates* kam aus der Schule der Sophisten, wuchs aber in einigen Bereichen über diese Schule hinaus. Seine Lehren leben in den Schulen der Kyniker, der Kyrenaiker, der Stoiker und der Epikuräer weiter, Xenophon und Plato berichten über ihn. Dieser kreative Denker wollte die Ziele der Erziehung und die moralischen Werte des Lebens auf eine vernünftige Basis stellen. Durch die Einsichten der unterscheidenden Vernunft können wir bleibende Wahrheiten und Lebenswerte erkennen, dort findet die Relativität unseres Denkens und Wertens ein Ende. Daher geht es bei allen Entscheidungen im Stadtstaat um die Vernünftigkeit, nicht um die Nützlichkeit. Bei unseren Handlungen suchen wir immer das Gute für uns selbst und für andere.

Die Übeltäter handeln deswegen böse, weil sie das Gute gar nicht oder zu wenig kennen. Sie müssen belehrt werden, damit sie ihren Irrtum erkennen. Unsere moralischen Tugenden beruhen immer auf einem Wissen und der Einsicht, die wir vermehren können. Damit wird die Tugend des guten Lebens lehrbar und lernbar. Die Einsichten unserer Vernunft sind unseren Erkenntnissen aus den Wahrnehmungen stets überlegen. Wir brauchen in unserer Sprache klare Begriffe, um zu sicherem Wissen zu gelangen. Jeder Mensch soll seiner inneren Stimme (daimonion) folgen, um zu guten Entscheidungen und Taten zu gelangen. Die moralische Tugend ist ein allgemeiner Sachverhalt, der durch die unterscheidende Vernunft von allen Menschen erkannt werden kann. Wenn die Philosophie autonom nach dem Wahren und dem Guten strebt, hat sie einen praktischen Nutzen für das Leben der Menschen.[24]

Die *Kyniker* führten als sokratische Schule diesen Denkansatz weiter, ihr Gründer war Antisthenes, der im Gymnasion von Kynosarges lehrte. Von dort kommt der Name dieser Schule. Diese Denker waren überzeugt, dass der sittlich autonome Mensch von den äußeren Lebensumständen weitgehend unabhängig werden könne. Die gelebte Tugend sei das höchste Gut des Lebens, sie trage ihren Zweck und Lohn schon in sich, weil sie zur wahren Glückseligkeit hinführe. Alle anderen

---

[23] A. Graeser, Die Philosophie der Antike II. München 1983, 32–43. W. Röd, Der Weg I, 77–84.
[24] A. Graeser, Philosophie II, 87–118. W. Röd, Der Weg I, 85–91.

Güter des Lebens seien gegenüber der moralischen Tugend zweitrangig, ja sogar gleichgültig. Wer aber das moralisch Böse anstrebe oder tue, erlebe schon das Unglück als Strafe. So strebt der tugendhafte Mensch die Selbstbestimmung und Selbstgenügsamkeit (autarkia) an, er überwindet die sinnlichen Strebungen und Bedürfnisse und kommt zur inneren Ruhe.

Daher macht sich der nach Weisheit Suchende von seinen Leidenschaften und von äußeren Einflüssen weitgehend frei. Er weiß sich nicht mehr an den Brauch und die Sitte einer Stadt gebunden, die gesellschaftlichen Konventionen über das richtige Verhalten sind ihm unwichtig geworden. So wollte der Weise Diogenes von Sinope mit provozierendem Vergalten die geltenden Konventionen aufbrechen. Er lehnte die patriarchale Ehe ab und empfahl sexuelle Promiskuität, die Kinder sollten in der Stadt gemeinsam erzogen werden. Sich selbst bezeichnete er als „Weltbürger" (kosmopolites), er wollte an keine Stadt gebunden sein. Das Natürliche könne niemals hässlich sein, deshalb sei die Nacktheit in der Öffentlichkeit nicht moralisch böse. Die Natur insgesamt sei von ihrem Ursprung her gut, deswegen könne ein gutes Leben nur in der Nähe zur Natur gewonnen werden.

Durch zeitweilig gelebte Askese sollen die natürlichen Triebe kontrollierbar werden. Wer in der Geborgenheit der Natur zu leben vermag, wird gegenüber den Erfahrungen der Außenwelt unerschütterlich. Die Natur und der Kosmos werden den Kynikern zur neuen Heimat, weil sie sich nicht mehr auf ihre Sippe, soziale Schicht oder Stadt beziehen. Die philosophische Idee eines Weltbürgertums kam dem neuen Reich Alexanders und seiner Nachfolger entgegen. Auch die Kyniker bereiteten jene kulturelle Synthese vor, die jetzt auch politisch verwirklichbar war. Die Wanderlehrer dieser Schule kamen auch nach Syrien und wahrscheinlich auch in die größeren Orte Palästinas.[25]

Die zweite sokratische Schule bildeten die *Kyrenaiker*, die von Aristippos begründet wurde. Auch sie waren davon überzeugt, dass unser Streben nach dem Glück des Lebens eng mit der Verwirklichung der moralischen Tugend verbunden ist. Sie sahen im Erleben der sinnlichen Lust (hedone) das primäre, ja das einzge Kriterium für den Wert einer Handlung. Dabei übersahen sie nicht die Rolle des Verstandes, denn wir müssen zwischen verschiedenen Lusterfahrungen ständig wählen. Wir kennen Formen der höheren Lust, die unsere geistigen Bedürfnisse befriedigen. Und wir suchen die Formen der niederen Lust, die in der Befriedigung unserer sinnlichen Bedürfnisse liegt. Folglich ist die Entwicklung einer geistigen Kultur die Voraussetzung für ein glückliches Leben. Mit unserem kritischen Verstand wählen wir zwischen den höheren und den niederen Formen der Lust. Wir vermeiden alles das, was unser Lebensglück stören könnte.

Der weise Mensch entzieht sich den Zwängen der Außenwelt, er will sein Leben ungestört genießen und seine Lusterfahrung mit der Vernunft steuern. Unsere Werturteile hängen immer von unseren subjektiven Empfindungen der Lust und der Unlust ab, sie haben keine objektive Gültigkeit. Damit lässt sich eine allgemein

---

[25] W. Röd, Der Weg I, 91–93.

verbindliche Ethik nicht formulieren, weil unsere subjektiven Lustempfindungen weit auseinander liegen. Das moralisch Gute wird durch die Erfahrung der sinnlichen und der geistigen Lust bestimmt. Aristippos lebte in Kyrene und gab dort sein Wissen an seine Tochter Arete weiter. Der Lehrer Theodoros Atheos hatte den Glauben an die Götter aufgegeben, weil sie seine Lusterfahrung störten. Und Hegesias kam zur Überzeugung, dass ein Leben ganz ohne Lust nicht mehr lebenswert sei. Einige dieser Ideen wurden von den Epikuräern übernommen.[26]

Die aristokratischen Denker *Plato* und *Aristoteles* korrigierten die Lehren der Sophisten, denn für sie gab es objektive Wahrheiten und bleibende Wertordnungen. Plato war überzeugt, dass weiterhin die Götter oder der eine Gott die Maßstäbe des menschlichen Lebens setzen. Denn die Welt sei durch einen göttlichen Künstler (demiurgos) nach den Vorgaben der ewigen Ideen gebildet worden. Deswegen habe das menschliche Verhalten sein Maß an den Ideen des Guten und des Schönen. Die sozialen Schichten im Staat seien von den Göttern eingerichtet, denn die Adeligen hätten Gold in ihrem Blut, die Freien hätten Silber und die Unfreien hätten Erz in ihren Adern. Von einer Gleichwertigkeit der Menschen könne nach der göttlichen Ordnung keine Rede sein. Im Staat sollen die Philosophen herrschen, oder aber die Herrscher müssen die Philosophie studieren. Die Welt des Werdens sei scharft von der Welt des Seins getrennt.

Sein Schüler Aristoteles zog die Grenze zwischen der Welt des Werdens und der Welt des Seins nicht mehr so scharf. Auch er war überzeugt, dass wir in der Philosophie die allgemeinen Prinzipien der Wirklichkeit erkennen. Doch unser Erkennen sei immer mit dem Erleben von Glück verbunden. Da die Ordnung der Wirklichkeit vom einen Gott (ho theos) stamme, nähere sich die Philosophie dem Göttlichen. Unser Geist und unser Denkvermögen seien unsterblich und hätten göttliche Qualität. In unserem theoretischen Erkennen sei der Gott das höchste Ziel, denn er sei das „Denker seiner selbst" und der „erste Beweger" des Kosmos. Daher komme in der Philosophie der Rede von Gott (theologia) der höchste Rang zu, die Gotteserkenntnis sei die höchste Form der Theorie (theoria).[27]

Wenn wir in unseren Erkenntnissen der Vernunft mit dem Gott bzw. mit der von Gott gelenkten Natur übereinstimmen, dann erlangen wir die höchste Glückseligkeit. Denn die Vernunft und die Natur seien göttlich, und weil sie vom Göttlichen (to theion) abhängen, stimmen sie in ihrer Form überein. Dieses unpersönlich gedachte Göttliche sei der höchste moralische Wert, zu seinem Wesen (ousia) gehöre die volle Selbstverwirklichung (energia). Die Gottheit sei reine Form und von allem Stofflichen getrennt, sie bilde den höchsten Punkt in der hierarchischen Ordnung der Wesen. Als reine Form bewege sie den großen Kosmos und die kleine Menschenwelt. Christliche Theologen haben später diese Lehren aufgenommen und weiter gedacht.[28]

---

[26] W. Röd, Der Weg I, 93–95.
[27] A. Graeser, Philosophie II, 192–210.
[28] W. Röd, Der Weg I, 98–119, 148–188.

Eine große Schule der Philosophie in der hellenistischen und römischen Zeit bildeten die *Stoiker*, die von Zenon von Kition in Athen gegründet wurde. Die Schule wurde später von Chrysippos und Kleanthes weiter entwickelt. Nach ihrer Lehre ist die gesamte Wirklichkeit mit Vernunft geordnet, weil sie von der ewigen „Weltvernunft" (logos) gelenkt werde. Wer diese ewige Weltordnung erkennt und sich ihr unterwirft, kann sich über die Zufälligkeiten des Lebens, aber auch über alle Leiderfahrungen erheben. Auf diese Weise lernt der Philosoph, jedes Schicksal im Leben zu ertragen und daraus das Beste zu machen. Unsere Erkenntnis der Außenwelt beginnt mit den allgemeinen Begriffen, die wir uns mit unserer menschlichen Natur bilden. Sie liegen dem Denken aller Menschen zugrunde, deswegen erkennen wir allgemeine Wahrheiten. Von der gesamten Wirklichkeit wird angenommen, dass sie aus stofflichen Teilchen aufgebaut sei.

Auch der Begriff der höchsten Gottheit wachse aus unserer menschlichen Natur, deswegen glauben alle Menschen und Völker an ein höchstes göttliches Wesen. Auch die allgemeine Geltung eines obersten Pflichtgebotes kommt aus unserer menschlichen Natur. Gemäß dem universalen kosmischen Gesetz geschieht alles in der Natur mit Notwendigkeit. Das ewige Weltgesetz ist eine bewegende und göttliche Kraft, sie wird als „Seele der Welt" verstanden und hat die Qualität des Feuers. Alles in der Welt entsteht aus dem ewigen Logosfeuer und kehrt in dieses zurück. Nun können wir das ewige Weltgesetz auch Zeus oder Gott oder Vorsehung nennen, aus ihm leiten wir die Ziele und Zwecke der Welt, aber auch unsere moralischen Werte ab.

So wie das Weltall vom göttlichen Logos gelenkt wird, so wird ein Mensch von seiner Seele (pneuma) zusammen gehalten. Diese Seele wird als stofflicher Lebenshauch bestimmt, ihr höchster Teil sei die den Körper lenkende Vernunft (hegemonikon). Weil der Begriff der Gottheit allen Menschen angeboren sei, können alle Völker den einen Weltgott erkennen. In allen Dingen und Lebewesen seien Keime der Weltvernunft (logoi spermatikoi). In der Tradition des Sokrates strebten auch die Stoiker im Leben nach der Unerschütterlichkeit (ataraxia) und der Selbstgenügsamkeit (autarkia), die Ruhe der Affekte (apathia) war ihnen wichtig. Auch sie verstanden sich als Weltbürger, die in jeder Stadt zu Hause sein konnten.[29]

Die aufrechte Vernunft (orthos logos) befähigt uns, jedes Schicksal ertragen zu können. Weil die moralische Tugend lernbar und lehrbar ist, müssen sich die Schüler der Weisheit bemühen, sie zu erkennen und im Leben zu verwirklichen. Dabei müssen sie vom Einfluss der unvernünftigen Triebe, Wünsche und Begierden frei werden, um gemäß der Vernunft handeln zu können. Die Zielwerte des guten und des vernünftigen Lebens lassen sich aus der menschlichen Natur erkennen. Dies ist der Kerngedanke des stoischen Naturrechts, das für alle Menschen und Völker seine Verbindlichkeit hat.

---

[29] M. Hossenfelder, Die Philosophie der Antike III. München 1985, 44–69. W. Röd, Der Weg I, 202–208.

Die grundlegenden Normen unseres Zusammenlebens lassen sich aus unserer Erkenntnis der Natur und der natürlichen Prozesse bestimmen. Damit ist das höchste Ziel unseres Lebens ein der Natur und der Vernunft gemäßes Verhalten. Der Weise versucht, im Einklang mit der Vernunft und den natürlichen Strebungen zu leben, dabei kommt der aufrechten Vernunft die Leitungsfunktion zu. Die unterscheidende Vernunft gebietet uns die Liebe zu den Mitmenschen und die Erfüllung unserer sozialen Pflichten. Auch der Staat entspricht unserer menschlichen Natur, deswegen muss sich der Weise für die Gemeinschaft engagieren. Jeder Mensch ist von seiner Natur her fähig, das Gute zu erkennen und zu tun, denn die menschliche Natur ist in ihrem Wesen gut. Auch der Übeltäter kann durch Lernen dazu gebracht werden, das Gute zu üben und zu tun.

Der nach Weisheit Suchende müht sich, die äußeren Dinge des Lebens zu entwerten und von ihnen unabhängig zu werden. Für ihn sind sozialer Status und Geschlecht, Armut oder Reichtum, Gesundheit oder Krankheit sekundär, das Primäre ist die Tugend. Die äußeren Dinge eines Lebens gelten als neutral (adiaphora), sie bestimmen nicht den Wert eines Lebens. Allein unsere inneren Einstellungen, Wertungen und Erkenntnisse bestimmen unseren Wert. Mit dieser Einstellung wird der Weise nicht mehr von gegensätzlichen Gefühlen hin und hergerissen, er lebt in der ausgewogenen Mitte zwischen der Freude und der Trauer. Da er sich im ewigen Weltgesetz und in der Gottheit geborgen weiß, kann er jedes Schicksal ertragen. Für Kleanthes geschieht nichts in der Welt ohne das Zutun des Gottes Zeus.[30]

Chrisippos lässt Medea sagen, dass die Leidenschaft stärker sei als der Verstand (Stoicorum veterum fragmenta I, 537). Doch der Weise müsse lernen, seine Gefühle zu lenken. Freilich wenn im Letzten alles von der Gottheit gelenkt wird, bleibt uns Menschen wenig freier Spielraum. In der Schule der Stoiker hatten Freie und Unfreie, Männer und Frauen, Griechen und Nichtgriechen den selben Wert (Stoicorum veterum fragmenta I, 486), alle sozialen Unterschiede waren aufgehoben. Diesen egalitären Ansatz übernahmen später die frühen Christen in ihren Gemeinschaften (Gal 3,28).[31] Viele der stoischen Lehren finden sich in der frühchristlichen Ethik und Theologie.

Die andere große Schule der antiken Kultur war die Philosophie der *Epikuäer*. Ihr Gründer Epikuros wurde auf Samos geboren, er folgte den Lehren des Atomisten Demokrit und gründete in Athen eine Schule der Weisheit. Der Lehrer und die Schüler wussten sich in Freundschaft (philia) miteinander verbunden, ihre Lehren sammelten sie in Katechismen. Für sie bestand die gesamte Wirklichkeit aus groben und feinen Teilchen (atomoi), sie entstand durch die Verbindung und Trennung dieser Teilchen. Aus nichts könne nichts entstehen, daher müssen die Teilchen immer gewesen sein und sie können auch nicht vergehen. Die gesamte Wirklichkeit ist also ewig.

---

[30] Stoicorum veterum fragmenta (SVF) I, 537. M. Hossenfelder, Die Philosophie III, 50–68.
[31] W. Röd, Der Weg I, 208–212.

Die Außenwelt erkennen wir durch unsere Wahrnehmungen, die Wahrheit unserer Erkenntnis besteht in der Übereinstimmung mit den sinnlichen Erfahrungen. Unsere Entscheidungen treffen wir immer nach pragmatischen Gesichtspunkten, denn wir fragen, ob sie unserem Leben nützlich sind oder nicht, Unsere Vorstellungen entstehen durch stoffliche Bilder (eidola), die von den Dingen ausgehen. Wir nehmen diese Bilder auf und bilden mit unserem Verstand Begriffe, mit denen wir die Wirklichkeit erfassen. Epikur selbst hielt am Glauben an göttliche Wesen fest, für ihn bestehen unsere Gottesvorstellungen ebenso aus stofflichen Bildern. Aber die Götter leben vollkommen glücklich, sie kümmern sich nicht um die Menschen und die Geschenisse in der Welt. Deswegen müssen wir keine Angst vor den Göttern haben.

Da auch die menschliche Seele aus feinsten Teilchen zusammengesetzt ist, löst sie sich beim Tod des Körpers in diese Teile auf. Sie ist nicht unsterblich, folglich gibt es nach dem Tod keine Belohnung für gute Taten und keine Strafen für Verbrechen. Der Tod sei nicht zu fürchten, denn er verursache keine Schmerzen. Sowohl bei unserer Erkenntnis, als auch bei unseren Wertungen sind unsere subjektiven Erfahrungen entscheidend. Bei unseren moralischen Bewertungen orientierung wir uns an der Erfahrung von Lust oder Unlust. Was uns körperliche oder geistige Lust bereitet, werten wir als gut, was uns Unlust und Schmerz verschafft, ist für uns böse. Von unserer Natur her streben wir nach dem Lustvollen und meiden den Schmerz.[32]

Doch die Erfahrung der sinnlichen Lust muss immer mit den Kräften der Vernunft gelenkt werden. Der Schüler der Weisheit lebt so, dass er viel und lang dauernde Lust und wenig Schmerz erlebt. Lust bedeutet das Fehlen des Schmerzes und die Ruhe der Gefühle. Immer hilft uns die Vernunft, das Gute, das Schöne und das Gerechte anzustreben und das Böse, das Hässliche und das Unrecht zu meiden. Es gibt für uns kein blindes Schicksal, sondern wir können unser Leben mit der aufrechten Vernunft gut und lustvoll gestalten. Das Glück des Lebens liegt im Erleben der dauerhaften Lust.

Alle Gesetze in der Stadt sind durch die Übereinkunft ihrer Bewohner zustande gekommen, folglich sind sie veränderbar. Aus Erwägungen der Nützlichkeit haben sich die Menschen zu Gemeinschaften zusammen geschlossen und darin Recht und Ordnung eingeführt. Doch die veränderbaren Gesetze der Stadt sind nicht beliebig, sie orientieren sich an dem, was den Bürgern nützlich erscheint, am „Zuträglichen" (sympheron). Da die Bürger in der hellenistischen Zeit bei der Gesetzgebung ihrer Städte nur mehr wenig mitbestimmen konnten, zogen sich die Schüler Epikurs in das Privatleben zurück. Im Kreis von Freunden wollten sie ein ruhiges und glückliches Leben führen. Von den frühen Christen wurden die Epikuräer als gottlose Lustmenschen verspottet, doch Paulus hatte von ihnen die Lehre vom Zuträglichen übernommen.[33]

---

[32] M. Hossenfelder, Die Philosophie III, 100–124. W. Röd, Der Weg I, 192–198.
[33] M. Hossenfelder, Die Philosophie III, 102–119. W. Röd, Der Weg I, 198–202.

Diese philosophischen Schulen bestimmten auch in der römischen Kaiserzeit und zu Beginn der christlichen Lehre das geistige Leben. In den größeren Städten des Ostens, später auch in einigen Städten des Westens wurden Schulen der Philosophie eingerichtet. In den ländlichen Regionen waren weiterhin kynische und stoische Wanderlehrer unterwegs. Tarsos in Kilikien, die Geburtsstadt des Paulus, war ein Zentrum der stoischen Philosophie, sie wurde dort gewiss zum Teil im Gymnasion unterrichtet. Bereits dort dürfte Paulus die stoischen Lehren kennen gelernt haben, die er später in seine christliche Verkündigung aufgenommen hat. Auch die Lehren anderer Philosophenschulen sind in das frühe Christentum eingeflossen.

Philo als Angelpunkt

Der große Vermittler zwischen der griechischen Philosophie und dem frühen Christentum war der jüdische Philosoph Philo von Alexandria. Er war ein Zeitgenosse Jesu (20 v.Chr. bis 50 n.Chr.) und lebte in der Großstadt Ägyptens, wo es mehrere Schulen der Philosophie gab. In der Synagoge lernte er die griechische Bibel kennen, und im Gymnasion wurde er mit den Lehren der Philosophie vertraut. In der Stadt waren die Schulen der Stoiker, der Kyniker und der mittleren Platoniker. Mit 60 Jahren begleitete er eine jüdische Delegation seiner Stadt zum Kaiser Caligula nach Rom, wo um die Entfernung des Kaiserbildes aus der Synagoge gebeten wurde. Die Delegation hatte keinen Erfolg.

Philo lebte in zwei Kulturen und wollte jüdische Weisheit und griechische Philosophie verbinden. Dabei ging er wie Aristobul von der Überlegenheit der jüdischen Kultur aus. Moses sei als Philosoph älter als die griechischen Lehrer. Von den Stoikern lernte Philo die Methode der Allegoria, um die Texte der Bibel für Gebildete neu zu interpretieren. So unterschied auch er in der Bibel mehrere Bedeutungsebenen, er sprach von einem wörtlichen, von einem symbolischen oder moralischen und von einem metaphysischen Sinn. Der jüdische Bundesgott Jahwe war für ihn indentisch mit dem einen Gott der Philosophen, aufgrund dieser Einsicht schuf er die Idee vom jüdischen „Weltgott". Diese Idee wurde sehr schnell von den frühen Christen aufgegriffen.

Für Philo war der eine Weltgott das höchste Gute und Vollkommene und die ewige Weisheit. Er sei über die Welt und den Kosmos erhaben (Transzendenz), deswegen können wir von ihm keine irdischen Eigenschaften aussagen. Alle diese Aussagen seien für die Gottheit nicht ausreichend, denn sie sei absolutes Sein, höchste Tugend und vollkommene Weisheit. Deswegen sei die jüdische Religion der griechischen Philosophie überlegen. Aus der einen Gottheit fließen die göttlichen Wirkkräfte (dynameis), die beiden stärksten seien die Güte und die Macht. Diese Wirkkräfte seien geistiger Natur und fungieren als Mittlerwesen zwischen dem Weltgott und dem Kosmos, sie seien mit den ewigen Ideen Platons identisch. Auch Paulus nennt diese „Mächte und Gewalten" in seinem Brief an die Römer (8,31).[34]

---

[34] S. Möbuß, Philo von Alexandria. In: A. Kilcher/O. Fraisse (Hg.), Lexikon jüdischer Philosophen. Stuttgart 2003, 1–3.

Die Mittlerwesen zwischen der Gottheit und dem Kosmos bilden den göttlichen „Hofstaat", sie seien als reine Seelen und Engel die Werkzeuge des göttlichen Willens. Doch der große Vermittler zwischen dem Weltgott und dem Kosmos sei das ewige „Weltgesetz" (logos), das wie ein Wagenlenker die Gesetze des Kosmos und der Menschenwelt lenkt. Dieser göttliche Logos sei über allen anderen Wirkkräften und Engeln, er sei die vollendete Weisheit (sophia), denn in ihm wohne die Gottheit. Der Logos sei die Urkraft der göttlichen Vernunft, die ständig neues Leben erschafft; er sei die Quelle der menschlichen Vernunft und bilde die Gottheit ab. Diese Logos sei ein „zweiter Gott" (deuteros theos), ein „erstgeborener Sohn" des Weltgottes, ein göttlicher Bote und Fürsprecher. Er sei geworden und ungeworden, die Mitte zwischen Gott und der Welt, die Spitze der Schöpfung und der Statthalter Gottes.

Fast alle diese Titel des Logos übertrugen die frühen Christen auf Jesus von Nazaret, etwa in den frühen Hymnen Eph 1,3–14 und Kol 1,15–20. Es ist sehr wahrscheinlich, dass die sog. Hellenisten unter den frühen Jesusjüngern, die aus Alexandria kamen und später nach Antiochia auswanderten, diese Lehren des Philo kannten. Bald sahen die griechischen Christen in Jesus den Mensch gewordenen göttlichen Logos (Joh 1). Nach Philo begleitet der Logos die Gebete der Priester, er bittet um die Vergebung der Sünden und um die Kraft der göttlichen Gnade. Durch seinen Logos führe der Weltgott die Schöpfung des Kosmos fort – auch dieser Gedanke findet sich in den frühchristlichen Liedern.[35]

Für Philo liegt die Aufgabe der Philosophie darin, den einen Gott auf mystische Weise zu schauen und den Logos als sein „Abbild" zu erkennen. Der eine Weltgott setzt für alle Menschen die Maßstäbe des sittlichen Handelns. Wenn wir den Drang der sinnlichen Lust zähmen und Askese üben, nähern wir uns der Gottheit. Diese aber sei eigenschaftslos (apoios), nicht zusammen gesetzt, tätige Kraft und reine Vernunft. Die stoffliche Welt (hyle) sei mit der Sünde befleckt, sie sei von der Gottheit so geschaffen worde, dass diese nicht mit dem Stofflichen in Berührung gekommen sei. Der Weltgott erschuf zuerst die ewigen Ideen (Plato) als Geistwesen und Engel, aus ihnen sei dann die stoffliche Welt hervor gegangen.

In der einen Gottheit sei die himmlische Dreiheit, nämlich das Seiende (to on), das Gute (to agathon) und die Kraft (dynamis). Hier wird die ägyptische Göttertrinität auf den jüdischen Monotheismus übertragen. Die Christen formten später daraus ihre Triniätslehre, während die Juden gerade diese Lehre und auch Philo strikt ablehnten. Im Weltraum über der Bahn des Mondes wirken die guten Geistwesen, Mächte und Kräfte (vgl. Röm 8,31), der Raum unter der Bahn des Mondes werde von bösen Dämonen und verbrecherischen Menschenseelen bevölkert. Der menschliche Geist (nous) sei eine Absplitterung des göttlichen Geistes, und jeder

---

[35] W. Nestle (Hg.), Die Nachsokratiker II. Jena 1923, 293–307. W. Röd, Der Weg I, 230–232. S. Möbuß, Philo 1–3.

Mensch bilde den Weltgott ab. Daher sind wir in unseren Entscheidungen frei und für unsere Taten selbst verantwortlich.[36]

Unter uns Menschen gibt es drei Gruppen. Die ersten streben nach der sinnlichen Lust (Epikuräer, Kyrenäiker), die zweiten suchen die geistigen Werte (Stoiker, Platoniker, die jüdischen Gerechten). Die dritten seien die Ekstatiker, die Priester und Propheten, sie seien schon „Bürger der himmlischen Welt", denn sie schauen in Visionen die Gottheit. Auch dieser Gedanke findet sich bei Paulus, die Christen haben ihre Bürgerschaft (politeuma) im Himmel (Phil 3,20). Das Ziel des Weisen sei es, sich von der Welt der Sinne zu lösen und das Göttliche zu schauen. Diese Schau sei ein Geschenk der göttlichen Gnadenkraft (charis). So lebe der asketische Weise an der Grenze zwischen der göttlichen und der menschlichen Welt. Das höchste Glück des Lebens liege im unerschütterlichen Vertrauen auf den Weltgott. Kein Mensch könne sich aus eigener Kraft vom Bösen befreien, die Erlösung sei ein Geschenk der göttlichen Gnade. Auch dies wurde von den frühen Christen übernommen.[37]

Der göttliche Logos sei für uns Menschen erkennbar, doch der ewige Weltgott bleibe uns verborgen. Der Logos sei die Wohnstätte des Weltgottes und das Lebensprinzip des Kosmos, er führe alle Geistwesen an. Die menschliche Seele sei im Körper gefangen (Plato), aber durch ihr Streben nach Weisheit, nach Askese und nach der Tugend könne sie schrittweise aus diesem Gefängnis frei werden. Sie lebe mit der Sehnsucht nach der himmlischen Welt. In der Ethik gelten für Philo die Zielwerte der stoischen Tugendlehre. Wir Menschen erkennen den höchsten Weltgott in den Werken seiner Schöpfung, seine Gesetze seien uns in das Herz geschrieben. Auch diese Aussagen finden sich bei Paulus (Röm 1,20–22). Im ewigen Weltgesetz zeige sich die göttliche Schöpferkraft und Herrschermacht.

Der jüdische Gottesname Jahwe stehe für die Güte, der Name Elohim für die Herrschaft. Die göttliche Schöpfung geschehe immer fort, denn Gottes Wesen sei Tätigkeit. Moses erhielt die göttliche Offenbarung, denn er schaute das ewige Weltgesetz. Deswegen haben die Juden einen göttlichen Auftrag unter den Völkern zu erfüllen. Der Weltgott Philos ist zum einen ein persönliches Wesen, zum andern das wahre Sein, er heißt „Vater der Welt" und „Vater des Logos". Der Logos ist die Brücke zwischen der empirischen Welt und der göttlichen Geistwelt. Die menschliche Seele ist mit dem Stofflichen verbunden, doch sie kann in die himmlische Welt zurückkehren, aus der sie komme. Die Mystiker schauen zeitweise die göttliche Welt und leben in heiliger Begeisterung. Moralisch aber war Philo streng und fanatisch, denn er sah in der Tötung eines vom Glauben abgefallenen Juden ein Gott wohlgefälliges Handeln.[38]

Philo hat die Philosophie des mittleren Platonismus in Alexandria mitgeprägt, zum andern hat er die Lehren der frühen Christen entscheidend geformt. Es ist

---

[36] W. Nestle, Die Nachsokratiker II, 293–300. W. Röd, Der Weg, I, 230–232. S. Möbuß, Philo, 1–3.
[37] W. Nestle, Die Nachsokratiker II, 295–303. S. Möbuß. Philo 1–3.
[38] W. Nestle, Die Nachsokratiker II, 295–300. W. Röd, Der Weg I, 230–232.

sehr wahrscheinlich, dass seine Lehren in den Christengemeinden in Antiochia, in Alexandria und in anderen griechischen Städten rund um Palästina bekannt waren. Denn die griechischen Juden standen über Stadtgrenzen in regem Austausch miteinander. Ohne diese Vorstellungen und Lehren wären die frühen christlichen Hymnen (Kol 1 und Eph 1) nicht denkbar. Für das Johannesevangelium ist in Jesus die göttliche Weltvernunft (logos) ein Mensch geworden (Joh 1,14). Die jüdische Kultur ist den Lehren Philos nicht gefolgt, aber er ist der Angelpunkt für die Anfänge der christlichen Gottes- und Erlösungslehre. Dies wurde von den Theologen bisher kaum genügend bedacht.

Der Lehrer Paulus

In der griechischen Kultur verwurzelt war der jüdische und später christliche Lehrer Paulus aus Tarsos. Er wurde in der Hauptstadt der Provinz Kilikien geboren und hat dort die griechische Bildung erfahren. In der Grundschule lernte er Lesen und Schreiben, im Gymnasion wurden ihm Inhalte der griechischen Literatur und wohl auch der Philosophie vermittelt. Denn Tarsos war seit 200 Jahren ein Zentrum der stoischen Philosophie, diese hat das Denkens des Paulus nachhaltig geprägt.

Schon der Lehrer Chrysippos (gest. 205 v.Chr.) stammte aus Kilikien, sein Vater war von Tarsos nach Soloi gezogen. Sein Nachfolger als Leiter der stoischen Schule in Athen war Zenon von Tarsos, auch dessen Schüler Antipatros stammte aus dieser Stadt, er hat stoische Tugendkataloge zusammen gestellt. Im 2. Jh. v.Chr. wurden stoische Schulen der Philosophie in Tarsos und in Seleukia errichtet. Berühmte Lehrer in Tarsos waren Sosigenes, Herakleides und Archedemos, sie betonten den Auftrag zur Pflichterfüllung. Auch Panaitios und Poseidonios von Apameia hatten eine starke Strahlkraft auf die Schule von Tarsos. Zu ihrer Zeit wurde die stoische Philosophie auch in Rom bekannt, denn Cicero hatte auf Rhodos den Lehrer Panaitios gehört.[39]

Zur Zeit des Kaisers Augustus war Athenodoros ein Lehrer in der stoischen Schule von Tarsos, auf Geheiß Cäsars hatte er den jungen Octavian, den späteren Kaiser unterrichtet. Sein Nachfolger war Areios Didymos, der moralische Abhandlungen verfasste. Er war persönlich beim Kaiser Augustus für die Stadt Tarsos eingetreten, die unter der steuerlichen Belastung litt. Damit ist Paulus in einer Stadt gebildet worden, in der die stoische Philosophie seit mehr als 200 Jahren das geistige Leben prägte. Gewiss vermischte sie sich mit platonischen und epikuräischen Ideen. So wird verständlich, warum der begeisterte christliche Missionar so gut in der stoischen Philosophie gebildet war, wir wie aus seinen Briefen erkennen können. Er versuchte, ähnlich wie Philo, zuerst den jüdischen und dann den christlichen Glauben mit den Lehren der griechischen Philosophie zu verbinden.

---

[39] C. Schneider, Kulturgeschichte II, 588–610. S. Legasse, Paulus 92–105.

Zwei Beispiele stoischen Denkens in den Schriften des Paulus sollen herausgegriffen werden. Im Brief an die Römer sagt er, dass der eine Weltgott aus den Werken seiner Schöpfung erkannt werden könne. Seine unsichtbare Wirklichkeit werde mit den Kräften der Vernunft aus den Werken der Schöpfung erkennbar. Folglich kennen alle Menschen das göttliche Weltgesetz, das ihnen ins Herz geschrieben sei (Röm 1,20–21 und 2,15).

Den Christen in Galatien schrieb Paulus, dass es in der Schule des Christus keine Rangunterschiede zwischen Juden und Griechen, zwischen Freien und Sklaven, zwischen Männern und Frauen mehr gäbe (Gal 3,28). Das ist genau die Formel, die stoische Lehrer seit 150 Jahren verwendeten, um die natürliche Egalität aller Menschen in ihrer Schule zu bekräftigen.

Ein anderes Beispiel ist das Programm der christlichen Morallehre, die Paulus den Christen in Rom schreibt. Die Christen haben wie die Juden in der Synagoge den Opferdienst am Tempel beendet, sie nehmen an keinen Tieropfern mehr teil. Dafür aber bringen sie ihr Leben dem einen Weltgott als „lebendiges und heiliges Opfer" dar. Dies sei der wahre und „vernünftige Gottesdienst" (logike thysia), der dem Weltgott angemessen sei. Dieser Gottesdienst besteht darin, innere Einstellungen zu verändern und das Denken zu erneuern, um dem göttlichen Willen folgen zu können. Der göttliche Wille aber sei im Gebot der Nächstenliebe, der Selbstliebe und der Gottesliebe zusammen gefasst. Das neue Gebot, das die Christen von der Lebensform ihrer Umwelt unterscheiden soll, heißt umfassende Liebe in der Nachfolge Jesu (Röm 12,1–2; 13,8–14). Die Vorstellung vom vernünftigen Gottesdienst, der die Tieropfer ersetzt, ist altes stoisches Gedankengut.[40]

Auch die Lehre vom göttlichen Geist (pneuma) könnte stoisch mitgeprägt sein, etwa bei der Vorstellung vom pneumatischen Leib der Auferstehung (soma pneumatikon); 1 Kor 15,14). Vor allem aber sind die Grundwerte der stoischen, der kynischen und der platonischen Moralphilosophie in die Schriften des Paulus und damit in das frühe Christentum eingegangen. Die frühen Christen haben die Vorstellungen von den allgemeinen Menschenrechten und Menschenpflichten aus den Schulen der griechischen Philosophie übernommen, diese wurden von den Sophisten zum ersten Mal formuliert. Durch das Neue Testament sind diese Grundwerte an die europäische Kultur vermittelt worden.[41]

---

[40] S. Legasse, Paulus 107–125. C. Schneider, Kulturgeschichte II, 588–612.
[41] W. Röd, Der Weg I, 215–234.

3 Römische Kultur und Lebenswelt

Das Neue Testament ist innerhalb der römischen Imperiums entstanden, Jesus ist vom römischen Statthalter zum Tod verurteilt worde, die frühen Christen sind von den Anfängen an mit römischen Behörden in Konflikt gekommen. Viele Texte des Neuen Testaments, vor allem die Apokalypse des Johannes sehen in verschlüsselter Sprache dieses Imperium als das große Feindbild an. Deswegen sollen hier auch die römische Lebenswelt und Kultur, ihre Religion und ihre soziale Struktur kurz in den Blick kommen.

Über die frühe römische Kultur haben wir nur aus archäologischen Funden Informationen. Indoeuropäische Hirtennomaden wanderten in das Gebiet von Latium ein, sie trafen dort auf sesshafte Ackerbauern und vermischten sich mit ihnen. Ung. ab 600 v.Chr. entstand dort eine erste Siedlung mit Mauern, dort lebten Ackerbauern mit Viehzüchtern zusammen. Diese Siedler waren längere Zeit von den Etruskern abhängig, von denen sie viele Kulturtechniken lernten. Ab 508 v.Chr. gelang es ihnen, von den Etruskern frei zu werden, sie bildeten nun einen eigenen Stadtstaat Rom.

Frühe soziale Strukturen

Dieser frühe Stadtstaat wurde von einem Rat der Ältesten (senatus) geleitet, ein Krieger stand als König an der Spitze. Die Menschen lebten in Sippen (gentes), diese schlossen sich zu Kurien (curia) und zu Stämmen (tribus) zusammen, um ihre Interessen wahren und sich verteidigen zu können. Allein die Krieger trugen die Waffen, sie schützten die Stadt und die dazu gehörigen Felder und Viehweiden. Zur oberen sozialen Schicht gehörten noch die Priester (flamines), welche die Riten der Ahnenverehrung leiteten. Die Gesellschaft war deutlich patriarchal organisiert, die Familienväter (pater familias) waren in den Sippen dominant. Sie hatten in der Frühzeit das Recht über Leben und Tod aller Sippenmitglieder, später ging dieses Recht auf öffentliche Gerichte über.[1]

Diese Väter hatten das Recht, neu geborene Kinder anzunehmen oder auszusetzen. Zwei Verwaltungsämter prägten die Stadt, das Amt des Prätors und des

---

[1] G. Alfödy, Römische Sozialgeschichte. Stuttgart 1984, 19–33.

Konsuls. Später kamen die Ämter des Diktators und des Magister populi hinzu. Ein Priesterkönig (pontifex maximus, rex sacrorum) leitete mit den Priestersippen die Riten der Ahnenverehrung und den Dienst an den Schutzgöttern. Zu den Riten gehörten regelmäßige Opfer, Einweihungen und Prozessionen, öffentliche Versprechen und Kultmähler. Die Bevölkerung war in zwei Schichten unterteilt, nämlich in Freie (plebs) und in Sklaven (servi). Die Bauern und Hirten, die Handwerker und Händler hatten das Bürgerrecht ihrer Stadt, sie bildeten das Volk (populus), doch ihr Anteil am Besitz der Güter und an den politischen Entscheidungen war gering. Als Gefolgsleute (clientes) standen sie unter dem Schutz der Krieger, mit ihnen bildeten sie Kampfgemeinschaften.

Die Sklaven wurden nicht zur plebs gezählt, sie waren ohne Besitz und politische Rechte und galten als Besitzstücke (res) ihrer Herren. Versklavt wurden Menschen der Stadt, die ihre Schulden nicht bezahlen konnten (Schuldsklaven) oder die Bewohner der im Krieg eroberten Städte (Raubsklaven). Sie wurden auf den Märkten gehandelt, sie durften heiraten und Kinder zeugen, doch die Kinder waren wiederum Sklaven. In der Frühzeit kämpfte das freie Volk gegen die Herrschaft der Krieger und des Adels (nobiles) um mehr politische Rechte. Auch die Sklaven erhoben sich oftmals gegen ihre Herren, doch ohne geeignete Waffen hatten sie wenig Erfolg.[2]

Im 4. Jh. v.Chr. wurden im politischen Ringen von der plebs neue Gesetze erreicht (Leges Licinae Sextiae), die den Freien in der Stadt mehr politische Rechte sicherten. Nun wurden die von den Freien gemeinsamen Felder und Weiden (ager publicus) erheblich vergrößert. Als ein mühsamer Ausgleich zwischen dem freien Volk und den Kriegersippen erreicht war, begann die Expansion des Stadtstaates Rom. Nun wurden immer öfter benachbarte Städte und Dörfer bekämpft und erobert, viele wurden tributpflichtig gemacht. Nun war das freie Volk bereit, mit den Kriegern zu kämpfen. Im 2. Jh. v.Chr. wurde die römische Herrschaft durch hohe Techniken der Seefahrt und der Kriegsführung über Karthago, Hispania, die Provinz Asia und Africa ausgedehnt. Rom hatte begonnen, große Teile der Küsten des Mittelmeeres zu beherrschen.

Jetzt entstand im Ansatz bereits ein römisches Imperium, das sich aber nach innen neu organisieren musste. Nun schritt die gesellschaftliche Differenzierung und soziale Untergliederung fort. Die Adeligen und Krieger gliederten sich in drei Ränge, den Senatorenadel, den Reiteradel und den Beamtenadel. Die Mittelschicht der freien Lohnarbeiter, der Bauern und Hirten, der Handwerker und Händler verlor einige Rechte an den Adel, aber sie trug das neue Imperium mit, weil sie große wirtschaftliche Vorteile erkannte. Mit den vielen Eroberungskriegen der römischen Feldherren nahm die Zahl der Raubsklaven stark zu, sie wurden auf den Märkten der Städte gehandelt. In der Folgezeit kam es zu mehreren Sklavenaufständen und Bürgerkriegen zwischen dem Adel und dem freien Volk, aber auch zwischen verschiedenen politischen Parteien.

---

[2] G. Alfödy, Römische Sozialgeschichte 27–44.

Allein durch große Kriegsheere gelang es den Adeligen, die Aufstände niederzuschlagen und die Bürgerkriege zu beenden. Durch die vielen Eroberungskriege wurde die Aggression im Innern des Imperiums ständig nach außen getragen. Dem Feldherr Gaius Julius Cäsar gelang es im Jahr 49 v.Chr., den Bürgerkrieg zu beenden und die Alleinherrschaft im Staat durchzusetzen. Nun wurde die bisherige Herrschaft der miteinander konkurrierenden Adelsfamilien (Oligarchie) durch die Herrschaft eines einzigen Feldherrn (Monarchie) ersetzt. Doch die Kämpfe zwischen den Feldherren gingen nach dem gewaltsamen Tod Cäsars weiter, bis sein Neffe Octavianus im Jahr 31 v.Chr. endgültig die Alleinherrschaft im Imperium erringen konnte. Er war nun unangefochten der princeps im Staat, mit ihm beginnt die Prinzipatszeit des Kaisers Julius Augustus.[3]

Die Prinzipatszeit

In der Kaiserzeit wurde die zentrale Gewalt des Herrschers und des Militärs deutlich gestärkt, der Senat der alten Adelsfamilien verlor an politischem Einfluss. In der Verwaltung wurde aber nach einem Gleichgewicht zwischen dem Princeps und dem Senat gesucht, beide verstanden sich als die zwei gleichwertigen Säulen des Imperiums. Die Hälfte der neu gewonnen Provinzen wurde dem Senat zur Verwaltung übergeben, die andere Hälfte dem Kaiser. Zu dieser Zeit lebte ung. ein Drittel der Bevölkerung als Unfreie und Sklaven, doch immer öfter wurden Sklaven freigekauft oder von ihren Herren freigelassen. Die Freigelassenen (liberati) traten zu ihren früheren Herren in ein Klientenverhältnis ein.

Nun nahm die soziale Mobilität im Kaiserreich deutlich zu, freie Bürger konnten durch den jährlichen Besitznachweis in höhere soziale Ränge aufsteigen (homines novi). Freigelassene Sklaven hatten beruflich viele Chancen des sozialen Aufstieges, einige von ihnen konnten viel Besitz ansammeln. In den Provinzen wurde die Verwaltung zentralisiert, die Wirtschaft erlebte fast überall einen starken Aufschwung. Im Osten des Reiches wurde die griechische Kultur weiter entfaltet und mit der römischen Lebensform verbunden. Überall im Imperium wurden Tempel und Theater gebaut, es wurden Gymanasien und Thermen errichtet, Rennbahnen und Straßen wurden gebaut. Es war eine Zeit des durch militärische Gewalt gesicherten Friedens (pax romana).[4]

Zu Beginn der Prinzipatszeit lebten ung. 90% der Bevölkerung des Reiches in ländlichen Regionen als Bauern und Viehzüchter, als Handwerker und Händler, als Lohnarbeiter und Sklaven. Der wirtschaftliche Wohlstand war in den Städten ungleich höher als in den rustikalen Gebieten, auch die Bildungschancen waren ungleich verteilt. Die Gesamtbevölkerung wird zu dieser Zeit zwischen 50 und 70 Millionen geschätzt. Drei Städte, nämlich Rom, Alexandria und Antiochia hatten ca. 1 Million Einwohner, diese Zahl lässt sich aus den Aufzeichnungen

---

[3] G. Alföldy, Römische Sozialgeschichte 62–78.

[4] K. Christ, Geschichte der römischen Kaiserzeit. München 1988, 83–104.

über die städtische Getreidezuteilung errechnen. Die großen Städte waren Zentren der Bildung und der Kultur, der Medizin und der Philosophie, der beginnenden Naturwissenschaft und der Religion.

Bei der Ausübung der Religion (pietas) wurde eine Vielfalt der Riten, der Mythen und der Kulte hingenommen, die besiegten Völker konnten weiterhin ihre Schutzgötter verehren und ihre alten Riten ausführen. Vor allem in den Städten gab es die Vielfalt der Riten und Kulte, doch diese durften nicht gegen die guten Sitten der Römer und gegen die Grundgesetze des Staates verstoßen. Gleichzeitig wurde ein zentraler Staatskult eingerichtet, in dem die Bewohner des Reiches dem Kaiser Reverenz und Gehorsam anzeigen mussten. Damit sollte das große Imperium auch durch eine religiöse Motivation zusammen gehalten werden. In vielen Städten wurden nun Tempel für den Kaiser errichtet, wo regelmäßig Opfer dargebracht und Gebete gesprochen wurden. In der Gesetzgebung bekamen nun die Frauen der Oberschicht mehr wirtschaftliche Rechte, auch den Sklaven wurde ein größerer Freiraum zugesprochen. Im 3. Jh. n.Chr. erhielten unter Kaiser Caracalla alle freien Bürger einer Stadt die vollen Bürgerrechte. Allerdings nahm zu dieser Zeit die Konzentration des Besitzes und der Landgüter auf wenige Sippen immer mehr zu.[5]

Die Rechtsordnung war an die sozialen Schichten gebunden, die Adeligen, die Freien und die Sklaven hatten jeweils verschiedene Gerichte. Die unteren sozialen Schichten wurden für Vergehen ungleich härter bestraft als die Adeligen und Besitzbürger. In der alten Rechtordnung wurden zu dieser Zeit die Frauen und die Sklaven noch zu den „Sachen" (res) gezählt, eine Ausnahme bildeten die Frauen der Adeligen. Die Tötung von Sklaven galt im Recht als Sachbeschädigung, erst unter christlichem Einfluss wurden auch die Sklaven als Personen (persona) gewertet. Die Familienväter hatten noch das Recht, ungewollte Kinder auszusetzen. Doch unter dem Einfluss der philosophischen Lehren (Stoiker) begann ein Prozess der Emanzipation für die Frauen und Sklaven, sie wurden schrittweise als den Männern und den Freien gleichwertig angesehen. Doch in der Gesetzgebung kam dieser Lernpozess noch lange nicht zum Tragen.

Unter dem Einfluss der philosophischen Lehren, die sich vor allem in den Städten verbreiteten, erhielten immer mehr Bürger auch Personenrechte. Nur die Fremdlinge und die Nichtbürger (peregrini) waren davon noch ausgeschlossen. Die Landbevölkerung (plebs rustica) war deutlich schlechter gestellt als die Stadtbevökerung (plebs urbana). Zu dieser Zeit schlossen sich die Lohnarbeiter, aber auch die Händler und Handwerker zu Berufsvereinen und Kultvereinen zusammen, die den griechischen Mysterienkulten ähnlich waren. In den Städten entstanden Vereine zum Schutz vor Feuer, Begräbnisvereine zur Gestaltung eines würdigen Abschieds. Die staatliche Verwaltung beobachtete diese Vereine immer mit Argwohn, weil sie darinnen Zellen des Aufstands gegen das Impe-

---

[5] K. Christ, Geschichte 115–148. G. Alfödy, Römische Sozialgeschichte 133–154.

rium vermutete. Von diesem Argwohn waren wohl auch die frühen Christen betroffen.[6]

In der spätantiken Zeit verarmten große Teile der Bevölkerung, vor allem in den ländlichen Regionen, sie mussten zu hohe Abgaben für die militärische Verteidung des Imperiums zahlen. Die mittleren sozialen Schichten stiegen im sozialen Rang ab und näherten sich den Unfreien, die bisher freien Bauern (colonae) wurden häufig zu leibeigenen Sklaven ihrer Patrone. Die Pächter von Latifundien wurden zu Schuldsklaven, weil sie ihre Schulden nicht mehr bezahlen konnten. Ein stehendes Kriegsheer von 400.000 bis 600.000 Soldaten verschlang große Teile des wirtschaftlichen Gewinnes. Die oberen sozialen Schichten wälzten die finanziellen Lasten auf die mittleren und unteren Schichten ab, bis diese nicht mehr bereit waren, das Imperium zu verteidigen. Dieses hatte seinen wirtschaftlichen und politischen Grenznutzen erreicht und befand sich im ständigen Niedergang.[7]

Die religiöse Weltdeutung

Die Römer waren ein religiöses Volk, ihre frühen Mythen wurden von Viehzüchtern und Bauern geprägt. Diese hatten tiefe Ehrfurcht (pietas) vor den unsichtbaren Kräften (numina) in der Natur, ihnen traten sie mit Furcht und Zittern gegenüber. Sie glaubten, dass diese unverfügbaren Kräfte an bestimmten Orten anwesend seien, an Quellen und an Flüssen, auf Bergkuppen und in Höhlen. Dort errichteten sie frühe Kultorte (fanum), die sie vom übrigen Bereich des Landes (profanum) durch Steine, Pflöcke oder Furchen deutlich abgrenzten. An diesen heiligen Orten führten sie die Riten der Fruchtbarkeit aus, sie verehrten die Seelenkräfte ihrer Ahnen und die Schutzgötter ihrer Felder und Viehherden. Diese göttlichen Wesen (dei) waren in ihrer Weltdeutung immer stärker und größer als Menschen.

Jede Sippe verehrte ihre Schutzgötter (genii), an den heiligen Orten wurden später Bauwerke aus Holz und aus Stein (templum) errichtet. Dort leiteten die Priester (flamen, sacerdos) die Opferriten für die Ahnen und die Schutzgötter. Diese Personen durften nicht verletzt werden, denn in ihnen wurden göttliche Kräfte vermutet. Sie trugen eine besondere Kleidung, die sie nicht verknoten durften, ihre Haare und Fingernägel wurden bei den heiligen Bäumen vergraben. Ihre Aufgabe war es auch, die Krieger und deren Waffen mit magischer Kraft aufzuladen, selbst nahmen sie nicht an den Kämpfen teil. Der Ablauf des Jahres wurde durch Opfertage (feriatus) geordnet, an diesen heiligen Tagen durfte nicht auf den Feldern gearbeitet werden.

Die Bauern und Hirten lebten in der Angst vor den numina, deswegen hielten sie ihre Riten und Taburegeln strikt ein. Sie verehrten die Schutzgötter der Fruchtbarkeit und glaubten an die ewigen göttlichen Gesetze (ius divinum), die von der Priestern und Mantikern aufgestellt wurden. Der Aufruhr gegen die Götter

---

[6] G. Alfödy, Römische Sozialgeschichte 133–168.
[7] K. Christ, Geschichte 481–504.

(impietas) galt ihnen als Verbrechen, denn nur der Friede mit den Göttern (pax deorum) brachte ein glückliches Leben. Sie wussten sich an die Götter und an die Riten der Verehrung gebunden (religio).[8]

Zu den großen Riten der Gemeinschaft gehörten die Opfer an die Götter (mactatio), das feierliche Versprechen (votum) und die Wallfahrt (lustratio) zu den heiligen Orten. Den Göttern und den Ahnenseelen wurden Erntegaben, Tiere und in der Frühzeit auch Mitmenschen übergeben (offere), um Gesundheit und Fruchtbarkeit zu erlangen. Die Bauern gingen in Prozessionen um die Felder, um die Kräfte der Fruchtbarkeit zu wecken und um böse Dämonen zu vertreiben. Auch durch das kultische Pflügen sollten böse Lebenskräfte aus den Wohnorten der Menschen vertrieben werden. Beim Ritual der Weissagung (divinatio) wurden von Mantikern (augures) die Botschaften der Götter empfangen. Durch die Riten sollten die Kräfte der Schutzgötter gestärkt werden, deswegen sprachen Priester Segensgebete über die Felder, die Viehweiden, die Dörfer, das Vieh und die Menschen.

Die Mantiker beobachteten an den heiligen Orten den Flug der Vögel oder die Lage der Eingeweide bei den Opfertieren, sie erkannten darin die Zeichen (auspicia) der Götter. Die Wahrsagepriester (haruspices) sollten zukünftige Ereignisse voraussagen.[9] Im Lauf der Kulturentwicklung wurden aus den unheimlichen numina immer deutlicher ansprechbare göttliche Wesen (dei). Sie bekamen menschliche Gestalt und waren den Kriegern, den Bauern und anderen Gruppen ähnlich. Die Stadt Rom verehrte eine Dreiheit (trinitas) an Schutzgöttern, nämlich Jupiter, Juno und Minerva. Bedenkenswert bleibt die Verehrung zweier weiblicher Götter in einer patriarchalen Kultur, diese erinnern vermutlich an eine vorpatriarchale Zeit.

Jupiter war ein alter Gewittergott, der später die Krieger anführte. Juno war die Beschützerin der Frauen in den Ehen und bei den Geburten, und Minerva wurde als Schützerin der Handwerker verehrt, sie wurde von den Etruskern übernommen. Flora war die Göttin der Blumen und des Blühens, Fortuna brachte den Menschen das Glück des Lebens und Erfolg in der Wirtschaft. Die gute Göttin (Bona Dea) schenkte den Bauern die Fruchtbarkeit und den Kranken die Heilung. Faunus galt als Schutzgott der Hirten und der Viehherden, auch der Wälder und Äcker, Fauna schenkte den Menschen das blühende Getreide. Silvanus schützte die Wälder und die Tiere des Waldes. Auch die Sonne und der Mond wurden als göttliche Wesen verehrt, von denen die Menschen abhingen.

Die große Schutzgöttin der erotischen Liebe war Venus, sie schenkte beiden Geschlechtern das sinnliche Begehren und die Liebeskraft. Mars begleitete die Krieger in die Schlachten und schickte ihnen Siege. Mercurius half den Händlern und Kaufleuten und Herkules hatte den Menschen die Kulturgüter gebracht. Die

---

[8] H. Schwabl, Griechische und römische Religion. In: J. Figl (Hg.), Handbuch der Religionswissenschaft. Innsbruck 2003, 180–197.

[9] A. Grabner-Haider, Religion der Römer. In: A. Grabner-Haider/K. Prenner (Hg.), Religionen und Kulturen der Erde. Wien 2004, 80–86.

Laren (lares) schützten die Häuser und Sippen der Bauern, die beiden Dioskuren wurden von allen sozialen Schichten um Erfolg und Gewinn angerufen. Jedes Haus und jede Sippe hatte ihren Schutzgeist (genius loci).[10]

Die Römer hatten viele Schutzgötter von anderen Völkern und Kulturen übernommen, um die eigene Macht zu stärken. So verehrten sie schon früh die Götter der Karthager, der Ägypter und der Griechen, weil sie in ihnen unsichtbare Kräfte vermuteten. Sie kamen zur Überzeugung, dass sich das eine göttliche Geheimnis in vielen Namen und Gestalten zeigte, was zu großer religiöser Toleranz führte. Die fremden Riten durften aber nicht gegen die eigenen Sitten und Gesetze verstoßen, dann wurden sie verboten. So wurden die Kulte des Dionysos und der Kybele frühzeitig reglementiert.

Ein alter Bauernkalender, der dem König Numa Pompilius zugeschrieben wurde, zeigt den Verlauf des Bauernjahres an. Am 1. März begann das neue Jahr mit den Riten der Priester, der erste Monat war dem Kriegsgott geweiht. Im April brachten die Bauern der Erdgöttin (Tellus) trächtige Kühe als Opfer dar. Im selben Monat wurde das Fest der Korngöttin Ceres (Cerealia) gefeiert, da wurden Füchse mit brennenden Fackeln an den Schwänzen durch die Kornfelder gejagt, um die bösen Dämonen (Getreiderost) auszutreiben. Beim Fest der Parilia reinigten die Hirten die Viehställe mit Rauch und mit grünen Zweigen, und die Weinbauern tranken beim Weinfest (Vinealia) den ersten Wein.

Im Monat Mai gab es viele Flurprozessionen mit Bittrufen um Fruchtbarkeit der Felder (Ambarvalia), es wurden Hunde und Schafe geopfert, um die Fluren und die Menschen von Schuld zu befreien. Im Sommer wurden die Feste der Vorratskammern gefeiert, die Vestalinnen erneuerten ihren Dienst am Feuer, die Seefahrer brachten dem Meeresgott Neptun große Opfer. Die Hirten feierten zu dieser Zeit ein Fest in Laubhütten, die Bauern brachten dem Donnergott Opfer dar, um ihre Felder vom Blitz zu verschonen. Im September begingen die Bauern das Fest der ersten Aussaat (feriae sementivae), die Zugochsen wurden mit Blumen geschmückt.[11]

Im Winter wurde das Fest der Sonnenwende (Saturnalia) gefeiert, das sieben Tage dauerte und bei dem die Herren und die Sklaven die Rollen tauschten. Zu dieser Festzeit waren die Regeln der patriarchalen Ehe aufgehoben, es wurden sexuelle Orgien gefeiert, um in den Sippen das Leben zu stärken. Wir erkennen in diesen Riten noch die Reste der Heiligen Hochzeit. Mitte Februar tanzten die Hirten in Wolfsfellen über die Viehweiden, um Wölfe und andere wilde Tiere auszutreiben. Und am letzten Tag dieses Monats und des Jahres wurden die Grenzsteine zwischen den Feldern beschworen und gesegnet. Dieser alte Kalender gibt uns Einblick in die Riten der Bauern und Viehzüchter.

Die göttlichen Kräfte waren in der Vorstellung der Menschen ursprünglich unverfügbare Kräfte der Natur, aber auch die Seelen der Ahnen und der Kriegs-

---

[10] H. Gottschalk, Lexikon der Mythologie. Frankfurt 1996, 282–300.

[11] A. Grabner-Haider, Religion der Römer 80–96.

helden. Sie schützten die Sippen und Dörfer, die Städte und beide Geschlechter, die sozialen Schichten und die Berufsgruppe und wurden durch viele Riten verehrt. Durch die kultischen Handlungen wurden Gruppen gebildet und stabilisiert, die Teilnehmer fühlten sich mit einander verwandt und verbunden. Der oberste Priester (pontifex maximus) leitete mit einem Priesterkollegium den Kult der Stadt Rom und später des Imperiums. Die Priester legten das göttliche Recht fest, sie verfassten die Annalen der Stadt, sie leiteten die Opferriten und sorgten für ein gutes Verhältnis der Götter zu den Menschen.

Später wurden die angestrebten moralischen Tugenden als göttliche Wesen verehrt: Virtus, Honor, Fides, Spes, Pietas. In der Kaiserzeit übernahm der princeps des Imperiums auch die oberste religiöse Gewalt im Staatskult, damit sicherte er seine Herrschaft.[12] Insgesamt war die römische Kultur für fremde Mythen und Riten aufnahmebereit, sie erhoffte sich von den fremden Göttern politische Vorteile. Diese religiöse Toleranz wurde durch die Lehren der griechischen Philosophen verstärkt, die das eine Göttliche in vielen Göttergestalten dargestellt sahen.

Entwicklung des Kaiserkults

In der Nachahmung der griechischen Vergöttlichung von Herrschern und Kriegshelden (Alexanderkult) begannen im 1. Jh. v.Chr. auch die Römer, ihren Helden und Herrschern göttliche Ehren zu erweisen. Zuerst wurde Gaius Julius Cäsar als ein „sichtbar erschienener Gott" verkündet, der Aphrodite zur Mutter und Ares zum Vater hatte (Inschrift aus Ephesos, um 48 v.Chr.).[13] Eine ähnliche Inschrift aus Thessalien nennt ihn „Imperator und Gott". Nach seinem Tod wurde ihm durch Senatsbeschluss eine Statue und ein Giebel am Tempel der Quirinus errichtet und Marcus Antonius wurde zu seinem Priester bestimmt.[14] Auch Sueton schrieb (Divus Julius 76,1), Cäsar sei für einen sterblichen Menschen zu groß. Vermutlich hatte der Diktator schon zu Lebzeiten selbst im Bezug auf Alexander und Romulus seine göttliche Verehrung betrieben, um seine Herrschaft abzusichern.

Im Jahr 42 v.Chr. wurde Cäsar auf Betreiben seines Neffen Octavianus unter die Staatsgötter aufgenommen, er hieß fortan Divus Julius und ein Monat (Juli) wurde unter seinen Schutz gestellt. Er erhielt einen Tempel und ein Standbild mit Kultpersonal und Opfern. Octavianus selbst nannte sich nach der Einweihung des Cäsar-Tempels im Jahr 29 v.Chr. „Divi filius", was die Griechen mit „Sohn Gottes" (hyios theou) übersetzten. Texte aus Ägypten nennen Octavianus „Gott aus Gott" (theos ek theou), bzw. „selbst ein Gott und Sohn eines Gottes" (Papyrus Oxyrinchus 1453,11). Octavianus bzw. Kaiser Augustus wurde nach seinem Tod durch Senatsbeschluss in den Rang der Staatsgötter aufgenommen. Dieser Beschluss

---

[12] H. Schwabl, Griechische und römische Religion 180–193.
[13] H.J. Klauck, Die religiöse Umwelt des Urchristentums II. Stuttgart 1996, 46–50.
[14] Cicero, Attica XII,45,3. Ders., Philippica 2,110.

hieß consecratio, im Osten apotheiosis. Appian schrieb im 2. Jh. n.Chr., die Römer hätten jedem Kaiser nach seinem Tod göttliche Ehren erwiesen.[15]

Ein Zeuge musste vor dem Senat berichten, dass er die Seele des Imperators in den Himmel auffahren sah. Für Sueton zeigte ein Komet die Himmelfahrt des Cäsar an. Und Ovid schrieb, in Cäser sei ein Gott gekommen, er habe sich zum Himmel erhoben und werde nun in den Tempeln verehrt (Metamorphosen 818). Auch Kaiser Augustus wurde durch Senatsbeschluss nach seinem Tod unter die Staatsgötter aufgenommen. In Ephesos gab es seit 29 v.Chr. einen Tempel für die Bona Dea und den Divus Julius. Mit seiner Kalenderreform sollte das Jahr mit dem Geburtstag des göttlichen Imperators beginnen, denn durch die göttliche Vorsehung sei Augustus als Retter und Friedensstifter erschienen. Der Geburtstag dieses Gottes sei eine Freudenbotschaft (euangelion) für die Menschen. Auch die Nachfolger des Augustus kämpften um ihre Vergöttlichung, was aber einigen nicht gelang (Caligula).

Für Kaiser Tiberius sind 11 Tempel in Kleinasien nachweisbar, in denen er als „erhabener Gott", als göttlicher Sohn, als Herr der Erde und als Retter der Welt gepriesen wurde. Genau diese Titel haben die frühen Christen auf Jesus aus Nazaret übertragen. Caligula wollte im Tempel von Jerusalem sein vergoldetes Standbild aufstellen lassen, was ihm aber nicht gelang. Philo berichtet, der Kaiser habe der jüdischen Delegation vorgeworfen, dass die Juden nicht glauben wollten, dass er ein Gott sei.[16]

Kaiser Titus soll nach der Darstellung des Sueton kurz vor seinem Tod ausgerufen haben: „Wehe mir, ich glaube, ich werde ein Gott" (Vae, puto deus fio). Nach Sueton soll Kaiser Domitian sich in Briefen und Edikten „Herrscher und Gott" (Dominus et Deus) genannt haben. Bei Plinius wird Kaiser Trajan „Sohn Gottes" (dei filius) genannt. Und Kaiser Hadrian wurde auf der Insel Chios als „neuer Dionysos" und als olympischer Zeus verehrt. Für die römische Welt war die Divinisierung eines Kaisers zu seinen Lebzeiten ein Problem, für die Griechen gab es dieses Problem nicht. Dass ein guter und gerechter Kaiser nach seinem Tod in die göttliche Welt einging, war auch den meisten Römern plausibel.[17]

Zum Kult des Kaisers gehörte ein Tempel mit Priesterschaft, mit Standbildern und regelmäßigen Opferriten, mit Prozessionen, Kultfesten und Wettkämpfen. Der Kult nahm oft den Charakter der Mysterienfeiern an, gebetet wurde für den Herrscher und das Imperium. In Palästina stand nur in Cäsaräa Maritima ein Kaisertempel mit einer Statue des Imperators. Die christliche Johannesapokalypse sah im Kaiserkult eine Verführung der Menschen durch den Teufel (Apol 13,14f). Im Briefwechsel zwischen Plinius und Kaiser Trajan ging es darum, den Kaiserkult als Symbol der Einheit für das Imperiums zu sehen. Priesterliche Ämter bekamen Männer und Frauen, die eng an das Kaiserhaus gebunden waren.

---

[15] H.J. Klauck, Die religiöse Umwelt II, 48–50.
[16] K. Christ, Geschichte 98–120. H.J. Klauck, Die religiöse Umwelt II, 50–55.
[17] H.J. Klauck, Die religiöse Umwelt II, 55–60. K. Christ, Geschichte 56–80.

Wenn der Herrscher eine Stadt besuchte (griech. parousia, lat. adventus), wurden Prozessionen und Opferriten veranstaltet, es gab Kultspiele, Wettkämpfe und öffentliche Gastmähler.[18]

In Kleinasien (Ephesos und Pergamon) wurden andere Götterkulte mit dem Kult der Kaisers verbunden, dort wurde Cäsar als „Gottessohn" und Augustus als „Gott" bezeichnet. In den Gymnasien standen Bilder der Kaiser, der Kult war im Osten des Reiches mehr verbreitet als im Westen, seine Träger waren die Soldaten und Beamten, aber auch Händler und Zuwanderer, denn er drückte die Identifikation mit dem Imperium aus. Anfänglich wurde dieser Kult nicht allgemein gefordert, der Herrscher galt als Vermittler zu den Göttern. Die frühen Christen übertrugen alle Titel aus dem Kaiserkult auf Jesus aus Nazaret, er war für sie der einzige Vermittler zum Weltgott. Sie erwarteten seine „Ankunft" (parousia), wie viele Römer und Griechen die Ankunft des Kaisers in ihrer Stadt erwarteten.

Mit diesem Glauben standen die Christen schon früh im Gegensatz zum Kaiserkult und zum Imperium, für sie war ein Wanderprediger aus Galiläa der Erlöser vom Bösen, der Friedensstifter und ein göttlicher Sohn. Wir sehen darin auch einen deutlichen Protest gegen die sozialen Strukturen des Imperiums.

Die römische Philosophie

Schon vor der Kaiserzeit war die griechische Philosophie in Rom bekannt geworden, Cicero hatte auf Rhodos stoische Lehrer gehört. Er pries die Philosophie als die Lenkerin des Lebens, als Entdeckerin der Tugend und als Siegerin über die Laster. Denn sie lässt die Menschen friedvoll und ohne Todesfurcht im Staat zusammenleben. Sie lehrt die Schüler die Kunst des guten und glücklichen Lebens. Daher verfasste der Stoiker Seneca (gest. 65 n.Chr.) Schriften über die Milde des Fürsten (De clementia), über die gegenseitigen Hilfeleistungen in der Stadt (De beneficiis), über die Geschehnisse der Natur (Naturales quaestiones) und über den Aberglauben (De superstitione). Außerdem schrieb er Werke über den Trost der Philosophie (De consolatione) in schwierigen Lebenslagen, über die Standhaftigkeit der Weisen, über das glückliche Leben und die Ruhe des Geistes, über die Muße und die Lebenskunst. Im Stil der stoischen Unterweisungen (Diatribe) wollte er die Gebildeten zu einen friedvollen und sozial verantwortlichen Zusammenleben im Staat auffordern. Er wurde selbst ein Opfer von Intrigen am Kaiserhof, Kaiser Nero zwang ihn zum Selbstmord.[19]

Musonius Rufus und Epiktetos nahmen eine kritische Haltung zum Imperium ein, was auf viele Schüler abfärbte. Deswegen ließ Kaiser Vespasian alle lehrenden Philosophen aus Italien ausweisen, sie kamen nach seinem Tod wieder zurück. Doch auch Kaiser Domitian lehnte die Philosophie ab. Trotzdem verbreitete sich die stoische Philosophie unter den Gebildeten, die Weisen wollten im Einklang

---

[18] H.J. Klauck, Die religiöse Umwelt II, 70–74.
[19] W. Röd, Der Weg I, 212–214.

mit der Natur und der Vernunft leben. Sie waren davon überzeugt, dass hinter den vielen Göttern und Göttinnen nur ein einziger Weltgott wirke. Sie lehrten auch in den Gymnasien, die Menschen sollten den Tod nicht fürchten, sondern voll Dankbarkeit vom Leben Abschied nehmen, wenn es an der Zeit sei. Denn wenn das Leben sinnlos und unerträglich werde, sollte es freiwillig beendet werden. Jeder sollte selbständig seinem Gewissen (conscientia) folgen, seit Pythagoras war die tägliche Gewissensprüfung bei den Philosophen bekannt. Diese versuchten, innerlich frei zu werden und jedes Schicksal anzunehmen, die Leidenschaften aber sollten zur Ruhe kommen.[20]

Auch die Lehren der Kyniker wurden in der römischen Welt bekannt, für sie war die philosophische Lebensform ein abgekürzter Weg zur sittlichen Vollkommenheit. Die Schüler der Weisheit lernen nämlich, auch ihre Gegner zu achten und zu lieben. Sie müssen Hiebe einstecken und dürfen nicht zurückschlagen. Auch die Kyniker waren wie die frühen Jesusjünger den Frieden liebende Wanderprediger, sie engagierten sich aber kaum für den Staat und die Gemeinschaft.

Die Lehren Epikurs verbreiteten sich früh in der lateinischen Welt, Diogenes Laertius hat darüber geschrieben. Zu dieser Schule hatten auch die Frauen und die Unfreien Zugang, die Schüler waren einander in Freundschaft verbunden und suchten die Kunst des maßvollen Genießens. Denn wenn ein Schüler der Weisheit seiner kritischen Vernunft folgt, dann wird er zu einem dauerhaften Genießen und zu einem Leben in Freude fähig. Die Götter sollten nicht gefürchtet werden, denn sie kümmern sich nicht um die Menschen. Der Tod komme ganz ohne Schmerzen und auf ein Weiterleben der Seele nach dem Tod sei nicht zu hoffen. Der Weise gleiche sich im Leben immer mehr dem Göttlichen an, er sei „wie ein Gott unter den Menschen" und gleiche keinem Sterblichen. Die Kernsätze dieser Lehre wurden in Katechismen zusammengefasst und weitergeben, was später auch die Christen taten.

Der stoischen Philosophie folgte der Kaiser Marcus Aurelius (gest. 180 n. Chr.), in seinen Selbstbetrachtungen schrieb er über die Fragen der praktischen Lebensgestaltung. Weil die göttliche Vorsehung alles in der Welt lenke und weil wir Menschen der ewigen Weltordnung (logos) folgen müssen, erkennen wir unsere sozialen Pflichten für die Gemeinschaft und den Staat. Diese Pflichten muss jeder Bürger erfüllen, dann können sich die Gesetze in kleinen Schritten weiter entwickeln. Dieser Kaiser folgte nicht der Platonischen Utopie vom idealen Staat, sondern er wollte in kleinen Schritten die Gesetze für alle sozialen Schichten, auch für die Sklaven humanisieren. So hat er die Lebenssituation der Sklaven, der Fremden und der Rechtlosen deutlich verbessert.[21]

Die Lehren des Mittleren Platonismus verbreitete Plutarch von Chaironeia (gest. 120 n.Chr.), der mit hohen Beamten um den Kaiser Trajan befreundet war. Er argumentierte gegen den Aberglauben im Volk und gegen den Glauben an

---

[20] W. Nestle (Hg.), Die Nachsokratiker II, 155–170. W. Röd, Der Weg I, 214–216.
[21] W. Röd, Der Weg I, 214–216.

ein blindes Schicksal. Die Religion habe für die Menschen eine erzieherische Funktion, wenn sie sich von ihren dunklen und unvernünftigen Anteilen lossagt. Dann kann sie zur Heilung der Seele führen. Der Glaube an eine unsterbliche Seele trage dazu bei, die Menschen moralisch zu bessern, denn im Blick auf den Himmel oder auf ewige Strafen verändere der Mensch seine inneren Einstellungen. Die Geistseele der Tugendhaften und Gerechten gehe nach dem Tod zur Sonne, die edlen Weisen können nach dem Tod zu Heroen, zu guten Geistern und zu Göttern werden.[22]

Die Kultur des Alltags

Die römische Gesellschaft war patriarchal und hierarchisch gegliedert, doch die Mobilität zwischen den Schichten nahm ständig zu. Die drei Adelsklassen (Senatoren, Ritter und Beamte) waren bemüht, ihren Reichtum er erhalten und zu vermehren. Die Freigeborenen (ingenui) versuchten, ihren Lebensunterhalt durch Lohnarbeit zu sichern oder verschiedene Berufe auszuüben. Die als Sklaven Freigelassenen (liberati) lebten als Lohnarbeiter und als Klienten ihrer früheren Herren. Ihre Situation verbesserte sich in der Kaiserzeit in kleinen Schritten, vor allem durch den Einfluss der philosophischen Lehren auf die Gesetzgebung. Seneca setzte sich dafür ein, die Sklaven als vollwertige Menschen zu sehen. So verbot Kaiser Domitian die Kastration der männlichen Sklaven, und Kaiser Antoninus Pius verbot den Herren die Tötung der Sklaven.[23]

Die Sklaven arbeiteten als Erzieher der Kinder, als Vorleser und als Ärzte, sie hatten ihre Dienste im Haus der Herren und in den Thermen, aber auch an den Tempeln. Durch die rechtliche Freilassung (manumissio) wurden sie aus der Hand des Herrn befreit, oder sie konnten sich durch die Ansammlung ihres geringen Lohnes freikaufen. Sie konnten auch von wohlhabenden Personen freigekauft werden. Einigen dieser Freigelassenen gelang ein erstaunlicher sozialer Aufstieg. In jeder größeren Stadt war ein Großteil der Bevölkerung von der städtischen Getreideverteilung abhängig, weil sie kein ausreichendes Einkommen erzielen konnte. In den Sippen der oberen sozialen Schichten schritt zu dieser Zeit auch die Emanzipation der Frauen ständig fort, auch sie wurden aus der Verfügungsgewalt der Männer (ex manu) partiell befreit. Sie bekamen mehr Rechte bei der Ehescheidung und beim Erben von Gütern. Sie konnten auch freier über ihre Sexualität bestimmen, der sog. Ehebruch (adulterium) wurde nur noch selten bestraft. Frauen der Oberschicht trieben Sport, nahmen an Wagenrennen teil und gestalteten ihre Zeit weitgegend autonom.

Die Erziehung in den oberen sozialen Schichten erfolgte durch Privatlehrer, die durch gute Besoldung ein hohes Niveau der Bildung erreichten. Viel schlechter gestellt waren die Kinder der mittleren und der unteren sozialen Schichten,

---

[22] H.J. Klauck, Die religiöse Umwelt II, 130–142.
[23] J. Carcopino, Rom. Leben und Kultur der Kaiserzeit. Stuttgart 1977, 94–120. K. Christ, Geschichte 54–80.

sie waren meist aurolitären und wenig gebildeten Pädagogen (ludus litteratus) ausgesetzt. Bei ihnen wurden durch Drill Lesen, Schreiben und Rechnen gelernt. Kaiser Hadrian förderte die Grundschulen für alle freien Bürger im ganzen Reich. Doch die höhere Bildung wurde von den Lehrern der Grammatik (grammaticus) und der Rhetorik (rhetor) vermittelt, sie lehrten auch die Inhalte der Dichtkunst und der Philosophie. Sie bereiteten vor allem die jungen Männer auf die Kunst der politischen Rede und der Verteidigung bei Gericht vor.[24]

Nun kritisierten einzelne Schulen der Philosophie auf vorsichtige Weise die Politik und die Gesetzgebung der Kaiser. So kam es zu Konflikten, und viele Kaiser verließen sich mehr auf die Rhetoren und Grammatiker als auf die Philosophen. Lange Zeit wurde die Rhetorik in Griechisch und in Latein gelehrt. Nicht nur Philosophen, sondern auch Dichter (Juvenal) begannen mit der Kritik am Kult der Götter, damit nahm die Skepsis gegen die Religion bei den Gebildeten deutlich zu. Der Kaiserkult konnte das entstehende Vakuum der Lebensorientierung nicht ausfüllen, deswegen neigten die mittleren und unteren sozialen Schichten den Mysterienkulten aus dem Osten des Reiches zu. Die Wahrsager und die Astrologen hatten weiterhin viel Zulauf, viele Gruppen bereiteten sich auf ein gutes Schicksal (salus) nach dem Tod vor.[25]

Zum kulturellen Programm in den Städten gehörten die regelmäßigen Besuche in den Theatern, wo vor allem mythische Themen dargestellt wurden. Die Tragödie entwickelte sich zur Komödie weiter, ging dann zum Singspiel, zur Pantomime und zur reinen Unterhaltung über. Die Dichter lasen regelmäßig aus ihren Texten vor einem ausgewählten Publikum (lectiones) und diskutierten darüber, im Athenäum wurden neue Erkenntnisse der Wissenschaft vorgestellt. Für das ungebildete Volk waren die Wagenrennen im Stadion, die Wettkämpfe der Athleten und die grausamen Spektakel in den Amphitheatern wichtig, wir erkennen hier eine starke Brutalisierung der Kultur. Die Faustkämpfer und Ringkämpfer waren angesehen, auf sie und auf Pferde wurden hohe Wetten abgeschlossen.

In den Amphitehatern wurden Menschen in großer Zahl zur Belustigung des Volkes gequält und getötet, das war eine späte Form der Menschenopfer (munus). Der Kaiser und die Stadt errichteten diese Kampfstätten, wo Sklaven und Kriegsgefangene in großer Zahl mit wilden Tieren kämpften oder sich gegenseitig abschlachten mussten. Manche dieser Amphitheater hatten für 40.000 Zuseher Platz (Koloseum), sie haben die sadistische Phantasie des ungebildeten Volkes, aber auch gebildeter Büger erheblich verstärkt und wohl zum frühen Niedergang des Imperiums beigetragen. Die Philosophen haben diese unmenschlichen Spektakel offen kritisiert, aber sie konnten sie nicht beenden. Erst die christlich gewordenen Kaiser setzten den Menschenopfern ein Ende, Kaiser Konstantin I. verbot im Jahr 326 die Verurteilung von Menschen zum Tierkampf.[26]

---

[24] K. Christ, Geschichte 60–84. J. Carcopino, Rom 140–160.
[25] K. Christ, Geschichte 98–128.
[26] J. Carcopino, Rom 300–340.

Ein wesentlicher Bestandteil der römischen Kultur waren die Thermen in allen größeren Städten. Sie waren Orte der Begegnung und des geistigen Austausches, der Reinigung, der Verbesserung der Gesundheit und der Lebensfreude. Beide Geschlechter und alle sozialen Schichten besuchten die Thermen, die Männer und die Frauen meist zu getrennten Zeiten. Sie pflegten ihren Körper oder ließen sich von Sklaven pflegen, sie führten Gespräche und lasen Bücher. Denn in einigen Thermen gab es Bibliotheken. Andere führten Spiele aus und trieben Sport und Gymnastik.

Die besonderen Orte der Kommunikation waren bei den oberen und mittleren sozialen Schichten die großen und die kleineren Gastmähler (cena), die meist am Abend abgehalten wurden. Hier war Zeit für intensive Gespräche und Diskussionen, Musik und Tanz begleiteten die Mahlzeiten, oft gab es dafür einen religiösen Rahmen. Beide Geschlechter waren bei diesen Mählern im Austausch, oft wurden auch Liebesbeziehungen geknüpft, wie der Dichter Ovid (ars amatoria) berichtet. Oder es waren Kultvereine, Begräbnisvereine und berufliche Vereinigungen, die solche regelmäßigen Gastmähler ausführten. Die frühen Christen übernahmen diese Mähler und gaben ihnen den Namen „Liebesmahl" (agape).[27]

Vor allem in den großen Städten des Ostens entstanden alternative Formen der Lebensdeutung, die sich auf ein Geheimwissen (gnosis) bezogen. Sie griffen dabei auf Lehren des mittleren Platonismus, auf dualistische Weltdeutungen, auf alte Weisheitslehren und auf apokalyptische Denkweisen zurück. Ihre Vordenker waren gut gebildet, aber sie drückten die tiefe Unzufriedenheit großer Teile der Bevölkerung mit der sozialen und politischen Situation aus. Für sie war die reale Lebenswelt mehrheitlich schlecht und böse, denn sie war leidvoll und bedrückend. Sie waren überzeugt, dass ein guter Weltgott nicht eine so ungerechte Welt eingerichtet haben konnte. Folglich wurde nach einer anderen Erklärung des Bösen und des Unrechts gesucht.[28]

Diese Lehrer kritisierten den Staat und die Gesellschaft der Reichen, sie rieten ihren Anhängern zur inneren Emigration. Sie verbreiteten ein dualistisches Modell der Weltdeutung, nach dem ein guter Gott gegen einen bösen Gott kämpft und die Menschen in diesen Kampf hineingezogen werden. Der höchste Gott sei reines Licht, und in jedem Menschen sei ein Teil dieses Lichtes gefangen. Wenn dieser Lichtteil gesehen und schrittweise befreit wird, dann beginnt langsam der Aufstieg in die himmlische Lichtwelt. Einige dieser Gruppen verweigerten die Weitergabe des Lebens, sie wollten für eine so ungerechte Lebenswelt keine Kinder mehr gebären. Andere Gruppen setzten sich über die Regeln der patriarchalen Ehe hinweg und lebten in freier Sexualität miteinander.

Diese gnostische Form der Weltdeutung wird umfassender dargestellt, denn sie spielte bei der Entstehung des frühen Christentums und des Neuen Testamnets eine beträchtliche Rolle.

---

[27] K. Christ, Geschichte 120–134. J. Carcopino, Rom 350–374.
[28] H.J. Klauck, Die religiöse Umwelt II, 160–172.

Christliche Lehre und Lebensform

Die Jesusbewegung war eine religiöse und moralische Erneuerungsbewegung innerhalb des Judentum mit einem verdeckten politischen Hintergrund, sie kann nur im Kontext anderer Bewegungen und charismatischer Führer verstanden werden. Sie fand ihre Anhänger unter griechisch sprechenden Juden außerhalb von Palästina, aber auch unter Griechen, welche die jüdische Religion und Moral schätzten. Daraus ist das *griechische Christentum* geworden, das uns zuerst in den Schriften des Paulus entgegentritt. Dieses hat sich nach dem Jahr 70 n.C. vom Judenchristentum weitgehend getrennt, dessen Spuren im Osten des Reiches noch lange Zeit deutlich sind. Doch in der griechischen und römischen Welt hat sich das griechische Christentum durchgesetzt, indem es eine große Übersetzungsarbeit zwischen zwei Kulturen geleistet hat. In ihrer Lebenswelt ist aus dem galiläischen Wanderlehrer Jesus ein griechischer Kultheros geworden, der viele Menschen in seinen Bann zog.

Die Anfänge Jesu

Jesus war ein galiläischer Wanderlehrer, der seine Anhänger und Sympathisanten gefunden hat. Nach einem ekstatischen Tauferlebnis begann er selbst zu lehren und prophetisch zu reden. Er setzte Zeichenhandlungen und warb für einen Wandel der geltenden Lebenswerte, denn er verband Orientierungen der sozialen Unterschichten mit Machtansprüchen der Oberschichten. Sein Protest richtete sich gegen die griechische Marktökonomie seines Landesfürsten, aber auch gegen die Priester am Tempel in Jerusalem. Seine Bewegung gliederte sich früh in zwei Gruppen, nämlich in eine Kerngruppe, die mit ihm von Dorf zu Dorf zog, und in eine sesshafte Gruppe von Sympathisanten, welche die Kerngruppe mit Nahrung und Wohnung versorgte. So entstanden in einigen Dörfern Galiläas Ortsgemeinden der Jesusbewegung.[1]

Nun wurde Jesus für viele Menschen zu einem Hoffnungsträger auf bessere Lebensverhältnisse im Land, denn er verkündete eine moralische „Umkehr" und ein kommendes „Reich Gottes". Wenn die ursprünglichen Gebote des Bundesgottes befolgt werden, dann geht es im Land den Niedrigen und den Armen besser, dann können alle gut leben. Jesus war Lohnarbeiter unter Bauern und Fischern,

---

[1] G. Theißen, Jesusbewegung 30–34. D. Marguerat, Jesus 25–38.

irgendwann dürfte er sozial entwurzelt worden sein. Er trennte sich von seiner Sippe und verließ seinen Platz im Dorf. Die Sippe hielt ihn für verrückt und wollte ihn mit Gewalt wieder zurück holen (Mk 3,21). Wegen der familienfernen Lebensform nannten Kritiker seine Anhänger „Eunuchen", denn sie verweigerten die männliche Geschlechterrolle (Mt 19,12). Doch die entwurzelten Wandercharismatiker wollten eine „neue Familie" gründen und leben.

In der jüdischen Gesellschaft waren die Rollen der Lehrer, der Propheten und der Messiasse als Erwartungsträger breit verteilt. So wurde Jesus neben anderen als ein Lehrer der Weisheit und der Gerechtigkeit wahrgenommen, als ein Prophet einer besseren Zeit. Ob er selbst sich als ein Messias sah, ist möglich, aber für uns nicht mehr zu entscheiden. Wahrscheinlich ist, dass er von Gruppen seiner Anhänger als Massias gesehen und gedeutet wurde. Hier geriet er in einen Rollenkonflikt, denn zum einen verkündete er die Alleinherrschaft des Bundesgottes, zum andern riet er den Menschen, dem römischen Kaiser die Steuern zu zahlen. Wahrscheinlich nannte er sich selbst „Menschensohn" (bar nascha), was eine große Bandbreite an Deutungen zuließ. Die Messiaswürde könnte von seinen Zuhörern an ihn heran getragen worden sein.[2]

In seiner Predigt finden wir Motive der jüdischen Weisheit (Gleichnisse) und der prophetischen Lehre (Weherufe, Seligpreisungen, Gerichtsworte, Heilsbotschaften). Erstaunlich ist sein starkes Selbstbewusstsein, mit dem er die Gesetzeslehrer kritisiert und die Regeln der Tora verschärft. G. Theißen spricht von einem „königlichen" Selbstbewusstsein, dieses könnte allerdings aus seinen ekstatischen Gotteserfahrungen stammen (B. Lang). Denn in diesen erlebte er sich als „göttlicher Sohn" und beauftragt, den göttlichen Willen zu verkünden. Als Charismatiker wollte er die mit ihm konkurrierenden Lehrer, Propheten und Messiasse übertreffen. Außerdem bezog er seine Anhänger in seine Rolle hinein, auch sie traten als Wanderlehrer in eine neue Existenzform. Offensichtlich gehörten auch Frauen diesen Wandercharismatikern an; und es ist möglich, dass Ehepaare und Alleinstehende (Witwen) sich an der Verkündigung beteiligten (Mk 15,40–41).

Die Kerngruppe der Jesusbewegung lebte ohne feste Zugehörigkeit zu einem Haus, einer Sippe oder einem Dorf. Diese Wanderlehrer hatten wenig oder gar keinen Besitz, sie lebten ungeschützt, unter ihnen waren Außenseiter und Marginalisierte, Kranke und Behinderte, Freudenmädchen und Arbeitslose, Steuereintreiber und verstoßene Söhne. Diese Personen radikalisierten die Grundregeln des Zusammenlebens, die sie aus der Tora bzw. der Synagoge kannten. Sie lebten im Vertrauen auf den göttlichen Willen. Die sesshaften Gruppen lebten ein gemäßigtes Ethos, sie hatten Häuser und Besitz. Eine Taufe zur Vergebung der Sünden sollte diese Gruppe vor dem göttlichen Gericht schützen. Ähnlich wie bei den Essenern ergänzten sich auch in der Jesusbewegung Verheiratete und Ehelose.[3]

Nun unterschied sich Jesus deutlich von seinem Lehrer, dem Täufer Johannes, er ersetzte dessen Gerichtspredigt durch eine allgemeine Heilszusage. Er

---

[2] D. Marguerat, Jesus 38–44. G. Theißen, Jesusbewegung 40–46.
[3] G. Theißen, Jesusbewegung 80–100. D. Marguerat, Jesus 38–51.

verkündete das Kommen des „Gottesreiches" für die Geringen und Armen, für die Schwachen und Außenseiter. Die bösen Dämonen sollten die Welt verlassen, denn auch die Herrschaft der Römer werde ein Ende finden. Die Menschenwelt sollte von diesen Dämonen befreit werden, damit sie für alle bewohnbar werde. Hier könnte auch im Hintergrund eine versteckte politische Dimension erkennbar werden. Jesus wirkte nicht in und am Rand der Wüste, er ging in die Dörfer der Bauern und Fischer. Es sei keine Flucht aus der Welt nötig, vielmehr sollte diese Welt durch ein verschärftes Ethos der Nächstenliebe und der gegenseitigen Solidarität verändert werden. Jesus feierte Gastmähler (chewura) und trank Wein als Symbol der neuen Gemeinschaft, die jetzt möglich werde. Er kritisierte den Versöhnungskult am Tempel, indem er selbst den Geheilten die Vergebung der Sünden zusprach. Ihm ging es um die Veränderung von inneren Einstellungen und Wertungen, vor allem um eine neue Lebensform des Glaubens.

Von Jesus zu Christus

Wie ist aus der jüdischen Erneuerungsbewegung eine griechische Kultgemeinschaft geworden? Auch wenn von Jesus einige ethnozentrische Sprüche überliefert werden, da er sich zum Volk Israel gesandt wusste, überwand die frühe Jesusbewegung sehr schnell die Grenzen zum Fremden. Ihre Lehre und Lebensform muss bald nach Jesu Tod in griechische Städte im Umkreis von Palästina gelangt sein. Dort interessierten sich griechisch sprechende Juden und Griechen für diese Lehre, die nun erst aus dem Aramäischen übersetzt werden musste. Diese Übersetzung geschah in den und rund um die Synagogen, die Jesusjünger nahmen am Gottesdienst und der Lesung der Tora teil. Sie erzählten nun in griechischer Sprache von den Lehren und Taten des Jesus aus Nazaret. Sie begannen, seine Sprüche zu sammeln und vielleicht auch aufzuschreiben. Nur so kann die Spruchsammlung (Q) entstanden sein, die zweien der synoptischen Evangelien zugrunde liegt.

In den griechischen Städten der Provinzen Syrien und Ägypten wurden nun schrittweise die Erinnerungen an Jesus und seine Lehren übersetzt und aufgeschrieben. Griechisch sprechende Juden und gottesfürchtige Griechen (eusebeioi) begeisterten sich für diese Lehre, sie bildeten eigene Gruppen rund um die Synagogen und formten sich zu Hausgemeinden. Und irgendwann wurden diese Anhänger der Lehre Jesu „Christen" (christianoi) genannt, weil sie im gekreuzigten Jesus einen göttlichen Boten und Gesalbten Gottes (Messias) sahen. In diesen Gruppen wurde das Leben und Sterben Jesu neu gedeutet, dort ist aus dem jüdischen Wanderlehrer Jesus ein griechischer Kultheros (Christus) geworden.[4]

Das große Problem war nun die Deutung des gewaltsamen Todes Jesu. Mehrere Anhänger Jesu, als erste die Frauen, hatten in ekstatischen Erfahrungen den Gekreuzigten als Lebenden gesehen. Sie hörten seine Stimme, sahen seine Gestalt und spürten seine Hände, so wird es in den Evangelien berichtet. Trauernde Frauen,

---

[4] E. Trocme, Die ersten Gemeinden. In: L. Pietri (Hg.), Geschichte des Christentums I. Freiburg 2003, 58–77. G. Theißen, Jesusbewegung 51–60.

einzelne Jünger und ganze Jüngergruppen sahen den gekreuzigten Jesus als Auferstandenen und als Sieger über den Tod. Nun wussten sie sich von ihm gesendet, seine Botschaft weiter zu tragen, zu taufen und seine Lebensform zu verwirklichen. Zuletzt sahen sie ihn in den Himmel des Bundesgottes auffahren, nun wussten sie sicher, das er ein göttlicher Bote und Sohn war. So ging die Jesusbewegung nach dem Tod ihres Gründers auf ekstatische Weise weiter.

Diese aramäisch und hebräisch sprechende Jesusbewegung lebte zuerst in Jerusalem, in Galiläa und in Samaria. Sie deutete den Tod Jesus anders als später die griechischen Anhänger, sie sahen in Jesus den Knecht und Boten Gottes, der nach göttlichem Willen leiden und sterben musste. Gott hat ihn nicht im Tod gelassen, sondern zum neuen Leben aufgeweckt. In den griechischen Städten rund um Palästina müssen die fühen Anhänger der Jesusbewegung auf zweisprachige Juden gestoßen sein, die ihre Erzählungen über Jesus ins Griechische übersetzen konnten. Zum Teil geschah diese Übersetzung schon in Jerusalem, wohin griechisch gebildete Juden aus Alexandria und anderen Städten der Diaspora zur Wallfahrt gekommen waren. Auch einige dieser Personen müssen zweisprachig gewesen sein.[5]

In Jerusalem bildeten sich zwei unterschiedliche Deutungen des Todes Jesu und seines Lebenswerkes, eine jüdische und eine griechische. Die Apostelgeschichte berichtet von den „Hellenisten" in Jerusalem, von der Steinigung des Ekstatikers Stefanos durch toratreue Juden und von der Auswanderung bzw. Vertreibung dieser Hellenisten in andere Städte. Aus der jüdischen Deutung entstand das Judenchristentum mit seiner Organisation um den Zwölferkreis, aus der griechischen Deutung wurde das griechische Christentum mit seiner Orientierung um einen Kreis von fünf bzw. von sieben Rollenträgern. Beide Glaubensformen entwickelten sich auseinander und trennten sich später.[6]

Die jüdischen Autoritäten des Tempels hatten Jesus kriminalisiert und zu einem Verbrecher gestempelt. Damit wollten sie auch die von ihm ausgehende Bewegung treffen, die in Jesus einen großen Lehrer der Weisheit, einen Propheten der beginnenden Endzeit und einen göttlichen Sohn sahen. Mit den beiden letzten Titeln könnte ein schwacher königlicher Anspruch verbunden gewesen sein, denn nach der alten Tradition galten die frühen jüdischen Könige als göttliche Söhne, die symbolisch zur rechten Seite des Bundesgottes saßen.

Für die griechischen Jesusjünger war Jesus ein göttlicher Bote und Offenbarer, wie es in ihrer Kultur viele Könige und Weisheitslehrer waren.

Für die griechischen „Christen" wurde Jesus zum einzigen göttlichen Sohn, vor und über allen anderen göttlichen Menschen. Paulus zitiert ein frühes christliches Kultlied, wohl aus der Gemeinde in Antiochia, in dem wir die griechische Deutung der Person und des Wirkens Jesu deutlich erkennen können.[7] Für diese Christen war Jesus ein neuer Kultheros, der den Niedrigen und Armen die Erlö-

---

[5] E. Trocme, Die ersten Gemeinden 75–84.
[6] G. Theißen, Jesusbewegung 53–70. Ders., Die Religion 195–206.
[7] E. Trocme, Die ersten Gemeinden 75–84.

sung von der Unterdrückung der Starken gebracht hat. Durch seine gehorsame und demütige Gesinnung übertrifft Christus alle anderen griechischen Helden. Der Christus war in der Gestalt Gottes, hielt aber an seinem Gottgleichsein (isa theo) nicht fest. Er erniedrigte sich selbst und nahm die Gestalt eines Sklaven an. Er vertauschte die göttliche Gestalt der Herrschaft mit der Sklavengestalt des Dienens (Phil 2,5–11).

Nun wurde der Christus den Menschen gleich gestaltet, in seinem Äußeren wurde er als Mensch angesehen. Er hat sich selbst klein gemacht bis zu seinem Tod am Kreuz. Die frühen Christen sagen mit diesem Kultlied, dass der von den Römern gekreuzigte Christus zum höchsten aller göttlichen Söhne und irdischen Machtträgern aufgestiegen sei. Im Namen des Jesus aus Nazaret muss sich jedes Knie der Himmlischen, der Irdischen und der Unterirdischen beugen. Er ist vom einen Weltgott zum Herrscher der Welt eingesetzt worden, alle himmlischen Mächte, die menschlichen Königreiche und die Welt der Toten müssen ihm gehorchen.[8]

Jeder Mund aus den drei kosmischen Dimensionen muss öffentlich bekennen, dass Jesus Christus der neue Herr des Kosmos ist, seine Herrschaft geschieht zur Verherrlichung des göttlichen Vaters (Phil 2,5–11). Der eine Weltgott wird in diesem Lied als Vater angesprochen, wohl als Vater aller Menschen und Geistwesen. „Jesus Christus ist der Herrscher", so lautet die neue Bekenntnisformel der Christen. Für sie ist der gekreuzigte Jesus der „Gesalbte" Gottes, er bestimmt fortan die Menschenwelt und den Kosmos. Im Titel kyrios ist ein deutlicher Protest gegen den römischen Kaiser enthalten, der allein diesen Titel tragen darf.

Für diese griechischen Christen in Antiochia ist nun der Christus die höchste Autorität im Leben, nicht der Kaiser. Seine Autorität erfüllt den ganzen Kosmos mit allen seinen Bereichen. In diesen Bereichen walten viele unsichtbare Kräfte und Geistwesen, wie Paulus im Brief an die Christen in Rom schrieb (Röm 8,38). Christus sei der Herrscher über den Tod und das Leben, über die Engel und unsichtbaren Mächte im Kosmos, über die Gegenwart und die Zukunft, über alle unsichtbaren Mächte (dynameis, archai), über alle Höhen und Tiefen und über alle Geschöpfe des Weltgottes. Diese Mächte können die Christen nicht mehr von der Liebeskraft Gottes trennen, die in Jesus Christus offenbar und wirksam wurde.

Die griechischen Christen sagten mit ihrem ekstatischen Kultlied, dass ein von den Menschen Verurteilter beim Weltgott zur neuen Herrscher der Menschenwelt eingesetzt worden sei. Ähnliche Kultlieder hatten die Griechen auf ihre Kulthelden Herakles, Dionysos und Asklepios gesungen. Für die Christen ist der Weisheitslehrer aus Nazaret der wahre göttliche Sohn, der alle anderen göttlichen Menschen überragt. Denn daraus kann abgeleitet werden, dass in der realen Welt die Armen und Unterdrückten beim Weltgott angenommen sind. Die Christen waren nicht bereit, das Todesurteil des Pilatus anzuerkennen.[9]

Nun klingt diese politische Rolle im Glauben der Christen immer mit, die sagt, dass der eine Weltgott nicht mit den Königen und Herrschern, nicht mit den Starken

---

[8] G. Theißen, Die Religion 71–90. S. Legasse, Paulus 141–148.
[9] S. Legasse, Paulus 141–148.

und Reichen ist, sondern bei den Armen und Schwachen, bei den Gescheiterten und Außenseitern. Die Grundbotschaft lautet, dass auf lange Sicht die Demütigen und Gescheiterten über die stolzen Sieger und Herren sich erheben werden. Den unteren sozialen Schichten wird gesagt, dass der eine Weltgott auf ihrer Seite ist. Auf diese Weise wird die soziale Botschaft Jesu in die griechische Kultur übersetzt, in dieser Botschaft bleibt ein subversiver Ton gegen das römische Imperium und die geltende Sozialordnung.

Hier erkennen wir die Spuren der *Übersetzungarbeit* aus der jüdischen in die griechische Kultur. Erzählungen vom Leben und Sterben Jesu sowie Sprüche dieses Wanderlehrers müssen früh ins Griechische übersetzt und bald auch aufgeschrieben worden sein. Auffallend ist, dass die überlieferten Lehrsprüche Jesu (Q) nichts vom Sterben und der Auferstehung Jesu berichten. Das bedeutet, dass in vielen christlichen Gemeinden nur die weisheitlichen und sozialen Lehren Jesu verkündet wurden, ohne über seinen Tod und seine Auferstehung zu reden.[10]

Wir können daraus schließen, dass die Faszination dieses Wanderlehrers von seiner Lebensdeutung, seinen moralischen Lehren und seiner Lebensform ausgingen. Es war die Forderung der gegenseitigen Hilfe und Nächstenliebe, des Racheverzichts und der Friedenserhaltung. Eine andere Quelle der Faszination waren ekstatische Visionen, in denen die Jesusjünger den gekreuzigten Jesus als auferstandenen göttlichen Sohn erkannten. So entstand eine Gemeinschaft von Begeisterten, die eine neue Lebensmöglichkeit vor sich sahen und die sich beim einen Weltgott als Kinder voll angenommen wussten.

Die frühe Mission der Jesusjünger

Nun ist das frühe Christentum eine ekstatische Bewegung gewesen. Jesus selbst war mehrfach in der Ekstase dem Bundesgott als „Vater" begegnet, bei seiner Taufe, auf einem Berg und vor seinem Leiden. Er lehrte wohl seine Jünger dieses ekstatische Gebet, von einer solchen Erfahrung auf einem Berg wird berichtet. Nach seinem Tod sahen zuerst Frauen und dann die Männer den Gekreuzigten als Auferstandenen. Danach erlebten die Jesusjünger in Jerusalem mehrere Gruppenekstasen, in denen sie den göttlichen Schöpfergeist erfuhren. Nun fühlten sie sich zur Weiterverkündigung der Botschaft Jesu ermutigt. In einer Gruppenekstase erlebten sie die Sendung zur Sündenvergebung und zur Taufe, sowie zur Verkündigung der Botschaft vom Reich Gottes. Und sie sahen den vom Tod erstandenen Jesus zum Himmel fahren, von wo sie seine baldige Wiederkunft erwarteten.

Auch Paulus aus Tarsos kannte das ekstatische Gebet, wie er selber schrieb, er wurde vom göttlichen Geist mehrfach in den sechsten Himmel entrückt. In den von ihm gegründeten Gemeinden gehörte das ekstatische Beten, Reden und Singen zum neuen Gottesdienst. Doch das Gesprochene (Glossolalia) musste für Nichtekstatiker in die Normalsprache übersetzt werden. Im Lauf der Entwicklung

---

[10] G. Theißen, Die Religion 83–93.

ist das ekstatische Element im frühen Christentum schwächer geworden, es wurde an den Rand gedrängt. Ohne diese ekstatische Begeisterung ist die Verkündigung des Gekreuzigten als neuer Weltherrscher gar nicht vorstellbar. In der griechischen Kultur gab es seit langem viele ekstatische Kulte, im Judentum waren sie selten.[11]

Die jüdischen Wandercharismatiker wurden von einem Zwölferkreis geleitet, welche die zwölf Stämme Israel symbolisieren sollten. Für Paulus war dieser Zwölferkreis nicht identisch mit den Aposteln der Glaubensverkündigung. Zu diesen zählte er alle, die eine Auferstehungserscheinung erlebt hatten. Zu ihnen gehörten auch Frauen wie Maria aus Magdala oder Junia. In Palästina bildete sich gleichzeitig ein Kreis der Sieben um den Griechen Stefanos, wohl in Analogie zum Leitungskreis von sieben Männern in den Dörfern der jüdischen Kultur. Dieser Siebenerkreis hatte die Aufgabe, an arme Gemeindemitglieder Lebensmittel zu verteilen und die griechischen Mitglieder der Gemeinde in Jerusalem zu betreuen. Doch seine Mitglieder traten bald als eigene Missionare auf (Apg 8,4), doch sie wurden durch Konflikte mit toratreuen Juden aus der heiligen Stadt vertrieben.[12]

Einer von ihnen stammte aus Antiochia, deswegen dürfte ein Teil dieses Kreises in die syrische Haupstadt gezogen und dort eine christliche Gemeinde aufgebaut haben. Ein anderer Teil des Siebenerkreises missionierte in Samaria, unter ihnen der Grieche Philippos. Er soll in Gaza und in Aschdod die Botschaft Jesu verkündet haben, mit seinen vier prophezeienden Töchtern sei er in Cäsarea sesshaft geworden (Apg 21,8f) Eine spätere Tradition sagt, dass er mit seinen Töchtern nach Kapadokien gekommen sei und Hierapolis begraben wurde (Eusebios: Kirchengeschichte 3,31,3). Dieser Eusebios spricht von Wandermissionaren, die ihr Geld und Vermögen den Armen schenkten und dann in ferne Regionen zogen, um das Evangelium von Christus zu verkündigen.

Der aus Jerusalem vertriebene Siebenerkreis, die sog. „Hellenisten", wirkten nun in Samaria und in der Großstadt Antiochia. Dort formierten sich Wandermissionare, die sich durch eigene Arbeit finanzierten. Zu ihnen gehörten Paulus und Barnabas (1 Kor 9,6), sie waren von den Spenden der Gemeinden unabhängig. Sie kamen aus der griechischen Kultur und organisierten die Verkündigung der neuen Botschaft in verschiedenen Regionen. Nun war Antiochia am Orontes nach Jerusalem das zweite Zentrum der Mission geworden. Dort organisierte sich ein Fünferkreis von Lehrern und Propheten, die aus verschiedenen Regionen kamen. Paulus stammte aus Tarsos, Barnabas aus Zypern, Lukios aus Kyrene, Menachem hatte Verbindungen zu Jerusalem und zu Rom. Hier bildete sich ein neuer Typ von Wandercharismatikern, die je nach Eignung ausgewählt und von einer Heimatgemeinde unterstützt wurden. Der Prophet Agabos missionierte in Judäa und Cäsarea (Apg 11,37), Simon Petrus hatte der griechischen Gemeinde in Antiochia einen Besuch abgestattet (Gal 2,11–14).

---

[11] S. Legasse, Paulus 142–150.
[12] G. Theißen, Jesusbewegung 56–60.

In der Provinz Syrien sind die christlichen Wandercharismatiker am stärksten bezeugt. Die Didache schrieb im 2. Jh. n.Chr. von wandernden Lehrern und Propheten, die nur kurze Zeit in einer Gemeinde bleiben durften (Did. 13,1f). Der römische Satiriker Lukian machte sich über die verschiedene Wanderlehrer lustig (Peregrinus 16), und der Philosoph Kelsos schrieb, dass in Syrien Wanderpropheten im Namen des Vaters, des Sohnes und des Geistes predigten und unverständliche Laute (Glossolalia) von sich gaben (Origenes: Contra Celsum 7,8f). Nun gab es auch judenchristliche Wanderprediger, die in Kleinasien, in Philippi und in Korinth lehrten und gegen die griechischen Christen argumentierten.[13]

Wir erkennen zunehmend eine feindliche Konkurrenz zwischen den Judenchristen, welche die Beschneidung der Männer und die Befolgung der rituellen Gesetze verlangten, und den griechischen Christen, welche diese Forderungen nicht mehr akzeptierten. Das Kriterium für die wahre oder falsche Botschaft der Wanderlehrer war ihre moralische Lebensform. Diese musste den Vorgaben Jesu entsprechen, denn nicht jeder, der ekstatisch redet, ist ein Prophet (Did. 11,8). Neben den Lehrern gab es also die ekstatischen Propheten, die auf Wanderschaft waren oder an fixen Orten lebten. Als Paulus von Tarsos sich um das Jahr 32 oder 33 n.Chr. dem Christentum anschloss, wusste er schon um die Rolle der Apostel. Diese waren von Galiläa ausgegangen und nach Syrien gekommen, wo sie die Lehre und Lebensform Jesu verkündeten.[14]

Paulus berichtet, dass er selbst in Arabien, in Syrien und in Kilikien missioniert habe (Gal 1,17.21). Er weiß von den Wanderaposteln Andronikos und Junia, die bis Rom gekommen seien. Diese Wanderlehrer haben in griechischer Sprache die Sprüche und Lehren Jesu verkündet und für seine neue Lebensform geworben. Sie lebten heimatlos und ohne Familie, sie wollten die kynischen Wanderlehrer überbieten und waren Verfolgungen ausgesetzt. Wenn Frauen sich an den Wanderungen beteiligten, waren sie wohl immer in Begleitung von Männern, wahrscheinlich ihrer Ehemänner. Diese Lehrer warteten auf das göttliche Gericht und wollten vorher viele Mitmenschen zur Botschaft Jesu bekehren.

Manche von ihnen verkündeten eine endzeitliche Katastrophe, sie riefen zum Verlassen der Häuser und Sippen auf (Mk 13,14ff). Von Armut, Arbeitslosigkeit und Marginalisierung Bedrohte schlossen sich diesen Wanderlehrern an, die ein schärferes Ethos lebten als ihre sesshaften Sympathisanten. In den entstehenden Ortsgemeinden mussten bald Leitungsfunktionen eingerichtet werden, diese Gemeindeleiter waren den Wanderlehrern untergeordnet. Oft spaltete die Botschaft Jesu Sippen und Häuser, die einen folgten ihr, die anderen lehnten sie ab. Wir erkennen auch Spannungen zwischen den Hausgemeinden und den Wanderlehrern.[15]

In den griechischen Siedlungen und Städten ist aus der jüdischen Jesusbewegung eine griechische Kultgruppe mit starken ethischen Motivationen geworden.

---

[13] S. Legasse, Paulus 75–85. G. Theißen, Jesusbewegung 56–60.

[14] G. Theißen, Die Religion 195–211. Ders., Jesusbewegung 60–63.

[15] S. Legasse, Vielfältige Wege. In: L. Pietri (Hg.), Geschichte des Christentums I, Freiburg 2003, 171–176. G. Theißen, Jesusbewegung 120–130.

Die frühen „Christen" verehrten Jesus als göttlichen Boten, als Erlöser von den Kräften des Bösen, als Heiler von Krankheit, als neuen Herrn über das Schicksal. Sie veranstalteten Kultfeiern, die sie mit Mahlzeiten am Abend verbanden, diese nannten sie „Liebesmähler" (agape). Voll Dankbarkeit erinnerten sie sich an den Erlöser Jesus Christus, sie sangen Lieder des Lobes (eulogia) und sprachen Gebete des Dankes (eucharistia). Bei diesen Kultmählern wurden die Lehren und Taten Jesu erzählt und vorgetragen.

Die Ortsgemeinden gaben sich eine innere Struktur, ähnlich wie in der griechischen Verwaltung bestimmten sie Leiter (episkopoi), die über die Spenden und gemeinsamen Güter, aber auch über die Moral und das Verhalten der Mitglieder zu wachen hatten. Die zweite Funktion war der Diakon bzw. die Diakonin, welche für die Dienste an den Armen und Notleidenden zuständig waren. In den Gemeinden gaben die reicheren Christen regelmäßig Spenden an Geld und Sachgütern für die Armen und Mittellosen. Diese Güter mussten gerecht verteilt werden, dieser gut organisierte soziale Dienst machte die Christen für die Umwelt einladend. Denn sie erinnerten sich, dass sich auch Jesus der Ärmsten angenommen hatte.[16]

Transformation des Jesusbewegung

Viele christliche Gemeinden übernahmen aus der jüdischen Tradition das Amt des Ältesten (presbyteros; 1 Tim 5,17f), während andere Gemeinden die griechischen Ämter des Episkopen und des Diakons einrichteten. Vom Episkopen wurde gefordert, dass er verheiratet sei und sein Haus und die Ortsgemeinde gut leite (1 Tim 3,2–4). Vor Gott und den Mitmenschen hatten alle den gleichen Stellenwert, es gab nicht mehr die Rangunterschiede zwischen Freien und Unfreien, Männern und Frauen, Griechen und Nichtgriechen. Diese Rangunterschiede waren auch in den meisten Philosophenschulen und Mysterienkulten aufgehoben worden. In den Kultgruppen und den Schulen der Weisheit konnten sich die Menschen der unteren sozialen Schichten mit der Oberschicht gleichwertig wissen. Auch dies machte die christliche Bewegung einladend.

In der zweiten Generation konnten Frauen eine Hausgemeinde leiten, der Mahlfeier vorstehen und die Frohe Botschaft verkünden, sie wurden im Kontext ihrer Umwelt stark aufgewertet. Der Christuskult war das Zentrum der regelmäßigen Versammlungen. Er gab die Motivation für ein Leben in Nächstenliebe und sozialer Verantwortung. Die Christen hatten eine Möglichkeit der Erlösung vom Bösen erkannt, dazu sollten möglichst viele Zeitgenossen eingeladen werden. Sie wollten einen lebendigen Gottesdienst der Solidarität verwirklichen, nicht einen toten Gottesdienst mit Tieropfern und Prozessionen. Sie glaubten daran, dass sie die reale Lebenswelt in kleinen Schritten verändern und wandeln könnten. Sie suchten den vernünftigen Gottesdienst (logike latreia; Röm 12,1–2), fragten nach dem göttlichen Willen und wollten ihr Denken erneuern.[17]

---

[16] S. Legasse, Vielfältige Wege 171–176. G. Theißen, Jesusbewegung 123–129.
[17] S. Legasse, Vielfältige Wege 150–164.

Wie eine philosophische Bewegung (Stoiker, Kyniker) wollten sie die Angst vor dem Tod überwinden, sie wollten ihre körperlichen und emotionalen Begierden mit der aufrechten Vernunft lenken. Diese Hausgemeinden wurden zu Keimzellen der religiösen und ethischen Erneuerung, sie waren im sozialen Engagement ihrer Umwelt weit voraus. Die latenten Konflikte zwischen den reicheren und den ärmeren Christen sollten vermindert werden, die Müheseligen und Beladenen sollten eine neue Heimat finden. Deswegen kritisierten die Lehrer den Reichtum, wenn er nicht mit den Armen geteilt wurde. Die Christen wollten soziale Netzwerke schaffen, um den Notleidenden und Entwurzelten bleibend zu helfen. Bei ihnen waren die Armen geborgen.

Während sich andere Erneuerungsbewegungen (Essener) an den Rand der Wüste zurück gezogen hatten, lebten die Christen in den Städten und Dörfern, denn sie wollten ihre Lebenswelt verändern. Am Anfang sind kaum weltflüchtige und asketische Gruppen zu erkennen, die sich später bildeten und vermehrten. So wollte der Hellenist Stefanos den jüdischen Tempel für alle Menschen und Völker öffnen und das Tempelgesetz verändern, deswegen wurde er von toratreuen Juden gesteinigt. Nach diesem Schreckerlebnis flohen die Hellenisten in griechische Städte, dort gelang es ihnen, die neue Heilsbewegung um Jesus für die Griechen und für alle Völker zu öffnen. In diesen Städten (Antiochia, Damaskus, Cäsarea, Tyros, Sidon, Ptolemais u.a.) ist aus der jüdischen Erneuerungsbewegung eine griechische Kult- und Sozialbewegung geworden (Apg 9,10ff). Hier wurden die Lebenswerte der unteren sozialen Schichten mit den Ansprüchen der Oberschicht verbunden.[18]

Die Jesusbewegung war am Anfang theokratisch ausgerichtet, alle politische Macht sollte vom Bundesgott ausgehen. Eine „Herrschaft Gottes" sollte sehr bald die ungerechte Herrschaft der Römer im Land beenden. Die göttliche Herrschaft wurde durch Symbolhandlungen angezeigt, durch Mahlgemeinschaften mit Außenseitern, durch die Erneuerung der zwölf Stämme, durch einen Einzug in Jerusalem und die Reinigung des Tempels. Die Jünger wussten sich beauftragt, eine neue soziale Lebenordnung zu verwirklichen. Die erwartete Endzeit bezog sich wohl auf das baldige Ende der Fremdherrschaft im Land. Erstaunlich ist, dass die Römer die frühen Christen des öfteren vor den toratreuen Juden schützen mussten (Apg 23,1ff).

In der Jesusbewegung war der jüdische Titel „Messias" auch mit politischer Dynamik verbunden. Simon Petrus gab Jesus den Titel Messias (Mk 8,29) und ein Teil des Volkes sah dies ebenso (Mk 11,9f). Die Römer kreuzigten Jesus als Messias und König der Juden (Mk 15,26), hier erkennen wir die politische Konnotation. Durch seine Kreuzigung wurde Jesus bei seinen Anhängern zum „leidenden Messias" bzw. zum leidenden Gottesknecht. Unstabile Machtverhältnisse in Palästina hatten zu starken sozialen Spannungen geführt, die Jesusbewegung antwortete darauf mit einer pazifistischen Ethik, durch ein Leben

---

[18] G. Theißen, Die Religion 101–123.

in Solidarität mit den Schwächeren soll der Friede erhalten bzw. erreicht werden.[19]

So erkennen wir in der Jesusbewegung zum einen eine Verschärfung der jüdischen Tora, zum anderen aber eine deutliche Relativierung. Längst waren Ideen der griechischen Philosophie auch in die jüdische Ethik eingegangen. Für die Jesusjünger wurden nun die zwischenmenschlichen Beziehungen wichtiger als religiöse Pflichten der Tora, der einzelne Mitmensch war mehr wert als das Sabbatgebot. Das alte Recht der Sippenrache sollte nun vollkommen überwunden und beendet werden. Die politischen Widerstandsbewegungen gegen die Römer hatten die Tora verschärft, doch die Jesusbewegung relativierte die jüdischen Tendenzen der Abgrenzung vom Fremden. Nach Jesu Tod wurden diese ethnozentrischen Abgrenzungen aufgegeben, bei den griechischen Christen konnten Juden mit Griechen speisen, beide Gruppen konnten heiraten und Kinder zeugen, von den Männern wurde nicht mehr die Beschneidung der Penisvorhaut gefordert.

Nun gelang es den griechischen Christen, den seit 300 Jahren dauernden Konflikt zwischen der jüdischen und der griechischen Kultur zu vermindern und in Teilbereichen zu überwinden. Kulturgeschichtlich betrachtet ist das frühe Christentum die kreative Verbindung von jüdischer und griechischer Kultur, Ethik und Religion. Gleichzeitig gelang ihm die Vernetzung von moralischen Werten der unteren sozialen Schichten (Solidarität) mit Ansprüchen der Oberschicht (Herrschaft).[20] Diese Verbindung hatte sich in den griechischen Synagogen der jüdischen Diaspora bereits angebahnt, wo Juden und Griechen gemeinsam die jüdische Tora hörten und zu leben versuchten (Apg 13,43; 6,5)

Der Ethnozentrismus und die Xenophobie vieler jüdischer Gruppen hatten aber in den griechischen Städten zu negativen Vorurteilen gegen die Juden geführt (Alexandria). Denn das Verbot der Mahlgemeinschaft und der Heirat zwischen Juden und Griechen hatte den Austausch erschwert und belastet. Die frühen Christen haben nach langem Ringen diese Verbote aufgegeben und damit einen großen kulturellen Lernprozess angestoßen. Sie sprengten den jüdischen Ethnozentrismus und überwanden die Selbstausgrenzung der toratreuen Juden. In ihrem Glauben war der jüdische Bundesgott mit dem einen Weltgott der Philosophen identisch, Philo von Alexandria war hier der entscheidende Vordenker.

Veränderung der Lebenswerte

So ging die Jesusbewegung aus einer lang dauernden Krise der jüdischen Gesellschaft hervor. Sie reagierte darauf nicht mit politischen Machtansprüchen, sondern mit einer Veränderung der inneren Einstellungen und Lebenswerte. Diese Veränderungen wurden von stoischen und kynischen Philosophen im Land schon seit mehreren Generationen verbreitet, sie müssen zur Zeit Jesu marginal

---

[19] G. Theißen, Die Religion 120–147.
[20] S. Legasse, Paulus 143–150.

bekannt gewesen sein. Die Veränderung der unbefriedigen politischen Situation sollte durch Gewaltverzicht und durch ein gelebtes Ethos der Solidarität erfolgen. Durch das Experiment der Nächstenhilfe, der Nächstenliebe und der Versöhnung der Gegner kann mehr an politischer Veränderung erfolgen, als durch gewaltsame Aufstände gegen die Herrschaft der Römer.

In dieser „Werterevolution" (G. Theißen) verbanden sich Lebenswerte der Oberschichten mit Einstellungen der unteren sozialen Schichten. Es kam zu einer deutlichen Aufwertung der Armen und Rechtlosen, die Grenzen zwischen den Hausgenossen und den Fremden wurden aufgelöst. Es wurde von der Gleichwertigkeit aller Menschen vor dem einen Weltgott ausgegangen (stoische und kynische Weisheit). Diese Werteveränderung wurde mit charismatischer Begeisterung gelebt und durch ekstatische Erlebnisse verstärkt. Von daher wurde die Kreuzigung Jesu als Sieg der göttlichen Schöpferkraft gedeutet, die auf der Seite der Schwachen und Gescheiterten wirkt. Es ging nun nicht mehr um die Erneuerung der jüdischen Gesellschaft, sondern um die positive Veränderung der antiken Weltgesellschaft (oikoumene). Alle Menschen und Völker sollten an der Herrschaft des Weltgottes und an der allgemeinen Menschenliebe ihren Anteil bekommen.[21]

Die Jesusjünger und die frühen Christen wollten Feinde versöhnen und dadurch Frieden schaffen, was den realen Herrschern der Zeit nur ungenügend gelang. Der freigiebige Umgang mit Gütern sollte die Lebenschancen der Armen verbessern. Eine Randgruppe der Gesellschaft erkennt hier die zentralen Werte des Zusammenlebens und verwirklicht sie in kleinen Schritten. In der christlichen Gemeinschaft bewegen sich die Reichen und die Armen, die Starken und die Schwachen, die Männer und die Frauen, die Griechen und die Nichtgriechen aufeinander zu. Demut und Nächstenliebe waren die zentralen Werte der kleinen Leute, diese sollten jetzt auch für die Großen und Starken Geltung haben. Wie Jesus demütig war vor Gott, so sollten die Christen einander nützen, helfen und dienen.

In der sog. „Goldenen Regel" der Moral werden die Werteordnungen aller sozialen Schichten miteinander verbunden. Auf dieser Regel baute Paulus seine Ethik auf (Röm 13), sie fordert die hinreichende Befriedigung der authentischen Bedürfnisse für alle Menschen. Wenn diese Regel von möglichst vielen befolgt wird, haben alle sozialen Schichten und beide Geschlechter den größten Vorteil und Nutzen. Diese vernünftige Grundlage der Moral wurde von stoischen Philosophen seit langem formuliert, sie war auch in der jüdischen Kultur bekannt. Die frühen Christen verbanden das antike Herrschaftsethos mit dem jüdischen Nachbarschaftsethos. Das Gewaltpotential des monotheisten Glaubens wurde durch die Zielwerte der allgemeinen Nächstenliebe relativiert, freilich blieb das Glaubensmonopol eine latente Gefahr für eine pazifistische Ethik.[22]

Durch Symbolhandlungen wollten Jesus und die frühen Christen die Macht des Bösen in der Lebenswelt brechen, folglich trieben sie bösen „Dämonen" aus. Für

---

[21] G. Theißen, Die Religion 101–120. Ders., Jesusbewegung 230–247.
[22] A. Grabner-Haider, Paraklese und Eschatologie bei Paulus. Münster 1989, 125–160.

die Griechen waren Dämonen unsichtbare Kräfte, aber auch innere Einstellungen (Sokrates). Jesus zeigte durch Heilungen, dass für ihn der einzelne Mensch höher stand als das Sabbatgebot. Durch die Schöpferkraft (pneuma) des Weltgottes war es den Christen möglich, die Kräfte des Bösen, der Lüge und der Zerstörung zu besiegen. Der am Kreuz Gescheiterte war für sie der göttliche Sohn und Erlöser, die Kreuzigung zeigte den Sieg der Liebe und der Hingabe über die Mächte des Hasses und der Zerstörung.[23]

Nicht das Opfer wurde am Kreuz besiegt, die Täter waren die Verlierer. Mit diesem Glauben gelang es den Jesusjüngern, die Herrschaftsmoral der Stärkeren zu relativieren. Und 350 Jahre später prägten die Christen nachhaltig die Lebenswelt des Römischen Imperiums. Durch den Glauben an die Auferstehung Jesu wurde die reale Geschichte der politischen Macht umgedeutet, denn vor dem einen Weltgott relativiert sich jeder Form der Herrschaft. In der jüdischen Gesellschaft hat die Jesusbewegung nur wenig Spuren hinterlassen, das Judenchristentum konnte nur im Osten der römischen Reiches wirksam werden. Deutliche Spuren hat es 600 Jahre später im Islam hinterlassen.[24]

Den griechischen Christen gelang die Verbindung zweier Kulturen und zweier Lebensorientierungen. Bei einem Apostletreffen in Jerusalem (Apostelkonzil, Apostelkonvent) einigten sich Vertreter der Judenchristen und Vertreter der griechischen Christen, dass Nichtjuden nicht der Beschneidung und dem kultischen Gesetz unterworfen werden müssen. So wurde der christliche Glaube in vielen griechischen Milieus aufgenommen und ausgestaltet, die Zahl der Hausgemeinden und der Ortsgemeinden wuchs rasch an. Denn die frühen Christen waren davon überzeugt, dass mit der Kreuzigung Jesu ein Machtwechsel erfolgt sei, der Weltherrscher habe sich wie ein Sklave gezeigt.

Nun bewegten sich Herrscher und Beherrschte aufeinander zu, neue Formen der Solidarität werden möglich. Eine friedvolle, gerechte und solidarische Lebenswelt ist lebbar geworden, das zeigten viele Haus- und Ortsgemeinden. Die heilige Begeisterung, die ekstatische Form des Gebetes und der Dienst an den Mitmenschen ließen sich verbinden. In der weiteren Entwicklung ist das ekstatische Element schwächer geworden, der moralische Lernprozess aber hat sich verstärkt.[25]

Der Schock der Kreuzigung Jesu hatte bei vielen Jüngern ekstatische Erfahrungen ausgelöst, sie sahen den Gekreuzigten als den Urheber eines neuen Lebens. Die tiefe Erniedigung des göttlichen Boten konnte nur in den göttlichen Welt ausgeglichen werden, sie führte zur höchsten Erhöhung. So wurde die Erfahrung der Auferstehung Jesu zum entscheidenden Impuls für einen neuen Glauben und eine neue Lebensform der gegenseitigen Solidarität. Die allgemeine Nächstenhilfe verband sich mit dem freiwilligen Verzicht auf den angestammten sozialen

---

[23] G. Theißen, Die Religion 392–410.
[24] K. Prenner, Die Stimme Allahs. Religion und Kultur des Islam. Graz 2003, 129–145. K.H. Ohlig, Wieso die dunkeln Anfänge? In: K.H. Ohlig/G.R. Puin (Hg.), Die dunklen Anfänge. Neue Forschungen zur Entstehung und frühen Geschichte des Islam. Berlin 2006, 7–16.
[25] G. Theißen, Jesusbewegung 260–289.

Status. Die Nächstenhilfe wird auch auf Fremde und auf Gegner ausgeweitet, nur so können feindliche Haltungen überwunden werden. Auf Rache soll verzichtet werden, erlittene Verletzungen sollen nicht zurück gegeben werden, die Menschen sollen sich innerlich verwandeln.

Ansätze zu dieser Lebensform finden wir in der griechischen Philosophie und in der jüdischen Weisheit. Wir erkennen darin einen großen kulturellen Lernschritt, der sich allerdings auch in anderen Kulturen anzeigte (z.B. in China im 3. Jh. v.Chr. mit dem Lehrer Moti).[26]

Die Nächstenhilfe ist nun nicht mehr an die eigene Sippe gebunden, sie überschreitet die Sippengrenzen und gilt grundsätzlich allen, denen man begegnet. Dies ist ein Abschied von den ethnozentrischen Grenzen, die Menschen sehen sich vor dem einen Weltgott als Söhne und Töchter, als Geschwister. Hier verbanden sich religiöse Glaubensüberzeugungen mit philosophischen Einsichten, die Verbindung von Ethos und Religion begann in kleinen Schritten, eine Lebenswelt zu verändern. Keine der anderen griechischen Kultgruppen hatte das Gebot der allgemeinen Nächstenliebe so scharf formuliert wie die frühen Christen. Auch dies dürfte zu seiner schnellen Verbreitung beigetragen haben.

Demut und Statusverzicht trugen zur Annäherung der sozialen Schichten bei, die Reichen rückten näher zu den Armen, die Entrechteten näher zu den Starken. Die Motivation für die geforderte Demut waren das Vorbild des gekreuzigten Jesus und der Blick auf das göttliche Gericht. Wenn Macht und Besitz geteilt werden, haben alle davon einen Nutzen.[27] Das Streben nach der Verwirklichung des „Reiches Gottes" wurde mit rituellen Zeichen verbunden. Schon in der jüdischen Kultur deuteten Zeichen der Propheten die Änderung der inneren Gesinnung an. Die Zeichen der Christen, die Taufe und das Kultmahl, sollten die Vergebung der Sünden, die Vertreibung böser Dämonen und die neue Gemeinschaft der Versöhnung anzeigen.

Der Blick auf den Tod und die Auferstehung Jesu sollte ein Grundgefühl der Dankbarkeit wachsen lassen. Die Kreuzigung wurde als das Ende aller Opfer gesehen, die moralische Umkehr vom Bösen sollte die Tieropfer ersetzen.

Entwicklung der Verkündigung

Für die frühen Christen war Jesus ein göttlicher Sohn und Bote, der den Menschen die Erlösung von der Macht des Bösen gebracht hat. Er hat es möglich gemacht, dass Menschen aus den Zwängen des Hasses und der Zerstörung aussteigen können, um in versöhnter Gemeinschaft zu leben. Die endzeitliche Erwartung bezog sich auf das baldige Ende der ungerechten Herrschaft der Fremden (Römer) und der Stärkeren. Die Taufe wurde der neue Aufnahmeritus, sie ersetzte die jüdische Beschneidung. Das Liebesmahl (agape) und Dankesmahl (eucharistia) wurden

---

[26] D. Marguerat, Juden und Christen. In: L. Pietri (Hg.), Geschichte des Christentums I. Freiburg 2003, 192–195. G. Theißen, Die Religion 100–104.
[27] G. Theißen, Die Religion 140–156.

zum Zeichen der neuen Gemeinschaft vor dem Welttgott aller Menschen. Die frühen Christen gingen am Sabbat weiterhin in die Synagoge, aber am Tag der Auferstehung Jesu trafen sie sich in ihren Häusern zum Gedächtnismahl an den Tod Jesu.[28]

Die zweite Generation der Christen vollzog die langsame Trennung von den Juden der Synagoge. Mit dem Verfassen eigener und neuer Schriften (Sprüche Jesu, Evangelien) wurde die Trennung von der Synagoge deutlich. Diese Schriften beziehen sich auf die jüdische Bibel, schaffen aber gleichzeitig neue Lebensgeschichten, die sie in der griechischen Kultur vorgeformt fanden. Für die griechischen Christen war Jesus durch seine Worte und Taten in die göttliche Welt aufgenommen worden, aus der er gekommen sein musste.[29]

So stellt das Markusevangelium Jesus als geheimnisvolle Erscheinung (epiphania) eines himmlischen Wesens dar. In drei ekstatischen Szenen „öffnete sich der Himmel" und Jesus wurde vor seinen Jüngern als göttlicher Sohn sichtbar. Es ist dies die Taufe am Jordan, die Verklärung auf dem Berg und die Erscheinung des Engels beim leeren Grab. Schon im irdischen Leben Jesu zeigte sich der himmlische Glanz. Mit der Zerstörung des Tempels in Jerusalem im Jahr 70 n. Chr. verloren die Juden ihr Zentrum des Opferkults, die Christen sahen darin die Bestätigung ihrer neuen Riten der Taufe und der Eucharistie.

Im Matthäusevangelium erweist sich Jesus durch seine Worte und Taten als göttlicher Sohn, die Jünger erkennen ihn als solchen. Dies unterstreicht der griechische Mythos von der Jungfrauengeburt, Jesus hatte einen göttlichen Vater. Er wird als demütiger König dargestellt, der die Hoheit mit der Niedrigkeit verbindet. Mit seinen Geboten der Nächstenliebe und der Feindesliebe wollte er die gesamte jüdische Gerechtigkeit übertreffen. Seine neue Lehre sollte allen Völkern vermittelt werden, denn Jesus ist nicht nur der neue Sohn Davids, er ist der neue Weltherrscher. Seine Herrschaft kommt nicht durch militärische Macht, sondern durch die gelebte Nächstenliebe.[30]

Nach der Katastrophe des Jahres 70 n.Chr. organisierte sich das Judentum im Lehrhaus von Jabne neu. Die Lehrer erkannten, dass der Verlust des Tempels nicht das Ende der Gottesverehrung war.

Auch das Lukasevangelium stellt Jesus als göttlichen Sohn dar, er wurde vom göttlichen Geist gezeugt und aus einer Jungfrau geboren. Durch seine Wunder und Zeichen hat er sich als göttlicher Mensch ausgewiesen, aber die Juden haben ihn abgelehnt. Der Weltgott hat den gekreuzigten Jesus auferweckt und verherrlicht, der Gerkreuzigte ist das wahre Vorbild der Menschlichkeit. Mit diesem göttlichen Boten beginnt ein neues „Gottesvolk", das jetzt aus Juden und aus Griechen besteht. Mit dem Schreiben der Evangelien wurde der Prozess der Trennung von der jüdischen Synagoge fortgeführt und beendet.[31]

---

[28] D. Marguerat, Juden und Christen 188–195.
[29] G. Theißen, Die Religion 230–240.
[30] G. Theißen, Die Religion 240–246. D. Marguerat, Juden und Christen 196–200.
[31] D. Marguerat, Juden und Christen 194–210. G. Theißen, Die Religion 250–254.

Im Johannesevangelium erreicht die Vergöttlichung Jesu den Höhepunkt, er ist dort der präexistente göttliche Sohn und Offenbarer. In ihm sei das göttliche Schöpfungswort (logos) bzw. die ewige Weltordnung ein Mensch geworden. Er sei der göttliche Sohn und Offenbarer, der den Menschen den wahren Weg zur Erlösung vom Bösen zeigt. Jesus wird als ein auf der Erde wandelnder Gottesbote dargestellt, der mit dem Weltgott eins ist. Er vertritt dort kein ethisches Programm, sondern steht mit seinen Titeln der Hoheit über der jüdischen Bibel. Er legitimiert sich durch seine Selbstoffenbarungen, durch ein Weinwunder überbietet er den griechischen Gottmenschen Dionysos, durch seine Heilungen übertrifft er den Asklepios. Und am Kreuz spricht er die Worte des sterbenden Gottmenschen Herakles: „Es ist vollbracht".[32]

Entstehung des christlichen Kanons

Mit der Verbreitung des christlichen Glaubens in der griechischen und römischen Welt bildeten sich viele Deutungen der Person Jesu und seines Lebensprogramms. Es entstanden viele Formen der Glaubens, die mit einander in Konkurrenz waren oder gar nicht von einander wussten. Im Lauf ihrer Verkündigung der Lehren Jesu verfassten einige gebildete Lehrer verschiedene Schriften, in denen sie ihre Deutung des Christusgeschehens darlegten. Alle diese Schriften haben konkrete Gemeinden als Entstehungshintergrund, die Abgrenzung vom jüdischen Glauben wurde deutlicher.

In den folgenden Generationen kam es zu Abgrenzungen zwischen den einzelnen christlichen Deutungen des Christusgeschehens. Gruppen, die sich vor allem an der Ethik und Lebensform Jesu orientierten, grenzten sich von solchen Gruppen ab, die Jesus vor allem als Offenbarer göttlicher Weiheit sahen. Schon in der Zeit des Paulus wurde zwischen wahren und falschen Propheten unterschieden. Das Kriterium der Unterscheidung war meist die Lebensform Jesu, doch die Abgrenzungen wurden subtiler. Paulus musste sich von Judenchristen abgrenzen, die von den Griechen die Beschneidung forderten. Die neuen Schriften entstanden in verschiedenen Regionen und waren an konkrete Gemeinden gebunden. Diese bekamen nun ihre eigenen Schriften der Lehre, des Trostes und der Unterweisung, sie waren nicht mehr auf die Schriften der jüdischen Bibel angewiesen. Die jüdische Bibel wurde nun seltener im Gottesdienst gelesen, einige Gruppen um Markion schlugen vor, ganz auf deren Lesung zu verzichten.[33]

Die am besten organisierte „Kirche" (ekklesia) der Bischöfe, Priester und Diakone trieb die Abgrenzung am deutlichsten voran. Sie legte schon früh Verzeichnisse derjenigen Bücher über Christus vor, die im Gottesdienst verlesen und ausgelegt werden sollten. Daraus entstand in Ansätzen eine „Richtschnur" (kanon) für

---

[32] G. Theißen, Die Religion 260–280. D. Marguerat, Juden und Christen 196–203.

[33] A. Paul, Entstehung der christlichen Heiligen Schrift. In: L. Pietri (Hg.), Geschichte des Christentums I. Freiburg 2003, 721–739.

den Gebrauch der christlichen Schriften, darin wurde zwischen Rechtgläubigkeit (orthodoxia) und Falschgäubigkeit (hairesis, heterodoxia) unterschieden.[34]

Die erste Abgrenzung erfolgte schon in der ersten Generation zwischen hebräischen (Ebraioi) und griechischen Christen (Hellenistoi), zwischen dem Zwölferkreis und dem Siebenerkreis. Beim Apostelkonzil im Jahr 48 n.Chr. standen sich wieder zwei unterschiedliche Gruppen, um Paulus auf der einen Seite, um Jakobus auf der anderen Seite gegenüber. Es ging um Fragen der Beschneidung und um die Tischgemeinschaft zwischen Juden und Christen.

In den zweiten Generation werden unterschiedliche Glaubensformen deutlicher. Das paulinische Christentum öffnete sich am weitesten gegenüber der griechischen Kultur. Das Judenchristentum hielt stärker an jüdischen Lebens- und Glaubensformen fest, es hat uns drei Evangelien (Hebräer, Ebioniter, Nazaräer) hinterlassen. Andere Gruppen neigten der gnostischen Weltdeutung zu, ihnen stand das Thomasevangelium nahe.[35]

Im synoptischen Christentum (Markus, Matthäus, Lukas) verbinden sich jüdische und griechische Glaubenslehren deutlich, hier wird zwischen zwei Kulturen vermittelt. Das johannäische Christentum entwickelte in Kleinasien eine besondere Deutung des Christusgeschehens. Im 2. Jh. n.Chr. flossen dann vier Grundrichtungen in ein frühkatholisches Gemeindechristentum zusammen, wo ein Kanon der orthodoxen Schriften geformt wurde. Die Abgrenzung erfolgte zum einen von gnostischen Lehren, zum andern von ekstatischen und prophetischen Bewegungen.

Im frühkatholischen Gemeindechristentum wurden die christlichen Schriften mit der jüdischen Bibel (Septuaginta) verbunden, Evangelien und Apostelbriefe wurden an einander gereiht. An die Stelle des einen Evangeliums von Jesus Christus treten nun vier Evangelien (Matthäus, Markus, Lukas und Johannes), dazu kommen die Briefe des Paulus und seiner Schule, sowie die katholischen Briefe. Der Grieche Markion hatte um 140 n.Chr. einen Kanon christlicher Schriften zusammengestellt, der die jüdische Bibel nicht enthielt. Denn er glaubte, dass der christliche Gott der Liebe und Barmherzigkeit nicht mit dem jüdischen Gott der Gerechtigkeit und der Rache vereinbar sei.

Doch die frühkatholischen (katholon = allumfassend) Autoritäten hielten an der Einheit der christlichen und der jüdischen Bibel fest. Daraus wurde später die Zweiteilung in Altes Testament (palaia diatheke) und Neues Testament (kaine diatheke). In diesem wurde ein Evangelienteil und ein Apostelteil unterschieden.[36] Markion und die Didache hielten sich an das Prinzip des einen Evangeliums (wahrscheinlich Matthäus), doch der Syrer Tatian lernte in Rom einen Kanon mit vier Evangelien kennen. Daraufhin verfasste er seine Evangelien-Harmonie (diatesseron). In der Mitte des 2. Jh. n.Chr. muss ein Kanon mit vier Evangelien

---

[34] G. Theißen, Die Religion 340–350.
[35] A. Paul, Entstehung 744–770. G. Theißen, Die Religion 350–354.
[36] A. Paul, Entstehung 775–795. G. Theißen, Die Religion 350–360. U. Schnelle, Einleitung in das Neue Testament. Göttingen 2005, 395–410. G. Theißen, Die Religion 360–370.

vorgelegen sein, denn Bischof Irenaios von Lyon verteidigte um 180 n.Chr. das „viergestaltige Evangelium" (euangelion tetramorphon).

Nun grenzte sich der Kanon der vier Evangelien deutlich vom Kanon des einen Evangeliums (Markion) ab. Vermutlich hat schon der Martyrer Justinos aus Nablus die vier Evangelien gekannt, die ohne Autorennamen zitiert wurden. Später wurden die paulinischen, die pseudopaulinischen, die johannäischen und die katholischen Briefe ergänzt. Der zweite Petrusbrief kennt bereits große Teile des späteren Kanons, der die innere Vielfalt des frühen Christentums bewahrt hat. Umstritten blieben längere Zeit der Hebräerbrief, die Apokalypse des Johannes und die kleineren katholischen Briefe.

Damit enthielt der Kanon die verbindlichen christlichen Schriften, das spätere Neue Testament, und darin die Grundzüge des christlichen Glaubens, nämlich das Bekenntnis zum einen Weltgott und zum Erlöser Jesus Christus. Er wurde als Erlöser für alle Menschen gesehen, der die bösen Mächte des Kosmos besiegt hat. In ihm sei der eine Weltgott ein Mensch geworden und in die Geschichte eingetreten, er eröffnet den Menschen den Zugang zur göttlichen Weisheit.[37]

Die Menschen leben durch Schuld und Leiden in der Distanz zum Weltgott, doch die Christen erwarten die Erneuerung der ganzen Welt. Sie sehen sich als Bürger zweier Welten, ihr Körper lebt noch in der alten, ihr Geist bereits in einer neuen Welt. Wer voll Vertrauen dem Christus nachfolgt, darf auf das ewige Heil hoffen. Die Christen müssen einander mit Demut und Liebe begegnen, am Ende der Zeit gehen alle Menschen auf ein göttliches Gericht zu.

Diese Grammatik des christlichen Glaubens ergibt sich aus dem Kanon des Neuen Testaments, das manche Theologen heute „zweites" Testament nennen. Dieses ist das Ergebnis einer Konsensbildung zwischen den Christengemeinden in Rom und in Kleinasien. Die Glaubensformen der Gnosis, der Mystik und des ekstatischen Christentums wurden weitgehend ausgegrenzt.

Im Jahr 367 n.Chr. hatte der griechische Bischof Athanasios von Alexandria in einem Osterfestbrief die 27 Bücher des Neuen Testaments aufgezählt. Einige Jahrzehnte später haben Synoden von Bischöfen in Rom und in Hippo Regius (Africa) diese 27 Bücher bestätigt.[38] In der Folgezeit hat sich dieser Kanon in großen Teilen der östlichen und der westlichen Kirche durchgesetzt. Er hat die Vielfalt der christlichen Weltdeutung erhalten, aber nach außen deutliche Grenzen gezogen. Als die christlichen Kaiser im 4. Jh. n.Chr. (Konstantin I. und Theododius I.) eine einheitliche Reichsreligion benötigten, war die Grenzziehung des Kanons wichtig geworden, denn ab jetzt wurden abweichende Häretiker von der Reichsgewalt verfolgt.

---

[37] U. Schnelle, Einleitung 395–410. G. Theißen, Die Religion 365–376. A. Paul, Entstehung 375–388.

[38] U. Schnelle, Einleitung 409.

Lebenswelt des Paulus

Durch die Schriften des Paulus wird uns eine relative und eine absolute Chronologie des frühen Christentums möglich. Die Inschrift des Prokonsuls Lucius Gallo von der Provinz Achaia im Sommer 52 n.Chr. gibt uns den Anhaltspunkt dafür, dass Paulus im Jahr 50 in Korinth angekommen sein muss. Von diesem Datum aus lassen sich dann die anderen Etappen im Leben des Apostels datieren. Seine Bekehrung zum Christentum könnte im Jahr 32 oder 33 erfolgt sein, das wären zwei oder drei Jahre nach dem Tod Jesu im Jahr 30. Von 36 bis 41 dürfte Paulus wieder in seiner Heimatstadt Tarsos gelebt haben, von 42 bis 48 war er in Antiochia, wo er seine Formung erhielt. Von dieser Provinzhauptstadt Syriens aus begann er mit Barnabs seine erste Missionsreise. Im Jahr 48 dürfte er in Jerusalem mit den sog. Uraposteln zusammen getroffen sein (Apostelkonvent).

Danach begann er seine zweite Missionsreise von 48 bis 52, die ihn nach Korinth und Antiochia zurück führte. Auf seiner dritten Reise von 52 bis 55 erreichte er die Provinzhauptstadt von Asia, Ephesos, Makedonien und Korinth, dann kehrte er nach Jerusalem zurück. Dort wurde er im Jar 58 von toratreuen Juden vor dem römischen Prokurator Festus angeklagt, weil er die jüdischen Gesetze verletze. Da er an das kaiserliche Gericht apellierte, wurde er als Gefangener nach Rom überstellt, wo er unter Hausarrest längere Zeit auf seinen Prozess warten musste.

Im Jahr 64 dürfte er unter dem Kaiser Nero bei der Verfolgung der Christen nach dem Brand Roms als Martyrer gestorben sein (1 Klem 5,5–7). Paulus sagt von sich, dass er als Christ dreimal nach Jerusalem gekommen sei, doch die Apostelgeschichte nennt fünf Besuche in der heiligen Stadt.

Dieser Missionar des christlichen Glaubens ist in der kilikischen Hauptstadt Tarsos geboren und aufgewachsen. Neben der Tora hat er dort die griechische Bildung und damit auch die stoische Philosophie kennen gelernt. Nach seiner Bekehrung zum Christentum war er längere Zeit in Antiochia, wo er seine Formung im christlichen Glauben erhielt. Er wirkte dort in der Gemeinde als Prophet und Lehrer (Apg 13,1). Von dort wurde er zusammen mit Barnabas auf eine Missionsreise geschickt. Aus Antiochia dürfte er seine Traditionen über die Eucharistiefeier, die Taufe, die Auferstehung und einige Hymnen übernommen haben.

Paulus wurde nun zum entschiedenen Vertreter des griechischen Christentums, er hat die entscheidende Übersetzungsarbeit zwischen den Kulturen geleistet.[1]

In Ephesos dürfte er eine Schule der christlichen Glaubensverkündigung eingerichtet haben, wo er als Lehrer und Empfänger göttlicher Offenbarung wirkte. In seinen Briefen erwähnt er 40 Mitarbeiter mit Namen, darunter viele Frauen. Er war offensichtlich bemüht, in jeder Provinzhauptstadt des griechischen Ostens eine christliche Gemeinde zu gründen, um von dort aus die ganze Provinz missionieren zu können. Die Autoren der Deuteropaulinen führten die Schule des Paulus weiter, sie beriefen sich auf die Autorität ihres Lehrers. Ephesos war das Zentrum der paulinischen Mission, dort lehrte der Apostel zwei Jahre lang regelmäßig im Lehrsaal des Rhetors Tyrannos (Apg 19,9f).[2] In dieser Stadt wurde die Lehre und Lebensform der paulinischen Gemeinden entscheidend geprägt.

Erster Thessalonicherbrief

Paulus kannte die Form des antiken Briefes und benutzte sie für seine Schreiben an frühe Christengemeinden. Die meisten Briefe dürfte er einem Schreiber diktiert haben, einige hat er selbst unterzeichnet (Gal 6,11). Als er aus Philippi nach Thessalonike kam, hatte er dort eine christliche Hausgemeinde gegründet. Den Brief an diese Gemeinde dürfte er im Jahr 50 in der Stadt Korinth verfasst haben, er ist das älteste uns erhaltene christliche Schriftstück und wurde 20 Jahre nach Jesu Tod diktiert. Thessalonike war eine Handelsstadt am Meer, im Jahr 315 v.Chr. war sie neu gegründet worden. In ihr wurden die Götter Sarapis, Isis und Dionysos, sowie die Kabiren verehrt, dort gab es auch eine jüdische Synagoge (Apg 17,1). Die christliche Gemeinde setzte sich aus Griechen und Juden zusammen, sie war Verfolgungen durch die Umwelt ausgesetzt. Vor allem toratreue Juden dürften die Verfolger dieser frühen Christen gewesen sein.

In seinem Brief antwortete der Apostel auf Anfragen aus der Gemeinde, etwa über das Schicksal der plötzlich verstorbenen Christen. Er dankte für die Aufnahme des Evangeliums und für die Bewährung des neuen Glaubens, dann beschreibt er das Leben der persönlichen Heiligung und verkündet die Gewissheit des Heiles für die Lebenden und die Toten. Die Christen erwarteten die baldige Wiederkunft des Christus, deswegen wurden sie zu einem Leben in Heiligkeit, in Freude und im Frieden aufgefordert. Die Stärkeren sollten die Schwachen mittragen, das Wirken des göttlichen Geistes sollte nicht ausgelöscht werden, die prophetische Rede habe ihren festen Platz im Gottesdienst. Die Christen sollten alles in ihrer Umwelt prüfen, das Gute sollen sie annehmen, das Böse meiden. Der Brief ist eine literarische Einheit und verwendet frühchristliches Traditionsgut.[3]

---

[1] S. Legasse, Paulus 90–105. E. Lohse, Paulus. München 1996, 67–78. U. Schnelle, Paulus. Leben und Denken. Berlin 2003, 67–80.

[2] U. Schnelle, Einleitung 39–45. S. Legasse, Paulus 100–112.

[3] S. Legasse, Paulus, 134–143. U. Schnelle, Einleitung 62–68. C. v. Brocke, Thessalonike, Stadt des Kassander und Gemeinde des Paulus. Tübingen 2001, 148–165.

Der Apostel sieht sich ähnlich wie die kynischen Wanderlehrer, seine Schüler haben von ihm gelernt. Er spricht von den Kindern des Lichtes und kommt damit der Bilderwelt der Qumrangemeinde nahe. Die Christen seien von Gott erwählt und erwarten die baldige Ankunft (parousia) des Christus. Dann wird der göttliche Erlöser auf den Wolken kommen, Paulus hoffte, diesen Tag noch selbst zu erleben. Doch wann dieser Tag sein wird, wissen wir nicht. So leben die Christen in der starken Hoffnung auf Christus, die den Tod überdauern wird. Wir erkennen hier die frühe Theologie des Paulus, die späteren Themen werden noch gar nicht angeschnitten.

Die moralische Mahnung ruft zum Frieden in der Gemeinde auf, die Ängstlichen sollen getröstet werden. Böses soll nicht mit Bösem vergolten werden, alle schulden einander die tätige Liebe. Der Kerngedanke ist die göttliche Erwählung, von der Rechtfertigung des Sünders ist noch nicht die Rede. Im Kult der Kabiren, der in der Stadt verbreitet war, ging es um ekstatische Erfahrungen, um sexuelle Freiheit und um Endzeiterwartungen. Die Gemeindebildung dürfte ähnlich erfolgt sein wie bei den kynischen und stoischen Wanderlehreren, die in der Stadt tätig waren. Die Griechen sahen im Christentum einen neuen Mysterienkult und eine Lebensphilosophie.[4]

Erster Korintherbrief

Dieser Brief dürfte im Jahr 55 in der Provinzhauptstadt von Asia, Ephesos, diktiert worden sein. Die Hafenstadt Korinth war im Jahr 146 v.Chr. von den Römern nach langen Kämpfen völlig zerstört worden, danach blieb nur eine dünne Besiedelung. Doch Julius Cäsar gründete im Jahr 44 v.Chr. die Stadt neu, und zwar als Kolonie für Veteranen des Krieges. Unter Kaiser Augustus wurde Korinth im Jahr 27 v.Chr. zur Hauptstadt der senatorischen Provinz Achaia, die Bevölkerung war römisch, griechisch und orientalisch. Philo berichtet von einer jüdischen Kolonie in der Stadt, die Apostelgeschichte weiß von einer jüdischen Synagoge (Apg 18,4). Die beiden Häfen Kenchreä und Lecheion brachten der Stadt wirtschaftlichen Reichtum.

In Korinth wurden vor allem die Götter Poseidonios, Artemis, Dionysos, Isis und Asklepios verehrt, Apuleius berichtet von einer Einweihung in den Isiskult in dieser Stadt. Dort war auch ein Zentrum der kynischen Wanderlehrer, der Philosoph Demetrios lehrte hier. In der Nähe der Stadt fanden alle vier Jahre die Isthmischen Kultfeste zur Ehre des Gottes Poseidonios statt. Ein Tempel des Asklepios mit drei Speiseräumen wurde ausgegraben. Paulus kam im Jahr 50 nach Korinth, zuerst lehrte er wohl in der Synagoge, dann gründete er eine oder mehrere Hausgemeinden. Ung. eineinhalb Jahre blieb er in dieser Stadt, Griechen und Juden, Proselyten und

---

[4] U. Schnelle, Einleitung 68–73. A.J. Malherbe, Paul and the Thessalonians. Philadelphia 1987. J. Bickmann, Kommunikation gegen den Tod. Würzburg 1998. R. Börschel, Die Konstruktion einer christlichen Identität. Berlin 2001.

Gottesfürchtige (sebomenoi) schlossen sich seiner Lehre an. Es waren vor allem Menschen der unteren sozialen Schichten (1Kor 1,26), aber auch einige Personen und Familien aus den oberen Schichten. Von einem Amtsträger Erastos ist die Rede oder vom Synagogenleiter Krispos, welche Christen wurden. Einige von ihnen besaßen Häuser, in denen sich die ersten Hausgemeinden bildeten.[5]

Nun sammelten die Christen in Korinth für die verarmten Christen in Jerusalem. Die Hausgemeinden trafen sich zu größeren Versammlungen, wo Konflikte und Streitfälle diskutiert wurden. Einzelne Leiter von Hausgemeinden werden im Brief mit Namen genannt, es dürfte früh zu Gruppenbildungen gekommen sein. Diese Gruppen orientierten sich an Paulus, an Apollos, an Kephas und an Christos, es gab noch keine einheitliche Lehre. Paulus plädiert für die Einheit dieser Gruppen, er muss auf konkrete Fragen Antworten geben. Zu den Problemen für Christen gehörte das Essen von Opferfleisch, das den griechischen Göttern geweiht worden war und das auf dem Markt angeboten wurde. Andere Fragen betrafen die sexuellen Beziehungen zu Knaben oder zu Freudenmächen (porneia), sowie den Rechtsstreit vor staatlichen Gerichten.[6]

Ein Problem war das Verbot, an der kultischen Prostitution in den griechischen Tempeln teilzunehmen. Paulus verbot den christlichen Männern, zu den Freudenmädchen am Tempel zu gehen, weil sie sich dann ja mit den griechischen Göttern vereinigen würden, an die sie nicht mehr glaubten. In der Frage des Opferfleisches nahm Paulus eine liberale Haltung ein, Christen durften weiterhin an kultischen Opfermahlzeiten teilnehmen. Nun gab es unter ihnen aber die sog. „Schwachen", die damit Probleme hatten. Ihre Überzeugung sollte respektiert werden, denn sie hatten vor den griechischen Göttern Angst. Ein anderes Problem waren die Tischgemeinschaften der Reichen, von denen die Armen ausgeschlossen wurden. Diese Mahlzeiten wurden mit dem kultischen Gedächtnismahl (eucharistia) verbunden.[7]

Auch der Glaube an den Christus konnte die sozialen Unterschiede nicht ausgleichen. Der Brief thematisiert die Botschaft vom Kreuz Jesu, die Verkündigung der göttlichen Weisheit, Fragen der Ehe und der Ehescheidung, Formen und Grenzen der Freiheit, die Geschichte Israels, die Rolle der Frauen im Gottesdienst, die Feier des Gedächtnismahles an Jesus, die vielen Gaben des göttlichen Geistes, die besondere Gabe der Liebe, die charismatische Rede, die Einheit im Glauben, die Auferweckung des Christos und die Auferstehung der Christen. Zum Schluss fordert der Apostel zu Spenden für die verarmten Christen in Jerusalem auf, er spricht über seine Pläne und beendet das Schreiben mit Mahnungen und Grüßen.

Die Exegeten habe lange Zeit diskutiert, ob der Brief aus mehreren Briefen zusammen gesetzt sei oder nicht. Das lässt sich nicht mit Sicherheit entscheiden. Beim vielfachen Abschreiben des Briefes wurden Glossen der Schreiber in den

---

[5] S. Legasse, Paulus 141–148. U. Schnelle, Einleitung 76–86. G. Theißen, Die Religion 225–227.

[6] U. Schnelle, Paulus 127–147. P. Marshall, Enmity in Corinth. Tübingen 1987, 129–145. B.W. Winter, After Paul left Corinth. Grand Rapids 2001, 102–125.

[7] U. Schnelle, Einleitung 76–87. S. Legasse, Paulus 134–144.

Text hineingenommen, etwa die spätere Anmerkung, die Frauen sollten im Gottesdienst schweigen. Das passt nicht zur Anweisung an die Frauen im Brief, wenn sie im Gottesdienst prophetisch reden. Der Apostel zitiert überlieferte Glaubensformeln, die vermutlich auswendig gelernt wurden, über die Taufe, die Feier der Eucharistie und die Auferstehung Jesu. Wer seine Gegner sind, mit denen er sich auseinander setzt, ist nicht mit Sicherheit zu bestimmen. Es können judenchristliche, aber auch gnostische Lehrer sein. Apollos könnte eine jüdische Weisheitstheologie aus Alexandria vertreten haben, offensichtlich ist mit Einflüssen aus den griechischen Mysterienkulten zu rechnen.[8]

Die Einheit der christlichen Gemeinde wird mit dem Bild des einen Leibes Christi verdeutlicht. Das Kreuz wird als Kern der christlichen Lehre gesehen, es zerstört jede menschliche Selbstsicherheit. Die Freiheit des Einzelnen muss sich in seiner sozialen Verantwortung für die Schwächeren bewähren. Die charismatischen Gaben werden hoch eingeschätzt, doch die von allen geforderte Nächstenliebe wird noch höher bewertet. Viele Konflikte in der Gemeinde ergeben sich aus der sozialen Schichtung, aus den kulturellen Hintergünden und aus den ethischen Programmen. Hier wird erkennbar, dass diese Ortsgemeinde, die aus vielen Hausgemeinden bestand, von verschiedenen spirituellen Ausrichtungen bestimmt wurde. Das Evangelium von Christus ließ eine Vielzahl von Glaubensformen zu.

Zweiter Korintherbrief

Der zweite Brief an die Gemeinde in Korinth dürfte ein halbes Jahr später, im Herbst 55 diktiert worden sein, als Paulus in Makedonien war. Er richtet sich nun an alle Christen in der Provinz Achaia, wieder waren Irrlehrer eingedrungen, die den Apostel diffamierten. Ob dieser Brief eine literarische Einheit darstellt, lässt sich heute nicht mehr erkennen. Der Abschnitt 6,14 bis 7,1 weist viele abweichende Begriffe auf, er kommt in die Sprechweise der Qumrananhänger und dürfte von Judenchristen später eingefügt worden sein. Die Gegner des Apostels waren wohl jüdische Wandermissionare, die dem Apostel mangelnden Geistbesitz vorwarfen. Es waren nicht die sog. Judaisten, die er im Brief an die Galater bekämpfte. Wir sehen eine deutliche Konkurrenz in der christlichen und jüdischen Mission.

Inhaltlich thematisiert der Brief die Leiden des Apostels, seine Reisepläne, den Siegeszug Christi in der griechischen Welt, den Dienst am Buchstaben und am Geist des Gesetzes, das Leben mit Christus, die Hoffnung auf Verherrlichung, den Dienst an der Versöhnung der Gegner, die Mahnung zur Nächstenliebe, die Selbstlosigkeit der Glaubensverkünder und die Geldsammlung für die Christen in Jerusalem. Dann geht es um Auseinandersetzungen mit den Gegnern, um die Stär-

---

[8] G. Sellin, Der Streit um die Auferstehung der Toten. Göttingen 1987, 39–66. U. Schnelle, Einleitung 74–91.

ken und Schwächen des Apostels, um Befürchtungen und Sorgen, um die Berufung auf die Vollmacht als Apostel, dann folgen Schlusswort und der Segensgruß.[9]

Die Grundgedanken kreisen um das apostolische Wirken und um die Legitimation zum Apostelamt. Paulus versteht sich als Diener eines neuen Bundes zwischen dem Weltgott und den Menschen, seine Leiden deutet er als Teilnahme am Leiden Christi. Der gekreuzigte Jesus zeige seine Kraft erst in der Schwachheit, von ihm leitet Paulus seinen Dienst der Versöhnung her. Durch Jesu Kreuz sei die Versöhnung Gottes mit den Menschen möglich geworden, nun bestimme die göttliche Gnadenkraft (charis) das Leben der Christen. In den Schwächen des Apostels zeige sich die göttliche Kraft. Die Gegner des Apostels sind wohl unter den griechischen Judenchristen zu suchen, auch hier erkennen wir eine Trennlinie zwischen griechischen Christen und Judenchristen.

Galaterbrief

Dieser Brief steht inhaltlich in großer Nähe zum Römerbrief, er dürfte im Jahr 55 in Makedonien verfasst worden sein. Die Empfänger sind christliche Gemeinden in der Provinz oder in der Region Galatien. Beide Bezeichnungen sind nicht deckungsgleich, es dürfte aber die kleinere Region Galatien im Zentrum von Kleinasien gemeint sein. Im Jahr 279 v.Chr. waren keltische Stämme in dieses Gebiet eingewandert und sesshaft geworden. Im Jahr 25 v.Chr. wurde die Region Galatien ein Teil der größeren Provinz Galatien, zu der auch andere Gebiete gehörten. Heute liegt die türkische Hauptstadt Ankara (Ankyra) in dieser Region. Paulus hatte auf seiner zweiten Missionsreise durch Kleinasien in diesem Gebiert christliche Gemeinden gegründet, die Mitglieder waren mehrheitlich nichtjüdischer Herkunft und gehörten zur griechischen Stadtbevölkerung. Mögliche Städte in diesem Gebiet sind Pessinos, Germa, Ankyra und Tavion. Der Brief folgt einem klaren theologischen Aufbau.

Auf den Gruß folgt der Anlass des Schreibens, fremde Missionare sind in das Gebiet eingedrungen und haben ein anderes Evangelium verkündet. Nun schildert Paulus zuerst seine Berufung zum Apostelamt, dann berichtet er vom Apostelkonvent in Jerusalem, wo er mit der Mission an den Nichtjuden beauftragt wurde. Danach setzt er sich mit seinen Gegnern auseinander, die Rechtfertigung der Menschen vor dem Weltgott geschähe nicht durch die Einhaltung der jüdischen Gebote, sondern durch den Glauben an Jesus Christus. Durch den Geist Gottes und die göttliche Sohnschaft Jesu sei die Gültigkeit des jüdischen Gesetzes überwunden. Die Christen sollten nicht wieder in die jüdische Knechtschaft zurückfallen, denn sie seien zu einer göttlichen Freiheit berufen. Die verwirklichte Nächstenliebe sei die wahre Frucht des göttlichen Geistes.[10]

---

[9] E.M. Becker, Schreiben und Verstehen. Tübingen 2002, 142–160. U. Schnelle, Einleitung 93–108.

[10] G. Theißen, Die Religion 294–300. Th. Witulski, Die Adressaten des Galaterbriefs. Göttingen 2000, 39–45. C. Breytenbach, Paulus und Barnabas in der Provinz Galatien. Leiden 1996. U. Schnelle, Einleitung 112–120.

Wer in der Lebensschule Christi sei, für den gäbe es keine Rangunterschiede mehr zwischen Freien und Unfreien, zwischen Männern und Frauen, zwischen Griechen und Juden (Gal 3,28). So hatten es auch die Lehrer der stoischen Philosophie gelehrt. Paulus unterscheidet im praktischen Leben zwischen den Werken des Fleisches und den Werken des Geistes. Er sagt von sich, dass er die Wunden Christis an seinem Leib trage. Im Brief werden ältere Glaubensformeln zitiert, über die Taufe, das Leben in Christus sowie über Tugend und Laster. Seine Gegner waren wohl toragläubige judenchristliche Missionare, die auch von den Griechen die Beschneidung und die Befolgung der jüdischen Kultgesetze forderten. Es ist möglich, dass einige Gruppen von Judenchristen den Vereinbarungen beim Apostelkonvent im Jahr 48 zwischen Paulus und Jakobus nicht beigetreten sind.

Diese Gruppen forderten nun die Beschneidung der Männer und die Einhaltung des jüdischen Festkalenders. In der Mission des Paulus sahen sie einen Abfall vom jüdischen Gesetz. Nun beruft sich Paulus auf seine direkte göttliche Offenbarung, in der erkannte habe, dass die Rechtfertigung des sündigen Menschen vor Gott nicht durch das jüdische Gesetz erfolge. Durch die Taufe und die Gabe des göttlichen Geistes seien die Christen dem Geltungsbereich des jüdischen Gesetzes entzogen worden. Sie leben seither aus der Kraft der göttlichen Gnade und meiden daher die bösen Taten des Fleisches. Sie ringen um Nächstenliebe, um Versöhnung und den Frieden. Vermutlich hat Paulus seine Lehre von der Rechtfertigung erst in der Auseinandersetzung mit diesen Gegnern entwickelt.[11]

Römerbrief

Dieser große und programmatische Brief wurde von Paulus im Frühjahr 56 in der Provinzhauptstadt Korinth verfasst und diktiert. Er ist an die griechisch sprechende Christengemeinde der Kaiserstadt Rom gerichtet, die Überbringerin des Briefes war wohl die Diakonin Phoebe (16,1). Der Apostel braucht die personelle und finanzielle Unterstützung der Gemeinde in Rom, um seine geplante Missionsreise nach Spanien ausführen zu können. Eine Geldsammlung für die arme Christengemeinde in Jerusalem (15,27) soll die Verbindung zwischen den Judenchristen und den griechischen Christen festigen. Auch in Rom dürften toragläubige Judenchristen die volle Befolgung der Tora von den Nichtjuden gefordert haben.

Deswegen ringt Paulus auch hier um ein Evangelium, das sich vom jüdischen Gesetz getrennt hat. Die Zustimmung von Jakobus und Petrus auf dem Apostelkonvent könnte mit der Verpflichtung des Paulus zur Geldsammlung unter den Griechen für die erste Christengemeinde in Jerusalem verbunden gewesen sein. In Rom gab es seit langem eine starke jüdische Bevölkerung mit mehreren Synagogen, in diesen muss der neue Glaube an Jesus Christus zuerst verkündigt worden sein. In der Folge bildeten sich christliche Hausgemeinden aus Juden und Nichtjuden, die aber mit der Synagoge noch lose verbunden waren. Im Jahr 49

---

[11] U. Schnelle, Einleitung 120–128. C. Breytenbach, Paulus und Barnabas 104–128.

hatte Kaiser Claudius wegen politischer Unruhen viele Juden aus der Kaiserstadt vertrieben, nach seinem Tod durften sie wieder zurückkehren.[12]

Die Mahnung des Briefes, auf Rache zu verzichten, deutet auf Anfeindungen der toratreuen Juden gegen die Christen hin. Nach dem Edikt des Kaisers Claudius hielten sich die Christen von der Synagoge fern, um nicht als Juden eingestuft zu werden. Sie präsentierten sich den römischen Behörden als eigenständige religiöse Gruppe. Nun gab es unter den Christen offenbar unterschiedliche Meinungen über das Verhältnis zum römischen Staat, darauf nimmt Paulus Bezug. Es ist möglich, dass die römischen Behörden schon vor dem Kaiser Nero die Christengemeinden kritisch beobachteten. Die Christen in Rom sollten die Überbringer der Geldsammlung in Jerusalem unterstützen, doch von den strengen toratreuen Lehren müssen sie sich abgrenzen.

Auch in den Hausgemeinden in Rom gab es das Ringen zwischen einem toratreuen und einem torafreien Christentum. Paulus brauchte die Unterstützung für seine geplante Mission in Spanien und sein Auftreten in Jerusalem, deswegen legte er den ihm unbekannten Christen in Rom seine Lehre umfassend vor. Diese Gemeinden haben sich am Rand der Synagogen gebildet, denn Juden lebten seit 139 v.Chr. in Rom. Sie organisierten sich in Einzelgemeinden mit eigenen Versammlungsräumen und einer Selbstverwaltung. Bereits unter Kaiser Tiberius im Jahr 19 n.Chr. wurden Juden wegen politischer Unruhen aus Rom vertrieben. Die zweite Vertreibung unter Kaiser Claudius im Jahr 49 setzte ein Versammlungsverbot für Juden voraus.[13]

Die ersten christlichen Missionare waren als Händler und Handwerker über Puteoli nach Rom gekommen. Das Edikt des Kaisers Claudius bewirkte die Loslösung der Christen von der Synagoge und die Vertreibung auch der Judenchristen aus Rom. Damit gewannen die griechischen Christen die Dominanz in der Gemeinde. Unter Kaiser Nero im Jahr 64 unterschieden die römischen Behörden bereits zwischen den Juden und den Christen. Die christliche Gemeinde bestand zur Zeit des Paulus aus Starken und Schwachen (Röm 14,1–15,13), was auf soziale Konflikte, aber auch auf Spannungen zwischen Judenchristen und griechischen Christen hinweist. Der Brief weist auf unterschiedliche Berufe und damit auf die soziale Schichtung hin.

Der Apostel nennt 26 Personen mit Namen, er war über die Gemeinde in Rom durch Abgesandte gut informiert. Er erwähnt mehrere Hausgemeinden, nicht nur die um Priska und Aquila (16,14; 16,15; 16,5). Wahrscheinlich waren diese Hausgemeinden nur locker miteinander verbunden und ohne zentralen Versammlungsraum. Die Zahl der Christen muss schon groß gewesen sein, denn Paulus erwartete sich eine starke finanzielle und personale Unterstützung für seine Pläne. Als er einige Jahre später, im Jahr 59 von den römischen Behörden zum Prozess vor dem

---

[12] G. Theißen, Die Religion 294–300. U. Schnelle, Einleitung 129–133. A. Richter, Der Römerbrief als Gratwanderung. Göttingen 2001, 67–89.

[13] U. Schnelle, Einleitung 130–134. G. Theißen, Die Religion 304–314.

kaiserlichen Gericht nach Rom gebracht wurde und lange Zeit unter Hausarrest leben musste, kamen viele römische Christen zu ihm (Apg 28,30ff).[14]
Inhaltlich beginnt der Brief mit der Lehre von der Gerechtigkeit des Weltgottes, alle Menschen seien vor ihm Sünder. In Jesus Christus sei diese göttliche Gerechtigkeit den Menschen erschienen, Juden und Nichtjuden könnten sie nun ergreifen. Die Christen hoffen auf ihre Vollendung, denn sie haben sich von „alten" zu „neuen" Menschen gewandelt und leben in der Gemeinschaft mit Christus. Vom jüdischen Gesetz sind sie frei geworden, als Kinder Gottes blicken sie auf das göttliche Erbe, sie warten auf die Erlösung der ganzen Welt von den Mächten des Bösen. Auch das Volk Israel sei zu dieser Erlösung berufen. Der wahre Gottesdienst sei jetzt ein geistiger, er bestehe in der Lebensform der Nächstenliebe, der Armenhilfe und der Versöhnung. In der Goldene Regel der Ethik werde das ganze menschliche und göttliche Gesetz erfüllt. Die Starken sollen sich der Schwachen annehmen, denn alle sollen nach der moralischen Vollendung streben.

Paulus kannte von den 26 mit Namen genannten Christen in Rom 12 persönlich, sie dürften mit ihm in Kontakt gestanden sein. Inhaltlich greift er auf Traditionen der Glaubensverkündigung zurück, auf die Lehre vom göttlichen Sohn und auf eine Tauflehre, nach der die Christen bei der Taufe innerlich verwandelt wurden. Hier erkennen wir deutlich die Nähe zur Lehre der Mysterienkulte, nach der der Eingeweihte am Schicksal des Kultheros teilhat. Zu den Strengen und „Schwachen" in der Gemeinde gehören die Judenchristen und die griechischen Sympathisanten (sebomenoi), welche die jüdischen Speisevorschriften befolgen wollten. Sie wollten kein Opferfleisch für griechische oder römische Götter, aber auch keinen Wein von Libationsopfern genießen. Denn mit den Göttern der römischen Kultur wollen sie nicht in Berührung kommen.[15]

Paulus selbst zählt sich zu den „Starken", er fühlt sich nicht mehr an die jüdischen Speisevorschriften gebunden. Doch um des Friedens willen müssen die Stärkeren die Schwächeren mittragen. Auffallend im Brief ist die stoische Lehre, dass alle Menschen kraft ihrer Vernunft den göttlichen Weltschöpfer aus den Werken der Schöpfung erkennen können (1,19–20) und dass ihnen das göttliche Gesetz in das Herz geschrieben sei (2,15). Die Christen sollen einen vernünftigen Gottesdienst in der Form von Nächstenliebe leben, damit sei der alte Götterkult zu Ende gekommen. In diesem Brief schreitet die Trennung der Christen von den Juden deutlich fort.

Philipperbrief

Dieser Brief wurde von Paulus wahrscheinlich in Rom verfasst, wohl um das Jahr 60, als er unter Hausarrest auf seinen Prozess wartete. Er war in den Jahren 49/50 nach Philippi gekommen und hatte dort eine christliche Gemeinde gegründet. Die

---
[14] S. Legasse, Paulus 143–149.
[15] U. Schnelle, Einleitung 140–145. W. Bindemann, Theologie im Dialog. Leipzig 1992, 140–167.

Stadt war war im Jahr 356 v.Chr. vom Makedonierkönig Phillipp II. gegründet worden, sie trug seinen Namen. Als im Jahr 31 v.Chr. der Römer Octavianus (später Kaiser Augustus) über seinen Gegenspieler Marcus Antonius bei Aktion gesiegt hatte, wurde Philippi zu einer römischen Militärkolonie, in der viele Veteranen angesiedelt wurden. In der Stadt lebten zur Zeit des Paulus Griechen, Römer und Thraker, ihre Sprache war mehrheitlich griechisch. Die Stadt war auf dem Landweg über die Via Egnatia und über das Meer direkt mit Rom verbunden.

In dieser Stadt waren viele griechische, römische, thrakische, aber auch ägyptische Kulte lebendig, außerdem war der römische Kaiserkult verbreitet. Die christliche Gemeinde, die am Rand der jüdischen Synagoge entstand, bestand hauptsächlich aus Nichtjuden, aus griechischen Sympathisanten mit dem jüdischen Glauben (sebomenoi), nur zum geringen Teil aus Judenchristen. Der Apostel war mit der Gemeinde eng verbunden, doch gab es dort nach seiner Abreise bald Widersacher und Gegner. Diese waren wohl judenchristliche Missionare, die auch von den nichtjüdischen Christen die Beschneidung forderten. Zum andern musste er sich mit enthusistischen und libertinistischen Strebungen in der Gemeinde auseinandersetzen.[16]

Inhaltlich beginnt der Brief mit dem Dank und der Fürbitte, Paulus sieht sich als den wahren Verkünder der Frohen Botschaft von Jesus Christus. Er ruft die Glaubenden zu Eintracht und Demut auf, dabei zitiert er einen frühchristlichen Kulthymnus an Christus. Er spricht über seine Pläne und setzt sich mit seinen Gegnern auseinander. Dann redet er über seine Sehnsucht nach der Vereingung mit Christus, er ermahnt die Christen zu Einmütigkeit und zur tätigen Nächstenliebe. Dann blickt er auf den Himmel als seiner Heimat (politeuma) und grüßt die ganze Gemeinde. Der zitierte Hymnus (2,5–11) enthält das Grundbekenntnis der griechischen Christen, das mit jüdischen Gedanken verbunden ist. Auch hier erkennen wir die kreative Vermischung zweier Kulturen. Die Christen werden aufgefordert, so demütig zu sein, wie es ihr Kultheros war.[17]

Die Gegner des Apostels waren judenchristliche Missionare, welche ein torafreies Evangelium nicht akzeptieren wollten. Wir sehen in dieser Auseinandersetzung das harte Ringen um die Ablöse von der jüdischen Lebensform. Im Leiden des Apostels offenbaren sich die Treue und die Gnadenkraft des einen Weltgottes, etwas völlig Neues sei im Werden. Die Christen sollen ihre Selbstsucht überwinden und im Frieden zusammen leben und sich auf den Tag der Ankunft des Christus freuen. Die jüdische Lebensform, von der sich Paulus getrennt hat, nennt er jetzt „Schmutz" (kerdos).

---

[16] P. Oates, Philippians. Cambridge 2000, 56–70. P. Wick, Der Philipperbrief. Stuttgart 1994, 134–160. U. Schnelle, Einleitung 152–164.

[17] U. Schnelle, Einleitung 156–162. P. Wick, Philipperbrief 68–87.

Philemonbrief

Dieser kurze Brief steht zeitlich in der Nähe zum Philipperbrief, auch er dürfte in Rom verfasst worden sein. Der Anlass ist die in Aussicht gestellte Zurückführung des Sklaven Onesimos an seinen christlichen Herrn in der Stadt Kolossä. Es ist möglich, dass Onesimos nicht geflohen ist, sondern in einem häuslichen Konflikt den Apostel als Fürsprecher aufsuchte. Allerdings dürfte der Sklave schon längere Zeit bei Paulus gewesen sein, die Gründe dafür lassen sich nicht mehr erkennen. Als Empfänger des Briefes wird der Christ Philemon mit seiner christlichen Hausgemeinde genannt. Dieser kam wohl aus der Mittelschicht und stellte sein Haus für die Versammlung der christlichen Gemeinde (ekklesia) zur Verfügung. Da die Namen der Mitchristen auch im deuteropaulinischen Brief an die Kolosser genannt werden, wird Kolossä als Wohnort des Philemon angenommen.

Der Brief beginnt mit der Anschrift, dem Gruß und dem Dankgebet des Apostels, dieser lobt den Glauben und die tätige Liebe des Empfängers. Der christliche Besitzer soll seinen Sklaven jetzt als Bruder im Glauben zurück erhalten. Der Sklave soll in seinem sozialen Status bleiben, aber wie ein Familienmitglied behandelt werden. Ähnlich hatten es auch die stoischen Philosophen von ihren Anhängern gefordert, bereits die Sophisten hatten gegen die Sklaverei argumentiert. Diese Gedanken griffen die frühen Christen auf, sie ersetzten das soziale Modell der Herrschaft durch die Beziehung der Geschwisterlichkeit. Denn die Taufe auf Christus hatte alle Rangunterschiede zwischen Freien und Sklaven aufgehoben, beide sollten innerlich frei von Zwängen des jüdischen Gesetzes werden (1Kor 7,21–24).

Durch die Taufe erhielt der Sklave Onesimos einen neuen Status im Glauben, er sollte als Bruder behandelt werden. Die Hausgemeinde war die Urform der frühchristlichen Gemeinschaft, wir finden sie auch bei den Philosophenschulen, bei den jüdischen Synagogen und den griechischen Kultvereinen. In diesen Gemeinden wurden die Missionare beherbergt, dort wurden die Taufe und die Eucharistie gefeiert, es gab die Ermahnung zum christlichen Leben. So hatten diese häuslichen Gemeinschaften dazu beigetragen, die Lebenswelt und die Wertvorstellungen der antiken Kultur nachhaltig zu verändern.[18]

Dieser Überblick über die Entstehungshintergründe der paulinischen Briefe zeigt die Lebenswelt und Lebensform der frühchristlichen Gemeinden. Die Briefe weisen auf Situationen der Mission hin und lassen die Entwicklung der Lehre erkennen. Paulus war mit seiner Schule bei weitem nicht die einzige Autorität bei der christlichen Mission unter den Griechen, auch judenchristliche Missionare waren dort tätig. Wir erkennen ein deutliches Konkurrenzverhältnis, es ging um die Frage der Gültigkeit der jüdischen Tora. Es gab Judenchristen, die an ihr unbedingt festhalten wollten, während andere Judenchristen auf sie zu verzichten bereit waren. Paulus stand auf der Seite der griechischen Christen und stritt vehement gegen die jüdische Tora.

---

[18] U. Schnelle, Einleitung 166–173.

Wir sehen, dass die Judenchristen in dieser Frage gespalten waren. Paulus hatte sein Missionskonzept wohl in der Gemeinde in Antiochia entwickelt und dann weiter entfaltet. Er war davon überzeugt, dass nur der Verzicht auf die jüdische Tora der neuen Botschaft bei den Griechen Gehör verschaffen konnte. Jakobus und Petrus hatten beim Apostelkonvent zugestimmt, bei den Griechen auf die Tora zu verzichten. Wie weit dabei wirtschaftliche und finanzielle Überlegungen (Geldsammlungen bei den Griechen für die Gemeinde in Jerusalem) im Spiel waren, können wir heute nicht mehr sagen. Es gab in der Urgemeinde in Jerusalem offensichtlich Personen, die dem Verzicht auf die Tora nicht zugestimmt hatten. Auch sie schickten ihre Missionare in die griechischen Städte.[19]

---

[19] K. Prenner, Die Stimme Allahs 128–146. K.H. Ohlig, Das syrische und arabische Christentum und der Koran. In: K.H. Ohlig/G.R. Puin (Hg.), Die dunklen Anfänge 366–402.

Lebenswelt der Paulusschüler

Als Schüler des Paulus werden hier die Verfasser der sog. deuteropaulinischen Briefe verstanden, nämlich des Briefes an die Kolosser, die Epheser und des zweiten Briefes an die Christen in Thessalonike. Alle drei Briefe tragen den Namen des Apostels, sie unterscheiden sich aber im Inhalt und im Stil deutlich von den authentischen Paulusbriefen. Sie zählen zur literarischen Kategorie der Pseudepigraphie, die in der antiken Kultur weit verbreitet war. Darin schrieb ein Autor im Namen und der Autorität eines berühmten Lehrers, ohne dessen Lehren bewusst verfälschen zu wollen. Der Autor war sich sicher, die Intentionen des Lehrers weiter zu führen, so war es auch bei den Philosophen üblich. Mit der Bezeichnung Deuteropaulinen wird gesagt, dass diese Briefe neben und in der Nähe zu Paulus verfasst worden sind.

Die pseudepigraphischen Schriften finden wir in der griechischen und in der jüdischen Kultur. So wurden bei den Griechen Schriften im Namen des Hippokrates, des Plato, des Aristoteles, des Pytagoras u.a. verfasst, jüdische Schriften beriefen sich auf die Autorität des Mose, des Baruch, des Henoch, des Esra u.a. Die frühchristliche Pseudepigraphie hatte ihren Höhepunkt zwischen 60 und 100 n.Chr., als sich in den Gemeinden erst die Strukturen von Ämtern bildeten. Sie hatte auch die Funktion, gegen neue oder falsche Interpretationen des Evangeliums aufzutreten. Die Berufung auf die Autorität des Paulus lässt die Existenz einer Paulus-Schule der christlichen Verkünigung in der Stadt Ephesos sehr wahrscheinlich erscheinen. Zu dieser Schule gehörten die Verfasser dieser drei Briefe.

Zeitlich sind diese Briefe schon der dritten Generation von Christen zuzuordnen, in der die apostolische Tradition der Lehre in einer sich verändernden Zeitsituation bewahrt werden sollte. Gleichzeitig musste auf neue Fragen und Probleme der Lebensgestaltung eine Antwort gefunden werden. Dies ist die Ausgangslage dieser drei nachpaulinischen Briefe.

Kolosserbrief

Dieser Brief gibt als Verfasser Paulus und Timotheus an, doch der Stil und einige inhaltliche Aussagen verweisen auf einen nachpaulinischen Autor. Das zentrale

Thema des Briefes ist die Bedeutung des Heilswerkes Jesu Christi für die Menschenwelt und den Kosmos. Denn der Gesalbte Gottes ist der „Erstgeborene vor aller Schöpfung", in ihm sei das Weltall geschaffen worden und in ihm habe es Dauer und Bestand. Als Herr der Schöpfung und Vermittler zu Gott herrsche der Christus über alles Geschaffene, die sichtbare und die unsichtbare Welt. Er sei das Haupt aller unsichtbaren Mächte, denn er herrsche über die kosmischen Gewalten, durch ihn existiere überhaupt der Kosmos (Kol 1,15–22).

Dies ist ein Text aus einem liturgischen Hymnus der Christengemeinde, der ganz deutlich die Logos-Lehre des Philo von Alexandria verarbeitet hat. Denn alles, was hier von Christus ausgesagt wird, hatte Philo vom ewigen Weltgesetz (logos) gesagt, es handelt sich fast um wörtliche Zitate. Schon Heraklit und dann die Stoiker lehrten vom ewigen Weltgesetz (logos), nach dem der Kosmos und die Menschenwelt gestaltet seien. Diese Lehren des Philo sind aus Alexandria über christliche Missionare nach Kleinasien gekommen, wo sie in den christlichen Gemeinden dankbar aufgenommen wurden. Denn durch die Identifikation des griechischen logos mit dem Gesalbten Gottes wurde für Griechen ein neuer Zugang zum christlichen Kultheros möglich.[1]

Der Brief fährt fort, dass die Christen in der Taufe mit Christus gestorben und zu einem neuen Leben aufgestanden seien (Kol 2,12–13). Sie seien innerlich verwandelt worden, sodass die Kräfte des Kosmos nicht mehr über sie herrschen können. Dies ist deutlich die Lehre der griechischen Mysterien, die hier von den Christen übernommen wurde. Diese richten nun ihren Blick nach oben, wo der Christus herrscht. Nach diesem Text sind die Gläubigen schon mit Christus auferstanden, was Paulus in seinen Briefen nie gelehrt hatte, denn für ihn lag die Auferstehung erst in der Zukunft. Für den Kolosserbrief bildet die Gemeinschaft der Glaubenden einen kosmischen Heilsraum, denn Christus sei das"Haupt" des kosmischen „Leibes". Der Mythos vom kosmischen „Urmenschen" wurde durch das hellenistische Judentum vermittelt.[2]

Paulus wird als Diener am Leib Christi beschrieben, der den Christen das Geheimnis des göttlichen Willens offenbart. Der Glaube wird als treues Festhalten an der überlieferten Lehre verstanden. Der Verfasser des Briefes muss die meisten Paulusbriefe gekannt haben, denn die theologischen Lehren des Apostels sind ihm vertraut. Im Brief werden die Städte Kolossä, Ladicäa und Hierapolis genannt, vermutlich ist er im Umfeld dieser Städte in Kapadokien verfasst worden. Als anderer Abfassungsort kommt die Provinzhauptstadt Ephesos in Frage, wo die Paulusschule ein Zentrum hatte. Die im Brief bekämpfte Irrlehre könnte ähnlich wie im Galaterbrief des Paulus die judenchristliche Forderung der Torabefolgung für die Griechen gewesen sein. Der Brief düfte um das Jahr 70 verfasst worden sein.

---

[1] W. Röd, Der Weg I, 230–232. W. Nestle (Hg.), Die Nachsokratiker II, 293–307.

[2] Schnelle, Einleitung 330–334. R. Hoppe, Der Triumph des Kreuzes. Stuttgart 1994, 134–156.

Kolossä wird als Stadt in Phrygien bereits im 5. Jh. v.Chr. bei Herodot erwähnt, sie lag am Handelsweg von Ephesos nach Tarsos in Kilikien. Später wurde sie in der wirtschaftlichen Bedeutung von Laodicäa verdrängt. Tacitus berichtet, dass diese Städte und das nahe gelegene Hierapolis im Jahr 60/61 von einem Erdbeben zerstört wurden. Sie dürften bald danach wieder aufgebaut worden sein. Der Brief war vermutlich an die Christen in allen dreien dieser Städte gerichtet, dort lebten mehrheitlich Griechen, aber König Antiochos III. hatte dort auch jüdische Sippen angesiedelt. Folglich muss dort mit jüdischen und judenchristlichen Lehren gerechnet werden.[3]

Der Brief beginnt mit der Danksagung und Fürbitte, dann folgt der große Hymnus auf den kosmischen Christus, danach die Anwendung dieser Lehre auf das Leben der Christen. Dann folgen Auseinandersetzungen mit den Irrlehren, Tugend- und Lasterkataloge, sowie die Ordnungen für die Hausgemeinschaften. Die Kataloge der Tugenden und der Laster finden sich in ähnlicher Weise in den Lehren der Stoiker, sie wurden von den Christen übernommen. Die Hausordnungen regeln das friedvolle Zusammenleben in der antiken Lebenswelt. Von Interesse sind die bekämpften Irrlehren, welche die Beschneidung für Nichtjuden, die Einhaltung der jüdischen Speisevorschriften und die Verehrung der Elemente forderten. Hier lassen sich Spuren der neupythagoräischen Lehre und Riten von Mysterienkulten erkennen.

Der Grundgedanke des Briefes sagt nun, dass Jesus Christus die Herrschaft über den Kosmos, über die unsichtbaren Mächte und die Elemente (stoicheia) angetreten habe. Jetzt müssen die Christen nicht mehr vor den dämonischen Mächten zittern. Die Beschneidung der Männer, die sexuelle Askese und die Verehrung der jüdischen Engel seien für das Heil der Christen nicht mehr nötig. Der Brief lässt die Vielfalt der religiösen Bilderwelt im sozialen Umfeld dieser Christengemeinden erkennen. Nach dem Tod des Apostels war eine neue Orientierung für die Christen der dritten Generation notwendig geworden.[4]

Epheserbrief

Die Stadt Ephesos wurde um 1000 v.Chr. von jonischen Einwanderern auf einem Berg gegründet. Unter dem König Kroisos wurde auch die Ebene beim Tempel der Schutzgöttin Artemis besiedelt. Unter dem Diatochenfürsten Lysimachos wurde um 289 v.Chr. ein Teil der Stadt wieder auf den Berghang verlegt, der Hafen wurde neu ausgebaut. Im Jahr 19 v.Chr. wurde Ephesos durch den Kaiser Augustus zur Hauptstadt der Provinz Asia bestimmt, sie wurde zu einem Handelszentrum für ganz Kleinasien. Der Tempel der Göttin Artemis zählte zu

---

[3] A. Standhartinger, Studien zur Entstehungsgeschichte und Intention des Kolosserbriefes. Leiden 1999, 144–156.

[4] U. Schnelle, Einleitung 340–347. P. Müller, Anfänge der Pauluskirche. Zürich 1988, 118–129. A. Lindemann, Paulus im ältesten Christentum. Freiburg 1989, 144–160.

den sieben Weltwundern der antiken Kultur, diese archaische Göttin schützte die Stadt, die Wildtiere und die gesamte Natur, ihr wurden im Kult große Opfer dargebracht. Der Kaiser Augustus hatte im Jahr 29 v.Chr. bereits einen Doppeltempel für den ermordeten Julius Cäsar und für die römische Schutzgöttin Dea Roma errichten lassen.

In der Stadt wurden mehrere Mysterienkulte ausgeführt, der Kult des ägyptischen Gottes Serapis war weit verbreitet. Mit diesen Kulten mussten die frühen Christen konkurrieren, sie haben viele Elemente von dort übernommen, was an den Lehren des Johannesevangeliums gut zu erkennen ist. Die Stadt hatte große Marktplätze (agora), Thermen und Gymnasien, Rennbahnen und Theater. Der Kaiser Augustus hatte die große Agora im Osten neu gestaltet, dort war das Prytaneion mit dem ewigen Feuer, das Odeion für Versammlungen der freien Bürger und eine 160 Meter lange Säulenhalle mit drei Schiffen. Die Strasse der Kureten, der Priester der großen Göttin, führte vom Tempel zum Südtor der Stadt. In dieser großen Provinzhauptstadt entstanden zwei Schulen der christlichen Glaubensverküdigung, die des Paulus und die des Presbyters Johannes.

Auch der Brief an die Christen in Ephesos weist sprachliche Besonderheiten auf, Paulus erscheint als Empfänger der göttlichen Offenbarung. Die Gemeindestruktur hat sich gegenüber der Zeit des Apostels verändert, als Amtsträger gelten nun Apostel, Propheten, Evangelisten und Hirten. Die früheren charismatischen Ämter der Wundertäter, der Heiler, der Zungenrede werden nicht mehr erwähnt. Hirten und Lehrer dürften für den Unterricht in der Gemeinde zuständig gewesen sein, mit Propheten und Evangelisten sind wohl die Wanderlehrer gemeint. Auch hier ist von einer kosmischen Herrschaft des Christus die Rede, der zur rechten Seite des Weltgottes sitzt. Das durch Christus gewirkte Heil ist in der Gemeinschaft der Christen schon gegenwärtig und lebendig erfahrbar. Der Autor des Briefes war wohl ein griechischer Judenchrist aus der Schule des Paulus, denn er wollte die bedrohte Einheit zwischen den Judenchristen und den griechischen Christen retten.[5]

Der Brief dürfte zwischen 80 und 90 in Kleinasien, wohl im Umfeld der Stadt Ephesos verfasst worden sein. Er richtet sich an Christen in der Provinz Asia, bei denen es Spannungen zwischen den Judenchristen und den griechischen Christen gab. Die ersten sind bereits eine Minderheit, doch der Brief will beide Gruppen verbinden. Gegenüber den Mysterienkulten in der Region wird die Macht des Weltgottes über alle bösen und dämonischen Mächte betont. Die Christen werden zur Einheit ermahnt, deutlich wird zwischen der Lebensform des alten und des neuen Menschen unterschieden. Der Autor benutzte den Kolosserbrief bereits als Vorlage, was aus inhaltlichen Gemeinsamkeiten deutlich wird.

Das göttliche Heil wird unter den Christen bereits gegenwärtig erfahren, Christus sei die Fülle des Heilsgeschehens. Diese Ideen und Bilder sehen wir auch in den Anfängen der christlichen Gnosis, als auch in der Lehre des Philo. Der Kosmos

---

[5] M. Gese, Vermächtnis des Paulus. Tübingen 1997, 87–99. U. Schnelle, Einleitung 348–350.

wird auch dort als „vollendeter Mensch", als „vollkommenes Lebewesen" und als „göttlicher Sohn" bezeichnet. Die göttliche Fülle (pleroma) waltet im Kosmos und in der Menschenwelt. Die Gemeinschaft der Christen wird als „Leib Christi" und als „Braut Christi" gedeutet und mit einem himmlischen Bauwerk verglichen. Die Christen bilden den Raum, in dem die alles umspannende „Fülle Christi" wirksam ist. Die Lehre vom Abstieg und Aufstieg des göttlichen Erlösers (Eph 4,9–10) deutet auf frühe gnostische Ideen und Bilder hin.[6]

Auch in diesem Brief erkennen wir eine Vielfalt von religiösen Bildern und philosophischen Lehren, die den Glauben der Christen formen. Der Weltgott ist der Schöpfer des Weltalls, mit dem Christus herrscht er über alle Bereiche des großen und des kleinen Kosmos, über Engel und Dämonen, über die Mächte der Zeitepochen. Christus sei das Haupt der Kirche, die in seine kosmische Funktion einbezogen wird. Durch die Versöhnungtat des göttlichen Erlösers werde der Gegensatz zwischen den Juden und den Griechen aufgehoben. Der Sieg über die Mächte des Bösen sei bereits errungen, die Christen lebten im Raum des göttliches Heiles. Deswegen wird nicht mehr auf die Wiederkunft Christi geblickt, auch die kommende Zeit steht schon unter der Herrschaft des Erlösers.

Die Christen müssen das erfahrene Heil durch ein Leben der Nächstenliebe bewähren. Daher müssen sie sich im Lebenswandel deutlich von den Nichtchristen unterscheiden, zu Lüge, Zorn und Diebstahl dürfen sie sich nicht mehr hinreißen lassen. Die griechischen Götter dürfen sie nicht mehr verehren, in den Familien sollen sie einer von Männern geprägten Ordnung folgen. Die Frauen sollen sich den Ehemännern untordnen, diese aber müssen ihre Frauen lieben (Eph 5,21–33). Die Betonung der kosmischen Herrschaft Christi wurde als latente und versteckte Kritik am römischen Kaiserkult verstanden.

Zweiter Thessalonicherbrief

Auch dieser Brief unterscheidet sich literarisch und theologisch deutlich von den Paulusbriefen. Hier steht die erwartete Ankunft (parousia) Christi nicht unmittelbar bevor, sondern ist zeitlich aufgeschoben. Vor dieser Ankunft muss noch der Gegenspieler des Weltgottes auftreten, um die Menschen zum Bösen zu verführen. Erst dann wird Christus den letzten Sieg über die Mächte des Bösen erringen. Ob dieser Brief der Paulusschule angehört, ist nicht zu erkennen, denn es finden sich in ihm keine Lehren des Apostels weiter entwickelt. Er dürfte zwischen 90 und 100 in Kleinasien oder Makedonien verfasst worden sein. Eine ähnliche inhaltliche Thematik findet sich in zweiten Petrusbrief (3,1–13).

Die alte Zeitepoche dauert an, die Ankunft Christi ist nicht in Sicht. Inhaltlich kann vermutet werden, dass der erste Thessalonicherbrief des Paulus dem Schreiben als Vorlage diente. Seine Bilder zeigen eine apokalyptische Prägung,

---

[6] E. Faust, Pax Christi et Pax Caesaris. Göttingen 1993, 178–189. U. Schnelle, Einleitung 348–350. W. Elliger, Ephesus. In: LThK, Freiburg 2006, 704–706.

auch auf enthusiastische Prophetie wird verwiesen, denn da ist von der hemmenden Kraft (katechon) die Rede, welche die Wiederkunft Christi verzögert. Das alles entspreche dem göttlichen Willen. Mit der Wiederkunft des Erlösers ist das göttliche Gericht verbunden, in dem die Ungläubigen gerichtet werden. Die Christen müssen genäß ihrer göttlichen Erwählung leben, den Irrlehren müssen sie Widerstand entgegen setzen. Die Kerngedanken der paulinischen Theologie fehlen in diesem Brief.[7]

---

[7] U. Schnelle, Einleitung 363–374. F.W. Hughes, Early Christian rhetoric and 2 Thessalonians. Sheffield 1989, 200–210.

7 Lebenswelt der Synoptiker

Unter den Synoptikern verstehen wir die drei Evangelien nach Markus, nach Matthäus und nach Lukas, die einen gemeinsamen literarischen Stoff verarbeiten. Hier soll die Lebenswelt nachgezeichnet werden, in der diese Schriften entstanden sind. Jesus von Nazaret ist vermutlich im Jahr 30 gekreuzigt worden, doch seine Bewegung der Erneuerung ging nach seinem Tod weiter. Eine Gemeinde von Jesusjüngern in Jerusalem glaubte, dass Jesus sehr bald auf die Erde zurück kommen werde und dass dann die „Herrschaft Gottes" anbreche. Ihre Mitglieder hatten ihren Besitz zusammengelegt, sie versammelten sich zu den jüdischen Gebetszeiten im Vorhof des Tempels. Sie lebten in Einzelhäusern, nahmen aber gemeinsame Mahlzeiten ein und gaben einander Unterweisungen. Wenn sie öffentlich auftraten, wirkten sie wie Jesus Heilungen von Krankheiten (Apg 2,42–47).

Diese Gemeinde wurden von einem Zwölferkreis geleitet, viele Ansichten hatten sie mit den Essenern gemeinsam. Sie lasen die Prophetentexte und bezogen sie auf die Gegenwart. Auf diese Weise deuteten sie auch den gewaltsamen Tod Jesu. Als Riten hatten sie die Taufe für neue Mitglieder und ein gemeinsames Mahl, das auf das erwartete Gottesreich hinweisen sollte. Es scheint, dass Simon Petrus der erste Leiter dieser Gemeinde war, etwa von 30 bis 44. Als dieser durch den Widerstand jüdischer Gegner Jerusalem verlassen musste, hat Jakobus, ein enger Verwandter Jesu, die Leitung der Gemeinde übernommen. Im Jahr 62 wurde Jakobus von jüdischen Behörden zum Tod verurteilt. Wir sehen darin, dass die Jesusbewegung von einigen Vertretern der jüdischen Religion als gefährlich eingestuft wurde.[1]

Nun war die Urgemeinde von Jerusalem aber keine Einheit. Eine Gruppe um die „Zwölf" war noch stark am jüdischen Tempel und am Volk Israel orientiert. Eine andere Gruppe der sog. „Hellenisten" orientierte sich um die „Sieben", sie kritisierte den Tempelkult und wollte diesen für die griechische Kultur öffnen. Diese Gruppe musste um 35 aus Jerusalem fliehen, sie wurde von toratreuen Juden verfolgt. Ihr Anführer Stefanos wurde bei einem Aufruhr gesteinigt, die Gruppe flüchtete über Samaria und Phönikien nach Antiochia in Syrien. Dort war sie stark

---

[1] E. Trocme, Die ersten Gemeinden. In: L. Pietri (Hg.), Geschichte des Christentums I. Freiburg 2003, 57–64.

an der Bildung und Formung der christlichen Gemeinde beteiligt. Wir sehen, dass der alte Riss der jüdischen Kultur zwischen Ethnozentrismus und Öffnung für das Fremde mitten durch die Urgemeinde der Jesusbewegung ging.

Dieser 300 Jahre alte Riss begleitete in der Folgezeit die Entstehung des frühen Christentums, was wir an Paulus und seinen Gegnern ständig sehen können. Die Gemeinde in Jerusalem beanspruchte einen gewissen Vorrang vor den anderen Gemeinden, die in Samaria, in Galiläa, in Phönikien und im Umfeld von Palästina in der Folgezeit entstanden. Jakobus aus der Sippe Jesu dürfte zeitweise über Simon Petrus gestanden sein, obwohl sich seine Sippe erst spät der neuen Bewegung angeschlossen hatte. Die Hellenisten und das später entstandene Markusevangelium bestreiten den Vorrang des Jakobus. Dieser wurde 62 vom jüdischen Hohenpriester Hannas zum Tod verurteilt, was dann zur Absetzung des Hohenpriesters durch die römischen Behörden führte. Der Nachfolger des Jakobus in der Leitung der Gemeinde war Simeon, ein Cousin Jesu.

Die Urgemeinde in Jerusalem stand mehrheitlich der jüdischen Tora nahe, sie übernahm Lehren und Lebensformen der Pharisäer und der Essener.[2] Doch die sog. Hellenisten kritisierten den Tempelkult, sie wollten die jüdische Religion für die Griechen und für alle Völker öffnen. Sie prägten die entstehende Gemeinde in der Provinzhauptstadt Antiochia am Orontes. Diese Gemeinde wurde von Propheten und Lehrern geleitet, im Gottesdienst spielte das ekstatische Erleben eine wichtige Rolle. Bei den Kultmählern waren Griechen und Juden am selben Tisch vereint, was ein Gesandter des Jakobus aus Jerusalem beanstandete. In dieser Stadt wurden die Jesusjünger von ihrer Umwelt „Christen" genannt, weil sie sich im Glauben auf den „Gesalbten" (christos) Jesus bezogen. Es ist möglich, dass diese Benennung einen abwertenden Unterton hatte.

Paulus und Barnabas wurden von der Gemeinde in Antiochia ausgesandt und wohl auch mit Mitteln versorgt, um in den angrenzenden Regionen die Botschaft von Jesus Christus zu verkünden. Es ist möglich, dass das Evangelium des Matthäus im Umkreis der Gemeinde von Antiochia verfasst worden ist. Das Evangelium des Markus deutet sogar einen Bezug zu den „Hellenisten" an.[3]

Sammlung der Sprüche Jesu (Q)

Die Analysen der drei Evangelien nach Markus, Matthäus und Lukas machen die Hypothese wahrscheinlich, dass es unter den Jesusjüngern schon früh eine Sammlung der Lehrsprüche Jesu gab. Markus dürfte eine frühe Form dieser schriftlichen Sammlung gekannt haben, während Matthäus und Lukas sich auf eine spätere Form beziehen. Zum Inhalt dieser Sammlung gehören Berichte über die Anfänge des Wirkens Jesu, die sog. Bergpredigt oder Feldrede, die Sprüche des Täufers Johannes, die Geschichte des Hauptmanns von Kapernaum, die Reden über die

---
[2] E. Trocme, Die ersten Gemeinden 70–74.
[3] E. Trocme, Die ersten Gemeinden 80–88.

Sendung der Jünger und die Nachfole Jesu, Unterweisungen über das rechte Beten, Auseinandersetzungen mit den Gegnern, vor allem mit den Pharisäern, Sprüche vom rechten Bekennen, vom rechten Sorgen und Wachen, die Gleichnisse über das Reich Gottes und Sprüche über die Endzeit. Diese „Logienquelle" enthält überwiegend Predigten Jesu und wenig Erzählungen über sein Leben.[4]

Diese Redensammlung dürfte in Palästina entstanden sein, denn sie zielt primär auf das Volk Israel. Sie setzt die Verfolgung der Jesusjünger durch toratreue Juden in Judäa voraus. Der Zebedäussohn Jakobus ist vom König Agrippa I. im Jahr 44 hingerichtet worden. Zu dieser Zeit haben sich die Jesusjünger längst für die griechische Kultur geöffnet. So dürfte diese Spruchsammlung zwischen 40 und 50 entstanden sein, sie muss in einer griechischen Gemeinde dem Aramäischen ins Griechische übersetzt worden sein. Es ist wahrscheinlich, dass es schon zur Zeit Jesu Sammlungen aramäischer Sprüche gab. Die Endfassung der griechischen Übersetzung dürfte zwischen 50 und 60 erfolgt sein.[5]

Die Logienquelle lag für Matthäus und für Lukas in schriftlicher Form und in griechischer Sprache vor. Für kleine Abweichungen der Sprüche lassen sich verschiedene Varianten vermuten. Es muss mit mehreren Schichten bei der Entstehung dieser Sammlung gerechnet werden, die Sprüche wurden von den Wanderlehrern und in den Ortsgemeinden benutzt. In ihnen spiegelt sich die zunehmende Ablehnung der Jesusjünger durch toratreue Juden und der sich anbahnende Bruch mit der Synagoge.

Die Träger der Spruchquelle waren zum einen die Wandercharismatiker, zum andern die sesshaften Jesusjünger. Die ersten thematisierten die Heimatlosigkeit und den Verzicht auf Gewalt, die sesshaften Jünger sammelten Sprüche über das Zusammenleben in der Sippe. Den Jüngern wird das göttliche Heil zugesagt, ihren Gegnern wird das göttliche Gericht angedroht. Allgemein wird die moralische Umkehr vom sündhaften Leben gefordert. Der erste Evangelist Markus hat diese späte Form der Spruchquelle wahrscheinlich nicht gekannt.[6]

Markusevangelium

Der Verfasser des ältesten Evangeliums erwähnt seinen Namen nicht, erst eine spätere Evangelienüberschrift nennt ihn Markos. Seine Muttersprache war griechisch, er schrieb für eine Christengemeinde, die mehrheitlich aus Griechen bestand. Vermutlich konnte er etwas Aramäisch, denn er übersetzte aramäische und herbräische Ausdrücke ins Griechische. Die jüdischen Riten musste er erklären, vielleicht stammte der Autor aus Syrien, aus dem Umfeld von Antiochia. Auffallend sind viele lateinischen Wörter in seinem griechischen Text, das griechische Geld wird in das römische Münzsystem übertragen (Mk 12,42).

---

[4] U. Schnelle, Einleitung 220–225.
[5] I. Broer, Einleitung in das Neue Testament I. Würzburg 1998, 56–68.
[6] U. Schnelle, Einleitung 228–234. I. Broer, Einleitung I, 60–68.

Als Abfassungsorte kommen Antiochia oder Galiläa oder die Dekapolis in Frage, auch eine Region in Kleinasien ist denkbar. Zeitlich wurde das Evangelium um das Jahr 70 verfasst, wahrscheinlich knapp nach der Zerstörung des jüdischen Tempels durch römische Truppen. Darauf deuten einige Sprüche hin. Die griechische Gemeinde des Markus versteht keine jüdischen Riten und Bräuche mehr, hebräische und aramäische Ausdrücke müssen übersetzt werden.[7]

Diese Gemeinde betreibt Mission bei den Griechen, sie erzählt, dass bereits Jesus in Galiläa auch die Griechen angesprochen habe (Mk 5,1–20). Er habe die jüdischen Ritualvorschriften aufgehoben (7,1–23), eine syrische Frau habe er geheilt (7,24–30) und die Unterscheidung von Rein und Unrein habe er beendet. Auch mit den Griechen hatte er Tischgemeinschaft, diese öffneten sich für seine Botschaft. Der römische Hauptmann habe unter dem Kreuz die Gottessohnschaft Jesu ausgesprochen (15,39). Jetzt sei der heilsgeschichtliche Vorrang der Juden auf alle Völker übergegangen (12,9), das Evangelien werde nun allen Menschen verkündet (13,10).

Wie die Jünger von Jesus gesandt wurden, so soll nun die christliche Gemeinde das Evangelium weitertragen. Die Frage nach reinen und unreinen Speisen (Mk 7) weist auch auf Judenchristen in der Gemeinde hin. Doch die Tischgemeinschaft umfasst jetzt Juden und Griechen (2,15f; 7,24ff), im Zentrum der christlichen Sabbatbeobachtung stehe jetzt der Mensch (2,23–28). Markus warnt von Charismatikern und Propheten, welche den Ort und die Zeit der Wiederkunft Christi verkünden wollen (13,21), er nennt sie Lügenpropheten. Der Jüdische Krieg (66 bis 70) und die Zerstörung des Tempels hatte bei Teilen der Gemeinde eine gesteigerte Endzeiterwartung ausgelöst.[8]

Allein Gott kenne den Termin für das Kommen des Menschensohnes. Auf Drangsale und Verfolgungen durch die jüdische und griechische Umwelt wird hingewiesen (4,17; 10,30; 13,19), die Christen werden zu Leidensbereitschaft aufgefordert.[9]

Markus verfasste ein Evangelium (euangelion), eine „frohe Botschaft" von den Worten und Taten Jesu. Darin sieht er den gekreuzigten Jesus als den göttlichen Sohn und Gesalbten, er stellt seinen Lebensweg dar. Durch die Taufe, durch die Verklärung auf dem Berg und das Bekenntnis des römischen Hauptmanns unter dem Kreuz wird Jesus als göttliches Wesen erkennbar. Damit wurde Markus zum Schöpfer einer literarischen Gattung Evangelium, das allerdings in der griechischen Kultur viele Vorformen hatte.

Dazu gehört die griechische Aretologie, welche das tugendhafte Leben großer Helden und Lehrer beschrieb. Die Griechen kannten eine Vielzahl von göttlichen Menschen, auch Frauen waren darunter. In den griechischen Romanen und Biographien wurden erfolgreiche Menschen (Alexander, Plato, Berenaike) als göttliche

---

[7] I. Broer, Einleitung I, 73–96. G. Theißen, Die Religion 236–242.
[8] G. Theißen, Die Religion 236–241. I. Broer, Einleitung I, 79–90.
[9] U. Schnelle, Einleitung 240–248.

Menschen dargestellt. Für die griechischen Christen war also die Vorstellung vom göttlichen Sohn und Offenbarer nichts Fremdes.

Anders verhielt es sich bei den Juden, sie sahen nur in ihren alten Königen (David) göttliche Söhne. Aber auch sie kannten die Biographien von gerechten und frommen Menschen, zumeist Männern, die in der Furcht Jahwes lebten. Sie kamen durch ihr gerechtes Leben dem Bundesgott nahe, wurden aber nie als göttliche Söhne oder Töchter angesprochen. Bei den Griechen kamen die moralisch wertvollen oder politisch starken Menschen dem Göttlichen ungleich näher als bei den Juden.[10]

So kommt nach heutiger Sichtweise die hellenistische Biographie dem christlichen Evangelium am nächsten. Denn auch darin werden geschichtliche und biographische Erzählungen mit lehrhaften Inhalten verbunden. In den Evangelien verbinden sich die narrativen Grundstrukturen mit den kerygmatischen Inhalten, mit bestimmten Lehren und moralischen Wertvorstellungen. Die christlichen Evangelien beanspruchten, von einer Wende in der menschlichen Geschichte zu berichten, damit bildeten sie eine eigene Literaturgattung in der antiken Kultur.[11]

Nun wird angenommen, dass Markus eine rudimentäre Sammlung von Sprüchen Jesu gekannt haben könnte, aber nicht die Endfassung der Spruchsammlung, die später Matthäus und Lukas benutzten. Zum anderen wird angenommen, dass Matthäus und Lukas das Evangelium des Markus und die griechische Spruchsammlung (Q) kannten und benutzten, dass sie aber noch literarisches Sondergut verwendeten.

Das Markus-Evangelium ist in drei Teile gegliedert: Zuerst wird das öffentliche Wirken Jesu in und außerhalb von Galiläa dargestellt, dann folgt sein Weg zum Leiden, sein Aufenthalt und Sterben in Jerusalem. Im ersten Teil wird Jesu Verkündigung des Reiches Gottes in Galiläa dargestellt, sein erstes Wirken in den Dörfern, Streitgespräche mit den Gegnern, Heilungen von Kranken, Berufungen von Jüngern, sein Verhältnis zur eigenen Sippe. Es folgen Erzählungen von Wundertaten, der Abschluss der Predigt in Galiläa, Jesu Wirken unter den Nichtjuden, die Aufhebung des Unterschieds zwischen Rein und Unrein, Heilungen an Nichtjuden, die Speisung seiner Zuhörer und die Rückkehr nach Galiläa.

Der zweite Teil beginnt mit dem Bekenntnis des Petrus und mit verschiedenen Anküdigungen des Leidensweges. Es folgen Reden über die Nachfolge der Jünger im Leiden, die Erzählung von der Verklärung auf dem Berg und Berichte über Wundertaten. Belehrungen der Jünger werden mit dem Bericht von der Wanderung nach Jerusalem verbunden.

Der dritte Teil beginnt mit dem Einzug in die heilige Stadt, es folgt die Erzählung von der Reinigung des Tempels, dann werden Streitgespräche mit den Gegnern und Lehrgespräche mit den Jüngern berichtet. Es folgt die Rede über die letzten Dinge der Weltgeschichte, dann wird die Leidensgeschichte mit der

---

[10] G. Theißen, Die Religion 236–241. I. Broer, Einleitung I, 83–93.
[11] U. Schnelle, Einleitung 180–185. I. Broer, Einleitung I, 86–96.

Kreuzigung dargestellt, es folgt die Erzählung vom leeren Grab, damit schließt das Evangelium. Später wurden in Handschriften ein Schlussteil (16,9–20) angefügt, der das Erscheinen des auferstandenen Jesus und Jüngeraussendungen berichtet. Die beiden Codices Vaticanus und Sinaiticus kennen diesen Schlussteil nicht. Da in Mk 14,28 und 16,7 Erscheinungen in Galiläa angekündigt werden, muss damit gerechnet werden, dass der ursprüngliche Schluss des Evangeliums verloren gegangen ist.[12]

Für Markus ist der irdische und gekreuzigte Jesus mit dem auferstandenen Christos identisch, sein Weg führte von der Taufe zur Kreuzigung und zur Auferstehung aus dem Grab. Galiläa war der Ort der endzeitlichen Offenbarung Gottes, Jerusalem wird zum Ort der Feindschaft gegen Jesus, das göttliche Heil ist von den Juden zu den Griechen übergegangen.

Markus verarbeite ältere Traditionen, die ihm vorlagen, einen Bericht vom Leiden Jesu, eine Sammlung von Streitgesprächen mit Gegnern, vielleicht eine Sammlung von Wundergeschichten. Die Streitreden spiegeln die Konflikte zwischen Jesusjüngern und Juden, zum andern zwischen Judenchristen und griechischen Christen. Der Titel „Sohn Gottes" lässt sich aus einem Buch der griechischen Bibel herleiten, aus Weish 2,13.18, dort erscheint der leidende Gottesknecht als göttlicher Sohn (hyios theou) bzw. als göttliches Kind (pais theou). Dieses Buch gehörte aber nicht zur jüdischen Bibel, folglich konnten orthodoxe Juden in Jesus keinen göttlichen Sohn sehen.[13]

Ob Markus gegen Christen argumentiert, welche die Kreuzigung des göttlichen Sohnes leugneten (Doketen), bleibt unklar. Er spricht aber von Lügenpropheten, die sich als Ekstatiker und als Botschafter des zu Gott erhöhten Christus verstanden (13,6.21f). Es gab offenlich frühe Christen, die sich ein Scheitern und Sterben eines göttlichen Sohnes nicht vorstellen konnten. Folglich glaubten sie, der gekreuzigte Jesus sei mit dem auferstandenen Christus nicht identisch gewesen, Jesus habe nur zum Schein gelitten.

Die Jünger werden zur Nachfolge Jesu im Leiden aufgerufen. Dann werden sie gesendet, das Werk Jesu in der Welt fortzusetzen. Lange Zeit verstanden sie Jesu göttliches Wesen nicht, deswegen galten sie als verstockt und hartherzig. Erst mit dem Messiasbekenntnis des Petrus (8,29) änderte sich die Sichtweise der Jünger. Aus den Leidensweissagungen müssen sie lernen, dass Leiden und Kreuz zum Weg des göttlichen Sohnes gehören.[14]

Die Schweigegebote an die Jünger und an die Dämonen sagen wohl, dass Jesu göttliche Sendung nicht von seinen Wundertaten her verstanden werden kann. Jesus war nicht primär Wundertäter und Heiler, sondern er hat durch sein Leiden am Kreuz den göttlichen Heilswillen offenbart. Erst die Erfahrungen von Kreuz und Auferstehung ermöglichen die volle Erkenntnis der Person und der Sendung

---

[12] G. Theißen, Die Religion 236–241. U. Schnelle, Einleitung 245–250.
[13] I. Broer, Einleitung I, 89f.
[14] U. Schnelle, Einleitung 241–260. G. Theißen, Die Religion 236–240.

Jesu. Die Geheimnistheologie des Markus lässt sich als eine Theologie des Kreuzes verstehen.

Daher sagt der römische Hauptmann unter dem Kreuz, dass Jesus ein göttlicher Sohn war. Ein Römer hat erstmalig dieses Bekenntnis ausgesprochen, damit wird der Übergang vom jüdischen „Messias" (Christos) zum griechisch-römischen „Sohn Gottes" angezeigt. Markus zeigt, dass anfangs viele Jesusjünger und Christen große Probleme hatten, einen Gekreuzigten als göttlichen Offenbarer zu sehen. Vorbilder für diese Vorstellung gab es in der jüdischen Kultur in den Erzählungen vom leidenden Gottesknecht, auch in der griechischen Kultur mussten die Kulturbringer und Erlösergestalten (Herakles, Asklepios) leiden.[15]

Es ist möglich, im Messiasgeheimnis des Markus eine Schutzbehauptung für Jesus und die Jünger zu sehen (G. Theißen). Denn solange Jesu Messianität und Gottessohnschaft nicht öffentlich bekannt sind, gibt es keine Verfolgung durch die Gegner. Sobald sie aus dem Schutz des Geheimwissens heraustreten, beginnt der Weg der Leiden und des Kreuzes. Nun wird der Gekreuzigte als der kommende „Menschensohn" erwartet.

Gewiss hat das Evangelium des Markus auch eine politische Dimension, sie ergibt sich aus dem Begriff des „Evangeliums" (Kaiserritual) und der „Herrschaft Gottes". Damit wird die Alleinherrschaft der Römer aufgehoben und die göttliche Abstammung des Kaisers in Frage gestellt. Das Grundbekenntnis der frühen Christen lautete: Nicht die Herrscher und Könige, nicht die Starken und Reichen, nicht die Gewaltmenschen sind „göttliche Söhne" (und „Töchter"), sondern die Armen und Schwachen, die Liebenden und die Friedvollen sind es. Auch hier werden Lebenswerte der unteren sozialen Schichten auf die Ebene der Herrschenden gehoben.[16]

Matthäusevangelium

Der Autor dieses Evangeliums bindet seine Gemeinde eng an einen Jesusjünger und ein Mitglied des Zwölferkreises, er dürfte in dieser Gemeinde als Lehrer tätig gewesen sein. Denn er richtet sein Werk an die gesamte Gemeinde und an andere Lehrer. Dieses Evangelium nimmt eine vermittelnde Position zwischen den Judenchristen und den griechischen Christen ein. Denn das göttliche Heil gilt nun allen Menschen und Völkern, die jüdischen Ritualvorschriften sind außer Kraft gesetzt, die kasuistische Moral der Pharisäer wird hart kritisiert. Jesus stellt sich über die Autorität des Mose und kritisiert die jüdische Tora, die Gemeinde lebt bereits im deutlichen Abstand zur Synagoge. Die rituellen Vorschriften für den Sabbat haben ihre Gültigkeit verloren.

Anderseits wird das jüdische Gesetz grundsätzlich bejaht, der Autor greift ständig auf Zitate aus der jüdischen Bibel zurück und siehte diese in Jesus erfüllt. Die

---

[15] D. Dormeyer, Das Markusevangelium als Idealbiographie von Jesus Christus. Stuttgart 1999, 119–122. U. Schnelle, Einleitung 245–260.

[16] D. Dormeyer, Das Markusevangelium 250–264. G. Theißen, Die Religion 236–240.

Mission Jesu wird auf Israel begrenzt, die Gemeinde hat noch einen Bezug zum Sabbat und zur jüdischen Lehre. Jesus wird dem Mose gegenüber gestellt. Die Sprachform, der Aufbau der Bibelzitate, die Argumentation und die Wirkungsgeschichte des Evangeliums lassen auf judenchristliches Denken schließen. Der Autor dürfte als griechisch gebildeter Judenchrist in der Diaspora gelebt haben, seine Gemeinde hatte sich längst für die Mission zu den Griechen geöffnet. Die Abgrenzungen zwischen Judenchristen und griechischen Christen werden hier fließend.[17]

Die judenchristlichen Traditionen und die Bezeugung des Evangeliums durch die Didache und Ignatios von Antiochia lassen Syrien als Entstehungsort vermuten. Die Zerstörung der heiligen Stadt Jerusalem im Jahr 70 ist bereits vorausgesetzt (22,7; 21,42), so könnte das Evangelium um das Jahr 90 verfasst worden sein. Die Abgrenzung von der jüdischen Synagoge hatte Verfolgungen der Judenchristen durch toratreue Juden zur Folge. Die Schriftgelehrten und Pharisäer werden als Heuchler dargestellt, das alte Israel sei von Gott verworfen worden, jetzt ergehe das göttliche Heilsangebot an alle Völker. Die Christen werden aufgefordert, im Glauben und in der Liebe nicht zu ermatten, ihre Kleingläubigkeit wird kritisiert. Denn sie verwirklichen mit ihrem Leben die ganze Tora und die bessere Gerechtigkeit, sie blicken auf das göttliche Gericht, ihr Glaube wird an den Früchten ihres Handelns erkannt.[18]

Gewarnt wird vor Falschaposteln, welche das ganze jüdische Gesetz ablehnten. Die Gemeinde hat noch keine institutionalisierten Ämter, in ihr wirken Propheten, Schriftgelehrte und Charismatiker (10,8). Simon Petrus gilt als der erste Apostel und als Sprecher des Jüngerkreises, er ist das Vorbild des richtigen Glaubens. Wie die Gemeinde so hat auch er die Vollmacht des Bindens und des Lösens (16.19; 18,18). Petrus hat sich als Zeuge des Ostergeschehens einem freiheitlichen Judentum geöffnet, das nun auch den Griechen die Botschaft Jesu verkündigt. Im ganzen Evangelium erkennen wir den Weg der judenchristlichen Gemeinde bis zu ihrer Öffnung für die griechische Kultur und Lebensform. Die Gemeinde repräsentiert ein liberales Judenchristentum in der Diaspora, d.h. in der griechischen Welt.

Der Aufbau des Evangeliums beginnt mit der Kindheitsgeschichte Jesu, dann folgt die Erzählung vom Täufer Johannes, von der Taufe und der Versuchung Jesu. Die Bergpredigt bildet einen eigenen Abschnitt in der moralischen Unterweisung. Dann folgen Berichte von Jesu Wundertaten, die Rede bei der Aussendung der Jünger, Erzählungen von Heilungen, Streitgespräche mit jüdischen Gegnern. Einen Schwerpunkt bilden die Gleichnisse, dann werden Jesu Wanderungen in Galiläa erzählt. Die Rede an die Jüngergemeinschaft bildet den Abschluss seiner Wirksamkeit in Galiläa.

Danach folgen der Weg Jesu mit seinen Jüngern nach Jerusalem, Berichte über sein Wirken in der heiligen Stadt, die Erzählung seiner Leidensgeschichte

---

[17] U. Schnelle, Einleitung 261–264. I. Broer, Einleitung I, 102–110.
[18] G. Theißen, Die Religion 242–246.

und Berichte von den Erscheinungen des Auferstandenen vor den Jüngern. Im ganzen Werk gehen Erzählungen und Redenteile ständig ineinander über. Der Autor orientiert sich bei seiner Darstellung am Evangelium des Markus, das er kannte. Doch er beginnt mit einer Vorgeschichte und Genealogie des Erlösers, mit Erzählungen von der Geburt und Kindheit Jesu.[19]

Am Ende des Evangeliums stehen die Erzählungen vom Grab Jesu und von den Erscheinungen des Auferstandenen, sowie sein Missionsbefehl an die Jünger. Nun weitet sich die Perspektive von der jüdischen Lebenswelt zur Welt aller Völker und Menschen. Jesus erscheint als der Messias des Wortes und der Taten, es wird die Gründung der christlichen Kirche (ekklesia) beschrieben, die nun aus Juden und Griechen besteht und sich vom Judentum trennt. Der Autor komponierte aus der Logienquelle und aus anderen Spruchsammlungen große Reden Jesu.

Als Quellen für sein Werk benutzte der Autor eine leicht überarbeitete Fassung des Markusevangeliums (Deuteromarkus), die Sammlung der Sprüche Jesu (Q), vermutlich eine Sammlung von Bibelzitaten, die er auf Jesus bezieht. Damit wird die Heilsgeschichte nach dem Modell der göttlichen Verheißung und Erfüllung gedeutet. Die Reden thematisieren das Tun der Gerechtigkeit, die Zusage des göttlichen Heiles, die Aufforderung zur Nachfolge Jesu und zur Verkündigung des neuen Glaubens. Der Blick auf die Endzeit stellt den Ernst des gelebten Glaubens dar.

Die Erscheinungen des Auferstandenen vor den Jüngern, seine göttliche Inthronisation zum neuen Weltherrscher und sein Missionsbefehl bilden den Schluss und Zielpunkt des Evangeliums. Dabei wird auf Tauformeln und Lehrsprüche der Gemeinde zurück gegriffen. Jesus ist zum Herrn der ganzen Welt und aller Völker geworden, durch die Auferstehung ist ihm universelle Vollmacht zugewachsen. Der Weltgott überträgt dem göttlichen Sohn die Vollmacht über das Irdische und das Himmlische. Im irdischen Jesus ist der Bundesgott zu den Menschen gekommen (Emmanuel), seit der Auferstehung ist der göttliche Sohn bei den Menschen. Er ist der einzige wahre Lehrer, seine Gebote gelten für die ganze Welt.[20]

Die Vollmacht des Auferstandenen ermächtigt die Jünger und die Gemeinde, in allen Ländern den neuen Glauben zu verkünden. Im Lebensweg Jesu zeigt sich Gottes Weg zu den Nichtjuden, Jesus wird als ein Sohn Abrahams gezeichnet, doch der Weltgott kann aus allen Völkern seine Kinder berufen. Die im Stammbaum Jesu erwähnten Frauen (Tamar, Rut, Rahab, Frau des Uria) sind alle Nichtjüdinnen, sie kommen von fremden Völkern. Daher gilt Gottes Heilshandeln von Anfang an allen Menschen, nicht allein den Juden. Nichtjuden beten das Jesuskind an, während der jüdische König es töten will.

---

[19] U. Schnelle, Einleitung 268–272. H. Köster, Einleitung in das Neue Testament im Rahmen der Religionsgeschichte und Kulturgeschichte der hellenistischen und römischen Zeit. Berlin 1980, 66–80.

[20] U. Schnelle, Einleitung 274–276. G. Theißen, Die Religion 242–246. U. Luz, Die Jesusgeschichte des Matthäus. Neukirchen 1993, 134–145.

Der Autor lebt in einer Gemeinde aus Judenchristen und griechischen Christen, der römische Hauptmann wird als Vorbild des rechten Glaubens gesehen. Die Lehre Jesu ist die verbindliche Auslegung des göttlichen Willens, in ihr kommt das jüdische Gesetz zur Erfüllung. Im Wort über die Ehescheidung (5,32f) zeigt Jesus die Vollmacht, die jüdische Tora außer Kraft zu setzen, doch die Verbote der Tötung und des Ehebruchs hat er verschärft. Der jüdische Grundsatz der Widervergeltung und der Rache wird durch das Gebot der Nächstenliebe und der Feindesliebe ersetzt. Sowohl die Toraverschärfung, als auch die Aufhebung der Tora werden mit Jesu göttlicher Vollmacht begründet.

Jesus beansprucht, die ursprüngliche Intention der jüdischen Tora wieder freizulegen, die Mitte der Tora liegt im allgemeinen Liebesgebot. Die bessere Gerechtigkeit und die moralische Vollkommenheit sind mit der sog „Goldenen Regel" der Moral identisch (7,12). Sie gewinnt ihre konkrete Gestalt in der Barmherzigkeit gegenüber den Schwächeren, in der uneingeschränkten Gottesliebe und Nächstenliebe, und in der geforderten Versöhnung mit den Feinden. Das Tun der Liebe und der Gerechtigkeit ersetzt die Erfüllung den vielen jüdischen Einzelgebote. Christen übernehmen für ihre Gemeinschaft Verantwortung, dadurch wird das „Reich der Himmel".[21]

Die moralischen Forderungen werden durch den Blick auf das göttliche Gericht motiviert, Jesus wird als Menschensohn und göttlicher Richter wieder kommen, um die Berufenen von den Auserwählten zu trennen. Das moralische Verhalten den Mitmenschen gegenüber ist das entscheidende Kriterium des christlichen Glaubens. Die Christen sind überzeugt, dass der auferstandene Jesus bei ihnen ist und ihr Handeln und Erleiden begleitet. Die Nachfolge des Jesusweges erfordert Mut in den Bedrängnissen, die Kraft zur Demut und die Fähigkeit der Versöhnung. Das Reich Gottes wächst unter den Menschen durch die Befolgung von vernünftigen Geboten.

Die politische Macht und Herrschaft wird im Programm Jesu schrittweise in ein Ethos des friedvollen Zusammenlebens transformiert, die Lebenswerte der sozialen Unterschichten verbinden sich mit den Ansprüchen der oberen sozialen Schichten. Das Evangelium verbindet Vorstellungen der Judenchristen und Lehren der griechischen Christen, es leistet einen wichtigen Beitrag zum Dialog und Austausch zweier Kulturen.[22]

Lukasevangelium

Das Lukasevangelium wird im literarischen Zusammenhang mit der Apostelgeschichte gesehen. Der Verfasser ist unbekannt, er dürfte ein griechischer Christ gewesen sein, der aber noch eng mit der Synagoge in der Diaspora verbunden war. Er ist mit der griechischen Bildung und der griechischen Bibelübersetzung

---

[21] U. Schnelle, Einleitung 276–278. U. Luz, Die Jesusgeschichte 134–150.
[22] U. Luz, Die Jesusgeschichte 123–144.

(Septuaginta) vertraut. Weil er die Theologie des Paulus kaum kennt, kann er nicht aus dessen Schule stammen. Sein Evangelium dürfte er um das Jahr 90 verfasst haben, es gibt die Perspektive der dritten Generation von Christen wieder. Bewusst werden Lehren der Judenchristen in das Werk integriert, es könnte in Kleinasien (Ephesos) oder in Rom entstanden sein. Denn das Doppelwerk des Evangeliums und der Apostelgeschichte gibt einen Hinweis auf die Haupstadt des Imperiums.

Die Empfänger des Evangeliums waren griechische sprechende Christen, die sich von der jüdischen Tora befreit haben. Der Autor weiß sich der griechischen und römischen Geschichtsschreibung verpflichtet, die er kannte. In der christlichen Gemeinde wird die Wiederkunft Christi nicht mehr als nahe bevorstehend erwartet, sie bemüht sich um den Ausgleich zwischen den Armen und den Reichen. Der Umgang mit Geld und Besitz wird ein zentrales Thema in der ethischen Unterweisung, die Wohlhabenden werden aufgefordert, ihren Besitz mit den Armen zu teilen, denn das Geben von Gütern sei seliger als das Empfangen.

In der Nachfolge Jesu lässt sich eine Gemeinschaft von Reichen und Armen verwirklichen. Die Christen sehen sich in einem loyalen Verhältnis zum römischen Staat, denn im Prozess gegen Jesus hatte der Prokurator dreimal die Unschuld des Angeklagten festgestellt (23,4.14f). Folglich seien allein die toratreuen Juden am Tod des Erlösers schuld. In der Apostelgeschichte wird Paulus als gerechter römischer Bürger dargestellt, den die römischen Behörden vor den jüdischen Verfolgern beschützen (Apg 19,23–40). Der Autor ringt für seine Gemeinde um die Erhaltung der freien Lebensgestaltung, denn sie lebt im Spannungsfeld zwischen der jüdischen Synagoge und den römischen Behörden. Eine akute Verfolgungssituation ist nicht zu erkennen, es wird aber schon vor falschen Lehren gewarnt.[23]

Inhaltlich beginnt das Evangelium mit einem Vorwort, dann folgt die Geschichte von der Geburt des Täufers Johannes und Jesu. Es wird die Schulung Jesu beim Täufer, das Erleben der Taufe und die Versuchung durch den Teufel erzählt. Ausführlich wird das Wirken Jesu in Galiläa beschrieben, dann folgt seine Wanderung mit den Jüngern nach Jerusalem. Sein Auftreten in der jüdischen Tempelstadt und seine Leidensgeschichte bilden den Höhepunkt des Werkes. Zum Schluss werden verschiedene Erscheinungen und Begegnungen des auferstandenen Jesus mit den Jüngern berichtet. Das Werk setzt die Kenntnis des Markusevangeliums und der Redensammlung (Q) voraus. Der große Wanderbericht Jesu gehört zum Sondergut des Lukas, dort werden auch Spruchüberlieferungen integriert (9,51 bis 19,27).

Die Zeit des Leidens Jesu sieht Lukas als Weg zur göttlichen Verherrlichung, die mit der Auferstehung aus dem Tod und der Auffahrt zum Himmel den Höhepunkt erreicht. Der Autor nennt im Vorwort seine literarischen und theologischen Absichten, er verbindet in seinem Werk historische Daten mit langen Redekompositionen. Literarisch gesehen lässt sich das Doppelwerk des Lukas auch als historische Monographie verstehen, die auf römische Vorbilder (Sallust) Bezug nimmt. Darin wird das öffentliche Wirken Jesu in den einzelnen Abschnitten dargestellt. Nicht

---

[23] I. Broer, Einleitung I, 127–136. U. Schnelle, Einleitung 290–297.

mehr zu entscheiden ist, ob das Sondergut des Lukas gegenüber Markus und der Logiensammlung auf einen schriftlichen Text bezogen ist.[24]

Inhaltlich schreibt Lukas eine Geschichte des Heils, die mit der Geburt des Täufers Johannes beginnt und mit der Predigt des Paulus in der Reichshauptstadt Rom endet. Die Geburt des Täufers wird mit der Geburt Jesu in Verbindung gesetzt, die Lehrtätigkeit Jesu wird als neuer Abschnitt der Weltgeschichte gedeutet. Der Lehrer aus Nazaret ist ein Träger des göttlichen Geistes, in ihm erfüllen sich die Verheißungen der jüdischen Tora. Vor ihm weichen die dämonischen Kräfte der Zerstörung und der Lüge zurück. Auf die Lehrtätigkeit in Galiläa erfolgt die Wanderung nach Jerusalem, das Auftreten im Tempel, der Prozess und die Kreuzigung Jesu. Den Schluss bilden die Erzählungen von der Auferweckung aus dem Tod und von der Himmelfahrt des Erlösers.

Im Bericht von der Wanderung nach Jerusalem unterrichtet Jesu seine Jünger, dabei befähigt er sie, nach seinem Willen zu leben. Sie glauben daran, dass ihr Lehrer vom Himmel wieder kommen wird und dass sie sich dann für ihr Leben verantworten müssen. Deswegen sehen sie ihren Besitz als anvertraute Gabe Gottes an, mit dem sie verantwortungsvoll umgehen müssen (19,11–27). Die Zeit des jüdischen Gesetzes reichte bis zum Täufer Johannes, doch mit Jesus habe eine neue Zeitepoche begonnen. Jesus und Johannes zusammen markieren den Anfang einer neuen Heilszeit vor dem Weltgott, was mit den Geburtsgeschichten der beiden Lehrer angedeutet wird. Der auferstandene Jesus begleitet seine Jünger vom Himmel her durch ihr Leben.

Für Lukas verzögert sich die erwartete Wiederkunft Jesu, die Jünger rechnen bereits mit einer längeren Zeitepoche in dieser Lebenswelt. Deswegen müssen sie sich im römischen Staat einrichten, gleichzeitig müssen sie ihren Gemeinden feste Strukturen geben. Die zwölf Apostel sind fortan die Zeugen aus der Zeit Jesu, sie sind die Urbilder für die späteren Amtsträger in den Gemeinden. Die Sendung der Zwölf erreicht mit der Ausgießung des göttlichen Geistes beim Pfingstfest ihren Höhepunkt, Jesus selbst vermittelt den Jüngern den göttlichen Schöpfergeist. Das Werk dieser zwölf Apostel wird dann von Paulus aus Tarsos weitergeführt, mit seinem Zusammentreffen mit den Uraposteln in Jerusalem geht die Zeit der Apostel zu Ende.[25]

Die göttliche Heilsgeschichte wird durch das Wirken des göttlichen Schöpfergeistes geprägt. Jesus selbst war vom göttlichen Geist erfüllt, denn er taufte seine Anhänger mit dem Feuer und mit dem Geist Gottes. Diese schöpferische Kraft erfüllte die Jünger und begleitete ihr Wirken. Er greift in die Geschichte des Heiles ein und lenkt die Entscheidungen der Jesusjünger. Das von ihnen erwartete Reich Gottes wird an die Person Jesu gebunden, es ist der Hauptinhalt der ganzen Verkündigung. Durch die Kraft des göttlichen Geistes bleibt der vom Tod

---

[24] G. Theißen, Die Religion 247–256. I. Broer, Einleitung I, 138–140.

[25] L. Bormann, Recht, Gerechtigkeit und Religion im Lukasevangelium. Göttingen 2001, 134–146. U. Schnelle, Einleitung 295–298. I. Broer, Einleitung I, 142–150.

auferstandene Jesus bei seinen Jüngern und der Kirche (ekklesia). Ihre bleibende Aufgabe ist die Verkündigung des göttlichen Reiches, diese Botschaft wird nun auch in der Hauptstadt des Imperiums verkündet, denn alle Völker und Stämme sind zum wahren Glauben eingeladen (Apg 28,23.31).

Die Lehre von der Kirche orientiert sich an der Weitergabe der authentischen Lehre, die Gemeinde orientiert sich am Amt der (jüdischen) Presbyter. Die Ethik des Glaubens wird durch den Blick auf das göttliche Gericht motiviert. Jesus trägt die Züge des Heilspropheten, auf eine Verfolgungssituation kann aus dem Werk des Lukas nicht geschlossen werden. Der Autor kennzeichnet die neue christliche Epoche der Geschichte, die Christen haben sich von der jüdischen Synagoge weitgehend getrennt. Der göttliche Heilswille gilt fortan in der Nachfolge Jesu sowohl den Juden, als auch den Nichtjuden, den Griechen und den Römern. Von der Erzählstruktur her bilden das Evangelium und die Apostelgeschichte eine literarische Einheit.[26]

Apostelgeschichte

Irenaios von Lyon gab dem Werk den Titel „Handlungen der Apostel" (praxeis apostolon), der Autor gibt die Lebenssituation der Christen in der dritten Generation wieder. Das Buch wurden zwischen 90 und 100 verfasst, wahrscheinlich in Rom oder in einer griechischen Stadt des Ostens. Inhaltlich beginnt es mit einem Vorwort und einer Widmung, dann wird die Himmelfahrt Jesu geschildert. Die Apostel bezeugen und verkündigen das Evangelium Jesu und über Jesus zuerst in Jerusalem. In der Urgemeinde der Jesusjünger kam es zu den ersten Meinungsverschiedenheiten und Konflikten um die sog. „Hellenisten", die aus der griechischen Lebenswelt nach Jerusalem gekommen waren. Sie wollten eine stärkere Abgrenzung vom jüdischen Tempelkult, oder aber die Öffnung des Tempels für die Griechen und alle Völker.

Diese Hellenisten begannen, das Evangelium von Jesus in Samaria und in den Städten an der Küste des Mittelmeeres zu verkündigen. Eine in Antiochia entstandene Christengemeinde begann früh, in angrenzenden Städten zu missionieren. Paulus stritt mit seinen Anhängern vor der Urgemeinde in Jerusalem um das Recht, in den griechischen Gebieten den Glauben an Jesus Christus zu verkündigen, ohne diesen an die jüdische Tora zu binden (sog. Apostelkonvent).

Breit geschildert wird die Mission des Paulus und seiner Begleiter in Zypern, in Kleinasien und in Griechenland. Es wird von mehreren Missionsreisen des Apostels und von Sammlungen für die Urgemeinde in Jerusalem berichtet. Einige dieser Berichte weichen von der Selbstdarstellung des Apostels deutlich ab. So werden fünf Reisen des Paulus nach Jerusalem berichtet, während er selbst nur von dreien spricht. Das Buch stellt den Weg des Paulus nach Jerusalem dar, seine

---

[26] L. Bormann, Recht 168–199. U. Schnelle, Einleitung 300–304. I. Broer, Einleitung I, 142–145.

Konflikte mit den jüdischen Autoritäten, seine Gefangennahme und sein erster Prozess, dann seine Berufung an ein kaiserliches Gericht in Rom, seine Reise in die Hauptstadt des Imperiums und sein Wirken in dieser Weltstadt.[27]

Im Blickfeld des Autors steht die Verkündigung des christlichen Glaubens an alle Völker und Menschen. Paulus predigte in Rom vor Vertretern der Juden, das Heil Gottes sei nun auch zu den Griechen und allen Nichtjuden gesendet worden, es sei eng mit dem Reich Gottes und mit der Lehre von Jesus Christus verbunden (28,28–31). Schon am Anfang des Buches steht der programmatische Satz, das Zeugnis über Jesus gehe nun bis an die Grenzen der bewohnten Erde (oikoumene; 1,8).

Die sog. Hellenisten (Hellenistoi; 6,1ff) stritten mit den Judenchristen (Hebraioi) um die richtige Deutung des Lebens und der Botschaft Jesu. Sie trugen die Botschaft über Jesus aus Nazaret über Jerusalem hinaus, zuerst in die Städte und Dörfer in Judäa und in Samaria, später in die Gebiete an der Küste zum Mittelmeer (Tyros, Sidon) und schließlich in die Hauptstadt der syrischen Provinz Antiochia, einer Stadt mit einer Million Einwohnern. Dann wird berichtet, dass selbst Petrus den Römer Cornelius getauft habe und nun für die Mission an den Nichtjuden eintrat.

Die große Mission der griechischen Welt beginnt von Antiochia aus, Paulus und Barnabas werden als Missionare ausgeschickt. Nach ihrem Programm müssen die Nichtjuden nicht mehr die jüdische Tora übernehmen, was von den sog. Proselyten gefordert worden war. Fortan steht Paulus im Mittelpunkt der Berichte, der als römischer Bürger mit griechischer Bildung in großen Teilen Kleinasiens und in Teilen Griechenlands und Makedoniens die Botschaft von Jesus Christus verkündet. Der große Lebensweg des Apostels führt von Jerusalem nach Rom, mit ihm geht das Evangelium von den Juden zu den Griechen.[28]

In der Person des Paulus wird die dynamische und organisierte Verbreitung des Evangeliums von Jesus Christus dargestellt. Die Sprache der Apstelgeschichte ist ein gehobenes Koine-Griechisch, sie zeigt eine gute literarische Bildung des Autors. Es ist sehr wahrscheinlich, dass dieser mehrere mündliche und wohl auch schriftliche Quellen benutzte. Zu diesen Quellen gehörte ein Itinerar aus dem Umkreis des Paulus mit den Reiserouten und den Ergebnissen der Mission. Der Bericht von der Seefahrt des Paulus von Cäsarea nach Rom dürfte einer eigenen Quelle entstammen. So hat der Autor wohl Gemeindetraditionen, Legenden um Personen und Berichte von Missionaren in seinem Werk verarbeitet.

Der Autor stellt die Verkündigung des Evangeliums von Jesus Christus vor allem in der griechischen Welt dar, die Erwartung der Wiederkunft Christi war zu seiner Zeit noch lebendig. In der Gemeinde zeigt sich die Treue der göttlichen Verheißungen und das Wirken des Schöpfergeistes. Der Apostel legitimiert als Garant

---

[27] G. Lüdemann, Das frühe Christentum nach den Traditionen der Apostelgeschichte. Göttingen 1987, 134–145. S. Porter, The Paul of the Acts. Tübingen 1999, 144–160.

[28] U. Schnelle, Einleitung 306–320. G. Lüdemann, Das frühe Christentum 137–150.

der wahren Glaubensüberlieferung die Öffnung zur griechischen Kultur. Durch die Taufe des Äthiopiers Cornelius werden die Nichtjuden voll in die Heilszusage des Weltgottes hinein genommen, auch sie erhalten die Gaben des göttlichen Geistes. Auch die Judenchristen in Jerusalem freuen sich über die Aufnahme der Nichtjuden (11,18).

Mit dem fortschreitenden Bruch zwischen den griechischen Christen und der jüdischen Synagoge wird der jüdische Glaube immer mehr ins Unrecht gesetzt, doch dem Volk Israel bleibt weiterhin das Heil in Christus angeboten.[29] Der Hauptzeuge für die Wende der Mission von den Juden zu den Griechen und für die Kontinuität der göttlichen Vergheißung ist Paulus, er repräsentiert für Lukas die zweite Generation von Christen. Die alte Tempelstadt Jerusalem lehnt mit großer Mehrheit das Zeugnis der zwölf Apostel, die Lehren der christlichen Gemeinde und des Paulus ab. Deswegen wird sie für Lukas zu einem Ort des Unheils, denn der Tempel ist längst zerstört. Die Christen bilden nun den Ort des Heiles für Griechen und für Juden, sie bilden das wahre Israel und sind nicht mehr an die heilige Stdat gebunden.

Für Lukas ist der Bruch mit der jüdischen Synagoge weitgehend vollzogen, Paulus wird als Brückenbauer zwischen Juden und Christen gezeichnet, doch die Juden werden als „verstockt" gewertet, weil sie das Evangelum ablehnen. Nicht der römische Staat verfolgt den Apostel und die frühen Jesusjünger, die toratreuen Juden wollen ihre Lehrtätigkeit verbieten. Lukas meint, der Staat müsse die Frevler und Verbrecher bestrafen, aber in religiöse Fragen solle er sich nicht einmischen. Für die römischen Prokuratoren Gallio und Festus besteht kein Grund, den Apostel wegen eines Verbrechens gegen den Staat anzuklagen.

Nach römischen Recht war Paulus unschuldig, doch wegen des Versagens der römischen Behörden in Palästina muss er nun an das kaiserliche Gericht in Rom appelieren. Lukas möchte die Kontinuität zwischen den jüdischen Propheten und der Verkündigung Jesu und der Apostel darlegen. Auch in dieser Intention bilden das Lukasevangelium und die Apostelgeschichte eine literarische Einheit.[30]

---

[29] S. Porter, The Paul 144–160. U. Schnelle, Einleitung 317–320.
[30] U. Schnelle, Einleitung 318–321. G. Lüdemann, Das frühe Christentum 138–152.

Lebenswelt der Pastoralbriefe

Seit dem 18. Jh. werden die drei Briefe 1. Timotheus, 2. Timotheus und Titus als „Pastoralbriefe" bezeichnet. Sie richten sich an Einzelpersonen und geben Anweisungen für die rechte Ausübung des Hirtenamtes in den christlichen Gemeinden. Dabei beziehen sie sich auf die von Paulus verbürgte Tradition der wahren Lehre, von den verschiedenen „Irrlehren" wollen sie sich klar abgrenzen. Diese drei Briefe spiegeln die Lebenssituation der dritten Generation von Christen, die Struktur der Gemeinden ist eine andere als zur Zeit des Paulus. Es geht nicht mehr um Hausgemeinden, sondern um Ortsgemeinden mit festen Rollen. Die Episkopen (Aufseher), die Presbyter (Älteste) und die Diakone (Diener) werden von anderen Amtsträgern durch das Ritual der Handauflegung in ihre Ämter eingesetzt.

Sie müssen von der Gemeinde wirtschaftlich erhalten werden, damit sind sie für den Dienst der Unterweisung und der Verkündigung freigestellt. Die apostolische Tradition des Glaubens gilt als der Maßstab der gesunden und wahren Lehre. Zu dieser Lehre müssen sich alle Amtsträger vor Zeugen bekennen. Die Christen leben in einer nichtchristlichen Umwelt, sie müssen die staatlichen Autoritäten respektieren und in Frömmigkeit und Rechtschaffenheit leben. Die Sprache dieser Briefe unterscheidet sich deutlich von der Diktion des Paulus, so wird die erwartete Wiederkunft Christi als Erscheinung (parousia) des göttlichen Erlösers bezeichnet.

Die Frauen müssen sich nun in diesen Gemeinden den Männern unterordnen, während sie in den Gemeinden des Paulus in allen Funktionen die gleichen Rechte wie die Männer hatten. Der Verfasser dieser Briefe kommt wohl aus der Schule des Paulus, denn er kennt einige Begriffe aus dessen Theologie, aber auch aus der Philosophie. Er dürfte ein literarisch gebildeter griechischer Judenchrist in Kleinasien gewesen sein, der auch die Christengemeinden in seiner Umgebung im Blick hatte.[1]

Die beiden Briefe an Timotheus beziehen sich auf die Situation der Christengemeinde in der Großstadt Ephesos, sie dürften dort um das Jahr 100 verfasst worden sein. In dieser Stadt wurden zu dieser Zeit die Briefe des Paulus gesammelt und abgeschrieben, vermutlich steht diese Sammlung in einem Zusammenhang mit

---

[1] U. Schnelle, Einleitung 330–334. R. Hoppe, Der Triumph des Kreuzes. Stuttgart 1994, 117–130.

der Entstehung der Pastoralbriefe. Wir erkennen jetzt bereits Frühformen einer gnostischen Weltdeutung. Timotheus war von Paulus zum Glauben an Christus bekehrt worden, er war der Gemeinde als Mitarbeiter des Apostels bekannt. Auch der Grieche Theophilos gehörte zu den engsten Mitarbeitern des Apostels, er war mit ihm und mit Barnabas beim Apostelkonvent im Jahr 48 in Jerusalem gewesen (Gal 2,3).

Der Autor der drei Briefe bedient sich dieser Namen als Autoritäten, um seinem Schreiben Gewicht zu geben. Die Gemeinden setzen sich aus Judenchristen und griechischen Christen zusammen, sie zeigen deutliche soziale Schichtungen. Denn mehrfach werden Besitzer von großen Häusern und wertvoller Einrichtung erwähnt. Das christliche Haus und seine Gemeinschaft (oikos) dienen als Modell für die ganze Ortsgemeinde. Es ist vom Schmuck der Frauen, von den Sklaven der Reichen und von der getrennten Unterweisung der Besitzenden die Rede (1Tim 6,17–20). Gleichzeitig wird aber vor Geldgier und Gewinnsucht gewarnt. Offensichtlich gehörten Mitglieder der oberen sozialen Schichten zur christlichen Gemeinde. Die Ältesten (presbyteroi) und die Aufseher (episkopoi) werden bereits von der Ortsgemeinde bezahlt und unterhalten. Diese verwaltet die finanziellen Mittel zur Versorgung der Witwen, es gibt bereits ein effizientes soziales Netz für die Schwächeren.[2]

Nun wurden diese Gemeinden von den Besitzenden dominiert, als Mitglieder werden Sklaven, Witwen, Handwerker und Rechtsprecher erwähnt, alle werden zum Dienst an den Armen aufgefordert. Die Christen sollen ein untadeliges Leben führen und für die staatliche Obrigkeit regelmäßig Gebete sprechen. Die Gemeindeleiter genießen bereits Ansehen in der Öffentlichkeit, alle sozialen Schichten sollen in der Gemeinde verträglich zusammen leben.

Erster Timotheusbrief

Dieser Brief beginnt mit der Vorstellung des Apostels, dann wird die Aufgabe der Glaubensunterweisung in der Gemeinde dargelegt. Von den „Irrlehrern" wird gesagt, dass sie Fabeln und falsche Lehren verbreiten und sich mit sinnlosen Geschlechterreihen befassen. Doch das Ziel der wahren Unterweisung sei die verwirklichte Nächtenliebe, die aus einem reinem Herzen kommt. Die christliche Ethik verbietet den Christen Mord und Totschlag, sexuelle Beziehungen mit Knaben, den Handel mit Menschen, Lüge und Meineid. Denn Christus sei in die Welt gekommen, um die Sünder vor dem Untergang zu retten, er sei das Vorbild für das Leben der Christen. Dann wird der Gott aller Menschen und Völker gepriesen. Zuletzt ist von einem Ausschlussritual die Rede, mit dem Chriten aus der Gemeinschaft ausgeschlossen wurden (1,20).

Der Autor des Briefes betet für alle Menschen, allein Jesus Christus sei jetzt der Vermittler zwischen dem einen Weltgott und den Menschen. Die Frauen in der

---

[2] U. Schnelle, Einleitung 374–379. K. Läger, Die Christologie der Pastoralbriefe. Münster 1996, 129–139.

Gemeinde werden ermahnt, sich mit guten Taten der Nächstenliebe zu schmücken, doch lehren dürfen sie in der Gemeinde nicht mehr. Denn Gott habe den Adam vor der Eva erschaffen, außerdem habe Eva den Adam zur Sünde verführt (2,10–15). Die Frauen sollen Kinder gebären, dadurch werden sie vom Bösen gerettet werden. Dann wird von der Rolle der Aufseher bzw. Bischöfe (episkopoi) und der Diener bzw. Diakone (diakonoi) gesprochen. Von den Irrlehrern wird gesagt, dass sie die Ehe und viele Speisen verbieten, doch alles sei gut, was Gott geschaffen habe. Der rechte Glaube sei viel mehr wert als die Askese des Körpers.

Dann werden Anweisungen gegeben über den Stand der Ältesten (presbyteroi) und über die Witwen. Junge Witwen sollen noch einmal heiraten, während die älteren Witwen von der Gemenschaft betreut und versorgt werden müssen. Die Sklaven werden ermahnt, ihren Herren gehorsam zu dienen. Dann werden alle Christen vor Gier und Habsucht gewarnt, diese seien die Wurzeln für viele andere Übel. Die Frömmigkeit bringe schon in diesem Leben einen Gewinn, aber sie blicke auf die Wiederkunft Christi. Er sei der König über allen menschlichen Königen, dieser wahre Herrscher der Welt wohne im ewigen und unsterblichen Licht (6,15f). Wenn die Christen ihre Güter mit einander teilen, sammeln sie Schätze für das wahre Leben.[3]

Titusbrief

Auch dieser Brief beginnt mit der Vorstellung und dem Gruß des Autors, dieser nennt sich Knecht Gottes und Apostel Christi. Auch hier werden Irrlehrer bekämpft, die wohl aus dem Judentum kommen und Fabeln verbreiten. Denn sie unterscheiden zwischen reinen und unreinen Speisen, aber für die Christen sei alles rein. Die älteren Männer und Frauen sollen besonnen und voll Würde leben, denn sie müssen den Jüngeren moralische Vorbilder sein. Die Sklaven müssen ihren Herren in Treue dienen, denn die göttliche Gnade werde allen Menschen angeboten. Die Christen hoffen weiterhin auf das Erscheinen der Herrlichkeit des Jesus Christus, deswegen streben sie nach guten Taten der Nächstenliebe.

Alle Christen haben gegenseitig soziale Pflichten, den Machthabern im Staat müssen sie sich unterordnen. Früher waren sie Sklaven ihrer Begierden, sie lebten voll Hass und Neid. Doch in Jesus Christus sei allen Menschen die Güte und Menschenliebe des Weltgottes zugänglich geworden, seither müssen sie nicht mehr lügen oder hassen. Die Christen wissen sich durch das Bad der Taufe innerlich erneuert, denn sie sind fähig geworden, in gegenseitiger Liebe und Zuneigung zu leben. Für dieses glaubwürdige Bekenntnis des Glaubens sollen sich alle einsetzen. Doch sich mit Irrlehrern und Fabelerzählern zu streiten, sei unmöglich und sinnlos.[4]

---

[3] U. Schnelle, Einleitung 375–384. H. Stettler, Die Christologie der Pastoralbriefe. Tübingen 1998, 56–70.

[4] U. Schnelle, Einleitung 380–395. H. Stettler, Die Christologie 124–140.

Zweiter Timotheusbrief

Dieser Brief beginnt mit dem Dankgebet des Autors vor Gott. Dann wird Timotheus aufgefordert, aus der Kraft der Liebe, des göttlichen Geistes und der Besonnenheit zu leben und zu wirken. Jesus Christus habe dem Tod die Macht genommen und die Christen in ein unvergängliches Licht versetzt. Vor den Irrlehrern wird gewarnt, welche behaupten, die Auferstehung von den Toten sei schon bei der Taufe geschehen. In der Endzeit werden viele Menschen rücksichtslos und unversöhnt mit einander umgehen, viele werden vom wahren Glauben abfallen. Timotheus wird aufgefordert, das Wort der Wahrheit unerschrocken zu verkündigen. Dann schließt der Brief mit persönlichen Mitteilungen, Aufträgen und Segenswünschen.

Die drei Pastoralbriefe setzen bereits eine kleine Sammlung von Paulusbriefen voraus, vor allem der Römerbrief und der 1. Korintehrbrief dienten als literarische Quellen. Aus der Überlieferung der Gemeinde werden die Regeln für die kirchlichen Ämter übernommen. Die bekämpfte Irrlehre ist vermutlich eine Frühform der christlichen Gnosis, die mit Eheverzicht, mit Askese und mit bestimmten Speiseverboten verbunden war. Auch der Glaube, dass die Auferstehung schon bei der Taufe geschehen sei, weist in diese Richtung. Jüdische Lehrer wollten wieder zur Beschneidung der Männer auffordern, auch wohlhabende Frauen hingen dieser Lehre an. In der gnostischen Sichtweise ist die Welt ein Ort der Gefangenschaft für die Menschenseele, wie es Plato gelehrt hatte, doch für die Christen ist die ganze Welt das Werk eines guten Schöpfergottes (1 Tim 4,4f).

Ähnliche Lehren werden später in der Offenbarung des Johannes bei den Christen in Kleinasien berichtet. Die Pastoralbriefe sehen Paulus als den von Gott beauftragten Apostel für alle Völker, das Evangelium sei der wertvolle Schatz der Kirche (ekklesia kyriake). Paulus sei der Übermittler der gesunden Lehre und ein moralisches Vorbild für das Leben aller Christen. Die Leiter der Gemeinde haben nun die Aufgabe, die Lehrtradition des Apostels zu bewahren. Aus der jüdischen Tradition stammt das Amt der Ältesten (Presbyter, später Priester), aus der griechischen Lebenswelt stammen die Ämter des Bischofs (episkopos) und des Diakons (diakonos). Das Auftreten von Irrlehrern beschleunigte die Ausbildung von Leitungsämtern in den Gemeinden.

Zuerst standen die jüdischen und griechischen Leitungsämter zu einander in Konkurrenz, später wurden sie mit einander verbunden und verflochten. Die Christen werden zu einem besonnenen und tugendhaften Leben aufgefordert, Frauen dürfen in diesen Gemeinden nicht mehr öffentlich lehren, sie müssen sich von den Männern unterweisen lassen. Wichtiger als die Erfahrung des göttlichen Geistes in der Ekstase sei die Bewahrung der wahren Lehre. Diese gesunde Lehre gilt nun als das Fundament der Kirche, in ihr werde Jesus Christus an der Seite des einen Weltgottes dargestellt. Christus sei der von Gott in die Welt gesandte Retter (soter) aller Menschen, in ihm habe sich das göttliche Heil allen Völkern gezeigt.[5]

---

[5] K. Läger, Die Christologie 67–78. U. Schnelle, Einleitung 385–390.

Hebräerbrief und katholische Briefe

Der Hebräerbrief wurde von einen unbekannten Verfasser geschrieben, der mit griechischen und mit jüdischem Bildungsut vertraut war. Er kannte die Auslegungsformen der jüdischen Tora, war aber gleichzeitig in der griechischen Rhetorik gebildet. Als Lehrer einer Gemeinde will er unter den Mitchristen erneut die Zuversicht im Glauben erwecken. Es ist sehr wahrscheinlich, dass er in seinem Brief Lehren der griechischen Bildung aus der Großstadt Alexandria vermittelte. Der Brief dürfte zwischen 80 und 90 entweder in der Hauptstadt Rom oder im Osten des Imperiums verfasst worden sein. Die von ihm angesprochene Gemeinde hat bereits eine lokale Verfolgung erlebt, einige Christen sind dabei von ihrem Glauben abgefallen. Daher wird die zweite Buße zu einem Problem.

Daher werden die Christen dazu aufgefordert, in Treue am Bekenntnis zu Christus festzuhalten und ihre Ermüdung im Glauben zu überwinden. Den Hörern und Lesern des Briefes müssen die Lehren der jüdischen Bibel, aber auch das jüdische Ritual vertraut gewesen sein. Die Gemeinde bestand wohl aus Judenchristen und griechischen Christen. Der Text sagt, im göttlichen Sohn habe Gott selbst gesprochen, die Christen sollen das göttliche Wort hören und aufnehmen. Denn sie schauen auf den göttlichen Sohn, der für sie der neue und wahre Hohepriester sei. Sie wissen sich bei Gott geborgen, doch sie sind überzeugt, dass ihr Tun und Leben von Gott beurteilt und gerichtet werden wird.

Jesus wird als der von Gott berufene und mit den Menschen mitfühlende Hohepriester dargestellt, er folgt der alten Ordnung des Melchisedek. Gott habe mit den Christen einen „neuen Bund" (kaine diatheke) geschlossen und einen neuen und himmlischen Kult gestiftet. Mit dem einmaligen Kreuzesopfer Jesu seien alle Tieropfer und Menschenopfer vor Gott zu Ende gegangen. Die Christen werden aufgefordert, in diesem Glauben fest zu stehen und neue Zuversicht zu gewinnen. Denn sie müssen ihren Glauben an Christus auch in Situationen des Leidens bewähren, dabei blicken sie voll Zuversicht auf die frühen Zeugen des Glaubens. Schließlich werden sie ermahnt, in der Gottesfurcht und der Bruderliebe ihr Leben zu gestalten. Wer den Mitmenschen Gutes tut und seinen Besitz mit Armen teilt, der lebt im Wohlgefallen Gottes.[1]

---

[1] K. Läger, Die Christologie 56–70. U. Schnelle, Einleitung 390–395.

Die Ermahnungen verfolgen das Ziel, unter den Christen in schwieriger Zeit die Zuversicht im Glauben wieder zu wecken. Der Form nach ist der Brief eine große Mahnrede, die auch Elemente der Predigt, der Unterweisung und der Glaubensvertiefung enthält. Eine ähnliche Form hat der 1. Johannesbrief, der ebenfalls lehrhafte und mahnende Abschnitte verbindet. Der Autor des Hebräerbriefes verarbeitet mehrere Traditionen, etwa einen Hymnus und ein frühes Glaubensbekenntnis. Die jüdische Bibel wird nur nach der Septuaginta zitiert, die griechischen Auslegungsmethoden sind dem Autor gut bekannt. Im 3. Kapitel wird ein jüdischer Midrasch zum Psalm 95 verarbeitet, andere Lehren des Briefes bewegen sich in der Nähe zur jüdischen Weisheit.

Nun finden sich im Brief auch einige Lehren des Paulus, etwa die Vorstellung vom göttlichen Sühneopfer oder vom ersten und zweiten Bund Gottes mit den Menschen, vor allem die Lehre, das jüdische Gesetz könne nicht das Heil der Menschen schaffen. Allerdings ist die Vorstellung vom Glauben (pistis) deutlich anders als bei Paulus, sie ist stark paränetisch konzipiert. Manche Forscher sahen im Hebräerbrief auch gnostische Elemente oder Lehren der jüdischen Apokalyptik, aber am deutlichsten ist seine Nähe zu den Lehren des griechischen Judentums in Alexandria zu erkennen. So sind Ideen von Philo von Alexandria erkennbar, etwa die Lehre des Kosmos, die Rolle des Hohenpriesters, über Melchisedek und die Funktion des Glaubens. Der Autor kennt die jüdische Weisheit und Ideen der Philosophie Philos.[2]

Die theologischen Lehren sagen, dass die alte jüdische Heilsordnung nicht mehr gilt, weil die Tora die Macht der Sünde in der Welt nicht brechen konnte. Allein der göttliche Sohn Jesus könne als barmherziger und treuer Hoherpriester die Sünden der Menschen sühnen, weil er selbst am Kreuz gelitten habe. Die in der Gottesferne lebenden Menschen wurden durch das Blutopfer Jesu aus der Macht der Sünde entrissen, der himmlische Hohepriester Jesus sei zum Urheber des ewigen Heiles geworden. Er ging nicht in den jüdischen Tempel, er ging in den Himmel, von dort hat er den Menschen einen neuen Bund vermittelt. Die Gläubigen orientieren sich an der Gegenwart des Heiles, sie sind schon am Ort der Versöhnung angekommen.

Seit Eusebius (Kirchengeschichte II, 23,25) werden der Jakobusbrief, der Judasbrief, die beiden Petrusbrief und die drei Johannesbriefe *katholische Briefe* bezeichnet, weil sie an die gesamte Christenheit gerichtet seien (katholon = allumfassend). Doch die drei Johannesbriefe werden literarisch seit längerem der theologischen Schule des Johannes zugerechnet, daher werden sie dort vorgestellt.

Jakobusbrief

Der Verfasser dieses Briefes nennt sich Jakobus, der Brief wurde erst nach 200 in den christlichen Gemeinden verlesen. Unter den Jesusjüngern und frühen Christen

---

[2] D. Wider, Theozentrik und Bekenntnis. Berlin 1997, 68–78. U. Schnelle, Einleitung 412–421.

gab es mehrere Männer mit dem Namen Jakobus. Ein Sohn des Zebedaios wurde im Jahr 44 unter König Agrippa I. wegen der Abweichung von der jüdischen Lehre und Tora zum Tod verurteilt und hingerichtet (Apg 12,2). Ein Bruder Jesu hieß ebenfalls Jakobus, war aber keiner der Apostel, später wurde er der Leiter der christlichen Urgemeinde in Jerusalem. Dieser traf sich mit Paulus im Jahr 48 (Apostelkonvent), wurde aber im Jahr 62 durch den Hohenpriester Hannas zum Tod verurteilt und gesteinigt, weil er von der Tora abgefallen war (Josephus, Antiquitates XX, 199–203).

Die inhaltlichen Aussagen des Briefes machen aber deutlich, dass keiner dieser beiden Männer der Autor sein kann. Dieser war ein frühchristlicher Lehrer in einer Gemeinde, der am Ende des 1. Jh. wirkte. Im Brief werden soziale Konflikte in der Gemeinde erkennbar, wie sie auch in der Apostelgeschichte und in den Pastoralbriefen erzählt wurden. Es sind Reiche und Besitzbürger in die Gemeinschaft der Christen eingetreten, nun kommt es zu Bruchlinien mit den Armen und Besitzlosen. Bereits Eusebius hielt den Brief für eine pseudoepigraphische Schrift, doch Origenes zitierte ihn als heilige Schrift (hagia graphe). Der Autor des Briefes war ein griechisch gebildeter Judenchrist, vielleicht lebte auch er in Alexandria. Die Bezüge zur jüdischen und zur griechischen Weisheit sind deutlich erkennbar.[3]

Die Situation der Briefempfänger ist von sozialen Spannungen geprägt, die Versorgung der Armen gelingt in der Gemeinde nur unzureichend. Die Besitzlosen und die Besitzbürger werden von der Leitung der Gemeinde ungleich behandelt, zwischen den Glaubenden gibt es Neid und Streit und offene Kämpfe. Es wird gesagt, dass die Besitzenden auf sich selbst und nicht auf Gott vertrauen (4,13–17) und ihre Arbeiter ausbeuten. Im Gottesdienst bekommen die Armen nur leere Worte, aber keine konkrete Hilfe (2,16). Deswegen betont der Autor mit Entschiedenheit, dass sich der christliche Glaube durch das Tun von guten Werken, von sozialer Hilfe und der Unterstützung der Armen ausweisen muss. Ein Glaube ohne diese guten Taten der Nächstenhilfe sei tot. Die Wohlhabenden werden verpflichtet, den Besitzlosen und Notleidenden wirksam zu helfen. Denn der wahre Gottesdienst der Christen bestehe in der tätigen Nächstenliebe und in der sozialen Verantwortung für die Schwächeren.

Vor Gott werden die Christen wegen ihrer guten Taten gerecht, nicht wegen ihres Glaubens an Jesus Christus (2,24). Der Brief beginnt mit einer Einleitung, dann wird von Prüfungen und Versuchungen in der Gemeinde berichtet. Danach wird das Hören und das Tun der göttlichen Botschaft thematisiert, denn der rechte Glaube sei immer an die Taten der Nächstenliebe gebunden. Die Christen werden ermahnt, nach der göttlichen Weisheit zu streben und auf Streit und Verleumdungen zu verzichten. Die Reichen werden aufgefordert, mit ihrem Besitz sozial verantwortlich umzugehen. Denn die Christen warten mit Geduld auf die Wiederkunft Christi, sie glauben an die Macht des Gebetes und sorgen sich um irrende Mitchristen.

---

[3] L.D. Hurst, The epistle to the Hebrews. Cambridge 1990, 34–45. U. Schnelle, Einleitung 420–427. D. Wider, Theozentrik 56–70.

Auffallend an dem Brief ist die weitgehende Übereinstimmung dieser Lehren mit der sog. Bergpredigt Jesu im Matthäusevangelium. Das lässt erkennen, dass wir es mit der Tradition der jüdischen und der griechischen Weisheitslehre zu tun haben. Beide haben sich schon seit dem Entstehen des Christentums miteinander verbunden, was in den Spätschriften der Septuaginta erkennbar wird. Den Christen sei bei der Taufe von Gott das rettende Wort der Wahrheit geschenkt worden, jetzt müssen sie ihren Glauben durch die moralische Tat unter Beweis stellen. Das Gebot der allgemeinen Nächstenliebe sei auch das Ziel des gesamten jüdischen Gesetzes. Der Brief argumentiert gegen Mitchristen, welche den Glauben an Christus ohne moralische Verpflichtung leben wollen und sich dabei auf Paulus berufen.

Er betont die unauflösbare Einheit zwischen dem rechten Glauben und dem moralischen Handeln, denn der Glaube an Jesus komme erst im Tun der Nächstenliebe zu seiner Vollendung. Dieser Brief könnte für die Unterweisung in der Gemeinde eingesetzt worden sein, er deutet auf starke soziale Veränderungen im griechischen Christentum am Ende des 1. Jh. hin.[4]

Erster Petrusbrief

Dieser Brief wurde gewiss nicht von Simon Petrus verfasst, er ist eine pseudepigraphische Schrift, die sich auf diesen Apostel beruft. Er ist in einem gehobenen Griechisch geschrieben, der Autor ist mit den Traditionen der Christen in Kleinasien vertraut. Er nennt sich Mit-Presbyter (sympresbyteros), was auf die Gemeindestruktur um das Jahr 90 hinweist. Der Brief dürfte in Kleinasien entstanden sein, wo er auch früh rezipiert wurde. Da ist schon von lokalen Verfolgungen von Christen die Rede, zwischen den Christen und den Nichtchristen besteht eine deutliche Grenze der Lebensform.

Die Empfänger des Briefes sind griechische Christen, die an ihre frühere Lebensform erinnert werden. Es ist von christlichen Frauen die Rede, deren Männer noch nicht Christen sind. In der Gemeinde gibt es bereits eine presbyterale Verfassung mit charismatischen Diensten. Betont werden die moralischen Pflichten der Christen unter einander, die Glaubenden werden zur Ausdauer im Leiden ermutigt. Sie werden von ihrer Umwelt wegen ihrer strengen Lebensform abgewertet und diskriminiert. In dieser Zeit berichtete Plinius der Jüngere in einem Brief an den Kaiser Trajan, dass den Christen allgemeiner Menschenhass, Staatsfeindlichkeit, Gottlosigkeit, Aberglaube, kultische Unzucht und wirtschaftliche Schädigung der Mitmenschen nachgesagt werden.[5]

Im Petrusbrief wird das neue Leben der Getauften beschrieben, sie müssen sich aber in den Ordnungen der Welt zurecht finden. Mit dem Blick auf ihre Vollen-

---

[4] U. Schnelle, Einleitung 429–444. M. Konradt, Christliche Existenz nach dem Jakobusbrief. Göttingen 1998, 78–90.

[5] M. Konradt, Christliche Existenz 93–104. U. Schnelle, Einleitung 84–92.

dung werden sie bereit sein, Leiden zu ertragen und in Verfolgungen standhaft zu bleiben. Sie werden ermahnt, den Geboten Jesu zu folgen und ihren Glauben im Leben zu bewähren. Der Text könnte einen liturgischen Bezug zur Taufe haben, in der Ermahnungen wird auf frühe Haustafeln und Pflichtenkataloge zurück gegriffen. Auffallend ist ein starker Bezug zum Matthäusevangelium, aber auch zu den Lehren des Paulus. Die Verkündigung des Evangeliums geschehe auch an die Seelen (psychai) der Toten (3,19).

Die Christen fühlen sich in ihrer Welt als „auserwählte Fremdlinge", sie leben in der starken Hoffnung auf die Auferstehung. Denn Christus habe sie durch sein Sterben der Vergänglichkeit entrissen, in der Taufe sei die Wendung ihres Lebens geschehen. Deswegen werden sie zu Heiligkeit und Bruderliebe aufgefordert, die Begierden ihres Körpers und die Laster der Umwelt müssen sie meiden. Wegen ihres abweichenden Verhaltens werden sie von den Nichtchristen beschimpft, doch diese Leiden kommen von der göttlichen Gnade her. Gott prüfe die Leidenden, am Ende ihres Lebens erwartet sie die göttliche Herrlichkeit und die Vollendung. Im ganzen Leben bleiben sie mit dem leidenden Christus verbunden.[6]

Judasbrief

Auch dieser Brief ist eine pseudepigraphische Schrift, ein Judenchrist nimmt für sein Werk die Autorität des Jesusbruders Judas in Anspruch. Die Denkwelt dieses Briefes ist deutlich judenchristlich, es wird schon die nachapostolische Struktur der Gemeinde vorausgesetzt. Da ist von der Abgrenzung zwischen der wahren und der falschen Lehre die Rede, vor den Irrlehren der Endzeit wird gewarnt. Der Brief dürfte in einer Gemeinde in Kleinasien entstanden sein, seine Abfassungszeit liegt zwischen 80 und 120, eine genauere Datierung ist nicht möglich. In der judenchristlichen Gemeinde der Adressaten waren apokalytische Spekulationen und Lehren über den Patriarchen Henoch verbreitet.

Vor den Irrlehren wird gewarnt, weil sie falsche Lehren verbreiten und die Glaubenden ins Verderben führen. Argumentiert wird mit Texten aus der jüdischen Bibel, aber auch mit außerbiblischen Mosestraditionen. Die Irrlehrer leugnen die Macht der Engel, sie verstehen sich als vom götlichen Geist gelenkte Pneumatiker, die sich nicht mehr an die moralischen Gebote gebunden fühlten. Hier kann es sich um Auseinandersetzungen mit einem libertinistischen Erbe der paulinischen Theologie handeln, das schon zur Zeit des Apostels in Korinth zu erkennen war.

Nun möchte der Brief dazu beitragen, die Identität des wahren Glaubens an Jesus Christus zu sichern, dabei wird auf die jüdische Tradition Bezug genommen. Christus wird als der kommende Weltenherrscher erwartet, der mit seinen Engeln über alle Menschen zu Gericht sitzen wird. Die Irrlehren standen wohl in der Tradition der charismatischen Wanderlehrer, die das jüdische und das allgemeine moralische Gesetz verachteten. Im Brief wird eine christianisierte Form

---

[6] R. Wilkens, Die frühen Christen. Wie die Römer sie sahen. Graz 1989, 24–34.

der jüdischen Henochliteratur vermittelt. Wir sehen hier noch ein spätes Zeugnis für den Dialog zwischen Juden und Judenchristen.[7]

Zweiter Petrusbrief

Dieser Brief übernimmt Teile des Judasbriefs, er unterscheidet sich deutlich vom 1. Petrusbrief. Der Autor war ein gebildeter griechischer Christ, vielleicht hatte er jüdische Wurzeln. Der Brief dürfte um 110 verfasst worden sein, als Orte der Entstehung sind Ägypten oder Rom möglich. Nun zweifeln bereits viele Christen an der erwarteten Wiederkunft Christi, darauf will nun der Brief eine Antwort geben. Die Empfängergemeinde bestand aus griechischen Christen, sie hatte aber noch einen Anteil von Judenchristen, für beide Gruppen wird die Verlässlichkeit der Verheißungen Gottes betont. Auch hier ist von Gegnern die Rede, die den wahren Glauben verfälschen.

Nun wurde der Judasbrief fast vollständig in den 2. Petrusbrief aufgenommen. Auffallend ist auch hier der enge Bezug zum Matthäusevangelium, etwa in der Erwähnung der Verklärung Jesu oder in der Darstellung der Gestalt des Petrus, im Fluch über Sodom und Gomorrha und im Weg der Gerechtigkeit. Hier werden Traditionen der jüdischen und der christlichen Endzeiterwartung verbunden. Die Gegner der wahren Lehre werden als Skeptiker dargestellt, die nicht mehr an die Engel, an die Wiederkunft Christi und an das göttliche Weltgericht glauben wollen.

Der Autor des Briefes beansprucht für sich ein prophetisches Wort, denn er weiß mit Sicherheit, dass der Tag des Christus kommen wird. Er vergleicht die Geschichte von der Sintflut mit dem göttlichen Gericht, das von den Christen erwartet wird. Die Zeit spiele bei Gott keine Rolle, denn vor ihm seien tausend Jahre wie ein Tag. Daher sollen die Christen auf den Christus warten, denn sie werden an seiner göttlichen Natur (theia physis) teilnehmen. Sie blicken im Leben auf den göttlichen Retter, von der Hoffnung auf die kommende Vollendung lassen sie sich nicht abbringen.[8]

---

[7] U. Schnelle, Einleitung 444–461. J. Heizer, Petrus oder Paulus? Tübingen 1998, 129–144.

[8] R. Heiligenthal, Zwischen Henoch und Paulus. Heidelberg 1992, 67–89. U. Schnelle, Einleitung 461–469.

Lebenswelt des Johannes

Das Johannesevangelium und die drei Johannesbriefe weisen deutlich inhaltliche und sprachliche Ähnlichkeiten auf, sodass heute von einer johanneischen Schule im frühen Christentum ausgegangen wird. Zunächst fallen viele sprachliche Gemeinsamkeiten auf, dann zeigt sich, dass die ethischen Konzeptionen dieselben sind, denn die Bruderliebe wird nur auf die Gruppe bezogen. Jesus wird als Lehrer einer göttlichen Offenbarung dargestellt, in der Christologie wird die Einheit zwischen dem göttlichen Vater und dem göttlichen Sohn betont. Die Mitglieder der christlichen Gemeinde nennen sich Freunde oder Kinder Gottes. Auf eine johanneische Schule deutet auch das Nachtragskapitel des Evangeliums hin (Joh 21).

Der Ort der johanneischen Schule dürfte die Provinzhauptstadt Ephesos gewesen sein, darauf weisen Textstellen in zwei Johannesbriefen hin. Auch sagt die alte kirchliche Tradition (z.B. Irenaios), das Evangelium sei in Ephesos verfasst worden. In Kleinasien war auch die Wirkungsgeschichte dieser Schriften am deutlichsten. Auch gibt es eine inhaltliche Verbindung zwischen der Theologie des Paulus und der Schule des Johannes, mit beiden Schulen des christlichen Glaubens muss in Ephesos gerechnet werden. Zeitlich dürften zuerst der zweite, dann der dritte und dann der erste Johannesbrief verfasst worden sein, und zuletzt das Johannesveangelium.[1]

Zweiter Johannesbrief

Als Verfasser wird ein Presbyter genannt, nämlich ein Lehrer des Glaubens mit großer Autorität, vielleicht war er der Gründer dieser Gemeinde. Papias nannte im 2. Jh. einen Presbyter Johannes als Vermittler alter Lehrtradition. Polykarp bezeugt als erster den Zweiten Johannesbrief, folglich dürfte er um 90 verfasst worden sein. Die christliche Gemeinde wird als zum Herrn (kyrios) gehörige Gruppe bezeichnet, sie lebt in der Verbindung mit anderen Christengemeinden der Umgebung. Gewarnt wird vor Irrlehrern und Wanderpredigern, ihnen soll keine Gastfreundschaft gewährt werden. Doch die Brüder und Schwestern sollen sich in Liebe verbunden wissen.

---

[1] U. Schnelle, Einleitung 479–484. M. Hengel, Die johanneische Frage. Göttingen 1993, 56–67.

Die Christen werden aufgerufen, der göttlichen Wahrheit treu zu bleiben und die Nächstenliebe zu verwirklichen. Wichtig erscheint die alte Tradition des Glaubens und der Moral, die keine neue Lehren zulässt. Mit den Irrlehren sind wahrscheinlich doketische Vorstellungen gemeint, die dem Erlöser Jesus Christus nur einen Scheinleib zusprechen. Deutlich erkennbar wird eine dualistische Weltdeutung, welche zwischen dem Dunkel der Weltmenschen und der Lichtwelt der Christen unterscheidet. Denn nur sie leben in der Wahrheit und in der Liebe Gottes, sie konstituieren eine neue Lebensschule des Heils und der Erlösung.

Dritter Johannesbrief

Auch hier wird der Presbyter als Absender des Briefes genannt, die Schrift dürfte um 90 in Ephesos verfasst worden sein. Gelobt wird die Gastfreundschaft der Christen, die in der Wahrheit und in der Liebe leben. Als Adressat wird Gaius angeredet, der zum Presbyter ein gutes Verhältnis hat. Dann ist von einem Konflikt mit den Lehren des Diotrephes und seiner Gemeinde die Rede. Es wird gesagt, Gaius wandle in der Liebe und in der Wahrheit, weil er die Wanderprediger des Presbyters bei sich aufnehme. Seine Gemeinde betrieb also unter den Griechen der Umgebung Mission. Allein Diotrephes nahm die Wanderprediger des Presbyters nicht bei sich auf, denn vermutlich vertrat er eine andere Konzeption der christlichen Gemeinde.

Für den Konflikt zwischen dem Presbyter und Diotrephes gibt es mehrere Erklärungen, entweder handelt es sich um eine verschiedene Konzeption der christlichen Gemeinde, oder es gab Unterschiede in der Lehre. Es kann auch mit beiden Möglichkeiten gerechnet werden, doch der Presbyter als der Gründer der Johannesschule verstand sich als der Hüter der wahren Tradition. Diotrephes dürfte neue Modelle des Glaubens und der Gemeinschaft akzeptiert haben.

Erster Johannesbrief

Der Verfasser dieses Briefes gibt sich nicht zu erkennen, er dürfte aber nicht mit dem Presbyter identisch sein, denn es zeigen sich sprachliche Unterschiede. Auch dürfte der Verfasser dieses Briefes nicht der Autor des Johannesevangeliums sein, weil die Unterschiede in der Lehre von den letzten Dingen zu deutlich sind. Daher ist es sinnvoll, alle diese Schriften einer einheitlichen theologischen Schule zuzuordnen. Da sich im Ersten Johannesbrief kein Zitat aus dem Evangelium findet, wird dem Brief die zeitliche Priorität zukommen. Er dürfte um das Jahr 95 in Ephesos verfasst worden sein, Papias und Polykarp kannten ihn bereits.

Er enthält lehrhafte und ermahnende Abschnitte und thematisiert die Frage nach der Sündlosigkeit der Christen. Dann geht er auf Irrlehren ein, welche von der wahren Lehre abweichen. Die Christen werden zur Bruderliebe und zur gegenseitigen Hilfe aufgefordert, es muss in der Gemeinde soziale Unterschiede gegeben haben. Es wird gesagt, die Gemeinschaft zu Gott müsse sich in der Freiheit von der Sünde und in der aktiven Bruderliebe zeigen. Die Gegner der wahren Lehre sahen in Jesus nicht den himmlischen Christus. Doch die wahren Christen blicken auf das baldige Kommen des Herrn (kyrios), aber sie müssen im Leben seinen Geboten folgen. Immer müssen sie bereit sein, zwischen der wahren und der falschen Lehre zu unterscheiden.[2]

Nun sind alle Christen zur Bruderliebe verpflichtet, denn darin zeigt sich die Wahrheit ihres Glaubens. Sie schauen auf das Ewige und glauben an die Kraft ihrer Gebete. Manche Theologen sehen in diesem Brief eine große Predigt des christlichen Glaubens, doch fasst der Brief mehrere mündliche Lehrformen zusammen, die in der Schule des Johannes verbreitet sind. Es finden sich darin katechtische und moralische Unterweisungen für das alltägliche Leben. Die Gegner des Verfassers gehörten zur christlichen Gemeinde, aber sie sahen keine Identität zwischen dem irdischen Jesus und dem himmlischen Christus. Für das Heil der Menschen waren für sie nur der göttliche Vater und der himmlische Christus relevant, nicht aber das Leben und Sterben des Jesus aus Nazaret.

Die Gegner bestritten offensichtlich die Fleischwerdung des himmlischen Christus im Menschen Jesus, dessen Leiden und Sterben hatte keine Bedeutung für die göttliche Erlösung. Der himmlische Christus habe bei seinen Erscheinungen einen Scheinleib getragen, er sei nicht wirklich Mensch gewesen. Wir erkennen hier also doketische Lehren (dokein = scheinen), die sich später auch im syrischen Judenchristentum finden und die von dort in den Islam gekommen sind. Denn auch für den Koran ist der Prophet Isha (Jesus) nur zum Schein am Kreuz gestorben. Später stritt der Bischof Ignatios aus Antiochia mit Häretikern, welche die wahre Leiblichkeit des himmlischen Christus bestritten. Für sie hat Jesus nur zum Schein am Kreuz gelitten, sein Kreuzestod hatte für die Erlösung der Menschen keine Bedeutung. Hier deutet sich bereits die monophysistische Christologie an, nach der der Erlöser nur götlicher Natur ist. Nicht er selbst, sondern seine Scheingestalt (dokesis) sei auf der Erde erschienen.

Für den Autor des Ersten Johannesbriefs aber ist der himmlische Christus mit dem irdischen Jesus identisch. Dieser habe wahrhaftig gelitten und sei am Kreuz gestorben, durch seinen Kreuzestod sei den Menschen die Erlösung vom Bösen zugeflossen. In Jesus sei der himmlische Christus real Mensch geworden, er habe Fleisch angenommen. Die Gegner leugneten die wirkliche Menschwerdung des Gottessohnes Jesus Christus, doch die wahren Christen warten auf die baldige Ankunft Jesu, der sich dann als der himmlische Christus zeigen wird. Dann werden die Glaubenden seine Gestalt annehmen und ihn voll erkennen (3,1–3). Nun gibt es in der Gemeinde die Sünde, die aber nicht mehr zum Tod führe. Die todbringende Sünde sei aber durch die Erlösung überwunden (3,9).

Wer aber dennoch sündigt, folgt der Spur des Todes und nicht des göttlichen Geistes und des Lebens. Für ihre Sünden, die nicht zum Tod führen, müssen

---

[2] U. Schnelle, Einleitung 485–495. M. Labahan, Jesus als Lebensspender. Tübingen 1998, 45–56.

die Christen Gott um Vergebung bitten. Christus ist das Vorbild und Urbild des gottgefälligen Lebens, alle Christen werden zur Verwirklichung der Bruderliebe aufgefordert. Diese bezieht sich zuerst auf die Mitglieder der Gemeinde, schließt aber Außenstehende nicht aus. Im christlichen Glauben wenden sich die Menschen von den Kräften des Kosmos ab und beziehen ihr Leben auf Gott. Dieser sandte seinen Sohn aus Liebe in die Welt, damit er die Menschen von den Kräften des Bösen erlöse. Die Christen sollen durch ihren Glauben die Menschenwelt und den Kosmos zu Gott hinführen.[3]

Johannesevangelium

Dieses Evangelium weicht in der Darstellung des Lebens Jesu erheblich von den Erzählungen in den synoptischen Evangelien ab. Jesus habe drei Wanderungen nach Jerusalem unternommen, die Tempelreinigung sei der Anfang seines öffentlichen Wirkens gewesen. Er habe sich selbst als göttlichen Offenbarer verkündet, das Reich Gottes tritt hier in den Hintergrund. Die Weltsicht ist dualistisch, denn eine böse Welt (kosmos) der Menschen stehe der guten Lichtwelt Gottes und seines Offenbarers Jesus gegenüber. Die von den Synoptikern in der Zukunft erwartete Erlösung wird im Johannesevangelium weitgehend schon in der Gegenwart gesehen, eine präsentische Eschatologie hat die futuristische Lehre abgelöst. Wir erkennen hier eine Weiterentwicklung der christlichen Lehre oder einen anderen Strang der Tradition.

Im Nachtragskapitel zum Evangelium (Joh 21) wird der Lieblingsjünger Jesu von den Herausgebern des Evangeliums (21,24) zum Verfasser des Evangeliums gemacht. Als Ort der Abfassung wurde Kleinasien erwogen, wahrscheinlich ist es in Ephesos geschrieben worden. Dafür spricht die altkirchliche Tradition, in dieser Stadt berührten sich die Schule des Paulus und die Schule des Johannes. Es dürfte zwischen 100 und 110 n.Chr. verfasst worden sein, seine früheste Zitierung liegt vor 150 n.Chr.

Die Adressaten des Evangeliums sind mehrheitlich griechische Christen, die aber mit der jüdischen Synagoge noch einen losen Bezug haben. Inhaltlich erfolgt eine Abgrenzung von den Anhängern des Täufers Johannes, von den Juden der Synagogen und von doketischen Mitchristen. Jesus wird als erfolgreicher dargestellt als der Täufer Johannes, offensichtlich sind Jünger des Täufers zu den Christen übergetreten. Betont wird die Tauftätigkeit Jesu, denn die Christen wollten in der Mission die Täuferjünger überbieten. Zu den Juden der Synagogen wird eine deutliche Grenze gezogen, es gibt keine heilsgeschichtliche Kontinuität mehr zwischen Moses und Jesus. Die Christen leben nicht mehr unter der jüdischen Tora, sondern unter der Gnade der göttlichen Weisheit (1,17).

Nun haben die Christen das jüdische Gesetz hinter sich gelassen, dieses zeugt aber weiterhin für den Tod Jesu. Sogar Moses habe die Messianität Jesu bezeugt,

---

[3] U. Schnelle, Einleitung 498–513.

und Abraham hätte sich gefreut, wenn er Jesus gesehen hätte. Weil aber die Juden Jesus als Messias ablehnen, wenden sie sich gegen Gott und haben den Teufel zum Vater (8,37–45). Jesus sei der Herr und das Ziel des jüdischen Gesetzes, das Bekenntnis zum Christus habe das Bekenntnis zum jüdischen Gesetz abgelöst. Mit dieser Konzeption lässt sich das Evangelium nicht den Judenchristen zuordnen. Hebräische und aramäische Begriffe müssen ins Griechische übersetzt werden, die jüdischen Feste und Riten werden nur mehr aus der Distanz betrachtet.[4]

Aber Jesus ist Jude (joudaios), das göttliche Heil kommt von diesem Volk und viele Juden glauben an Jesus. Doch seine jüdischen Gegner murrten über ihn, sie verfolgten ihn und wollten ihn steinigen. Im Prozess vor den Römern treten sie gegen ihn auf, sie werfen ihm vor, er wolle sich Gott gleich machen (5,18). Die Jünger Jesu haben Angst vor den Juden, die keine Kinder Abrahams seien, alle seine jüdischen Gegner seien Kinder des Teufels (8,44). Was Jesus von den Juden erfuhr, das erfährt jetzt die christliche Gemeinde von den Griechen, die nicht an ihn glauben (kosmos).

So erkennen wir in der Schule des Johannes in Ephesos harte Auseinandersetzungen mit der jüdischen Gemeinde und Lebensform. Doch die Loslösung der Christen von den Juden ist weitgehend abgeschlossen, der Schmerz der Trennung liegt in der Vergangenheit. Im Passionsbericht treten die Juden als Gegner Jesu auf, doch Jesus sei ein König der Juden. Nun setzt sich auch das Evangelium mit doketischen Lehren über Christus auseinander, welche die Fleischwerdung des himmlischen Christus leugnen. Ihnen gegenüber betont der Autor die Fleischwerdung des ewigen göttlichen Logos. Dabei lässt sich der Logos als ewiges Weltgesetz oder als göttliches Schöpferwort deuten. Im Menschen Jesus habe das ewige Weltgesetz bzw. das göttliche Schöpferwort Fleisch angenommen (1,14). Die Wundertaten Jesu seien Zeichen des göttlichen Offenbareres, die Heilszeichen der Taufe und der Eucharistie setzen die Inkarnation des himmlischen Christus und das wirkliche Leiden Jesu am Kreuz voraus. Das Kreuz ist der Ort des Heiles, Jesu Weg steht von Anfang an unter diesem grausamen Zeichen. Der irdische Jesus ist mit dem himmlischen Christus identisch, dies wird gegenüber den doketischen Mitchristen betont. Die Einheit der Gemeinde dürfe nicht gefährdet werden.[5]

So entstand das Evangelium aus der Erinnerung an das Christusgeschehen und aus der Führung des göttlichen Geistes (parakletos). Dieser bestimme die Gegenwart der Gemeinde und forme deren Zukunft. Ein Lieblingsjünger verbindet die christliche Gemeinde mit dem irdischen Jesus, dieser bezeugt den wirklichen Tod Jesu am Kreuz und seine Auferstehung aus dem Tod (19 und 20). Er war der Sprecher Jesu und seiner Jünger, in der Stunde der Versuchung blieb er seinem Lehrer treu, er ist der wahre Zeuge der Erlösung und der vorbildhafte Jünger. Hinter der literarischen Gestalt des Lieblingsjüngers steht wahrscheinlich der Gründer der

---

[4] P. Anderson, The Christology of the Fourth Gospel. London 1996, 56–67. U. Schnelle, Einleitung 520–524.
[5] C. Koester, Symbolism in the Fourth Gospel. New Jersey 1995, 124–136. U. Schnelle, Einleitung 520–524.

Johannes-Schule in Ephesos. Er wird im Zweiten und Dritten Johannesbrief der Presbyter genannt. Er dürfte mit dem bei Papias genannten Presbyter Johannes identisch sein. Damit wird der Gründer der Schule zum Augenzeugen Jesu und zum Hüter der wahren Lehre stilisiert.

Das theologische Programm

Inhaltlich gliedert sich das Evangelium in mehrere Teile, es beginnt mit einem Prolog, in dem die Menschwerdung des himmlischen Christus bekannt wird. Dann wird das Wirken des göttlichen Offenbarers in der Menschenwelt umfassend dargestellt. Zuerst bezeugt der Täufer Johannes den Offenbarer Jesus, dann beruft dieser Jünger in seine Nachfolge. Er setzt eine erste Zeichenhandlung, in der sich göttliche Wahrheit offenbart. Dann folgen Auseinandersetzungen Jesu mit den Lehren der Juden, die seine Offenbarungen nicht annehmen.

In seiner Heimatregion speist Jesus viele Menschen mit Brot und Fisch, er wandelt über den See Genesaret und verkündet sich selbst als das Brot, das vom Himmel zu den Menschen gekommen sei. Der Jünger Petrus habe ihn als Gesandten Gottes und als Messias bekannt. Danach steigern sich die Konflikte mit den toratreuen Juden, die seine Lehre ablehnen. Er verkündet seine Botschaft beim jüdischen Laubhüttenfest und beim Tempel in Jerusalem. Darin sieht er sich selbst als das Licht der Welt, er beruft die wahren Kinder Abrahams in seine Nachfolge. Er bricht die Tora, denn er heilt einen Blinden am Sabbat.

In seinen Reden versteht er sich als ein göttlicher Sohn und Offenbarer, für die Menschen wirkt er wie ein guter Hirt. Er weckt einen toten Freund zum Leben, in Jerusalem feiert er mit seinen Jüngern ein letztes Paschamahl, bevor er den Weg des Leidens geht. In Bethanien wird er von einer Frau gesalbt, dann zieht er als göttlicher Lehrer in die Stadt der Priester ein. Es folgen eine symbolische Fußwaschung der Jünger, ein letztes Mahl, die Nennung des Verräters, die Ankündigung der Verleugnung des Petrus. Dazwischen verkündet er das neue Gebot der gegenseitigen Liebe und hält zwei große Abschiedsreden, danach betet er für seine Jünger zum göttlichen Vater. Nun ist er bereit, den Weg des Leidens zu gehen, er wird von den Soldaten gefangen gesetzt und von Petrus verleugnet. Dann steht er vor dem Hohenpriester Hannas und dem römischen Prokurator Pontius Pilatus vor Gericht.

Er wird gefoltert und zum Tod verurteilt, die Soldaten kreuzigen ihn, er stirbt wirklich am Kreuz und wird begraben. Nach drei Tagen finden Frauen das leere Grab, Jesus erscheint als Auferstandener vor Maria aus Magdala. Später zeigt er sich den zweifelnden Jüngern und dem Thomas als Lebender. Im späteren Nachtrag (21) erscheint der auferstandene Jesus als himmlischer Christus seinen Jüngern am See Tiberias, dann folgt der zweite Schluss des Evangeliums.

Der Prolog enthält das Programm des ganzen Evangeliums, in Jesus ist der göttliche Logos Mensch geworden. Er ist der einzige Sohn des göttlichen Vaters, aus seiner Fülle haben die Christen göttliche Gnadenkraft bekommen. Das Evangelium will den Glauben an den göttlichen Sohn wecken und stärken. Jesus wirkt als göttlicher Offenbarer, er zeigt sich seinen Jüngern als der Auferstandene. Sein ganzes Wirken steht unter dem Blickfeld des Kreuzes, er ist wirklich gestorben und hatte keinen Scheinleib. Mit der Fußwaschung wird die Liebe des Offenbarers zu seinen Jüngern dargestellt. Der göttliche Sohn kehrt in die Welt des göttlichen Vaters zurück, um den Jüngern eine Heimat zu bereiten.

Der Evangelist benutzte verschiedene Quellen, nämlich Passionsberichte und Sprüche Jesu, sowie Parakletensprüche. Die Texte der jüdischen Bibel zitiert er meist in der Übersetzung der Septuaginta, einige sind direkt aus dem hebräischen Text übersetzt. Die synoptischen Evangelien dürfte der Verfasser gekannt haben, es finden sich gemeinsame Erzählungen und Sprüche, sowie Ähnlichkeiten in der Komposition. Auffallend ist die Ähnlichkeit mit dem Markusevangelium.

In der theologischen Konzeption ist eine Nähe zu Paulus zu erkennen, was mit dem Entstehungsort Ephesos zu erklären ist. Lange Zeit wurde eine Nähe zur entstehenden Gnosis angenommen, weil diese Bewegung das Evangelium umfassend rezipierte. Doch wahrscheinlich entwickelten sich das frühe Christentum und die Gnosis unabhängig von einander. Freilich können sich Teile der gnostischen Erlösermythen in der frühchristlichen Zeit gebildet haben. Nun hängt es von der Abgrenzung des Phänomens der Gnosis ab, ob man im Johannesevangelium eine Nähe zu dieser Glaubensform finden kann oder nicht. Wenn nach gnostischer Lehre die Menschenwelt von einer widergöttlichen Macht (demiourgos) geschaffen wurde, so lehrt das Johannesevangelium, dass die Welt durch das Wirken des göttlichen Logos geschaffen worden sei (1,1–4).

Das Evangelium hat Vorstellungen der jüdischen Bibel und der jüdischen Weisheitsliteratur aus der hellenistischen Zeit verarbeitet. Einige Ideen zeigen die Nähe zu den Lehren der Qumrangemeinden (Test 12 Patr), andere Vorstellungen stammen aus der griechischen Philosophie. Es ist für griechische Christen und nicht für Judenchristen verfasst worden. Es lehrt, Gott habe seinen Sohn und Boten aus Liebe in die Welt der Menschen geschickt, damit sei eine Verbindung zwischen der göttlichen und der menschlichen Welt eingetreten. Der göttliche Offenbarer zeige den Menschen die Geheimnisse der himmlischen Welt. Die in der Zukunft erwarteten Ereignisse der Erlösung und der Vollendung reichen schon in die Gegenwart herein.

Die an Christus Glaubenden haben bereits Anteil am ewigen Leben, sie sind aus der Dimension des Todes befreit. Sie blicken voll Erwartung auf die Wiederkunft Christi, der ihr vollendetes Leben offenbar machen wird. Die Auferstehung der Toten beginne schon jetzt, wenn Menschen durch den Glauben an Christus innerlich verwandelt werden. Jesus hat von Gott die Macht bekommen, Tote zum Leben zu wecken. Jetzt aber ist er beim göttlichen Vater, um den Gläubigen eine dauerhafte Wohnung zu bereiten. Diese schauen auf die Wiederkunft des himmlischen Christus, wo sie mit ihm dauerhaft vereinigt sein werden. Die Verwandlung des Lebens und die Auferstehung der Toten haben für die Glaubenden schon begonnen.

Wir erkennen in diesen Aussagen deutlich die Lehren der griechischen Mysterienkulte. Auch dort glaubten die Anhänger, dass sie mit ihrem Kultheros schon verwandelt seien, ihre Vollendung werde am Ende des Lebens offenbar werden. Die Lehre von der Menschwerdung eines Gottes war den Griechen nicht fremd, für sie waren Herakles, Dionysos und Asklepios geliebte göttliche Söhne in Menschengestalt, sie haben die Erlösung vom Bösen gebracht. Herakles starb auf dem Scheiterhaufen mit dem Ruf: „Es ist vollbracht". So starb auch Jesus nach dem Johannesebangelium, dieses sieht in Jesus den neuen Herakles. Auch die Mysterienanhänger glaubten, dass sie durch ihre Riten bereits verwandelt und vergöttlicht wurden. Die Johannesschule übersetzte griechische Mysterienlehren in den christlichen Glauben.[6]

Hinführung

Die Urkirche hat das Johannesevangelium[7] mit den drei Evangelien der Synoptiker zu der heiligen Vierzahl verbunden und Johannes neben Petrus und Jakobus zu den „Säulen" der Kirche gezählt (Gal 2,9). Johannes setzt sich mit den theologischen Strömungen und dem Geist seiner Zeit auseinander und sucht das Christuszeugnis im Rückgriff und in der Verarbeitung alttestamentlicher Tradition, urchristlicher Primärquellen und Überlieferungen neu auszulegen. Der literarisch vorliegende End-Text spiegelt eine mystisch-meditative Theologie und vergeistigte Frömmigkeit. Er grenzt sich von anderen konkurrierenden religiösen Strömungen ab und setzt ihnen seine Sicht von dem in Jesus Christus eröffneten Heil gegenüber bzw. entgegen.

Das Johannesevangelium selbst ist nicht als historiographische Reportage entworfen, sondern als ein performativer religiöser Text zu lesen, der das innerste Wesen der Gestalt Jesu, des Offenbarers von Gott her, aufzeigen will und von der Stiftung einer neuen Glaubensbeziehung derer spricht, die sich in dieses Kraftfeld gerufen

---

[6] C. Schneider, Kulturgeschichte II, 800–810.

[7] Vgl.: R. Brown, The Gospel According to John (AncB 29/29a) 1966/1970. U. Schnelle, Das Evangelium nach Johannes. 1998 (= ThHK 4). J.J. Martyn, History and Theology in the Fourth Gospel. 1979. R.A. Culpepper, Anatomy of the Fourth Gospel: A Study in Literary Design. 1983. G. O'Day, Revelation in the Fourth Gospel: Narrative Method and Theological Claim. 1986. J. Ashton, Understanding the Fourth Gospel. 1991. A. Denaux (Hg.), John and the Synoptics. 1992 (= BEThl 101). D.M. Smith, John Among the Gospels: The Relationship in Twentieth-Century Research. 1992. M. Hengel, Die johanneische Frage: Ein Lösungsversuch, mit einem Beitrag zur Apokalypse von Jörg Frey, 1993 (= WUNT 67). S. Landis, Das Verhältnis des Johannes zu den Synoptikern am Beispiel von Mt 8,5–13; Lk 7,1–10; Joh 4,46–54, 1974 (= BZNW 74). G. v. Belle, The Sign Source in the Fourth Gospel: Historical Survey and Critical Evaluation of the Semeia Hypothesis. 1994 (= BEThL). J.H. Charlesworth, The Belowed Disciple: Whose Witness Validates the Gospel of John? 1995. C. Koester, Symbolism in the Fourth Gospel: Meaning, Mystery, Community. 1995. P. Anderson, The Christology of the Fourth Gospel. 1996 (= WUNT 2.77). J. Frey, Die johanneische Eschatologie. Bd. 1–3, 1997–2000. M. Labahan, Jesus als Lebensspender. Untersuchungen zu einer Geschichte der johanneischen Tradition anhand ihrer Wundergeschichten, 1998 (= BZNW 98).

wussten. Die geschilderte Jesus-Ebene wird transparent gemacht auf die Nachfolgeebene der an ihn Glaubenden, zunächst veranschaulicht im Verhaltensmodus Johannes des Täufers und dann im überhistorischen Modell der Jüngerberufung.

In der sogenannten Täuferszene am Jordan (Joh 1,19–28), einer „idealen Szene", sind der Zeuge, Johannes der Täufer, und der Bezeugte, Jesus Christus, beisammen. Jesus kommt auf ihn zu, ohne dass gesagt wird, von wo er kommt. Er ist im Zu-Kommen, wobei der von Gott autorisierte Zeuge Johannes das Jesus-Zeugnis in Gang setzt mit dem liturgisch klingenden „Seht das Lamm Gottes, das die Sünden der Welt fort trägt". Der Gedanke steht in sachlicher Nähe zur Theologie des 1. Johannesbriefes, in welchem die Rede ist von der Sünden tilgenden und Versöhnung schaffenden Macht des Blutes Jesu für die ganze Welt (1Joh 1,7.9; 2,2; 4,10; 3,5 spricht ausdrücklich vom „Wegnehmen" der Sünde). Der Heilbringer ist da. Der, der nach dem Täufer kommt, ist der, mit dem der Anfang und Ursprung von allem schlechthin kommt (1,1; vgl. 1,15). Der Täufer eröffnet die Reihe der Zeugen und spricht sein Zeugnis hinein in den Raum der Welt und spricht es auch für alle: „Und ich kannte ihn nicht" (1,31), denn unter der Hüllung des „Fleisches" ist dessen „Herrlichkeit" (doxa) verborgen. Das Geschehen am Jordan ist so die erste Epiphanie des Heilbringers, die sich dann in seinen Worten und „Zeichen" immer wieder aufs Neue und auf vielfältige Weise ereignen und enthüllen wird. Dies wird das Evangelium erzählen und bezeugen. Das Täuferzeugnis aber wird die Reihe der Zeugen eröffnen. Der „vorübergehende" Jesus (peripatein; vgl. auch die aristotelische Philosophenschule der „Peripatetiker") wendet sich an zwei Täuferjünger des Johannes mit der Frage, was sie „suchen" (1,38). Er fragt sie so nach ihrer existentiellen Befindlichkeit. Mit denselben Worten wird der Auferstandene die weinende Maria Magdalena am Ostermorgen ansprechen (20,15). Die beiden Jünger wollen wissen, wo er bleibt (1,38), d.h. sie fragen nach der Lebenssphäre seines Wohnens und damit nach seiner Identität, wer er sei, woher er komme, woraus er lebe und wohin er trachte. Mit den Worten „Kommt und seht!" (1,39) offenbart er ihnen seine „Bleibe", und die ihm nachfolgen, „bleiben" bei ihm (1,39). Darauf folgt ihre Nennung mit Namen, gleichsam der elementare Ausdruck der in In-Bezug-Setzung und Einverleibung, die in den weiteren zwei Episoden in dem Bekenntnis des Andreas („Wir haben den Messias gefunden" 1,41) und im „Bleiben" bei Jesus (1,39)[8], an ihr Ziel gekommen ist. Die Stunde des Heils ist angebrochen (1,51). In diesem metahistorischen Modell der Nachfolge-Erzählungen wird auch Jesus mit allen relevanten Hoheitstiteln benannt: Lamm Gottes, Sohn Gottes, Rabbi/Lehrer, Messias, Nazarener, König Israels und Menschensohn (vgl. 1,29–51).[9]

---

[8] Vgl. J. Heise, Bleiben. Menein in den Johanneischen Schriften. Marburg 1967 (= HUTh 8).
[9] Vgl. U.B. Müller, Die Geschichte der Christologie in der johanneischen Gemeinde. Stuttgart 1975 (= SBS 77). K. Berger, Zum traditionsgeschichtlichen Hintergrund christologischer Hoheitstitel. In: NTS 17 (1970/71) 391–425. B.M.F. van Iersel, Tradition und Redaktion in Joh 1,19–36. In: NT 5 (1962) 245–268. F. Hahn, Christologische Hoheitstitel. Ihre Geschichte im frühen Christentum. Göttingen 31966 (= FRLANT 83).

Der Prolog

Wo bei Matthäus oder Lukas die „Vorgeschichte" des Evangeliums steht, setzt der vierte Evangelist den Prolog, aber nicht als Vorgeschichte zu der eigentlich erst noch kommenden, sondern als hymnische Summa eines monumentalen Introitus von axiomatischer Wucht und gestraffter Fülle.[10] Das Heil der Welt ist im Logos zentriert, was hindert, aus dem Text des Prologs eine Weltanschauung verbunden mit Kosmologie und Anthropologie zu machen. Der Glaube steht vor der lapidaren Kraft des „Ich bin es". Der Hymnus besingt den Logos, das Wort, in rhythmischen Sätzen nach Art der semitischen Poesie in aramäisierendem Stil. Als Introitus des Johannesevangeliums gibt er die Summe des Heilsgeschehens in Christus wieder. Die Adressaten des Textes, Leser und Hörer, sind schon zu Beginn über das „Woher" und „Wohin" Jesu informiert. Sie haben damit den späteren Akteuren, die Jesu Worte und Zeichen ständig missverstehen, das österliche Wissen voraus (vgl. 1,18 mit 20,28).

Von Irenaios (3,11,1) ist die legendarische Anekdote überliefert, der Evangelist Johannes sei in Ephesos mit seinen Schülern, als sie ein Bad aufsuchten, dem Gnostiker Cerinth begegnet, der Jesu Göttlichkeit leugnete. „Zu dem setzen wir uns nicht hin!", habe er zu seinen Schülern gesagt und sei weggegangen. Und Athanasios schreibt in „De incarnatione verbi, 4,3: „Wir sind die Ursache der Leibwerdung des Herrn, und um unseres Heiles willen offenbarte er seine Menschenliebe und wollte in einem menschlichen Leibe geboren werden und erscheinen."

Der Prolog setzt mit dem „im Anfang" (en arche) ein, wie die Genesis in der Septuaginta-Übersetzung anhebt, aber auch die europäische Denkgeschichte der vorsokratischen Philosophen. Die ganze Fülle der Begriffe wie Ursprung, Gott, Schöpfung, Licht, Finsternis, Logos, Wort, Licht, Leben, Fleisch, Kinder Gottes, Herrlichkeit, Gnade und Wahrheit begegnen einander im Prolog und stehen in theologischer Kontinuität zum danach erzählten „Evangelium". Sind die ersten 13 Verse im proklamierenden „Er"-Stil gehalten, so werden sie ab V. 14 vom „Wir" der Bekennenden abgelöst, die sich mit ihrer Erfahrung zu Wort melden, dem Sehen der „Herrlichkeit" (doxa/hebr. Kabd) des Fleischgewordenen, d.h. der Göttlichkeit Jesu Christi. Diese kommt in dem bekehrten Zweifler Thomas und seinem Bekenntnis „Mein Herr und mein Gott" ans Ziel (20,28). In der Erfahrung des „Wir" der Gemeinde aber liegt der induktiv gehaltene Zugang zur Christologie des Johannesevangeliums. Der Glaube hat sich auf dem Grund des persönlichen Wirkens des Offenbarers eingewurzelt, den seine Jünger „gehört, gesehen, mit ihren Händen betastet" haben (1Joh 1,1). Der Logos-Begriff ist dabei nicht die spekulative Prämisse, sondern die theologische Konsequenz. Das Präteritum „im Anfang war" des Eingangsverses ist nicht eine Vergangenheitsaussage, sondern Voraussetzung der neu erfahrenen und geschenkten Wirklichkeit. Schöpfung und

---

[10] Hymnen besingen z.B das Mysterium Christi (1Tim 3,16) oder Christus als Haupt der Schöpfung und der Kirche (Kol 1,12ff). Phil 2,5ff ist ein von Paulus kommentierter Hymnus auf Christus, auf seine Erniedrigung und Erhöhung.

geschichtliche Wirklichkeit haben nur einen Ursprung und ein Ziel. Für E. Käsemann findet sich im sog. Nachwort (1,14–18) der methodische Schlüssel für die Interpretation des Hymnus, wonach nicht der Logos-Begriff die Christuserfahrung deutet, sondern umgekehrt, diese den Logos-Begriff füllt und formt. Im Fleischgewordenen wird den Glaubenden die Doxa des eingeborenen Sohnes erfahrbar. Der Glaube an den Gottessohn entsteht aus dessen persönlichem Wirken, den die Seinen „gehört, gesehen, mit den Händen betastet" (1Joh 1,1f) haben. Der Logos-Begriff ist so nicht aus einer spekulativen Prämisse heraus gefasst, sondern theologisch schlussgefolgert.[11]

Im Prolog begegnet bereits eine Summe der johanneischen Theologie im Lobpreis. Ein Durchgang durch die Gedankenfolge berührt folgende Themen: In den Versen 1,1–4 wird der Logos in seinem Bezug zu Gott und zur Schöpfung besungen. Er ist nicht Teil der Schöpfung, sondern ihr Grund und gehört auf die Seite Gottes. Der johanneische Logosbegriff, der hier seine hymnische Verdichtung und Reflexion findet, ist charakteristisch geprägt vom Vorgang des geschichtlichen Ergehens. Seine absolute christologische Verwendung knüpft an die alttestamentliche Lehre vom Wort an und zwar in der Gestalt der jüdisch-hellenistischen Lehre als Schöpfungswort. Der lapidare Einsatz „Im Anfang war das Wort" (Joh 1,1) benennt nicht ein allgemein kosmisches oder philosophisches Prinzip, sondern den Logos Gottes als Hypostase, der seinen Ursprung nicht in der Immanenz, sondern in Gottes Ewigkeit hat. Er ist der begründende Grund aller geschöpflichen Wirklichkeit. M. Heidegger fragt in seiner Schrift „Was ist Metaphysik?": „Warum ist überhaupt Seiendes und nicht vielmehr Nichts?" Der Johannesprolog gibt auf seine Weise darauf die Antwort mit dem Bekenntnis, dass alles Seiende sein Wesen durch den Logos hat und durch ihn als Welt und Dasein ursprünglich gelichtet ist. Auch für Thomas von Aquin ist später diese Offenbarkeit der Dinge als die Wahrheit der Dinge der Grund ihrer Erkennbarkeit. Sie verweisen in ihrem Sein als Seiende an sich auf den Grund ihres Seins. Er schreibt „Das Wirklichsein des Dings ist selber sein Licht" (Ipsa actualitas rei est quoddam lumen ipsius).[12] In 1,4 wird die Schöpfungsmittlerschaft des Logos in den Blick gerückt. Mit der Schöpfung geht dieser nicht so in die Welt ein, um als verborgene soteriologische Qualität, etwa in Gestalt menschlicher Vernünftigkeit in ihr anwesend zu sein,[13] sondern die offenbarende Zuwendung des Logos zur Welt vollzieht sich allein in der Fleischwerdung (1,14). Diese ist weder anthropologisch noch kosmologisch-soteriologisch ableitbar. Auch bedeutet sie keinen Zuwachs an Offenbarungswür-

---

[11] Vgl. K. Berger, Zu „Das Wort ward Fleisch" (Joh 1,14). In: NT 16 (1974) 161–166. Chr. Demke, Der sog. Logos-Hymnus im johanneischen Prolog, in: ZNW 58 (1967) 45–68. H. Zimmermann, Christushymnus und johanneischer Prolog. In: Neues Testament und Kirche. FS R. Schnackenburg, 1974, 249–265. P. Borgen, Logos. Was the the True Light. In: NT 14 (1972) 115–130.

[12] Thomas von Aquin, Kommentar zum Liber de causis, 1,6. Vgl. J. Pieper, Über das „negative" Element in der Philosophie des Thomas von Aquin. In: Hochland 46 (1953) 202.

[13] B. Jendorff, Der Logosbegriff. Seine philosophische Grundlegung bei Heraklit von Ephesos und seine theologische Indienstnahme durch Johannes den Evangelisten. Frankfurt/M. 1976, 7–16.69ff.

de, sondern hat ihren Entsprechungsgrund in der Würde des Schöpfer-Logos. Der Logos, welcher Fleisch wurde, weist zurück auf Gott, der die Welt mit seinem Sohn beschenkt (3,16). Es ist nicht die Rede von einer Identifizierung dieses Logos mit der in der Welt vorhandenen Vernunft, sondern die Geschichte des Logos erschließt sich in der Begegnung mit Jesus Christus, in welcher der Mensch auf den Glauben und eine gemeinsame Glaubensgeschichte hin angesprochen wird. Sechsmal wird dann vom „Licht" (phos) die Rede sein, zunächst in der Identifizierung des „Lichtes der Menschen" mit dem im Logos seienden Leben (1,4). Mit „Licht" wird das „Leben" ausgesagt und die Grundlage gelegt für die weiteren Lichtäußerungen: „Das Licht scheint in der Finsternis". Dieser Gegenbegriff zum Licht vermag mit ihm nicht zu machen, was „ergreifen" (katalambanein) heißt. Die Metaphorisierung dieser beiden Begriffe ergibt in ihrem Zusammenklang eine den Lichtbegriff rückveranschaulichende Allegorie. Wie das Licht zum Leben in Beziehung gesetzt ist, so der Negationsbegriff der Finsternis in gleicher Weise zum Tod. Über das Woher der Finsternis wird nichts gesagt. Ihr Dasein ist in unausgeglichener Spannung zu 1,3 gesetzt und vorausgesetzt. Das Licht aber ist etwas, von dem Zeugnis abgelegt wird. Es ist die mögliche, im speziellen Fall jedoch abgelehnte Bezeichnung einer Person. Im Gegensatz zu fälschlichem Licht ist es das „wahrhafte", das „erleuchtet".

Im weiteren Duktus der Gedanken geht es um die Heilsmittlerschaft des Logos. Mit der 1,5 einsetzenden Schilderung, die in 1,9ff ihre Fortsetzung findet, wird die Erscheinung des Logos-Christus in der Geschichte ins Auge gefasst.[14] Das Leben in der Schöpfung kann sich verfehlen: Die Menschen können sich dem in der Finsternis scheinenden Licht verweigern und es (= ihn) so ablehnen. Durch seine Entscheidung bestimmt sich der Mensch in seiner Zugehörigkeit zum Licht oder zur Finsternis. Es begegnet hier im Nachklang das Motiv der „abgelehnten Weisheit" (Weish 1,5.10). Der Logos, dem sich Welt und Mensch als das vom Ursprung her ihm Eigene verdanken, findet innerhalb der Geschichte der Schöpfung Ablehnung. E. Schweizer schreibt: „Der Widerstand gegen das Licht liegt nicht an dessen Unzulänglichkeit, sondern allein an dem Menschen."[15] Es tritt in der Reaktion der Welt auf das Kommen des Lichtes das schuldhafte Paradox hart heraus. Das Licht-Sein des Christus fordert von den Menschen die Entscheidung und wird unter der Möglichkeit des drohenden „Nicht mehr" stehen. Das Licht wird in der Geschichte die Scheidung hervorrufen. Auf dieser dunklen Folie des Sich-dem-Licht-Verweigerns werden aber die genannt, die sich ihm geöffnet und von ihm haben hell machen lassen. Es sind die, „die ihn aufnahmen", d.h. es sind diejenigen, die „an seinen Namen glauben". Der Logos hat einen Namen und stellt in die Relation: Jesus-Christus-Glaubender. Die Glaubenden sind nicht mehr bloß biologisch zu verstehen („nicht aus dem Blut, nicht aus dem Willen des

---

[14] Vgl. K. Haacker, Die Stiftung des Heils. Untersuchungen zur Struktur der johanneischen Theologie. Stuttgart 1972.

[15] E. Schweizer, Ego eimi. Die religionsgeschichtliche Herkunft und theologische Bedeutung der johanneischen Bildreden. Göttingen 1965, 164.

Fleisches, nicht aus dem Willen des Mannes"), sondern Kinder Gottes und „aus Gott geboren". Innerhalb der Welt ist der an das „wahre Licht", an Jesus Christus Glaubende, das Wunder Gottes schlechthin.

Dann ist vom zentralen Mysterium des fleischgewordenen Logos die Rede: Er erscheint in der Sphäre des Weltlich-Menschlichen und damit in der Sphäre des Hinfälligen, Zufälligen, Allfälligen, des Vergänglichen, der Hilflosigkeit und Nichtigkeit. Für den Verstand ist es ein Salto mortale und darin die Heiligung aller weiteren Salti vitali. C.K. Barrett sieht in der Aussage von 1,14 „flesh as the place where the Word of God is recognized."[16] Der Logos nimmt die Kreatürlichkeit in der ganzen Weite ihrer Möglichkeiten an, der Schöpfer geht – paradox – in die Welt der Geschöpflichkeit ein. Der Menschgewordene ist die eigentliche und endgültige Offenbarung, so dass die allgemeine Offenbarung in der Schöpfung als vorläufig erscheint. Vom „fleischgewordenen" Logos heißt es ferner: Er „wohnte (zeltete) unter uns". Zweck der Fleischwerdung ist die Gegenwart Gottes auf Erden, die Kommunikation des Logos als des Schöpfers und Offenbarers mit den Menschen. Dies erinnert ferner an das Wohnen Gottes unter seinem Volk in der Stiftshütte (Ex 40,34). Was einst vom heiligen Zelt und später vom Allerheiligsten des Tempels galt, gilt vom menschgewordenen Wort: Hier „wohnt" Gott. Der Logos in Person ist die Schekina Gottes, das spätjüdische Wort für seine dauernde Gegenwart. Hier ist „Bethel"; hier sieht man Himmel und Erde verbunden, d.h. die Engel Gottes auf- und niedersteigen (1,51c; vgl. Gen 28,16f). Am Verbum incarnatum macht der Glaube die Erfahrung der „Herrlichkeit". Im „Wir", in dessen Namen der Evangelist redet, gewinnt der Glaube die Ansicht der Herrlichkeit am und im Fleischgewordenen. Zusammengeschlossen im „Wir" des Glaubens bezeugen die Zeugen die eschatologische Epiphanie der himmlischen Gnadenfülle und des göttlichen Heils im Offenbarer Jesus Christus. Drei theologische Gedanken kommen zum Ausdruck: Als scheinbar zeitlicher Nachfolger des Täufers ist er als der präexistente Offenbarer in Wirklichkeit aller Zeit voraus; sein unmittelbares und einzigartiges Gotteswissen wird in seinen Offenbarungsreden hörbar und kund. Dieser kann die Menschen mit dem Reichtum seines erhellenden Lichtes beschenken und nicht Mose und seine Tora. Letztere haben nur Zeugencharakter und werden von der endgültigen Wahrheit (in Person) überboten. Nicht in gnostischer Mystik und Ekstase, sondern als einer, der am Herzen des Vaters geruht hat, bringt er Kunde. Mit der Betonung der Überlegenheit der Christusoffenbarung über die Tora wird in V.18 zum Evangelium übergeleitet: Der „eingeborene Gott" legt aus, was er in der einzigartigen Gemeinschaft mit dem Vater erfahren hat. Seine Worte und „Zeichen" werden dies im Fortgang des Evangeliums tun. 1,18b artikuliert die ungeheure Behauptung, dass die Art und Weise des Redens von Gott durch die Christen einer Revolution gleichkommt. Das bis dato Gültige wird umgestürzt. Der Logos-Christus hat von Gott Kunde gebracht, ihn exegetisiert, ihn zur Sprache und Wirklichkeit dieser Welt gebracht.

---

[16] C.K. Barrett, The Gospel according to St. John. An introduction with commentary and notes on the greek text. London 1955, 1978, 27.

Religionsgeschichtliche Ortsbestimmung

Die religions- und sozialgeschichtliche Perspektive des vierten Evangeliums ist von drei Faktoren bestimmt, der radikalen Abgrenzung gegenüber dem synagogalen Judentum, ferner der Täuferbewegung, sowie der gnostischen Anschauungswelt mit ihrem Aufstiegs- und Abstiegsmodell.[17] Das ganze Evangelium ist von einer religiösen Konfliktsituation durchzogen und spiegelt die Auseinandersetzung und die vollzogene Trennung vom Judentum, die an der Stellung Jesus Christus gegenüber entstanden ist. Das Wort „Jude" wird im vierten Evangelium zum Synonym des Unglaubens. Der Begriff ist im Johannesevangelium zu einem theologisch-literarischen Typus stilisiert und zum Namen für die sich verweigernde Gesinnung gegenüber Jesus, dem von Gott gesandten Offenbarer, geworden. Nach der Katastrophe von 70 n.Chr., der Niederschlagung des jüdischen Aufstandes durch die Römer, geht es um eine neue Bestimmung der religiösen Identität des Judentums in Form der pharisäisch-rabbinischen Gestalt. Die theologischen Kämpfe des johanneischen Kreises werden projektiv in die Zeit Jesu gelegt und als Konfliktsituation ins Grundsätzliche und Ontologische travestiert. In einer Situation der Anfeindung, Verfolgung und des Martyriums durch eine feindliche, selbstbezogene und verblendete Welt sieht sich die johanneische Gemeinde in einen „ekklesiologischen Dualismus"[18] getrieben. Jesus nicht erkennen zu wollen bedeutet, Gott nicht zu „erkennen". Der Tempelkult ist passé. Alle sollen erkennen, dass „Jesus der Christus ist, der Sohn Gottes, und dass ihr durch den Glauben das Leben habt, in seinem Namen" (20,31). Durch solchen Glauben wird man des Heils teilhaftig. Der Evangelist geht auf das Ganze und sieht den Menschen vor eine Wahl gestellt, die über Leben und Tod entscheidet. Wer sich der Abkunft von Abraham rühmt, dem Adressaten des ersten Bundes, und darauf sein Vertrauen setzt, der setzt auf Irrtum. Ja, er erweist sich als Sohn Satans, des Gegenspielers zu Gott. Auf das Alte setzen heißt auf das inkarnierte Böse zu setzen. Hier wird die extremste Form der Polemik und der Trennung vom Judentum artikuliert. Im Hintergrund dürfte unter anderem der schwierige Prozess der Ablösung des jungen Christentums von der rabbinischen Hegemonie stehen. Nach dem Ende der staatlichen Rest-Selbständigkeit wurde der Akzent im Judentum entschiedener auf die religiösen Traditionen gelegt und als radikale Verpflichtung vertreten: d.h. in starrer Gesetzlichkeit und straffer Reglementierung nach innen und in schroffer Abgrenzung nach außen. Der Evangelist spricht den Juden mit aller Vehemenz die Abrahamskindschaft ab und nennt sie „Teufelskinder" (8,44; vgl. 8,12–59). In dem Streitdiskurs 8,21–51 mit dem Frömmigkeitstypus „Jude" samt den großen Worten

---

[17] Vgl. W.A. Weeks, Die Funktion des vom Himmel herabgestiegenen Offenbarers für das Selbstverständnis der johanneischen Gemeinde. In: Ders., Zur Soziologie des Urchristentums. München 1979, 245–283. J.P. Miranda, Die Sendung Jesu im vierten Evangelium. Religions- und theologiegeschichtliche Untersuchungen zu den Sendungsformeln. Stuttgart 1977 (= SBS 87).

[18] T. Onuki, Gemeinde und Welt im Johannesevangelium. Ein Beitrag zur Frage nach der theologischen und pragmatischen Funktion des johanneischen „Dualismus". Neukirchen-Vluyn 1984, 133 (= WMANT 56).

„Wahrheit", „Freiheit" und „Sünde" (8,31–36), ist es Jesus, der „Sohn", der allein wirklich frei macht und eine Freiheit schafft und schenkt, die alle sog. Freiheiten transzendiert, weil sie bis an die Wurzel aller menschlichen Unfreiheit vordringt: zur Macht der Finsternis, der Lüge und des Teufels (8,44). Die missverstandene Abrahamskindschaft ist entlarvte Unfreiheit und so „Teufels"-Kindschaft.

Illustrativ für den trennenden Riss ist ein sprechendes Beispiel die dramatische „attac"-Aktion Jesu in der sogenannten „Tempelreinigung" (2,13–22). Sie besteht aus zwei Szenen, einer in der Tradition prophetischer Zeichenhandlungen stehenden Aktion „im Heiligtum" (2,13–17) mit dem Hinaustreiben der Opfertier-Verkäufer und Geldwechsler („Macht nicht das Haus meines Vaters zu einer Markthalle" 2,16), und einem Lehrgespräch mit „den Juden" zur Legitimation dieses heiligen Eifers im Tempelbezirk. Was auch immer an historischer Erinnerung zugrunde liegt, ist hier in nachösterlicher Hermeneutik gestaltet. Jesus selbst spricht den „Juden" die Zerstörung des Tempels zu, den er in drei Tagen wieder aufrichten, auferstehen (egeirein) lassen will. Die Ineinssetzung von Tempel und Leib Jesu verweist auf den alles tragenden Lebenszusammenhang der Jünger: „Als er nun auferstanden war von den Toten, dachten die Jünger daran, dass er dies gesagt hatte, und glaubten der Schrift, dem Wort, das Jesus gesagt hatte". Damit ist die Deutung vorbereitet, dass der „Tempel seines Leibes" der einzig wahre Ort der Gegenwart Gottes ist. Jesus ist der wahre Tempel „im Tempel" und so der einzig wahrnehmbare „Ort" der gottesdienstlichen Liturgie, die in „Geist und Wahrheit" gefeiert werden soll, sagt Jesus der Samaritanerin, und die Stunde dafür ist jetzt angebrochen (4,23). Das exklusive Messiasbild der Nachfolger Jesu grenzt sich nicht nur ab, sondern trennt sich mit der Ausschlusserfahrung von der Synagoge endgültig. Ihr stehen die gegenüber, die den Überschritt, die „Metabasis" von unten nach oben, zum Glauben an Jesus vollzogen haben: Sie sind aus der Todessphäre in die Lebenssphäre hinüber geschritten.

Auf die Heilung und Bekehrung des Blindgeborenen (9,1–12.40f), der aus der Synagoge ausgeschlossen wurde (9,22; vgl. auch 12,42; 16,2), folgt die Hirtenrede (10,1–21) mit dem Streitgespräch (10,22–39).[19] In polemischer Schärfe kommen die schlechten (bösen) Hirten in den Blick, die als „Diebe" und „Räuber" bezeichnet werden, die nur schädigen oder als „Mietlinge" und Lohnarbeiter die Herde in gefährlichen Krisen allein lassen. Ihnen wird der gute Hirte (10,11) kontrastiert als Bringer des Lebens in Überfluss. In dem Bildwort als Tür zum Schafstall (10,7) erhebt Jesus exklusiven Anspruch und setzt mit dem anfänglichen „Ich-bin"-Wort vor der Klammer der Bildrede das Vorzeichen rettenden Heils (christologisch-soteriologisch). Sein fürsorglicher Dienst für die Herde reicht bis

---

[19] Der Form und Herkunft nach ist die „Hirtenrede" Jesu in Joh 10 aus differenten Stücken komponiert. Brüche und textliche Verwerfungen zeigen literarkritisch und traditionsgeschichtlich eine mehrdimensionale Textkomposition. In dieser Rätselrede geht es um Grundlegendes (vgl. „Wahrlich, wahrlich, ich sage euch ..."), um die exklusive Kompetenz Jesu und um die Zugehörigkeit der Glaubenden zu Jesus sowie um den Anspruch Jesu, in einer unvergleichlichen Beziehung zum Vater zu stehen: „Ich und der Vater sind eins" (10,30).

zur Lebenshingabe für die Schafe (vgl. die Wendungen: „sein Leben hingeben" oder „sein Leben einsetzen" 10,11.15.17.18). Wie sich Vater und Sohn in einem gegenseitigen Erkenntnisprozess kennen (10,14f.), so kennt Jesus die Seinen und diese ihn. Sie wissen sich im existentiellen Akt des (Er-)Kennens in einem heilvollen Lebensverhältnis zu ihm. Dieses Leben in Gemeinschaft impliziert einen ekklesiologischen Aspekt. Der Hinweis auf noch andere Schafe, die nicht aus demselben Schafstall sind (10,16), weist auf die Gefährdung der Einheit hin. In dem sogenannten hohepriesterlichen Gebet Jesu (17,20–23) oder in der Apostrophe der notwendigen Gemeinschaft der Freunde Jesu (15,12–17), der Jünger (15,8), wird dieses Anliegen thematisiert.

Die Fußwaschung Jesu

Der singuläre Akt der Fußwaschung Jesu,[20] mit der die Leidensgeschichte nach Johannes beginnt, bildet das Scharnier zwischen dem ersten Teil des Evangeliums (1–12), dem „Buch der Zeichen", und dem zweiten Teil, dem „Buch der Herrlichkeit" (Joh 14–21). In einer spannungsvollen christologischen Darstellung sind zwei Themen ineinander verwoben, das Thema der Fußwaschung mit dem Hintersinn der umfassenden kultischen Reinigung als Anteilgabe an Jesus (vgl. 15,3), und das Thema der Entlarvung und Entfernung des Verräters (13,21–30) vorangekündigt in V. 13,2.11.18f.

Die Szene wird mit einer Notiz zur Zeit und zum „Sitz im Leben" eingeleitet, ein johanneisches Spezifikum für theologisch gewichtige Mitteilungen. Die Situation erscheint ganz von Jesus her definiert, sowohl hinsichtlich seiner äußeren wie seiner inneren Seite. Jesus „weiß", dass seine „Stunde" gekommen war. Der einer Überschrift ähnliche Satz „Wie er den Seinen, die in der Welt sind, seine Liebe erwies, so liebte er sie bis zuletzt" intoniert das Thema der gesamten Passionsgeschichte, in der sich die vollkommene Liebe Jesu zu den Seinen bis zuletzt und bis zur Erfüllung erweist. Diesem Kreis der „Seinen" (hoi idioi) teilt sich nun der scheidende Erlöser in einer Symbolhandlung mit. Wer sind diese? Es sind die, die er berufen und erwählt hat. Sie sind ihm nachgefolgt; sie sind seine „Freunde", seine „Kinder". Sie leben in der Welt, sind aber nicht von der Welt (ek tou kosmou, 17,14); der Vater hat sie dem Sohn „gegeben". Sie sind die Ersten, die der Liebe Gottes zur Welt (3,16) „geglaubt und erkannt" haben. Sie sind die Geliebten, an denen wahr wird: „Niemand hat größere Liebe als die, dass er sein Leben hingibt für seine Freunde".

---

[20] G. Richter, Die Fußwaschung Joh 13.1–20, in: Studien zum Johannesevangelium. Hg.v. J. Hainz, 1977. G. Richter, Die Fußwaschung im Johannesevangelium. Geschichte ihrer Deutung. Regensburg 1967 (= BU 1). H. Thyen, Johannes 13 und die ‚kirchliche Redaktion' des vierten Evangeliums. In: Tradition und Glaube (FS K.G. Kuhn). Göttingen 1971, 343–356. R. Schnackenburg, Das Johannesevangelium III. Teil. 1975, 7–29 (= HThK IV). K.T. Kleinknecht, Johannes 13, die Synoptiker und die „Methode" der johanneischen Evangelienüberlieferung. In: ZThK 82 (1985) 361–388.

Diese die Passionsgeschichte programmatisch einleitende „Fußwaschung" steht an der Stelle, an der die synoptischen Evangelien von der Einsetzung des Letzten Abendmahls berichten (Mk 14,12–25 par.) und es mit dem Passamahl verbinden. Der Evangelist datiert die Fußwaschung „vor dem Passafest", um den Tag des Passamahls mit dem Tag der Kreuzigung Jesu zu identifizieren und so herauszustellen, wodurch Jesus das wahre Passalamm geworden ist. Die Erinnerung an ein Mahl bildet den Rahmen für die exemplarische Zeichenhandlung Jesu als Liebesdienst an den Seinen. Liebe bis ans Ende meint Liebe bis zur Vollendung (vgl. 13,1: telos mit 19,28.30 und dem teteléstai Jesu am Kreuz). Der Liebesdienst der Fußwaschung spiegelt und kommentiert Jesu Leben und ist der hermeneutische Schlüssel zum Verständnisses seines Sterbens, Rückblick auf seine öffentliche Wirksamkeit und Vorausblick auf seine Hingabe am Kreuz. In einem eigentümlichen Ineinsfall vom Wissen Jesu um die göttliche Bestimmung der Stunde und in seiner bewussten Entscheidung erleidet und gestaltet er sie zwischen Bestimmung und Entscheidung. Er macht sie zur Stunde dienender Liebe bis ans Ende, um darin sein Wesen, die Wahrheit seines Lebens ans Licht zu bringen. In einem überfrachteten hypotaktisch konstruierten Satz sind in 13,2f thematisch der geplante Verrat des Judas, Jesu Situation der Entscheidung und sein Ursprung und Ziel in Gott spannungsvoll gebündelt, um dann in einem Hauptsatz auf schlichte Weise von der Vorbereitung der Fußwaschung zu erzählen. Jesus legt das Obergewand ab und gürtet den Leinenschurz. In der Personen-Konstellation geht es noch um zwei Gestalten, Petrus und Judas. In der Petrus-Episode (13,6–11) und der durch die Fußwaschung als pars pro toto bewirkten Reinheit des ganzen Menschen kommt der Aspekt der Teilhabe ans Licht. Die so geschilderte Handlung stößt bei Petrus, dem Repräsentanten der Jüngergemeinde, auf Widerspruch und Entrüstung. Die Absurdität des Vorgangs zerbricht die menschliche Herr-Diener-Vorstellung. Das Paradoxe ist, dass die „Ehre" (doxa), die Petrus zu wahren meint, gerade in diesem Dienst der Hingabe ihren eigentlichen Ausdruck findet. Typisch johanneisch macht das Unverständnis des Petrus eine Erklärung Jesu nötig, die eine neue Perspektive eröffnet: „Was ich tue, weißt du jetzt nicht, du wirst es aber hernach erfahren". Dieses „später" (meta tauta) weist auf das „bis ans Ende und bis zur Vollendung" – temporal und modal in der Erhöhung ans Kreuz und in die Herrlichkeit hin. Die Konsequenz der Weigerung des Petrus, so Jesus, hätte den Verlust des Anteils an ihm und der Gemeinschaft mit ihm zur Folge. Dieser Hinweis auf die Notwendigkeit dieses Dienstes Jesu (vgl. 3,14) legt den Akzent auf den christologischen Heilsgrund.

Auch das quantitativ orientierte Denken des Petrus, sich ganz waschen zu lassen, muss noch einmal korrigiert werden: Die neue Qualität, die Jesus schenkt, ist ein Einziges und Ganzes, die ein nur äußerlich verstandenes Mehr oder Weniger transzendiert. Das in dieser Zeichenhandlung Geschehene und Bewirkte bestätigt das „Ihr seid rein!" (13,10b). In der Weinbergrede Joh 15,3 sagt Jesus: „Ihr seid schon rein durch das Wort, das ich euch geredet habe!" Das „ganz rein" (katharos holos) steht in der Perspektive des „später" und nimmt den „Gewaschenen" (V.10) hinein in die Hingabe Jesu am Kreuz, eben versinnbildlicht durch die Fußwaschung. Und 1 Joh 1,7 heißt es: „Das Blut seines Sohnes Jesus macht uns rein von allen Sünden" (1 Joh 1,7). Die präsentische Aussage spricht hinein in den Raum des Glaubens.

Die darauf folgenden literarisch eindrucksvoll konzipierten Abschiedsreden Jesu[21] (Joh 14–17) aber antizipieren in Bildern und Begriffen, was der scheidende Jesus für die Jünger bedeutet. Zugleich knüpfen sie an der Frage an, wie die Beziehung trotz des Weggangs des Herabgekommenen mit ihnen erhalten bleibt. Sie besteht darin, dass der Offenbarer im Geist, im Parakleten, ihn wieder holen wird, als ewiger Christus gegenwärtig bleibt. Jesu Hingang zum Vater lässt ihn neu in die Zeit kommen und das in ihm Erfahrene ist die letzte Wirklichkeit, in der die Glaubenden „bleiben" und leben können. Eine Wohnung (Haus, Heimat) wird als Horizont des Trostes und des Friedens verheißen (Joh 14,1ff). Das eindimensionale, logisch und final programmierte Denken wird durch die kosmische Christus-Konzeption, die in 14,23–27 zur Sprache kommt, überboten. Die Abschiedsreden sind die der johanneischen Gemeinde aufgetragene „Trauerarbeit". Im Genre der Vermächtnisrede und des literarischen Testaments werden in den Abschiedsreden die Bedingungen des Jüngerseins unter dem Weggang Jesu reflektiert. Die erste Rede Jesu (13,31–14,31) ist kunstvoll komponiert und endet mit Aufruf: „Doch steht nun und lasst uns dorthin gehen" (14,31). Es kommen Angst und Verlassenheit in den Blick, Anfechtung und Gebrochenheit, Verfolgung und Hass, aber es wird den Jüngern für das Nachher ein Horizont aufgetan, der für den Glauben bewohnbar ist. Sie werden der „Welt" (Kosmos) nicht ausgeliefert sein. In den Abschiedsreden blickt Jesus auf sein abgeschlossenes Werk: Es ist alles gesagt und getan.

Die zentrale Botschaft des Abschied Nehmenden aber ist im elementaren und „neuen" weil neu begründeten Gebot, in 13,34f zusammengefasst. „Ein neues Gebot gebe ich euch, dass ihr euch untereinander liebt, wie ich euch geliebt habe." Eine den Abschiedsreden vorgeschaltete Szene war die Erzählung von der Fußwaschung Jesu (Joh 13,1–20), die ihr theologisches Gewicht als erzählte Realisierung des neuen Gebotes hatte. Die Erinnerung an ein Mahl (Joh 13,2ff) gibt den Rahmen für das Tun Jesu ab und ist ganz und gar Zeichenhandlung der Liebe Jesu zu den Seinen. Der Liebesdienst der Fußwaschung ist Ausdeutung des Lebens Jesu in geraffter Form und zugleich der Schlüssel zum Verständnis seines Sterbens. Es spiegelt sich in ihr rückblickend Wirken in der Welt und vorausblickend sein Gang in den Tod. In der Ausdeutung des Geschehens fordert Jesus dann die Seinen auf, das Zeichen untereinander zu wiederholen und ruft sie damit auf den Weg in die Nachfolge dienender Liebe. Er hat ihnen ein grundlegendes Beispiel (hypo-

---

[21] Vgl. U. Schnelle, Die Abschiedsreden im Johannesevangelium. In: ZNW 80 (1989) 64–79, mit der Diskussion über die Herkunft der Parakletsprüche: ob ursprünglich einer selbständigen Quelle (so R. Bultmann, das Evangelium des Joh. 348ff) oder einer „Gemeindetradition" (so S. Schulz, Das Evangelium nach Johannes, 1972, 188 (= NTD 4).

deigma 13,15) gegeben. Schon 13,1 mit dem Hinweis der Liebe bis ans Ende als Erweis seiner unendlichen Liebe, die mit dem „es ist vollendet" Jesu am Kreuz zusammenklingt, wird Grundlegendes intoniert, die Wahrheit, die die Liebe ist. In Freiheit und in Einheit mit dem Vater macht Jesus seine „gekommene" „Stunde" zur Stunde der Liebe. Mit der Petrusperikope wird der Gedanke der Teilhabe an Jesus verdeutlicht, wo die durch die Fußwaschung als pars pro toto bewirkte Reinheit den Menschen in seiner Ganzheit meint. Zwei Personen flankierten in dieser Szene Jesus, Petrus und Judas, als zwei Möglichkeiten, sich der Gabe Jesu gegenüber zu verhalten: in der Liebesscheu des Petrus und im Liebesverrat des Judas. Petrus verkennt den Sinn der Handlung. Dieser muss ihm erst erschlossen werden. Der Ahnungslose wird erst nach all dem, nach Kreuz und Auferstehung, das Geheimnis der Stunde erfassen. Jesu Stunde ist die Stunde der Wahrheit für alle und sie ist die Stunde der Liebe bis ans Ende, d.h. bis zur Vollendung. In 3,16 heißt es: „Denn so hat Gott die Welt geliebt, dass er seinen eingeborenen Sohn dahingab, damit alle, die an ihn glauben, nicht verloren werden, sondern das ewige Leben haben." Die Passionsgeschichte nach Johannes, das Hohelied der Liebe im Angesicht der Passion, gipfelt in der Fürbitte Jesu für die Seinen: „Und ich habe ihnen die Herrlichkeit gegeben, die du mir gegeben hast, damit sie eins seien, wie wir eins sind, ich in ihnen und du in mir, damit sie vollkommen eins seien und die Welt erkenne, dass du mich gesandt hast und sie liebst, wie du mich liebst": Die Liebe, zu der die Glaubenden ermächtigt werden durch Jesus, ist durch ihn selbst neu begründet. Sie gebietet und ermöglicht zugleich das Mitsein und gründet in der „jetzt" am Kreuz offenbar werdenden Liebe. Christliche Existenz hat hier ihren „dos moi pou sto" („gib mir, wo ich stehen kann") den archimedischen Standpunkt außerhalb ihrer Eigenmächtigkeit und lebt so grundlegend aus dem Jenseits ihrer selbst. Jüngerschaft wird radikal unter das Gebot der Liebe gerückt, die geradezu zum signum und zur nota ecclesiae, zum Zeichen und Merkmal der Kirche erhoben wird.

Die Abschiedsreden Jesu[22] im Johannesevangelium sind durch die Redundanz kreisender Bewegung gekennzeichnet, so dass sie den Eindruck eine „relecture", eines Wieder-Lesens erwecken. Der vorliegende End-Text hat seine Vor-Geschichte und seine redaktionelle Vorstufen. Die letzten Worte sind Fazit des Gewesenen und Überschrift für das Kommende. In 14,22–31 wird der erste Teil der Reden mit der Massierung zentraler Begriffe wie Geist, Helfer, Liebe, Frieden zu einer Kulmination geführt und kaleidoskophaft in immer neuen Verbindungen zusammengebracht: Friede und Freiheit, Liebe, Halten und Bleiben (14,23–27). Indem der „Geist der Wahrheit" der Welt den Spiegel vorhält,

---

[22] Vgl. A. Dettwiler, Die Gegenwart des Erhöhten. Eine exegetische Studie zu den johanneischen Abschiedsreden unter besonderer Berücksichtigung ihres Relecture-Charakters. Tübingen 1995. Ch. Hoegen-Rohls, Der nachösterliche Johannes. Die Abschiedsreden als hermeneutischer Schlüssel zum vierten Evangelium. 1986. J. Becker, Die Abschiedsreden im Johannesevangelium. In: ZNW 61 (1970) 215–246. G. Klein, Art. Eschatologie im NT. In: TRE 10, 288f. Ders., Der Friede Gottes und der Friede der Welt. In: ZThK 83 (1986) bes. 329f, 333f.

den Kosmos aufdeckt, führt er die Krisis Jesu fort, verwickelt er die Jünger in dieses Geschehen und konfrontiert sie mit der feindlichen Welt. Es handelt sich um eine Erinnerungsarbeit im Rückgriff auf das Erfahrene, um die neue Gegenwart besser zu verstehen und sie auf die Zukunft hin zu öffnen. Thema sind die Jünger selbst mit dem immer wieder umkreisten Thema der Trennung von Jesus, der Symbiose mit Jesus, sowie mit dem Hass der Welt gegen sie und dem erfahrenen Ausschluss aus der Synagoge. Als Reaktion macht sich Angst breit, Weinen und Klagen, Traurigkeit und Bedrängnis (16,6.20.22). Mit Bildern und Sprachfiguren soll die Abschiedssituation mit ihrer existentiellen Verunsicherung auf eine neue Art der Verbindung mit Jesus transformiert werden: das Sein in der Liebe stellt die symbiotische Struktur wieder her: „Wir werden zu ihm kommen und Wohnung bei ihm nehmen" (14,23). Die Jüngergemeinde weiß sich in der Welt fremd und von ihr bedrängt und verfolgt, aber in all dem schon von der eschatologischen Freude durchstimmt und vom Gebet des scheidenden Jesus umfangen (17,1–26). So setzt der Abschnitt 16,16ff mit dem kurzen Zeitraum (mikron) von Abschied und Wiedersehen ein, spricht von der Ratlosigkeit der Jünger über den Sinn der Worte Jesu und der Wandlung ihrer Trauer in Freude, einer Freude, die inmitten der Trauer um die Überwindung weiß, wie die in Wehen liegende Frau um die Freude der Geburt weiß. Die Zeit des „an jenem Tag" (16,23a.26) ist die zu durchlebende Zeit, ist Zwischenzeit. Es wird keine Fragen mehr geben und das Nichtverstehen behoben sein (14,22; 16,17). Es ist die Zeit der Fraglosigkeit und des erhörungsgewissen Gebetes (16,16–24). In dem 16,25–33 erneut anhebenden Gespräch zwischen Jesus und den Jüngern rückt das Rätselhafte in die Offenbarkeit und die Aufhebung des Missverständnisses, sowie in die Gewissheit der Gebetserhörung. Es kommt die Stunde, in der sich die verhüllte Rätselrede zu aller Klarheit enthüllen wird. Bis dahin wird sich der Glaube im Vorläufigen bewähren müssen, in der Zeit „dazwischen". Christliche Existenz ist in der Dialektik von Trauer und Freude, von Fragen und Nicht-mehr-fragen-müssen (16,23b.30), zwischen vorläufigem und echtem Glauben (16,19–32) sinnbildhaft erfasst. Aber auch das Gebet als ein Über-sich-hinaus und die Gabe des Geistes haben symbiotische Kraft. Immer wieder bezieht sich Jesus auf diese Doppelstruktur des Einsseins zwischen ihm und dem Vater, zwischen ihm und den Jüngern und so vermittelt zwischen dem Vater und den Jüngern. Mit der Verheißung des „Parakleten" an die verunsicherten Jünger eröffnet er ihnen Gewissheit, Beistand und Fürsprache sowie Trost. Er ist der Jesu Anspruch bekräftigende und bestätigende „Geist der Wahrheit", der sie selbst zu Zeugen werden lässt.

Lebenswelt der Johannesapokalypse

Apokalyptische Schriften gab es im Judentum seit langer Zeit, Ansätze dazu finden sich bei den Propheten. Sie verstärken sich in der hellenistischen und römischen Zeit. Hier erzählten mystische Seher und Ekstatiker ihre inneren Bildwelten, die sie auf die göttliche Welt bezogen. Die meisten dieser Bilder sind stark emotional aufgeladen, es sind dies Bilder des Zorns, der Rache, der Sehnsucht nach Frieden. Viele haben eine politische Dimension, denn sie fordern in verdeckter Sprache zum politischen Widerstand auf. Hier ist es der Zorn und der Schmerz über die Fremdherrschaft der Griechen und der Römer.

Viele apokalyptischen Visionen und ihre Niederschriften wurden auch im frühen Christentum übernommen, Spuren finden sich in den Evangelien. Die Apokalypse des Johannes wurde in die Sammlung der heiligen Schriften aufgenommen. Der Seher Johannes steht mit einigen Lehren in einer Nähe zum Johannesevangelium, auch er betont die Identität des Menschen Jesus mit dem himmlischen Christus. Doch der göttliche Offenbarer (im Bild des Lammes) sei dem göttlichen Vater unter geordnet (3,5). Christus werde von Gott zum Herrscher über die Welt und über die Geschichte der Menschen eingesetzt.

Nun versucht der Seher Johannes, die christliche Gemeinde vom römischen Staat abzugrenzen, den er feindlich bewertet. Er glaubt an die nahe Wiederkunft des Christus und an die baldige Aufrichtung der himmlischen Stadt Jerusalem. Aus diesen Unterschieden wird deutlich, dass die Verfasser der Apokalypse und des Evangeliums nicht identisch sein können. Vielmehr ist der Verfasser ein judenchristlicher Wanderprediger, der lange Zeit in christlichen Gemeinden in Kleinasien wirkte, die von Paulus gründet worden sind. Diesen Gemeinden wollte er in einer Zeit der Bedrängnis Mut und Orientierung zusprechen.

Der Seher tritt im Namen des Christus auf, er weiß sich vom göttlichen Geist erfüllt und deutet den Mitchristen die leidvolle Gegenwart und die lichtvolle Zukunft. Er erweist sich als ein Kritiker des römischen Kaiserkults, folglich dürfte die Schrift in der späten Regierungszeit des Kaisers Domitian verfasst worden sein, nämlich zwischen 90 und 95 n.Chr. Es ist möglich, dass dieser Seher wegen seiner Ablehnung des Kaiseropfers auf der Insel Patmos in Verbannung war (1,9). Dort will er seine Visionen erlebt haben. Die Christen dieser Gemeinden sind mutlos geworden, außerdem sei die wahre Lehre bedroht.

Der kulturelle Hintergrund

Die im Text genannten Gemeinden leben in der Lehrtradition des Paulus, es muss dort mit starken judenchristlichen Minderheiten gerechnet werden. Auch muss es große Gegensätze zwischen Armen und Reichen gegeben haben. In den sieben Städten gab es Einrichtungen des römischen Kaiserkults, dadurch gerieten die Christen in Bedrängnis. Kaiser Domitian ließ sich seit 85 n.Chr. offiziell „Herrscher und Gott" (dominus et deus) nennen, was die Christen aber ablehnten. Im Jahr 93 vertrieb er alle Philosophen aus Rom und aus Italien, weil sie seine Herrschaft kritisiert hatten. Die Frau seines Cousins (Flavius Clemens) Flavia Domitilla wurde hingerichtet, sie war wahrscheinlich Christin. Wenn Christen die Teilnahme am Kaiserkult verweigerten, gab es Repressionen. Alle Bürger mussten die römischen Staatsgötter anrufen und vor der Statue des Kaisers ein symbolisches Opfer bringen.[1] Eine allgemeine Christenverfolgung gab es unter Domitian nicht, wohl aber lokale Repressionen gegen Verweigerer des Kaiseropfers.

Der Seher beschreibt nun seine göttliche Berufung, dann stellt er sieben Sendschreiben an christliche Gemeinden in Kleinasien vor. Es folgen die Visionen des göttlichen Thronsaales, die Schauung der sieben Siegel, die göttliche Geheimnisse verbergen. Der Seher schaut die sieben Posaunen, die zum göttlichen Gericht blasen, dann werden die Feinde und Widersacher des christlichen Weltgottes beschrieben, es folgen die göttlichen Strafen, die über die Welt kommen. Danach wird das römische Imperium (im Bild der Hure Babylon) zusammenbrechen, dann wird Gott all Tränen von den Christen abwischen. Damit spendet das Buch bedrängten Christen Trost und fordert zum Durchhalten im Glauben auf.

Es entwirft eine große Vision des zukünftigen Heils in der göttlichen Welt, gleichzeitig werden Fantasien der Rache geweckt und verstärkt. Es wird gesagt, der eine Weltgott der Christen werde sich bitter an allen Ungläubigen bzw. Nichtchristen rächen, er werde die römische Herrschaft zerstören. Der Seher benutzt die Bilder aus der jüdischen Bibel, teilweise aus der Septuaginta, zum Teil aus anderen griechischen Übersetzungen, er kannte aber auch hebräische und aramäische Texte. Vor allem bezog er sich auf die Propheten Ezechiel, Jesaia, Daniel und die Psalmen.[2]

Viele Texte beziehen sich auf den christlichen Gottesdienst, auf die Feier des Herrenmahls, es finden sich darin Lobpreisungen Gottes und Christi, Doxologien des Gerichts, Siegesrufe und Hymnen. Der Blick wendet sich zur himmlischen Welt und zur göttlichen Herrlichkeit, aufschlussreich sind die Auseindersetzungen mit den Irrlehren. In Pergamon gibt es Christen, die gemäß der Lehre Bileams Fleisch von Götteropfern essen und an der kultischen Prostitution in den griechischen Tempeln teilnehmen (2,14). Auch die Lehre der Nikolaiten wird genannt (2,15). In Thyatira trat eine Prophetin auf, die zum Essen von Götteropferfleisch und zur Teilnahme an der kultischen Prostitution aufrief (2,20).

---

[1] Plinius d. J., Brief X, 96,4f. Vgl. K. Christ, Geschichte 260–280.
[2] U. Schnelle, Einleitung 566–570.

Wir erkennen, dass sich Christen der griechischen Kultur sehr weit geöffnet haben. Für Paulus war das Essen von Fleisch von Götteropfern kein Problem, die Teilnahme an der kultischen Prostitution hat er in Korinth verboten. Der Seher vertritt Mindestauflagen für griechische Christen, er fordert eine klare Abgrenzung vom römischen Staat. Die Nikolaiten folgten dem griechischen Proselyten Nikolaos (Apg 6,5), sie leugneten die Verbindlichkeit der jüdischen Gesetze und Gotteslehren für Christen. Sie traten als Wanderlehrer und Propheten auf und forderten den offenen Umgang mit der griechischen Kultur, auch im Bereich der Religion und der Riten. Wir haben es mit einer enthusiastischen Form des Christentums zu tun, das sich in den Gemeinden des Paulus entfaltet hat.[3]

Die theologischen Lehren des Sehers betonen die alleinige Herrschaft des christlichen Weltgottes über alle Menschen und Reiche. Der Teufel bedrängt als göttlicher Gegenspieler die Christen in der Gestalt eines wilden Drachens, das ist das christliche Symbol für das römische Imperium. Der Teufel wird besiegt werden, dann wird Christus die Weltherrschaft übernehmen (pantokrator), es wird eine neue Schöpfung beginnen. Das göttliche Heilswerk begann mit Jesus Christus, er wird mit dem Bild des geopferten Lammes (arnion) beschrieben. Er hat sich für die Seinen hingegeben und ist dadurch zur Weltherrschaft aufgestiegen. Der Weltgott und der himmlische Christus sind nicht wesensgleich, aber sie teilen sich die Funktion der Herrschaft. Christus besiegt alle widergöttlichen Mächte, dann werden die Christen über die Nichtchristen herrschen und priesterliche Ämter ausüben.

Dies ist zwar noch nicht sichtbar, aber es wird sich in naher Zukunft zeigen. Die Macht der Gegner des christlichen Weltgottes ist bereits gebrochen, doch erst bei seiner Wiederkunft wird Christus seine Weltherrschaft vollständig durchsetzen. In der Zwischenzeit tragen die Christen das Siegel des lebendigen Gottes, die Gottlosen aber sind dem Teufel ausgeliefert. Christus herrscht schon jetzt, aber erst in der Zukunft wird die Vollendung der Herrschaft erreicht werden. Das Lamm (Christus) hat den Drachen (römisches Imperium) besiegt, die Wiederkunft Christi wird bald erwartet. Die Christen sind aus der Macht der Sünde befreit, nun müssen sie in Gerechtigkeit und Liebe leben.[4]

Sie müssen im Glauben standhaft sein und den Leiden des Christus nachfolgen, aber sie sollen wie Brüder und Schwestern zusammen leben. Eine Ämterstruktur in den christlichen Gemeinden wird nicht erwähnt, die Glaubenden werden aufgefordert, zur Lebenswelt der Griechen einen Abstand einzuhalten. Doch die Mehrheit der Christen in den sieben Gemeinden weiß sich dieser Lebenswelt eng verbunden. Wie weit und wie schnell diese Apokalyspe eines judenchristlichen Wanderpredigers sich verbreitet hat, ist kaum zu erkennen. Doch das Buch wurde als Ermunterung und Trost angenommen, es entkält starke moralische und lehrhafte Ambivalenzen.

---

[3] U. Schnelle, Einleitung 570–573.
[4] U. Schnelle, Einleitung, 570–574.

Situation der Christen

Die altkirchliche Tradition verlegt die Abfassungszeit der Johannes-Apokalypse in die letzten Jahre des T. Flavius Domitianus, der als römischer Kaiser von 81–96 regiert hatte. Er hatte seine autokratische Herrschaft durch einen exzessiven Kaiserkult religiös überhöht und durch die Forderung der Anrede „Herr und Gott" (dominus et deus)[5] sich in die religiöse Sphäre hochstilisiert. In solcher Anrede liegt das erste Wort als göttliches Prädikat dem zweiten zugrunde und rückt den Träger in die Sphäre der Götter. In der Sprache des Hofpoeten Martial spiegeln sich die Schmeichelei und das Pathos der Kaiserverehrung, die ihren Ausdruck in den kennzeichnenden Epitheta finden. So preist Martial den Kaiser als „sichtbar erschienenes, einziges Heil der Welt" (Mart. 2,91), das den Bestand des Universums garantiert. Seine göttliche Hand ist „das Gewaltigste, was es auf Erden gibt" (Mart. 4,30,5). In seiner Machtaura stehen sogar die Fische und schwimmen ihm zu, zusammen mit anderen Tieren, von seinem göttlichen Numen angezogen (Mart. 1, spect.29,7). Mit Jupiter gleichgesetzt führt er ein besseres Zeitalter herauf (Stat. 1,6,39–42) und ist als praesens dominus den Menschen näher als die Himmlischen (Stat. 5,1,74). Seine Gemahlin wird als Romana Iuno (Stat. 3,4,18) verehrt. Hinzu kommt das höfische Zeremoniell seiner Person in den Formen der Adoration und des Lobpreises bei seinen öffentlichen Auftritten: Der Titel „sanctissimus" ist ihm vorbehalten (Suet. 10,3; Dio C. 67,13,2). Die späteren Porträts idealisieren ihn im Stil hellenistischer Gottkönige mit nach oben gerichteten Augen.[6] Der aggressive Kult seiner Person war besonders in der Provinz Asia virulent. So ist ihm in Ephesus ein Tempel mit seinem Kultbild errichtet worden.

Die Situation für die christlichen Adressaten der Apokalypse ist durch das Stichwort „Trübsal" (thlipsis) charakterisiert. Lokale Vorkommnisse der Repression und Verfolgung der Gemeinden werden in der theologischen Konzeption der Johannesapokalypse als Praeludium einer universalen Krise gesehen. An der Weigerung, sich dem Totalitätsanspruch des „dominus ac deus" zu beugen, entzündete sich der Konflikt mit dem römischen Imperium und seinem gesellschaftlichen Leben. Durch das Aufkommen örtlicher Pressionen und Übergriffe wurde eine dramatische Verschärfung der Notlage befürchtet.

Sehen die anderen Schriften des NT bedrohliche Situationen als Leiden mit Christus, so nimmt die apokalyptische Hermeneutik das Ganze des Geschehens in einer Universalperspektive in den Blick und begreift die aktuellen Konflikte als Auseinandersetzung zwischen Gott und den satanischen Mächten. Als primärer Urheber aller Anfeindungen wird die widergöttliche Kraft gesehen (vgl. 12,7–9; 20,7), die zwar endzeitlich schon entmächtigt sein wird, jetzt aber in der staatlichen

---

[5] Sueton, Kaiserviten 13,2.

[6] H.P. L'Orange, Apotheosis in ancient Portraiture, Oslo 1947, 46; ebenso auf Münzen, BMC 2, LXXXVIIf. Er ist principum princeps (Mart. 6,4,1), praeses mundi (ebd. 5,3,3; vgl. Stat.silv. 1,2,175); pater oder parens orbis (Mart, 7,7,5; Stat.silv. 4,1,17).

Macht ihren Platzhalter hat, sich in Häresien manifestiert, oder im Konflikt mit den Juden wirksam erscheint.

Auf die Insel Patmos exiliert, ermöglicht dem Seher Johannes der erhöhte Christus selbst, das prophetische Zeugnis im Medium eines breit ausgeschriebenen Briefes zu kommunizieren. Dieser erteilt ihm den epistolographischen Auftrag, das Gehörte und Geschaute in eine Buchrolle zu schreiben und diese als Zirkularschreiben an sieben kleinasiatische Christengemeinden zu versenden. Die in biblischer Symbolik bedeutsame Siebenzahl lässt so die Ekklesia in ihrer universalen Ganzheit in den Blick rücken. Es meldet sich in diesem letzten Buch des NT die urchristliche Prophetie direkt zu Wort. Als Zeitpunkt der Schauung wird der Herrentag, der dem Kyrios Jesus zugehörige Tag, genannt, die früheste direkte Erwähnung des Sonntags in der christlichen Literatur; eine Bezeichnung, die heute noch in der romanisch sprechenden Welt als „Domenica", „Dimanche", „Domingo" nachklingt.[7]

Die Schauung des Christus

Die Apokalypse setzt mit einer erweiterten Überschrift ein, um Herkunft und Zweck des Buches zu benennen. Darauf lässt sie einen „Briefkopf" folgen, der mit einer Doxologie schließt. Dann werden die Umstände für die darauf folgende Beauftragung notiert: Wegen seines Eintretens für das Wort Gottes ist er auf Patmos; er teilt mit seinen Adressaten die Nöte und die mühevolle Standhaftigkeit (hypomone) im Glauben. Es erscheint ihm ein Engel und heißt ihn, die folgende Vision für die sieben Gemeinden in Kleinasien aufzuschreiben. Er folgt der Stimme und sieht sieben Leuchter und eine dem Menschensohn ähnliche Gestalt. Mit dem „ähnlich", wie mit dem später gebrauchten vergleichenden „Wie", wird das Unverfügbare der Gottesoffenbarung gewahrt. Zugleich aber zeigt es die Sprachnot der Schilderung an: „Er sah aus wie ein Mensch". Es begegnet eine Aura von Bildern und Symbolen. Im Sprengen des in menschlicher Sprache Sagbaren sucht der Verfasser zum Kern, zum innersten Wesen der geschauten Person vorzudringen: Dieser Mensch „trägt ein Gewand, das bis auf die Füße reicht, und um die Brust trägt er einen Gürtel aus Gold" (vgl. Dan 10,5). Er ist mit diesen Insignien der König des neuen Israel und der Hohepriester des neuen Bundes. „Sein Haupt und seine Haare waren weiß wie weiße Wolle, leuchtend weiß wie Schnee, und seine Augen wie Feuerflammen" (1,14). Die Gestalt des Menschensohnes (in der Vision bei Dan 7,13 noch von der des Hochbetagten getrennt), wird hier mit ihr in eins geschaut: Er ist der ewige und allwissende Gott. „Seine Füße glänzen wie glutflüssiges Golderz, und seine Stimme ist wie das Rauschen von Wassermassen" (1,15; vgl. Ez 1,24; 43,2). Er ist der Verkünder und Vollender der Heilsbotschaft. „Aus seinem Mund kommt ein scharfes, zweischneidiges Schwert", er ist der Richter der Welt. In seiner Rechten hält er – seine Herrschermacht symbolisie-

---

[7] Vgl. W. Rordorf, Der Sonntag. Tübingen 1962, 204f.

rend – die sieben Sterne, Hinweis auf seine bergende und schützende Obsorge der Gemeinden. Das Bild wird so in einen astralmythologischen Kontext gerückt. Das Siebengestirn des Kleinen Bären verweist in sinnfälliger Weise auf das urchristliche Bekenntnis zu Jesus als dem Kyrios (Röm 10,9), dem endzeitlichen Weltherrscher (Phil 2,10f) Sein Gesicht leuchtet wie die machtvoll strahlende Sonne. Er ist Abglanz der Herrlichkeit Gottes. In dieser lichtdurchfluteten Überblendung der Auferstehungschristologie ist schon im Vorschein deutlich gemacht, dass dieser eschatologische Menschensohn derselbe ist wie der irdische Jesus: nämlich der, der tot war und jetzt lebt. Er ist Träger der alttestamentlichen Gottesprädikate. Als Schlussvers erhält V.18 eine dreistufige Selbstprädikation Christi über seine Präexistenz bei Gott, über seinen Weg und sein Wirken. Gott hat dem erhöhten Jesus die Schlüssel (als Machtsymbol) zum Totenreich (Hades) gegeben. Der Tod als letzte Trennung von Gott ist von ihm und durch ihn für immer entmachtet. Dieser Auftakt einer Eröffnungsepiphanie setzt sich fort in den Worten des innerzeitlich-eschatologisch wirksamen Christus.

Die apokalyptische Vorstellungswelt hat nicht nur stark auf die Verkündigung, den Glauben und die Theologie des frühen Christentums eingewirkt, sondern ist von ihm umgeformt und neu verstanden worden. Die Naherwartung lebt auch in der Offenbarung des Johannes nach, und diese Nähe ist eingebunden in das in Christus erschienene und bleibend gegenwärtige Heil, der nicht erst der am Ende, sondern von Anfang an Handelnde ist. Die Nähe ist in das christologische Perfektum eingezeichnet. Das Buch ist als „Offenbarung Jesu Christi" überschrieben (1,1). Wenn man von der Naherwartung spricht, so ist das ein geistesgeschichtlicher, weltanschaulicher Vorstellungsgehalt mit einer die Zeit dringlich machenden Perspektive. Fragt man jedoch nach der darin sich bekundenden Einstellung[8], so geht es um eine existentielle Motivationsformel, um ein eschatologisches Ereignissignal. Die entscheidende Frage lautet, ob die eschatologische Erwartung lediglich eine Funktion des weltbildlich Erwarteten ist oder auch die übergeordnete Prämisse.[9] Die Naherwartung will einem Bewusstsein wehren, dem die Zeit zur leeren, gleichgültigen, evolutionär zerdehnten Beliebigkeit geworden ist. Auch das zyklische Zeitgefühl – es spiegelt sich im Seelenwanderungsmythos der Pythagoreer, den orphischen Mysterien, aber auch in den stoischen Entwürfen – ist die Sehnsucht nach dem Unvergänglichen und Hinweis auf die Diastase von Zeit und Ewigkeit. Die eschatologische Hoffnung aber richtet sich auf das Zukommen Gottes, der das konstitutive Moment des Geschichtsverständnisses und das „tempus non erit" markiert, den dunklen Rand der Gnadenzeit.

Zweimal begegnet der Titel Menschensohn (Offb 1,13; 14,14) und zwar in enger Anlehnung an den erhöhten und zum Gericht kommenden Herrn. Dagegen fehlt der erweiterte Gebrauch des Titels, der sich auf den irdischen, d.h. leidenden, ster-

---

[8] Vgl. K. Aland, Das Ende der Zeiten. Über die Naherwartung im Neuen Testament und in der frühen Kirche. In: Neutestamentliche Entwürfe, 1979, 124–182; 143.

[9] Vgl. G. Klein, Eschatologie IV. Neues Testament: In: TRE 10, 270–299; 295f. J. Comblin, Le Christ dans l'Apocalypse. Tournai 1965.

benden und auferstehenden Menschensohn bezieht.[10] Die Johannesoffenbarung kann daher als eine bis zur Neuschöpfung in Offb 21 ausgeschriebene Ostergeschichte mit einem groß entfalteten Finale (21,9–22.21) bezeichnet werden. Die vox ultima Jesu im Johannesevangelium: „Es ist vollbracht" (19,30) erhält hier eine visionär geschaute Dimension. Die endzeitliche Wirklichkeit wird zu einer zweiten, d.h. neuen Schöpfungsgeschichte erweitert.

Die himmlischen Visitationsberichte

Die sieben Sendschreiben an reale Gemeinden in Kleinasien sind offene Briefe und stellen die Adressaten unter das unbestechlich wägende Urteil des erhöhten Kyrios sowie in eine letzte Verheißung. In ihrem Bild erscheint die eine Kirche, die sich durchsichtig wird in ihrer zwiespältigen Beschaffenheit, in ihrem Tun und Lassen, ihrem Reichsein und Mangel. In ihren „Werken" objektiviert sich ihr Glaubensleben. Durch die abschließende „Weckformel" ist der Geltungsbereich des Einzelschreibens auf den Horizont der Kirche geweitet. Die Sendbriefe sind als Visitationsberichte von einem Ernst durchzogen, der an die Grundbindung religiöser Existenz rührt. Die Auseinandersetzung im Inneren und mit dem Äußeren, der Mitwelt und der Umwelt, der politischen Gesellschaft und ihrem Zeitgeist, sind von exemplarischer Bedeutung.[11] Der Form nach sind sie briefliche Kommunikation, d.h. aktuelle Anrede und stehen vom „Ich weiß" der Analyse, über den Bußruf bis hin zur Heilszusage in mahnender Tradition (Feststellung des Negativen und der Schuld – Tatfolge und Umkehr – Verheißung). Am Schluss – dem rhetorischen Topos der Bestärkung – steht ein aus Prophetie und Weisheit geformter „Weckruf". Er erinnert an das allgemeine Axiom der Hermeneutik, dass nur dort, wo das Wort gehört wird, es auch lebendig ist.[12]

Mit der konkreten Bindung an die Zeit und der Wendung an die im Botenspruch konkret angesprochene Gemeinde werden die Mannigfaltigkeit des Inhalts sowie der andringende Ernst der Botschaft laut. Die darin benannten Vorgänge zeigen die Daseinsweise und Bewusstseinslage der jeweiligen Gemeinde auf und werden in einer Art theologischer Tiefenpsychologie ans Licht geholt und beurteilt: Scheinhaltungen werden entlarvt, Kompromisse und heimlich vollzogene Identifikationen sowie ein Alibi-Bewusstsein werden aufgedeckt. Jede der sieben

---

[10] Vgl. U.B. Müller, Messias und Menschensohn in jüdischen Apokalypsen und in der Offenbarung des Johannes. St NT 6, Gütersloh 1972. Müller zeigt, wie erst die Exegese späterer Apokalyptiker von Dan 7,13 den eschatologischen Menschensohn als individuelle Richtergestalt herausbildet (so beim äthHen). Diese Gestalt erhält nun Züge aus dem nationalen Messiasbild. In Offb 12 ist der nationale irdische Messias unter Einfluss der Menschensohnvorstellung durch Entrückung als himmlische Gestalt dargestellt. Vgl. auch T. Holtz, Die Christologie der Apokalypse des Johannes. TU 85, Berlin 1966. E. Lohse, Apokalypse und Christologie. In: ZNW 62 (1971) 48–67; 63ff).

[11] Vgl. W. Popkes, Die Funktion der Sendschreiben in der Johannes Apokalypse. In: ZNW 74 (1983) 90–107. J.W. Taeger, „Gesiegt! O himmlische Musik des Wortes!". In: ZNW 85 (1994) 23–46.

[12] Vgl. W. Engemann, Semiotische Homiletik. Tübingen 1993.

Gemeinden wird eigens durch ihr Christus- und Weltverhältnis charakterisiert, in ihrem Leiden an äußeren und inneren Bedrohungen, ihrem Widerstand oder ihrer Anpassung inmitten eines politisch bedrohlichen und häretisch erodierenden Umfeldes. Die „Hiobslagen" der Gemeinden sind unterschiedlich. Ihr Geheimnis ist aber „eschatologischer" Art, wie dies die Figur des „Engels" zum Ausdruck bringt, der ihr als Spiegel dient.[13]

Die Gemeinde in Sardes z.B. wird an den unüberholbaren Anfang erinnert (3,3; vgl. 2,4f), die Geschichte Jesu am Beginn: „Gedenke dessen, was du empfangen und gehört hast." Der Schritt ins Leben orientiert sich an diesem ausgezeichneten Anfang (Incipit). Dem „Engel der Gemeinde" wird gesagt: „Ich weiß deine Werke, dass du den Namen hast, du lebst, und (doch) tot bist". Eine Gemeinde mit ihrer stolzen Selbstbezeichnung, die noch die Scheinrolle des Lebendigseins spielt, wird beim wirklichen Namen genannt: Sie ist tot, stirbt, sie schläft. Ihr Scheck ist ohne Deckung, ihr Schein ohne Sein. Die Gemeinde trifft ein hartes Urteil. Die Kritik gipfelt im Bild des Diebes, das vor Augen führt, dass das an die Gemeinde Adressierte vom Horizont des Gerichts bestimmt ist. Die Zusage aber gilt den „Siegern". Die Beschreibung des Sieges liest sich wie ein Gegenbild zur Gefährdung. Das „Buch des Lebens" aber dokumentiert das Leben in anschaulichen Zeichen.

Die Gemeinde in Laodizea (3,14–22) wird als selbstverliebt, selbstgerecht und selbstgenügsam apostrophiert. Sie ist lau wie lauwarmes Wasser im Mund, das ausgespieen wird. Auch Mt 3,13 spricht vom schal gewordenen nutzlosen Salz, das weggeschüttet und von den Menschen zertreten wird. Die Gemeinde selbst schwelgt in Wohlstand, hat Banken, Linnenerzeugung, Kaufhäuser und eine medizinische Akademie sowie weltbekannte Heilbäder. In einer ironischen Travestie des Rufs der Bankiers, der Stoffhändler und Apotheker, zu kaufen, tritt der, der das Amen ist als Händler auf, bei ihm zu erwerben im Feuer geläutertes Gold, den im Leiden bewährten Glauben als Kraft und Reichtum, das weiße Kleid, das durch das Blut des Lammes weiß gewaschenen ist und die Augensalbe für die ungetrübte prüfende Erkenntnis und Unterscheidung. Der erhöhte Christus benennt sich mit drei Selbstprädikationen als „der Amen", der alles vollendet, als „der treue und wahrhaftige Zeuge" der Weltzeit und als der Anfang der Schöpfung, d.h. als Ursprung von allem.

Auch das ganz auf Trost gestimmte Schreiben an die Gemeinde in Smyrna (2,8–11) schildert die Situation als eine der Verlästerung und Verspottung, die von denen ausgeht, die „sich Juden nennen und es nicht sind". Möglicherweise sehen sie in den Christen abgefallene Häretiker und verbünden sich in ihrer Agitation mit „Satan", dem Widersacher und Gegenspieler Gottes und Verursacher der bevorstehenden Bedrängnisse (2,10). Aber die Notzeit der Erprobung wird

---

[13] Die Adressatennennung des „Engels" könnte kritisch gegen eine der kolossäischen Häresie verwandte Meinung gerichtet gewesen sein, wonach nicht Christus, sondern Engel die Gemeinden regieren sollten. Oder sie sind deren Stellvertreter vor Gottes Thron, mit denen das jeweilige Schicksal der Gemeinde in die Dimension des Thrones Gottes reicht, oder sie sind Vorsteher, die die Gemeinde als Ganzheit repräsentieren.

vorübergehen; ist auf „zehn Tage" begrenzt. Den Getreuen wird „der Kranz des Lebens" verheißen und in kontrastartiger Ergänzung dazu, das Nichterleiden des „zweiten Todes", der ewigen Vernichtung.

Für den Apokalyptiker steht die Gegenwart bereits im Zeichen ihrer Zukunft und ist so der Anfang vom Ende. Die Welt ist Welt in Geschichte, diese aber ist an die Frage gebunden, wer dem Lauf der Welt Sinn und Ziel geben könne. Der Verfasser der Apokalypse bindet die Geschichte an das Lamm (5,6), dessen Herrschaft nicht bestimmt ist von der Liebe zur Macht, sondern von der Macht der Liebe. In der Identifizierung des Lammes mit dem Löwen (5,5) wird noch der Gedanke hinzugefügt, dass die Macht der Liebe letztlich der Macht der Gewalt überlegen ist. Das geschlachtete Lamm als der Löwe erscheint wie eine metaphorische Groteske, ist aber von tief christologischer Aussagekraft, denn es macht Jesus Christus zum Geheimnis der Weltgeschichte.

Die in der Geheimen Offenbarung dargelegte Geschichte der angefochtenen Ekklesia verläuft innerhalb der Menschheitsgeschichte und läuft mit ihr auf ein Äußerstes zu (eschaton). Beide treffen sich an diesem Endpunkt, über den kein Weg mehr hinausführt. Der prophetische Verfasser interessiert sich für den Ablauf der Geschichte von zwei Gesichtspunkten her: Der erste ist sein Glaube, dass die Zeit grundlegend durch das geschlachtete Lamm qualifiziert ist; es ist würdig und fähig, die Siegel des Buches zu lösen (5,9), d.h. Geschichte aufzudecken und zu bestimmen. Der zweite Gesichtspunkt ist der der Dringlichkeit und Entscheidung in der Gegenwart, der immanenten Macht und ihrer Selbstvergötzung jeden Kniefall zu verweigern. Die Auseinandersetzung wird innerhalb der Geschichte geführt (Offb 13). Er schildert dies in metaphorisch verschlüsselten Erzählungen, aber so, dass darin das neutestamentliche Kerygma laut wird. Er will die theologische Sinngebung der Geschichte begreifen und sieht sie im Horizont des Gerichtes und der Vollendung. Es ist dies wie eine ins Universale geweitete „Herzenswägung". Die widerfahrene und durchlittene Gegenwart wird in den Horizont einer definitiven Zukunft gerückt.

12 Lebenswelt der Gnosis

Hinführung

Vor mehr als sieben Jahrzehnten hatte der schwedische Theologe Anders Nygren (1890–1978)[1] in seiner motivgeschichtlichen Studie „Eros und Agape" zu zeigen versucht, wie unterschiedliche Grundmotive geistig-religiösen Strömungen ihren Prägestempel aufdrücken. So hat das Eros-Motiv seinen Ausgangspunkt in der Philosophie Platons, dem philosophischen wie dichterischen Ursprung aller idealistischen Bewegungen des Abendlandes, und deren Verbindung mit der Orphik, die die Vorstellung vom doppelten Wesen des Menschen, vom göttlichen Ursprung der Seele und von der Erlösung als Befreiung aus der Sinnlichkeit und als Hinaufsteigen zur göttlichen Heimat der Seele einfließen lässt. Die ontologische Frage nach dem Schönen ist im platonischen „Gastmahl" eröffnet worden, wo der zergliedernde Logos in dem Mythos aufgehoben ist. Das Schöne selbst ist von der Seinsart der Idee; es ist der Eros, der den Menschen beglückend über alle Stufen des Schönen, hinaus zum Schauen des immerseienden Schönen bewegt. Die Diotima-Rede des „Symposion" hat solchen Verbund von Liebe, Schönheit und menschlichem Glück vorgetragen (Symp. 204b; 211c–212a) und das Schöne als das hinreißend Anziehende für den Menschen herausgestellt, das nicht ästhetisches Objekt ist für eine distanzierte Betrachtung, sondern jene Kraft, die den Menschen durch den Dämon der Liebe zum Schönen außer sich und über sich hinausreißt. Schönheit ist das schicksalshafte Medium in der Vermittlung zwischen dem Hin- und Zufälligen hier und dem wandellos Göttlichen dort. Indem Platon die Schönheit als eine im Sinnlichen aufscheinende Idee bestimmt, schließt er den inneren Radius des Schönen auf, den Kreis von Schönheit, Wahrheit und Sein. Wahrheit und Schönheit gründen im Anblick-Geben der Idee und machen auf diese Weise Sein offenbar: Die Wahrheit der Erkenntnis rückt vom Sinnlichen ab, das Schauen der Schönheit dagegen geht auf das Sinnliche ein. Wohl glänzt Schönheit im Sinnlichen auf, aber so, dass es in diesem Aufscheinen den Eros entzückt. Ihr Aufscheinen aber führt gerade über das Sinnliche hinweg und in das Wahre zurück. Eros ist nach Platon Sehnsucht, eine verlangende Liebe, die

---

[1] A. Nygren, Eros und Agape. Gestaltwandlungen der christlichen Liebe, Bd. 1, 1930. Bd. 2, 1937.

vom Wert des Gegenstandes motiviert wird und sich an der Anmut des Schönen entzündet, das in allem Lieben gesucht und gemeint ist. Die Form des Guten erhält im Schönen ihre Gestalt (Platon, Tim 87c). Die ewige Idee des Schönen gehört dem Reich des Göttlichen zu und fasst als Form des Guten Gottheit, Welt und Menschen zusammen. Sie trägt in das menschliche Dasein Tugend, Sinn, Gemeinschaft und Ewigkeit hinein. Eros ist die bewegende Kraft dazu, mit der der Mensch zum Übersinnlichen, zum Ewig-Seienden und Wahrhaft-Guten aufsteigt, wobei alles (egozentrisch) um das eigene Selbst und dessen Liebe kreist. Eine späte Verwandlung des Eros wird sich in der Erlösungslehre der Gnosis vollziehen, die deutlich nach dem Eros-Schema aufgebaut ist.

Nygren stellt dagegen als das christliche Grundmotiv die Agape heraus und bezeichnet damit eine Lebenshaltung, die geradezu eine Bewegungsumkehr meint, das Herabneigen der göttlichen Liebe zum Niedrigen und Geringen. Einer hat anfangend den Anfang der Liebe gesetzt. Das Grundmotiv des Christentums: „Gott ist die Liebe" findet seinen vollendensten Ausdruck in der Aussage des ersten Johannesbriefes (1 Joh 4,16). Der Grieche würde sagen: Die Liebe ist Gott und vergöttlicht so das Überwältigende und zur Erscheinung Kommende. Paulus wird in seiner Verkündigung das Motiv der Agape mit der Kreuzestheologie verbinden (Röm 5,8–11) und damit die neue Gottesgemeinschaft zeichnen, die Agape Gottes zum Sünder. Der Grund dieser Sicht der Menschen zuwendenden Liebe liegt nicht in der Beschaffenheit des Menschen, sondern ausschließlich bei Gott.[2]

Das Grundmotiv des jüdischen Glaubens ist das Tora-(Nomos)-Gesetzesmotiv als Hauptthema der Gottesgemeinschaft. Der jüdische Glaubende liebt die Tora, in der er seine Erwählung, Heiligung und Wegweisung erfährt. Im „Lernen" findet er seine größte Aufgabe und schönste Freude (vgl. Ps 1). Wo Tora „gelernt" wird, ist Gott gegenwärtig, und das Halten der Tora ist der Vorgang der Rettung. Das Gesetz als gebietender Gotteswille bildet die tragende Grundlage und ist allen anderen religiösen Funktionen übergeordnet und erhält die volle Mittlerstellung zwischen Gott und Mensch (vgl. 4Esr; syrBar). Der Torakundige wird zum Idealbild des Frommen (vgl. Sir 38,24–39,11).[3]

Von diesen Grundmotiven her sieht nun Nygren die Geschichte als Schauplatz der Auseinandersetzung zwischen verschiedenen Welt- und Lebensanschauungen, so auch die Geschichte des Christentums als „ein gewaltiges ideengeschichtliches Drama", in welchem verschiedene „Lebensmächte" und „Realitäten" um den Sieg ringen. Daher ist für den Sinnzusammenhang einer religiösen Aussage

---

[2] Vgl. H. Schulz, Eros und Caritas. Die platonische Liebe und die Liebe im Sinne des Christentums. Halle 1929. L. Grünhut, Eros und Agape. Eine metaphysisch-religionsgeschichtliche Untersuchung. Leipzig 1931. V. Warnach, Agape. Die Liebe als Grundmotiv der neutestamentlichen Theologie. Düsseldorf 1951 (Lit.). E. Walter, Wesen und Macht der Liebe. Beiträge zu einer Theologie der Liebe. Freiburg i.Br. 1955.

[3] Vgl. H.J. Kraus, Freude an Gottes Gesetz. In: EvTh 10 (1950/51) 337–351. F. Horst, Recht und Religion im Bereich des AT. In: EvTh 16 (1956) 49–75. H. Braun, Beobachtungen zur Tora-Verschärfung im häretischen Judentum. In: ThLZ 79 (1954) 347–352.

das „Motiv" entscheidend, das sich in verschiedener sprachlicher Einkleidung und Sageweise ausdrücken kann.

Der Begriff „Gnosis" (üblicherweise mit „Wissen"/„Erkenntnis") wiedergegeben, benennt ein religiöses Phänomen von großer zeitlicher und räumlicher Ausdehnung, eine religiös-geistige Bewegung und Lebenshaltung mit vielen Abschattierungen und Verzweigungen. Diese Bewegung tritt als eine heilbringende und allein aus sich heraus Heil gewährende Erkenntnis auf, als ein befreiendes oder erlösendes Wissen, das an und für sich das Heil ist. Die christliche Mission, die sich im kaiserzeitlichen Abschnitt der griechisch-römischen Antike entfaltet, wird mit dieser Bewegung konfrontiert werden.

Gnosis als erlösendes Wissen

Die Gnosis[4] bezieht sich auf eine Erfahrung, die zu einem unverlierbaren Zustand werden soll. Durch diese innere Erfahrung der erkennenden Erleuchtung, die sowohl Wiedergeburt, als auch Vergottung ist, ergreift der Mensch sich in seiner Wahrheit, erinnert sich seines eigentlichen Wesens und besinnt sich so auf sich selbst im Erkennen seiner wahren Natur und seines wahren Ursprungs. Er weiß sich dem Göttlichen wesensverwandt und glaubt einen Funken des himmlischen Lichtes in seinem stofflichen Körper gefangen, d.h. in dieser Welt des Schicksals, der Geburt und des Todes. Sein gegenwärtiger Zustand wird als „Fremde" begriffen, als Entfremdung mit der Sehnsucht nach Erlösung. In einem Mythos wird die tragische Geschichte seines Falles erzählt mit dem Ideal der rettenden Gnosis als Mittel der Erlösung. Mit der Frage nach seinem wahren „Ich" klärt sich in ihm auch sein tragisches Schicksal. In einem der klassischen Texte der Gnosis heißt

---

[4] H. Leisegang, Die Gnosis. Stuttgart [4]1955. G. Quispel, Gnosis als Weltreligion. Zürich 1951. W. Foerster, Das Wesen der Gnosis. In: Die Welt als Geschichte 15 (1955) 100–114. R. Haardt, Die Gnosis. Wesen und Zeugnisse. Salzburg 1967. K. Rudolph, Gnosis und Gnostizismus. Ein Forschungsbericht. In: ThRsch NF 34 (1969) 121–231. H. Jonas, Gnosis und spätantiker Geist, Göttingen 1934. K. Rudolph (Hg.), Gnosis und Gnostizismus. Darmstadt 1975 (= WdF 262). B. Layton (Hg.), The rediscovery of gnosticism. Leiden 1980–81 (= SHR 41). B. Aland, Was ist Gnosis? In: Gnosis und Politik, hg.v. J. Taubes. München 1984, 54–65. J. Whittaker, Studies in platonism and patristic thought. Aldershot 1984. A. Böhlig, Gnosis und Synkretismus. Gesammelte Aufsätze zur spätantiken Religionsgeschichte. Tübingen 1989 (= WUNT 47/48). K. Rudolph, Die Gnosis. Wesen und Geschichte einer spätantiken Religion. Göttingen [3]1990 (= UTB 1577). M. Williams, Rethinking „Gnosticism". An argument for dismantling a dubious category. Princeton 1996. Ch. Markschies, Die Gnosis, München 2001. A.H. Armstrong, Gnosis and Greek Philosophy, in: Gnosis, FS H. Jonas. Hg. v. B. Aland, 1978, 87–124. J.D. Turner, The Gnostic Threefold Path to the Enlightenmenht. In: NT 22 (1980) 324–351. B. Pearson, Gnosticism as Platonism. In: Ders. (Hg.), Gnosticism, Judaism and Egyptian Christianity. Tübingen 1990, 148–164. Ch. Markschies, Valentinus Gnosticus? Untersuchungen zur valentinianischen Gnosis. Tübingen 1992 (= WUNT 65). H. Blumenberg, Säkularisierung und Selbstbehauptung. Frankfurt 1974. P. Koslowski, Gnosis und Gnostizismus in der Philosophie. In: Ders. (Hg.), Gnosis und Mystik in der Geschichte der Philosophie. München 1988, 368–399. P. Sloterdijk/Th. Macho (Hg.), Weltrevolution der Seele. München 1993. H. Jonas, Gnosis. Die Botschaft des fremden Gottes. Frankfurt am Main 1999. P. Koslowski, Die Gnosis als Philosophie der Offenbarung. München 2002.

es, der Gnostiker sei einer, der verstanden hat, „wer wir waren, was wir geworden sind; wo wir waren, wohin wir geworfen wurden; wohin wir eilen, woraus wir erlöst werden; was Geburt ist, was Wiedergeburt" (Clemens Alexandrinus, Excerpta ex Theod. 78,2).

Das „Ich" befragt seinen Zustand in einer ihm „fremden" Welt und entfaltet diese Frage in drei scheinbar aufeinanderfolgenden, in Wirklichkeit gleichzeitigen Einzelfragen: „Woher komme ich?" „Wo bin ich?" „Wohin gehe ich?" Das heißt, „Was war ich?", „Was bin ich?", „Was werde ich sein?" Auf diese dreifache Frage will die Gnosis die gemeinsame Antwort liefern und dabei dem Menschen seine Vergangenheit, Gegenwart und Zukunft enthüllen. Dabei will sie ihm sein wahres und dauerhaftes Wesen offenbaren und ihn gleichzeitig erkennen und wieder-erkennen lassen, was er ist und wo er aufgehört hat zu sein, trotz seines Schicksals in der Fremde. Dem Individuum wird so in mythologischen, kosmologischen und anthropologischen Entwürfen samt ihrer variationsreichen Differenzierung seine Vergangenheit, Gegenwart und Zukunft enthüllt. Das Grundthema ist die Selbst-Erlösung in der Entweltlichung, eine soteriologische Selbstverwirklichung, in welcher sich das „Ich" des göttlichen Ursprungs des „Selbst" erinnert und damit seiner wahren Natur, seines echten und dauerhaften Wesens. Als tema con variazioni kreist die Gnoseologie der Gnosis um das Thema der „Erkenntnis von dem Menschen" als „Anfang der Vollendung" (Naasenerpredigt, Hippolyt, ref. 5,8,38; vgl. 5,6,6). Im Evangelium veritatis (cod. Jung 28,24–30,14) wird dies als Erwachen aus Angstträumen geschildert und der Gnostiker als ein Mensch, der sich „zu sich zurückbrachte und erwachte" (30,12ff). Im koptischen Thomas-Evangelium (Log. 3) ist es bildhaft ausgedrückt: „Wenn ihr euch erkennt, dann werdet ihr erkannt werden und ihr werdet wissen, dass ihr die Söhne des lebendigen Vaters seid. Wenn ihr euch aber nicht erkennen werdet, dann seid ihr in Armut und ihr seid die Armut" (vgl. Log. 70).

Ein anderer gnostischer Text des Lehrers Monoimus lautet: „Ohne Gott und Schöpfung und derartiges zu suchen, suche ihn bei dir selbst und trachte zu erkennen, wer denn in dir sich alles vollständig zueignet und spricht: ‚Mein Gott, mein Geist, mein Verstand, meine Seele, mein Leib' und trachtet zu erkennen, woher es komme, dass man ohne zu wollen betrübt sei, sich freue, liebe, hasse … Wenn du dies untersucht hast, wirst du ihn in dir finden" (Hipp. Ref. 8,15,1–2). So vertieft das gnostische Denken gegenüber der griechischen Philosophie noch das Gefühl der Fremde der menschlichen Seele, welches in der Sehnsucht nach der jenseitigen himmlischen Heimat ihr Korrelat hat. Das Wort vom „fremden Leben" ist ein „Ur-Wort" der Gnosis und beide Hauptgestalten des gnostischen Erlösungsmythos, die Seele und der Erlöser sind Fremde in der Welt. Sie sind aus der himmlischen Sphäre und tragen die Not irdischen Fremdseins. Das Versinken in den Schlaf „der Fremde" schildert anschaulich das Perlenlied der gnostischen Apostelakten des Thomas (109), in welchem die Seele ihre Herkunft vergisst und selbst welteigen wird (Acta Thomae 106; 136 mit der Wortfolge: „Ein Fremder und Verachteter und Bettler"). Der Prinz selber muss erlöst werden, was durch den Brief aus der Heimat mit der heimatlichen Stimme (Acta Thomae 110f) geschehen wird.

Das göttliche Selbst und das Drama des Falles

Die Anfänge der „Gnosis" überschneiden und überlagern sich vielfach mit dem Sieg des Platonismus.[5] Wir begegnen mit ihr einem Phänomen innerhalb des spätantiken Synkretismus (neben Pantheismus, Allgottvorstellung, Mysterienglaube), wo der Mythos zur Wiedergabe eines systematischen Gedankens dient. Sie trägt – wie die Apokalyptik – eine Deutung der Wirklichkeit vor. Erfasst die Apokalyptik die Wirklichkeit unter dem Aspekt der Zeit und in den Kategorien geschichtlichen Daseins, so die Gnosis aus einem uranfänglichen oder abgeleiteten Dualismus kosmischer (Licht – Finsternis) und anthropologischer (dämonischer Leib – göttliche Seele) Art. Sie lebt schon vor jedem System und ist phänomenologisch gesprochen eine Weltanschauung, in der die Verlorenheit des Menschen radikal gedacht ist. Der Mensch sieht sich in einem Geschick vorkommen, das sich ihm entzogen hat. Diese mythische Projektion einer Selbsterfahrung begegnet in vielen Variationen und bildet den Hintergrund für verschiedene Systeme, die oft in einem Exzess von Fantasie und Gefühl entworfen sind. Ihre genauere historische, geographische und religionssoziologische Abgrenzung ist eine der vieldiskutierten Fragen der Religionsgeschichte der Spätantike. Im Grundmythos wird der Mensch als Mittelpunkt eines Konfliktes verstanden mit der Hintergrundfrage, wie es zu der gestörten realen Weltsituation und dem Un-Wesen gekommen sei. F. Sagnard schreibt treffend: „Le point de départ est toujours l'homme; il faut sans cesse y penser. Le centre de gravité du système c'est notre salut."[6] Das produzierende Prinzip einer solchen geschichtlichen Erscheinung und Daseinshaltung ist ein existentiales, die Entdecktheit des Daseins selbst in seiner Geworfenheit, Angst und Entfremdung in einer ihm feindlichen Welt. Ein solcher Entwurf erscheint wie ein verhüllter Protest gegen dieses Verlorensein des Menschen in der entstellten Welt, die ihre göttliche Transparenz verloren hat. Darin ist der äußerste Gegensatz zum alten griechischen Weltgefühl erreicht.

Der Mythos vom Urdrama des „Falles" führt so zum Ursprung und (Un-)Wesen der psychischen und materiellen Welt. Es spiegelt sich darin ein Aufgebrachtsein gegen den rätselhaften Daseinsgrund. Welt und Mensch sind im Entzug Gottes; zwischen der Gottheit und dem Menschen besteht keine Ich-Du-Beziehung. Der gnostische Mythos bringt eine narrative und fiktionale Deutung der menschlichen Existenz und ist der Prototyp einer „natürlichen" Erlösungsreligion, da das Göttliche bereits anfänglich dem zu Erlösenden inhärent ist. C. Colpe bezeichnete

---

[5] Vgl. nach Platon soll der Mensch sich selbst erkennen, damit er Gott erkenne (vgl. 1 Alk 133b; 133d; Cicero, Tusc. V. 70; Seneca, Ep. LXXXII 6). Augustinus: qua scientia admonita anima et memoriae pristinae reddita recognoscat ex qua originem trahat (vgl. Contra Fortunatum XX 99,21–23 Zych.).

[6] F. Sagnard, Gnose valentinienne. Lyon 1950, 591.

einmal die Gnosis als „Aufklärung", die sich an bereits bestehende Religionen anschließt und zugleich sich durch Okkultismus kamoufliert.[7]

Besteht der Mensch für den Hellenen aus Leib und Seele und wird deren Verhältnis bestimmt als das von Form und Stoff, sodass er sagen kann: „Ich" habe einen Leib, so hat für den Gnostiker der Leib „mich" und ist eine (Macht-)Sphäre. Die Einsenkung des transzendenten Selbst des Menschen in Seele und Leib ist die letzte Form, die dieses „Exil" annimmt, zugleich aber der Grund der Ermöglichung einer Rückkehr als Heimkehr in die göttliche Einheit. Dieses „Selbst", welches das ins Materielle Abgesunkene und aus ihm wieder zu Befreiende ist, ist dem Menschen zur fortwährenden Aufgabe gegeben. Der Lichtfunke ist in der Finsternis gefangen, das Gold im Schlamm, die Perle am Meeresgrund. Der Mensch birgt in sich jenes Element aus der transzendenten Welt, das an die Welt verloren ging und aus ihr wieder gerettet werden soll und kann, jene Substanz des Menschen, die gleichzeitig die Heilsbestimmung in sich trägt.

Dieses „Selbst" ist das Transzendente, Erlösbare im Menschen, ein Paradoxon, ein unnatürliches Faktum und Angelpunkt des Heilsdramas. Erlösung besteht darin, dass der Mensch sich seines Ursprungs erinnert und sich der Göttlichkeit seines „Selbst", das im Exil der Materie gefangen ist, bewusst wird, denn das „Selbst" im Menschen und Gott sind sich konsubstantiell, Mensch und Welt aber einander inkommensurabel. Dabei aber liegt im Innern des Menschen selbst das Potential für die rettende Befreiung oder die eigene Zerstörung: „Wenn du hervorbringst, was in dir ist, wird das, was du hervorbringst, dich retten. Wenn du nicht hervorbringst, was in dir ist, wird das, was du nicht hervorbringst, dich zerstören", heißt es im Thomasevangelium (45,30–33). Und auf die Jüngerfrage, wo sie hingehen sollen, antwortet der gnostische Jesus: „Im Innern eines Lichtmenschen gibt es Licht, und es erleuchtet die ganze Welt. Wenn er nicht leuchtet, dann ist er Finsternis" (ThEv 38,4–10). Und im „Evangelium der Wahrheit"[8] ist der, der unwissend bleibt, ein „Geschöpf der Vergessenheit" (Ev.Ver. 21). Er kann seine Vollendung nicht erfahren und „lebt im Mangel". Und: „... so verhält es sich mit jemandes Nichtwissen: Wenn er zur Erkenntnis kommt, verschwindet seine Unwissenheit von selbst wie die Finsternis sich auflöst, wenn das Licht erscheint, so löst sich auch der Mangel in der Vollendung auf" (Ev.Ver. 24,32–25,3). So sagt auch der Verfasser des „Poimandres" (Corp.Herm. I,3): „Lernen will ich das, was ist, und erfassen seine Natur und erkennen den Gott." Und er fordert auf: „... Es erkenne der Geistesmensch sich selbst als unsterblich, den Eros, der die Ursache des Todes ist, und alles, was da ist" (Corp.Herm. I,18). So ist das allen gnostischen Kreisen und Schulen zugrunde liegende Ziel im engeren Sinn ein Satz, den Hippolyt von Rom in seiner „Refutatio" aus dem Kreis der sog. Naasener wiedergibt: „Anfang der Vollendung ist die Gnosis des Menschen, des Gottes Gnosis aber ist ihr Ende"

---

[7] C. Colpe, Die religionsgeschichtliche Schule. Darstellung und Kritik ihres Bildes vom gnostischen Erlösermythus. In: ForschRelLit AT u. NT 60 (1961).

[8] Vgl. H.M. Schenke, Herkunft des sog. Evangelium veritatis. Tübingen 1959, 20ff.

(5,7,38; 5,8,24). Es geht um eine zum Heil führende Selbsterkenntnis des Menschen als des Gottes. Der Anfang des Wissens ist die Erkenntnis des Menschen, Erkenntnis des Weges nach innen, psychologisch Ausdruck der reinsten Introversion, der Schritt hin zu dem göttlichen Samen im Menschen, seiner göttlichen Ursprünglichkeit im Absoluten. Dieses Extractum des „Selbst" im Menschen schließt daher Welt aus und stellt sie in Abrede. Der Mensch ist zwar in der Welt, aber nicht von ihr, denn sie sind miteinander unvereinbar. In dieser qualitativen Differenz gilt alles Interesse dem „Selbst" des Menschen und der Gnosis als mythischem Ausdruck der Selbsterfahrung, sodass sie sich letztendlich als Anthropologie zeigt. Die Erlösung als „Erkenntnisprozess" hat also in der Gnosis die Grundstruktur der Selbsterkenntnis und vollzieht sich in der Figur der Rückwendung, der Reflexion. Das Ziel ist, die Wahrheit des Einen zu verwirklichen und in aufsteigender Bewegung sich durch Entsinnlichung und Entkörperlichung zu üben. Der Mensch soll sich seines Ursprungs verstehend versichern; durch „Gnosis", die ihm, gleich dem Becher Anakreons, in wortloser Sprache zuruft, was er werden soll, wenn er das im Schweigen verborgene Geheimnis erlauscht. Das Hören auf diese Stimme ist Auftun des Tors zur Selbsterkenntnis und damit zur Erkenntnis dessen, was er eigentlich ist. Der Mensch entschließt sich zum Menschsein, wenn er sich zur Erkenntnis des Menschen entschließt. Gnosis ist existentielle Erkenntnis. Es geht hier um einen Weg des Erkennens, der außerhalb dessen liegt, wie die Menschen sonst denken und gründet auf einer transzendentalen Wahrheit, die bejaht werden muss. Sie kann ihre Begründung nicht beibringen, verlautet sich aber in einem „Ruf"-Geschehen, in welchem sich dem Gnostiker das Wahre und Gültige auftut. So ist der Weg der Erlösung der des Heimfindens in den göttlichen Ursprung. Voraussetzung dieser Erlösungslehre ist der anthropologische Dualismus der Gnosis, jenes Zugehören des Menschen zur oberen Lichtwelt. Um aber den Menschen erlösen zu können, muss die Erlösungsmöglichkeit in der Seinsordnung selbst angelegt sein, denn die Geschichte der Krise des ursprünglichen Seins mündet in einen gespaltenen Zustand der Welt. Dem Menschen wird nicht die Verantwortung für die Not in der Welt und die Notwendigkeit des göttlichen Heiles angelastet. Es gibt für die Gnosis keinen Sündenfall des Menschen, des „Adam". Er erscheint nicht als Übertreter, sondern als Opfer eines uranfänglichen Falles, von dem her die Welt und der Mensch sind. Die Störung geschah im Göttlichen, vor der Schöpfung, und nicht erst in ihr. Die Schuld „an" der Welt wird als Prämisse der Schuld „in" der Welt gesehen und so der Mensch aus der Mitte der Schuldverhaftung gerückt. Das Drama des Menschen aber ist das Drama der Geschichte der Welt. Inmitten dieser Welt und ihrem Verfallensein an sie ist der Mensch jener Ort, wo ein Funke von Unweltlichkeit verborgen ist. Dieses „Selbst" der Seele, das in das Dasein geworfen ist, irrt im Labyrinth des Lebens umher, in einer widergöttlichen Welt, in einem Dasein der Selbstvergessenheit. Zu den schönsten lyrischen Texten der Gnosis gehört der sog. „Naasenerpsalm" (Hippolyt V,10), ein gnostisches Errettungslied, das nachträglich christianisiert und zu einem gnostischen „Evangelium" in Kurzform umgestaltet wurde. Er beginnt mit einer unnachahmlich kurzen „Kosmogonie": „Sinn" (Nous) und „Unsinn" (Chaos) bestimmen anfänglich das Gesetz des Werdens; es kommt hinzu eine Notwendigkeit: „Als drittes nahm die Psyche das Gesetz der Arbeit." Dann heißt es, dass das menschliche Selbst, die Seele, wie ein gejagter „Hirsch" durch ihr Schicksal hetzt, ohne jeden Ausweg. Alle Hoffnung, alles „Licht", führt doch nur ins tödliche „Labyrinth" tragischer Verstrickung. Da spricht einer: "Schau!" Und man schaut und sieht und hört, „Gnosis rufend", „das Abgetretene des heiligen Weges" weisend. In dieser Errettungsgnosis überrascht es zunächst, dass dieser eine „Jesus" ist und der Schauende „Vater" heißt. Denn am Anfang waren ja Nous und Chaos. Die Naasener haben die Soteriologie auf Jesus bezogen.

Nihilistische Implikationen

Für den Gnostiker ist der Gott des Kosmos tot, d.h. er hat für ihn aufgehört, göttlich zu sein und dem Leben Richtung zu geben. Er steht – anders wie in der Ideenwelt Platons oder der Gott des AT – in keiner positiven Beziehung zur sinnlichen Welt. Diese Transzendenz ist auch ohne normative Beziehung zur Welt. Die Leugnung eines die Welt durchwaltenden Gesetzes hat ethische Konsequenzen. Es ist damit ein Nihilismus impliziert, der der Leugnung objektiver Normen im Existenzialismus vergleichbar ist. Ähnlich bezeichnet Fr. Nietzsche die Wurzel der nihilistischen Situation mit den Worten „Gott ist tot". Der Gnostiker könnte sagen: „Der Gott des Kosmos ist tot", d.h. er hat aufgehört, göttlich zu sein und dem Leben Richtung zu geben. Für F. Nietzsche ist der Sinn des Nihilismus, dass die obersten Werte sich entwerten. Der Grund dieser Entwertung ist die Einsicht, „dass wir nicht das geringste Recht haben, ein Jenseits oder an sich der Dinge anzusetzen, das göttliche, das leibhafte Moral sei." Da „Gott" für ihn der Name für das Feld der Ideale und Ideen ist, bedeutet sein Tod nicht nur die tatsächliche Entwertung der obersten Werte überhaupt. Auch der Gott der Gnosis steht in keiner positiven Beziehung zur sinnlichen Welt. Seine Transzendenz ist nicht Essenz oder Ursache der sinnlichen Welt oder der Schöpfung, sondern ihre Verneinung und Aufhebung. Er ist der ganz Andere, Fremde, Unbekannte, in keiner normativen Beziehung zur Welt Stehende. Seine „Transzendenz" ist eine solche, die ihre wirkende Kraft verloren hat. Letztlich ist der Gott der Gnosis, als der zu Welt und Mensch unbezügliche Gott, eine nihilistische Konzeption. Es geht von ihm keine Norm aus und kein Gesetz für die Welt und das menschliche Handeln in ihr. Diese Antinomie der Gnosis ähnelt mutatis mutandis der Sicht J. P. Sartres, nach welchem das Transzendente schweigt, da „es kein Zeichen der Welt gibt". Daher reklamiert der verlassene und sich selbst überlassene Mensch seine Freiheit, oder vielmehr, er hat keine andere Wahl, als sie auf sich zu nehmen: Er „ist" diese Freiheit, da der Mensch „nichts als sein eigenes Projekt ist" und „alles ihm erlaubt" ist. Die Konsequenzen des Gnostikers und seiner Haltung können demnach anarchisch oder libertinistisch sein. Praktisch können sie libertinistisch oder asketisch sein: durch ein Leben im Exzess, da der Körper das Unwesentliche ist, oder durch asketische Enthaltung, um ihm Verachtung zu zollen. Das Leben vollzieht sich außerhalb objektiver Normen in einer Reklamierung der Freiheit des pneumatischen Menschen, der über dem Gesetz steht, jenseits von Gut und Böse, sich selbst Gesetz kraft seines Wissens.

Die Frömmigkeit des Denkens

In der Gnosis ist das Denken und Erkennen der eigentliche Träger der Frömmigkeit, da der Mensch sich radikal zur Frage geworden ist. Das Andere der Vernunft ist der Mythos, der eine vergemeinschaftende Zustimmung erheischt und die Dissonanzen und Rätsel der Gegenwart ätiologisch im Vor-Zeitlichen und Außer-Zeitlichen zu begründen sucht. Dieser gnostische Ur-Mythos ist dramatisch und tragisch angelegt und stellt systembildend das Drama vom „Fall" in die Welt und der Errettung daraus dar. In dieser „Eschatologie der Seele", des in der menschlichen Leiblichkeit gefangenen Lichtfunkens oder göttlichen Kerns, geht es um die „eschatologische" Trennung des weltlich-göttlichen Amalgams und seiner vermischten Teile. Die Erlösung kulminiert im „Wieder-Gott-Werden" des Menschen. Dieser wird durch die Gnosis das, was er ursprünglich war und prinzipiell eigentlich immer ist. Zweck der Erlösung ist nach Act Thom 15, „dass wir wieder das werden, was wir waren." In der sog. „Titellosen Schrift" heißt es: „Es ist nötig, dass jeder zu dem Ort geht, aus dem er gekommen ist. Denn jeder Einzelne wird durch seine Handlung und seine Erkenntnis seine Natur offenbaren."[9]

In der Gnosis begegnet uns eine Weltauffassung, die keinen Freiheitsbegriff benötigt, denn die innersubjektive Entscheidung zwischen Gut und Böse wird in die Vorstellung eines Kampfes kosmischer Prinzipien projiziert. Der Kosmos bedeutet die trügerische Macht der Verblendung, ist Horizont der Heillosigkeit und Verderbnis. Der gnostische „Demiurg" ist die Chiffre für das widergöttliche und heilswidrige Potential der Welt selbst, das die Zwangsherrschaft ausübt. Durch diese Losbindung der Welt vom Willen des Heilsgottes kann die Welt dämonisiert und zu einer Welt des Notstands erklärt werden. In diesem fundamentalen und fundamentalistischen Grundmythos der spätantiken Geistesformation handelt es sich um das mythenträchtige dualistische Grundmuster zweier Mächte, die sich in der Geschichte des Menschen kreuzen und wie ein Indikator sind für das Hin und Her der Machtverteilung. Der Mythos aber will imaginativ den Hintergrund erschließen, wie es zu diesem Zustand der Not kam. Das in das Zentrum der gnostischen Mythen gerückte Erlösungsdenken will spekulativ-erzählend zeigen, wie es zu diesem hypostatisch zerspaltenen „Selbst" gekommen ist und welcher Weg aus dieser Miserie herausführt. Die zentrale Rolle in den gnostischen Kosmolo-

---

[9] Schrift ohne Titel NHC II, 5:97,24–127,17. Vgl. L. Painchaud, The Redaction of the Writing without Title (CG,5). In: SecCent 8 (1991) 217–234. M. Mardieu, Pour un phénix gnostique. In: RHR 183 (1973) 117–142. H.-G. Bethge, „Vom Ursprung der Welt": Die fünfte Schrift aus Nag-Hammadi-Codex II. Neunkirchen 1975; vgl. ThLZ 103 (1978) 315–318.

gien spielt dabei die hellenistisch-jüdische Hypostase, die Figur der Sophia, die sich aus einem mit dem göttlichen Prinzip verbundenen Idealzustand herauslöst und die Entstehung einer unteren, widergöttlichen Welt provoziert. Im valentinianischen Mythos (Valentinos wirkte zwischen 138–158 in Rom) ist sie aufgrund ihrer zerstörerischen Sehnsucht nach Erkenntnis des Urvaters, Schöpferin einer Gegenwelt (Irenaios, Adv.haer. I,2,2). Die Sophia, die den Ursprung der Gottheit eigenmächtig zu erkennen trachtete, wird so nicht nur zum Symbol der Weltwerdung, sondern auch des menschlichen Erkenntnisstrebens, der Philosophie. Aber ihr Scheitern hat Verzweiflung zur Folge und führt so zum Ursprung und Wesen der psychischen und materiellen Welt und ihrer Unwissenheit, die erst durch „Gnosis" aufgehoben wird. Die Gnosis setzt eine Ontologie voraus mit der ontologischen Kluft zwischen dem urgründlichen Göttlichen und dem konstitutiven Defizienten der Welt, die zwar Ort, aber nicht Heimat der Erlösung ist. Sie kann die Entborgenheit des Mysteriums nicht in der Historizität denken, denn alle Zeitlichkeit in der Welt ist vom minderen Sein belastet, so dass das Heil nicht in der Kategorie der Geschichte, sondern in der Befreiung von der Geschichte liegt. Gnostische „Theologie" wird transzendent thematisiert und das biblische Ereignis der „Oikonomia" des Fleisch gewordenen Logos doketisch veruneigentlicht.

Der gnostische Grundmythos

Innerhalb der spätantiken Geistesformation begegnet die Gnosis als ein autogener einheitlicher Grundmythos der Sinnstiftung und der Erlösung. Es handelt sich um eine Selbst- und Weltauffassung sowie um einen geschichtlichen, weltpessimistischen Lebensstil, der sich von den Wertvoraussetzungen der Antike löst. Seine dualistische Generalprämisse, die Entstehung der Entzweiung in einem den Menschen übersteigenden Meta-Bereich, entbindet diesen von den großen kosmisch-metaphysischen Entscheidungen. Der Mensch muss nicht das Subjekt der Sündenfall-Geschichte abgeben, sondern ist Objekt. Er steht nicht in der innersubjektiven Entscheidung über Gut und Böse, sondern unter der Botmäßigkeit und Verblendung der Weltmächte und ihres kosmischen Kampfes. Es wird das Böse globalisiert, denn der Weltzustand wird zu einem Gegenprinzip gesteigert und als metaphysisch unvertretbar hingestellt. Indem der gnostische Mensch nach dem Grund des Verantwortlichseins dafür sucht, beginnt er den Prozess gegen die Gottheit einzuleiten. Die Lösung des Problems imaginiert er sich in einer dualistischen Theorie: die Gottheit und die Materie, oder der transzendente Gott und der feindselige, demiurgische Gott als Schöpfer der Welt und des Leibes, dem Ort der schmerzlichen Verkommenheit seines „Ich". H. Blumenberg schreibt in seinem Buch „Arbeit am Mythos": „Der Vorteil der Gnosis war, dass sie den Menschen im ganzen nur mäßig an den großen kosmisch-metaphysischen Entscheidungen zu beteiligen brauchte: Sie fielen zwar für ihn, aber nicht durch ihn. Er musste daran Anteil zu gewinnen suchen, aber nicht ein Subjekt dafür stellen. Von ihrer dualistischen Grundprämisse her ist die Gnosis die ausgeprägteste Gestalt einer nichtmoralischen Weltauffassung."[10] Die Polarität ist dreigliedig: Mensch und Gott – gegenüber der Welt, wobei die beiden ersteren durch die Welt getrennt sind. „Es ist ein Dualismus nicht komplementärer, sondern konträrer Größen; es ist einer, denn der zwischen Mensch und Welt wiederholt auf der Erfahrungsebene den zwischen Welt und Gott und wird von ihm als seinem theoretischen Grunde abgeleitet." Durch seinen göttlichen Lichtfunken aber ist der Mensch nicht nur das Wesen des Exils, sondern es ist darin auch seine Befreiung begründet. Denn er ist letztlich nicht in die Welt eingliederbar, sondern ein von ihr zu trennendes Göttliches, das sein eigentliches Sein ist. Im Loslösungsprozess vom Weltlichen wird der Kosmos rückgängig gemacht und eschatologisch „aufgelöst" (vgl. die Nag-Hammadi-Schrift „De resurrectione").

Kosmos und Mensch stehen in Widerspruch zum transzendenten Grund und sind als widergöttliche Wirklichkeiten mit der Negativität der Materie behaftet. Der Mensch ist das große Provisorium und zugleich Kampfplatz der Auseinandersetzung, der nur in der erlösenden Erkenntnis den Weg aus der Widersprüchlichkeit und Negativität der Welt beschreiten kann. Die Welt ist ja radikale Fremde, Täuschung und Irrtum und für den Gnostiker ein hermeneutisches Problem, das es zu lösen gibt.

Als Wissen um die Meta-Wirklichkeit des Göttlichen sucht der Gnostiker das Wo, Wann, Wozu, Warum aufzudecken. Die Gnosis als affektive Einstellung will daher auf den Weg der Verwesentlichung führen. Sie weiß sich nicht als Quietiv, sondern im Dienst eines Zweck-Mittel-Schemas. Das Leben selbst wird zu einem heroischen Drama, das aus der Lethe (Vergessenheit) und Agnoia (Unwissenheit) zur rettenden Gnosis beschritten werden muss. In einer so pathologisierten Wirklichkeit des Menschen mit den Negativbestimmungen wie Vergessenheit und Schlaf ist der „Ruf" der jenseitigen Stimme der Weg zur heilenden Rettung. Die Erinnerung (Mneme) hat einen Heilswert, mit deren Hilfe der Mensch aus seiner Schläfrigkeit und Vergesslichkeit um sein eigentliches Selbst geweckt wird. Eine solche Anamnesis bedeutet den Wiedergewinn einer metaphysischen Orientierung und der Selbstfindung und deutet die Entstehung der Welt aus dem tragischen Sich-Vorwagen der Ewigkeit in die Zeit. Der Heilsbringer und Erwecker der gnostischen Mythen löst in der Anamnesis das Heilsgeschehen aus und richtet den in „Trunkenheit" befangenen Menschen auf die Wiedergewinnung seines Ursprungs aus. Von dem Heilbringer zu wissen bedeutet schon auf dem Weg zum Heil zu sein und zeigt, dass Kosmologie und Heilslehre nicht zu trennen sind. Erkenntniswahrheit und Glücksfindung werden in untrennbaren Zusammenhang gebracht. Kraft der Gnosis als Einsicht in das Wesen der Welt kann der Gnostiker sich von ihr befreien. Jeder Mensch ist „Adam" und „Jesus", Träger des Negativen und Erlöser. Dabei geht es um die fundamentale Erkenntnis der Identität mit dem Göttlichen und um die der Nichtigkeit der Welt. Es gilt, das Irdische loszulassen und Halt zu finden in dem erkannten Göttlichen, d.h. in einer „Gnosis", die in-

---

[10] H. Blumenberg, Arbeit am Mythos. Frankfurt 1988, 199f.

mitten der Rätsel und Widersprüche den Menschen heilsam trägt. Sie ist zugleich das Denkmal eines großen Schmerzes an dem Riss der Wirklichkeit. Sie klagt ein Weltgefühl aus und spricht das Nein über die materielle Welt. Das Leben wird als Krankheit gesehen, wobei der Begriff der Krankheit ontologisch verstanden wird. Der „Ruf" vom Jenseits des Menschen aber macht deutlich, was hinter der Tür der erfahrenen Wirklichkeit ist. Die im Menschen aufgeregte und bohrende Frage nach dem Bösen, die quaestio unde malum, ist eine schmerzliche, so dass nach dem Grund des Bösen zu forschen für Augustinus heißt, die Finsternis sehen wollen (Augustinus, CivDei XII,7). Die Erörterung dieser Frage ist grundlegend für das gnostische Thema und immer als quaestio facti präsent.

Die christologische Differenz

Gnosis erscheint auch als Reflex einer Umbruchssituation – der antike Umschluss von Götter, Welt und Mensch ist für viele auseinandergebrochen, die der Unsicherheit und Ungeborgenheit des Menschen einen Heilsweg anbieten will als Sinngebung und Sinngrund, der im göttlichen Selbst des Menschen liegt. Die Auseinandersetzung mit dem Christentum zeigt, dass der kritische Prüfstein die Frage der Christologie selbst ist. Eine im gnostischen Mythos sich artikulierende Wirklichkeitsdeutung suspendiert die heilsgeschichtlich begründete Einheit von Schöpfung und Erlösung. So setzt das Johannesevangelium nicht bei einer vorgegebenen Licht-Finsternis-Dualität ein, sondern bei der Größe „Licht" und der Epiphanie, dem Erscheinen des „wahren" Lichtes in Jesus (Joh 1,9). Die „Welt" ist nicht nur Ort der „Finsternis", sondern diese Finsternis selbst (Joh 8,12; 12,35.46; 1 Joh 1,5f; 2,8ff) als eine Macht-Sphäre und als das ihr eigene Wesen des Wohlbefindens, die sich aktiv gegen das Licht wehrt (Joh 1,5). Jedoch ist die Finsternis hier nicht, wie in der Gnosis, zugleich Substanz, sondern geschichtlich konzipiert als Menschenwelt in ihrer Widerständigkeit und Verschlossenheit dem Licht, dem Offenbarer Jesus, gegenüber. Demnach beruht das finstere Wesen der Welt nicht auf Schicksal, sondern auf Schuld. Die durch das Erscheinen des Lichtes hervorgerufene Situation der Entscheidung stellt den Menschen in das Entweder-Oder der Wahl, also vor etwas, was nicht schon im Wesen der Welt gegeben ist, sondern erst mit dem Offenbarer akut wurde. Nach Joh 3,19 lässt die Entscheidung gegen das Licht und für die Finsternis die Menschen schlechte Taten tun. Sie sind das der geoffenbarten Wahrheit und im Tun sich ausweisende Entgegengesetzte. An der Stellung zur Offenbarung und dem Offenbarer entscheidet sich, was gut und böse ist. Die bösen Werke sind Resultat einer Grundsatzentscheidung, die der Mensch trifft für ein rein weltlichen Handeln. Die Negativentscheidung für die „bösen Werke", die in der johanneischen Anthropologie nicht vom Subjekt abstrahiert werden, wird die dunkle Vergangenheit des Menschen offenbar. Der Mensch trifft seine Entscheidung mit dem Gewicht seiner Vergangenheit und ratifiziert sie. Daher ist das Gericht bei Johannes ein geschichtlicher Akt. „Leben" und „Licht" sind nicht der Welt einwohnende, inhärente Potenzen. Sie sind auch nicht die dem Menschen eigene Frage und Suche nach „Eigentlichkeit". Damit wird auch jede autonome Vernunft, in der der Mensch sich radikal von sich aus zu erlösen sucht, verabschiedet. Es ist der Logos das wahrhaftige Licht, das jeden Menschen erleuchtet, der in die Welt kommt (1,9). Er ist das Licht der Welt (8,12) und die Jünger sind Söhne des Lichtes, wenn sie an das Licht glauben (12,36). Die Finsternis hingegen hat das Licht nicht begriffen (1,5). Wer seinen Bruder hasst, der ist noch in der Finsternis (1 Joh 2,9).

Im Johannesevangelium ist Jesus, der Offenbarer, der präexistente, vom Vater herabgesandte und mit Vollmacht ausgerüstete Gottessohn, mit ihm in Einheit verbunden. Er offenbart sich in seinen Reden und vollzieht damit das große Werk der Scheidung. Der gemeinchristliche Gedanke vom sühnenden und stellvertretenden Tod Jesu begegnet in Joh 1,29.36; 11,50ff; 18,14. Von größter Bedeutung sind Inkarnation und Erhöhung als das Heilsereignis (1,1–18; 3,13–17 u.ö.), das sich in der Offenbarung aktualisiert (1,18; 5,36; 17,8 u.ö.). Ist die „Welt" durch Finsternis, Lüge und Tod bestimmt, so wird die Erlösung als Licht, Wahrheit und Leben beschrieben. Jesus ist nicht nur der Spender dieser „Güter", sondern er *ist* sie selbst (Ego eimi-Worte 8,12; 14,6 usw.). Das stereotype „Ich-bin ..." ist kein anderes als das Wort des Retters aus dem Sklavenhaus Ägyptens (Ex 3,14). Die Erlösung besteht in der Teilhabe an ihnen, d.h., in der Einheit mit Jesus und Gott (14,20). Sie vollzieht sich in einem Erkennen, das identisch ist mit Hören, Glauben, Bleiben, Lieben (8,32; 17,3; 6,69; 17,8). Auferstehung, Himmelfahrt und Parusie Jesu sind in den einheitlichen Tatbestand zusammengezogen, dass er die Auferstehung und das Leben *ist* (Joh 11,25; 14,6). Das Johannesevangelium entwirft kein negativ bewertetes Welt- und Menschenbild, keinen ontologischen und psychologischen Dualismus, vielmehr wird die geschichtliche Dualität der Möglichkeit des Heils ausgearbeitet und zwar auf der Folie des sich verweigernden Verhaltens der „Welt" der Offenbarung gegenüber.[11] Die kosmologischen Vorstellungselemente sind hier auf ein punctum mathematicum reduziert, den Ausblick auf die jenseitigen, von Jesus bereiteten Wohnungen und den Eingang der Gläubigen darin (Joh 14,2.23). Die Welt wird – auch in ihrer Rebellion – als Gottes Schöpfung gesehen. Die „Erkenntnis" ist nicht primär mit dem Sein des Erlösten befasst, sondern mit dem Wort des Offenbarers. Dass der Glaubende schon in das Leben hinübergeschritten ist (Joh 5,24), wird im Sinne eines dialektischen Verständnisses der conditio humana in der Welt gedeutet (Joh 15,19; 17,11.14). Zusammenfassend lässt sich sagen: In Jesus, seinem Sohn, der im Sterben für seine Freunde die göttliche Liebe vollendet (Joh 15,13), will Gott sich selbst wieder erkennen und finden lassen.

---

[11] Vgl. H.-M. Schenke, Der Gott „Mensch" in der Gnosis. Tübingen 1962. Ders., Die neutestamentliche Christologie und der gnostische Erlöser, in: Gnosis und Neues Testament. Hg.v. K.-W. Tröger, Berlin 1973, 205–229. M. Fischer, Der johanneische Christus und der gnostische Erlöser. In: Gnosis und Neues Testament. Hg.v. K.-W. Tröger, Berlin 1973, 245–265.

13 Lebenswelt der apokryphen Schriften

Die vielen frühchristlichen Schriften und Schriftfragmente, die nicht in den Kanon der Bibel bzw. des Neuen Testaments aufgenommen worden sind, werden als apokryphe (unechte) oder als außerbiblische Schriften bezeichnet. Sie zeigen an, dass der christliche Glaube sich in einer großen Vielfalt der Überzeugungen und der Lebensformen entwickelt hat, bis er durch die römische Religionspolitik im 4. Jh. vereinheitlicht wurde. Allerdings hatten kirchliche Amtsträger (z.B. Irenaios von Lyon) schon früh Abgrenzungen zwischen der wahren Lehre (Orthodoxie) und der falschen Lehre (Heterodoxie oder Häresie) vorgenommen. Ohne diese Abgrenzungen, die sich schon im Neuen Testament selbst anzeigen, wäre vermutlich nie eine einheitliche christliche Lehre und Lebensform entstanden.

In der Schule des Paulus in Ephesos wurden schon früh die Briefe des Apostels gesammelt und abgeschrieben. Aber auch die Christengemeinde in Rom hatte schon früh Briefe des Paulus gesammelt. Die deuteropaulinischen Briefe lassen sich mit dieser Sammlung verbinden. Der 1. Clemensbrief um 96, oder die Briefe des Ignatios von Antiochia oder des Polykarpos von Smyrna setzen bereits die Kenntnis mehrerer Paulusbriefe voraus. Markion und der Kanon Muratori (um 200) kennen bereits eine klare Anordnung der Paulusbriefe. Justinos aus Nablus schrieb bereits von den „Erinnerungen der Apostel" (Evangelien), die am Sonntag im Gottesdienst verlesen wurden. Sein syrischer Schüler Tatian stellte diese vier Evangelien zu einer großen Evangelien-Harmonie (diatesseron) zusammen.

Doch erst mit dem Bischof Irenaios aus Lyon wird um 200 zwischen den kanonischen und den nichtkanonischen Schriften unterschieden. Für ihn war die Vierzahl der Evangelien bereits vorgegeben, in seiner Umgebung gab es bereits drei Teile des Neuen Testaments. Gegenüber den Gnostikern hielt der Bischof am einen „Kanon der Wahrheit" (kanon thes alethineias) fest, dem die Bischöfe und Presbyter folgen sollten. Um 180 hatte Melito von Sardes bereits einen Kanon der alttestamentlichen Schriften (biblia palaias diathekes) zusammengestellt, und um 190 sprach ein unbekannter Autor zum ersten Mal vom „Evangelium des Neuen Bundes" (tou euangeliou kaines diathekes). Zu dieser Zeit wurden in Rom im Kanon Muratori die authentischen Schriften von den nichtauthentischen

Schriften abgegrenzt. Anstöße zu dieser Abgrenzung kamen von Markion, sowie von gnostischen und montanistischen Lehrern.[1]

Im letzten Drittel des 4. Jh. setzte sich die Kanonliste des Bischofs Athanasios aus Alexandria vom Osterfestbrief des Jahres 367 auch in der Kirche des Westens durch. Sie enthielt 27 Schriften, die auf einer römischen Synode der Bischöfe im Jahr 382 und im Decretum Gelasianum angenommen wurden. Auch die afrikanischen Synoden von Hippo Regius im Jahr 393 und von Karthago im Jahr 397 nahmen den lange umstrittenen Hebräerbrief in den Kanon auf.

Die syrische Kirche aber beschränkte ihren Kanon auf 22 Schriften, dort wurden der 2. und 3. Johannesbrief, der 2. Petrusbrief, der Judasbrief und die Apokalypse des Johannes nicht aufgenommen. Doch die großen Kirchen des Ostens und des Westens haben sich auf 27 Bücher des Neuen Testaments geeinigt, nur diese Bücher dürfen seither in den Gottesdiensten verlesen werden.

Die apokryphen Evangelien

Hier soll nun kurz die Lebenswelt der apokryphen Evangelien dargestellt werden, die nicht in den Kanon der Bibel aufgenommen worden sind. Sie entstanden in verschiedenen Regionen des römischen Imperiums und zeigen sehr unterschiedliche Deutungen des Lebens und der Botschaft Jesu. Aus ihnen erkennen wir die Vielfalt der christlichen Glaubensüberzeugungen und Lebensformen

Das *Protoevangelium des Jakobus* ist in griechischer Sprache verfasst, ab der Mitte des 2. Jh. wurde es in zahlreiche Sprachen (syrisch, georgisch, armenisch, lateinisch, slawisch, koptisch, arabisch, äthiopisch) übersetzt und in diesen Kulturen rezipiert. Diese Übersetzungen zeigen die Strahlkraft des christlichen Evangeliums, vor allem im Vorderen Orient. Dieses Buch dürfte in Ägypten verfasst worden sein, denn Klemens von Alexandria und Origenes kannten es. Im diesem Evangelium steht die Mutter Jesu, Maria, mit ihrer Familie im Vordergrund, wir erkennen die frühe Marienverehrung in dieser Christengemeinde. Denn zwei Drittel des Buches handeln über Maria, nur ein Drittel über Jesus. Berichtet wird von der wunderbaren Empfängnis und Geburt der Maria, von ihrer Schwangerschaft und der Geburt Jesu. Dieses Buch ist eine Hauptquelle für die späteren Legenden über Maria, für ihre Feste und Formen der Verehrung, vor allem für ihre Darstellung in der Kunst.

Das *Kindheitsevangelium des Thomas*, das mit dem koptischen Thomasevangelium nichts zu tun hat, wurde bereits von Irenaios zitiert. Es erzählt Wundergeschichten aus der Kindheit und Jugend Jesu und wurde in griechischer Sprache verfasst, später wurde es in mehrere Sprachen übersetzt. Wir erkennen darin eine doketische Tendenz, denn schon im Jesuskind zeigte sich der göttliche Lehrer, der Wundertäter und Erlöser. Seit dem Alexanderzug nach Indien waren indische Legenden von göttlichen Söhnen auch in der griechischen Kultur bekannt geworden.

---

[1] G. Theißen, Die Religion 304–321. U. Schnelle, Einleitung 400–406.

Sie wurden von christlichen Predigern aufgenommen und auf Jesus übertragen. Der Verfasser des Evangeliums kennt auch die jüdische Weisheit, er ruft zu einem demütigen Leben auf.[2]

Aus der judenchristlichen Lebenswelt stammt das *Nazaräerevangelium,* das in syrischer und aramäischen Sprache vorliegt, aber einen griechischen Urtext gehabt haben könnte. Es ist im 2. Jh. in einer aramäisch sprechenden Gemeinde in Syrien entstanden, vermutlich im Raum von Aleppo. Die syrischen Judenchristen nannten sich Nazaräer und orientierten sich an häretischen Gruppen. Im Text werden Jesusworte und Erzählungen über sein Leben und Wirken bildhaft ausgeschmückt. Einige Erzählungen finden sich auch in den kanonischen Evangelien. Dem Autor geht es um die Motivation zum sozialen Handeln in der Gemeinde, zum Tun der Nächstenliebe und zur Versöhnung. Der Blick auf die Endzeit tritt bereits in den Hintergrund.

Auch das *Ebioniterevangelium* hat einen judenchristlichen Hintergrund, es ist am Anfang des 2. Jh. in griechischer Sprache verfasst worden. Die Ebioniter lebten im Ostjordanland, sie hielten sich für auserwählte Fromme und befolgten das jüdische Gesetz. In Jesus sahen sie den Vollender der jüdischen Tora, die Lehren des Paulus lehnten sie ab. Der jüdische Opferkult ist zu Ende gegangen, die Christen sollten vegetarisch leben und auf Fleischgenuss verzichten. Nach der Taufe Jesu durch Johannes habe dieser von Jesus die Taufe erbeten. Dieser sei ung. 30 Jahre alt gewesen, als er öffentlich zu lehren begann. Bischof Epiphanios von Salamis zitiert dieses Evangelium, aus dem er selbst Teile abgeschrieben habe.[3]

Ebenfalls aus einer judenchristlichen Gemeinde kommt das *Hebräerevangelium,* das von Klemens von Alexandria erwähnt wird. Es dürfte in Ägypten entstanden sein, weil es dort rezipiert und verbreitet wurde, es unterscheidet sich stark von den kanonischen Evangelien. Hier wird eine Erscheinung des auferstandenen Jesus vor Jakobus erzählt, der Apostel nahm in der Gemeinde eine gewichtige Rolle ein. Jesus selbst habe seinen Jüngern von seiner Versuchung durch den Teufel erzählt. Er wird als Sohn des göttlichen Geistes gesehen, dieser Schöpfergeist sei seine Mutter. Bei der Taufe wurde Jesus als Sohn des göttlichen Geistes angenommen, nun ruht die göttliche Weisheit auf ihm und auf ganz Israel. Auch in einem koptischen Jakobusbrief wird Jesus als Sohn des göttlichen Geistes bezeichnet.[4]

Aus der gnostischen Glaubenswelt kommt das *Philippusevangelium,* das in Syrien in griechischer Sprache verfasst wurde. Heute liegt es nur in einer koptischen Übersetzung vor, Epiphanios berichtet, dass es bei den Gnostikern in Ägypten in Verwendung gewesen sei. Dieses Evangelium sammelt viele Sprüche der gnostischen Lehre des Valentinos und bezieht sich auf den Apostel Philippus. Der göttliche Retter (soter) sei der Bräutigam der unteren Weisheit (Sophia), die

---

[2] W. Schneemelcher (Hg.), Neutestamentliche Apokryphen I. Tübingen 1990, 353–359. K. Ceming/J. Werlitz (Hg.), Die verbotenen Evangelien. Wiesbaden 2004, 70–108.

[3] K. Ceming/J. Werlitz (Hg.), Die verbotenen Evangelien 109–113. W. Schneemelcher (Hg.), Apokryphen I, 128–142.

[4] W. Schneemelcher (Hg.), Apokryphen I, 142–147.

Engel des Erlösers treten als Hochzeitspartner der vielen „Samen" (spermata) der unteren Engel auf. Dann wird von einer abgeschwächten Erlösung des bösen Weltschöpfers (demiourgos) erzählt. Als Zeichen des Heiles gelten die Sakramente der Taufe, der Salbung und des Brautgemachs. Wir erkennen in den Sprüchen unterschiedliche Traditionen gnostischer Weltdeutung zusammengefasst.[5]

Das *Ägypterevangelium*, das im 2. Jh, in Ägypten entstanden sein dürfte, zeigt eine inhaltliche Nähe zu den sog. Enkratiten und zur Gnosis. Die Enkratiten verzichteten auf Fleischgenuss und Wein und auf jede Form der Sexualität, die Ehe lehnten sie ab. Klemens von Alexandria zitiert das Ägypterevangelium. Darin wird gesagt, es werde solange den Tod in der Welt geben, als Frauen Kinder gebären. Jesus aber wollte die „Werke des Weiblichen" auflösen und der sinnlichen Begierde, dem Werden und dem Vergehen ein Ende setzen. Wenn das Männliche und das Weibliche sich vereinigen und der Zorn und die Begierde sich auflösen, dann beginnt die Erlösung. Sprüche aus diesem Evangelium werden im koptischen Thomasevangelium und in den Petrusakten zitiert.[6]

Das *Petrusevangelium* dürfte im 2. Jh. in Syrien entstanden sein, es wurde in Syrien und in Ägypten im Gottesdienst benutzt. Serapion von Antiochia sagt, dass in der christlichen Gemeinde die richtige und die falsche Lehre nebeneinander lebten. Er spricht von der Abgrenzung, nicht von der Ausgrenzung des Falschen. Die Gemeinde dieses Evangeliums stand mit der Kirche von Antiochia in Verbindung. Im Text werden die Leidensgeschichte Jesu und seine Auferstehung mit reichen Bildern ausgeschmückt. Die Leidensgeschichte der vier kanonischen Evangelien dürfte dem Autor bekannt gewesen sein. Die Schuld am Tod Jesu wird dem König Herodes und den Juden gegeben. Jesus ertrug seinen Schmerz mit Ruhe und Gelassenheit, in ihm war göttliche Weisheit. Die Jünger Petrus und Andreas gingen nach Jesu Tod wieder nach Galiläa zurück und arbeiteten wieder als Fischer.[7]

Das *Nikodemusevangelium* verbindet den ersten Teil (Pilatusakten) mit dem Prozess, der Kreuzigung und der Auferstehung Jesu mit einem zweiten Teil, der die Höllenfahrt Christi erzählt. Der erste Teil des Evangeliums wird schon bei Justinos erwähnt, er wurde in griechischer Sprache verfasst. Der zweite Teil ist später entstanden und enthält legendarische Traditionen. Der Text bezieht sich auf einen jüdischen Ratsherrn Nikodemus, der ein Jünger Jesu geworden sei, aber die Kreuzigung des Lehrers nicht verhindern konnte. Die jüdische Ratsversammlung habe von der Auferstehung und Himmelfahrt Jesu erfahren, sie konnte die Verkündigung der Jesusjünger nicht verhindern. Doch sie anerkennt die Schuld am Tod Jesu. Da die Frauen nach dem jüdischen Gesetz nicht als Zeugen zugelassen sind, bezeugen die römischen Wachsoldaten am Grab die

---

[5] H.M. Schenke, Das Evangelium nach Philippus. In: W. Schneemelcher (Hg.), Apokryphen I, 148–174.

[6] W. Schneemelcher, Apokryphen I, 174–180.

[7] W. Schneemelcher (Hg.), Apokryphen I, 180–188. K. Ceming/J. Werlitz (Hg.), Die verbotenen Evangelien 151–162.

Auferstehung Jesu. Die Schuld am Tod Jesu liegt allein bei den Juden, denn Pilatus wollte die Kreuzigung verhindern. In der koptischen Kirche wird Pilatus als Heiliger verehrt.[8]

Eine Sonderstellung nimmt das *Koptische Thomasevangelium* ein, das in einem Kodex in Nag Hammadi 1947 gefunden wurde. Es ist bereits im Papyrus Oxyrinchus aus dem 2. Jh. bezeugt und enthält Jesussprüche, die sich auch bei Matthäus und Lukas finden. Darüber hinaus berichtet es Sprüche, die sich nicht in den kanonischen Evangelien finden. Es dürfte in einer Gemeinde in Syrien entstanden sein. Nach seiner Lehre sei in allen Menschen das göttliche Licht, das zum Leuchten kommen soll, während das kanonische Johannesevangelium lehrt, dass dieses göttliche Licht nur im Offenbarer Jesus in seiner Vollgestalt erschienen sei. E. Pagels sieht hier zwei miteinander konkurrierende Modelle der Deutung des Christusgeschehens. Für beide Modelle ist die Zeit der Auferstehung und des göttlichen Gerichts schon jetzt angebrochen.[9]

Das Evangelium lehrt, das Reich Gottes sei im Innern der Menschen, die Jünger können ihrem Lehrer gleich werden. Die Auferstehung wird als innere Verwandlung und Lichtwerdung gedeutet, alle Christen seien Söhne Gottes. Für das Johannesevangelium ist allein Jesus der göttliche Sohn und Offenbarer. Im Spruch 114 des Thomasevangeliums sagt Petrus, dass die Frauen des ewigen Lebens nicht wert seien. Darauf sagt Jesus, er werde die Maria zu einem Mann machen, damit sie ein männlicher Geist werde. Denn jede Frau, die sich männlich mache, werde in das Himmelreich kommen. Hier ist eine extrem frauenfeindliche und geburtenfeindliche Lehre zu erkennen, diese wurde meist der Gnosis zugeordnet. Manche Forscher nehmen an, dass es auch außerhalb der Gnosis solche lebensfeindlichen Lehren gab.[10]

Die Rezeption dieses Evangeliums erfolgte unter den gnostischen Christen und unter den später entstandenen Manichäern. Wer die verborgene Wahrheit finde und aus dem Lebendigen schöpfe, werde den Tod nicht schauen. Wer sich selbst gefunden habe, für den habe die Welt keinen Wert mehr (Spruch 111). Jesus wollte seine Mutter dazu bringen, dass sie das Männliche und das Weibliche zu einem Einzigen mache. Der Text zeigt stark asketische Tendenzen, er setzt auf Verinnerlichung des Glaubens und lehnt die empirische Welt als böse ab. Dieses asketische Christentum, das sich in Syrien und Ägypten ausbreitete, könnte mit der gesellschaftlichen Marginalisierung bestimmter Gruppen und sozialer Schichten in dieser Region zu tun haben. Dann wäre darin ein lauter Protest der Benachteiligten gegen die dominante Gesellschaft zu sehen, sie verweigerten aus diesem Grunde die Weitergabe des Lebens.[11]

---

[8] K. Ceming/J. Werlitz (Hg.), Die verbotenen Evangelien 162–200.
[9] E. Pagels, Das Geheimnis des fünften Evangeliums. München 2004, 36–80.
[10] E. Pagels, Das Geheimnis 68–110. K. Ceming/J. Werltz (Hg.), Die verbotenen Evangelien 122–150.
[11] K. Ceming/J. Werlitz (Hg.), Die verbotenen Evangelien 122–148.

In den ersten Jahrhunderten unserer Zeitrechnung wurden also viele Evangelien über die Person und das Wirken Jesu verfasst, sie spiegeln die Vielfalt des christlichen Glaubens. Es sind Evangelien, die sich auf den Namen Jesu beziehen (Sophia Jesu Christi; Dialoge des Erlösers; Pistis sophia), oder die von allen Aposteln geschrieben wurden (Evangelium der Zwölf; Memoria Apostolorum; Evangelium der Siebzig), oder die einem einzigen Apostel zugeordnet wurden (Philippus, Thomas, Judas u.a.). Es wurden auch Evangelien verfasst, die sich auf heilige Frauen beziehen (Fragen der Maria; Evangelium der Maria; Genna Mariae). Andere stehen in enger Verbindung zu gnostischen Lehrern (Evangelium der Kerinth, des Basilides, des Markion, des Apelles, des Bardesanes u.a.). Dazu kommen noch die Evangelien über die Kindheit Jesu (Protoevangelium des Thomas, Kindheitserzählung des Thomas u.a.).

Erst durch die Bildung eines verbindlichen Kanons kam eine klare Struktur in die Verkündigung der Botschaft Jesu. Denn die Vielfalt der Deutungen, die immer konkrete Lebenssituationen spiegelt, tendierte offensichtlich zur Beliebigkeit und auch zur Banalität.

Apokryphe Apostelgeschichten

Im 2. und 3. Jh. wurden viele Erzählungen über das Wirken der Apostel verfasst, sie enthalten die Motive der Wanderung, der Wundertaten, des ethischen Vorbildes und der Liebe zu Jesus. Diese Lebensgeschichten hießen auf griechisch praxeis, auf lateinisch acta. So berichten die *Andreasakten* vom Wirken des Apostels Andreas, der als ein göttlicher Offenbarer dargestellt wird. Als ein erlöster Erlöser und als Wundertäter zeigte er den Mitmenschen den Weg zum göttlichen Heil, das den Gläubigen durch Erkenntnis (gnosis) und durch Askese (askesis) zuteil wird. Wir erkennen in diesem Text deutlich gnostische Ideen, die mit Lehren der platonischen, der pytagoräischen und der stoischen Popularphilosophie verbunden wurden. Der Text dürfte im 2. Jh. verfasst worden sein, er bezieht sich auf keine kirchlichen Riten oder Institutionen, auch nicht auf die Person des historischen Jesus. Er könnte in Alexandria verfasst worden sein, wo viele philosophische Lehren bekannt waren.[12]

In den *Johannesakten*, die im syrischen Raum entstanden sind, werden die Reisen des Apostels Johannes nach Ephesos, nach Milet, nach Smyrna u.a. berichtet. Der Tod dieses Apostels wurde mit einem Gottesdienst der Gemeinde begleitet. Dann wird von Totenerweckungen und von Heilungen durch den Apostel erzählt. Christus wird in vielen Gestalten dargestellt, in einem Hymnus ist vom Tanz der göttlichen Gnade die Rede. Die feiernden Christen singen und tanzen ihre Erlösung vom Bösen. Nach der Offenbarung der Geheimnisse des Kreuzes folgen die Ermutigungen zum Glauben und für das tägliche Leben. Erwartet wird die Zerstörung des Artemistempels in Ephesos. Ein Artemispriester wurde vom Apostel Johannes

---

[12] W. Schneemelcher (Hg.), Die neutestamentlichen Apokryphen II. Tübingen 1997, 93–108.

zum Leben erweckt, ein Vatermörder hat sich zum christlichen Glauben bekehrt. Der Tod des Apostels wird als Heimgang in die himmlische Welt gedeutet.[13]

Die *Paulusakten* entstanden wohl in Kleinasien, weil dort eine genaue Ortskenntnis vorliegt, vermutlich vor dem Jahr 200. Der Autor stellt aus Liebe zu Paulus alle Erzählungen und Legenden über den Apostel zusammen, die in seiner Gemeinde erzählt wurden. Tertullian zitierte das Werk in seiner Schrift De baptismo. Die Paulusakten rufen die Mitchristen zum asketischen Leben und zur Hoffnung auf die Auferstehung auf. Dann werden Taten des Paulus in verschiedenen Städten erzählt, von der Selbsttaufe der Thekla oder von der Taufe eines Löwen wird berichtet. Breit geschildert wird das Martyrium des Apostels unter Kaiser Nero in Rom, wo er vor dem Kaiser seinen Glauben an die Auferstehung bezeugte. Er sieht sich als Soldat des lebendigen Gottes, die Römer seien im Nichtwissen gefangen. Als der Henker dem Apostel mit dem Schwert den Kopf abschlug, spritzte Milch zu den Soldaten. Nach seinem Tod erschien der Apostel dem Kaiser und bezeugte ihm sein Leben bei Gott.[14]

Die *Petrusakten* wurden am Ende des 2. Jh. in Kleinasien verfasst, sie zitieren bereits die Paulusakten. Auch dieses Werk ist ein Ausdruck der volkstümlichen Frömmigkeit mit vielen legendären Erzählungen. Auch hier sind asketische Tendenzen vorherrschend, es wird gesagt, die sexuelle Enthaltsamkeit sei die Vorbedingung für die Erlangung des göttlichen Heils. Bekämpft wird der gnostische Lehrer und Magier Simon, denn er vertrete die Lehren des Teufels. Petrus kämpft gegen die Mächte des Bösen, der Weltgott steht auf seiner Seite. Als Petrus aus der Stadt Rom fliehen wollte, trat ihm Christus entgegen und zwang ihn, in der Stadt zu bleiben. Dort wurde er mit dem Kopf nach unten gekreuzigt, um sich von Christus zu unterscheiden. Dieses legendarische Werk stellt den Apostel als Wundertäter und Glaubenszeugen dar, latent sind gnostische Tendenzen zu erkennen.[15]

Auch die *Thomasakten* wurden im syrischen Kulturraum verfasst, sie geben die Lehren des Theologen Tatian wieder. Wir erkennen darin auch Ideen der mittelplatonischen Popularphilosophie. Das Weltbild ist strikt dualistisch, die Mächte des Bösen kämpfen gegen die Kräfte der göttlichen Lichtwelt. Weil die Menschen ihren körperlichen und sexuellen Begierden folgen, müssen sie sterben. Doch sie sind zur Unsterblichkeit berufen, die aber nur durch sexuelle Enthaltsamkeit erlangt werden kann. Denn der Körper und die Sexualität gelten als böse. In einem Hochzeitslied verkleidet sich Thomas als leidender Christus, dabei wird die Hochzeit als Symbol für die Feier der Eucharistie gesehen.

Im sog. Perlenlied verlässt ein königliches Kind sein Vaterhaus und zieht in ein fernes Land, um dort eine kostbare Perle zu holen. Dabei vergisst das Kind seine königliche Herkunft, es symbolisiert das Leben der sündigen Menschen. Doch die Christen können aus dieser sündhaften Welt in ihre himmlische Heimat zu-

---

[13] K. Schäferdick, Johannesakten. In: W. Schneemelcher, Apokryphen II, 138–153.
[14] W. Schneemelcher, Apokryphen II, 193–243.
[15] W. Schneemelcher, Apokryphen II, 243–289.

rückkehren, wenn sie sich mit ihrem Bruder Christus vereinigen. Der platonische Mythos von der Gefangenschaft der menschlichen Seele wurde durch gnostische Denkweisen in vielfältiger Form weiter entwickelt. Später haben auch die Manichäer dieses Werk übernommen.[16]

Andere Apostelgeschichten beziehen sich auf die Taten des Petrus oder aller zwölf Apostel, oder sie erzählen legendäre Geschichten von einzelnen Aposteln. Wir erkennen in diesen Schriften die volkstümliche Weiterentwicklung der frühchristlichen Verkündigung, in freier Phantasie wurde das Leben der Apostel konkretisiert. Vermutlich geschah die christliche Unterweisung an die wenig Gebildeten in dieser Form, sie unterscheidet sich deutlich von den Lehren der philosophisch gebildeten Theologen.

Die apokryphen Apokalypsen

Der Name Apokalypse (apokalypsis) meint die Offenbarung und Aufdeckung von unbekannten und zukünftigen Ereignissen oder von Geheimnisen des Lebens. Zumeist waren es ekstatische Personen, die ihre bildhaften Visionen und Träume für ihre Mitchristen als göttliche Offenbarungen ansahen. Das Weltbild dieser Schriften ist durchwegs dualistisch, die gegenwärtige Lebenswelt wird als düster und böse bewertet. Doch ihr steht eine neue Lebenswelt gegenüber, die voller Licht und Güte sein wird und die jetzt im Kommen sei. Dies ist die Lehre von den zwei Weltzeitaltern (aiones), nach der eine neue Zeit das bisherige Zeitalter ablösen wird. Der Blick geht daher in die Zukunft und richtet sich auf die ganze Menschenwelt, denn alle Menschen seien in einen Kampf zwischen den bösen Mächten und den göttlichen Kräften einbezogen. Doch am Ende werde Gott siegen und eine neue Zeit bringen.

Wir erkennen in diesen Apokalypsen, die sich schon in der Spätzeit der jüdischen Bibel finden, einen Kultureinfluss der persischen Religion, welche den Kampf des Lichtgottes gegen die Mächte der Dunkelheit in besonderer Weise betont. So erscheint die gegenwärtige Welt extem leidvoll und grausam, es ist die Sichtweise der unteren sozialen Schichten und der Marginalisierten der Gesellschaft. Im 2. und 3. Jh. sind große Teile der mittleren sozialen Schichten verarmt, ihre Lebenssituation war düster und dunkel. Diese Erfahrung konnten sie mit der Sprache der Religion zum Ausdruck bringen. Auch Jesus selbst dürfte schon apokalyptische Bilder verwendet haben, Spuren davon finden sich in den kanonischen Evangelien. Weiter verbreitet werden sie in der Didache und im Hirten des Hermas.

Hier sollen nur einige der frühchristlichen Apokalypsen ausgewählt werden. Die *Himmelfahrt des Jesaia* ist im 2. Jh. entstanden, sie greift auf ältere Vorlagen zurück. Darin wird die moralische Zuchtlosigkeit der Zeit beklagt, die Gemeinde sei gespalten. In dieser Situation werden Jesus und die Apostel als die Vorbilder

---

[16] H.J. Drijvers, Thomasakten. In: W. Schneemelcher, Apokryphen II, 289–303.

des guten Lebens gezeichnet. Das Buch berichtet von den Wundertaten und Visionen des Propheten Jesaia, von seinem Martyrium und seiner Himmelfahrt. Wir haben es wohl mit einer jüdischen Apokalypse zu tun, die später von Christen ergänzt und überarbeitet wurde. Es wird auch von Maria und Josef, sowie von der Geburt und Kreuzigung Jesu berichtet. In seinen Visionen schildert der Prophet die sieben Himmel und die Herrlichkeit der kommenden Erlösung. Ein Teil dieser Apokalypse dürfte aus der jüdischen Qumrangemeinde stammen, später haben Christen und Manichäer diese Apokalypse benutzt.[17]

Die *Petrusapokalypse* ist uns nur in einer äthiopischen Übersetzung bekannt geworden, es gibt aber auch noch griechische Textfragmente. Sie muss um 150 entstanden sein, denn Klemens von Alexandria zitiert sie als heilige Schrift. Wahrscheinlich ist sie in Ägypten entstanden, denn sie greift alte ägyptische Petrustraditionen auf. Petrus ist darin der entscheidende Zeuge der Auferstehung Jesu, deswegen empfängt er weitere Offenbarungen. Darin schildert ihm Christus seine Wiederkunft und warnt vor falschen Lehren. Henoch und Elias werden gegen einen jüdischen Antichristos kämpfen, dem großen Weltgericht werden schreckliche Zeichen vorausgehen Auf dem Ölberg zeigt Christus dem Petrus und anderen Jüngern den Strafort der Verdammten, aber auch die himmlischen Wohnungen der Frommen. Diese werden von Christus zusammen mit Mose und Elias in den Himmel geführt.[18]

In der frühen Kirche gab es viele Propheten, die mit apokalyptischen Bildern und Visionen den Glauben vertieften. Im *Fünften* und *Sechsten Buch Esra* spricht ein christlicher Apokalyptiker im Gewand eines jüdischen Propheten. In den christlichen Teilen der Sibyllinischen Orakel verkündet die uralte Seherin christliche Weisheiten und Bildersprüche. Solche Bilder finden sich auch in den Offenbarungen des Sophonias, des Elias, der Maria, des Stefanos, des Bartolomäus, oder in einer gnostischen Petrusapokalypse und einer Paulusapokalypse.

Die große *Paulusapokalypse* wurde in griechischer Sprache verfasst und liegt in mehreren Übersetzungen vor. Sie soll unter Kaiser Theodosius I. im Haus des Paulus in Tarsos gefunden worden sein, wird im Vorwort behauptet. Darin ermahnt Paulus im Auftrag Christi die Sünder zu einem Gott gefälligen Leben. Denn der Apostel sieht jeden Abend und jeden Morgen die Schutzengel der Völker und der einzelnen Menschen, wie sie vor Gott Bericht erstatten über die Taten der Menschen. Dann schaut er das göttliche Gericht, vor das die Menschen gleich nach ihrem Tod hintreten müssen. Danach schaut er das himmlische Jerusalem mit den Propheten und Patriarchen und mit den unschuldigen Kindern. Er sieht den Feuerfluss der Hölle und die Qualen der Verdammten. Bestraft werden die Irrlehrer, welche die wahre Menschheit Christi und seine Gegenwart bei der Feier der Eucharistie leugnen. Durch die Fürbitte des Engels Michael und des Paulus werden am Sonntag, dem Tag der Auferstehung Jesu, die ewigen Höllenstrafen

---

[17] C.D. Müller, Die Himmelfahrt des Jesaia. In: W. Schneemelcher, Apokryphen II, 547–562.
[18] C.D. Müller, Offenbarung des Petrus. In: W. Schneemelcher, Apokryphen II, 562–578.

ausgesetzt. Noch im Mittelalter haben einige Theologen gelehrt, dass am Sonntag das Fegefeuer zur Ruhe kommt.[19]

In einer *Apokalypse des Thomas* offenbart Christus das Ende der Welt und seine auf sieben Tage verteilten Vorzeichen. Eine Apokalypse des Johannes enthält Offenbarungen über die Auferstehung der Toten und das göttliche Gericht. Eine andere Offenbarung (Mysteria apostoli virginis sancti Joannis) erzählt, dass der Seher Johannes auf den Flügeln der Cherubim (Engel) in den Himmel getragen wurde und dort das Paradies des Urmenschen Adam und alle geheimen Kräfte der Natur schaute. In der *Apokalypse der Maria* schaute die Gottesmutter die Strafen der Sünder, welche nicht die drei göttlichen Personen anbeten. Darauf bittet Maria mit einem Engel um die Aussetzung der Strafen, diese wird von Gott während des Pfingstfestes gewährt.

In einer zweiten Marienapokalypse (Apokalypsis seu visio Mariae virginis) sieht die Gottesmutter im dritten Himmel das Glück der Seligen im Paradies und sie erschaudert vor den Höllenstrafen der Verdammten. Auch hier bittet Maria den strafenden Gott um eine Unterbrechung der Strafen von Freitag Abend bis zum Morgen des Montag.

In der *Bartolomäusapokalypse* wird die Auffahrt Adams und Evas in den Himmel geschaut, darin wird Petrus als der „Erzbischof" (archiepiskopos) der ganzen Welt bezeichnet. Eine Apokyalypse des Zacharias berichtet über die Kindheit des Täufers Johannes und den Tod seines Vaters Zacharias. Ein *Apokryphon Joannis* spricht vom unbekannten Gott, welcher der Urgrund des Weltalls sei. Aus diesem Urgrund entstehen die göttlichen Lichtwesen, welche dann die Fülle des Weltalls bilden. Der Jüdische Gott Jaldabaoth sei eine Fehlgeburt der großen Lichtgöttin Sophia, damit sind deutlich gnostische Lehren ausgedrückt. Bereits Irenaios kannte diese Schrift, sie muss also im 2. Jh. in griechischer Sprache verfasst worden sein.[20]

Apokryphe Briefe

Auch die griechische Briefform wurde benutzt, um Botschaften von heiligen Personen auf pseudonyme Weise weiter zu geben. Im Briefwechseln zwischen dem Fürsten Abgar von Edessa und Jesus von Nazaret fordert dieser den Fürsten auf, ihn aufgrund seiner Wundertaten als göttlichen Sohn und Offenbarer zu erkennen. In einem anderen Brief, der vom Himmel gefallen sein soll, wird die Heiligung des Sonntags eingeschärft. Oder in einem fingierten Brief des Pontius Pilatus an den Kaiser Claudius berichtet jener von Jesus aus Nazaret, der viele Wunder tat, den aber die jüdischen Hohenpriester aus Neid kreuzigen ließen. Doch am dritten Tag sei Jesus von den Toten aufgestanden, das hätten die römischen Wach-

---

[19] H. Duensing/A. de Santos Otero, Apokalypse des Paulus. In: W. Schneemelcher, Apokryphen II, 645–679.

[20] J. Michl, Apokalypsen. In: Lexikon für Theologie und Kirche I, Freiburg 1958, 699–703.

soldaten am Grab bezeugt. In einem anderen fingierten Brief schrieb Pilatus an den König Herodes, dass er den auferstandenen Jesus in Galiläa getroffen habe. Herodes bestreitet darin die Tötung des Täufers Johannes, bittet aber für ihn um ein ehrenvolles Begräbnis.

In einem fingierten Brief des Kaisers Tiberius an Pontius Pilatus sagt der Imperator, dass er durch Maria aus Magdala von der Auferstehung Jesu informiert worden sei. Daraufhin verurteile der Kaiser den Pontius Pilatus und den jüdischen Hohenpriester zum Tod. Ein *Brief der Apostel* (Epistola apostolorum) gibt sich als Rundschreiben der elf Apostel an die Kirche des Nordens und des Südens, des Westens und des Ostens aus. In den geschilderten Gesprächen belehrte Jesus seine Jünger zwischen seiner Auferstehung und Himmelfahrt über das kommende Gottesgericht, über seine Wiederkunft, die Auferstehung der Toten und die ewige Vergeltung für alle Menschen.

In einem fingierten Briefwechsel zwischen Paulus und dem Philosophen Seneca bittet der Apostel den Philosphen, am Hof des Kaisers das Evangelium von Christus zu verkündigen. In einem anderen Brief bittet Petrus den Jakobus von Jerusalem, ihm seine Predigten unter den Judenchristen schriftlich zu übersenden.[21]

Aus diesen apokryphen Schriften erkennen wir eine fast unüberschaubare Vielfalt in der christlichen Glaubensverkündigung, aber auch das Ringen um die wahre Lehre und die Gefahr der völligen Unübersichtlichkeit und Banalisierung der christlichen Lehre. Allerding müssen wir bei diesen Texten die bildhafte Sprache der orientalischen und griechischen Kultur mitbedenken. So waren die kirchlichen Amtsträger schon früh um die Bildung eines Kanons der authentischen Schriften bemüht, in denen sie die Botschaft Jesu am besten repräsentiert sahen.

Heute sind die apokryphen Schriften wichtige Zeugnisse für die Vielfalt der Denkweisen, der Weltbilder und der Glaubensformen. Wir erkennen in ihnen deutlich die sozialen und kulturgeschichtlichen Hintergründe, in denen diese Schriften entstanden sind. Wir sehen asketische und weltflüchtige Lehren neben ekstatischen und mystischen Lebensdeutungen. Und wir erkennen das Ringen um die moralischen Vorgaben des Jesus von Nazaret, um die Veränderung der geltenden Ethik, um das Durchhalten einer begonnenen Umformung der Lebenswerte. Und wir beginnen, die Bildersprache des Mythos und der Religion neu zu verstehen und auf kreative Weise weiter zu entwickeln. Auch dabei hilft uns eine Hermeneutik der Dekonstruktion und der Transformation

---

[21] J. Michl, Apokryphe Briefe. In: Lexikon für Theologie und Kirche II, Freiburg 1957, 688–693.

Ansätze neuer Hermeneutik

Die Bibel ist das literarische Ergebnis eines großen *kulturellen Übersetzungsprozesses*, der in vielen Kulturen stattgefunden hat und der heute auf vielfältige Weise weitergeht. Dieses große Buch der Menschheit dokumentiert religiöse Daseinsdeutungen und persönliche Gotteserfahrungen durch viele Jahrhunderte hindurch. Es hat große Kulturräume, Zivilisationen und Weltreligionen mitgeformt. Heute aber muss der lebendige Übersetzungsprozess der Bibel in einem veränderten Weltbild weiter gehen, er muss sich dem naturwissenschaftlichen Denken, den Erkenntnissen der Human- und Kulturwissenschaften und der globalen Vernetzung stellen.

Wie kann eine neue Hermeneutik in unseren heutigen lebensweltlichen und postmodernen Kontexten aussehen? Hier sollen einige Denkanstöße gegeben werden. Zunächst muss das naturwissenschaftliche Weltbild, das sich heute global verbreitet, in allen seinen Konsequenzen akzeptiert werden. Dieses lässt mit seinen Erkenntnissen der Quantenphysik, der modernen Kosmologie, den Unschärfenrelationen und den möglichen Kosmostheorien der religiösen Weltdeutung genauso viel Entfaltungsraum, wie es in vormodernen Weltbildern der Fall war.

Denn der Glaube an einen göttlichen Schöpfer, der den Kosmosprozess, die Urexplosion an Energie und Materie ausgelöst hat und mit einem vernünftigem Plan begleitet, ist nach heutigem Wissen genauso plausibel wie der naturalistische Glaube an einen blinden „Zufall" oder an das sich selbst organisierende und ordnende „Chaos". In beiden Fällen handelt es sich um einen nicht entscheidbaren Glauben, der sich verschiedener Bilder bedient. Religiöse Menschen sehen weltweit im Kosmosprozess, den wir heute in kleinen Schritten immer besser zu verstehen beginnen, einen vernünftigen und göttlichen Plan.[1] Viele von ihnen glauben an einen göttlichen Schöpfer mit personalen Zügen außerhalb und innerhalb des Kosmosprozesses. Andere sehen dahinter eine göttliche „Urkraft" oder einen unverfüfbaren „Urgrund", eine dynamische und schöpferische Leerheit, aus denen alles im Werden ist.

Nun können wir uns heute sowohl mit einem schwachen, als auch mit einem starken „anthropischen Prinzip" an den Schöpfungsglauben der Bibel herantas-

---

[1] H. Küng, Der Anfang aller Dinge. Naturwissenschaft und Religion. München 2005, 22–45.

ten.² Von daher können wir mit aufrechter Vernunft dem göttlichen Schöpfer menschenähnliche (anthropomorphe) Züge geben, weil der Kosmosprozess uns Menschen als vernünftige Wesen hervorgebracht hat. Freilich wissen wir, dass unsere religiösen Bilder und Vorstellungen immer unsere eigenen Lebenswelten, Daseinsdeutungen und Kulturstufen spiegeln. Diese Erkenntnis relativiert alle religiösen und anderen Bilder, auch die Bilderwelt der Bibel.

Doch diese Einsicht mindert in keiner Weise die Grundvorstellungen und Wertvorgaben dieses großen Buches der Menschheit, diese Vorstellungen und Wertungen werden dadurch noch verstärkt. Welche sind nun neue Zugänge zu einer Hermeneutik der Bibel? Sie ergeben sich aus gesicherten Erkenntnissen der Humanwissenschaften und der Kulturwissenschaften. Das bedeutet, dass wir uns von einigen oder vielen nicht elementaren Annahmen der Bibel verabschieden müssen.

J. Derrida hat für diesen kreativen Prozes die Bezeichnung der „Dekonstruktion" aus der Sprache der Architektur verwendet. Das bedeutet, wir müssen alte sprachliche und ideelle Konstruktionen in ihrer Genese und inneren Struktur genau erkennen, um sie dann vorsichtig abbauen bzw. umbauen zu können. Denn Dekonstruktion bedeutet nicht die Zerstörung des Bisherigen, sondern seine Umformung und Transformation in neue Sinnzusammenhänge hinein.³

Diese *Arbeit der Transformation* biblischer Inhalte wird heute von vielen Kulturen geleistet. Verabschiedet werden schrittweise alle patriarchalen Gottesbilder und Gotteslehren, weil sie männliche Dominanz über die Frauen zum Ausdruck bringen. Diese Gottesbilder spiegeln das Aufkommen und die Höhepunkte patriarchaler Kulturen unter Hirtennomaden und höheren Ackerbauern. Wenn über den göttlichen Schöpfer geschlechtsrelevante Aussagen gemacht werden, dann müssen sie gleichwertig auf beide Geschlechter bezogen werden. Diesen Schritt deutet die priesterliche Schöpfungserzählung in der Bibel (Gen 1,28) bereits an, er wird allerdings in früheren und späteren Schriften nicht durchgehalten. Wenn von göttlichen Vätern und Söhnen die Rede ist, müssen göttliche Mütter und Töchter mit gleichert Wertigkeit mitgedacht werden.

So müssen schrittweise alle sprachlichen Konstruktionen von männerdominierten Daseinsdeutungen und Lebenswerten abgebaut werden, um die gleichwertige Lebenserfahrung beider Geschlechter darstellen zu können. In diesem Prozess einer *konstruktiven Hermeneutik* werden viele Teile der Bibel durch die weibliche Dimension der Daseinsdeutung ergänzt. Vermutlich wird dieser Übersetzungsprozess mehrere Generationen dauern und mit unterschiedlichen Geschwindigkeiten erfolgen. In der jetzigen Form ist die Bibel ein extrem patriarchales Buch, aber mit deutlichen Ansätzen einer egalitären Hermeneutik. Die Übersetzung gelingt vermutlich nur durch die kreative Kooperation beider Geschlechter.

Ein anderer Bereich der dringlichen Dekonstruktion und Transformation ist die geballte Sprache der Gewalt, die sich durch die ganze Bibel zieht. Auch hier geht

---

² A. Grabner-Haider, Gott. Eine Lebensgeschichte. Stuttgart 2006, 24–49.
³ J. Derrida, Politik der Freundschaft. Frankfurt 2003, 56–68.

es darum, diese Semantik der Rache in ihren Entstehungskontexten zu verstehen, um sie verändern zu können. Ein Volk, das viele Niederlagen einstecken musste, schrie zu seinem Bundesgott um Rache. Bei genauer Hinsicht waren es vor allem die Priester und Propheten, welche diese Sprache der Gewalt gegen fremde Formen der Religion und gegen fremde Völker geprägt haben. Sie wollten mit ihren aggressiven Lehren die Stärke ihres Bundesgottes beschwören.

Heute wissen wir aus humanwissenschaftlichen Erkenntnissen um die Gefährlichkeit dieser Sprache der Gewalt in allen Lebenskontexten, mögen sie religiös oder politisch motiviert sein. Daher ist es dringlich, dass wir diese Semantik der Rache endgültig loslassen, denn wir akzeptieren sie auch in keinen anderen sozialen Kontexten. Leider werden wir durch fanatische Moslems fast jeden Tag schmerzlich an diese Sprache der Gewalt erinnert, die sich bereits in der Bibel findet. Hier geht es darum, alte und neue Feindbilder abzubauen, die Angst vor dem Fremden gering zu halten und das eigene Selbstwertgefühl zu stärken.

Im Grunde gibt das Neue Testament schon den Schlüssel für die *Dekonstruktion der Semantik der Gewalt,* indem es mehrheitlich zu geschwisterlicher Solidarität, zu Nächstenliebe und zu Feindesliebe auffordert. Die Ansätze zu diesen Forderungen finden sich schon in den Spätschriften der griechischen Septuaginta, sie greifen Impulse der griechischen Philosophie auf. Aber auch die Christen verabschiedeten sich nicht konsequent von der Logik der Gewalt gegen Andersglaubende, sie wollten diese mit der Forderung zur Solidarität innerhalb der Glaubensgemeinschaft verbinden. Dieses gegenläufige Programm prägte fortan die christliche Glaubensgeschichte und gipfelte im Holocaust.

Im Grunde sind die Fluchpsalmen des Alten Testament nicht mit den Forderungen der Bergpredigt Jesu verträglich, auch wenn die christlichen Kirchen beides zusammenbinden. Doch seit den schrecklichen Erfahrungen der Shoah haben sich die christlichen Kirchen mehrheitlich von der exzessiven Logik der Gewalt verabschiedet. So haben diese Erfahrungen des Massenmordes an den „älteren Geschwistern" im Glauben zu einem tiefen Einschnitt in der Hermeneutik der Bibel geführt. Vermutlich brauchen wir noch mehrere Generationen, um diesen Lernprozess voranzubringen und ihn nachhaltig zu verankern.

Denn was ist in den beiden Weltkriegen und im Holocaust geschehen? Durchwegs christlich geprägte Kulturen haben sich millionenfach gegenseitig abgeschlachtet, die meisten im Bezug auf den Gott der Bibel. Und eine christlich geprägte Gesellschaft konnte oder wollte nicht verhindern, dass von verbrecherischen Gruppen in kurzer Zeit ung. 4,5 Millionen Juden getötet wurden. Zu dieser Zeit waren die Kirchen voll, es war von keiner Entchristlichung die Rede. Erst der Inder Mahatma Gandhi, der in London studiert hatte, hat uns darauf audmerksam gemacht, dass die beiden Weltkriege und der Holocaust die Entchristlichung Europas bedeuteten, trotz der vollen Kirchen.[4]

---

[4] M. Gandhi, Über das Christentum. In: H. von Glasenapp (Hg.), Indische Geisteswelt I. Hanau 1987, 280–282.

Diesen Aspekt beginnen wir erst langsam zu begreifen. Heute sind unsere Kirchen um Vieles leerer, aber noch nie wurden so viele christliche Lebenwerte in Gesellschaften verwirklicht, wie in den demokratischen Rechtsstaaten seit dem Holocaust.

Ein dritter Bereich der nötigen Dekonstruktion ist der Umgang mit dem Fremden. Die jüdische Bibel grenzt sich strikt gegen fremde Riten und Lebensformen ab, die alten Riten der Fruchtbarkeit dürfen nicht mehr ausgeführt werden, Ehen und Mahlgemeinschaften mit Fremdvölkern werden verboten. Die jüdischen Philosophen J. Derrida und J.F. Lyotard haben erkannt, dass die priesterliche Ausgrenzung in der Bibel zur Selbstausgrenzung der gesamten jüdischen Kultur geführt hat.[5] Heute erkennen wir, dass uns der Dialog und der Austausch mit dem Fremden mehr Vorteile und Lebensmöglichkeiten bringt als die Abwehr und Zerstörung des Andersartigen.

Das frühe Christentum hat die jüdische Abgrenzung zur griechischen Kultur gesprengt, Juden und Griechen sollten fortan heiraten und Kinder zeugen, mit einander Mahlgemeinschaft feiern, Handel treiben und Gottesdienst feiern. Das Fremde wurde als Bereicherung der eigenen Lebensform verstanden, so hat sich der christliche Glaube in der ganzen Oikumene verbreitet, er ist zu einer Weltreligion geworden. Durch die Mission sind ferne Kulturen Asiens, Afrikas und Amerikas in das Blickfeld gerückt, die Hermeneutik der Bibel ist weltumfassend geworden. Heute ringen wir darum, nicht nur die eigene Weltdeutung weiterzugeben, sondern von fremden Kulturen auch etwas zu lernen. Wir beginnen den globalen Dialog auch innerhalb der Religion.

Wir begreifen, dass wir unsere Identität vor allem durch gelebte Lebenwerte und Lebensformen sichern, nicht aber durch Abgrenzung und Ausgrenzung des Fremden. Das bedeutet, dass wir im Prozess einer hermeneutischen Dekonstruktion Abschied nehmen müssen von den alten Monopolen unseres Glaubens. Die jüdischen Propheten und Priester lehrten, dass sich der Bundesgott nur dem Volk Israel geoffenbart habe. Die Christen führten diese Überzeugung weiter und glaubten, dass sich der eine Weltgott nur in Jesus Christus geoffenbart habe. Doch schon die römischen Philosophen Kelsos und Galenos fragten, was denn das für ein Weltgott sei, der sich nur einer kleinen Glaubensgemeinschaft offenbare und nur diese erlöse?

Heute verstehen wir diese Frage im interkulturellen Dialog neu, wir begreifen, dass der „Gott aller Menschen" (P. Strasser) keine Völker und Kulturen vom göttlichen Heil ausschließt.[6] Vermutlich gehen alle Zivilisationen ihre eigenen Wege mit unterschiedlichen Geschwindigkeiten, aber die Erlösung vom Bösen

---

[5] J.F. Lyodard, Der Widerstreit. München 1987, 86–102. J. Derrida, Circonfession. In: J. Derrida/G. Bennington, Jacques Derrida. Frankfurt 1994, 129–140. Ders., Die Schrift und die Differenz. Frankfurt 1976, 124–145. Ders., Auslassungspunkte. Gespräche mit P. Engelmann. Wien 1998, 44–64.

[6] P. Strasser, Der Gott aller Menschen. Graz 2003, 67–80.

ist für alle Menschen dieselbe. So sind wir genötigt, alte Monopolasprüch zurückzunehmen oder ganz aufzugeben. Manche Theologen neigen heute einem inklusiven Mobopolanspruch des christlichen Gottesbildes zu. Aber es ist möglich und wahrscheinlich, dass sich das göttliche Geheimnis uns Menschen in vielen Bildern zeigt (J. Hick), die miteinander verträglich sein können.[7]

Für uns Christen bleibt dann die Bibel weiterhin die normative Offenbarung des göttlichen Schöpfers, wenn wir dieses Buch als ein nach vorne und zu fremden Kulturen offenes Buch verstehen. Es gibt dann auch keine Beliebigkeit der Gottesbilder, wenn wir von einer *moralischen Verifikation von religiösen Überzeugungen* ausgehen. Denn dann gelten für alle Religionen die gleichen moralischen Kriterien der verwirklichten Nächstenhilfe, der gelebten Solidarität und der Versöhnung der Gegner. Diese Kriterien sind in der sog. „Goldenen Regel" der Moral zusasmmengefasst, die eine Säule des Alten und des Neuen Testaments darstellt. Mit dieser Zielrichtung können alle Religionen lernen, ihre Sprache der Gewalt zu reduzieren und zu überwinden.

Eine weitere Intention der Hermeneutik liegt dann im selektiven Umgang mit Texten und Vorstellungen. Selektion und kreatives Weiterdenken gehören zu den Grundformen der jüdischen und der christlichen Glaubensweitergabe. Das zeigen die Gottesdienste in den jüdischen Synagogen und die frühchristlichen Versammlungen. Die ganze Glaubensgeschichte ist ein Ausdruck dieses Selektionsprozesses, der immer von konkreten Lebenswelten abhängig ist. Wir können immer nur Teilaspekte der biblischen Glaubens im Leben verwirklichen, deswegen ist entscheidend, ob wir seine tragenden Säulen verstanden haben.

Wir können bestimmte Texte mit einer konzentrierten Sprache der Gewalt nicht einfach streichen, darüber wäre kein Konsens zu erzielen. Daher erscheint es sinnvoll, diese Texte einfach ruhen zu lassen, sie nicht mehr im Gottesdienst zu verwenden, sich von ihnen zu verabschieden, aber gleichzeitig ihre destruktive Wirkungsgeschichte zu bedenken. Als Glaubensgemeinschaft werden wir auch weiterhin der vielen Opfer gedenken, die durch die biblische Motivation zur Gewalt ihr Leben verloren haben. Aus dem Neuen Testament müssen alle Texte verabschiedet werden, die judenfeindlich interpretiert wurden oder gedeutet werden können. In einer biblischen Hermeneutik brauchen wir keine Zweideutigkeiten und keinen Antisemitismus hinter vorgehaltener Hand.

Der christliche Glaube hat sich nachweislich nicht wegen seiner aggressiven Sprache verbreitet, sondern wegen seiner hohen Moral, wegen der gelebten Nächstenhilfe und wegen der Versöhnung der Gegner. Dies bestätigen uns viele nichtchristliche Zeugnisse der Frühzeit. G. Theißen betont, dass die Christen eine „Wertrevolution" zustande gebracht haben, indem sie Lebenswerte der unteren sozialen Schichten mit Ansprücher der oberen sozialen Schichten verbanden und lebten. So ringen wir heute im Blick auf andere Religionen um eine solidarische Ethik auch den fremden Kulturen und Lebenswelten gegenüber.

---

[7] J. Hick, Gott und seine vielen Namen. Frankfurt 2001, 44–66.

Die christliche Mission zielt auf die universale Gültigkeit der christlichen Lebenswerte und mit einigen Einschränkungen auch des christlichen Gottesbildes. Längst geschieht Mission nicht mehr als einseitige Indoktrination, sondern als Austausch und Lernen mit fremden Kulturen. In diesem Prozess wird die Bibel nicht nur in verschiedene Sprachen, sondern in viele Lebenswelten (L. Wittgenstein) übersetzt. So verbindet eine kreative Hermeneutik die Abgrenzung und Bewahrung der eigenen Identität mit der Öffnung für das Fremde und die Begegnung mit dem Anderen.

Dabei müssen wir klare Grenzen ziehen zur Beliebigkeit der Weltdeutungen und der Lebenswerte. Die Grenze gilt nun lebensfeindlichen Einstellungen, intoleranten Glaubenssystemen und egozentrischen Ethiksystemen, aber nicht mehr fremden Völkern oder Kulturen. Auch die Werteordnungen der selbst ernannten Herrenmenschen werden mit aller Konsequenz verabschiedet, was vielen Europäern heute schwer fällt. In sehr kleinen Schritten akzeptieren wir die grundsätzliche Gleichwertigkeit, nicht Gleichheit, aller Menschen und Kulturen vor dem einen Weltgott. Diese Akzeptanz wird Folgen haben für unseren wirtschaftlichen, politischen und technischen Austausch mit fremden Gesellschaften.

Hermeneutik der Bibel geschieht heute auch im Dialog der Kulturen, im Gespräch mit den alten Kulturen Indiens, Chinas, Japans, Afrikas, im Gespräch der drei monotheistischen Religionen untereinander.[8] Schwierig bleibt der Austausch mit dem Islam und mit dem toratreuen Judentum, denn hier haben wir es kulturgeschichtlich betrachtet mit einem Positivismus des Glaubens zu tun. Dieser besagt, dass die im heiligen Buch positiv gegebenen Glaubenssätze unbedingt und für alle Zeit Gültigkeit haben und nicht kritisch hinterfragt werden können. Viele nennen diese Haltung eine fundamentalistische.

Der große Impuls zur Öffnung gegenüber dem Fremden kam aus der griechischen Philosophie der sokratischen Schulen, der Stoiker, der Kyniker, der Sophisten und der Epikuräer. Die griechischen Christen haben diesen Impuls aufgegriffen, während ihn die Judenchristen mehrheitlich verweigert haben. Nun ist der Islam aber gerade von toratreuen Juden und von Judenchristen in Arabien geprägt worden. Deswegen trennt uns, das westliche Christentum, heute ein doppelter Graben von der islamischen Weltdeutung; das ist zum einen die rationale Aufklärung der antiken Philosophie und das ist zum andern die Epoche der europäischen Aufklärung.

Niemand kann heute sagen, ob und wie schnell die islamische Kultur diese beiden Lernprozesse wird nachholen können. Erasmus von Rotterdam war überzeugt, dass eine humanistische Weltkultur auf zwei Säulen bauen müsse, nämlich auf der griechischen Philosophie und der Ethik des Neuen Testaments. Auch wenn seine Überzeugungen einseitig waren, so ist dieser Ansatz bedenkenswert, wenn er auf alle Kulturen ausgedehnt wird. Im Islam sind die frühen Philosophen Al

---

[8] A. Grabner-Haider (Hg.), Philosophie der Weltkulturen, Wiesbaden 2006, 11–17. Ders., (Hg.), Ethos der Weltkulturen. Göttingen 2006, 11–15.

Kindi, Ibn Shina und Ibn Rushd kaum rezipiert worden. Daher bleibt das Gespräch schwierig. Aber eine kritische Heremeneutik der Bibel muss auch den Dialog mit dem Islam im Auge behalten und mitbedenken.

Eine kritische Hermeneutik der Bibel orientiert sich mit allen Konsequenzen an der gut abgesicherten Erkenntnissen der Humanwissenschaften, etwa der Psychologie, der Soziologie, der Philosophie, der Kulturwissenschaften. Sie blickt auch lernbereit auf andere Kulturen und deren Weltdeutungen und Wertordnungen. Im Bereich der Wirtschaft, der Technologie, der Kommunikation und der Politik schreitet die Globalisierung stetig fort. Hans Küng ist mit seinem „Projekt Weltethos" der Überzeugung, dass der Dialog der Religionen und der Kulturen die Politik und die Wirtschaft begleiten muss. Es scheint tatsächlich ohne Frieden der Religionen kein Weltfriede möglich zu sein.

Zum Schluss bleibt noch die Frage nach der göttlichen „Offenbarung" in der Bibel. Die stoischen Philosophen waren der Überzeugung, dass sich die geheimnisvolle Gottheit zum einen in den Werken der Natur, zum andern in den Erkenntnissen des menschlichen Verstandes zeige. Darüber hinaus glauben religiöse Menschen an göttliche Offenbarungen an bestimmte qualifizierte Personen oder an alle Menschen. In der Bibel begegnen uns die Zeugnisse der Gotteserfahrung von Priestern, Propheten, Weisheitslehrern, später von Wanderasketen, Aposteln und Charismatikern; vor allem aber die Gotteserfahrung des göttlichen Sohnes Jesus von Nazaret. Diese Gotteserfahrungen bleiben weiterhin normativ und richtungweisend für alle späteren Gotteserfahrungen, zu denen alle Gläubigen fähig sind.

So sehen wir als Christen die Bibel weiterhin als das Buch der göttlichen Offenbarungen in der jüdischen und christlichen Kultur. Wenn wir dieses große Buch der Menschheit mit kulturwissenschaftlichem Blick lesen, vermindert sich sein normativer Anspruch in keiner Weise. Vielmehr wird dadurch der Blick frei für Entstehungszusammenhänge und Wirkungsgeschichten, für fremde Kulturen und für die nötige Transformation der nicht mehr akzeptablen Inhalte.

Denn es könnte der Fall sein, dass in der Bibel die Grundwerte des menschlichen Zusammenlebens gespeichert sind, deren Verlust unsere Zivilisation bedrohen könnte. Deswegen mahnte unlängst auch Jürgen Habermas in einem Gespräch mit Josef Ratzinger zum respektvollen Umgang mit religiösen Traditionen und Lebenswerten.[9] Zu diesem respektvollen Verstehen des biblischen Glaubens in der modernen und postmodernen Kultur möchte das vorliegende Buch einen kleinen Beitrag leisten.

---

[9] J. Ratzinger/J. Habermas, Dialektik der Säkularisierung. Freiburg 2005, 39–56. J. Ratzinger/P. Flores d´Arcais, Gibt es Gott? Wahrheit, Glaube, Atheimus. Berlin 2006, 7–18.

ANHANG

Zeittafel

Zeit vor Christus

4000	Ghassul-Kultur; Viehzucht, Ackerbau, Keramikkunst; En Gedi, Wadi Rabah
3500	Beerscheba-Kultur; Kupferwerkzeuge, Ziegelhäuser; Beerscheba, Safadi
3000	Anfänge der sumerischen Kultur; Anfänge der ägyptischen Kultur
2400	Archive von Ebla, Stadtkultur von Mari; frühe Bronzezeit
1792–1750	König Hammurabi in Babylon; Gesetze des Königs; Sieg über Stadt Mari; mittlere Bronzezeit
1700	Beginn der Hyksos-Herrschaft in Ägypten
1457	Schlacht bei Meggido; Thutmosis III. erobert die Stadt; späte Bronzezeit
ab 1400	Konsonantenschrift in Ugarit; Amarna-Briefe
1353–1336	König Echnaton (Amenophis IV.) führt in Ägypten den monotheistischen Kult des Gottes Aton ein
ab 1292	Beginn der Ramses-Dynastie in Ägypten
1259	Ramses II. besiegt die Hethiter
ab 1200	Einwanderung und Einsickerung semitischer Hirtennomaden in Kanaan; Beginn der Eisenzeit
um 1200	Eindringen der „Seevölker"; Zerstörung von Städten in Palästina; Philister siedeln an der Küste: Gaza, Aschkalon, Aschdod, Ekron, Gat
1112–609	Neuassyrisches Reich
ab 1012	jüdischer König Saul
ab 1000	jüdischer König David
ab 961	jüdischer König Salomo; Sammlung von Sprichwörtern in ersten Schreibschulen
ab 931	Zerfall des Reiches Salomos; Teilung in das Nordreich Israel und das Südreich Juda
924	Pharao Schischak I. kämpft gegen Palästina
885–874	König Omri in Israel
853	König Ahab von Israel kämpft mit den Aramäern gegen die Assyrer; Wirken der Proheten Elija
841	König Jehu von Israel wird den Assyreren tributpflichtig; Wirken des Propheten Elischa
9. Jh.	Wirken der Propheten Amos und Hosea
8. Jh.	Wirken der Propheten Jesaia und Micha

732	Tiglat Pileser III. setzt Hoschea in Israel als König ein
722	Eroberung von Samaria durch die Assyrer; Ende des Nordreiches Israel
734–728	König Ahas von Juda
728–699	König Hiskija von Juda
699–643	König Manasse von Juda; er wird den Assyrern tributpflichtig
641–609	König Joschija von Juda; monotheistische Reform des Kultes; Wirken der Propheten Jeremia, Nahum, Habakuk, Zefania
597	Kapitualtion Jerusalems vor dem Babylonier Nebukadnezar II.
587–539	Beginn des Babylonischen Exils mit der Eroberung von Jerusalem; Wirken der Propheten Ezechiel, Obadja, Deuterojesaia
539	Perserkönig Kyros besiegt die Babylonier; Ende des Babylonischen Exils
539–332	persische Zeit in Israel und Juda; Verwaltung der Provinz Jehuda; Endredaktion des Deuteronomistischen Geschichtswerkes; Wirken der Propheten Haggai und Sacharija
522	Perserkönig Kambyses erobert Ägypten
ab 520	Wiederaufbau des Tempels in Jerusalem und Tempelweihe; Sammlung der Sprichwörter; Redaktion der Bücher Ijob und der Psalmen; Endredaktion des Pentateuch und einzelner Prophetenbücher
um 480	Esra in Jerusalem; Sanktionierung des jüdischen Gesetzes durch die Perser; Nehemia als persischer Statthalter; Wiederaufbau der Stadtmauern um Jerusalem; Wirken des Propheten Maleachi
um 410	Zerstörung des jüdischen Tempels in Elephantine in Ägypten
nach 400	Endredaktion der Bücher 1 und 2 Chronik, Esra, Nehemia, evtl. Rut
332	Sieg des Makedoniers Alexander über die Perser; Beginn der griechischen Verwaltung und der hellenistischen Kultur
ab 305	Herrschaft der Ptolemäer in Palästina und Ägypten
300–200	Kriege zwischen den Ptolemäern und den Seleukiden um Palästina; Bücher Kohelet und Hoheslied; Übersetzung der jüdischen Bibel ins Griechische (Septuaginta) in Alexandria
ab 198	Herrschaft der Seleukiden über Palästina
175	König Seleukos IV. will den Tempelschatz in Jerusalem beschlagnahmen; Jason erkauft sich das Amt des Hohenpriesters; herbräische Textfassung von Jesus Sirach
169	König Antiochus IV. plündert den Tempel in Jerusalem
166–160	jüdischer Aufstand unter dem Makabäer Judas gegen die Seleukiden
um 150	Gründung der Gemeinde in Qumran; Buch Daniel und 2. Makkabäerbuch
160–40	Herrschaft der Hasmonäer; Bürgerkrieg zwischen zwei Thronanwärtern; Redaktion des 1. Makkabäerbuchs und des Buches der Weisheit
63	Der römische Feldherr Pompejus greift in Palästina ein; die Region wird politisch neu geordnet
37–4	Herrschaft des Idumäers Herodes I. als hellenistischer König; Beginn der römischen Kulturepoche; Erweiterungsbau des Tempels; Neubauten von Residenzen und Festungen
ca. 6	Geburt des Jesus von Nazaret; Judäa als römische Provinz

Zeit nach Christus

Ca. 28	Beginn des öffentlichen Wirkens Jesu; Anhänger des Täufers Johannes; Aufbau der Jesusbewegung
Ca. 30	Kreuzigung Jesu
Nach 30	Fortsetzung der Jesusbewegung in Jerusalem; Hellenisten in der Jesusbewegung; Vertreibung der Hellenisten aus Jerusalem; Missionierung in Samaria, in Judäa, in Galiläa und in der griechischen Umgebung
32/33	Bekehrung des Paulus aus Tarsos
Nach 33	Aufenthalt des Paulus in Damaskus, in der Wüste, in Tarsos, in Antiochia
36	Beginn der ersten Missionsreise des Paulus mit Barnabas
40–44	König Agrippa I. herrscht über Judäa, Samaria, Galiläa, Peräa und Batanäa
42	Kaiser Claudius weist die Juden aus Rom aus
44–66	Judäa unter direkter Verwaltung der Römer
45–51	Zweite Missionsreise des Paulus nach Kleinasien und Achaia
48	Apostelkonvent in Jerusalem
51–52	Gallio ist Prokonsul von Achaia; Datierung des Wirkens des Paulus
52–56	Dritte Missionsreise des Paulus, erste Briefe des Apostels
66–70	Erster Jüdischer Krieg gegen die Römer; Verfolgung der Christen in Rom unter Kaiser Nero
70	Eroberung Jerusalems und Zerstörung des Tempels durch den Feldherren Titus
Nach 70	Herrschaft der Kaiser Vespasian, Titus und Domitian; Entstehung des Markusevangeliums
Nach 90	Entstehung des Matthäusevangeliums und des Lukasevangeliums
Nach 100	Entstehung der johannäischen Schriften
132–135	Zweiter Jüdischer Krieg gegen die Römer; Zerstörung der Stadt und Vertreibung der Juden; Umwandlung der Stadt in Aelia Capitolina
Um 150	Markions Sammlung der Paulusbriefe
Um 180	Melito von Sardes nennt einen Kanon des Neuen Testaments
2. Jh.	Syrische Evangelienharmonie Diatesseron des Tatian
Um 200	Kanon Muratori zählt 12 Paulusbriefe; Ansätze zur Kanonbildung durch Bischof Irenaios von Lyon
Um 300	Syrischer Kanon enthält 22 Bücher des Neuen Testaments
367	Osterfestbrief des Bischofs Athanasios von Alexandria; enthält 27 Bücher des Neuen Testaments
382	Römische Synode bestätigt den Kanon mit 27 Büchern
397	Synode von Karthago bestätigt ebenfalls diesen Kanon; Abschluss der Kanonbildung

Weiterführende Literatur

Alfödy, G., Römische Sozialgeschichte. Wiesbaden 1982.
Assmann, J., Die Mosaische Unterscheidung. München 2003.
Assmann, J., Herrschaft und Heil. Politische Theologie in Altägypten, Israel und Europa. München 2000.
Broer, J., Einleitung in das Neue Testament. Würzburg 1998.
Burkert, W., Archaische Kulte. Die biologischen Wurzeln der Religion. München 1999.
Burkert, W., Griechische Religion in der archaischen und klassischen Epoche. Stuttgart 1981.
Carcopino, J., Rom. Leben und Kultur der Kaiserzeit. Stuttgart 1977
Christ, K., Geschichte der römischen Kaiserzeit. München 1988.
Ebner, M., Jesus von Nazaret. Stuttgart 2004.
Finkelstein J./Silberman, N., Keine Posaunen vor Jericho. Die archäologische Wahrheit über die Bibel. München 2002.
Grabner-Haider, A. (Hg.), Ethos der Weltkulturen. Göttingen 2006.
Grabner-Haider, A. (Hg.), Philosophie der Weltkulturen. Wiesbaden 2006.
Grabner-Haider, A., Gott: Eine Lebensgeschichte. Stuttgart 2006.
Grabner-Haider, A./Prenner, K. (Hg,), Religionen und Kulturen der Erde. Wien 2004.
Gschnitzer, F., Griechische Sozialgeschichte. Wiesbaden 1981.
Haarmann, H., Geschichte der Schrift. München 2002.
Haarmann, H., Geschichte der Sintflut. Auf den Spuren der frühen Zivilisationen. München 2003.
Habermas, J./Ratzinger, J., Dialektik der Säkularisierung. Freiburg 2005.
Kilcher, A./Fraisse, O. (Hg.), Lexikon jüdischer Philosophen. Stuttgart 2003.
Klauck, H.J., Die religiöse Umwelt des Urchristentums I, II. Stuttgart 1995, 1996.
Küng, H., Der Anfang aller Dinge. München 2006.
Lang, B., Jahwe, der biblische Gott. München 2002.
Pritchard, J., Großer Bibelatlas. Freiburg 2002.
Ratzinger, F.J./Flores d´Arcais, P., Berlin 2006.
Röd, W., Der Weg der Philosophie I. München 1996.
Schneider, C., Kulturgeschichte des Hellenismus I, II. München 1967, 1968.
Schnelle, U., Einleitung in das Neue Testament. Göttingen 2005.
Stemberger, G., Einführung in die Judaistik. München 2003.
Theißen, G., Die ersten Christen. Eine Theorie des Urchristentums. Gütersloh 2000.
Theißen, G., Die Jesusbewegung. Sozialgeschichte einer Revolution der Werte. Gütersloh 2004.
Woschitz, K.M., Parabiblica. Wien 2005.
Zenger, E. u.a., Einleitung in das Alte Testament. Stuttgart 1995.

Namensregister

Abia 178
Abraham 54, 68, 73, 139, 275, 284f
Abschalom 41
Adam 271, 282, 284
Agrippa I. 296, 388, 409
Ahab 42f, 62
Ahas 47, 100, 102
Ahikar 270
Al Kindi 475
Alexander 17, 49f, 69, 119, 124, 127, 134, 223
Alexander Jannaios 53, 137, 193
Alexandra Salome 137
Alkidamas 324
Amenophis III. 219
Amenophis IV. 219f, 227ff
Amon 65
Amos 89
Anaximander 132
Anaximenes 132
Andreas 462
Andronikos 358
Antiochos IV. 52, 79, 113, 136
Antiochos VIII. 53
Antiphon 324
Antisthenes 325
Apollonios v. T. 322
Apollos 373
Appian 345
Apulejus 371
Aquila 189
Archedemos 334
Archelaos 296, 299
Areios Didymos 334
Aristeas 267f

Aristippos 326
Aristoboulos II. 137
Aristobul 33, 115, 138f, 265f
Aristoteles 133f, 327
Artapanos 51, 139, 268
Artaxerxes 168, 207
Artaxerxes III. 260
Asenath 271
Aser 274
Assmann, J. 24, 61, 80, 92, 101, 105f, 109
Athanasios 368, 422, 458
Athenodoros 334
Atrahasis 239
Augustinus 454
Augustus 137, 141, 296, 314f, 339, 371, 378, 383

Barnabas 292, 357, 369f 388, 400f, 404
Bartolomäus 466
Baruch 86f, 285f
Basilides 462
Bayle, P. 18
Benjamin 274
Berenaike 127
Bileam 440
Blumenberg, H. 452
Buggle, F. 111

Caligula 269, 299, 331
Caracalla 340
Cäsar 54, 141, 339, 344, 371, 384
Cerinth 422
Cheops 217
Chrysippos 329, 334
Cicero 334, 346

Claudius 346
Clemens v. A. 266, 446
Colpe, C. 447
Cornelius 401

Dan 273
Daniel 88, 285
Dareios 260
David 40f, 43f, 62, 71, 104, 199, 278, 284, 300
Demetrios 51, 139, 188, 371
Demetrios I. 50
Demetrios II. 53
Demetrios III. 53
Derrida, J. 13, 19, 21, 26, 34, 116f, 470ff
Dewey, J. 19
Diodor 174, 182, 267
Diogenes 326
Diotrephes 414
Djedefre 226
Domitian 345, 439f
Drakon 122
Dumezil, G. 97

Echnaton 102, 109, 234
Eleazar 52, 175, 266
Elija 43, 85, 285
Elischa 43
Enkidu 235, 242
Epiktetos 246
Epikur 82, 143, 329f, 347
Esra 49, 58, 68, 105, 153, 167f, 209, 262
Ester 79, 203
Etbaal 43
Euhemeros 267
Eupolemos 50, 269f

Eusebius 58, 265, 408
Ezechiel 51, 87, 139
Ezechiel (Tragiker) 270
Festus 401
Flavia Domitilla 434
Freud, S. 115

Gad 273
Gaius 414
Gallio 401
Gandhi, M. 471
Gilgamesch 235, 241

Haarmann, H. 119
Habakuk 90
Habermas, J. 105, 475
Hadrian 345
Haggai 91
Hammurabi 31, 234, 242
Hannas 388, 409, 418
Hasmon 53, 136
Heidegger, M. 423
Hekataios 51, 139, 174, 182, 267f
Henoch 83, 164f, 182, 267f
Herakleides 334
Heraklit 121, 132, 382
Herodes Antipas 296f, 299
Herodes I. 54f, 137f 141, 157, 163, 295f, 299f
Herodot 269, 383
Hesiod 33, 121, 126f
Hick, J. 473
Hieronymus 72
Hiob 189, 274
Hippias 324
Hiskija 42, 46, 63, 64f, 74, 200
Homer 33, 121, 126f
Hulda 84
Hyrkanos II. 53f

Ibn Rushd 475
Ibn Shina 475
Iddo 178
Ignatios 394, 415, 457
Ijob 81
Irenaios 293, 368, 399, 413, 422, 252, 457

Isaak 275
Ischmael 283
Isebel 42f
Issachar 243

Jahu 48
Jakob 277
Jakobus 380, 388f, 408f, 458
Jambres 271
James, W. 19
Jannes 271
Jason 141
Jehu 43
Jeremia 47f, 86, 179
Jeroboam 45
Jesaia 46, 85f, 179, 464
Jesus 56, 115, 235, 268, 284, 291f, 302f, 305ff, 315ff, 390ff, 393ff, 397ff
Jesus Sirach 270
Johannes 413ff, 416ff, 419ff, 439ff, 462
Johannes (Täufer) 56, 303, 352, 397
Johannes Hyrkanos 53, 137, 154, 156, 185
Jojakin 86
Jona 90
Jonathan 40, 53f
Joram 43
Joschija 47f, 60, 65f, 67, 75, 78, 91, 100, 105, 114
Joseph 271, 274, 277, 284
Josephus Flavius 54, 109, 154, 174, 179f, 184, 195, 198, 200, 205f, 268f, 299, 409
Josua 76
Josue ben Jehosadaq 161
Juda 273, 277
Judas 411f
Judas Makkabaios 52
Judit 79
Junia 358
Justinos 368

Kallikles 324f
Käsemann, E. 423
Kassander 50

Kelsos 358
Kleisthenes 123
Kohelet 82
Kritias 133, 324
Küng, H. 13, 475
Kyros 48f, 67, 78, 262

Lang, B. 81, 97f, 352
Lasymachos 50
Levinas, E. 21
Lewi 172f, 272, 277
Lewi-Strauss, C. 333
Lukas 387, 397ff
Lukian 358
Lungalbanda 235
Lykophron 324
Lyotard, J.F. 19, 21, 116, 472f
Lysias 52

Maleachi 92
Manasse 65, 68, 100, 102, 277
Manetho 109, 269
Marcus Antonius 54, 141 347, 378
Maria Magdalena 418, 421
Markion 366ff
Markus 387f, 390ff
Martial 442
Matthäus 387ff, 393ff
Melchizedek 164, 283, 407
Melito v. S. 457
Menachem 302
Menelaos 52, 135, 141
Merenptah 38
Meschullemeth 65
Methusalem 165
Metusala 282
Micha 90
Monoimus 446
Mose(s) 46, 73, 80, 101,153, 164, 172, 177, 183, 268, 416,
Muhammad 12, 18, 112
Musonius Rufus 346

Nahum 90
Naphtali 273

Nebukadnezar 47, 67
Nehemia 58, 68f, 83, 105, 119 168, 262
Nero 298, 346, 369, 376
Nietzsche, F. 450f
Nikodemus 460
Nikolaos 441
Noadja 84
Noah 166, 284
Nygren, A. 443f

Obadja 90
Omri 43f, 62
Onesimos 379
Onias 51, 138
Origenes 409
Ovid 350

Panaitios 334
Papias 413
Parmenides 133
Paulus v.T. 266, 274, 292, 310, 331, 333ff, 356f, 369f, 373ff, 377ff, 382ff, 398f, 403, 410, 413, 417, 441, 458f, 463f
Peirce, Ch.S. 19
Petrus (Simon) 306, 360, 380, 387, 394, 400f, 410, 418, 429, 460, 463f
Phasael 54
Philemon 379
Philipp II. 124, 378
Philippos 357, 459
Philo v.A. 33, 115, 139, 205, 266, 268f, 331f, 382, 384f, 408
Phoebe 375
Phokylides 270
Plato(n) 124, 133, 268, 284, 317, 321, 327f, 333, 381, 443ff

Plinius d.J. 410
Plutarch 347
Polykarp 413, 457
Pompejus 54, 137, 278
Pontius Pilatus 418, 467
Poseidonios 334
Prodikos 324
Protagoras 133, 324
Psammetich I. 222
Ptolemaios Apion 269
Ptolemaios I. 49, 127, 223, 267, 270
Pythagoras 132, 317

Ramses II. 38, 246
Ramses III. 59
Ratzinger, J. 105, 475
Ruben 272

Sacharja 91
Sadok 300
Salmanassar V. 62
Salomo(n) 41f, 77, 81, 146, 276, 278
Sanherib 42
Sanherib 65
Sargon 62
Sartre, J.P. 450f
Saul 40
Schbaal 40f
Schischak 43
Schweizer, E. 424
Sebulon 273
Seneca 346f
Serubbabel 68, 161
Seth 284
Simeon 272, 388
Simon Makkabaios 154
Sokrates 133, 142, 325
Solon 122
Sosigenes 334
Stefanos 354, 360, 387

Strabo 267
Strasser, P. 472f
Symmachus 114

Tacitus 269, 383
Tatian 367
Thales 132
Theißen, G. 352, 473
Theodosius I. 114
Theophilos 404
Thomas 418, 458, 461, 463, 466
Thomas v. A. 429
Thutmosis IV. 219
Tiberius 297, 345, 376, 467
Tiberius Alexander 302
Tiglat Pilesar 47
Timotheus 381, 404
Titus 111, 345
Trajan 345, 410
Trasymachos 324
Tutanchamun 220
Tyrannos 370

Vespanian 111, 175, 346
Voltaire, F. 18

Weimar, P. 74
Wittgenstein, L. 19, 116

Xenophanes 112, 133
Xerxes 260

Zarathustra 49, 68, 252ff, 256ff, 260ff
Zebedaios 409
Zefania 91
Zenger, E. 74
Zenon 144, 266, 328f
Zidikija 86, 100

Die Bibel: Theologie und Umwelt

V&R

Max Küchler
Jerusalem
Ein Handbuch und Studienreiseführer zur Heiligen Stadt

Orte und Landschaften der Bibel, Band 4,2.
2006. XIV, 1.266 Seiten mit 650 Abbildungen, gebunden
ISBN 978-3-525-50170-2

Fragt man nach der Geschichte Jerusalems, muss man sich nicht nur durch mehrere Jahrtausende durcharbeiten, sondern trifft diese Jahrtausende mit ihren religiösen Ansprüchen noch unvermindert an.

Jerusalem zu beschreiben endet stets im Fragment; zuviel menschliche Energie wurde in jeden Quadratmeter eingebracht, als dass ein Buch dies widerspiegeln könnte. Max Küchler, Archäologe und Theologe, wertet historische Texte, Kartographien, Bilder, Analysen und Berichte aus und lässt Glanz und Schönheit der Stadt selbst im Lichte ihrer Brüchigkeit erstrahlen.

Udo Schnelle
Theologie des Neuen Testaments
UTB 2917
2007. Ca. 784 Seiten, kartoniert
ISBN 978-3-8252-2917-7

Dieser Band gibt einen umfassenden Überblick zur Theologie des Neuen Testaments auf dem aktuellen Stand der internationalen Forschung. Der Darstellung der Verkündigung Jesu folgen umfangreiche Kapitel über Paulus, die Logienquelle, die synoptischen Evangelien, die Apostelgeschichte u.a. Dabei konzentriert sich Schnelle jeweils auf Theologie, Christologie, Pneumatologie, Soteriologie, Anthropologie, Ethik, Ekklesiologie und Eschatologie.

Der Band ist nicht nur wissenschaftlich fundiertes Grundlagenwerk, sondern durch Inhalt und Struktur auch fächerübergreifend und für allgemein Interessierte attraktiv.

Vandenhoeck & Ruprecht